Bauernregeln

Bauernregeln

Eine schweizerische Sammlung
mit Erläuterungen von Albert Hauser

Artemis Verlag Zürich und München

© 1973
Artemis Verlag Zürich und München
Satz und Druck: Buchdruckerei Stäfa AG, Stäfa
Einband: Graphischer Betrieb Benziger, Einsiedeln
Textüberwachung: Fritz Hofer, Artemis
Gestaltung: Peter Rüfenacht, Artemis
Printed in Switzerland
ISBN 3 7608 0330 x

I. TEIL
ALLGEMEINER KOMMENTAR

Vorwort 11
Einleitung.. 17

Zur Charakteristik der Bauern-
regeln 21
   A. *Die Form* 21
   B. *Inhalt* 23

Genesis und Geschichte 27

Tradierung und Lebensdauer
der Regeln 43

Ökonomische und soziale
Wandlungen und ihre Folgen 49
Zur sozialpsychologischen
   Situation 57

II. TEIL
SPEZIELLER KOMMENTAR:
DIE EINZELNEN REGELN

Wetterregeln 65
   A. Orakel.. 65
   B. Lostage 66
   C. Wochentagsregeln
      (Tagwählerei) 68
   D. Korrelationsregeln 73
   E. Singularitätsregeln 75
   F. Der Hundertjährige
      Kalender 79

Mondregeln 83
   A. Mond und Wetter 83
   B. Mond und Pflanzenwelt .. 85
   C. Mond und Tierwelt 87

Tiere als Wetterpropheten .. 89
   A. Hasen, Wiesel und Murmel-
      tiere 90
   B. Gemsen, Rehe und Füchse 91
   C. Vögel 93
   D. Bienen, Ameisen und
      Spinnen 95
   E. Frosch und Schnecke .. 101
   F. Haustiere 103

Pflanzen als Wetterpropheten . . . 105

Wetterpropheten in Haus und Hof 109

Atmosphärische Erscheinungen 113
A. Windregeln 113
B. Wolken 115
C. Regen, Schnee, Tau und Reif 117
D. Sonne, Mond und Sterne 118
E. Blitz, Donner und Regenbogen 121

Zeichenregeln 125

Beschwörungsregeln 129

Land- und forstwirtschaftliche Regeln 131
A. Pflanzenbauregeln 131
   1. Weinbau 131
   2. Obst- und Gartenbau . . 133
   3. Ackerbau 134
   4. Graswirtschaft 137
B. Ernteregeln 140
   1. Weinbau 140
   2. Obst- und Gartenbau . . 143
   3. Ackerbau 145
   4. Graswirtschaft 149
   5. Forstwirtschaft 156

Tierhaltungsregeln 161

Waldbauregeln 165

Zur Bedeutung der Bauernregeln; ihre Zukunft 169

III. TEIL
SAMMLUNG DER REGELN

Wetterregeln	177
A. Orakel	177
B. Lostage	187
1. Lostage: Praxis	187
2. Lostage und Wochentage	187
3. Lostage und Festtage	190
4. Lostage im Januar	200
5. Lostage im Februar	205
6. Lostage im März	218
7. Lostage im April	223
8. Lostage im Mai	227
9. Lostage im Juni	234
10. Lostage im Juli	244
11. Lostage im August	249
12. Lostage im September	255
13. Lostage im Oktober	261
14. Lostage im November	263
15. Lostage im Dezember	268
C. Wochentagsregeln (Tagwählerei)	277
D. Korrelationsregeln	288
1. Bis 19. Jahrhundert	288
2. Monatskorrelation	295
3. Jahreszeitkorrelation	315
4. Witterungskorrelation	318
E. Singularitätsregeln	323

Mondregeln	337
A. Mond und Wetter	337
B. Mond und Pflanzenwelt	341
C. Mond und Tierwelt	351
D. Mond, Haus und Hof	355

Tiere als Wetterpropheten	361
A. Hasen, Wiesel und Murmeltiere	361
B. Gemsen, Rehe, Füchse und Dachse	364
C. Vögel	368
D. Bienen, Ameisen und Spinnen	384
E. Frosch und Molch	389
F. Haustiere	392
G. Übrige Tiere	401

Pflanzen als Wetterpropheten	413

Wetterpropheten in Haus und Hof	421

Atmosphärische Erscheinungen	429
A. Windregeln	429
B. Wolken	439
1. Nebel	439
2. Wolken	449
C. Regen, Schnee, Tau und Reif	461

D. Sonne, Mond und Sterne 469
   1. Sonne 469
   2. Mond und Sterne 479
E. Blitz, Donner und Regenbogen 483
   1. Blitz und Donner 483
   2. Regenbogen 489

Zeichenregeln 493

Beschwörungsregeln 505

Land- und forstwirtschaftliche Regeln 513
A. Pflanzenbauregeln 513
   1. Düngeregeln 513
   2. Säregeln 519
   a) Bis 19. Jahrhundert 519
   b) Art und Weise 529
   c) Saatzeit 532
   d) Witterung 538
   3. Pflanzregeln 540
   a) Bis 19. Jahrhundert 540
   b) Pflanzzeit 545
   c) Reben 550
   d) Witterung 553
B. Ernteregeln 555
   1. Weinbau 555
   a) Bis 19. Jahrhundert 555
   b) Monatswitterung 558
   c) Witterung allgemein 564
   d) Ernteregeln im engeren Sinne 566
   2. Obst- und Gattenbau . . 571
   a) Bis 19. Jahrhundert 571
   b) Monatswitterung 573
   c) Ernteregeln im engeren Sinne 576
   3. Ackerbau 581
   a) Bis 19. Jahrhundert 581
   b) Monatswitterung 588
   c) Witterung allgemein 598
   d) Ernteregeln im engeren Sinne 600
   e) Korrelationen 606
   4. Graswirtschaft 609
   a) Bis 19. Jahrhundert 609
   b) Witterung 613
   c) Ernteregeln im engeren Sinne 621
   5. Forstwirtschaft 629

Tierhaltungsregeln 635

Waldbauregeln 655

Scherz-Bauernregeln 665

Anhang
Anmerkungen 671
Quellen und Literatur 691
Ortsregister 701

I. Allgemeiner Kommentar

Vorwort

*« Unser Leben ist ein Geschäft,
das damalige war ein Dasein.»*
Jacob Burckhardt

In seinen weltgeschichtlichen Betrachtungen sprach Jacob Burckhardt von den Schwierigkeiten, das geschichtliche Leben zu erfassen, «wie es tausendgestaltig, komplex, unter allen möglichen Verkappungen, frei und unfrei daherwogt, bald durch Masse, bald durch Individuen sprechend, bald optimistisch, bald pessimistisch gestimmt, Staaten, Religionen, Kulturen gründend und zerstörend, bald sich selbst ein dumpfes Rätsel, mehr von dunklen Gefühlen, die durch die Phantasie vermittelt sind, als von Reflexionen geführt, bald von lauter Reflexionen begleitet und dann wieder mit einzelnen Vorahnungen des viel später erst sich Erfüllenden»[1]. Diese Schwierigkeiten sind – im übertragenen Sinne – auch die unsrigen. Auch wir fühlen uns angesichts der Gewalt und der Macht der technischen, ökonomischen und soziologischen Wandlungen «in völliger Ohnmacht» und haben Mühe, «einen archi-

medischen Punkt außerhalb der Vorgänge zu gewinnen». Auch uns stehen Wünschen, Hoffen und Fürchten im Wege, «sodann unsere Unkenntnis alles dessen, was man latente Kräfte, materielle wie geistige, nennt, und das Unberechenbare geistiger Kontagien, welche plötzlich die Welt umgestalten können»[2]. Auch wir stehen vor einem Übermaß an Quellen und können nur hoffen, «daß in allem Schutt Edelsteine der Erkenntnis vergraben liegen»[3]. Auch wir sind, weil unsere Aufgabe in verschiedene Fachbereiche führt, in Gefahr, dem Dilettantismus zu verfallen, und wir trösten uns mit Burckhardts weisen Worten: «In den Wissenschaften dagegen kann man nur noch in einem begrenzten Bereiche Meister sein, nämlich als Spezialist, und irgendwo soll man dies sein. Soll man aber nicht die Fähigkeit der allgemeinen Übersicht, ja die Würdigung derselben einbüßen, so sei man noch an möglichst vielen anderen Stellen Dilettant, wenigstens auf eigene Rechnung, zur Mehrung der eigenen Kenntnis und Bereicherung an Gesichtspunkten; sonst bleibt man in allem, was über die Spezialität hinausliegt, ein Ignorant und unter Umständen im ganzen ein roher Geselle[4].»
Letztlich liegt die Schwierigkeit auch darin begründet, daß wir die Dinge «nicht nach der unendlichen Arbeitsteilung und Spezialisierung unserer Zeit zu beurteilen haben, sondern nach dem Bild von Zeiten, da noch alles näher beisammen war»[5]. Wir betrachten den kleinen Kreis. Unser Anliegen gilt dem Konkreten, Eigenen, Nahen, dem täglichen Geschehen, der Natur, der Heimat, dem mütterlichen Boden[6]. Dabei sind entscheidende Schranken zu übersteigen: «Unser Haß des Verschiedenen, Vielartigen, der symbolischen Begehungen und halb oder ganz schlafenden Rechte, unsere Identifikation des Sittlichen mit dem Präzisen und unsere Unfähigkeit des Verständnisses für das Bunte, Zufällige. Freilich handelt es sich nicht darum, uns ins Mittelalter zurückzusehnen, sondern um das Verständnis. Unser Leben ist ein Geschäft, das damalige war ein Dasein; das Gesamtvolk existierte kaum, das Volks*tümliche* aber blühte[7].» Wir wollen an dieser Stelle nicht untersuchen, was wir, indem wir das Dasein zum Geschäft machten, verloren und was wir andererseits gewonnen haben. Diesen Entscheid wird jeder für sich selbst vornehmen müssen. Hingegen sind wir verpflichtet zu erklären, weshalb wir uns – allen Schwierigkeiten zum Trotz – mit diesem Thema, das heißt mit den Bauernregeln, überhaupt beschäftigen. Wäre es nicht besser, sich mit dem Morgen zu befassen? Gewiß, die Versuchung ist groß, die Seite zu wenden und mit Herbert Lüthy zu sagen: «Eine neue Epoche hat begonnen, und was war, ist abgetane und vergangene Vorzeit; morgen fahren wir in den Weltenraum. Doch leider wird uns diese Flucht aus der Geschichte in den Weltraum versagt sein, weil wir zuvor den Weltraum in unsere Geschichte reißen ... Zu wissen, wie es einst gewesen ist, das könnten wir uns zur Not ersparen, obwohl wir dabei unendlich viel an Einsicht und Tiefe des Erinnerns verlören. Doch zu wissen, wie es gekommen ist, den Prozeß zu begreifen, den wir selbst weiterführen müssen, das können wir uns

nicht ersparen, ohne uns selbst mit moralischer und physischer Blindheit zu schlagen[8].» Wie wir alle, so steht auch die Landwirtschaft in einem unbewältigten Wandlungsprozeß. Zwar galt sie lange Zeit als ein Bereich besonderer Beständigkeit. Doch der Schein trügt manchmal. Hinter der Fassade einer gewissen Kontinuität vollzogen sich große technische, wirtschaftliche und geistige Wandlungen. Alte Leitbilder verloren ihre Überzeugungskraft, und die neuen sind erst im Entstehen begriffen. Eine Neuorientierung ist fällig, und die Zeit dazu scheint günstig: Die Verschlechterung der Lebensbedingungen in den Ballungszentren hat die Menschen aufgeschreckt. Auch ist die Landschaftspflege in bestimmten ländlichen Regionen nicht mehr gesichert, «und in den Bildern verfallener Kulturlandschaften, in der Zerstörung wichtiger Schutzzonen unserer Umwelt tauchen neue Sorgen auf»[9]. In diesem Buch werden keine Planungsideen und agrarpolitischen Konzepte entwickelt. Wir wollen lediglich zeigen, daß es neben den technischen und wirtschaftlichen Zielen, die man gewiß verfolgen muß, auch sozialpsychologische und menschliche Aspekte zu beachten gilt. Es gibt ein ganz elementares Bedürfnis nach Einbettung, Bindung und Verwurzelung. Sowohl psychologische wie soziologische Untersuchungen haben gezeigt, daß man dieses Bedürfnis nicht ungestraft vernachlässigt. Die Eigenschaften, die der Verwurzelung des Menschen, der Familie, der Nachbarschaft, der Heimat, den Lebensgewohnheiten als Ablagerung von Jahrhunderten entstammen, sind auch in der modernen technischen Welt von überragender Bedeutung. «Auf diese Reserven an vortechnischen Eigenschaften» – so meint W. Röpke – «sind wir angewiesen, wenn der vielgepriesene Betrieb überhaupt weitergehen soll[10].» Solche Quellen werden in unserem Buch aufgezeigt, und es wird ihnen nachgespürt, nicht aus romantischen Beweggründen, sondern im Wissen um ihre entscheidende Bedeutung für die menschliche, nicht nur die bäuerliche Existenz. «Der Mensch lebt nicht vom Brot allein, sondern von einem jeglichen Wort, das durch den Mund Gottes geht» (Matthäus 4,4).

*

Unser Dank gebührt allen, die dieses Werk förderten und betreuten, vor allem dem Verlag, der keine Mühe und Kosten scheute, um es großzügig auszustatten. Dank gehört meinen drei Assistenten, ing. agr. E. Schwarz, dipl. Forst-Ing. A. Schuler und ing. agr. J. Keßler, sowie meinen Mitarbeiterinnen Frau G. Moser und Frau H. Friedmann und nicht zuletzt meiner Frau, welche die Kartothek der Regeln aufstellte. Zu Dank bin ich sodann verschiedenen Kollegen verpflichtet für Ratschläge und die kritische Durchsicht einzelner Partien. Es sind dies für die eigentlichen Wetterregeln die Herren Prof. W. Kuhn, MZA, Dr. B. Primault, MZA, sowie Dr. M. Bider, Basel, und R. Zemp, Uffikon. Für den Sektor Pflanzenbau haben die Herren Prof. R. Koblet, ETH Zürich, PD Dr. W. Koblet, Wädenswil, und Prof. F. Kobel, Wädenswil, die entsprechende Funktion übernommen. Für die verschiedenen Ausführungen über die Tierhaltung bin ich den Herren Prof. H. Lörtscher, ETH Zürich, Prof. H. Heußer, ETH Zürich, sowie Prof. W. Bianca, ETH Zürich, zu Dank verpflichtet. Herr PD Dr. K. Eiberle, ETH Zürich, hat mir verschiedene Literaturnachweise für das Kapitel Tiere als Wetterpropheten gegeben sowie die kritische Durchsicht des betreffenden Kapitels vorgenommen. Dasselbe besorgte für die forstwirtschaftlichen Kapitel Herr Prof. F. Fischer, ETH Zürich. Verschiedene Ratschläge verdanke ich auch den Herren Prof. H. Hediger, Zoo Zürich, und Dr. H. Heußer, Forch. Verschiedene Persönlichkeiten übernahmen Übersetzungen, so Frau Margrit Schwarz, Zürich, die Herren M. Niederer, Wädenswil, Pfr. G. Caduff, Präz, Landammann G. Maurizio, Vicosoprano, Dr. C. Christoffel, Wädenswil. Für weitere Übersetzungen einzelner Regeln sorgte Herr Dr. A. Dönz, Chur. Zahlreiche Angaben volkstümlicher Art verdanke ich den Herren Dr. E. Strübin, Gelterkinden, sowie Dr. H. Suter, Liestal, und Dr. P. Suter, Reigoldswil. Verschiedene Persönlichkeiten sammelten Regeln, so die Herren H. Zopfi, Schwanden, Forstingenieur A. Grämiger, Pany, Pater Thomas Locher, Pfäffikon SZ, S. Galle, Stäfa, A. Koellreuter, Reinach, Oberförster P. Schwarz, Zofingen, J. Winkler, Hirzel, Förster K. Imhof, Grengiols, H. Dorsaz, Sitten, Prof. G. Thürer, Teufen, Prof. P. L. Pelet, Universität Lausanne, L. Daniot, Andermatt, F. Anliker, Trubschachen, und Frau A. Halter, Hombrechtikon. Wertvolle Ratschläge erteilten sodann die Herren Prof. Ph. Matile, ETH Zürich, Prof. R. Fritzsche, Wädenswil, Prof. H. Hanus, Techn. Universität München, Dr. H. Huber, Zürich-Reckenholz, Dr. H. Heinze, Darmstadt, Prof. F. Chiffelle, Universität Neuenburg, Kreisförster J. Schmid, Filisur, H. Gremaud, Bulle, P. A. Borel, La Chaux-de-Fonds, A. Gachet, Bioley-Orjulaz, A. Jeanneret, Universität Neuenburg, Dr. R. Ramseyer, Universität Bern, Dr. J. Bielander, Brig, Prof. J. Pult, Chur, Prof. A. Schorta, Chur, R. Nötiger, Universität Zürich, Dr. O. Lurati, Lugano, Dr. J. Tagini, Genf, Dr. W. Escher, Basel, Dr. E. Schulé, Crans-sur-Sierre, Dr. K. Bartels, Zürich, Kaplan J. Sieber, Gams, PD Dr. P. Hugger, Allschwil, Prof. E. Grandjean, ETH Zürich, Dr. G. Schoeck, Zürich, Dr. Th. Gantner, Museum für Volkskunde Basel, Fräulein Françoise Nicod, Lausanne, Prof. G. Benz, ETH Zürich, Dr. H. Jungen, Universität Zürich, Dr. H. Kutter, Egg ZH, Frau L. Kutter, Egg ZH, Prof. E. Keller, ETH Zürich, A. Krebs, Winterthur, Prof. K. Goeßwald, Würzburg.

Dazu kommen verschiedene Persönlichkeiten von Radio Bern, die einen Aufruf zur Sammlung von Bauernregeln erließen, und schließlich sind unzählige Bäuerinnen und Bauern zu erwähnen, die spontan wertvolle Informationen lieferten.

Dank den Druckbeiträgen verschiedener Persönlichkeiten, Institutionen und Firmen konnten die Kosten des Buches trotz seinem Umfang und Bildteil so gesenkt werden, daß es allen interessierten Kreisen zugänglich ist. Unser Dank gehört vorab Herrn W. Sproß in Zürich. Weitere Beiträge verdanken wir der Stiftung Pro Helvetia, dem Schweizerischen Landwirtschaftlichen Verein, dem Laur-Fonds, der Ulrico-Hoepli-Stiftung, Zürich, der Stiftung der Schweizerischen Landesausstellung, Zürich, der Cassinelli-Vogel-Stiftung, Küsnacht. Dazu kommen die Firmen: Migros-Genossenschafts-Bund, Zürich, Schweizerische Kreditanstalt, Zürich, Ringier-Verlag, Zofingen, die Brauereien Eichhof, Luzern, und Hürlimann, Zürich, Schokoladenfabriken Lindt und Sprüngli AG, Kilchberg, die Vereinigung der landwirtschaftlichen Genossenschaftsverbände der Schweiz, die Elektro-Watt, Zürich, Zürcher Kantonalbank, Zürich, Zentralverband Schweizerischer Milchproduzenten, Bern, sowie die Herren Andreas Burckhardt in Küsnacht und Dr. P. Schnorf in Uetikon. Wertvolle Hinweise für die Finanzierung verdanke ich den Kollegen Prof. H. Burkhardt, Zürich, Prof. Karl Schmid, Bassersdorf, und Prof. E. Keller, Zürich.

Einleitung

Vor rund siebzig Jahren begann der russische Forscher A. Yermoloff, die Bauernregeln verschiedener Nationen zu sammeln und zu kommentieren. Er glaubte, «daß sie einen reichen Urquell von Beobachtungen und Erfahrungen aufdecken». Indem man sie erforsche, gelinge es, «das seit langem zerrissene Band zwischen der wissenschaftlichen Forschung einerseits und der unmittelbaren Erfahrung, der feinfühligen Beobachtungsgabe des einfachen Dorfbewohners anderseits wieder herzustellen»[1]. Für die Wissenschaft, insbesondere für die Meteorologie, wäre es eine Bereicherung, wenn sie in ihre Beobachtungssphäre Naturerscheinungen einschlösse, «mit deren Studium sie sich bisher fast gar nicht befaßt hat». Der Meteorologe L. Kletter, der dieses Thema vor kurzem wieder aufgegriffen hat, kommt zu einer etwas anderen Beurteilung. Zusammenfassend stellt er fest, daß der prognostische Wert der Bauernregeln gering sei; lediglich bei einigen Ernteregeln könne eine gewisse Übereinstimmung mit den Resultaten der meteorologischen Statistik festgestellt werden[2]. Sowohl Yermoloff wie Kletter hatten lediglich eine einzige Gruppe von Bauernregeln, die Wetterregeln, untersucht. Tatsächlich gibt es neben den Wetterregeln eine große Gruppe von Sprüchen und Regeln, die nicht nur das weite Feld der gesamten Land- und Forstwirtschaft, sondern das bäuerliche Leben in seiner Gesamtheit erfassen. Ein unermeßlicher Schatz volkstümlichen Wissens breitet sich darin vor uns aus. Obwohl schon Richard Weiß bemerkt hat, daß sie «einer Untersuchung wert wären», sind sie bis heute weder von der Volkskunde noch der Wirtschaftsgeschichte oder Agrarsoziologie eingehend gewürdigt worden[3]. Eine rühmenswerte Ausnahme machen die Meteorologen, die sich mit den Wetterregeln befaßten. Die Volkskunde kann insofern einige Verdienste verzeichnen, als verschiedene Forscher begannen, die mündlich tradierten Regeln zu sammeln. Auch Sprachforscher waren auf diesem Felde tätig. Sie haben zum Teil, wie H. Lössi mit seiner Sammlung «Engadiner Sprichwörter», Pionierarbeit geleistet.

Das Ziel unserer Arbeit bestand zunächst darin, möglichst viele im Schrifttum oder in Sammlungen enthaltene Regeln zu registrieren. Sodann versuchten wir mit Hilfe von Gewährsleuten, mittels einer teilweise mündlich, teilweise schriftlich durchgeführten Umfrage, eine Übersicht über den ungefähren Bestand der Gegenwart zu gewinnen. Es erwies sich bald, daß damit nur Restbestände erfaßt werden können, daß der Born am Versiegen ist. In einem speziellen Kapitel werden die Gründe dieses Sachverhaltes darzulegen sein. Im weiteren ging es darum, die Regeln zu klassieren und sie zu kommentieren. Wir unterteilten sie in Sachgebiete und versuchten, sie innerhalb dieser Sachgebiete chronologisch zu gliedern. Ein weiteres Anliegen bestand darin, ihre Genesis zu erfassen; aus diesen Gründen wurden auch schriftliche Quellen – soweit wir sie erreichen konnten – herangezogen. Schließlich sollten die Regeln nicht nur auf ihren Gehalt, sondern auch auf ihre Bedeutung für die Entwicklung der schweizerischen Land- und Forstwirtschaft untersucht werden. Dabei sind auch soziologische Fragestellungen aufgetaucht: Wer handhabe diese Regeln; wer kennt sie heute noch und wendet sie an? Sind es die Vertreter der jüngeren oder älteren Generation, oder gibt es andere Abgrenzungs- und Einteilungskriterien? Indem die Regeln, die ja meist aus der vortechnischen Zeit stammen, mit den wissenschaftlichen Erkenntnissen der modernen Land- und Forstwirtschaft konfrontiert werden, soll gezeigt werden, welche auch heute noch sinnvoll und richtig erscheinen. Neben den Regeln, die von jeher jenseits des rationalen Bereiches angesiedelt waren, gibt es auch solche, die im Laufe der Zeit von der Entwicklung «überholt» worden sind. Unsere Aufgabe führte in die verschiedensten Wissensgebiete der Agrar- und Forstwirtschaft sowie auch der Agrarmeteorologie und setzte eine umfangreiche interdisziplinäre Arbeit voraus.

Bei der ungeheuren Fülle der Regeln konnte Vollständigkeit nur angestrebt, aber nicht erreicht werden. Auch die Ordnung nach gewissen Grundgedanken erwies sich in vielen Fällen als problematisch, gibt es doch Regeln, die in den verschiedenen Arbeits- und Lebensbereichen gebraucht werden können. Eine geographische Einteilung schied für unsere Zwecke aus. Trotz manchen sprachkundlichen Vorarbeiten gelang es in vielen Fällen nicht, die Herkunft der Regeln und Sprüche einwandfrei zu eruieren. Mit H. Lössi glauben wir, daß viele dieser Regeln «internationales Volksgut» sind, das aus der Antike oder aus der Bibel stammt; sei es, daß die Regeln Lehngut (Wandersprichwörter) darstellen, sei es, daß sie an verschiedenen Stellen selbständig aufgekommen sind[4]. Wie im Kapitel «Genesis und Geschichte» näher dargelegt wird, haben sich eine große Zahl von Bauernregeln mit auffallender Beständigkeit sowohl in der mündlichen wie schriftlichen Tradition halten können. Die meisten können mühelos bis ins 15. Jahrhundert zurückverfolgt werden; viele stellen noch älteres Erbgut dar.
Manche Bauernregel, die das Etikett «uralt» trägt, ist freilich neueren Datums. Die Konzentration auf Traditionen und Überlieferungen sollte uns nicht den Blick auf die sich wandelnden Attitüden verstellen. Ist eine Regel, für die es seit dem Mittelalter bis in die neueste Zeit hinein eine große Zahl von Zeugnissen gibt, wirklich uralt? Kann und darf in allen Fällen von Kontinuität und Tradition gesprochen werden? Diese Frage, und hierin bin ich mit Hermann Bausinger einig, muß immer wieder mit aller Schärfe gestellt werden. Indem wir den verschlungenen Pfaden der Tradierungsmöglichkeiten und Wirklichkeiten nachgehen, sollten wir die Frage nach den veränderten sozioökonomischen Grundlagen, nach den anderen Einstellungen, dem Wandel der Funktion und Bedeutung unserer Bauernregeln nie aus den Augen verlieren. Kontinuität darf nicht als «Prämisse und als einheitliches Etikett aufgefaßt werden»[5].

Zur Charakteristik der Bauernregeln

A. DIE FORM

Nicht alle, doch recht viele Bauernregeln sind in mehr oder weniger unbeholfene Reime gefaßt. Sicherlich hat der Reim als Gedächtnisstütze gedient. Oft ist er ebenso wichtig wie der Inhalt; ja in manchen Fällen wird der Inhalt um des Reimes willen zurechtgebogen. Wiederholt treten auch Bauernregeln auf, die kaum ernsthaft gemeint waren und eigentlichen Wortspielereien gleichen. Ein Förster aus dem Appenzellischen – die Appenzeller sind durch ihren träfen Volkswitz bekannt – hat eine Reihe von solchen Pseudo- oder Scherz-Bauernregeln geliefert, die wir in unsere Sammlung aufgenommen haben. Hier lassen wir nur wenige Beispiele folgen:

> «*Auf dieses kannst du zählen zu jeder Zeit,
> daß es am 30. Hornung nicht schneit.*»

> «So der Storch dir im Maien ein Kind beschert,
> die Familie wird um ein Haupt vermehrt.»
>
> «Prügelt zu Petri der Jäger den Hund,
> so tut er's mit oder ohne Grund.»
>
> «Geraten sehr wohl die Hopfen und Reben,
> so wird's in der Folge viel Räusche geben.»
>
> «Gefriert's am Silvester zu Berg und Tal,
> geschieht es dies Jahr zum letzten Mal»
>
> (Schweiz. Dorfkalender, 1882).

Durch eine träfe und farbige Sprache zeichnen sich vor allem die Dialektsprichwörter aus. Bezeichnend ist für alle eine gewisse Formelhaftigkeit; ja sie gehört – wie schon Richard Weiß bemerkt hat – zu den eigentlichen Merkmalen: Volkstümliche Sprache ist formelhaft[1]. Überall dort, wo es um allgemein gültige, dem Brauchtum verhaftete Dinge geht, ist die Formelhaftigkeit an und für sich gegeben. Erstaunlicherweise stammen aber viele Bauernregeln gar nicht aus bäuerlicher Quelle. Ähnlich wie das volkstümliche Sprichwort oder das Volkslied sind sie nicht durch die Herkunft aus dem Volk gekennzeichnet, sondern dadurch, daß sie vom Volk gebraucht wurden[2]. Im Gegensatz zum Intellektuellen bevorzugte der volkstümlich gestimmte Mensch den unpersönlichen, redensartlichen Ausdruck. Wir finden deshalb in den Bauernregeln, wenn wir von einigen Ausnahmen absehen, wenig überraschende Weisheiten, wenig gedanklich Originelles, sondern schlichte Alltagserfahrungen, bewährte, alte Grundsätze der Ordnung und einer volkstümlichen Weltanschauung, Moral und Ethik. Immer wieder – vor allem bei den mundartlichen Regeln – kommt die Volkspoesie zum Ausdruck. Gewiß waren ursprünglich recht bedeutende lokale und landschaftliche Eigenheiten vorhanden. Da indessen die Kalender zu den wesentlichen Traditionsträgern gehörten und auch heute noch gehören, kam es verhältnismäßig früh – wohl schon im 17. Jahrhundert – zu Verwischungen und Nivellierungen. Trotzdem haben auch die aus der ersten Hälfte des 20. Jahrhunderts stammenden Regeln noch regionale Eigenheiten bewahren können. So unterscheiden sich die Regeln des Engadins in mehr als nur ökonomischen Bezügen von jenen der Schaffhauser Landschaft.

Die meisten Bauernregeln finden wir in gleicher oder ähnlicher Fassung in allen Ländern Europas. G. Hellmann, der diesem Phänomen nachging, glaubte es auf zwei Tatsachen zurückführen zu können[3]. Manche Regel ist im Mittelalter in lateinischer Urfassung direkt bekannt geworden. Andere Regeln, die in den Landessprachen verbreitet waren, sind von Mönchen, damaligem Gebrauch entsprechend, in lateinische Verse gebracht worden. Es sind vor allem die an die großen Lostage Peter und Paul und Mariä Lichtmeß anknüpfenden Regeln. Tatsächlich gibt es vor allem für die Lostagsregeln eine geradezu erstaunliche Übereinstimmung. Die lateinischen Verse konnten indessen kaum volkstümlich werden; sie wurden deshalb von den Kalendermachern und den Verfassern der Hausbücher (Hausväterliteratur) übersetzt. Sowohl die Ordensleute wie auch die Kalendermacher hatten indessen eine weitere Quelle: Es sind die ebenfalls in lateinischer Sprache geschriebenen Abhandlungen über die Meteorologie und Astrologie. Sie enthalten eigentliche Bauernregeln. Im «opusculum repertorii pro nosticon», einem von Firmin de Beauval um 1330 geschriebenen und 1485 von E. Ratdolt in Venedig gedruckten Werk, wird von den Wetterzeichen als «signalia vulgi» gesprochen. An einer anderen Stelle heißt es «secundum prognosticationem rusticorum». In der «compilatio Leupoldi de astrorum scientia» (2. Hälfte 13. Jahrhundert) werden verschiedene Regeln deutlich als bäuerlich bezeichnet: «agricolae dicunt». Schon um 1250 hatte Albertus Magnus in seinem Werk «De passionibus aeris» wiederholt von Wahrnehmungen der Bauern, von bäuerlichen Wettervorhersagen, gesprochen. G. Hellmann konnte nachweisen, daß Leonhard Reynman die lateinischen Regeln, von Albertus Magnus ins Deutsche übertragen, in seine Sammlung der «Pauren regeln» aufgenommen hat[4].

B. INHALT

Wir haben die Bauernregeln zunächst in zwei Hauptgruppen, nämlich in die Wetterregeln einerseits und die land- und forstwirtschaftlichen Regeln anderseits, eingeteilt. Zu den Wetterregeln gehören (die Ausdrücke werden in den entsprechenden Abschnitten erklärt) die Singularitätsregeln, die Korrelationsregeln, die Lostagsregeln, die Regeln, welche auf der Beobachtung und Wahrnehmung von Geräuschen und Gerüchen beruhen, sodann alle Regeln, die aus dem Verhalten von Tieren und Pflanzen Schlüsse auf die Witterung ableiten. Zu den land- und forstwirtschaftlichen Regeln zählen: die Saatregeln, die Düngeregeln, die Pflanzen- und Tierzuchtregeln, schließlich vor allem auch die Ernteregeln, die ihrerseits in Untergruppen zerfallen. Weder zur einen noch andern Gruppe können die Mondregeln, die Zeichenregeln, die Beschwörungs- und Orakelregeln sowie die Wochentagsregeln gezählt werden. Den Erscheinungsformen, der Entstehung und Bedeutung dieser Untergruppen wird im einzelnen, und zwar in möglichst differenzierter Weise, nachzugehen sein. Generell ist festzustellen, daß die Grenzen zwischen Wissen und Aberwissen in allen drei Gruppen unscharf verlaufen. Bei den Wochentags-, Orakel- und Beschwörungsregeln können wir ohne weiteres von Mythologie, Magie und Aberglauben sprechen. Bei den Mondregeln dürfte eine Abgrenzung schwieriger sein, schwankt doch die Wissenschaft selber zwischen Anerkennung und Ablehnung. «Gewisse Zusammenhänge zwischen Mondphasen und Gewitterhäufigkeit, zwischen Mondphasen und der Fortpflanzung der Borstenwürmer, zwischen Mondphasen und der Geburtenziffer, zwischen Mondphasen und dem Wachstum von Pflanzen werden teilweise als wahrscheinlich, teilweise als sicher betrachtet[5].» Auch auf dem Gebiete der Volksbotanik verlaufen die Grenzen zwischen Wissen und Aberwissen nicht immer eindeutig und klar. Demgegenüber dürfte es nicht allzu schwierig sein, die Hintergründe etwa der Zeichenregeln zu erkennen: Es ist die volkstümliche Wissenschaft der Kalenderzeichen.

Alles in allem haben wir eine bunte Mischung von Sinn und Unsinn, von Erfahrung und Wissen, von traditionellem Aberwissen magischer Art vor uns. Mit einem rührenden Eifer und seltener Hingabe ist immer versucht worden, die für die menschliche Existenz entscheidenden und von der Wissenschaft oft noch nicht oder nur ungenügend aufgehellten Fragen zu beantworten. Primitives, prälogisches oder magisches Denken als Dummheit zu verwerfen, erscheint deshalb wohl einfach, doch nicht sinnvoll. Vieles in diesem Denken lässt sich «auf die beiden Grundideen der Ähnlichkeit (imitative Magie) und Berührung (sympathetische Magie) zurückführen»[6]. Man sprang beim Tanzen hoch, damit der Flachs ebenso hoch wurde. Man legte Froschlaich gegen Augenkrankheiten (Ähnlichkeit mit Augen) auf; man schlug im Frühling mit grünen Ruten auf den Boden, um die Wachstumskraft der Rute zu übertragen. Man legte die Windeln eines Neugeborenen in einen Acker, um die Fruchtbarkeit zu erhöhen, um nur einige wenige Beispiele anzuführen. Zweifellos mußte es früher oder später zu Widersprüchen und Konflikten zwischen der Logik und der Ratio kommen. Im Kapitel «Genesis und Geschichte» werden wir diesen Konflikt beziehungsweise die Entzauberung eingehend schildern.

Aus dem Bestreben, «die Reste des Aberglaubens» endgültig zu tilgen, sind noch um 1900 die Bauernregeln verdammt worden[7]. Nach den verschiedenen Ausbrüchen des kollektiven Wahnsinns und gestützt auf die Erkenntnisse der Tiefenpsychologie haben wir heute eine etwas andere Betrachtungsweise als die Aufklärer der Jahrhundertwende. Wir wissen, daß – wie C. G. Jung sagte – unsere bewußten Intentionen sozusagen «beständig in geringerem oder stärkerem Maße durch unbewußte Intentionen, deren Ursachen uns zunächst fremd sind, geführt und durchkreuzt werden»[8]. Es gibt keine Einheit des Bewußtseins. Ob wir «an Dämonen des Luftreiches glauben oder an einen Faktor des Unbewußten, welcher mir einen teuflischen Streich spielt», ist völlig irrelevant. Die Tatsache, «daß der Mensch von fremden Mächten in seiner eingebildeten Einheitlichkeit bedroht ist, bleibt nach wie vor dieselbe»[9].

Gerade im Hinblick auf die Bauernregeln und Volkskalender sollten diese psychologischen Tatsachen in Betracht gezogen werden, wenn wir nicht mit hundertjähriger Stilverspätung im Sinne der alten Aufklärer entmythologisieren wollen. In den Bauernregeln begegnen wir immer wieder überindividuellen Tatbeständen, Dingen, die nicht logisch erklärt werden können, aber dennoch auf seltsame und oft unerklärliche Weise manifest werden. In ihnen tritt uns das von C. G. Jung beschriebene kollektive Unbewußte entgegen. Es ist dadurch gekennzeichnet, «daß in ihm die Kategorien der Zeit und der Kausalität nicht wirksam sind»[10]. In ihm haben sich im Laufe der Zeit gewisse Züge – Jung spricht bekanntlich von Archetypen oder Dominanten – herausgebildet[11]. Sie treten vor allem in der dritten Gruppe unserer Regeln, den Beschwörungs-, Mond-, Zeichen- und Wochentagsregeln, auf, und es ist gewiß kein Zufall, daß sie sowohl in den Regeln der Antike als des Mittelalters in gleicher Weise und gleicher Form erscheinen. Keiner der verschiedenen Aufklärungen ist es je gelungen, mit diesen Mythen fertig zu werden. Im Gegenteil, je aufgeklärter und rationaler eine Epoche sich gab, desto größer war und ist die Bereitschaft, solche Mythen zu akzeptieren. C. G. Jung hat denn auch festgestellt, «daß die Manifestationen des kollektiven Unbewußten in Beziehung auf die Bewußtseinslage kompensatorischen Charakter haben». Die Regel vom kompensatorischen Verhältnis zwischen Bewußtseinslage und Unbewußtem – so meint Karl Schmid – gilt gewiß nicht nur für das Individuum, sondern auch für das historische Kollektive. Gerade mit diesem kompensatorischen Verhältnis haben wir bei den Bauernregeln zu rechnen. Sie sind gewissermaßen eine Summe dessen, was im offiziellen, willentlichen Katalog eines Volkes keine Stelle hat. Es ist kein Zufall, daß die Astrologie darin einen hervorragenden Platz einnimmt. Obwohl sie mit den Methoden der Naturwissenschaft kaum zu begründen ist, hat sie, zusammen mit der ebenfalls «suspekten» Alchemie, einen bedeutenden Stellenwert. Sie gehört nach C. G. Jung zu den antiken Repräsentantinnen der Psychologie des kollektiven Unbewußten[12]. Weder Alchemie noch Astrologie haben aber im Raume der modernen Naturwissenschaften Platz. Ein Rückgriff auf den archaischen Standpunkt – so meint W. Pauli –, dessen Einheit und Geschlossenheit mit einer naiven Unwissenheit über die Natur erkauft war, ist für den modernen Menschen offenbar ausgeschlossen[13]. Es ist erstaunlich, daß dieser hervorragende Physiker die Meinung vertrat, daß der Untersuchung der naturwissenschaftlichen Erkenntnis nach außen eine Untersuchung dieser Erkenntnisse nach innen an die Seite gestellt wird. Auf unser Thema bezogen, würde das heißen, daß mit einer Verdammung der Kalendermacher, Astrologen und ihren Nachbetern nichts gewonnen ist. Wir haben uns vielmehr Rechenschaft abzulegen, daß sie seit dem Mittelalter eine bedeutende Rolle spielten und einen weitreichenden Einfluß auf das volkstümliche Geistesleben hatten. Dieser Umstand mag erklären, daß unsere Ausführungen auch Gebiete berühren, die mit Wetter- und Bauernregeln nur eine indirekte Beziehung haben. Betrachten wir indessen die Erscheinungen von innen, so werden wir Symbolen und seelischen Grundtatsachen begegnen, welche während

Jahrtausenden dieselben geblieben sind. Es sind Lebensvorgänge, die gerade ihres numinosen Charakters wegen immer wieder Anstoß zu Symbolbildungen gegeben haben. Der Verstand wird immer Mühe haben, diese Vorgänge zu verstehen. Er dürfte dazu auch nicht das geeignete Instrument sein. Es ist kein Zufall, daß sich die Astrologie als Kunst verstand; «sie wußte wohl, daß es sich um Gestaltungsvorgänge handelt, die nur im Erleben wirklich erfaßt, intellektuell aber nie bezeichnet werden können»[14].

Genesis und Geschichte

Über die Entstehung der Bauernregeln sind wir – dank den Untersuchungen von G. Hellmann – verhältnismäßig gut unterrichtet[1]. Er hat schon um 1923 auf ihren frühen Ursprung hingewiesen. In einer Tübinger Dissertation von 1939 wies E. Knapp in den romanischen Wetterregeln die antike Tradition nach[2]. Im Jahre 1955 legte K. Schneider-Carius eine Geschichte der Wetterkunde und Wetterforschung vor; in drei Kapiteln wird die frühe Wetterprophetie – die ja einen wichtigen Bestandteil der Bauernregeln ausmacht – behandelt[3]. Er zitiert unter anderem das Weltschöpfungslied der Babylonier, in dem erstmals die verschiedene Wirkung der Winde beschrieben wird, und er weist nach, daß in der sumerisch-babylonischen Kulturepoche mit der Astronomie auch die Wetterkunde einsetzt; sie ist wenigstens streckenweise identisch mit einer frühen Astrologie[4]. «Auch das», sagt Herodot, «haben die Ägypter erfunden, welches Gottes jeder Monat, jeder Tag ist, und welches Schicksal, Ende und Charakter der an einem bestimmten Tage Geborene haben wird»[5]. Die zweite große Heimat der Astrologie war Babylon, und einer der Namen des dortigen Volkes, Chaldäer[6], hat hernach bei Griechen und Römern den Sterndeuter als solchen bezeichnen können. Eigentliche Bausteine einer Wetterkunde finden sich im Kulturkreis der Israeliten. So enthält das 5. Buch Moses eine packende Schilderung der klimatischen und agrarischen Verhältnisse, und hier setzt auch jener Ton und jene Denkweise, jener Glaube ein, den wir aus alten und neueren Bauernregeln so gut kennen: Das Wetter wird von Gott gemacht; das gute Wetter, das die Früchte des Feldes hervorbringt, ist der Lohn Gottes. «Hütet euch aber, daß sich euer Herz nicht betören lasse und daß ihr abfallet und dienet andern Göttern und betet sie an und daß dann der Zorn des Herrn entbrenne über euch und schließe den Himmel zu, so daß kein Regen kommt und die Erde ihr Gewächs nicht gibt und ihr bald ausgetilget werdet aus dem guten Lande, das euch der Herr gegeben hat[7].» In ähnlicher Weise spricht Heleliu vom Wetter: «Vom Odem Gottes kommt Eis, und die weiten Wasser liegen erstarrt. Die Wolken beschwert er mit Wasser, und aus der Wolke bricht sein Blitz. Er kehrt die Wolken, wohin er will, daß sie alles tun, was er ihnen gebietet auf dem Erdkreis; zur Züchtigung für ein Land oder zum Segen läßt er sie kommen[8].» Im Buch der Könige schickt Elia seinen Diener auf den Gipfel des Berges, um das Wetter zu beobachten. Dieser aber sprach: «Siehe, es steigt eine kleine Wolke auf aus dem Meer wie eines Mannes Hand. Elia sprach: Geh hin und sage Ahab: Spann an und fahre hinab, damit dich der Regen nicht aufhält[9].» Auch bei den Griechen wurzelt die Anschauung vom Wetter in der Religion. Das Wettergeschehen wird von den Göttern gelenkt. Allerdings kündigt sich bereits ein offener Sinn für eine vorurteilsfreie, vom Glauben gelöste Betrachtung des Naturgeschehens an. Bekannt sind Homers wundervolle und packende Schilderungen der Witterung. Er baut in der Odyssee in die Berichte der Seefahrten meteorologische Beobachtungen und Wetterregeln ein[10]. Hesiod schildert in seiner Schrift «Werke und Tage» Klima, Witterung und Bauernarbeiten. «Man muß» – so sagt er etwa – «die Reben beschneiden, ehe die Schwalben kommen.» Eine andere «Bauernregel» lautet: «Wenn die Schnecke aus dem Boden auf die Stöcke steigt, soll man nicht mehr umgraben[11].» Von Theophrast (2. Jahrhundert v. Chr.) wissen wir, daß die Griechen zahlreiche Wetterregeln besaßen, die den unsrigen verwandt sind: Morgenrot bedeutet schlechte Witterung. Wenn sich Vögel, die nicht im Wasser leben, baden, gibt es schlechtes Wetter. Wenn die Schwalben tief fliegen, wird es bald regnen. Wenn sich ein bestimmter Berg in Nebel hüllt, ist es ein Zeichen von Regen[12]. Wetterregeln finden wir auch in der Georgica Vergils (70–19 v. Chr.). Hier ein Beispiel:

*« Kommt, von Gewölk verhüllt, ihr Rund mit mancherlei Flecken,
Fremd in der Frühe herauf und wölbt sich scheinbar nach innen,
Mach dich auf Regen gefaßt. Es droht vom offenen Meere
Südwind, Bäumen und Feld und den weidenden Tieren verderblich.
Oder wenn eben im Tag, von fahlem Gewölk umgeben,
Strahlen zerteilt aufstehn, wenn matt mit bleichem Gesichte
Aus des Tithonus Safranbett Aurora hervorgeht,
Weh! so verteidigt umsonst den Wein das üppige Laubwerk,
Also gewaltsam prasselt aufs Brachfeld körniger Hagel.
Spät auch, wenn sie bereits des Olympos Bahnen herabsteigt,
Soll man sie prüfend beschaun (denn oftmals sahen wir alle
Über der Sonne Gesicht verschieden wandelnde Farben):
Regen bedeutet das Grau, die feurige Farbe den Südwind;
Zeigt sie sich aber gefleckt und glühn die funkelnden Ränder,
Wirst du gewahren, wie Sturm und Gewölk von jeglichen Enden
Wüten; und keiner verlockt mich dann, nachts über die Meerflut
Auszufahren, vom Land die haltenden Taue zu lösen.
Wenn sie jedoch den Tag herbringt und wieder herausführt
Gülden, ein blendend Rund, so dringt vergebens Gewölk an,
Und du gewahrst die Wälder bewegt von heiterem Nordwind*[13].*»*

Aus dem Altertum sind auch einige Bauernregeln überliefert. Makrobius (4.–5. Jahrhundert n. Chr.) übermittelt einen ländlichen Gesang. Er enthält unter anderem einen Vers, der eine auffallende Ähnlichkeit mit Bauernregeln der neuesten Zeit aufweist: «Winterstaub und Frühjahrsregen bringt, Camill, dir Erntesegen[14].»
Nach M. Heegers ist die gesamte Wetterzeichen-Literatur der Alten auf eine im 4. Jahrhundert v. Chr. entstandene «Grundschrift» zurückzuführen. Auf ihr basieren nicht nur Theophrast, Vergil, sondern vor allem auch das Lehrgedicht von Aratos. Es enthält die erste umfassende Sammlung von Wetterregeln. Da erscheinen zahlreiche Tiere und Pflanzen als Wetterpropheten. Außerdem werden die verschiedensten Zeichen in Haus und Hof betrachtet. Windregeln, Wolken, Regen und andere atmosphärische Erscheinungen tauchen auf. Sodann wird den verschiedenen Aspekten und Erscheinungen von Sonne, Mond und Sternen nachgegangen. Die Regeln sind, wie wir in den Anmerkungen anhand eines Auszugs zeigen wollen, bunt durcheinander gemischt: «Alles ist, wie es eben kam, ohne Zusammenhalt niedergeschrieben mit Wiederholungen, Zersplitterungen und Gedankensprüngen in Hexametern, wie sie jeder sprach- und schreibgewandte Grieche aus dem Ärmel schütteln konnte[15].» Neben verdächtigen Spuren von Fabelei und Eulenspiegelei (Wind ist, wenn die Brandung gegen die Felsklippen donnert) finden wir zahllose Wetterzeichen, die in umfassender Weise Zeugnis ablegen für die Ursprünglichkeit der Naturbeobachtung griechischer Hirten und Bauern.

Auch die römischen Schriftsteller überliefern leider nicht den Wortlaut, sondern lediglich den Inhalt von Bauern- und Wetterregeln. Wiederholt werden mit den Wirtschaftsplänen auch Aufzeichnungen der Gestirne verbunden[16]. Plinius überliefert die Regel:

> *« Futterlaub soll bei abnehmendem Mond gewonnen werden,*
> *sonst beginnt es rasch zu faulen*[17]*. »*

Ähnliche Mondregeln finden wir sowohl im Altertum als in der Neuzeit. Von Cato stammt die Regel:

> *« Ruster, Kiefer, Nußbaum, dies und alles andere Nutzholz*
> *nimm bei abnehmendem Monde nachmittags ohne Südwind heraus*[18]*. »*

Wiederum Plinius sagt, man solle nicht vor dem siebten Tag nach dem kürzesten Tage, besonders wenn es der siebte Tag nach Neumond ist, mit dem Holzfällen beginnen[19]. Wohl den größten Einfluß auf die spätere Bauernregel- und vor allem Kalendertradition übte Palladius aus. In den zwölf Büchern führte er die ländlichen und häuslichen Arbeiten der zwölf Monate vor. Das Buch ist aus Praxis und Literatur, vor allem aus Columella, geschöpft und enthält verschiedene Bauernregeln[20]. Sie betreffen vor allem auch Waldbau und Holznutzung. Nach Palladius soll Holz zwischen dem 20. und 30. Januar bei abnehmendem Mond gefällt werden[21]. Plinius sowie die Geoponica (Sammlung von landwirtschaftlichen Texten aus Byzanz) überliefern sodann auch die Lostage. Schon damals hat man aufgrund des an bestimmten Tagen herrschenden Wetters, beispielsweise Wintersonnenwende, Aufgang des Hundssterns, das Wetter für eine bestimmte Zeitspanne vorausgesagt. Zusammen mit der Astrologie gewinnen die Lostage in der Spätantike an Bedeutung. Man hat damals den Planeten und Sternen nicht nur Einfluß auf die Jahreswitterung, sondern auch auf die Geschicke der Menschen zugeschrieben. Die Chaldäer – wie man in Rom alle Sterndeuter nannte – begannen Horoskope zu stellen[22]. Sowohl Lostags- wie astrologische Regeln wurden beinahe nahtlos von der Spätantike ins frühe Mittelalter übernommen. So findet sich etwa unter den Werken des schottischen Kirchenvaters Beda venerabilis (um 673–735) eine Pronostica temporum, die je nach dem Wochentag, auf den das Neujahr fällt, das Wetter des kommenden Jahres voraussagt. Der Weihnachtstag als Lostag ist erstmals in einer angelsächsischen Handschrift von 1120 belegt[23].

Hellmann hat nachgewiesen, daß die Prognostikschreiber und Kalendermacher des Mittelalters sich nicht auf die Originalschriften ihrer griechischen und römischen Vorgänger, sondern auf die Traktate der Araber stützten, welche die astrologischen und astronomischen Schriften der Antike im 12. und 13. Jahrhundert ins Lateinische übersetzten. Es scheint, daß vor allem das 14. und 15. Jahrhundert eine eigentliche Blütezeit der Astrometeorologie und Astrologie gewesen ist[24].

Es war auch eine Blütezeit des Kalenders. Unter den Begriff Kalender fallen ganz verschiedene Sparten, die in mannigfaltiger Weise kombiniert erscheinen und nur schwer voneinander getrennt werden können. Als Kalender muß man schon die urtümlichen Kerbholzstäbe und Runenkalender bezeichnen, auf denen Striche und Zeichen alle Tage des Jahres und auch gewisse Feste markieren. Ihre Nachfolger sind die Mandel- oder Bauernkalender, die in zwölf Reihen die Tage jedes Monats durch schwarze Dreiecke (Werktage) und rote Dreiecke (Sonntage) bezeichnen und die wichtigsten Heiligen sowie Hinweise auf Sonnen- und Mondstand, Aderlaß-, Haarschneide-, Nägelschneidetage durch Bildchen und Zeichen geben. Die Beschriftung fehlt oft ganz; man hat offenbar an Analphabeten gedacht. Für Geistliche und Gelehrte wurden Ephemeriden oder Direktorien hergestellt, welche die Tage und Feste sowie die erforderlichen Sonntagsbuchstaben, manchmal auch Laßtafeln, enthielten. Zu ihnen stießen die Praktiken, Kalender oder Büchlein, welche die Wetterregeln und Wettervoraussagen zusammenfaßten. Sie nehmen in der Kleinliteratur des späten Mittelalters einen ganz erheblichen Raum ein. Offenbar gab es schon damals in bäuerlichen Kreisen viele des Lesens kundige Leute; sie haben wahrscheinlich die Bauernpraktiken den des Lesens unkundigen Nachbarn vorgelesen. Zu den Bauernpraktiken kommen schließlich die Schreibkalender, welche neben den Angaben über den einzelnen Tag freien Raum für die Notizen des Besitzers enthalten. Der Schreibkalender hat sich allmählich zum Unterhaltungskalender entwickelt; er ist aus der Kleinliteratur der letzten Jahrhunderte nicht mehr wegzudenken und stellt eine einmalige Quelle für die Geschichtswissenschaften dar. Die verschiedenen Bauernpraktiken und -kalender haben die Bauern- und Wetterregeln tradiert. In welcher Weise dies im einzelnen geschah, wird an anderer Stelle erörtert. Woher bekamen die Verfasser die Bauern- und Wetterregeln? Diese Frage sei anhand einiger Beispiele erörtert. Im Jahre 1505 erschien in Augsburg Leonhard Reynmans Wetterbüchlein «Von warer erkanntnuß des wetters»[25]. Dieses Wetterbüchlein stellt nichts anderes dar als eine geschickte Zusammenstellung der Wetterzeichen und meteorologischen Regeln aus dem astrologischen Traktat des Guido Bonatti «De ymbribus et de aeris mutationibus» von 1491 und aus Firmin de Bellevals anonym erschienenem «Opusculum repertorii pronosticon in mutationes aeris» von 1485. Diesen meteorologischen Angaben fügte Reynman gereimte Bauernregeln bei. Hat Reynman diese von Bauern erhalten und sie ins reine gebracht? Ein Vergleich seiner Verse mit den Regeln der Antike zeigt ein überraschendes Resultat. Manche dieser «Bauernregeln» finden sich schon bei Theophrastus, Vergil, Aratus und Plinius. Zweifellos ist auch landläufiges Sprachgut in Reynmans holprige Reime verarbeitet. Schon drei Jahre nach Reynman erschien eine weitere Bauernpraktik: «In diesem biechlein wirt gefunden der Pauren Practick unnd regel, darauff sy das gantz jar ain auffmercken haben und halten[26].» Dieses

Büchlein hat bis 1854 nicht weniger als vierunddreißig datierte und fünfundzwanzig undatierte Neudrucke erlebt. Außerdem liegen neunzehn Übersetzungen ins Französische, neun ins Tschechische, verschiedene Übersetzungen ins Englische, Holländische, Dänische, Norwegische und Schwedische vor. Das Büchlein ist in Prosa abgefaßt, und es existieren davon auch drei Schweizer Ausgaben von 1517 bis 1520. Sie erschienen unter dem Titel «Der buren practica» und brachten Teile des Inhalts in Reimen. Am Anfang wird ein Heiny von Ure erwähnt, der eine Kapelle und Pilgerherberge am St. Gotthard errichtet habe. Wir wissen nicht, ob wir in ihm den Verfasser des Büchleins annehmen müssen; deutsche Bearbeitungen der ursprünglichen Bauernpraktik haben seit 1556 «Henricus von Uri» als Verfasser angegeben. Heiny von Ure existiert in der Legende; er hat aber offenbar nichts mit der Bauernpraktik oder der schweizerischen Umarbeitung zu tun, denn er lebte schon im 13./14. Jahrhundert. Die schweizerische Bearbeitung stellt im übrigen nur eine Kurzform dar. Der oder die Verfasser dieser Bauernpraktik haben aus verschiedenen Quellen geschöpft. So finden sich zum Beispiel die zwölf als gut bezeichneten Freitage, «die zwölf goldenen Freitage», bereits in italienischen Handschriften des 14. Jahrhunderts, wie Bolte nachgewiesen hat[27]. Auch das Pronosticon des Schotten Beda lag zugrunde. Allerdings ist der Beda-Text verändert und wohl aus einer mittelalterlichen Handschrift übernommen worden. Die Bauernpraktik von 1508 hat sich sodann auch auf Reynmans Wetterbüchlein von 1505 gestützt. So finden wir beispielsweise das Eichapfelorakel (Gallapfel) schon in der Bauernregel Reynmans. Rosenfeld hat nachgewiesen, daß in manchen Regeln auch alte Zaubersegensformeln erscheinen. Die schweizerischen Ausgaben enthalten neben fremdem Lehngut verschiedene Partien, die älterer schweizerischer Tradition entsprechen. Sehr zahlreich sind die Lostage, ebenso die Regeln, die sich auf die Beobachtung von Nebel und Tau beziehen. Sie erscheinen zwar teilweise schon in der antiken Literatur, sind aber zum andern Teil auch selbständige Neuschöpfungen. Zu den Kalenderschreibern gehörte unter andern auch der Basler Humanist Pamphilius Gengenbach (Prognostik 1515), der Zürcher Arzt Christoph Gyger (1599), die Basler Sebastian Münster (1533) und Heinrich Knäblein (1580) sowie Theophrastus Paracelsus (1524). Schließlich kommen hinzu: Der Berner Johann Huldreich Ragor von Herzogenbuchsee (1582), der St. Galler Leonhard Straub (1582), der Zürcher Humanist Johann Wilhelm Stucki (1588). Kürzlich ist in der Bayerischen Staatsbibliothek ein von Froschauer 1574 gedruckter Zürcher Bauernkalender entdeckt worden[28]. Darin sind alle wichtigen Heiligentage aufgeführt; außerdem werden aus dem lateinischen «Cisiojanus» verschiedene Heilige aus dem alemannischen Sprachraum übernommen. Dazu kommen einige spezifische schweizerische Heilige. Die Aussagen über das Wetter sind nicht sehr zahlreich; doch die landwirtschaftlichen Anweisungen sind verhältnismäßig spärlich. Gegenüber früheren Bauernkalendern wird eine gereimte Bauernpraktik gegeben. Die Verse halten sich weitgehend an den Text von 1508; manche sind jedoch neu formuliert[29]. Der Bauernkalender von 1574 hat erstmals auch neue Bilder gebracht. Anstelle des gebräuchlichen Februarbildes (Wärmen am offenen Feuer) wird das Pflanzen von Sträuchern und Anbinden an ein Spalier gezeigt. Rosenfeld hat nachgewiesen, daß die Sträucher eine große Ähnlichkeit mit jenen von Hieronymus Brunswig (Destillierkunst, Straßburg 1500) aufweisen. Auch der Gartenzaun, der in verschiedenen Bildern erscheint, gleicht in auffallender Weise dem Zaun im Destillierbuch von 1500[30].

Das 17. Jahrhundert übernahm diese Tradition. Auch damals erschienen verschiedene Kalender mit Bauernregeln. Bekannt ist der in Basel herausgegebene Rosius-Kalender. Sein Gründer, Jakob Rosius, wurde 1595 in Biberach in Schwaben geboren und kam 1620 nach Basel. Die Familie trug ursprünglich den Namen Roß. Jakob hat ihn, dem Brauch der Zeit folgend, latinisiert. Nach dem Studium kam Rosius nach Biel, wo er sich mit Kalenderfragen zu beschäftigen begann. Seine Kalender und Prognostiken erschienen im Verlage von Hans Cunrad Leopard in Basel. Im Jahre 1646 erschien sein «generale Calendarium Astronomicum et astrologicum Exhibens Solis et praecipuarum Fixarum veros ortus et ocasus ...[31]. Immerwährendes Jahrbuch, dies ist ein allgemeines astronomisches und astrologisches Kalendarium, enthaltend die wahren Aufgänge und Untergänge der Sonne und der hauptsächlichsten Fixsterne, ihren natürlichen Einfluß auf die einzelnen Monatstage und die entsprechenden Grade des Tierkreises, alles berechnet auf den Horizont bei der Höhe des Himmelspoles von 47 Grad und auf das Jahr Christi 1646.» Rosius starb am 20. August 1676 in Biel. Nach ihm genannte Kalender erschienen bis zum Jahre 1931.
Neben den Kalendern und Bauernpraktiken haben auch die Hausväter mitgeholfen, die Bauernregeln aufzuzeichnen und zu tradieren. Als Hausväter bezeichnet man herkömmlicherweise die Agrarschriftsteller des 16. und 17. Jahrhunderts, die in weitausladender, barocker Fülle Regeln und Anleitungen zur Hauswirtschaft, zur Land- und Forstwirtschaft übermitteln. Ihre Werke, Hausbücher oder Hausväter genannt, enthalten auch technisches, astronomisches, ja astrologisches Wissen; neben Kochrezepten finden sich mancherlei Mittel der Hausmedizin und sogar Alchemie, kurzum ein ganzes Sammelsurium von Wissenselementen verschiedener Art und auch Qualität. Von größter Wirkung waren in unserem Land das Hausbuch des Deutschen Coler, sodann die «Georgica curiosa» des österreichischen Freiherrn Wolf Helmhard von Hohberg und schließlich das in Genf gedruckte Werk des Franzosen De Serres. Ferner erschien in Basel auch ein schweizerischer Hausvater. Es ist Königs «Georgica Helvetica curiosa». König hat – wie wir seinen Zitaten entnehmen können – die antike Literatur gekannt. Außerdem hat er, obwohl er sich über die Kalenderschreiber lustig mach-

te, Teile aus den Bauernpraktiken wörtlich übernommen. Daneben nahm er auch landwirtschaftliche Regeln auf; er hat dies recht hübsch begründet: «Weilen in den jährlich neu gedruckten Calendern allerhand Regeln von der Witterung auf gewisse Tage des gantzen Jahrs zu finden, selbige auch in der sogenannten Bauern-Practick zu Basel gedruckt zu lesen, solche aber nicht allzeit zutreffen, ja viele derselben auf Aberglauben gegründet, so wollen wir allein jeniges, so auf einigen guten Grund der Wahrheit und Erfahrung zu stehen vermuthet werden kann, allhier vorstellen[33].»

Die Hausväterliteratur hat, obwohl sie sich auf einen volkstümlichen Erfahrungsschatz stützte, das Volk kaum erreicht. Anders verhält es sich mit dem im 18. Jahrhundert anschwellenden Strom der Volksbüchlein und Kalender. Vor allem die Kalender werden zum hervorragenden Traditionsträger der Bauernregeln[33]. Mancher Kalendermacher befand sich schon damals in einem Dilemma. Sollte er auch jene Regeln übernehmen, die zwar gerne gelesen und geglaubt, jedoch kaum in Einklang zu bringen waren mit dem Geist der mächtig wirkenden Aufklärung? Sollte er dem Aberglauben, welcher «bey vilen Leuten dergestalten überhand genommen, da sie bald mehrer und Glaubwürdiger darauff halten, als auff das Heil. Evangelium», entgegentreten und den Kalender «in Abgang kommen lassen»[34]? Hans Trümpy zeigt am Beispiel eines Luzerner Kalenders aus dem Anfang des 18. Jahrhunderts diesen Zwiespalt auf. Der Luzerner Kalendermacher hat vor allem die Tagwählerei bekämpft und sich dabei, wie H. Wanner nachweisen konnte, fast ausschließlich auf Anhorns im Jahre 1674 erschienene Magiologie gestützt. Daß «der aufgeklärte katholische Luzerner Kalendermann die Waffen für den Kampf gegen den Aberglauben unbedenklich von einem reformierten Pfarrer entlieh, den Lesern aber die Herkunft verschweigen mußte», dürfte verständlich sein[35]. In den von A. Gattlen untersuchten Walliser Kalendern wird der Kampf gegen Aberglauben und astrologische Praktik um die Mitte des 18. Jahrhunderts aufgenommen[36]. Vor allem das Kapitel, das von den Krankheiten spricht, verrät den neuen, rationalistischen Geist: «Nit nur Menschen und Vieh / sondern auch die leblosen Creaturen seynd zwar denen Kranckheiten unterworffen / aber bei keiner von disen Creaturen ereignen sich so vil und zerschidentliche Kranckheiten als bey denen Menschen; und dises kommt ohne Zweiffel neben anderem auch daher / weilen der Mensch den Gebrauch seiner Vernunfft offt solcher Gestalt beyseit setzet (ohne von anderem unordentlichen Leben zu reden), seinen Magen mit Speiß und Tranck über und wider Natur anfüllet / welches nicht leicht von einem ohnvernünfftigen Vieh geschehen wird / und wordurch nothwendig der Gesundheit Abbruch geschehen muß. Also ist wohl zu besorgen / daß auch in disem Jahr nicht nur von zufälligen / sondern auch selbst zugezogenen Kranckheiten / mehr als genug zu hören seyn wird[37].»

Im Gegensatz zu früheren Ausgaben enthält der Kalender von 1753 keine Prophezeiungen, sondern Mahnungen zu Gottvertrauen und vernünftigem Handeln. Zwar sind die Wetterprophezeiungen noch in Beziehung gesetzt zur Konstellation der Planeten; ihre Formulierung ist indessen kurz und nüchtern: «Der Frühling nimmet seinen Anfang / wann die Sonn in das erste Zeichen des Widders eintrittet / und uns Tag und Nacht gleich lang machet / welches geschihet den 20. Mertz um 11. Uhr Vormittag. Des Frühlings Haupt-Regent ist der Saturnus / im April der Mars / im May die Venus / und im Brachmonat der Jupiter. Nach disen Regenten die Witterung auf folgende Weiß seyn dörffte: Der April zeiget sich anfangs zimlich fein / bald aber zimlich sturmisch und unlustiges Wetter / das End aber mit lieblichem Sonnenschein[38].»
Die andern astrologischen Rubriken wie astrologische Monatstabellen und Laßtafeln sind im Kalender von 1750 noch in der alten Form erhalten; ihre Glaubwürdigkeit wird nicht angezweifelt. Im Kalender von 1762 werden indessen ernste Zweifel laut: «Wer sollte wohl einem Menschen auf eine gantze ([Woche] und also vil weniger auf ein gantzes Jahr) hin Bürgschaft vor seine Gesundheit leisten können? weder aus dem Lauff des Gestirns, noch aus der Vernunfft kan eine solche Gewährleistung hergeleitet werden[39].»
Noch wagte man keine Änderung der üblichen Kalenderprophezeiungen. Im Kalender von 1782 wird auch diese Tradition angezweifelt: «Wenn das in dem Calender enthaltene Wetter-Prognosticon seine Richtigkeit hätte, so könnte man daher auch von dem guten oder schlechten Fortkommen diesen oder jenes Erdgewächses mit Zuverlässigkeit etwas vorher verkünden. Da aber die Erfahrung den Ungrund der Wetter-Prophezeiungen erweiset, so bleibt auch die aus astrologischen Regeln hergeleitete Verkündigung von der Fruchtbarkeit oder Unfruchtbarkeit eines Jahrgangs eine ungegründete Sache[40].»
Trotz dieser Kritik wurden die Wetterprognosen regelmäßig und unverändert weitergeführt. Eine Änderung hätte zweifellos die Leser zum Widerstand gereizt. So sah sich der Kalendermacher im Jahre 1786 gezwungen, gleichzeitig mit der neuen «rationalistischen» Praktik auch die astrologische wieder erscheinen zu lassen. Beide Praktiken stehen allen Zeitströmungen, politischen, wirtschaftlichen sowie kulturellen Wirren zum Trotz einträchtig bis in die zwanziger Jahre des 19. Jahrhunderts nebeneinander. Im Kalender von 1826 werden indessen die alte astrologische Praktik sowie gewisse Bauernregeln scharf angegriffen. Erstmals wird auch zwischen Astronomie und Astrologie unterschieden: «Astronomische Berichte sind solche, die uns melden, was in betreff der Jahreszeiten, der Sonnen- und Mondfinsternisse usw. aus den Beobachtungen der Sterne erkannt wird... Astrologische Berichte aber sind Wahrsagereien aus den Sternen, an die kein vernünftiger Mann und selbst kein Kalendermacher mehr glaubt. Kein gescheiter Landmann sieht heutigen Tages mehr nach den Kalenderzeichen, ob gut säen oder ackern sei, ob das Wetter schön oder schlecht komme?

Darum werden wir in Zukunft diese Wetterprophezeiungen gänzlich hinweg lassen, weil sich der Bauersmann (gleich früherhin) auch im gegenwärtigen Jahre genugsam überzeugen kann, wie wenig solche mit der stattfindenden Witterung übereinstimmen und folglich keinen Glauben verdienen[41].» Die beliebten Zeichen wurden zwar beibehalten, doch umgedeutet: «Statt der früheren ‹gut› zum Aderlassen, zum Purgieren, zum Kinderentwöhnen, zum Holzfällen usw. sollten diese Zeichen nun angeben: Gut: reinlich sein. Gut: sich in der Geduld üben. Bös: Hauskreuz haben. Gut: Schulden zahlen. Bös: über den Durst trinken. Gut: arbeiten und beten. Bös: übler Laune sein. Gut: nicht zu viel Kaffee trinken[42].»

Einen ähnlichen Versuch hatte Heinrich Zschokke im «Schweizer Boten» schon 1805 unternommen. In seiner Autobiographie beschreibt er dieses Unternehmen: «Es lag mir alles daran, noch in die dunklen Hütten der Ärmsten, die kein Buch, kein öffentliches Blatt, höchstens im Jahr einen Kalender um wenige Kreuzer kaufen und lesen, Licht zu bringen. Ich ward demnach auch noch Kalendermacher, und, um nicht dem Landmann anstößig zu werden durch Verletzung seines ihm anerzogenen Aberglaubens, mußten im ‹Schweizerboten-Kalender›, Bauernregeln, und ‹Kinder in diesem Zeichen geboren›, Aderlaßmännlein und Wetterprophezeiungen, astrologische Zeichen und anderer Bocksbeutel, getreulich beibehalten werden. Nur erlaubte ich mir, sie nach und nach, unter mutwilligen Scherzen, in die wirksamsten Mittel zu verwandeln, den Unflat der Spinnstuben-Weisheit wegzufegen, den man seit Jahrhunderten ‹mit gnädiger Erlaubnis der Obern›, unter den Strohdächern der dürftigsten Volksklasse angehäuft. Man lachte und las. Weit mehr aber als der Beifall freute mich, daß die übrigen Kalendermacher, aus redlichem Sinne, oder aus Brotneid, sich dann um die Wette beeiferten, wie sonst aus Aberglauben, nun aus Aufklärung des gemeinen Mannes, Profession zu machen, und den Schweizerboten sogar zu überbieten. Nach drei oder vier Jahren überließ ich zufrieden meinen Kalender andern Händen. Der Weg zum Bessern war ja angebahnt[43].»

Unter dem Druck der Leserschaft hat mancher Kalendermacher die alten astrologischen Zeichen wieder aufgenommen oder weitergeführt. Einzelne haben sich jedoch, wie der Walliser Kalendermacher, recht elegant aus der Affäre gezogen. Ähnlich wie Zschokke hat er jedem Abschnitt ein paar Zeilen eingefügt, in welchen er im Stile der alten astrologischen Anweisungen «vernünftige» Ratschläge gab. So steht im Kalender für 1832 für die Monate Januar und Februar: «Im Jenner und Hornung ist für Mannspersonen gut, Geldverdienen, wo sie zu Hause und auf ihrem Felde nicht zu arbeiten haben, z.B. da, wo gestraßet wird. Nicht gut ist, hinter dem Ofen liegen, denn es gibt gern faule Haut. – Für das Weibervolk ist gut, Wolle, Werch und Flachs spinnen. – Nicht gut ist, zu Dorf- und Abendsitz gehen, denn es wird gewöhnlich mehr geschwätzt als gethan.» Für den März hieß es: «Im März ist für die Männer gut, ins Rebwerk gehen, sonst tragen die Fremden tausend und tausend Kronen aus dem Land. – Nicht gut ist, Tabak rauchen, denn es kostet Geld und schadet der Gesundheit. – Für die Weiber ist gut, Strangen buchen und weben. – Nicht gut ist, die Kinder mit bloßen Fersen herumgehen lassen, sonst schinden sie die Füße und die Leute sehen's» – Im Oktober: «Im Weinmonat ist gut, zu dem Wein Sorg zu haben. – Nicht gut, wenn man Kopfweh hat, sonst muß man die übrigen Monate das Kopfweh mit Wasser kurieren, und dennoch viel Durst leiden. Nicht gut, Söhne und Töchter an den Wein gewöhnen, sonst werden sie als Väter und Mütter zu oft gehn schauen ob's zur Spiene tropfe.»

In ähnlicher Weise sind die entsprechenden Texte auch für die übrigen Monate abgefaßt. In den nächsten zwei Jahren (1833/34) wurden ebenfalls praktische Ratschläge in die Prognosen eingefügt; sie sind sachlich und nüchtern, nicht mehr, wie 1832, in ironisierendem Tone gehalten. Dagegen verulkte der Kalendermann in diesen beiden Jahrgängen die Monatshoroskope: «Kindlein, im Zeichen des Wassermanns geboren, lieben zwar das Wasser, aber den Wein noch mehr; haben dafür oft gutes Gedächtnis für Wirtshäuser, schlechtes für Schulden. Drum soll man diesen Gedächtnisfehler frühzeitig bessern, damit nicht zu spät Weibel und Schuldenbrot nachhelfen müssen.» «Kindlein in dem Zeichen der Jungfrau geboren haben im Alter von zwanzig Jahren, als Knaben, fast immer eine Jungfrau im Kopf, und als Jungfrauen, den Wunsch, bald Frauen zu werden. Das ist eine unvermeidliche Folge ihres Zeichens.»

Auch in den übrigen Kalenderteilen ist keine Gelegenheit versäumt worden, um alles, was mit der Astrologie zusammenhängt, als Aberglauben und Unsinn darzustellen. Es scheint aber wenig gefruchtet, ja den Kalendermacher seiner Arbeit überdrüssig gemacht zu haben, denn von 1835 an erschien der Kalender ein Jahrzehnt lang wieder in der früheren Gestalt[44].

Ein letzter großer Reformversuch in den Jahren 1848–1853 endete mit halbem Erfolg. Offenbar war damals die astrologische Tradition immer noch so stark, daß man ihr Rechnung tragen mußte.

Nicht besser ging es andern Kalendermachern. So hat Johannes Tobler, der verantwortliche Redaktor des berühmten Appenzeller Kalenders, vor den Voraussagen gewarnt: «Sintemalen kein Mensch auf der ganzen Welt etwas Gewüsses von Zukünftigem sagen kann[45].» Spätere Herausgeber kamen dem Bedürfnis nach astrologischen Regeln eher entgegen; sie befanden sich, wie G. Thürer bemerkt, allerdings in der guten Gesellschaft des hochgebildeten Johann Peter Hebel, der fand, ohne die astrologischen Practica und die Aderlaßmännchen komme der Kalendermann nun einmal nicht aus, und es sei besser, «den Geschmack des Publikums zu benutzen, als zu beleidigen»[46]. Eine bemerkenswerte Ausnahme von dieser Regel machen einige landwirtschaftliche Kalender. Ihre Blütezeit war teilweise recht kurz und ihr Wirken beschränkt. So erschien der Almanach du cultivateur du Léman, den Charles J. M. Lullin in Genf herausgab, nur in den Jahren 1812 und 1813. Sein Nachfolger, Le cultivateur du Canton de Genève, brachte es auf fünf Jahrgänge. Mehr Erfolg war dem 1847 erstmals erschienenen Neuen Bauernkalender des landwirtschaftlichen Vereins des Kantons Solothurn beschieden[47]. An der Tradierung der alten Bauernregeln waren diese Kalender kaum beteiligt, ja auch nicht daran interessiert. Ihnen ging es in erster Linie um die Rationalisierung der Landwirtschaft mittels neuer Erkenntnisse. Ihre Herausgeber waren Aufklärer im eigentlichen Sinn des Wortes. Sehr schön kommt das im Solothurner Bauernkalender für das Jahr 1852 zur Geltung. Zunächst wird festgestellt, daß der Kalendermacher «nicht viel auf den Prophezeiungen des hundertjährigen Kalenders hält»... «Viele alte Wetter- und Bauernregeln beruhen auf einem verständigen Grund und haben ihre Richtigkeit, andere jedoch bewähren sich, wenn man sie genauer untersucht, keineswegs. Es geht ihnen, wie manchem Andern, was das helle Sonnenlicht nicht ertragen kann[48].» Eingehend kommt sodann der Kalendermacher auf den Einfluß des Mondes zu sprechen: «Wenn wir schon nicht dem hundertjährigen Kalender glauben, wenn er sagt, das Jahr 1852 stehe extra unter der Regierung des Mondes, so können wir doch nicht läugnen, daß dieser unsrer Erde von allen am nächsten stehende Weltkörper verschiedenartigen Einfluß auf uns und unsre Umgebungen ausübe. Als Beispiele wollen wir anführen: die Ebbe und Fluth auf dem Meer; das größer und kleiner werden der Kröpfe bei Menschen; der ruhige oder gereizte Zustand bei Gemüthskranken; das Verhalten der Nachtwandler u.s.w. Wichtig für Land- und Hauswirthschaft sind nachfolgende von verständigen Leuten gemachte Beobachtungen: 1. Bei wachsendem Monde sind die Bäume saftflüssiger als beim abnehmenden. 2. Das bei wachsendem Monde gefällte Holz trocknet langsam aus, ist dem Wurmfras unterworfen und nicht haltbar. 3. Geräthschaften, als: Leitern, Gabeln, Rechen, Wagnerarbeit u. dgl., welche aus Holz verfertigt sind, das bei abnehmendem Mond gefällt wurde, werden leichter und zugleich dauerhafter. 4. Baumwunden bei abnehmendem Monde gemacht, vernarben leichter als bei wachsendem Monde. 5. Weiden bei abnehmendem Monde geschnitten, sind zäher und haltbarer. 6. Die beschnittenen Weinstöcke fangen bei wachsendem Mond zu weinen an. 7. In sehr strengen Wintern zerbersten die Bäume nur bei zunehmendem Monde. Es wird ferner auch behauptet, daß Obst, welches bei wachsendem Mond vom Baume gefallen, schneller faule, Gemüse im wachsenden Mond gesäet üppiger wachse, Salat leichter aufstengle, Rüben, Rübli, Rettig mehr ins Kraut wachsen, als Wurzeln ansetzen; bei abnehmendem Monde das Zweyen, bei wachsendem das Oculieren besser gerathe u.s.w. – Der Kalendermacher ist aber nicht sehr gläubig in diesen Punkten; er möchte zuerst selber sehen und erfahren.»

Die Bauernregeln werden im 19. Jahrhundert auch mündlich tradiert. Es ist ein seltenes Glück, daß der deutsche Gelehrte Wilhelm Mannhardt bei seiner großangelegten schriftlichen Befragung über «agrarische Gebräuche und Erntesitten» 1865 Fragebogen auch in die Schweiz gesandt hat. Aus der Schweiz gingen rund vierzig Antworten ein. Sie sind im Schweizerischen Archiv für Volkskunde teilweise erstmals veröffentlicht worden[49], und wir haben die darin enthaltenen Bauernregeln in unsere Sammlung aufgenommen. Sie zeigen, daß damals die Tradition, allen Angriffen zum Trotz, noch mächtig war und daß die Regeln alle Sparten beschlagen: Neben den Zeichen-, Lostags- und Tagwahlregeln finden wir eine grosse Zahl von eigentlichen Wetterregeln. Daneben gibt es viele Ernteregeln; lediglich die Tierhaltungsregeln fehlen, was auf die Struktur des Mannhardtschen Fragebogens zurückzuführen ist.

Im 20. Jahrhundert scheint die Entwicklung zunächst ungebrochen weiterzugehen. Wie die verschiedenen Sammlungen und Inventuren zeigen, ist die mündliche Tradition bis in die dreißiger Jahre hinein mächtig. Auch die Kalender übernehmen, freilich in ungleichem Ausmaß, alte Bauern- und Wetterregeln. Die Popularität der Kalender selber hat in dieser ersten Phase noch keine Verluste zu verzeichnen. In den letzten Jahrzehnten allerdings beginnt sich eine Wandlung abzuzeichnen. Mancher Herausgeber identifiziert sich nicht mehr mit den astrologischen Prophezeiungen, und selbst die Bauernregeln werden nicht mehr im alten Umfang aufgenommen. Das Walliser Jahrbuch beispielsweise enthält lediglich noch Sinnsprüche allgemeiner Art. Der Bündner Kalender bringt neben wenigen Bauernregeln noch eine Rubrik «Mutmaßliche Witterung». Der Hinkende Bot von Bern publiziert Bauernregeln für einzelne Monate; der neue Appenzeller Kalender (Häädler Kalender) sowie der Zuger Kalender bringen eine Rubrik «Mutmaßliche Witterung nach dem Hundertjährigen Kalender». Der Schweizerische Bauernkalender wie auch der Nidwaldner begnügen sich ebenfalls mit der Publikation des Hundertjährigen Kalenders. Der Zürcher wie der Schwyzer Kalender publizieren zusätzlich alte Kalendersprüche, Lebensregeln und Winke für den Gartenbau, während der Véritable Messager Boiteux de Berne et de Vevey sich mit der Herausgabe eines astronomischen Kalenders begnügt. Verhältnismäßig viele Bauernregeln bringt der Alpenhorn-Kalender. Ein Vergleich dieser Regeln zeigt, daß von Jahr zu Jahr nur geringfügige Varianten vorgenommen werden. Manchmal werden nur wenige Regeln, manchmal gar keine publiziert. Eine Rückfrage beim Verlag ergab, daß dies mit den Inseraten und dem zur Verfügung stehenden Platz zusammenhänge. Auch im Hinkenden Boten werden (wohl aus den gleichen Gründen) oft keine Wetterregeln aufgeführt.
Seit dem Ende des Zweiten Weltkrieges ist die mündliche Tradition der Bauernregeln schnell und stark zurückgegangen. Auf einen Aufruf

in Radio und Presse reagierten nur verhältnismäßig wenige Personen, was allerdings damit zusammenhängt, daß sowohl Bauern wie Förster nur ungern zur Feder greifen und im allgemeinen eine gewisse Abneigung besteht, Fragebogen auszufüllen. Von rund vierhundert befragten Bauern und Bäuerinnen haben lediglich hundert Personen Bauernregeln gekannt. Von diesen hundert Personen haben auf die Frage: Brauchen Sie irgendwelche Kalender, nach welchen Sie Ihre Arbeiten verrichten? 55% mit Nein geantwortet, 33% entfielen auf Ja, die restlichen Befragten beantworteten die Frage nicht. Etwas mehr als diese Zahlen besagen einzelne Bemerkungen der Befragten. «Beim Kalender interessiert mich» – so meint eine Gewährsperson – «vorwiegend der historische und heimatkundliche, weniger der astronomische Teil.» Andere Gewährspersonen «benützen den Kalender, schauen auf dessen Aussagen, ohne jedoch eigentlich daran zu glauben». Ein Walliser Förster meint, der Kalender, welcher Wetter- und Bauernregeln überliefere, erweise der Land- und Forstwirtschaft einen Dienst: «Die Wetter- und Bauernregeln kann man nicht als reinen Aberglauben abtun; die meisten dieser Regeln beruhen auf jahrzehntelangen Beobachtungen.» Ein Landwirt aus der Region Davos glaubt, daß man vor einigen Jahrzehnten noch sehr auf die Kalenderzeichen geachtet habe und deshalb den Kalender auch wirklich benötigte. Heute stehen wir vor einer völlig veränderten Situation. Sie kommt zum Ausdruck in einer Antwort eines jüngeren Bauern im Kanton Aargau: «Ich arbeite nicht nach dem Kalender, sondern richte mich nach dem Barometer, der Wetterprognose und dem eigenen Gefühl.» Manche Benützer von Bauernregeln geben sich, wie auch andere Antworten zeigen, Rechenschaft über den tiefgreifenden Wandel in der Landwirtschaft und dessen Folgen für die Tradition der Bauernregeln selber. Im Diemtigtal haben 42% der Befragten der Meinung Ausdruck gegeben, daß es vor allem die Erkentnisse der modernen Landwirtschaft seien, welche für das Aussterben von Arbeitsbräuchen, Bauernregeln, Erfahrungen und Überlieferungen verantwortlich seien. 36% machten den Zeitmangel geltend, wobei sie wohl auf die Rationalisierung und Mechanisierung und die viel stärkere Anspannung im Arbeitsprozeß anspielten; 9% glaubten, es seien der Wohlstand, neue Ideologien der jüngeren Generation, die diesen Prozeß verschulden, während 7% die heutige Landwirtschaftspolitik (die eine gewisse Strukturänderung und vor allem auch Rationalisierung anstrebt) verantwortlich machen und 6% der Meinung sind, daß diese Wandlung vor allem den Massenmedien wie Fernsehen und Radio zuzuschreiben sei[50]. Aus der großen Anzahl von Antworten, die uns auf unseren Fragebogen aus allen Teilen der Schweiz zugingen, möchten wir lediglich eine kleine Auswahl vorlegen. Die Antworten bestätigen im großen ganzen das von Koellreuter fürs Diemtigtal erarbeitete Bild, verdeutlichen aber die einzelnen Ursachen: «En agriculture, c'est souvent le temps qui commande, et nous sommes obligés d'aller d'après», sagt ein Gewährsmann aus Engollon NE im Val de

Ruz. Ein älterer Landwirt aus dem Hasliberg stellt etwas resigniert fest, daß die ältere Generation umstellen mußte. «Die Mechanisierung mit ihrem ‹Gehascht› hat uns eines andern und bessern belehrt.» In ähnlicher Weise meint ein Prättigauer Bauer: «Die Mechanisierung, die große Arbeitsfläche und der Mangel an Arbeitskräften zwingt uns zu einem eigentlichen Draufgängertum.» «Man muß» – so betont ein junger Bauer aus der Innerschweiz – «die Arbeit ausführen, wenn es das Wetter erlaubt und wie es die Zeiteinteilung verlangt.» Ein junger Bauer aus dem Euthal meint dazu: «Man muß heuen und andere Arbeiten verrichten, wenn das Wetter geeignet ist und nicht, wenn es die Zeichen erlauben und vorschreiben. Kalender- und Bauernregeln helfen da nicht mehr viel.» In recht differenzierter Weise argumentiert ein älterer, erfolgreicher Waadtländer Landwirt: «La surcharge physique et psychique d'un exploitant moderne ne peut lui permettre de rester fidèle au pragmatisme des générations précédentes. Chaque journée et chaque heure ont leur importance pour un exploitant moderne. La lucidité et la prévision personnelles doivent limiter le nombre des occasions perdues.» Diese allgemeine Erkenntnis untermauert er durch einige sehr konkrete Angaben. Sie zeigen, warum die Regeln heute teilweise ihren Sinn verloren haben: «La recherche d'un rendement financier obligatoire a profondément modifié les conceptions du début du siècle. La plantation de pommes de terre en février qui aurait été considérée comme une folie en 1940 encore, est aujourd'hui espérée par les basses altitudes, pour avoir une production vendable fin juin. En sens inverse, le retard que l'on constate pour l'ensemencement en céréales d'automne: trois semaines, récupérées en fait par une meilleure technique de travail, donc des chances de développement plus certaines et plus grandes. La règle, valable encore en 1930, suivant laquelle les blés d'automne devaient être en terre (ou germés) avant le Jeune Fédéral (Bettag) n'a plus de sens. Il demeure évident qu'une année où les conditions météorologiques générales font craindre pour l'arrière-saison des difficultés accrues (matériel de travail lourd sur terres humides), la tendance naturelle des exploitants est de conserver une certaine avance sur le calendrier d'une météorologie normale.»
Ein fünfzigjähriger Walliser Landwirt möchte die Bauernregeln, allen Wandlungen zum Trotz, nicht missen: «Man kann sie nicht als reinen Aberglauben abtun; die meisten beruhen doch auf uralter Erfahrung. Die Bauern waren mit dem Boden so eng verbunden, daß sie das Verhalten des Wetters und die Arbeiten im einen Jahr mit jenen des andern Jahres verglichen haben. So entwickelten sich diese Regeln; man kann sie auch heute noch ernst nehmen.» Ein Neuenburger Gewährsmann schließlich stellt fest, daß die Bauernregeln heute nicht mehr gleich angewendet werden wie früher: «Le paysan et les gens du pays les emploient surtout pour continuer et prouver que le dicton est exact, lorsque le temps correspond au dicton. Donc plutôt confirmer qu'affirmer.» Es gebe aber immer noch Bauern, die den Kalender und die Bau-

ernregeln konsultieren: «On entend fréquemment dire par les paysans, le calendrier dit qu'il faut planter à telle date, ou mon père disait telle et telle chose que l'almanach le disait!»

Angesichts der vielen Äußerungen über die Rolle von Vater und Großvater und über die Tradition meldet sich fast zwingend der Verdacht: Stehen wir am Ende dieser Tradition? Finden die Bauernregeln in Zukunft keine Gefolgschaft mehr? Dieser Frage wird im folgenden Kapitel nachgegangen.

Tradierung und Lebensdauer der Regeln

Bauernregeln werden mündlich in den Familien, von einer Generation zur andern, in einzelnen Fällen auch innerhalb des Dorfes von Nachbar zu Nachbar überliefert. Träger der Tradition waren und sind – wenn auch in geringerem Ausmaß – die volkstümlichen Kalender. Diese wiederum besaßen ihre eigenen Quellen: Die Praktiken, die Hausväterbücher, die astrologischen Traktate und gewisse Agrarschriftsteller des Mittelalters und der Antike. Wie vollzog sich die Tradierung der einzelnen Regeln? Wie erklärt sich ihr ungleiches Alter, wie ihre ganz unterschiedliche Lebenskraft? Aus unserer Umfrage von 1972 sowie aus Koellreuters Untersuchungen im Diemtigtal wissen wir, welche Regeln heute noch bekannt sind. Sie gehören sozusagen allen Sparten der Bauern- und Wetterregeln an. Erstaunlicherweise sind die Lostags-,

Tagwahl- sowie Mondregeln besonders zählebig. Wir nehmen an, daß etwa 1/5 bis 1/4 der heute noch gebräuchlichen Regeln auf diese Gruppe entfällt. Für das Diemtigtal hat Koellreuter festgestellt, daß von den im Jahre 1972 ermittelten Wetterregeln 36% Lostags- und Tagwahlregeln, 31% Mondregeln waren. Unter den land- und forstwirtschaftlichen Regeln nehmen im Diemtigtal mit 39% die Tierhaltungsregeln einen hohen Anteil ein, was auf die Wichtigkeit der Tierzucht in dieser Region schließen läßt. Auf die Pflanzenbau- und Ernteregeln entfallen 29%, während nur 5% den forstwirtschaftlichen Regeln zuzuordnen sind[1]. Aus der schweizerischen Umfrage geht hervor, daß die Anteile der einzelnen Regelarten von Region zu Region variieren. In eigentlichen Rebgebieten stellen wir einen verhältnismäßig hohen Anteil der Weinbauregeln fest, während in den Ackerbaugebieten die Getreideregeln eine bedeutende Stellung einnehmen. Innerhalb der einzelnen Gruppen finden wir Regeln, die sich zu allen Zeiten besonderer Gunst erfreuten. Zu ihnen gehört beispielsweise die Lichtmeßregel, die in allen Teilen der Schweiz bekannt ist und auch heute noch angewendet wird. Da sie sich auf einen bestimmten Tag bezieht, wird sie oft als Lostagsregel bezeichnet, läßt sich aber mit ebenso viel Recht den Tierhaltungsregeln zuordnen. Sie lautet in einer Engadiner Fassung: «Lichtmeß, halbe Winterung.» «An Lichtmeß (2. Februar) soll noch der halbe Heuvorrat auf der Bühne sein», so lauten ähnliche Regeln aus dem Berner Oberland und aus Graubünden, während es in der Westschweiz heißt: «Chandeleuse il faut avoir encore la moitié de ses provisions de fourrage.» Im Tessin lautet die Regel: «A la Madonna Candelora, da mezzo inverno siamo fuori.» Am Tage der Madonna der Kerzen sind wir aus dem halben Winter heraus. Im Kalender Messager boiteux von Basel findet sich schon 1770 eine entsprechende Regel[2]. Eine ähnliche kennt der Calendrier des bon laboureurs von 1618. In Reynmans Wetterbüchlein von 1505 heißt es: «Uf unser frowen liechtmeßtag schint die sun, ist der alten sag, daß noch eyn winter sy do hynden. Darumb sich nieman on futer laß finden[3]!» Diese Regel weist eine erstaunliche Verwandtschaft mit der lateinischen Sentenz auf:

> «Si sol splendescat Maria Purificante,
> Major erit glacies post festum quam fuit ante[4].»

In diesem Fall hätten wir eine lückenlose Tradierung über die Kalender. In der folgenden Regel stellen wir einen andern Traditionsvorgang fest: «Starkes Morgenrot, am Abend Regen.» Diese heute noch gebräuchliche Regel ist von Decurtins 1896 aus dem Bergell überliefert[5]. 1877 finden wir sie im Freiburgischen[6] und 1855 in Brusio und Poschiavo[7]. Im 18. Jahrhundert wird sie in der Innerschweiz angewendet[8]. Dann finden wir sie in einer Basler Handschrift des 14./15. Jahrhunderts: «Dum rubet in mane, signat tempus pluviale.» (Morgenrot bedeutet Regenwetter[9].) Ähnliche Regeln kennt schon Plinius. Hingegen haben wir diese Regel lediglich ein einziges Mal, und zwar erst in einem Kalender des Jahres 1942, angetroffen. Man kann deshalb auf eine mündliche Überlieferung schließen. Es ist anzunehmen, daß solche Wahrnehmungen an verschiedenen Orten gleichzeitig oder zu verschiedenen Zeiten, unabhängig voneinander, gemacht worden sind. Das gleiche gilt wohl auch für die Wolkenregeln, deren Tradierung wir anhand eines Beispieles verfolgen wollen. «Sind Morgen Himmelschäflein, wird's bald regnen oder schnein.» Diese aus der Sammlung Strub stammende Regel ist in ähnlicher Fassung aus der Basler Landschaft überliefert. Die gleiche Regel war schon im 19. Jahrhundert bekannt: «S ist gschöflet am Himmel, s Wetter werd nüd guet bliba» (Appenzell 1837). Aus dem Mittelalter sind uns nur vereinzelt entsprechende Regeln bekannt. Wolkenregeln erscheinen weder in den alten Kalendern noch in der Hausväterliteratur. Den antiken Schriftstellern dagegen war die Regel geläufig: «Si nubes ut vellera lanae spargentur multae ab oriente, aquam in triduum praesagient» (Plinius)[10].

Besonders gut lassen sich die Tradierungsvorgänge bei den Mondregeln verfolgen. Die heute noch gebräuchliche Regel: Bohnen nicht im abnehmenden, Zwiebeln nicht im zunehmenden Mond setzen, finden wir in der genau gleichen Fassung in den Regeln des 19. Jahrhunderts wiederholt zitiert[11]. Sodann entdecken wir sie in den Wetterbüchlein und Aufzeichnungen des Mittelalters[12] und schließlich in den Schriften von Palladius, Cato und Plinius[13]. Bei diesen sehr beliebten Regeln haben sich offenbar alle Kräfte zusammengetan, um ihre Existenz über alle Zeiten hinweg sicherzustellen.

Zu den Regeln, die ebenfalls eine erstaunliche Lebenskraft und ein ebenso hohes Alter aufzuweisen haben, gehört die Gruppe der Weihnachts- und Neujahrsregeln. Sie sind in der Umfrage von 1972 immer wieder genannt worden. Offenbar benützte das Volk die Weihnachts- und Neujahrstage seit jeher besonders gerne, um die Zukunft zu erforschen. Zwei der bekanntesten Regeln lauten: «Ist die Christnacht hell und klar, deutet's auf ein gutes Jahr.» Die zweite heute ebenfalls noch recht gut bekannte Regel lautet: «Grüne Weihnachten, weiße Ostern.» Beide Regeln sind sowohl in der mündlichen wie schriftlichen Überlieferung bis ins 16. Jahrhundert hinein faßbar[14]. Ein Kalender verrät uns die Herkunft dieser Regel. In der Bauernpraktik von 1508 heißt es: «Die weisen und klugen maister und sternschauwer haben funden, wie man in der hailigen christnacht mag sehen und mercken an dem wetter, wie das ganz jar in wirckung sein zukunft werd thun ...[15]» Schon damals glaubte man, daß Güte und Witterung des Jahres wesentlich von dem Wochentag abhängen, auf den der Christtag fällt. So heißt es in der Bauernpraktik von 1508: Fällt der Christtag auf den Samstag, «so wirt der winter mit großer Kelt und vil schnees und auch trüb und unstät mit vil winden»[16]. Solche Regeln sind nicht erst im Mittelalter entstanden; sie sind vielmehr in den Texten der griechischen Astrologen zu finden. So heißt es schon bei Antiochus: «Sind die Kalenden am Tag des Saturn (Samstag), so wird das Jahr sehr bewegt sein: Der Frühling kalt, der Sommer naß, und es gibt wenig Wind. Die Baumfrüchte fallen gut aus, der Herbst wird trocken sein[17].» Über den Winter wird nichts ausgesagt.

Neben Regeln, die trotz ihrem erstaunlich hohen Alter heute noch lebenskräftig sind, gibt es andere, die entweder vom Aussterben bedroht oder bereits verschwunden sind. Anhand einiger Beispiele wollen wir den Ursachen dieses Prozesses nachgehen. Eine 1888 aus dem Rätoromanischen bezeugte Regel lautet: «Dengeln und Wetzen ermüden mehr als das Mähen.» Dieser Regel, die heute nur noch in bestimmten Berggebieten denkbar wäre, sind wir 1972 nirgends begegnet. Sie wird – sofern sie noch existiert – eines Tages den veränderten Verhältnissen, das heißt der Mechanisierung, zum Opfer fallen. Der noch in der Mannhardtschen Untersuchung von 1865 aus Sternenberg (Zürcher Oberland) bezeugte Brauch, wonach der Bauer seine tägliche Arbeit mit dem Wort schloß: «Walt Gott trüli» (treulich), wird wohl, wenn es nicht bereits geschehen ist, der Säkularisierung unserer Zeit weichen müssen[18]. Gebete oder gebetsähnliche Sprüche, wie sie vor oder nach der Arbeit, vor allem nach der Ernte, aus manchen Regionen der Schweiz überliefert sind, sind ebenfalls vom Aussterben bedroht[19]. Die aus verschiedenen Regionen der Schweiz bekannten Regeln, die alten Fruchtbarkeitszauber zum Inhalt haben, sind noch im 19., kaum mehr aber aus dem 20. Jahrhundert bezeugt. A. Koellreuter hat zwar im Diemtigtal noch einige dieser Regeln angetroffen. Auch die Dreschregeln und -verse sind der Technik und Versachlichung zum Opfer gefallen. Alle Bräuche, die mit der Gemeinschaftsarbeit zusammenhängen, sind vom Untergang bedroht, weil die Gemeinschaftsarbeit selber integralen Strukturwandlungen unterworfen ist. Bestimmte Pflanz-, Saat-, Dünge- sowie Tierzuchtregeln sind nach der Einführung neuer Techniken verschwunden. Einige dieser Regeln waren zwar – wie die Umfrage von 1972 ergab – noch bekannt und von älteren Leuten auch zitiert. Sie wurden indessen nicht mehr angewendet, und ihr völliges Aussterben scheint gewiß.

Indem wir der Tradierung der Regeln folgten, stießen wir auf den Begriff Innovation. Dieser Begriff stammt aus der Botanik; er bezeichnet das Voranschieben von Erneuerungsknospen bei Pflanzen. Er wird indessen auch in der Kultur-Anthropologie, in der Soziologie und Agrarforschung verwendet. In der Landwirtschaft ließen sich Einführung und Ausbreitung neuer Pflanzen und Fruchtsorten, neuer Düngemittel und Anbaumethoden besonders gut verfolgen. Innovationsforschung hatte hier ursprünglich den Charakter «administrativer Forschung»; sie war Bestandteil der Praxis landwirtschaftlicher und betriebswirtschaftlicher Beratung. In Skandinavien trafen die Anstöße der Kultur-Anthropologie und der Agrarforschung zusammen. Die Innovationsforschung wurde dort zu einer allgemeinen geographischen Teildisziplin weiterentwickelt; zu ihren Gegenständen gehörte unter anderem die Ausbreitung des Fernsehens, die Einführung neuer Verkehrsmittel, aber auch die Einführung landwirtschaftlicher Geräte und Methoden. Gerade für unser Thema ist die Fragestellung, die sich hierbei ergab, besonders aufschlußreich.

«Für die Ausbreitung von Innovationen fand man eine charakteristische Kurve, die einer in den Enden abgeflachten S-Form entspricht. Sie ist erklärbar, wenn der Innovationsprozeß in verschiedene Phasen aufgelöst und in seinen Teilen betrachtet wird. Es gibt verschiedene Theorien der Innovation; sie stimmen aber alle in wesentlichen Prinzipien überein: Die Einführung eines neuen Gegenstandes bedarf innerhalb einer Bezugsgruppe einzelner Innovatoren, der ‹influentials›, wobei in bezug auf praktische Gebrauchsgegenstände noch unterschieden wird zwischen den Sachverständigen (task specialists) und denjenigen, die durch ihr allgemeineres Prestige Einfluß ausüben (emotional specialists). Es ist also erst eine gewisse Initialzeit nötig, ehe die Ausbreitung scheinbar ‹von selber läuft› – was bei genauerem Zusehen heißt, daß Multiplikatoren vorhanden sind, sekundäre Innovatoren und ‹influentials›, die nun die Innovation weitertragen. Aus der Perspektive der ‹adopter›, der Übernehmenden, läßt sich ebenfalls die langsame und oft relativ lange Anlaufszeit erklären. Man unterscheidet hier zwischen verschiedenen Phasen der Übernahme, die von der bloßen Aufmerksamkeit, dem Gewahrwerden des neuen Gegenstandes über das entweder systematische oder beiläufige Sammeln von Informationen bis – bei Gebrauchsgegenständen – zu ersten tastenden Versuchen, zum ‹Ausprobieren› führen. Das Abflachen der S-Kurve am Ende erklärt sich daraus, daß von einem bestimmten Sättigungsgrad an nur noch unmerkliche Fortschritte zu verzeichnen sind.»

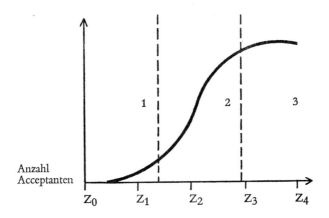

Typische Zuwachskurve bei Innovationen [20]

Allerdings interessiert uns nicht allein die Ausbreitung der Regeln, sondern auch deren Abgang und Verschwinden. Der Innovationsforschung hat eine Dezedenzforschung zu folgen. Unsere Umfragen haben denn auch ergeben, daß zahlreiche Regeln gerade in den letzten Jahren durch – um es einmal so auszudrücken – wissenschaftliche Grundsätze ersetzt wurden. Die veränderte Form signalisiert auch die modifizierte Funktion.

Ökonomische und soziale Wandlungen und ihre Folgen

Die sozialen und ökonomischen Wandlungen der neuesten Zeit sind, knapp ausgedrückt, durch vier Ereignisse von epochaler Bedeutung geprägt: Durch den soziopolitischen Umbruch der Französischen Revolution, durch eine alle früheren Maßstäbe sprengende Vermehrung wissenschaftlicher und technischer Kenntnisse, durch den kombinierten Einsatz von Antriebs- und Arbeitsmaschinen in arbeitsteilig organisierten Produktionsstätten und schließlich durch eine beinahe explosionsartig um sich greifende Bevölkerungsvermehrung. Diese vier Faktoren haben mit ihrem komplexen Gefüge von Kausalverflechtungen und Wechselwirkungen die schweizerische Wirtschaft und Gesellschaft und somit auch die Landwirtschaft und das ländliche Dasein, in entscheidender Weise beeinflußt und umgestaltet. Sie führten zu Verschiebungen aus ländlichen Räumen einerseits und zu Ballungen in stadtähnlichen Landschaften anderseits. Im folgenden sollen vor allem jene Faktoren und Ursachen betrachtet werden, welche die Landwirtschaft und das ländliche Dasein in besonderem Maße beeinflußten. Als die industrielle Revolution um 1800 mit der Mechanisierung einsetzte, zählte die Schweiz 1,7 Millionen Einwohner. Fünfzig Jahre später waren es 2,4 Millionen, und um die Jahrhundertwende 3,3 Millionen, während man 1970 6,2 Millionen Einwohner registrierte. Dieses Wachstum – es wurde schon angedeutet – war gekennzeichnet durch eine zunehmende Ballung der Bevölkerung anderer Regionen, insbesondere der Berggebiete. Um 1850 gab es in unserem Land nur acht «Städte» oder Gemeinden mit mehr als 10000 Einwohnern. Sie zählten 154000 Menschen, was 6% der schweizerischen Bevölkerung gleichkam. Im Jahre 1970 dagegen gab es 92 Städte, welche 3% der Gemeinden, aber 45% der Gesamtbevölkerung umfassen[1]. Diese Konzentration liegt begründet in der Mobilität einerseits und in der Diversifikation des Erwerbslebens anderseits. Um 1850 lebten noch – wir sind allerdings für diese Zeit auf Schätzungen angewiesen – rund 1,15 Millionen Personen von und in der Landwirtschaft. Der Anteil der landwirtschaftlichen Bevölkerung an der Gesamtbevölkerung betrug 68%[2]. Um 1880 war der Anteil auf 36,4%, im Jahre 1930 auf 19% und im Jahre 1960 auf 10,1% gesunken[3]. Heute dürfte der Anteil etwa 7 oder 8% betragen. Auf der andern Seite bezifferte sich der Anteil der im sekundären Sektor (Industrie, Handwerk und Baugewerbe) Tätigen 1960 auf 40%, währenddem im tertiären Sektor (Dienstleistungen) 39% der Bevölkerung beschäftigt waren[4]. Diese Wandlung, das heißt die Abkehr von Zehntausenden von der Scholle, konnte nicht ohne Folgen für die Lebensformen, ja für das gesamte Dasein bleiben. Bis in die dreißiger Jahre hinein scheint sich der Lebensstil indessen nur wenig geändert zu haben. Noch 1934 glaubte ein so klarblickender Historiker wie E. Dürr nachweisen zu können, daß nur eine teilweise Loslösung von der Scholle stattgefunden habe. Die Umsiedlung habe sich zu einem schönen Teil nicht einmal vom Dorf in die Stadt, sondern bei gewahrten dörflichen Verhältnissen auf dem Lande oder in unmittelbarer Landnähe vollzogen. Es kam – meint er – zu einer eigentlichen Symbiose zwischen Bauerntum und modernem Kleinbürgertum. Die Schweiz – so glaubte er vor allem im Hinblick auf gewisse Schriftsteller – sei agrarisch, erd- und naturverbunden geblieben[5]. Heute würde wohl Emil Dürr diese Sätze nicht mehr formulieren. Unsere Städte haben den kleinstädtisch-bäuerlichen Charakter, den sie noch in den dreißiger Jahren zu einem schönen Teil aufwiesen, weitgehend verloren. Das Bauerntum ist zu einer kleinen Minorität geworden, und die städtische Bevölkerung rekrutiert sich nicht mehr, oder nur noch zu einem kleinen Teil, aus bäuerlichen Schichten. Die städtisch-industrielle Lebensweise unterscheidet sich in vielen Bezügen vom ländlich-bäuerlichen Dasein, wenn auch nicht zu verkennen ist, daß dieses seinerseits viele

Formen der technisch-industriell-städtischen Lebensweise übernommen hat. Die Natur ist dem Städter «nicht mehr unmittelbar nahe, sondern mittelbar als vom Menschen veränderte, gestaltete Natur, als Technik, Maschine, Straße und Wohnblock»[6]. Mancher Städter und auch mancher Bewohner einer städtischen Agglomeration hat, obwohl die Sehnsucht nach der ländlichen «heilen» Welt zunimmt, Mühe, die bäuerliche Wesensart und bäuerliches Dasein zu verstehen und richtig zu würdigen. In diesem Zusammenhang wäre wohl auch darauf hinzuweisen, daß die Bauernregeln, die man noch vor fünfzig Jahren auch in kleinstädtischen Verhältnissen kannte, ja anwendete, dem heutigen Städter fremd geworden sind.

Allerdings hat sich auch das Bauerntum in den letzten Jahren einschneidenden Strukturwandlungen gegenübergesehen. Sie sind gekennzeichnet durch die Abwanderung der landwirtschaftlichen Arbeitskräfte. Sie setzte schon in den letzten Jahrzehnten des 19. Jahrhunderts ein, erstreckte sich zunächst auf Knechte, später auch auf Familienangehörige und selbständige Kleinbauern. In vielen Fällen – vor allem auf Grenzböden – kam es auch zur Aufgabe mittlerer Betriebe. Die Zahlen sprechen für sich: Im Jahre 1905 zählte man in der Schweiz 243 710 Bauernbetriebe. 1939 waren es noch 238 481, im Jahre 1965 dagegen nur noch 162 414 und 1969 gar nur noch 149 304 Betriebe, was immerhin einer Abnahme von rund 38% entspricht. Die größten Verluste verzeichnen jene Regionen, in welchen die industrielle Expansion besonders ausgeprägt war. Dort verschwanden in den letzten Jahrzehnten Tausende und Abertausende von Klein- und Nebenerwerbsbetrieben. Nun hat allerdings diese Betriebsreduktion auch eine positive Seite. Sie führte zu einer Strukturverbesserung. Es kam zu einer deutlichen Zunahme der mittleren Betriebe (10–20 ha), ja selbst der großen Familienbetriebe (20–50 ha). Die Anstrengungen auf dem Gebiete der Güterzusammenlegung und des Siedlungswesens führten sodann auch zu einer Abnahme der Parzellierung[7].

Zusammen mit der Veränderung der Betriebsgrößenstruktur vollzog sich ein vielfältiger und sich beschleunigender Prozeß der innerbetrieblichen Strukturanpassung. Im Vordergrund standen Spezialisierung und vor allem die Mechanisierung. Welches Tempo diese Mechanisierung annahm, zeigen die Zahlen: Im Jahre 1939 zählte man in der Schweiz 8207 Vierradtraktoren, im Jahre 1969 dagegen 71 253 solche Vehikel. Die Zahl der Einachstraktoren erhöhte sich in dieser Zeit von 7311 auf 106 104 Stück. Im Jahre 1955 gab es 1335 Betriebe mit Melkmaschinen, im Jahre 1969 waren es 33 859 Betriebe. Im Jahre 1960 gab es 600 Mähdrescher, im Jahre 1969 dagegen 4117 derartige Maschinen. Im Jahre 1965 zählte man 8947 Selbstlader, im Jahre 1969 dagegen 40 183[8]. Die Folgen dieser Strukturanpassung sind augenscheinlich: Produktion und Produktivität stiegen in einem nie gekannten Ausmaß. Trotz geringerer Betriebsfläche und Abnahme von Arbeitskräften und Betrieben erhöhte sich der Endrohertrag im Sektor Pflanzenbau zwischen 1940 und 1968 um 47%, im Sektor Tierhaltung um 50%. Die Flächenproduktion hat in den letzten dreißig Jahren mehr zugenommen als während vierhundert Jahren zuvor. Auch der Lebensstandard der Bauern stieg in diesen Jahren ganz erheblich. Dabei ist es allerdings zu einer wachsenden Kluft zwischen gewerblichen und industriellen Einkommen gekommen; ja es kam in der Landwirtschaft selber zu großen Diskrepanzen und Disparitäten. Jene Betriebe, die bereits eine gewisse Größe und vor allem für die Mechanisierung geeignetes Land aufwiesen, konnten den technischen Prozeß besser bewältigen als andere Betriebe. Mehr und mehr sind die topographischen Verhältnisse zum ausschlaggebenden Faktor geworden. Das hatte zur Folge, daß es zu großen Unterschieden zwischen der Berg- und Talzone kam; selbst innerhalb einer Region kann es zu beträchtlichen Einkommensunterschieden und zu eklatanten Differenzen kommen. Sie sind nicht nur auf natürliche und betriebliche Voraussetzungen, sondern zu einem erheblichen Teil auch auf den Faktor Mensch zurückzuführen. «Neben strukturell gesunden Betrieben, auf denen tüchtige Landwirte gute Einkommen erzielen, gibt es viele Bauernfamilien, namentlich auf Klein- und Mittelbetrieben, die sich zufolge der steigenden Diskrepanz zwischen Produktionskosten und Produktenpreisen in einer sehr schwierigen Lage befinden und die aus objektiven und subjektiven Gründen kaum imstande sind, die technischen Möglichkeiten nutzbringend einzusetzen. Solche Betriebe können sich, wenn nicht ein Ausweg außerhalb der Landwirtschaft gesucht wird, oft nur dadurch halten, daß sie die Arbeitsleistung der Familie bis zur Überbeanspruchung ausdehnen und ihren Lebensunterhalt teilweise auf Kosten der Substanz bestreiten[9].» Allerdings hat auch die Arbeit in den «strukturell gesunden Betrieben» zugenommen, ja sie geht heute vielfach weit über das zumutbare Maß hinaus. «Müßten wir ein Merkmal nennen, das für die meisten Betriebe des Untersuchungsgebietes (Homburgertal) zutrifft» – sagt J. Nußbaumer – «so käme dafür vor allem das schwere Maß an Arbeit für alle Glieder der Bauernfamilie in Frage[10].» Die meisten versuchen mit verschiedenen Mitteln der Technik und Organisation mit diesem Problem fertig zu werden. Andere nehmen dieses pausenlose Eingespanntsein einfach als etwas vom Schicksal Auferlegtes hin; «aber es erstaunt nicht, wenn von 112 Bauern deren 48 die Abwanderung aus der Landwirtschaft mit der langen Arbeitszeit und physisch schweren Arbeit begründen»[11]. Auch Jäggi spricht von einer chronischen Überanstrengung namentlich der Klein- und Bergbauern[12]. Ein Bauer aus La Praz im Waadtland sagt aus, daß man sich angesichts des Personalmangels nicht wundern müsse, wenn die Überanstrengung chronisch werde. Selbst wenn man noch Arbeitskräfte bekäme, genügen sie ja den Anforderungen doch nicht: «Il faut un personnel qualifié qui sait manipuler toutes sortes de machines agricoles, qui a de véritables connaissances. Des Italiens ne suffisent pas[13].» Ein Bauer aus Orny (Waadt) bemerkt, daß das Personal praktisch verschwunden ist;

meist bewirtschaftet nur eine Familie allein den Hof. «Man hat keine Knechte mehr, muß also auch am Samstag und Sonntag zur Stelle sein[14].»
Mit der Mechanisierung änderte sich auch der Zeitbegriff. Noch bis vor wenigen Jahrzehnten hatte man Zeit, oder man nahm sich Zeit. Dafür gibt es zahlreiche mittelbare und unmittelbare Zeugnisse. Man legte Pausen ein, die man heute reduziert oder auf die man ganz verzichtet. Vor allem die Bräuche sind dem neuen Zeitbegriff zum Opfer gefallen. Ein alter Gewährsmann sagte in der Untersuchung von Strübin aus, daß es zwar immer noch «altväterische Familien» gebe, die den Zweig aufstecken, wenn das letzte Heu heimgeführt werde: «Die nähmes halt no gmüetlig[15].» Auch andere Bräuche sind verschwunden, weil man – wie die Gewährsleute der Umfrage von 1972 beteuerten – «einfach keine Zeit mehr hat». Beim Heuen schaue jeder, daß er möglichst schnell fertig werde; man arbeite wie um die Wette. Namentlich dort, wo die landwirtschaftliche Maschine einer Genossenschaft eingesetzt wird, muß die Zeit genau gemessen werden. Einst ging man zu Fuß in die Sitzung der Genossenschaft und saß nachher mit andern Bauern zusammen, um zu plaudern, jetzt fährt man mit dem Auto oder Motorvelo hin und verläßt die Sitzung, vor allem im Sommer, so schnell als möglich, «weil die Zeit drängt»[16]. Allerdings unterscheidet sich das Zeitmaß des Bauern auch heute noch von jenem der technischen Berufe. Der natürliche Rhythmus der Jahreszeiten, die Witterung, der Rhythmus im Tierleben bestimmen die zu erfüllende Aufgabe und den Stundenplan. Er wird ferner beeinflußt von der körperlichen Leistungsfähigkeit. Wie weit Zeitbestimmung und Arbeitseinteilung heute noch kollektiv bestimmt werden, dürfte nicht leicht auszumachen sein. Dem aufmerksamen Beobachter entgeht nicht, daß die Bauern den Zeitpunkt verschiedener Erntearbeiten (zum Beispiel Heuet) aufeinander abstimmen. Man beobachtet, wer zuerst mit einer bestimmten Arbeit beginnt.
Manche Arbeiten müssen tatsächlich – obgleich die Gemeinschaftsarbeit an Bedeutung verloren hat – aufeinander abgestimmt werden. Die Maschine hat zwar einerseits den Bauern von seinem Nachbarn unabhängiger gemacht, anderseits neue überbetriebliche Arbeiten mit sich gebracht. Im Gegensatz zum herkömmlichen Gemeinwerk vollziehen sie sich in nüchternem Rahmen. «Der Geist der modernen Genossenschaften, des modernen Gemeinwerkes, ist nicht mehr der mittelalterliche Geist der Bedarfsdeckung, sondern derjenige der objektiven Interessenorganisation[17].» Zwar gibt es auch heute noch nach beendeter Ernte kleine Feste, zu welchen die Helfer und Helferinnen eingeladen werden (Heuhahnen und Krähhahnen). Auch beim Dreschen findet man sich manchmal zu gemeinsamem Essen ein. Das scheint indessen heute mehr und mehr zu unterbleiben. Schon in einer Umfrage von 1940 hieß es, jeder esse für sich[18].
Mehr und mehr setzt sich, vor allem bei den jüngeren Bauern, die Auf-

fassung durch, daß der bäuerliche Betrieb in erster und letzter Linie nach dem Prinzip der Rendite zu führen sei. So erklärt etwa ein Schüler der landwirtschaftlichen Schule Marcelin sur Morges: «Tout d'abord nous pensons qu'il est nécessaire que les écoles d'agriculture répandent parmi nous un certain matérialisme qui améliorerait le standard de vie des paysans. D'après vos dires, le rendement serait la suprême loi de votre enseignement et vous critiquez cela; mais nous pensons que c'est juste et cela se retrouve dans toutes les branches.» Die bäuerliche Betriebsform wird jener anderer Unternehmen gleichgesetzt: «Le paysan d'aujourd'hui travaille avec un capital comme n'importe quelle entreprise, donc il doit le mener le plus rationnellement, pour en tirer le plus possible.» Ein anderer Jungbauer aus der Waadt sagt: «Maintenant, l'exploitation agricole devient une entreprise au même titre que n'importe quelle exploitation ou entreprise économique.» Die Vorfahren waren anders als wir, meint ein Dritter; um den Betriebserfolg zu sichern, müssen Maschinen, Kapital und Arbeit konzentriert eingesetzt werden: «La mécanisation toujours croissante due au manque de main-d'œuvre oblige l'agriculteur à être sans cesse plus concentré. S'il est obligé de tenir compte d'idées ancestrales, comment arrivera-t-il à fournir des produits compétitifs sur le marché actuel[19]?»

Im allgemeinen gingen die jungen Bauern in diesem Untersuchungsgebiet (Waadt) ihre Aufgabe voller Zuversicht und Optimismus an, andere resignierten, nicht zuletzt angesichts des Schuldenberges. Ein bedeutender Bauer mit einem gut eingerichteten Betrieb wollte seinen Hof dem Sohn übergeben. Als dieser das Ausmaß der Verschuldung erfahren hatte, schlug er das Ansinnen in den Wind. «Deshalb» – so meint ein Gewährsmann aus dem Waadtland – «verkaufen manche Bauern lieber und haben dann Ruhe, als sich ein Leben lang mit den schwierigen Fragen der Investitionen und Schuldentilgung herumzuschlagen[20].»

«Zahlreiche Bauern, vor allem in den Bergregionen» – so wird von verschiedenen Beobachtern festgestellt –, «drohen, ihr Unabhängigkeitsdenken zu verlieren und der Mentalität eines wirtschaftlich gesicherten Staatsbeamten zu verfallen.» «Dazu tragen» – so meint von Planta – «die zahlreichen Stimmen bei, welche den Bergbauern zum Landschaftspfleger und zur touristischen Attraktion stempeln wollen.» Wenn es an unternehmerischem Denken fehle, sei dafür weniger der einzelne Bauer, «als vielmehr die falsch verstandene und falsch ausgelegte Absatzgarantie unserer Landwirtschaftspolitik verantwortlich»[21]. Als schweres Hindernis wird von verschiedenen Autoren mangelnde Selbstachtung und der Verlust des Standesbewußtseins betrachtet. Es sei deshalb an der Zeit, den jungen Bauern zu zeigen, «daß gerade in ihrem Beruf das Betriebsergebnis in ausgeprägtem Maß von der persönlichen Initiative und Tüchtigkeit abhängt». Vor allem müsse «das Image des sorgenbeladenen, überschuldeten, auf jeden modernen Komfort verzichtenden, von morgens früh bis abends spät arbeitenden

Bauern verschwinden»[22]. Wäre es aber nicht endlich auch an der Zeit, den Bauern und Forstleuten zu sagen, daß wir ihnen die Kulturlandschaft verdanken, auf die wir so stolz sind? Ihr Arbeitsfleiß und ihr Wissen um den biologischen Kreislauf hat mitgeholfen, Landschaften und Dörfer so zu gestalten, daß wir sie – dort wo sie noch intakt sind – als schön empfinden. Sollten wir nicht alles daran setzen, dieses Wissen zu erhalten und – nicht nur mit Worten, sondern auch Taten – dafür sorgen, daß die moralische Verantwortung des Landwirts intakt bleibt?

Zur sozialpsychologischen Situation

In unserer Umfrage von 1972 haben wir nicht nur Tausende von Bauernregeln, sondern auch die Einstellung der Benützer kennengelernt. Ein Diplomand der Abteilung für Landwirtschaft an der Eidgenössischen Technischen Hochschule in Zürich hat im gleichen Jahr versucht, das Verhalten und die Einstellung der ländlichen Bevölkerung in einem begrenzten Raum zu erforschen. Er untersuchte mittels Intensivbefragung 53 Bauernfamilien im Diemtigtal. Eines der von ihm anvisierten Ziele war, herauszubekommen, wie viele Personen noch an Bauernregeln glauben und sie anwenden. Sind die älteren Bauern oder die Frauen die hauptsächlichen Träger dieser Tradition? Gibt es in den bäuerlichen Familien neben dem Menschen- und Geschichtsbild des Fortschrittes auch ein anderes, «nach welchem der Mensch nicht nur durch seine Verstandesfortschritte, sondern auch durch dauernde Existentialität, und nach dem die Geschichte nicht nur durch unaufhörliche neue Ideen und Formen, sondern auch durch ewige Wiederkehr bestimmt wäre[1]»?

Auf eine Frage von A. Koellreuter: Kennen Sie Bauernregeln? antworteten 30 Personen im Alter von 16 bis 35 Jahren mit Ja, 4 mit Nein. Bei den Personen im mittleren Alter (35- bis 50jährige) war das Verhältnis 37 Ja zu 1 Nein, während fast alle über 50jährigen Bauernregeln kannten (Verhältnis 74 Ja, 1 Nein)[2]. Dieses Resultat steht im Widerspruch zu unseren Erfahrungen. Wir haben – wie an anderer Stelle berichtet wird – von 400 Bauern nur 100 gefunden, die Bauernregeln kannten. Das Diemtigtaler Resultat dürfte mit dem speziellen Charakter dieses vorwiegend bäuerlichen Gebietes zusammenhängen. Es ist sicher kein Zufall, daß im Diemtigtal bedeutende Unterschiede sich nicht nur in bezug auf das Alter, sondern auch auf die Ausbildung ergaben. Bei den Absolventen von Landwirtschaftsschulen und den in andern, nichtlandwirtschaftlichen Berufen ausgebildeten Personen ist der Anteil jener, die keine Bauernregeln kennen, wesentlich größer. Dieses Resultat stimmt mit einer Befragung, die wir selber in einer landwirtschaftlichen Schule (Pfäffikon SZ) im Frühjahr 1972 durchführen ließen, überein. Von 48 Schülern haben 35 mehrere Regeln gekannt; 10 wußten nur eine einzige; 3 kannten überhaupt keine Regeln, und 5 betonten ausdrücklich, daß sie zwar schon von solchen Regeln gehört hätten, aber nicht daran glauben[3].

Das Verständnis für Bauernregeln wird nicht zuletzt von der Frage beeinflußt, ob sie noch mit den heute in der Landwirtschaft angewendeten Methoden übereinstimmen. Die Antworten, die Koellreuter auf eine entsprechende Frage erhielt, waren eindeutig: Keine einzige Person war der Meinung, daß eine durchgehende Übereinstimmung festgestellt werden könne. Bei den Jungen glauben nur 3%, daß sie oft übereinstimmen. Bei den über 50jährigen waren es nicht weniger als 53%. Demgegenüber stellten 21% der Jungen und 37% der Alten eine zeitweilige Übereinstimmung fest. 56% der Jungen glauben, daß die Übereinstimmung mit der modernen Landwirtschaft nur in seltenen Fällen zutreffe, während 9% der Alten dieser Meinung huldigten. Die junge Generation ist also gegenüber den Bauernregeln recht kritisch eingestellt. Vor allem glaubt sie nicht an eine Übereinstimmung mit den modernen Erkenntnissen der Landwirtschaft.

Als recht aufschlußreich erwies sich auch eine Klassierung nach Beschäftigung. Die in der Landwirtschaft hauptberuflich Tätigen sind den Bauernregeln gegenüber positiver eingestellt als jene mit Nebenerwerb (Arbeit in der Gemeinde, im Tourismus, Gewerbe). Der Kontakt mit der nichtbäuerlichen Umwelt scheint also die kritische Haltung zu verstärken. In vielen Fällen ist man – wie die Antworten zeigen – einfach unsicher: «Die junge Generation behauptet, Bauernregeln beruhen auf Aberglauben. So wird man selbst auch unsicher und sagt nicht mehr zu allem Ja.» Eine 26jährige Bäuerin meint: «Für die Alten sind sie gut;

sie können sich daran halten und fühlen sich sicherer. Der Glaube daran ist entscheidend[4].» Wie Koellreuter darlegt, wird die Haltung gegenüber den Bauernregeln auch von der Ausbildung geprägt. Den Befragten wurden drei Bauernregeln vorgelegt; eine der Regeln war richtig (Düngeregel, die mit den modernen Erkenntnissen übereinstimmt), zwei ganz oder teilweise «falsch» (sogenannte Lostags- und Tagwahlregeln). Die Bauern, welche nur die Primarschule absolvierten, neigten eher dazu, auch die Lostags- und Tagwahlregeln anzuerkennen. Mit steigender Ausbildung wuchs die Skepsis diesen beiden Regeln gegenüber; das Verhältnis wurde richtiger, das heißt die Übereinstimmung größer: Eine Regel ist richtig, zwei dagegen falsch. Es scheint also, daß die vermehrte Schulung zu einer kritischen, ja skeptischen Haltung beiträgt. Koellreuter meint dazu: «Je geringer das allgemeine Wissen, um so größer die Geneigtheit, auch die mit der Wirklichkeit nicht übereinstimmenden Regeln als richtig zu betrachten.» Wie weit dies Ausfluß einer Überbewertung der reinen Ratio gewisser Schulen darstellt, mag dahingestellt bleiben. Ein zweiter Test, bei welchem der Befragte zehn Bauernregeln auf ihren Wahrheitsgehalt oder ihre Richtigkeit zu prüfen hatte, ergab das gleiche Bild. Je ausgedehnter und intensiver die Ausbildung, um so kritischer der Befragte. Signifikante Unterschiede zeigten sich auch bei einer Klassierung der Antworten nach Geschlecht. Die Männer urteilten kritischer als die Frauen, wobei wiederum die Frage zu erwägen wäre, inwieweit Rationalität oder Irrationalität im Spiele sind. Eindeutig zeigte sich auch, daß die Bevölkerung gegenüber den Bauernregeln, die sie nicht kennt, kritischer eingestellt ist. Es ist dies wohl weniger Ausfluß einer wissenschaftlich-rationalen als vielmehr einer spezifisch bäuerlich-skeptischen Haltung. Nur angesichts dieser Tatsache verstehen wir wohl, weshalb mehr richtige Bauernregeln als falsch denn falsche als richtig taxiert wurden[5].
Auf das Problem der Gültigkeit oder Richtigkeit der Bauernregeln wird bei der Betrachtung der einzelnen Regeln eingegangen werden. Von entscheidender Bedeutung ist, ob die Regeln nicht nur überliefert, sondern auch gebraucht werden. Nach Koellreuters Untersuchung wenden 25% der Befragten die Regeln oft, 37% manchmal, 24% nur selten und 14% nie an. Dabei ergaben sich einige signifikante Unterschiede: Junge Bauern wenden die Regeln weniger oft an als die älteren. Bauern, die nur die Primarschule besucht haben, brauchen sie öfter als jene mit einem umfangreicheren Schulsack. Das Resultat Koellreuters ist eindeutig: Die 16- bis 35jährigen Personen glauben kaum mehr an Bauernregeln. Der Anteil der jungen Bauern, die Bauernregeln selten oder nie brauchen, beträgt über 76%. Anderseits wenden die ältern Personen die ihnen bekannten Regeln verhältnismäßig intensiv an; es sind 80% der über 50jährigen und 61% der 35- bis 50jährigen. Wie ist dieser Sachverhalt zu interpretieren? Verhält es sich so, daß die «Alten» einfach fortfahren, die ihnen überlieferten Sentenzen anzuwenden, kritiklos zu glauben, oder müssen wir in diesem Verhalten das ruhige Be-

harren im Alterfahrenen erblicken? Möglicherweise erfahren wir darüber einiges mehr, wenn wir uns mit den Argumenten der Gegner auseinandersetzen. Von den 20 Gegnern der Bauernregeln im Koellreuterschen Untersuchungsgebiet sagten drei, sie hätten nie daran geglaubt; acht meinten, daß diese Regeln nicht mehr in unsere Zeit gehören, und neun sagten aus, sie seien durch Schule und Zeitungen zu andern Erkenntnissen gelangt. Jene aber, welche die Regeln brauchen, betonten übereinstimmend, daß sie die Atmosphäre und der Geist des Elternhauses dazu bewogen habe. Das Elternhaus wird ganz allgemein als Quelle und Ursprung der Überlieferung bezeichnet. Nicht weniger als 71% der befragten jungen Bauern geben die Vorfahren (Eltern und Großeltern) als Überlieferungsquelle an. Bei den mittleren Altersgruppen sind es 61%. Der Kalender als Traditionsträger und Überlieferer spielt mit 5% bei den jungen und 22% bei den älteren Bauern nur eine untergeordnete Rolle. Er wird lediglich von den über 50jährigen Bauern konsultiert. Entscheidend ist für das Überleben der Regeln somit der Überlieferungswille in den Familien. Wie steht es damit? Von den Jungen sind 29% der Meinung, die Kinder sollen in die Welt dieser Bauernregeln eingeführt werden und sollen auch danach leben. Für eine bedingte Überlieferung (die Bauernregeln sollen gewissermaßen als Folklore, als Volksbrauch betrachtet werden) sprachen sich 26% aus. 12% der Jungen waren unschlüssig, und nicht weniger als 30%, beinahe ein Drittel, antworteten entschlossen Nein, währenddem in den älteren Altersklassen kein einziges Nein anzutreffen ist[6]. Dieses Resultat ist recht auffällig, gehören doch die Bauern dieses Gebietes zu jenen, die den Bräuchen und Traditionen gegenüber verhältnismäßig positiv eingestellt sind. Wir müssen also damit rechnen, daß die Bauernregeln eines Tages nicht mehr überliefert werden. Die Befragten selber scheinen das zu wissen oder zu ahnen. Auf die Frage: Wer glaubt am ehesten an Bauernregeln, Überlieferungen und Arbeitsbräuche? gingen folgende Antworten ein: der junge Bergbauer: 0; der alte Bergbauer: 99; der junge Mittellandbauer: 0; der alte Mittellandbauer: 2; die jungen Bauern: 0; die alten Bauern: 43; es gibt keinen Unterschied: 0; keine Meinung: 3.
Dieses Resultat ist eindeutig, und es bedarf wohl keines Kommentars. Es steht allerdings im Widerspruch zu den Antworten auf die nächste Frage. Sie lautet: Betrachten Sie Bauernregeln und Arbeitsbräuche als erhaltenswert? 80% antworteten mit Ja und nur 19% mit Nein (1% keine Meinung). Wie Koellreuter vermutet, spricht aus dieser Divergenz weniger Inkonsequenz als Unsicherheit. Alte Leitbilder und Lebensregeln – zu ihnen gehören auch die Bauernregeln – sind nicht mehr gültig. An ihre Stelle sind aber keine neuen getreten[7]. Diese Unsicherheit wurzelt letzten Endes im polaren Spannungsfeld Aufklärung und Romantik – Fortschritt und Dauer. Für den Aufklärer waren und sind die meisten Bauernregeln auch heute noch suspekt. Sie gehören in jene Bereiche der Seele, wo der Mensch nicht denkt, sondern die Beute sei-

ner Gefühle und Instinkte wird. Aufklärung bedeutet Entzauberung der Welt, nach Max Weber «das Wissen davon oder den Glauben daran, daß man, wenn man nur wollte, es jederzeit erfahren könnte, daß es also prinzipiell keine geheimnisvollen, unberechenbaren Mächte gäbe, die da hineinspielen, daß man vielmehr alle Dinge – im Prinzip – durch Berechnung beherrschen könne»[8]. Jahrtausendelang war es eine in sich fromme Maxime, im Einklang mit der Natur, «secundum naturam», zu leben. Inzwischen ist die Natur eine «natura secundum hominem» geworden, vom Menschen bis in ihre stofflichen und vitalen Kerne hinein nach Belieben auf- und umschmelzbar. Sie ist entschleiert, enträtselt, durchschaut, formulierbar, manipulierbar. Wir erleben sie nicht mehr, wie unsere Vorfahren, als majestätisches System vorgegebener, gesetzhafter und logoshafter Ordnung. Es gibt keine Geheimnisse mehr, die uns mit Schauern von Ehrfurcht erfüllen würden, weil die Natur nicht mehr als numinoses Geheimnis empfunden wird. Die Schwierigkeiten der jungen Generation mit Bauernregeln rühren, wenigstens teilweise, daher, daß viele dieser Regeln von primärer Naturerfahrung bestimmt sind. Obwohl von einzigartiger Qualität, sind sie kaum für moderne Ohren bestimmt. Ihre Vorstellungs- und Spruchwelt ist diejenige einer agrarischen Gesellschaft; wir aber, und auch die Bauern, leben in einer technischen Welt. Viele Schwierigkeiten und die um sich greifende Unsicherheit sind die unvermeidlichen Folgen der modernen Wissenschaft und der sie tragenden Mentalität. Davon sind alle betroffen, auch jene, die die Wissenschaft nicht begreifen, nicht begreifen wollen oder können und mit ihr nichts anzufangen wissen. Die Wissenschaft – ob sie es will oder nicht – begründet die Autonomie des Menschen, und sie ist immer – wiederum ob sie es will oder nicht – auch Aufklärung, «Ausgang aus der Unmündigkeit», um eine Definition Kants zu gebrauchen. Aufklärung aber heißt Fortschritt, heißt Befreiung von den Fesseln der Gefühle und Instinkte. Auch in der Landwirtschaft kann der Fortschritt, nach der Auffassung der rationalistischen Aufklärung – um es vereinfachend und überspitzt auszudrücken –, nur erzielt werden, indem man die Normen und Gefühle sowie traditionellen Bindungen beseitigt. Eine andere Meinung vertritt der Romantiker. Er fürchtet sich vor dem Gemachten; er haßt nicht nur die Hochhausklötze und Schaufelbagger, sondern auch die in die Landwirtschaft eindringenden Maschinen. Er hat Angst vor dem Konstruierten, das an die Stelle des natürlichen Lebens eine künstlich gemachte Ordnung setzen würde. Die Romantiker können sich mit den Aufklärern um so schwerer verständigen, als der Gegensatz inzwischen auch ideologisiert worden ist. Wer die Geschichte und die Entwicklung der industriellen Welt leidenschaftslos prüft, kann indessen – wie Karl Schmid mit Recht sagt – nicht im Zweifel sein, «daß weder das aufgeklärt-progressive noch das romantisch-konservative Denken sich politisch so ausschließlich bewährt oder so ausschließlich versagt hat, wie es die Wortführer der beiden Richtungen heute wahrhaben wollen»[9]. Es liegt nahe, das romantische

Denken für den Blut-und-Boden-Mythos des Dritten Reiches verantwortlich zu machen. Auf der andern Seite kann man in der Ideologie der Aufklärung den Ursprung jener Entwicklung sehen, die über die Französische Revolution schließlich zum Kommunismus führte. Beides ist – wie Karl Schmid betont – nicht völlig falsch, aber beides ist einseitig und ungenau. Seit den Ausbrüchen des kollektiven Wahnsinns wissen wir, daß man die Instinkte der Kollektive nicht verstärken oder gar heiligen darf, sondern sie immer wieder aufs neue bekämpfen muß. Auf der andern Seite wird es deutlich, daß man, sobald der Mensch von irrationalen, mythologischen Bindungen befreit ist, in großer Gefahr steht, neuen Mythologien zum Opfer zu fallen[10]. Aus all diesen Gründen können weder der uneingeschränkte Rationalismus der Aufklärer noch der Irrationalismus der Romantiker zu Leitbildern erhoben werden. Wir brauchen Elemente aus beiden Denkweisen. Es gilt endlich einzusehen, daß diese Polarität und Komplementarität auch für die Bauern gilt. Auch im bäuerlichen Dasein treffen wir jene «eigentümliche Doppelheit von energischem Zugriff nach dem Neuerkannten und frommen Sinn dafür, daß wir auf Schichten aufruhen, die überzeitlich und dauernd und dem Gefälle des Fortschrittes entzogen sind»[11]. Diese Erkenntnis hilft vielleicht mit, die Kluft, die sich zwischen jung und alt, zwischen Romantikern und Aufklärern, zwischen unwissenschaftlich erfahrenden und wissenschaftlich erkennenden Menschen aufgetan hat, zu überbrücken. «Es wäre dann nicht der eine richtig und der andere falsch, nicht der eine modern und der andere überholt, sondern beide wären jeweils zutreffend[12].»

II. Spezieller Kommentar: Die einzelnen Regeln

Abbildung 1: Titelblatt eines der frühesten schweizerischen Bauernkalender: «Der Puren Kalender» aus dem Jahre 1553. Dargestellt ist das Aderlassen, das nur zu bestimmten, vom Kalender bezeichneten Zeiten vorgenommen werden durfte. Neben den Laßtagen (Aderlassen) zählten die ältesten Bauernkalender auch die Lostage auf; außerdem enthielten sie zahllose Hinweise für die bäuerlichen Arbeiten. Sie gehörten zu den wichtigsten Traditionsträgern der Bauernregeln. (Graphische Sammlung der Zentralbibliothek Zürich)

Abbildung 2: Runenkalender aus Holz aus dem Mittelalter. Auf urtümlichen Kerbholzstäben und Runenkalendern markierten Striche und Zeichen die Wochentage, Sonntage und Feste. (Aus A. Pfaff, Aus alten Kalendern, Augsburg o. D., Blatt 43)

Abbildung 3: Basler Kalender von 1478. Die Nachfolger der Runenkalender sind die Mandel- oder Bauernkalender, die in zwölf Reihen die Tage jedes Monats durch einfache Zeichen wiedergaben und außerdem die allerwichtigsten Hinweise auf Sonnen- und Mondstand, Aderlaß- und Haarschneidetage enthielten. Jede Beschriftung fehlt. Die Abnehmer dieser Kalender waren offenbar Analphabeten. (Aus A. Pfaff, a. a. O., Blatt 57)

Der Augſtmonat hat. XXXI. tag

Der tag hat. xiiij. ſtund. Die nacht hat. x. ſtund.

★ Diß zeichē bedüt die verworffnen tag/ in welchē mā nüt anfohen ſol.

xiiij	c	Petrus bandung	
ij	d	Steffanus ein babſt	
	e	Sant Steffans findung	
x	f	Juſtinus ein bichtiger	
xviij	g	Oſwaldus küng	¶ Die Soñ got in die iuckfrawē
	A	Sixtus ein babſt	
vij	b	Affra ein marterin	
	c	Ciriacus marterer	
xv	d	Romanus marter	
iiij	e	Laurentius marter	
	f	Tiburtius valerian	
xij	g	Clara ein iunckfraw	
	A	Ipolitus vnd ſin geſellen	
j	b	Euſebius ein beichtiger	
ix	c	☞ Unſer lieben frawen himelfart	
xvij	d	Rochus ein martrer	
	e	Laurentius achteſt	
vj	f	Agapitus ein martrer	
xiiij	g	Ludowicus ein biſchoff	
	A	Bernhardus ein apt	
iij	b	Anaſtaſius ein martrer	
xj	c	Thimotheus ein apoſtel	
	d	Archilaus ein biſchoff	
xix	e	☞ Bartholomeus ein zwölffbot	

Abbildung 4: Der Zürcher Kalender aus dem Jahre 1514 enthält bereits eine Liste der verworfenen Tage: «Diß zeichen bedüt die verworffnen tag, in welchen man nüt anfohen sol.» (Graphische Sammlung der Zentralbibliothek Zürich)

Abbildung 5: Titelblatt des ältesten Appenzeller Kalenders auf das Jahr 1722, «Auf das Jahr nach der Gnadenreichen Geburt unsers HErrn und Heylands JEsu Christi. M.DCC.XXII» (1722). In diesem Kalender wird «nebst ordentlichem Lauff der Sonnen und des Monds auch eine richtige Practic, samt denen diß Jahr vorfallenden 5. Finsternußen» aufgezeigt. (Appenzellische Kantonsbibliothek)

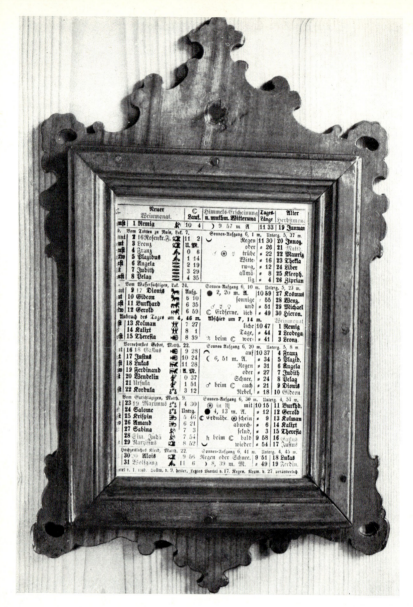

Abbildung 6: Die Brattig oder Practic durfte in keiner Bauernstube fehlen. Die alten Bauernkalender waren so eingerichtet, daß die betreffende Monatsseite in einen einfachen, manchmal auch kunstvoll geschnitzten oder bemalten Holzrahmen seitwärts eingeschoben werden konnte. In diesen Kalendern wurden bis vor einigen Jahrzehnten alle Heiligen und Lostage aufgeführt. Sie enthielten Hinweise für landwirtschaftliche Arbeiten. (Bauernpraktik aus dem Museum zur Hohlen Eich in Wädenswil)

Abbildung 7: Selbst heute gibt es in allen Landesteilen noch einzelne Haus- und Bauernkalender. Unser Bild zeigt das Titelblatt eines solchen Kalenders: «Le véritable MESSAGER BOITEUX DE BERNE ET VEVEY». Dieser Kalender erscheint bereits in seinem 265. Jahr.

Abbildung 8: Neben den Kalendern haben die Hausbücher oder «Hausväter» des 17. und 18. Jahrhunderts die Bauernregeln überliefert. In der Schweiz gab es einen einzigen «Hausvater»; es ist das von Emanuel König 1705 in Basel herausgegebene Buch «Georgica Helvetica Curiosa». Es trägt den Untertitel «Neu Curioses Eydgnossisch Schweitzerisch Hauß Buch vom Reb- Acker- und Wiesen-Bau / Obs- Kraut- und Blumen-Garten / auch Vieh-halten / Vöglen / Fischen etc. sammt einem Hauß-Calender / und Zugabe Schweitzerischen Rechtens». Es enthält unzählige Bauernregeln und gehört deshalb zu unseren wichtigen Quellen.

Abbildung 9: Wetterglas aus dem Kanton Bern, erste Hälfte 19. Jahrhundert. Im 18. und 19. Jahrhundert versuchten aufgeklärte Bauern das Wetter mit «wissenschaftlichen» Mitteln zu erforschen. Zu diesem Zweck verwendete man gläserne Hygrometer (Feuchtigkeitsmesser).
(Museum für Volkskunde, Basel)

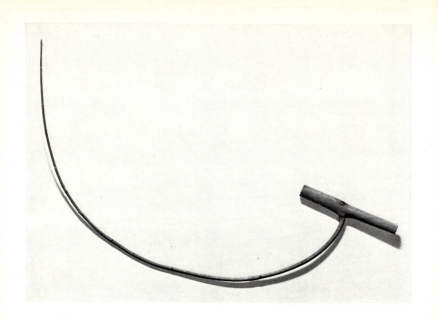

Abbildung 10: Der einfachste Feuchtigkeitsmesser oder Hygrometer besteht aus einem entrindeten Fichtenzweig. Er war noch bis vor wenigen Jahrzehnten vor mancher Stalltüre zu finden. Der abgebildete Hygrometer stammt aus dem Aostatal. (Museum für Volkskunde, Basel)

Abbildung 11: Wetterhäuschen aus Appenzell. Holz, geschnitzt und bemalt (Höhe 18 cm), um 1870. Solche Wetterhäuschen erfreuten sich im 19. Jahrhundert größter Beliebtheit. Es handelt sich um Feuchtigkeitsmesser, die zusammen mit Wetterbeobachtungen genügen mußten, die meteorologischen Bedürfnisse zu erfüllen. (Museum für Volkskunde, Basel)

Abbildung 12: Ziehende Enten im Herbst. Die Vogelregeln waren bis in die jüngste Zeit besonders beliebt. «Wänn im Herbst d Schneegäns früeh chömed, so gits en strenge Winter», sagte man, oder: «Sind die Zugvögel nach Michaelis (29. September) noch hier, haben bis Weihnachten mildes Wetter wir.» Tatsächlich stehen die Zugbewegungen der Vögel direkt oder indirekt in Verbindung mit der Witterung, dem Klima und den Jahreszeiten. Die Dinge sind indessen, wie wir im Kommentarteil darlegen, recht kompliziert. Manche Bauernregeln erfaßten, wie ein Vergleich mit den Resultaten der Verhaltensforschung zeigt, die Zusammenhänge richtig, andere erwiesen sich als falsch. (Aufnahme: Beat Hauser)

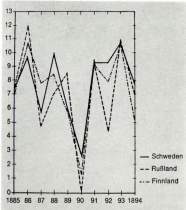

Die Ankunftsdaten des Kuckucks in Nordeuropa 1885–1894. Von oben nach unten: Schweden, Rußland und Finnland. Abszisse: Jahreszahlen, Ordinate: Ankunftstage im Mai (nach J. SCHENK, 1929)

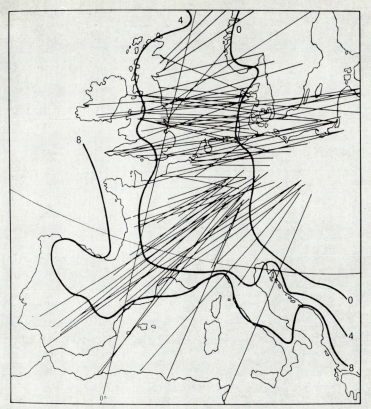

Der Zug nordeuropäischer Stare in Beziehung zu den Januar-Isothermen. Die dünnen, geraden Linien verbinden Beringungs- und Wiederfundorte für jeweils einen Star. Diese Zugwege verlaufen rechtwinklig zu den Isothermen (nach E. Schüz, 1953).

Abbildung 13: Zahlreiche Bauernregeln haben sich mit dem Kuckuck beschäftigt. «Am Tiburzitag (14. April) soll dr Gugger schreie oder s Mul verheie», sagt eine Regel im Baselland, während eine waadtländische Regel meint: «Dès que le coucou a chanté, c'est fini pour le gel.» Diese Regeln sind insofern richtig, als sie eine genaue und regelmäßige Ankunftszeit des Kuckucks voraussetzen. Forschungen in nordischen Ländern haben ergeben, daß die Ankunftsdaten sich in einem Zeitraum von elf Jahren im Extremfall lediglich um zwölf Tage verschieben. (Nach F. Salomonson, Vogelzug, München 1969, S. 96)

Abbildung 14: Die Bauern betrachteten die Zugvögel als zuverlässige Frühlingsverkünder. Sie sind es indessen, wie die Ornithologen bewiesen, nicht unbedingt. So überholen Star und Schwalbe, wie Salomonson sagt, den Frühling auf ihrem Weg und kommen deshalb oft in erhebliche Schwierigkeiten. Die Zugwege der Stare verlaufen, wie die Abbildung zeigt, rechtwinklig zu den Isothermen. (Nach F. Salomonson, Vogelzug, München 1969, S. 107)

Abbildung 15: «Bellender» Jungfuchs. Eine Bauernregel sagt: «Wänn im Winter de Fuchs bälled, dänn gits ruchs Wätter und Schnee.» Tatsächlich «bellt» der Fuchs, unabhängig vom Wetter, während der Ranzzeit, die in die Monate Januar/Februar fällt. Die Witterung hat, wie unter anderem F. Klenk nachweist, keinen eindeutigen Einfluß auf die Aktivität des Fuchses. Die entsprechende Bauernregel muß als irreführend bezeichnet werden. (Aufnahme: Feuerstein, Schuls)

Abbildung 16: Zahlreiche Bauernregeln befassen sich mit dem Verhalten des Wildes. «Ziehen Gemse oder Hirsch aufwärts», so heißt es da etwa, «kann mit schönem Wetter gerechnet werden.» Tatsächlich haben Untersuchungen ergeben, daß sowohl Gemsen wie Hirsche auf Wetterstürze reagieren. Kurz bevor das Wetter umschlägt, suchen sie sichere und bessere Äsungsstätten auf. Bei anhaltend schönem Wetter ziehen die Hirsche, wie das Bild zeigt, aufwärts. (Aufnahme: Feuerstein, Schuls)

Abbildung 17: Auch das Wiesel oder Hermelin gilt als Wetterprophet: «Wänns Wisel lang wyß isch, gits en spate Früelig», so lautet eine Bauernregel. Die Richtigkeit dieser Regel wurde schon von den Naturforschern des letzten Jahrhunderts angezweifelt. Neuere Forschungen zeigen, daß der Haarwechsel durch endogene (vielleicht hormonal bedingte) Faktoren gesteuert wird. Dazu kommen exogene Einflüsse wie Belichtung und Wärme. Der Farbwechsel verläuft individuell, zeitlich und umfangmäßig verschieden. Wiesel können die Witterung nicht «vorausahnen», sie passen sich höchstens den bestehenden Bedingungen an. (Aufnahme: Feuerstein, Schuls)

Abbildung 18: Winterweizen im Vorfrühling. Kräftiger Bestand, nur Spitzen abgefroren.

Abbildung 19: Spätsaat. Schwach, durch Frost geschädigt. (Aus R. Koblet, Der landwirtschaftliche Pflanzenbau, Basel 1965, S. 490)

Abbildungen 18 und 19: Viele Bauernregeln befassen sich mit dem Säen. «Frühe Saat hat nie gelogen, allzu spät hat oft betrogen», heißt eine Regel. Tatsächlich sind die Sommergetreidearten wie Hafer und Weizen so früh als möglich, das heißt sobald der Acker abgetrocknet ist und sich erwärmt hat, zu säen. Späte Frühjahrssaaten bestocken sich schlechter und leiden außerdem unter Fritfliegenbefall sowie Frosteinbrüchen. Auch die Herbstsaaten müssen grundsätzlich so rechtzeitig bestellt werden, daß der Bestand im Frühjahr kräftig genug ist, um auch harten Frösten zu trotzen.

Abbildung 20: Güllewiese mit viel Doldenblüten. Zahlreiche Bauernregeln befassen sich mit der Jauche oder Gülle: «Märzenstaub und Aprilgülle tüend de Pure d Chäschte fülle», lautet eine entsprechende Regel. Tatsächlich bringt der Monat April normalerweise eher feuchtes Wetter mit sich, ist also für das Güllen besonders geeignet. Am einfachsten wäre es, die näher gelegenen Hofmatten mit Gülle, weiter entferntere Wiesen mit Stallmist zu düngen. Gülle und Stallmist, so sagt indessen R. Koblet, «müssen möglichst über die ganze Futterfläche verteilt werden», sonst kommt es, wie das Bild zeigt, zu einseitigen Güllewiesen, die zuviel grobstengelige Unkräuter aufweisen. (R. Koblet, a. a. O., S. 355 und 718)

Abbildung 21: Gedeckter Miststock. Stallmist war eine der großen Erfindungen der Bauern alten Schlages. Er half mit, einen positiven Kreislauf und das ökologische, biologische Gleichgewicht zu schaffen. Zahlreiche Bauernregeln befassen sich mit dem Düngen. Sie besagen, daß man den Miststock, um Nährstoffentzüge zu vermeiden, unter Dach oder unter einem Baum anzulegen habe. Durch Festtreten und Feuchthalten versuchten die Bauern, die durch das Austrocknen und Auswaschen entstehenden Verluste zu reduzieren. Die Regel war deshalb richtig: «Halt ihn feucht und tret ihn feste, auf engem Raum, im Schatten vom Baum, das ist für den Mist das beste.» (Aufnahme: Peter Hauser)

Abbildung 22: Holzfuhr und Holzernte der traditionellen Bauernwirtschaft. Dargestellt ist eine Holzfuhr im Kanton Freiburg. Die Bauern halten sich auch heute noch zu einem überwiegenden Teil an die Winterfällung. «Man soll nie Holz schlagen, wenn es im Saft ist», lautet die zentrale Regel, und sie wird ergänzt und begründet durch eine weitere: «Bauholz zwischen November und Februar gehauen, wird am dauerhaftesten und nicht wurmstichig.» Inwiefern diese Regel «richtig» und gültig ist, wird im Kommentarteil dargelegt. Ähnlich wie die bäuerliche Arbeit hat sich auch die Waldarbeit durch die Technik und mancherlei Rationalisierungsmaßnahmen gewandelt. Bäuerliche Arbeitsbräuche und Regeln sind zum größten Teil aus der Waldarbeit verschwunden, und das hier gezeigte Bild wird bald historische Bedeutung haben. (Aufnahme: Schweizerische Verkehrszentrale, Zürich)

Abbildung 23: Die meisten landwirtschaftlichen Arbeiten werden heute mit Maschinen ausgeübt. Die Säregeln stammen aus der vortechnischen Zeit: «De Weize mue me ischwemme», hieß es. Das will besagen, daß das Erdreich für die Weizensaat durchfeuchtet sein muß. Es war ein Vorteil der Handsaat (unser Bild), daß sofort nach dem Regenfall gesät werden konnte. Mit der Sämaschine und den schweren Traktoren kann man nach einem Regenfall nicht säen. (Aufnahme: Schweizerische Verkehrszentrale, Zürich)

Abbildung 24: Zahlreiche Bauernregeln befassen sich mit der Heuernte, die wir hier in bereits halbmechanisiertem Zustand zeigen. Jene Regeln, die sich mit der Erntetechnik befassen, sind durch die Mechanisierung überholt. So läßt sich die Regel «Es dörf bim Mäe kei Schnäuz gäh» heute kaum mehr anwenden. Sie ist nur mit der geringen Produktivität der früheren Graswirtschaft zu erklären. Es kam darauf an, den letzten Flecken Boden mit Sorgfalt zu nutzen. Die Bauernregeln streben eine umfassende Nutzung an; das Problem der Vergeudung oder gar Vergandung kannten sie nicht. (Aufnahme: Schweizerische Verkehrszentrale, Zürich)

Abbildung 25: Eggender Bauer im Waadtland. Schon vor Jahrhunderten wußten die Bauern, wie wichtig die Bodenbearbeitung ist. «Guet gfahre isch halb grote», sagt eine Bauernregel. Eine andere Regel heißt: «Wenn der Boden zu fest ist, erstickt die Frucht.» Tatsächlich bieten Äcker mit guter Bodenstruktur und reichlichem Nährstoffvorrat die beste Gewähr für gutes Auflaufen und kräftige Entwicklung der Pflanzen. (Aufnahme: Schweizerische Verkehrszentrale, Zürich)

Abbildung 26: Getreideernte nach traditioneller Art in Rheinau ZH. Es war und ist auch heute noch das Anliegen der Bauern, aus der Witterung auf die Ernte zu schließen. Unsere Vorfahren haben – dank genauer Beobachtung – herausgefunden, daß die Entscheidung über die Höhe und Qualität der Ernte schon zu einem sehr frühen Zeitpunkt fällt. Sowohl die Bauernregel: «Gott bewahre uns vor einem tropfenden (warmen) Januar» als auch die andere: «Wenn der April Spektakel macht, gibt's Heu und Korn in voller Pracht» hält den Ergebnissen der wissenschaftlichen Forschungen stand. (Aufnahme: Schweizerische Verkehrszentrale, Zürich)

Abbildung 27: Schafschur auf der Walliser Belalp. «Schafe sollen im Widder geschoren werden», lautet eine alte Bauernregel. Eine zweite sagt, man solle die Schafe bei zunehmendem Mond scheren, dann «gibt es lange, grobe Wolle». Diese und andere Regeln nehmen einen bestimmenden Einfluß der Gestirne und vor allem des Mondes auf Tier und Pflanzen an. Dieser Einfluß ist in einigen Fällen erwiesen, in anderen nicht. (Aufnahme: Schweizerische Verkehrszentrale, Zürich)

Abbildung 28: Ein Weinbauer des Genferseegebietes (Peissy GE) schneidet die Reben. Die Weinbauern kennen besonders viele Regeln. Eine Wilchinger Regel sagt: «E Frau chamer s ganz Läbe lang verliederle, sy schafft glich, aber bin Räbe räächts sich scho im erschte Summer.» Diese Regel besagt, daß sich jede Unterlassung im Rebbau bei der nächsten Ernte und vielleicht schon vorher rächen wird. (Aufnahme: H. Kasser, Zürich)

Abbildung 29: Die «Vignolage», ein Frühlingsbrauch im Wallis. In den Gemeinderebbau von Siders wird zum Takt der Trommel und Pfeife gearbeitet. Im traditionsreichen Weinbau haben sich viele Bräuche erhalten. Manche Bräuche und Regeln gingen zusammen mit der einst weitverbreiteten Gemeinschaftsarbeit unter. (Aufnahme: Schweizerische Verkehrszentrale, Zürich)

Aufnahme 30: Baum im Rauhreif. Eine Bauernregel sagt: «Rauhfrost auf der Flur, milder Witterung Spur.» Ähnlich heißt eine Regel aus der Westschweiz: «Après la gelée du matin, c'est la lavée.» Die Bauern glauben, daß es bei unerwarteter Auflösung der Wolkendecke mit entsprechender Abkühlung – namentlich im frühen Herbst oder späten Frühling – am gleichen Tag noch regnen wird. Tau und Reif können indessen auch Ausdruck guter, ja stabiler Witterung sein. Es kann ebenso die Bauernregel gelten: «Starker Reif und Tau hält den Himmel blau.» (Aufnahme: Schweizerische Verkehrszentrale, Zürich)

Wetterregeln

A. ORAKEL

Der Wunsch, das Wetter aufgrund von Orakeln voraussagen zu können, ist weit verbreitet und geht in die Antike zurück. Im alten Griechenland wurden bei Siriusaufgang die Namen der zwölf Monate auf Feigenblätter geschrieben. Diese legte man in der Nacht ins Freie. Das Blatt, das am andern Morgen feucht war, zeigte an, daß der entsprechende Monat schlechtes Wetter haben werde[1]. Aus der Schweiz sind entsprechende mittelalterliche Orakel bekannt. So schnitt man Laubäpfel (Galläpfel) auf, um je nach ihrem Inhalt auf das kommende Jahr zu schließen. Im alten Zürich bestand der Brauch an Andreas (10. November) ein Glas strichvoll mit Wasser zu füllen. Überfloß es, so schloß man auf ein fruchtbares Jahr, andernfalls war mit einem trockenen Jahr zu rechnen. Weit verbreitet war das Zwiebelorakel; es wird auch heute noch etwa praktiziert. Man schneidet am Weihnachtsabend eine Zwiebel in zwei gleiche Teile, löst zwölf Schalen ab, legt in jede

Schale eine Prise Salz. Aus der relativen Feuchtigkeit der Schalen werden Schlüsse auf die Witterung der betreffenden Monate gezogen[2]. Ein anderes Orakel besteht darin, daß man am 1. Oktober oder 1. November einen Span aus einer Buche schneidet; ist er trocken, so wird auf einen trockenen Winter geschlossen; ist er naß, wird es tüchtig schneien[3]. Bekannt ist ebenfalls das Orakel der Jericho-Rose *(Anastatica hierochuntica L.)*. Man stellt dieses Wüstengewächs am Heiligen Abend in ein Glas Wasser; öffnet sich die Rose vor Mitternacht, so wird mit einem guten Jahr gerechnet[4]. Auch aus einem eingestellten Kirschbaumzweig wurde auf die Jahreswitterung geschlossen[5]. Außerdem sollten die zwölf Tage zwischen Weihnachten und Dreikönigstag Aufschluß über das Wetter der kommenden zwölf Monate geben. Dieses Orakel gehört eigentlich schon zur Gruppe der Lostage, die in den Wetter- und Bauernregeln eine mächtige Stellung einnehmen und bis heute praktiziert werden.

B. LOSTAGE

Die Lostagsregeln enthalten eine Wettervorhersage; sie machen das Wetter einer bestimmten Zeit und vor allem eines bestimmten Tages verantwortlich. Sie schließen vom Wetter eines bestimmten Zeitraumes oder eines bestimmten Tages auf das Wetter eines ganzen Zeitraumes. Ein prognostischer Wert kann ihnen nicht zugeschrieben werden, da es keine Beziehungen zwischen dem Wetter eines bestimmten Tages und einer später folgenden längeren Witterungsperiode gibt. Lostagsregeln können in verschiedene Untergruppen eingeteilt werden. Da sind einmal die Festtagsregeln:

> «*Die Neujahrsnacht hell und klar,*
> *deutet auf ein reiches Jahr*»,

oder:

> «*Regnet es an Pfingsten,*
> *so regnet es sieben Sonntage.*»

Sodann gibt es Wochentags-Losregeln:

> «*Wie das Wetter am 1. Dienstag im Monat,*
> *so ist es im ganzen Monat*»,

oder:

> «*Das Sonntagswetter meldet sich am Freitag an.*»

Eine weitere Gruppe bilden die Lostage der Heiligen:

> «*Vincenzen Sonnenschein,*
> *bringt viel Korn und Wein.*»

« Schneit's an Agathe,
soll's noch 37 Mal schneien. »
« St. Matthäus kalt,
die Kälte lang anhält. »

Die meisten Lostagsregeln bezogen sich, und zwar sowohl in katholischen wie auch protestantischen Gebieten, auf die Heiligentage. Das setzte, wenn nicht einen brauchmäßigen Heiligenglauben, so doch eine genau Kenntnis des Heiligenkalenders voraus. Die Fassung der Lostagsregeln läßt den Schluß zu, daß der Tag der Heiligen nicht bloß als Zeitbestimmung diente, sondern daß dem Heiligen selbst ein Einfluß auf das Wetter zugeschrieben wurde, genau so, wie in den griechischen Parapegmen die Auf- und Untergänge gewisser Sterne, die ursprünglich nur die Zeit angeben sollten, später für die Erscheinungen selbst verantwortlich gemacht wurden.
Wie groß die Bedeutung der Lostagsregeln war, erhellt der Streit um die Gregorianische Kalenderreform von 1582. Damals wurde als Hauptargument gegen die Reform geltend gemacht, daß die Lostagsregeln ihre Gültigkeit verlören. Der Bauer würde in völlige Verwirrung gebracht, weil er nicht mehr wüßte, wann er seine landwirtschaftlichen Arbeiten vorzunehmen habe[6]. Nach der Annahme der Reform schrieb der Wiener Astrologe Johann Rasch ein Buch, das vor allem für die Bauern gedacht war: «New Lostäg. Nutzliche bedencken und unterscheidung der pöflischen alten Lostag, die feldregel und Bawrenpractic angehend ... Rorschach am Bodensee. Anno M.D.XC.[7]» Rasch, seines Zeichens Organist am Schottenkloster in Wien, hatte zuvor mehrere Arbeiten über Astrologie, Musik, Theologie und Weinbau publiziert. In seinem Bauernbüchlein untersuchte er, «ob die in dem Neucalender all umb X tag mussen mit umbsetzt werden, oder aber noch in jren vorigen terminis und statis diebus unverruckt bleiben»[8]. Erstaunlicherweise hat aber Rasch nur einzelne Bauernregeln um zehn Tage korrigiert; die meisten ließ er beim Datum des alten Kalenders stehen.
Welche Rolle die Heiligen im Leben des Volkes, insbesondere der katholischen Bevölkerungsteile, spielten, sei an wenigen Beispielen erläutert: Am 25. Mai, dem Tag des Traubenheiligen St. Urban, wurde in Basel jeweils der St.-Urbans-Brunnen bekränzt. Die Sarganser tauchten den Heiligen an seinem Festtag in den Brunnen[9]. Am 26. Juni, dem Tag des heiligen Johannes, wurden in Graubünden Prozessionen übers Feld, «per las auras», veranstaltet. Besonders glanzvoll feierte man den Muttergottestag, Mariä Himmelfahrt (26. August)[10].
Es war relativ einfach, die Beobachtungen an den Lostagen zu registrieren. Etwas schwieriger dürfte es gewesen sein, sich im richtigen Augenblick dessen zu erinnern. Man hat deshalb – wie es aus dem Appenzellischen sowie dem Zürcher Oberland überliefert ist – mit Kreide an der Stubenwand oder auf dem Schiefertisch Kreise gezeichnet. Sie wurden halbiert (Vor- und Nachmittag) oder in vier Teile geteilt. Ein

leeres Feld bedeutete helles Wetter, ein schattiertes Feld wies auf bewölktes Wetter und ein quer gestreiftes zeigte Regen, das punktierte Feld Schnee an[11].

C. WOCHENTAGSREGELN (TAGWÄHLEREI)

Aus dem alten Glauben, daß es neben Glücks- auch Unglückstage gebe, entwickelte sich die Tagwählerei. Sie war schon bei den Babyloniern, den alten Ägyptern, Hebräern und Griechen üblich. Schon Moses hat sie vergeblich bekämpft und verurteilt: «Daß nicht jemand unter dir gefunden werde, der seinen Sohn oder seine Tochter durchs Feuer gehen läßt, oder einen Weissager oder einen Tagewähler, oder der auf Vogelgeschrei achte, oder einen Zauberer oder Beschwörer, oder Wahrsager. Denn wer solches tut, ist dem Herrn ein Greuel[12].» Besonders ausgeprägt war die Tagwählerei im alten Rom. Sie war dem Apostel Paulus ein Ärgernis: «Tage beachtet ihr und Neumonde und Festzeiten und Neujahrstage. Ich fürchte für euch, daß ich am Ende vergeblich an euch gearbeitet habe[13].» Auf Paulus beruft sich Johannes Chrysostomos, Bischof von Konstantinopel, der sich im 4. Jahrhundert der Tagwählerei entgegensetzte: «Schlecht oder gut wird ein Tag nicht zufolge seiner eigenen Natur – denn jeder Tag ist an sich genau gleich wie jeder andere –, sondern zufolge unserer Anstrengung oder unseres Leichtsinns[14].» Im Gebiet der Schweiz nahm die Tagwählerei offensichtlich im 17. Jahrhundert einen größeren Umfang an. Wir sind über die Regeln aus den Aufzeichnungen von Gwerb und Anhorn unterrichtet[15]. Es sind, von wenigen Ausnahmen abgesehen, die gleichen Regeln, die wir aus Umfragen des 20. Jahrhunderts kennen:

Oder:
> «*Es sei unglücklich, wenn ein Knecht oder Magd an den Mittwochen einen Dienst antrete.*»

Oder:
> «*Man soll den Donnerstag abend feiern.*»

> «*Man soll am Freitag die Essigflaschen füllen.*»

Bekannt sind auch die Karfreitagsregeln: «An diesem Tag gelegte Hühnereier können eine Feuersbrunst löschen.»
Offenbar haben die gut gemeinten Aufklärungen von Gwerb und Anhorn nichts genützt, denn im 18. Jahrhundert verkündete beispielsweise der Hinkende Bote von Bern, daß alle Unglücksfälle auf die verworfenen Tage fallen. Vergeblich war auch der Kampf der Aufklärer in den ökonomischen Gesellschaften: «Der Bauer hat seine eigenen Tage fast für jede Arbeit; diese Sache will an einem Heiligen Abend, diese wieder an einem andern ihrer besonderen Tage verrichtet seyn, zum Beispiel die Hanf- und Linsaat am Charfreytag.» Der Grund sei tatsächlich lach-

haft: «Weil der Herr Jesus am Charfreytage in reinen Leinwand ist gewikelt worden[16].» Auch aus dem 19. Jahrhundert sind zahllose Wochentagsregeln bezeugt. Wir treffen wiederum die Essigregel an. Auch die verworfenen Tage: Besonders «böse» sind drei Tage im Jahr, nämlich der 3. April, der 1. Juni und der 1. Juli. Am 3. April ist der Teufel vom Himmel geworfen worden; am 1. Juni ist Sodom und Gomorrha zerstört worden, und auf den 1. Juli fällt der Verrat des Judas[17]. Aus dem Emmental stammt die Regel: «Der 13. eines Monats ist ein verworfener Tag.»
Im Kanton Zürich sagte man:

> *«Am Mittwoch soll niemand seine Wohnung verändern*
> *oder sein Brautfuder führen lassen,*
> *denn ‹er› ist kein Tag.»*
> *«Am Mittwoch soll man auch keinen Bau beginnen,*
> *kein Vieh zulassen,*
> *noch weniger säen und pflanzen.*
> *Er ist ein Unglückstag.»*

Ähnliche Regeln sind auch aus der ersten Hälfte des 20. Jahrhunderts überliefert.

> *«Mittwochs und freitags soll man nicht reisen,*
> *das Vieh auf die Alp treiben*
> *oder überhaupt etwas Bedeutendes unternehmen»,*

so sagte man im Sarganserland.

> *«Dienstboten treten am Montag keine neue Stelle an»,*

so lautete eine Regel im Emmental.
Am Montag und Samstag – so glaubte man ebenfalls im Emmental – soll kein Tier eingestellt oder zugekauft werden; am Dienstag, Donnerstag und Samstag soll man nicht in die Kohlpflanzungen gehen, sonst kommen die Graswürmer an den Kohl. Am Mittwoch soll man nicht backen. Mittwochkälber soll man nicht aufziehen; sie gedeihen nicht.
Ähnliche Regeln trifft man in der Westschweiz:

> *«Le mercredi et le vendredi, on ne déménage pas (avec) le bétail.»*
> *«Celui qui rit le vendredi, pleure le dimanche.»*
> *«Il faut toujours planter le chanvre le premier vendredi de mai, les oiseaux ne le mangeront pas.»*
> *«Celui qu'on enterre le vendredi attire quelqu'un de la maison après lui».*

Aus der volkskundlichen Befragung von 1937/42 ging hervor, daß die Tagwählerei in der Schweiz damals noch verhältnismäßig weit verbreitet war. Erstaunlicherweise sind mehr Unglücks- denn Glückstage erwähnt worden. Wie in früheren Jahrhunderten wurden bestimmte Ver-

richtungen und Arbeiten als gefährlich oder unglückbringend bezeichnet. Aus mancher Antwort geht indessen hervor, daß der Glaube an die Wochentagsregeln brüchig geworden war. So erklärte der Gewährsmann aus Cully: «Tout cela appartient au passé; la population du vignoble est positive et rationaliste[18].» Als Unglückstag galt, vor allem in der deutschen Schweiz, der Mittwoch. Er heißt Mittwoch, ist kein Tag, weil er die Mitte bedeutet. Die Mittwochsangst scheint damals in bäuerlichen Kreisen relativ weit verbreitet gewesen zu sein. Im Prättigau wurde keine Alpauffahrt auf den Mittwoch verlegt. In Furna/Prättigau gab es, weil die Mittwochkinder als unglücklich galten, an einem Mittwoch keine Geburt, das heißt, man registrierte sie ein bißchen anders. Im Baselland und im Solothurnischen begannen viele Bauern selbst bei schönstem Wetter niemals an einem Mittwoch mit der Heuernte. Im Gegensatz zu andern Ländern Mitteleuropas galt bei uns auch der Freitag als Unglückstag. Eine Ausnahme machten gewisse Regionen im Kanton Bern. Jeremias Gotthelf hat in seiner «Käserei in der Vehfreude» den Freitagsaberglauben scharf aufs Korn genommen. So läßt er einen, der noch an die Wochentagsregeln glaubt, sprechen: «Ja, wenn man den Käse wolle hohl wie Hutdrucken oder blästig, daß man sie den Schmieden für Blasbälge verkaufen könne, so solle man nur am Sonntag den ersten Käs machen... Wer noch einen Glauben habe und begehre glücklich zu sein in der Ehe, der lasse sich am Freitag kopulieren. Das halte fest, was an diesem Tage gemacht sei. Bei Käsen sei ja das Kopulieren, und daß die Käse fest würden und sich hielten, die Hauptsache... Schicklicher zum Anfang als der Freitag sei daher durchaus kein Tag[19].»
Sehr schön zeigt die von Weiß und Geiger gezeichnete Karte, wie weit der Freitagaberglaube damals noch umging. Besonders in der Westschweiz häufen sich die betreffenden Zeichen. Die Antworten der Gewährsleute sind bezeichnend: Man soll die Werkzeuge nicht am Mittwoch und Freitag schleifen, heißt es in der Gegend von Leysin. «Ne pas déplacer le bétail d'un mayen à l'autre le vendredi», galt als Regel im unteren Wallis. In den Tessiner Tälern war es verpönt, am Freitag auf die Alp zu fahren, ja das Vieh auszutreiben[20]. Demgegenüber galt der Sonntag vielerorts als Glückstag. Wer ihn durch Arbeit entheiligte, mußte schweres Unheil in Kauf nehmen. Im Val de Bagnes war es sogar verboten, eine Milchziege auf die Weide zu treiben. Wer am Sonntag – und sei es auch nur mit Vorbereitungsarbeiten – mit der Käserei beginnt, muß dafür büßen. Tage mit -r- (mardi, mercredi, vendredi), besonders der Tag mit zwei -r-, werden im französischen und italienischen Sprachgebiet gelegentlich als unglücklich, das heißt die andern als glücklich bezeichnet (Val d'Hérens), während im deutschen Sprachgebiet die «ungeraden Tage» (Montag, Mittwoch und Freitag) als unglücklich gelten (Flaach ZH).
In der Umfrage von 1972 wurden nur noch verhältnismäßig selten Wochentagsregeln angegeben. Im Kanton Graubünden scheinen sich

noch vereinzelte Bauern an die Regel zu halten, daß man am Mittwoch (Unglückstag) kein Vieh verstellen sollte. Auch im Münstertal war die Regel: «Geh nicht auf die Alp an einem Freitag», zum mindesten noch bekannt. «Die Alpauffahrt, auch Alpabfahrt, soll nie an einem Mittwoch stattfinden», meinte ein Gewährsmann aus der Zürichseegegend. Eine im Kanton Schwyz beheimatete Regel sagt, daß man beim Galtgehen die Kühe am Freitag morgen das letzte Mal melken solle; sie würden dann während des Tages kalben. Selbst die alte Regel, man müsse den Kühen nach dem Kalben ein Karfreitagsei eingeben, war im Kanton Schwyz noch bekannt. Viele Bauern würden ihr Vieh – so meinte ein Gewährsmann aus Klosters – nie an einem Montag, Mittwoch oder Freitag verstellen. Um absolut zuverlässige Resultate zu bekommen, müßte man allerdings eine ähnlich strukturierte Umfrage wie jene von 1937/42 durchführen. Man würde dann wohl zweifellos feststellen können, daß es einem gewissen allgemeinen menschlichen Bedürfnis entspricht, Glücks- und Unglückstage zu erkennen. Es wird wohl immer wieder versucht werden, dem überpersönlichen Schicksal zu entgehen und die Wahl zwischen Gutem und Bösem zu ersetzen durch eine Wahl zwischen glücklichen und unglücklichen Zeiten und Tagen.

D. KORRELATIONSREGELN

Unter Korrelationsregeln verstehen wir Regeln, die das Wetter eines bestimmten Zeitabschnittes mit dem Wetter eines andern Zeitraumes in Beziehung bringen. Sie müssen differenziert betrachtet werden. Verschiedene dieser zum Teil recht alten Regeln sind von der Meteorologie als zutreffend bezeichnet worden. Sie weisen namentlich dann einen guten Korrelationskoeffizienten auf, wenn sie die Erhaltungstendenz des Wetters zum Ausdruck bringen. Relativ häufig sind Regeln, die eine Korrelation eines bestimmten Monates mit dem sechsten darauffolgenden Monat ausdrücken:

«Wie der Januar, so der Juli.»

F. Zimmer hat diese Regel untersucht, indem er an der Prager Temperaturreihe von 1775–1935 Korrelationskoeffizienten zwischen den 160 Januarmitteln und den 160 Julimitteln bildete. Außerdem wurde ausgezählt, in wie vielen Fällen Januarmittel, die über dem 160jährigen Durchschnitt lagen, mit dem überdurchschnittlichen Julimittel zusammenfallen. Es zeigte sich, daß die Regel nicht stimmte[21]. Das gleiche gilt für die Regel: «Wie der November, so der kommende Mai.»
Nach einer in der Nordostschweiz verbreiteten Bauernregel bestimmt das Wetter des 27. Juni, des Siebenschläfertages, den Wettercharakter des Monats Juli. Regnet es an diesem Tag, so wird es auch im Juli häu-

WOCHENTAGE ALS UNGLÜCKSTAGE

Legende:
- ● Mittwoch
- ■ Mittwoch und Freitag
- ✱ Freitag und Mittwoch
- ✚ Freitag
- ▣ Dienstag und Freitag
- • man kennt keinen
- , Komma zw. zwei Zeichen bedeutet 'und'

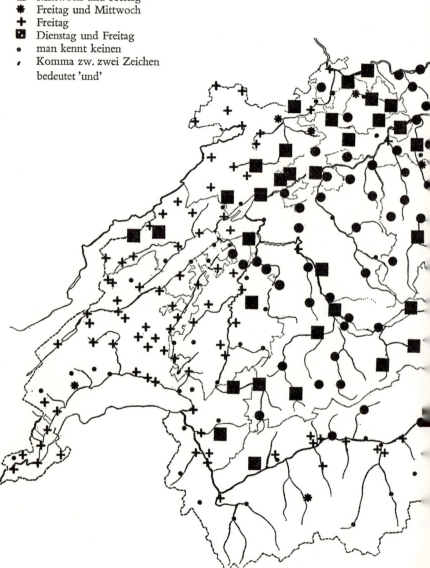

Aus dem Atlas der Schweizerischen Volkskunde, bearbeitet von Paul Geiger und Richard Weiss.

fig regnen. Stimmt diese Siebenschläfer-Regel? J. Häfelin von der Meteorologischen Zentralanstalt in Zürich hat die meteorologischen Zusammenhänge untersucht: «Betrug die Häufigkeit der Niederschlagstage der sechs Stationen Bern, Neuenburg, Genf, Altdorf, Zürich und Basel in der Zeit vom 26. Juni bis 30. Juni weniger als 40% des langjährigen Durchschnittswertes, so wiesen von den insgesamt 42 Fällen, die in den Jahren 1865 bis 1949 auftraten, 24 eine unternormale Niederschlagsmenge auf, was also einer Wahrscheinlichkeit von 57% entspricht. Das Mittel der Abweichungen aller 42 Fälle beträgt nur −1 mm. Anderseits war die Häufigkeit der Niederschläge in 14 Jahren größer als 60%. 8 dieser 12 Fälle ergaben eine positive Abweichung der Juliregenmengen, also wiederum eine Wahrscheinlichkeit von 57%. Die mittlere Abweichung aller 14 Fälle beträgt + 5 mm. Diese Regel ist also in der Schweiz kaum anwendbar[22].» Recht häufig sind Regeln, die einen Ausgleich zwischen Winter und Sommer vermuten. Sie entspringen dem Glauben, ein Jahr hätte eine bestimmte Menge Wärme und Kälte. Klassisch bringt das unter anderem die folgende Regel aus dem Kanton Solothurn zur Geltung:

> *«S Wetter zahlt si gäng.»*
> *(Gutes und schlechtes Wetter gleichen sich aus.)*

Diese Meinung kommt auch in folgenden Regeln zum Ausdruck:

> *«Kalter Winter, heißer Sommer.»*
> *«So kalt wie im Dezember,*
> *so heiß wird's im kommenden Juni.»*
> *«Je giriger der Wenter, desto tropfiger der Sommer.»*
> *«Der März hat Kopf oder Arsch verbrannt.»*
> *das heißt: Herrscht im März mildes Frühjahrswetter, so muß man dafür später mit einem Kälteeinbruch rechnen.*

Auch diese Regeln konnten durch die Untersuchungen der Meteorologen nicht bestätigt werden. Anders verhält es sich mit den Regeln, die ein bestimmtes Beharrungsvermögen ausdrücken.

> *«Wie es im April und Mai war,*
> *so schließt man aufs Wetter im ganzen Jahr.»*
> *«Wie di churze Tage sy,*
> *so sy die länge.»*

Die wissenschaftlichen Untersuchungen ergaben, daß die Regel in 76% der Fälle stimmt. Der Korrelationskoeffizient betrug 0,59. Auch die Regel:

> *«Ist Dezember veränderlich und lind,*
> *der ganze Winter ein Kind»*,

stimmte zu 72%. Der Korrelationskoeffizient beziffert sich auf 0,76. Eine bekannte und heute noch oft gehörte Regel lautet (nach der Zürcher Fassung):

«Wie de Samschtig de Sunntig wott ha,
das zeigt de Fritig zmittag scho a.»

Für diese Regel gibt es zwei verschiedene Erklärungen. Die eine Version (H. Fischer) geht davon aus, daß jeder Monat mit dem Tage nach Neumond begann[23]. Neumond und Vollmond waren die beiden monatlichen Sonntage. Die Wirkungen des Neumondes auf das Wetter beginnen zwei Tage vor dem astronomischen Neumond. Da heute der Monat mit dem Mondumlauf nur noch den Namen gemein hat und zudem statt der alten zwei Wochen vier eingeführt wurden, müßte unsere Regel lauten: Der Mittag des zweiten Tages vor dem Mondwechsel kündet uns oft die Wetterlage der Mondwechseltage an. Für die gleiche Regel haben die Meteorologen eine andere Erklärung. Sie verweisen auf den Wechsel von Auf- und Abwinden. «Der Wechsel in diesem Rhythmus ist im Frühjahr und Herbst besonders ausgeprägt: ein Wechsel von Kaltluftbergen und Warmluftzwischenräumen. Mehrere Kaltluftgebirge ziehen nacheinander eingebettet in der Westwindzone über Mitteleuropa hinweg. Es stellt sich in der Praxis eine recht gleichmäßige Periode der Wanderung in gleichmäßigen Zeitintervallen ein, zum Beispiel in einem Abstand von 48 Stunden. So wiederholt sich ein Wettertyp bei kräftigem Westwind immer nach 48 Stunden, woraus sich auch die allgemeine Volksregel herleitet: ‹Wie der Freitag sich neigt, so der Sonntag sich zeigt›[24].»

E. SINGULARITÄTSREGELN

Meteorologen, welche langjährige Temperaturreihen untersuchten, konnten im Jahresgang der meteorologischen Elemente bestimmte Unregelmäßigkeiten feststellen. Sie wiesen nach, daß diese Unregelmäßigkeiten überzufällig sind und zu ganz bestimmten Terminen ein statistisches Übergewicht besitzen. Sie zeigten im weiteren auf, daß bestimmte Wetterlagen fast regelmäßig zu gewissen Zeiten wiederkehren und sprechen von «synoptischen Singularitäten»[25]. Im Verlaufe der Zeit wurden Witterungsnormen und Witterungsmerktage herausgearbeitet, durch welche der Jahreswetterablauf gleichsam genormt werden kann. Es gibt eine große Zahl von Bauernregeln, die um diese Witterungsnormen gruppiert werden können. Sie nahmen die Ergebnisse der wissenschaftlichen Untersuchungen gewissermaßen voraus. Hierzu nur wenige Beispiele:

«Wenn der Tag beginnt zu langen,
kommt die Kälte hergegangen.»

Diese aus dem 18. Jahrhundert stammende und heute noch anzutreffende Bauernregel weist darauf hin, daß der kälteste Tag des Jahres nicht mit dem kürzesten der Wintersonnenwende zusammenfällt. Er tritt tatsächlich durchschnittlich drei bis vier Wochen später ein, meist in der zweiten Hälfte des Monates Januar. Im langjährigen Durchschnitt ist der Januar der kälteste Monat des Jahres. Nach den Singularitätsregeln tritt der Hochwinter erst um den 20. Januar ein. Unsere Bauernregeln drücken diese Tatsache sehr drastisch aus.

> *«An Fabian und Sebastian (20. Januar)*
> *fängt der Winter erst recht an.»*
> *«A la St-Vincent (22 janvier)*
> *tout gèle ou tout reprend.»*

Zahlreiche Wettersprüche künden für die ersten Februarwochen Schneefall an.

> *«Die heilige Agathe (5. Februar) ist reich an Schnee.»*
> *«Ste-Agathe, l'eau sur les chemins.»*
> *«St. Dorothee (6. Februar) bringt meistens Schnee.»*

Tatsächlich läßt die strenge und oft trockene Kälte in den ersten Februarwochen meistens nach, was möglicherweise mit der Entwicklung von Mittelmeertiefs im Zusammenhang steht. «Ein Mittelmeertief erzeugt bei uns meist Bise und ist gerade für Kälteperioden charakteristisch. Der oft spektakuläre Übergang zu wärmerem Wetter (Februar/ März 1956 und 1963!) wird in der Regel eingeleitet durch Föhn, und zwar in dem Zeitpunkt, wo sich das kontinentale Kaltlufthoch auf den Balkan zurückzieht[26].» Es kann auch zu Tauwetter und Regenfällen kommen.

> *«Lichtmesse (2. Februar), Schneefresse.»*
> *«Lichtmeß, Schnee oder Regen.»*
> *«Die Lichtmeß-Sonnenschein,*
> *bringen großen Schnee herein.»*

Verschiedene Bauernregeln befassen sich mit den gefürchteten Kälterückfällen vom Monat Mai. Berühmt ist die alte, heute noch in der Westschweiz bekannte Regel:

> *«Saints Mamert, Pancrase et Servais*
> *sont toujours vrais saints de glace.»*

Die Feste dieser Heiligen fallen auf den 11., 12. und 13. Mai. Nach den Berechnungen von B. Primault haben sich die Tage infolge des Kalenderwechsels ganz erheblich verschoben. Wenn wir diese Verschiebung in Betracht ziehen und anrechnen, stimmen die Regeln im allgemeinen. Ein Blick auf die Temperaturmessungen des meteorologischen Dienstes zeigt an, daß nicht der 11., 12. und 13., sondern der 19. Mai im Zürcher Mittel des Zeitraums von 1901 bis 1960 tiefere Werte aufweist als die vorausgehenden und folgenden Tage[27]. Die in der deutschen

Schweiz bekannte «kalte Sophie» (15. Mai) fällt im Mittel auf einen überdurchschnittlich warmen Tag mit hohen Minima. In den sechzig Statistikjahren wurde in Zürich und Umgebung am 15. Mai kein Frost gemessen. Würde man den Kalenderwechsel berücksichtigen, so würde der eigentliche Sophie-Tag auf den 23. Mai fallen. Bei den Meteorologen sind der 22. und 23. Mai bekannt für verheerende Fröste[28]. Vor allem die Weinbauern fürchten diesen Kälterückfall und Nachtfrost.

> «*Tant que St-Urbain (25. mai) n'est pas passé,
> le vigneron n'est pas rassuré.*»

Auch H. Frey spricht von der tendenziellen Richtigkeit der Eisheiligenregel. In der zweiten Woche im Mai leiden unsere Kulturen immer wieder unter längeren oder kürzeren Kälteperioden mit Morgentemperaturen unter null Grad. Diese Kälterückschläge werden durch ein Druckmaximum nordwestlich der Schweiz (Atlantischer Ozean) und durch ein Druckminimum östlich der Schweiz (Ungarn) verursacht. Die Folgen sind bekannt: schwacher Wind, klarer Himmel, kleine Luftfeuchtigkeit und Taupunkt unter null Grad. Ein erster Kälteeinbruch erfolgt meistens schon im April, deshalb die Bauernregel: «Georg und Marx bringen viel Args.» Dieser Kälteeinbruch kann am Zürichsee höchstens die Frühblüte der Aprikosen und Pfirsiche vernichten, während der Kälterückschlag der drei Eisheiligen «mitten in den Hauptblühet aller Fruchtbäume hineinkommt, nicht zu sprechen von den zarten, jungen Trieben unserer Reben, die vollständig zurückfrieren»[29]. Im südlichen Tessin sind indessen die Aprilfröste besonders gefürchtet, weil sie die Aprikosen- und Pfirsichernte gefährden oder vernichten können.

Im Juni zeigt die Kurve der langjährigen Tagesmittel der Temperatur große Störungen auf. Für das europäische Wettergeschehen sind Meereslufteinbrüche markante und gewohnte Erscheinungen. Zahlreiche Bauernregeln sprechen von unbeständiger, sich über den ganzen Juni erstreckender Witterung.

> «*S'il pleut à la St-Médard,
> il pleut quarante jours (8. juin).*»
> «*Seicht de Mäder i de Rii,
> so ischt alls hii (Mäder = Medardus).*»
> «*Wänn dr Mäder in d Hose schyßt, git es en nasse Heuet.*»
> «*Regnet es an Barnabas (11. Juni),
> schwimmen die Trauben bis ins Faß.*»
> «*Wänns am Vit rägnet (15. Juni), so rägnets ainedriißig Tag.*»
> «*Wenn's regnet an Sankt Gervasius (19. Juni),
> es vierzehn Tage regnen muß.*»
> «*Regen am Johannestag (24. Juni),
> nasse Ernte kommen mag.*»

> «*Regnet's am Sankt-Peters-Tag (29. Juni),
> drohen dreißig Regentag.*»

Die Zahl 30 und 40, die als Wirkungsdauer eines Lostages vielfach verwendet wird, hat lediglich Symbolcharakter. Für unsere Vorfahren hieß 30 und 40 einfach lang oder lange Zeit. Dieses Symbol ist übrigens uralt und findet im Alten Testament, das ja bekanntlich früher viel volkstümlicher gewesen ist als heute, eine weite Verbreitung. Im Hebräischen hieß es «Mem». Jeder hebräische Buchstabe hat aber auch einen Zahlenwert; der Wert des Buchstabens Mem ist 40. Erstaunlicherweise bedeutet Mem als Wort auch Wasser. In diesem Zusammenhang ist es interessant, zu wissen, daß man von 40 Jahren in der Wüste sprach, von 40 Tagen am Sinai, von 40 Tagen der Wanderung des Propheten Elias. Das will nicht besagen, daß es nach dem Kalender 40 Tage oder 40 Jahre waren; es heißt wohl nur, daß man in der Zeit gleichsam untergetaucht war, wie man auch im Wasser untertauchen, ja ertrinken kann[30]. Deshalb ist auch die alte Hieroglyphe für «mem» eine Wellenlänge, und deshalb sprechen die Bauernregeln seit der Antike von 40 Tagen. Deutet man sowohl diese Zahl wie den Inhalt der Bauernregeln richtig, so wird man den Juni-Lostagsregeln eine gewisse Berechtigung nicht absprechen können. Nach Primault weist der Juni für das Mittelland von allen Monaten am meisten Tage mit Regen auf. Selbst lange dauernde Regenperioden sind im Juni durchaus möglich.
Je nach Region und Niederschlagsmenge oder Klima wird ein nasser Juni von den Bauern gewisser Gebiete geschätzt.

> «*Nasser Juni, reiches Jahr*»,

sagen die Bauern von Guarda im unteren Engadin.

> «*Der warme Juniregen füllt Scheune und Korntruhe des Bauern*»,

heißt es im oberen Engadin.
In verschiedenen Sprüchen und Wetterregeln drückt der Bauer immer wieder seine Vorstellungen vom idealen Wetter aus. Ihre eigentliche Berechtigung, das heißt die Beziehungen zwischen Witterungsablauf und Ernteerträgen, werden in einem andern Zusammenhang betrachtet werden müssen. Im folgenden sollen einige Beispiele dieser Wunschregeln gezeigt werden.

> «*Eine gute Decke von Schnee,
> bringt das Getreide in die Höh.*»
> «*Unter dem Schnee Brot.*»
> «*Januar warm, daß Gott erbarm.*»
> «*Il faut que février fasse son devoir.*»
> «*Märzwind und Aprilbise sind das Unglück des Landes.*»
> «*Ein trockener April ist nicht des Bauern Will.*»

> «Auf den Juni kommt es an,
> wann die Ernte soll bestahn.»
> «Die Dürre verursacht nie Hungersnot, außer sie kommt im
> August.»
> «Wenn Matthäus weint statt lacht (21. September),
> er aus Wein oft Essig macht.»
> (Im September soll es ja warm sein.)
> «Regnet es im August, so regnet es Honig und Most.»
> «Augustwasser und Septembersonne sind wie pures Gold.»
> «Andreasschnee tut dem Korn weh (30. November).»

Zu den eigentlichen Singularitätsregeln gehören diejenigen, die sich mit dem Wetter an Weihnachten befassen. Auf den ersten Blick scheint es sich um gewöhnliche Lostagsregeln zu handeln. Bei näherer Betrachtung entpuppen sie sich als Singularitätsregeln.

> «Weihnachten im Klee,
> Ostern im Schnee.»
> «Weihnachten auf Dorfplatz, Ostern am Kaminfeuer.»
> «Besser e wyßi Oschtere as e grüeni Wienacht.»

Alle diese Regeln beziehen sich auf das mit verblüffender Regelmäßigkeit eintretende «Weihnachtstauwetter».
Zusammenfassend läßt sich mit Primault und Kletter sagen, daß der prognostische Wert der Bauernregeln von ungleicher Bedeutung ist. In recht vielen Fällen kann ihnen überhaupt keine wissenschaftliche Berechtigung zugesprochen werden; manche sind sogar falsch. Wertvoll sind jene Regeln, die auf aufmerksamer Naturbeobachtung beruhen. Hier ist die Übereinstimmung mit den Resultaten der meteorologischen Statistik verhältnismäßig groß.

F. DER HUNDERTJÄHRIGE KALENDER

Eine besondere und lange Zeit überragende Stellung unter allen Kalendern nimmt der Hundertjährige Kalender ein. Seine Entstehung ist noch wenig erforscht. Er wird im allgemeinen dem in der Astrologie und teilweise auch Astronomie bewanderten Abt Mauritius Knauer im Kloster Langheim in Oberfranken zugeschrieben. Tatsächlich hat der der Aufklärung zugetane Abt, aufgrund von gewissen Wetterbeobachtungen und möglicherweise auch gestützt auf die antike Literatur, einen Kalender entworfen. Das Material ist in die Hände des geschäftstüchtigen Arztes Christoph Hellwig gelangt, der um 1700 einen «auf 100 Jahre gestellten kuriösen Kalender» herausgab[31]. Knauers eigener Kalender erschien erst im Jahre 1704[32]. B. Primault hat beide Ausgaben miteinander verglichen[33]. Dabei stellte er fest, daß Knauers Kalender zwei Arten von Prognosen, einerseits sehr allgemeine und zum Teil auch recht widersprüchliche, andererseits sehr präzise und offensichtlich auf eigentlichen Beobachtungen basierende Prognosen enthält. Sowohl Knauer wie auch Hellwig nahmen an, daß den Planeten außergewöhnliche, sowohl unser Wetter wie das menschliche Leben in stärkstem Maße beeinflussende Kräfte innewohnen. Zu den Planeten zählte man damals: die Sonne, den Mond, Saturn, Jupiter, Mars, Venus und Merkur. Zwei Gestirne, Sonne und Mond, wurden fälschlicherweise den Planeten zugerechnet; drei Planeten, Neptun, Uranus und Pluto, waren damals noch nicht bekannt. Man nahm an, daß die Jahre abwechslungsweise immer von einem der «Planeten» beherrscht würden; es gab demnach einen siebenjährigen Turnus, das heißt der Reihe nach ein Saturnus-, Jupiter-, Mars-, Sonne-, Venus-, Merkurius- und Mondjahr. Nach dem siebenjährigen Zyklus – so glaubte man – würde sich auch das Wetter wiederholen. Der Hundertjährige Kalender ist also ursprünglich ein siebenjähriger Kalender; weil die beiden Kalendermacher aber einen Zeitraum von hundert Jahren «vorausberechneten» und dem Kalender auch den Beinamen «auf 100 Jahre errechneter Kalender» gaben, wurde er später vom Volksmund ganz allgemein als Hundertjähriger bezeichnet. Mancher Kalendermacher des 18. und 19. Jahrhunderts übernahm diesen Begriff; viele haben die Angaben ungeprüft übernommen, andere haben diese – wie Primault eindeutig nachweisen konnte – auch falsch interpretiert oder falsch abgeschrieben. Da es auch heute noch Hundertjährige Kalender gibt, die im Volk als gültig und richtig anerkannt werden, hat der Agrarmeteorologe Primault den tatsächlichen Wetterablauf mit dem vom neueren Hundertjährigen Kalender prognostizierten Wetter verglichen. Zum Vergleich hat er den 2., 3., 4. und 5. Juli eines Saturnjahres herangezogen. Von 1864 bis 1965 gab es alle sieben Jahre ein Saturnjahr, also total fünfzehnmal. Für den 2. Juli der Saturnjahre vermerkt der Hundertjährige Kalender: «Trüb und rauh». Nach den Aufzeichnungen der Wetterbeobachtungsstation Zürich, die vom Jahre 1864 an Daten liefert, war es in den fünfzehn Saturnjahren «viermal hell, an fünf Tagen regnete es, an dreien herrschte eine rauhe Temperatur, zweimal war es sogar warm – und dreimal war es doch noch trüb, damit der Hundertjährige Kalender wenigstens in einem Fünftel der Fälle recht hat. Für den 3. Juli sagte der Hundertjährige Kalender kurz: «Regnerisch». Dies traf tatsächlich viermal zu, an drei Tagen war es lediglich trüb, an zweien rauh, an einem warm, und fünfmal war es hell. Und am 4. und 5. Juli hätte nach dem Hundertjährigen Kalender große Hitze und schönes Wetter herrschen sollen. Nun regnete es aber achtmal am 4. und sechsmal am 5. Viermal war es am 4. hell und dreimal am 5. Dreimal war der 4. rauh und viermal auch der 5. Warm war es an beiden Tagen je fünfmal, dreimal jedoch trüb und rauh. – Schön und warm, allerdings ohne die «große Hitze», war es lediglich zweimal an beiden Tagen. Betrachtet man die Niederschläge, so findet man, daß in den fünfzehn verglichenen Jahren effektiv der 3. Juli, an dem es nach dem Hundertjährigen Kalender hätte regnen sollen, am spärlichsten Regen bekam, während der 2. Juli, der trüb und rauh sein hätte sollen, es nur ein einziges Mal war. Und statt großer Hitze am 4. und 5. Juli war es ausgesprochen oft trüb, rauh, oder es regnete.

Die wissenschaftliche Überprüfung ergab demnach, daß der Hundertjährige Kalender den wissenschaftlichen Ansprüchen an eine moderne Prognose nicht standhielt. Im weiteren muß beachtet werden, daß der Hundertjährige Kalender auch in Gegenden angewandt wird, für die er nicht berechnet ist. Primault betont, daß es nach dem heutigen Stand der Wissenschaft noch nicht möglich ist, Prognosen auf Jahresfrist oder für noch längere Zeiträume aufzustellen. Um langfristige Wetterprognosen erhalten zu können, müßte man theoretisch lange Jahre hindurch das Wetter aufzeichnen, um zu versuchen, gewisse Gesetzmäßigkeiten herauszulesen. Bis jetzt ist man jedoch, wie die Meteorologen versichern, noch nicht auf eindeutige Zyklen gestoßen. Auch die astronomischen Einflüsse sind nicht restlos abgeklärt. Zwar weiß man, «daß ganz erhebliche Strahlungsmengen von unserer Lufthülle absorbiert oder zurückgeworfen werden. Solche Vorgänge beeinflussen jedoch nicht nur die obersten Schichten unserer Atmosphäre, sondern werden immer näher zum Boden weitergeleitet, so daß sie schließlich auch ihre Rückwirkung auf das Wetter haben. Eine erhöhte Sonnenaktivität vermehrt zum Beispiel die Niederschläge.»

Zweifellos werden wir dank den Wettersatelliten, welche heute den Erdball umkreisen, mehr über diese Strahlungen wissen.

Mondregeln

A. MOND UND WETTER

In zahlreichen Bauernregeln wird die Meinung vertreten, daß der Mond, die Mondkonstellation oder die einzelnen Mondphasen sowie vor allem auch der Mondwechsel einen bestimmenden Einfluß auf das Wetter habe. In Übereinstimmung und wohl auch Befolgung antiker Regeln vertritt schon die Bauernpraktik von 1508 diese Auffassung[1]. Sie wird sozusagen von allen Kalendern der drei nachfolgenden Jahrhunderte übernommen. Zwar melden sich auch hier – verhältnismäßig spät, nämlich erst im 19. Jahrhundert – ernste Zweifel. So wird 1866 dem Volkskundler Mannhardt aus dem Distrikt Nyon gemeldet, daß man den Mondwechsel genau beobachte, «mais la jeune génération ne partage plus ce scrupule»[2]. Demgegenüber meint die Ortschronik von Häfelfingen BL 1905, daß der Mond in der Beurteilung der Witterung immer noch eine große Rolle spiele[3]. Die Umfrage von 1972 ergab, daß selbst viele Vertreter der jungen Generation glauben, daß beim Mondwechsel das Wetter ändere. Auch wird angenommen, daß Gewitter in der Vollmondzeit langen Regen verheißen. Nach einer andern Bauernregel wird das Wetter, wenn es sich im Neumond nicht verändert, zwei Wochen lang gleich bleiben. Weit verbreitet ist die Ansicht, daß der Mondwechsel auch eine Änderung des Wetters nach sich ziehe. Die Meteorologen weisen nach, daß dies nicht der Fall ist. Zur Zeit untersuchen sie, ob man langandauernde Niederschläge mit den Mondphasen in Verbindung bringen könne. Bisher wurde lediglich festgestellt, daß in den USA jeweils am vierten Tag vor Vollmond überdurchschnittlich heftige Niederschläge eintreten[4]. C. Morel hat im Département Hautes-Pyrénées den möglichen Einfluß des Mondes auf die meteorologischen Bedingungen untersucht. Die Aufgabe erwies sich als sehr schwierig, weil das Wetter von einer großen Zahl von Faktoren bestimmt wird: Niederschläge, Temperatur, Intensität und Richtung des Windes, Luftdruck, Luftfeuchtigkeit, Bodennebel usw. Trotzdem kam er zu Resultaten, die einen Einfluß nachwiesen. Er bestätigte auch das Gesetz von Bugeaud: «Le temps se comporte 11 fois sur 12 comme il s'est comporté le 5e jour, si le 6e jour le temps est resté le même que le 5e, et 9 sur 12 comme le 4e si le 6e jour ressemble au 4e.» Schließlich zitiert Morel eine Bauernregel dieser Gegend, nach welcher die Bauern insbesondere das Wetter des sechsten Tages der Mondphase beachten sollten, um das kommende Wetter zu prognostizieren. Diese Regel lautet: «Ne regarde pas mon retour, mais mon 5e ou 6e jour, si au 6e, je n'ai pas changé, je serai le même tout le mois.» Morel kommt zum Schluß, daß der Mond – genauer gesagt seine Stellung zur Sonne in Beziehung zur Erde – zu den vielen Faktoren gehört, die das Wetter beeinflussen[5]. Nach W. Kuhn gibt es mehrere einfache Argumente, die gegen einen Zusammenhang zwischen Mondphase und Wetter sprechen. Das einleuchtendste: Die Mondphase ist in einem bestimmten Zeitpunkt für jeden Beobachter auf der Erde die gleiche, das Wetter aber ändert stark – weltweit gesehen – von einem Gebiet zum andern.

Dennoch haben Statistiker aufgrund riesiger Mengen von Beobachtungsdaten gewisse Zusammenhänge gefunden; eine einigermaßen plausible Erklärung für solche Zusammenhänge steht noch aus; wahrscheinlich handelt es sich um Schwankungen innerhalb der Atmosphäre mit einer Periodenlänge von 29,5 Tagen, Schwankungen, die mit der Bewegung des Mondes in keinem ursächlichen Zusammenhang stehen müssen. Diese statistisch feststellbaren Zusammenhänge können jedoch von einem Beobachter ohne immense statistische Untersuchungen überhaupt nicht festgestellt werden.

Vorgetäuscht werden solche Abhängigkeiten zum Beispiel durch die Tatsache, daß man bei dichter Wolkendecke den Mond gar nicht sieht; Phasenbeobachtungen des Mondes werden nur bei ganz oder teilweise hellem Himmel gemacht; dabei sind Neumond, zunehmender Mond und Vollmond deutlich bevorzugt, weil man diese Phase in der ersten

Nachthälfte beobachten kann; der abnehmende Mond wird – weil in der zweiten Nachthälfte sichtbar – von weniger Leuten verfolgt. Außerdem ändert das Wetter bei uns sehr häufig, so daß man mit einer Toleranz von zwei bis drei Tagen fast jedem Vollmond und jedem Neumond einen Wetterwechsel zuordnen kann.

Alle diese Umstände lassen der Phantasie viel Spielraum. Die Mondregeln sind, so stellt W. Kuhn abschließend fest, für die Meteorologen nicht sehr interessant.

B. MOND UND PFLANZENWELT

Eine unserer ältesten Bauernregeln (Basel, 14. Jahrhundert) lautet: «Denkt daran, bei wachsendem Mond die Früchte zu pflücken, denn wenn er abnimmt, wird alles faul, was du abgepflückt haben wirst.» Solche Regeln häufen sich im 18. Jahrhundert.

oder:
«Die Obstbäume soll man kurz vor dem Vollmond versetzen»,

«Mangold, Rüben und Kressig werden im abnehmenden Mond gesät»,
«Zwiebeln soll man im wachsenden Mond stecken»,

meint das Königsche Hausbuch von 1705[6]. Auch die vielen aus der zweiten Hälfte des 18. Jahrhunderts stammenden Saatregeln des Kaplans Jakob aus Sarnen gehen davon aus, daß die Mondphasen einen bestimmenden Einfluß auf den Pflanzenwuchs ausüben[7]. Pflanzen, die in den Boden wachsen, soll man «bym abgänte Mon» pflanzen, die nach oben wachsen «bym ufgänte Mon» säen, lautet eine im 19. Jahrhundert weit verbreitete Regel[8]. Eine aus dem Baselbiet stammende Bauernregel von 1860 umschreibt dieses Phänomen folgendermaßen:

«Wird d Gerste im Nidsigend gsait, so will si nit zu de Hose us.»

Die Umfrage von 1972 ergab, daß zahlreiche Personen aller Altersklassen einen bestimmenden oder bestimmten Einfluß des Mondes auf die Pflanzenwelt annehmen. Die Regel aus dem Leberberg:

«Was nach unten wächst, säe im abnehmenden Mond,
was aufwärts wächst, säe im zunehmenden Mond»,

findet sich wörtlich in einer heute noch gebräuchlichen Regel aus dem Münstertal[9]. Allerdings gehen die Aussagen darüber, wer sich an diese Regeln halte, auseinander. So meinte 1972 eine Bäuerin aus Ernen im Wallis, an die Mondperioden werde noch fest geglaubt, während ein Gewährsmann aus dem Wallis aussagte, daß dieser Glaube nur noch von vereinzelten alten Leuten vertreten werde. Die Auffassung, daß die Mondphasen einen bestimmenden Einfluß haben, wird in neuester Zeit durch die Veröffentlichungen des Forschungsringes für biologischdynamische Wirtschaftsweise gefördert. Die Zeitschrift dieser Vereinigung gibt für jedes Jahr einen Saatkalender heraus, in welchem «die auf der Erde wirkenden kosmischen Gesetze» erläutert werden. Für die Saattage werden «die Rhythmen der Wandelsterne wie auch des Mondes beurteilt». Für 1972 wurde zum Beispiel gesagt, daß Möhre, Radies und Sellerie nicht in der Zeit vom 15. Februar bis 12. März gesät werden sollen. Der Forschungsring berichtet auch über Anbauversuche im Zusammenhang zwischen Mondstellungen im Tierkreis. Die Ergebnisse verschiedener Jahre sollen «statistisch hochevidente Unterschiede der Erträge verschiedener Kulturpflanzen (Kartoffeln, Bohnen) bei Aussaat und Pflege bei unterschiedlichen Mondstellungen» ergeben haben[10]. Im Jahre 1967 wurden die Versuche mit Radies, in den Jahren 1965/66 mit Erbsen, Bohnen und Roggen erweitert oder neu aufgenommen. Auch hier sollen entscheidende Unterschiede aufgetreten sein, und die Resultate sollen – was wir nicht beurteilen können –, statistisch gesichert sein. In Anlehnung an die Pflanzzeitversuche mit Kartoffeln verschiedener Sorten hat Maria Thun mit ihren Mitarbeitern im Jahre 1965 mit einem neuen Saatgut der Sorte Grata neue Pflanzzeitversuche unternommen. Die Fragestellung lautete: Wie liegen Erträge und Qualität der Kartoffeln, die bei verschiedenen Mond- und Tierkreiskonstellationen gepflanzt sind? Nach jeweils fünf Mondumläufen wurde mit der Ernte begonnen. Die Löwe-Pflanzung wurde auch wieder bei Mondstand im Löwen geerntet usw. Die Berichterstatter melden das gleiche Ergebnis, das sie schon in den Vorjahren bei den Sorten Lori und Ackersegen beobachtet hatten, auch bei der Sorte Grata: «Die Pflanzungen, die bei Mondstand in den Sternbildern Stier, Jungfrau und Steinbock durchgeführt waren, hatten die höchsten Erträge und lagen 1965 etwa 33% über dem Mittel der Erträge der anderen neun Pflanzungen[11].» Die Versuchsreihen sind mit gleicher Fragestellung 1967 und 1968 fortgesetzt worden. «Während der Vegetationszeit fiel am stärksten die Zwillings-Pflanzung von den andern Pflanzungen ab.» Bei der Schütze-Pflanzung beobachtete man eine bemerkenswerte Steigerung. Die Autorin kommt zum Schluß, daß die Ertragszahlen den Landwirt ermutigen können, sich noch mehr als bisher «nach günstigen kosmischen Rhythmen im Pflanzenbau zu richten». Bei allen Versuchen ergaben sich nach Maria Thun deutliche Mehrerträge «im Erd-(Wurzel)-Trigon (Stier – Jungfrau – Steinbock) gegenüber den drei anderen Trigonen». Schweizerische Forscher des Sektors Pflanzenbau glauben, daß die Zahl der Knollen zu klein bemessen ist, daß auch die übrigen Einflüsse und Faktoren (Witterung, Boden usw.) zu wenig berücksichtigt worden sind. Man müßte auch die Beurteilungskriterien insgesamt nochmals überprüfen. An und für sich wäre es zu begrüßen, wenn auch Wissenschafter, die dem Forschungsring skeptisch oder gar ablehnend gegenüberstehen, sich mit diesen Untersuchungen befassen würden.

C. MOND UND TIERWELT

Ebenso zahlreich wie die Regeln, die sich mit dem Einfluß der Mondkonstellation auf die Flora befassen, sind die Regeln, die an bestimmte Zusammenhänge zwischen Mondphasen und Tierleben glauben.

> «*Man soll den Rindern und Kälbern die Hornjöchli im zunehmenden Mond anhängen*»,

lautet eine solche Bauernregel, die jetzt noch befolgt wird.

> «*Beim Mondwechsel kalbern die Kühe*»,

so sagt eine weitere, ebenfalls aus der Umfrage von 1972 stammende Regel. Was sagt die Wissenschaft dazu? Zurzeit erforscht vor allem die Veterinärmeteorobiologie den Einfluß von meteorologischen Faktoren auf das Tier. Man weiß, daß die komplexen Faktoren wie zum Beispiel Föhn, Kalt- und Warmluftdurchzüge für den Biotopismus verantwortlich sind. Auch kurzfristige Änderungen beeinflussen die Tiere; sie üben im Wechsel einen dämpfenden oder aktivierenden Einfluß auf den tierischen Organismus aus. So haben beispielsweise Untersuchungen ergeben, daß bei biologisch günstigem Wetter mehr Kühe brünstig und zur Besamung angemeldet worden sind als bei ungünstigem Wetter. Auch geben die Kühe bei biologisch günstigen Wetterlagen mehr Milch als an andern Tagen[12]. Neuere Untersuchungen ergaben auch, daß Frontendurchzüge geburtsfördernd wirken[13]. Wesentlich komplizierter liegen die Dinge im Bereich des Kosmos und seiner Einflüsse auf die Tiere. Bekannt sind die Forschungen im Bereich einiger Meertiere. «Der Palolo-Wurm des Atlantiks *(Leodice fucata)*, der des Pazifiks *(Eunice viridis)* und ein Fisch, der Grunion *(Leuresthes tenuis)*, paaren sich jährlich zu bestimmten Mondphasen, wobei sie die Zeit erstaunlich genau einhalten. An ihrem Verhalten wird das Zusammenspiel von lunaren, Jahres- und Tagesrhythmen deutlich ...
Das durchschnittliche Datum des großen Steigens ist der 27. November – mit Abweichungen vom 7. November bis 22. Dezember – ein jährlicher Zyklus mit beachtlicher Genauigkeit. Während der Monate November und Dezember gibt es einen Subzyklus, der in einer bisher unbekannten Weise zeitlich in Beziehung zum Mondzyklus steht. Die Würmer schwärmen sieben, acht oder neun Tage nach Vollmond an die Oberfläche des Meeres. In einigen Jahren fällt diese Mondphase einmal, in anderen zweimal zwischen die beiden Grenzdaten des 7. November und 22. Dezember. Die Frage taucht auf, welcher Mechanismus für das Schwärmdatum verantwortlich ist, wenn die Mondphase zweimal in den genannten Zeitraum fällt, denn es scheint keine Regel dafür zu geben. Hier könnte ein zusätzlicher exogener Faktor im Spiele sein[14].»
W. Bühler und andere Forscher haben nachgewiesen, daß der Mond

auch einen Einfluß auf die Geburtenhäufigkeit hat[15]. Fritz Schneider hat die ultraoptische Orientierung des Maikäfers untersucht. Er konnte verschiedene Rhythmen exogener Natur nachweisen. So gelang es ihm, die ultraoptische Orientierung der Maikäfer «mit 40 kg schweren, neben den Versuchsschalen aufgestellten Bleiklötzen zu beeinflussen ... Da die Gravitationsfelder von Mond und Sonne auf der Erde stärker sind als diejenigen der Bleiklötze in den Versuchsschalen, kann mit großer Wahrscheinlichkeit angenommen werden, daß auch die Positionsänderungen dieser Himmelskörper direkt registriert werden[16].» Wie diese und andere Untersuchungen, die im übrigen noch nicht abgeschlossen sind, zeigen, muß heute mit bestimmten Einflüssen gerechnet werden. Ihre Wirksamkeit ist noch nicht restlos abgeklärt. Die «Richtigkeit» der Bauernregeln ist somit weder bejaht noch verneint. Zweifellos gehen viele Bauernregeln, die sich mit dem Mond befassen, von astrologischen und mythologischen Voraussetzungen aus. Auf diesen Aspekt wird in einem andern Zusammenhang einzutreten sein.

Tiere als Wetterpropheten

Im allgemeinen wird angenommen, den Bauern eigne als naturverbundenen Menschen eine hohe und präzise Beobachtungsgabe. Tatsächlich gibt es dafür verschiedene Belege und Beweise. Anderseits ist nicht zu verkennen, daß bis zum Beginn der systematischen Erforschung der Fauna erstaunliche Fehlleistungen möglich waren. So glaubte man beispielsweise, der Kiebitz verbringe den Winter auf dem Boden der Sümpfe, auch könne es einer backenden Bäuerin geschehen, daß ein Kiebitz aus dem Ofen komme, wo er den Winterschlaf verbracht habe. Von den Schwalben nahm man an, daß sie im Herbst unter die Wasserfläche kleiner Seen tauchen und, wie viele Fische und Frösche, unter dem Eis überwintern. Selbst der kritische Naturforscher Linné war diesem Irrtum erlegen. Im Folgenden werden die Bauernregeln, die sich mit der Wetterprophetie der Tiere befassen, einer kritischen Analyse unterzogen und mit den Resultaten der Verhaltensforschung konfrontiert.

A. HASEN, WIESEL UND MURMELTIERE

Verschiedene Regeln befassen sich mit dem Pelzkleid oder der Pelzfarbe von Hasen und Wieseln. «Wänn s Wiseli lang wyß isch, gits en spate Früelig»; so lautet eine Regel aus dem Kanton Zürich. «Ist das Wiesel weiß, schneit es in kurzer Zeit»; so glaubt man auch in andern Regionen. Die analoge Regel für den Hasen lautet: «Trägt der Hase lang sein Sommerkleid, ist der Winter auch noch weit.» Die Richtigkeit dieser Regeln wurde schon im 19. Jahrhundert angezweifelt. So glaubte der zürcherische Naturforscher Schinz 1836, «daß der Farbwechsel des Hermelins nur eine Folge des bereits eingetretenen Winters ist ... Das Weißsein im März beweist nur, daß das bisherige Wetter noch nicht so warm war, um die Farbänderung zu bewirken[1].» Eine direkte Korrelation zwischen Temperatur und Farbwechsel nahm auch Tschudi 1854 an. Er sagte vom Schneehasen: «Zunächst vollzieht sich die Umfärbung nicht nach einer festen Zeit, sondern richtet sich nach der jeweiligen Witterung, so daß sie bei frühem Winter früh eintritt, ebenso bei frühem Frühling, und immer mit dem Farbwechsel des Hermelins und des Schneehuhns, die den gleichen Gesetzen unterliegen, Schritt hält.» Auch Krumbiegel (1953) vertritt die Auffassung, «daß die Verfärbung bei den Wieseln eine direkte Folge der Außentemperatur sei». Dieser Ansicht schloß sich Salomonsen (1939) aufgrund seiner Untersuchungen am europäischen Schneehuhn an. Andere Forscher halten Schnee und Kälte nicht für die direkte Ursache der Verfärbung. Bei Schmidt (1954) blieben drei Hermeline im Zimmer braun, ihre drei im Freien gehaltenen Wurfgeschwister färbten sich um. Herter (1958) schloß aus Beobachtungen, «daß der Haarwechsel beim Hermelin möglicherweise durch zwei Faktorenkomplexe gesteuert wird: Durch eine endogene (vielleicht hormonal bedingte) Haarwechselbereitschaft und durch bestimmte Veränderungen der Umgebungstemperatur.» Nach Hall (1951) wird der Haarwechsel durch die Belichtung gesteuert. Beim Nerz war experimentell festgestellt worden, daß die Härung auf die Änderung der Tageslänge anspricht. Bei den von H. Müller 1969 untersuchten Hermelinen setzte die Härung im Mittel vier Monate nach dem längsten oder zwei Monate nach dem kürzesten Tag ein. Der Farbwechsel verlief individuell, zeitlich und umfangmäßig sehr verschieden[2]. Mit steigender Höhenlage nimmt die Tendenz, winterweiß zu werden, zu. Auch bestehen vielfach Beziehungen zwischen klimatischen Bedingungen, vor allem dem Vorhandensein oder Fehlen von Schnee. Daß die Wiesel und Hasen die Witterung «vorausahnen», indem sie sich vorzeitig umfärben, geht aus den Untersuchungen nicht hervor.

Recht farbig muten die Murmeltierregeln an: «We Murmittä früeh tient heuwi, so gits e friegä Winter» (Wallis). Wenn die Murmeltiere frühzeitig schlafen gehen, so wird es bald Winter. D. J. Bibikow, der das Verhalten der Murmeltiere erforschte, kam zum Schluß, daß der Winterschlaf des Murmeltieres ein endogen gesteuerter Vorgang ist. Er ist final angelegt, um die immer wiederkommenden Zeiten von Nahrungsmangel in arteigener Weise zu überstehen. Selbstverständlich können auch exogene Ursachen und Faktoren hineinspielen. So gibt es offenbar Murmeltiere, die ihren Winterschlaf später beginnen, wenn wegen schlechten Nahrungsbedingungen nicht genügend Fett für die Überwinterung gespeichert werden konnte[3]. Zu ähnlichen Schlüssen kam A. von Vietinghoff-Riesch, der den Siebenschläfer untersucht hat[4]. Er betont, daß es extreme Fälle geben könne, die den Eindruck erwecken, als sei die Bereitschaft des Winterschläfers zur Winterlethargie von äußeren Bedingungen unabhängig und folge einem inneren Impuls. So hat er Winterschläfer beobachten können, die bei einer Außentemperatur von 18 °C und bei genügend Nahrungsmitteln ihren Schlaf antraten. Sie fühlten eben ihre Zeit gekommen. Anderseits gab es Tiere, die noch bis Mitte November im Freien waren und verhältnismäßig tiefen Temperaturen trotzten. Im Gegensatz zu Bibikow stellte Vietinghoff-Riesch fest, daß der Winterschläfer in Jahren, in welchen es an Nahrung fehlte, sich verfrüht zum Winterschlaf begab: «Die Population hätte verhungern müssen, wenn sie sich nicht rechtzeitig zum Winterschlaf begeben hätte[5].» Andererseits behauptet Henze[6], der Winterschlafbeginn könne sich bei schönem Herbstwetter bis in den Oktober hineinziehen, solange noch keine Fröste oder naßkalten Tage vorherrschten. Auch da muß aber zum warmen Herbstwetter noch ein entsprechender Nahrungsreichtum treten. Die Forschungsresultate stehen also im Widerspruch zu den Bauernregeln. Daß die Murmeltiere eine gewisse Wetterfühligkeit aufweisen, wird auch von den Forschern betont. So hat Bibikow bei Anzeichen von schlechtem Wetter eine erhöhte Aktivität der Murmeltiere beobachtet und dies bei der Aufstellung der Wetterprognose vor größeren Expeditionen berücksichtigt[7].

B. GEMSEN, REHE UND FÜCHSE

Die Bauernregeln, welche sich mit dem Wild befassen, sind wohl einerseits von Jäger-Bauern, anderseits aber auch von gelehrten Reisenden aufgestellt worden. Man könnte sie kurzerhand mit dem Begriff Jägerlatein abtun. Eine differenzierte Betrachtungsweise scheint jedoch auch hier geboten. Wir haben deshalb diese Regeln mit der jagdwissenschaftlichen Literatur kontrolliert. Zunächst wollen wir die Regeln, welche sich mit dem Austreten und dem Äsen des Wildes befassen, untersuchen. Wenn die Rehe aus dem Wald treten und auf den Wiesen äsen, ist das ein schlechtes Wetterzeichen, glaubt man im Appenzellischen. Äsende Rehe während des Tages außerhalb des Waldes deuten auf Regen, heißt es im Baselland. Ähnlich lautet eine Regel aus dem Kanton Bern. Nach K. Eiberle, dem wir verschiedene Hinweise verdanken, kann diese Regel als im allgemeinen zutreffend bezeichnet werden. Rehe sind an Tagen mit hoher Luftfeuchtigkeit aktiver. In langen, trockenen Sommerperioden werden verhältnismäßig wenig Rehe beobachtet.

Verschiedene Regeln befassen sich mit der Wanderung des Wildes. Wenn das Wild in die Nähe des Dorfes kommt, ändert sich das Wetter; so sagt eine Engadiner Regel. Ganz ähnliche Regeln gibt es aus dem Urnerland sowie dem Prättigau. Wechseln die Gemsen von den höheren Regionen in den Wald hinunter, gibt es rauhes Wetter mit Schnee. Diese Regel, wie auch die folgende, stammt aus der Davoser Landschaft. Ziehen Rudel von Gemsen über die Schneehalde aufwärts, kann mit einer längeren Schönwetterperiode gerechnet werden. Beobachtungen und Untersuchungen haben tatsächlich ergeben, daß die Gemsen stark auf Wetterstürze reagieren. Die ersten ergiebigen Schneefälle führen zu ausgeprägten Wanderungen. Wie W. Schröder darlegt, sind für diese Wanderungen oder die Standortwahl, das Nahrungsangebot und die thermische Behaglichkeit bestimmend[8]. Der Ausdruck «thermische Behaglichkeit» mag vorerst erstaunen, weiß man doch, daß die Gemsen kälteresistent sind. Schröder gibt die Erklärung: Gemsen scheuen, obwohl Kälte liebend, große Windstärken. An stürmischen Tagen werden deshalb windgeschützte Standorte aufgesucht. In solchen Zeiten kann auch die Bedeutung der Nahrung als bestimmender Faktor für die Standortwahl in den Hintergrund treten. Für unsere Zusammenhänge ist es von Bedeutung, daß an heißen Tagen die Aktivität der Gemse deutlich niedriger ist als an kühlen Tagen. Dies hängt mit der geringen Hitzetolerierung dieses Wildes zusammen. Gemse und Steinbock können ihre Körpertemperatur nur wirksam regulieren, indem sie kühlere Plätze aufsuchen. Die von uns angeführten Gemsregeln können aufgrund der Literatur als richtig bezeichnet werden; allerdings wird der Wechsel kaum größere Zeit vor dem Eintreffen der neuen Wetterlage vorgenommen, sondern gleichzeitig mit den jeweils neuen Bedingungen. Das geht auch aus den Untersuchungen von R. Schlöth im Nationalpark hervor[9].

In den Bauernregeln begegnen wir neben der Gemse und dem Reh auch dem Fuchs. Gemäß einer älteren Berner Regel bedeutet das Bellen der Füchse schlechtes Wetter. In analoger Weise sagt man heute noch am Zürichsee: «Wänn im Winter de Fuchs bälled, dänn gits ruchs Wätter und Schnee.» In Rüdlingen geht man noch einen Schritt weiter: Je nach dem Aufenthalt der bellenden Füchse fällt auch die Wetterprognose aus: «Wenn die Füchse im Berg jauchzen, so gibt es kaltes Wet-

ter; bellen sie jedoch unten am Rhein, so muß man mit Regen rechnen.»
Diese Regeln führen auf falsche Fährte. Der Fuchs «bellt» unabhängig vom Wetter während der Ranzzeit, die in den Januar/Februar fällt. K. Klenk, der die Aktivität des Fuchses in einem Freilandgehege untersuchte, kam zum Schluß, daß die Witterung keinen eindeutigen Einfluß auf die Aktivität des Fuchses hat. Trotzdem gibt es gewisse interessante Korrelationen. Die Gesamtaktivität ist etwas höher bei starkem Niederschlag, hohem Luftdruck und bei Neumond. Gerade der letzte Hinweis ist recht interessant und wäre wohl wert, weiter geprüft zu werden[10].

C. VÖGEL

Das Verhalten der Vögel hat die Phantasie des Volkes von jeher in stärkstem Maße angeregt. Man glaubte schon im Altertum, bestimmte Wetterregeln aus dem Zug der Vögel ableiten zu können. Glücklicherweise haben die Ornithologen in den letzten Jahrzehnten dem Vogelzug größte Aufmerksamkeit geschenkt, so daß wir in der Lage sind, die Resultate dieser Forschungen mit den Bauernregeln zu vergleichen. Im Zentrum der Regeln steht die Auffassung, daß man aus der Ankunft und dem Abflug der Vögel auf die kommende Saison schließen könne. Ein Beispiel: «Bleiben die Schwalben lange, sei vor dem Winter nicht bange» (Sammlung Strub). Oder: «Wänn im Herbst d Schneegäns früeh chömed, so gits en stränge Winter» (Baselland). Analog dazu sagt man: «Ganged d Störch gly furt, gits gly Winter und gly Früelig; gange sy spot furt, gits spot Winter und spot Früelig.» Und schließlich gibt es die aus der Sammlung Strub stammende Regel: «Sind die Zugvögel nach Michaelis noch hier (29. September), haben bis Weihnachten mildes Wetter wir.»
Tatsächlich stehen die Zugbewegungen der Vögel direkt oder indirekt in Verbindung mit der Witterung, den Schwankungen des Klimas, dem Wechsel der Jahreszeiten. Auf den ersten Blick scheinen die Dinge einfach; man kennt den Frühjahrszug (Zuflug) und den Herbstzug (Wegflug), und somit sollte es möglich sein, allgemein gültige Regeln oder, wenn man so will, einen eigentlichen Vogelkalender aufzustellen. Die Forschungen haben indessen ergeben, daß sich jede Population, ja jedes Individuum, anders verhält. Grundsätzlich läßt sich höchstens sagen, «daß Vögel immer in dem Gebiet brüten, das sie später im Jahr verlassen, aber daß das Winterquartier in der Regel nicht aus klimatischen Gründen verlassen wird, sondern weil die Vögel zu einer bestimmten Jahreszeit instinktiv zu den Brutplätzen zurückstreben»[11].
Im weiteren haben die Untersuchungen gezeigt, daß es innerhalb des Zuggeschehens mannigfache Variationen gibt. Auch die Wegflugzeiten, Zuglänge und Zugzeit sind verschieden. Welche Faktoren be-

einflussen den Zug, und wie weit sind Wetter und Klima beteiligt? Der deutsche Forscher H. Weigold hat wiederholt betont, daß die Wanderung durch einen Zugtrieb ausgelöst wird[12]. Selbst die sogenannten Wettervögel, jene Gruppe, deren Zug witterungsabhängig ist, besitzen einen Zugtrieb. Er wird ausgelöst, «wenn bestimmte äußere Bedingungen den Toleranzwert überschritten haben». Im Gegensatz zu ihnen gibt es bei den Instinktvögeln keinen äußeren Regulator. Sie werden von einer inneren Uhr getrieben und von einem mächtigen Drang erfaßt, der sie zwingt, trotz Wind und Wetter von den Brutplätzen aufzubrechen und sich den Gefahren der Reise entgegen zu stürzen. Ungünstige Wetterverhältnisse können den Zugtrieb höchstens hemmen und können zu einer Verschiebung der im allgemeinen präzisen Ankunftsdaten führen. So kann beispielsweise die Ankunft des Kuckucks um einige Tage variieren; tatsächlich gibt es aber, wie die Untersuchungen ergeben haben, verhältnismäßig geringe Schwankungen. In einem Zeitraum von neun Jahren kam es bei den Ankunftsdaten des Kuckucks in Nordeuropa lediglich zu einer Verschiebung von zwölf Tagen. Gerade mit diesen Kuckuckszeiten haben sich verschiedene Bauernregeln beschäftigt. «Si le coucou n'a pas chanté le neuf avril, malheur au pays»; lautet eine Walliser Regel. «Dès que le coucou a chanté, c'est fini pour le gel», heißt es im Waadtland. Zwei weitere Regeln legen die Kuckucksrufe genau fest: «Am Tiburtzitag (14. April) soll dr Gugger schreie oder s Mul verheie.» In einer andern Regel heißt es: «Tiburtius (14. April) ist der Bauern Freund, weil erstmals dann der Gugger schreit.» Im Baselland sagte man: «Drei Tag no mues de Guggu im Märze schreie, und sotts im au de Buch verheie.» Diese Regeln sind insofern richtig, als sie eine genaue und regelmäßige Ankunftszeit voraussetzen. Sie sagen auch aus, daß zwischen der Temperatur und dem Erscheinen des Kuckucks Beziehungen bestehen. Tatsächlich gibt es zwischen dem Klima und dem Kuckuckszug bestimmte Korrelationen. Die mittlere Tagestemperatur fällt bei der Ankunft des Kuckucks immer in den Bereich von 5 und 15 °C. Die Regel, die behauptet, daß es vom Augenblick an, in welchem der Kuckuck ruft, keinen Frost mehr gebe, beruht deshalb auf einer richtigen Beobachtung. Auch die Schwalbenregeln dürfen eine gewisse Richtigkeit für sich in Anspruch nehmen. So bestehen zwischen dem Zug der Rauchschwalben und dem Vorrücken des Frühlings ausgeprägte Beziehungen. Erstaunlicherweise rücken die Schwalben, wie Salomonsen zeigt[13], schneller vor als die Wärme; sie überholen gewissermaßen den Frühling auf ihrem Weg und können deshalb in erhebliche Schwierigkeiten geraten. Entscheidend ist bei allen Wettervögeln die Wettersituation beim Start.
Tatsächlich erscheinen, wie auch H. Frey aufgrund von Beobachtungen am Zürichsee aufzeigte, unbekümmert um unseren Frühlingsbeginn jedes Jahr zur gleichen Zeit die Zugvögel. So zog im Jahre 1929 der Frühling am Zürichsee um einen Monat später ein, Star und Schwalbe kamen fast zur gleichen Zeit wie im Vorjahr. Die Zugvögel dürfen des-

halb, wie auch Frey bemerkt, nicht als zuverlässige Frühlingsverkünder betrachtet werden[14]. Hingegen scheinen die Regeln, die sich mit dem Verhalten des Zuges der Gänse befassen, im Kern das Richtige getroffen zu haben. Die Gänse können kein gefrorenes Gras verzehren; sie müssen deshalb unverzüglich aufbrechen, wenn der Frost einsetzt. Somit wirkt der Frost oder der Hungerzustand als Auslöser. Salomonsen betont, daß die Vögel sich auf den Zug begeben, sobald die Temperatur zu fallen beginnt. Das geschieht normalerweise, ehe der Frost einsetzt. Man könnte also hier tatsächlich eine gewisse «prophetische Voraussicht» annehmen, und die Regel: «Kommen des Nordens Vögel an, zeigt es starke Kälte an», wäre somit bestätigt.

Recht bekannt ist die Bauernregel, die aus dem Verhalten des Schwalbenfluges auf das kommende Wetter schließt: «Fliegen die Schwalben niedrig, so gibt es schlechtes Wetter, fliegen sie hoch, kann mit einer Schönwetterperiode gerechnet werden.» Die Ornithologen haben festgestellt, daß beispielsweise der von Luftplankton lebende Mauersegler während der Jungenaufzucht Futtermangel haben kann, wenn die Insekten bei kühlem und regnerischem Wetter nicht in die oberen Luftschichten aufsteigen, wo gejagt wird. Bei langdauernden Schlechtwetterperioden wird der Mauersegler sogar gezwungen fortzuziehen, wobei der Zug immer in Richtung auf das Tiefdruckgebiet orientiert ist, welches das schlechte Wetter verursacht hat. «Die Vögel gelangen auf dessen andere Seite in aufklarendes Wetter mit zunehmender Wärme, wo wieder Insekten aufsteigen und vom Mauersegler gefangen werden können[15].» Die Wetterfühligkeit ist erwiesen, die Regel bestätigt.

D. BIENEN, AMEISEN UND SPINNEN

Die Bauernregeln befassen sich zunächst mit dem Schwärmen der Bienen:

«Schwarm im Mai,
Fuder Heu.
Schwarm im Jun,
es brates Huhn.
Schwarm im Jul,
e Federspul.»

Aus der Sammlung Strub stammt die ähnliche Regel: «Ein Bienenschwarm im Mai, ist wert ein Fuder Heu; aber ein Schwarm im Juli lohnt kaum die Müh.» Der Bienenschwarm im Mai gilt im allgemeinen als wertvoll. Das geht auch aus der folgenden Regel hervor: «Wenn im Mai die Bienen schwärmen, soll man vor Freude lärmen.»

Andere Bienenregeln haben sich mit der Wetterfühligkeit der Bienen befaßt. Aus dem Appenzellischen stammt die Regel: «DIma stönd spot

uf, s Wetter blibt.» Diese Regel besagt, daß bei trockenem, verhältnismäßig beständigem Wetter wenig Aussicht auf Futter besteht. Die Spurbienen machen sich wohl zeitig auf, veranlassen den Hauptharst jedoch nicht zum Nachkommen[16]. Auch die folgende, ebenfalls aus dem Appenzellischen stammende Regel kann als richtig bezeichnet werden: «DIma störmid lang, es ged ruch Wetter.» M. Lips glaubt, daß eine Wetteränderung eintritt, wenn die Bienen hastig Blütenstaub eintragen. Vor eintretendem Gewitter und Regen eilen die Bienen «ängstlich und in Scharen dem Stocke zu». Lips nimmt an, daß es bald regnen wird, wenn die Bienen hoch fliegen. Ein schlechtes Wetterzeichen bedeutet es auch, «wenn Bienen, mit Höschen beladen, in trockener Walderde hantieren und mühsam gewonnene Höschen abstreifen... Sie wittern den rasch kommenden Regen und streifen die Höschen ab, um besser fliegen zu können.» Bei schwülem und windigem Wetter sind die Bienen besonders stechlustig. Lips glaubt auch, daß sich Sonnenflecken und Sonnenfinsternis auf die Bienen auswirken; ja er nimmt sogar an, daß die Bienen die kommende Witterung vorausahnen: «Wenig Brut im Frühjahr deutet auf ein Mißjahr; reichlich Brut im Bienenstock deutet auf ein gutes, fruchtbares und namentlich reiches Honigjahr[17].» Der berühmte Bienenforscher K. v. Frisch berührte dieses Thema nur am Rand; gestützt auf seine Untersuchungen, können verschiedene Regeln als richtig bezeichnet werden[18].
Ebenso zahlreich wie die Bienenregeln sind die Ameisenregeln. «Sind die Ameisen emsig, gibt es Regen», sagt eine Bergeller Regel, die Decurtins 1896 überliefert hat. Eine Regel, die ein Hirzeler Bauer 1972 angab, lautet ähnlich: «Rennen die Ameisen auf ihren Wegen aufgeregt umher, regnet's innert 24 Stunden.» Anderseits behauptet eine aus der Sammlung Strub stammende Regel: «Wenn die Ameisen sich verkriechen, gibt es Regen.» Wer hat recht? Ein hervorragender Tierkenner meinte in der Diskussion über diese Tierregeln, er halte es für ausgeschlossen, daß Ameisen das Wetter vorausahnen können, das heißt sehr wetterfühlig sind. Ein Ameisenforscher war anderer Meinung. Die Ameisen sind ausgesprochen wetterfühlig; sie spüren das Wetter mit bewundernswürdiger Sicherheit voraus. «Ja es ist schon vorgekommen, daß eine meteorologische Anstalt schönes Wetter prophezeite, meine Ameisen aber in ihrem Verhalten deutlich Regen meldeten, oder umgekehrt. Recht behalten aber haben – die Ameisen[19].» Die Tatsache, daß die Ameisen Wetterveränderungen 48, 100, sogar 150 Stunden zum voraus deutlich anzeigen, läßt nach F. Friedli vermuten, «daß irgendwelche Spannungsänderungen registriert werden, lange bevor der Wolkenhimmel blau geworden ist... Daß die Ameisen diese Spannungsveränderungen rascher und sicherer perzipieren und ihr Verhalten darnach einrichten, ist darauf zurückzuführen, daß sie, die genau gleich sind wie ihre Vorfahren vor hunderttausenden von Jahren, über eine fast unwahrscheinlich große diesbezügliche Generationenerfahrung verfügen[20].»

Eine zweite Gruppe von Bauernregeln befaßt sich mit dem Ameisenbau. «Wenn die Ameisen ihren Haufen im Juli höher machen, so folgt ein strenger Winter», lautet eine Regel. Der Ameisenkenner meint, daß die Ameisen ihren Bau tatsächlich der Witterung anpassen und vorsorgliche Maßnahmen treffen: «Der Bauplan und der Stundenplan des Bauens der Ameisen geht mit dem täglichen und jährlichen Wechsel der Außentemperatur parallel ... Die Form der Ameisenhaufen und der Höhlen steht nicht nur im Zusammenhang mit der Bestrahlung durch die Sonne, sondern auch mit Wind und Wetter, zum Beispiel mit der Niederschlagsmenge und der Niederschlagshauptabflußrichtung[21].» Es könne tatsächlich beobachtet werden, daß, wenn es während einer längeren Trockenperiode ausnahmsweise regne, die Ameisen schon stundenlang vor dem Regen die Haupteingänge öffnen, um dem ersehnten Naß Eingang ins allzu trockene Innere zu verschaffen. Wird es indessen kalt, so werden die Öffnungen möglichst klein gehalten[22]. Der Bau wird demnach tatsächlich der Wetterlage angepaßt. Daß die Ameisen allerdings schon im Juli die Art des Winters vorausahnen können, erscheint ausgeschlossen.

Die Jahresrhythmen der Ameisen liegen derart fest, daß man sie auch im Versuch nur mit Mühe umstoßen kann. Zwar können die Forscher durch unnatürliche Kälte oder Wärme gewisse Verschiebungen erreichen. Schließlich aber verfallen, nach W. Goetsch, «auch die im Herbst und Winter warmgehaltenen Nester unserer einheimischen Ameisen im Winter in Ruhe, und die Geschlechtstiere entstehen in den Laboratoriums-Kulturen auch bei gleichbleibender Temperatur während des ganzen Jahres ungefähr zu derselben Zeit, in der wir sie auch im Freien finden»[23].

Alle bis heute vorliegenden Forschungsresultate beweisen, daß zwischen dem Verhalten der Ameisen und der Witterung enge Beziehungen bestehen. Sie zeigen sich, wie H. Kutter mitteilt, in der Nestbesorgung und in der Zeitwahl des Hochzeitsfluges der jungen Geschlechtstiere. «Vor einem Schlechtwetterumschlag werden die Eingänge zum Nestinnern verschlossen. Es ist dies nicht zu verwechseln mit dem Torverschluß bei Temperaturrückgang in der Nacht oder, umgekehrt, bei zu starker Erwärmung bei Sonnenlicht. Auch die Bautätigkeit hängt mit Witterungsverhältnissen zusammen. Sie setzt bei manchen Arten nach einer Schlechtwetterperiode bereits vor dem Eintreffen warmer und trockener Verhältnisse ein. Feuchter Sand eignet sich besser als trockener zum Errichten neuer Stockwerke.

Der Zeitpunkt des Ausschwärmens der jungen Geschlechtstiere hängt nicht nur von genetisch bedingten Impulsen ab, er kann auch von Witterungsverhältnissen gesteuert werden. Es ist auffallend, wie oft an ein und demselben Tage zur gleichen Stunde das Schwärmen aus allen Nestern der gleichen Arten einer Gegend beobachtet wird. Es hängt dies auch mit den momentanen Witterungsverhältnissen zusammen. Jede Ameisenart reagiert auf ihre spezielle Weise. Manchmal ist es aber recht

auffallend, wie oft auch ganz verschiedene Arten einer Gegend gleichzeitig schwärmen (am gleichen Tage und fast zur gleichen Stunde), andere Arten nicht.»
Auch der deutsche Ameisenforscher K. Goeßwald bestätigt die engen Beziehungen der Ameisen zur Witterung: «Zwar sind Ameisen nicht in der Lage, im Herbst die Art und Weise des bevorstehenden Winters vorauszuahnen. Hingegen können sie heranziehende Gewitter feststellen. Die Tiere schnicken dann aufgeregt auf der Nestoberfläche mit ihren Gelenken. Es laufen nicht mehr viele Tiere aus; die Mehrzahl kommt zurück, und bis dann der Gewittersturm losbricht, ist die Hauptmasse wieder im Nest versammelt. Allerdings bedeutet im allgemeinen das ‹Schnicken› Aufregung; es muß nicht unbedingt auf ganz spezifische Situationen ausgerichtet sein. Ich habe das Schnicken auch bei Vorlage eines attraktiven Nahrungsköders vor den Nestöffnungen beobachtet.
Ein weiteres, unmittelbar witterungsbedingtes Verhalten bei Wiesen- und Waldameisen ist das Öffnen von Nestkuppeln bei drohender Überhitzung. Bei kühlem und feuchtem Wetter wird höher gebaut. Der Nestbau wird allgemein bei feuchtem Wetter und durchweichter Erde angeregt.
Gute Wetterpropheten sind die geflügelten Ameisen. Sie schwärmen bei gewisser Wetterlage (Gewitterschwüle) in großen Massen aus. Vor allem bei Lasius können sich so große Schwärme um erhöhte Punkte im Gelände, wie zum Beispiel um Kirchtürme, sammeln, daß tatsächlich schon die Feuerwehr ausgerückt ist, um den vermeintlichen ‹Brand› zu löschen, da die Ameisenschwärme in der Luft wie Rauchschwaden aussahen.»
Spinnenregeln sind nicht sehr zahlreich, dagegen höchst interessant. Eine Solothurner Regel lautet: «Machen die Spinnen Häuschen, so wird's kalt; ein dick Gewebe, so kommen Wolken, ein seidnes Rad, so wird's schön.» Nach andern, vor allem aus Deutschland bekannten Regeln zeigen Hängespinnen gutes Wetter an, wenn sie in großer Anzahl vorhanden sind und über Nacht neue Netze weben. Anhaltend schönes Wetter ist dann zu erwarten, wenn die Spinnen ihre Hauptfäden besonders lang spinnen. Veränderliches Wetter wird vorausgesagt, wenn es nur wenig Hängespinnen gibt, Wind, wenn sie gar nicht spinnen. Die Winterspinnen dagegen prophezeien Kälte, wenn sie aus den Winkeln hervorkommen und eine große Aktivität zeigen. Was sagen die Verhaltensforscher zu diesen Regeln?
Eine der frühesten und zugleich umfassendsten Untersuchungen stammt aus dem Ende des 18. Jahrhunderts. Ein holländischer Offizier, Quatremer-Dijonval, war 1787 von der in Holland einrückenden preußischen Armee gefangen und 89 Monate lang eingekerkert worden. In seinem Utrechter Gefängnis, in welchem es offenbar von Spinnen wimmelte, begann er mit den systematischen Aufzeichnungen. Er stellte enge Korrelationen zwischen der Aktivität der Spinnen und der Wit-

terung fest. Die Winterspinnen seien, so meinte er, in der Lage, eintretenden Frost mehrere Tage vorauszufühlen. Anfang Februar 1793 herrschte schönes und warmes Wetter, und es schien dauerhaft zu sein. Doch schon am 4. Februar bemerkte der Gefangene drei kleine Spinnengewebe, «eines über dem andern, die abends zuvor nicht dagewesen waren. Vom 9ten an fieng es an Eis zu machen, am 13ten Februar waren schon alle Kanäle in Holland zugefroren. Wer hätte nun nicht glauben sollen, damit wäre der Winter zu Ende? Allein am 28sten Februar bemerkte er unter seinen Winterspinnen einen plötzlichen Aufruhr, sie rannten hin und her, spannen eifrig, und griffen einander feindlich an. Zwey Tage nach diesen Äußerungen der Spinnen, nämlich am 2ten März, regnete es. Fünf Tage hernach regnete es noch immer unablässig fort. Endlich am 5ten März fieng es an zu winden, am 9ten schneyete es, am 10ten machte es Eis, und die Kanäle waren aufs neue gefroren. Wer diese Thatsachen mit Aufmerksamkeit gelesen hat, wird bemerkt haben, daß gerade allemal am neunten Tage, nach den Äußerungen der Spinnen, die von ihnen vorbedeutete Kälte richtig eintraf. Die Winterspinnen verdienen also in Rücksicht der Voraussagung der künftigen Kälte auch den Vorzug vor unsern Thermometern, wie sie den Vorzug vor den Barometern haben: denn das Thermometer zeigt uns nur die schon gegenwärtige Wärme oder Kälte an, und sagt uns folglich, was wir ohnehin schon wissen und empfinden; die Winterspinnen hingegen verkündigen uns schon einige Tage voraus die Kälte, welche erfolgen wird, und befriedigen also unsere Wißbegierde weit früher, besser und sicherer als die Thermometer.

Ja man kann sogar aus dem Benehmen der Spinnen untrüglich voraussagen, zu welcher Zeit der Frühling eintreten und ob der künftige Sommer naß oder trocken seyn wird. Sobald nämlich im April oder März die kleinen jungen Spinnen, nachdem sie ihre Eyer und deren Hülle durchbrochen haben, zum Vorschein kommen, so ist dies das größte und untrüglichste Zeichen vom Beginnen des Frühlings. Und wenn in eben diesen Monaten die Hängespinne von einer Höhe herab Fäden spinnet, die mehrere Fuß in ihrer Länge betragen, so verkündigen sie uns durch dieses Benehmen ein trockenes Jahr. Hier ein Belege dazu aus Quatremers eigener Erfahrung. Er entdeckte im Märzmonate 1792 zwey Hängespinnen, die vom Kamine eines Daches bis zur Erde herab 34 Fuß lange Anhängefäden gesponnen hatten. Quatremer prophezeiete daraus ein sehr trockenes und heißes Jahr; er schloß daraus auf Heumangel, und rieth einer Handelsgesellschaft, sich in der Zeit mit Schmalz zu versehen, indem die Preiße desselben späterhin steigen würden. Und es traf alles nur allzusehr ein, was er vorhergesagt hatte; es gab weder Heu noch Grummet[24].»

Quatremer-Dijonvals Lehre und Buch erregten in ganz Europa eine eigentliche Sensation. Es fanden sich auch Kritiker ein. So hat zum Beispiel Carl Ludwig Scharfenberg aufgrund eigener Beobachtungen neue Regeln aufgestellt. Vor allem habe Quatremer-Dijonval unrecht, wenn er das Öffnen der Eier der Hängespinnen für ein Wahrzeichen ausgebe, daß dauernde Frühlingswitterung eingetreten sei. Tatsache sei, daß die jungen Spinnen auskriechen, sobald sie der wärmende Schein der Sonne mehrere Tage getroffen habe. «Es folgen aber nach einem solchen erwärmenden Schein der Sonne sehr häufig noch sehr starke, mit oder ohne Schnee verbundene Fröste, in welchen sämtliche ausgekrochenen Spinnen zu Grunde gehen. Nur die Eyer, welche in Nestern, die sich im Schatten befinden, verwahrt sind, öffnen sich nie eher, bis auf dauernde warme Witterung gerechnet werden kann. Feldbauer und Gärtner können also an solchen Nestern ein sicheres Wahrzeichen finden, ob eingetretene Wärme bleiben, oder von Frösten wieder werde verdrängt werden. Sie können mit größter Zuversicht säen und pflanzen, wenn die jungen Spinnen aus solchen Nestern ausgekrochen sind; die junge Brut versichert sie, daß ihre Saat und Pflanzung nicht durch Kälte zu Grunde gehen werde[25].»

In der zweiten Hälfte des 19. Jahrhunderts hat vor allem der französische Insektenforscher Jean-Henri Fabre das Verhalten der Spinnen untersucht. In seinen «Souvenirs entomologiques» beschrieb er insbesondere den Exodus der Spinnen. «Die Eikapsel der Gebänderten Spinne öffnet sich nur bei strahlendem Sonnenschein und bei anhaltend guter Witterung, so daß der Auszug der Jungspinnen, der sich in mehreren Etappen vollzieht, nicht gefährdet wird[26].» «Groß ist die Schwierigkeit, sich durch die soliden Wände des Ballons einen Weg ins Freie zu bahnen. Auch hier scheint ein selbsttätiger Aufspringmechanismus notwendig zu werden. Wie vollzieht sich der Vorgang und wo? Sofort denkt man natürlich an die Ränder des Verschlußdeckels. Der Hals des Ballons erweitert sich zu einem weiten Krater, den ein becherförmiger Deckel verschließt. Die Widerstandskraft seines Gewebes ist so groß wie jene der übrigen Teile. Aber da dieser Deckel zuletzt verfertigt wurde, vermutet man unwillkürlich an dessen Rändern unvollständige Lötstellen, die eine Entsiegelung ermöglichen.

Aber diese Bauart trügt; der Deckel ist unverrückbar; zu keiner Jahreszeit gelingt es meinen Pinzetten, ihn zu entfernen, es sei denn, ich zerstöre das ganze Werk. Die Befreiung, der Vorgang des Aufspringens, findet anderswo statt, nämlich an irgendeiner Stelle der Seitenwände des Balls. Nichts hat ihn angekündigt, nichts ließ voraussehen, ob er an dieser oder jener Stelle stattfinden würde.

Doch um es richtig zu sagen: ein durch einen feinen Mechanismus vorbereitetes Aufspringen hat überhaupt nicht stattgefunden; dieses Aufspringen erfolgt ohne Plan und Regel. Unter der starken Bestrahlung durch die Sonne zerreißt das Atlasgewebe ziemlich unvermutet und plötzlich, ähnlich etwa wie die Haut eines überreifen Granatapfels. So wie es aussieht, denkt man sogleich an eine Ausdehnung der durch die Sonne überhitzten Luft im Innern des Balls. Die Zeichen eines von innen her erfolgten Druckes sind auch unverkennbar; Teile des zerrissenen Gewebes wurden nach außen gezerrt; außerdem hängt in der Bre-

sche stets eine Strähne der rötlichen Daunen, die den Sack ausfüllen. Im Innern dieser ausgetretenen Flockseide findet man immer kleine Spinnchen, die infolge der Explosion, die sie aus dem Beutel herausgejagt hat, ganz außer sich scheinen.
Die Ballone der Gebänderten Spinnen sind Bomben, die, um ihre Bewohner freizulassen, unter den Strahlen einer glühenden Sonne platzen. Damit das möglich wird, bedarf es der Gluthitze der Hundstage. Bewahre ich sie in der gemäßigten Atmosphäre meines Arbeitszimmers auf, öffnen sich die meisten von ihnen nicht, und der Auszug der jungen Spinnen unterbleibt, es sei denn, ich greife selbst ein. Ganz selten kommt es vor, daß einige von ihnen sich einen runden Ausgang bohren, der wie mit einem Durchschlag bewerkstelligt zu sein scheint, so sauber ist er. Diese Öffnung ist das Werk der Eingeschlossenen, die, sich ablösend, mit geduldigen Zähnen den Stoff durchbissen haben, an irgendeiner Stelle der Blase.
Hingegen auf den Rosmarinsträuchern, der brennenden Sonne ausgesetzt, platzen die Ballone von selbst und schleudern rötliche Watte und Tierchen heraus. So gehen die Dinge im Freien, bei Sonnenschein vor sich. Ungeschützt, im Gestrüpp, wird die Tasche der Gebänderten Spinne in der Julihitze vom Druck der eingeschlossenen Luft zerrissen. Die Befreiung ist nichts anderes als die Explosion der Wohnung.»
Auch die modernen Verhaltensforscher glauben, daß die Spinnen sehr wetterfühlig sind. Allerdings können sie, nach ihrer Meinung, das Wetter nicht voraussagen. Sie reagieren vielmehr in spontaner Weise und gleichzeitig auf die Witterungseinflüsse. In Übereinstimmung mit andern Forschern stellt der Spinnenforscher W. S. Bristowe fest, «that the prognostication is after the facts instead of before them»[27]. Allerdings, so meint Bristowe, sei dieser Tatbestand noch nie eingehend untersucht worden.

E. FROSCH UND SCHNECKE

Die Frösche galten seit jeher als Wetterpropheten. «Es gibt Regen, wenn die Laubfrösche quaken», meint eine Regel aus dem Baselland. «Viel Frösche im Frühling, nasser Sommer, wenig Frösche, trockener Sommer», so sagte man im rätoromanischen Sprachgebiet. «Quaken die Frösche im April, noch Schnee und Regen folgen will», so lautet eine Froschregel aus der Sammlung Strub. Ähnlich heißt es: «Wenn die Kröten fleißig laufen, wollen sie bald Wasser saufen», das heißt, es wird bald regnen. Bekannt sind auch die Laubfroschregeln, die behaupten, daß es schönes Wetter gibt, wenn die Laubfrösche höher steigen, und schlechtes, wenn sie absteigen. Was sagt die Wissenschaft dazu? H. J. Blankenhorn vom Zoologischen Institut der Universität Zürich hat den Einfluß der meteorologischen Schwankungen auf das Verhalten

zweier Lurcharten untersucht. Er konnte nachweisen, daß die Wassertemperatur um 19 Uhr zu jenen Faktoren gehört, welche das Rufen der von ihm untersuchten Froscharten auslöst. Eine wichtige Rolle spielen auch Luftdruck und die Regenmenge des vorhergehenden Tages sowie Sonnenschein am gleichen Tag. Aus seinen Untersuchungen geht nicht hervor, daß diese Froscharten, ähnlich wie Bienen und Ameisen, Wetterveränderungen im voraus wahrnehmen können, das heißt im eigentlichen Sinne wetterfühlig sind[28]. H. Heußer und J. Ott vom Zoologischen Institut der Universität Zürich, welche den Wandertrieb der Erdkröte untersuchten, kamen zum Schluß, daß die Wanderbereitschaft vom Regengrad, der Abendtemperatur sowie der Kalenderzeit abhängt[29]. R. M. Savage kam aufgrund seiner Beobachtungen zur Ansicht, daß die Frösche durch ein äußeres Ereignis, nämlich spezifische Algengerüche im Laichgewässer, in den Winterquartieren geweckt werden. Die Wanderung würde demnach durch den Geruchsreiz ausgelöst[30]. In einer weiteren Untersuchung stellte H. Heußer fest, daß die Wanderung der Erdkröte auf eine Sollzeit angesetzt ist, die sich selbst in meteorologischen Ausnahmesituationen durchsetzen kann. Das Verhalten wird deshalb als relativ temperaturunabhängig bezeichnet. Die Kröten graben sich in der ersten Oktoberhälfte ein, wobei die Witterung sozusagen keine Rolle spielt. Aus der Winterruhe werden sie auch durch günstige Witterungsbedingungen nicht geweckt. Im Frühjahr ergeben Temperatur und Regen, zusammen mit dem Wandertrieb, eine Reizsumme, welche die Wanderung auslöst[31]. Keiner der Forscher hat eine besondere Wetterfühligkeit feststellen können; das Quaken der Frösche und ihre Wanderung sind nicht wetterbedingt, sondern stehen in direktem Zusammenhang mit dem Fortpflanzungstrieb.
«Kriechen die Schnecken aus dem Heu, gibt es Regen», lautet eine Regel. «Kriechen die Schnecken auf Sträucher, so regnet es bald», heißt es in der andern. Tatsächlich reagieren die Weichtiere, insbesondere Wald- und Weinbergschnecken, sehr empfindlich auf Witterungsänderungen. Sie kommen nur heraus, «wenn die Luft ziemlich feucht ist. Ihre Konstitution erlaubt ihnen beträchtliche Wasserverluste nicht[32].» Die beiden Bauernregeln sind demnach nur teilweise richtig; sie müßten eigentlich heißen: Kriechen die Schnecken aus dem Heu, so regnet es.

F. HAUSTIERE

Das Wissen von der Wetterfühligkeit der Haustiere ist uralt. Schon Plinius bezeugt, daß das Vieh durch mutwilliges Umtreiben eine kommende Schlechtwetterfront anzeigt. Mittelalterliche Quellen bestätigen diese Beobachtungen[33].

«So die sonn haiß thut stechen,
die Küe pisen und brummen
alsbald, thun die pauren sprechen:
es wirt gewiß ain regen kummen[34].*»*

Im 18./19. Jahrhundert wurden diese Beobachtungen erweitert. Klosterkaplan Jakob von Sarnen (1738–1791) hat verschiedene solche Regeln notiert. So wußte er unter anderem zu berichten, daß die Haustiere sich vor einer Regenperiode nur ungern in den Stall treiben lassen. Die heute noch gebräuchlichen Bauernregeln enthalten ähnliche Beobachtungen. Sie werden ergänzt durch eine Wahrnehmung und These, die auf den ersten Blick erstaunlich anmutet. Nach einer aus Ocourt im Jura stammenden Regel wird es regnen, wenn die Kühe ihre Milch zurückhalten[35]. Die Wissenschaft hat sich mit den Wirkungen von Witterung und Klima auf die Haustiere erst verhältnismäßig spät befaßt. Zunächst wurden, wohl im Zusammenhang mit dem Export europäischer Rinderrassen und ihrer Akklimatisationsfähigkeit in tropischen und subtropischen Gebieten, die Temperaturauswirkungen untersucht. Weitere Forschungen galten den Niederschlägen, der Windgeschwindigkeit, der Lichtintensität und den UV-Strahlen. Schließlich wandten sich die Forscher auch den Wetterfronten, der Temperatur und den Luftmassenkomplexen zu. Mit einiger Verspätung auf die Bauernregeln registrierte man, daß Lebewesen und Wetter nicht beziehungslos nebeneinander existieren: «Es kommt nicht nur bei einer besonderen Wetterlage oder dem Auftreten eines biotropen Faktors zu einer Einflußnahme des Wetters auf biologische Vorgänge, sondern Mensch und Tier leben beständig in und mit ihrer atmosphärischen Umgebung[36].» H. A. O. Sommer kam nach eingehenden Untersuchungen an 24 Kühen zum Ergebnis, daß die Milchleistung an Tagen mit föhnig übersteigertem Schönwetter und bei aufkommendem Wetterumschlag deutlich unter ihrem monatlichen Mittelwert lag. Bei beginnender Wetterberuhigung kam es zu Milchleistungen, die den monatlichen Mittelwert überstiegen[37]. Nachträglich hat somit die Wissenschaft die Erfahrung und Beobachtung der Bauern bestätigt.

Pflanzen als Wetterpropheten

Wer die Natur zu deuten weiß, kann auch aus dem Verhalten von Pflanzen auf die Witterung schließen. «Wenn im Wald die Äste abwärts hangen, ist mit Regen zu rechnen», so lautet eine heute noch gebräuchliche Regel. Analog dazu heißt es in einer Regel von 1505: «So die höltzer und die hegken schwartz scheinen, regen erwecken.» Wie B. Primault darlegt, beruht diese Regel auf einer richtigen Beobachtung: «Am Ende eines Schneefalles oder einer Regenperiode ist die Luft trokken; infolgedessen biegen sich die Äste aufwärts. Einerseits bleiben die Flocken an den Zweigen hängen, und anderseits zeigt uns der Baum die untere Seite seiner Nadeln, die bei der Fichte heller ist als die obere. Deshalb erscheint der Wald grün und hell. Wird die Luft feucht, läßt der Baum seine Äste fallen. Die letzten Reste des Schnees lösen sich ab, und wir sehen nur die obere Seite der Nadeln, glänzend und dunkel. So erscheinen die Bäume schwarz auf dem Hintergrund der weißen Schneefelder oder des Himmels[1].» Auch die sogenannten Distelregeln können als richtig bezeichnet werden: «Wenn die Distel sich öffnet, bedeutet es Regen.» Eine ältere Regel besagt: «Wenn die Distelköpfe ihre Samen fliegen lassen, deutet das auf Schnee.» Tatsächlich öffnen und schließen sich nach Primault gewisse Disteln je nach dem Grad der Feuchtigkeit. Die Eigenschaft des Sich-Einrollens oder -Entrollens, die gewisse Pflanzenteile aufweisen, hat man sich bei der Herstellung von Hygrometern zu eigen gemacht. Besonders gut eignen sich Äste und Tannzapfen. Über Stall- und Alphüttentüren brachte man deshalb einen Ast an. Am Winkel zwischen Zweig und Stamm können die Bauern den Feuchtigkeitsgrad der Luft ablesen und so auf die kommende Witterung schließen.

Andere Bauernregeln, die ebenfalls auf der Beobachtung von Pflanzen beruhen, erweisen sich im Lichte der Wissenschaft als falsch. So kann zweifellos aus der im Herbst verlängerten Blütezeit der Erika oder dem späten Blätterfall von Laubbäumen nicht auf einen kommenden harten Winter geschlossen werden. Beide Erscheinungen sind Folgen einer relativ günstigen Witterung im Sommer und Herbst und keineswegs Voraussagen einer zukünftigen Entwicklung.

Daß sich die Pflanzenwelt an das Klima und die Witterung anpaßt, ist bekannt. Gibt es Pflanzen, die, wie die Bauernregeln und volkstümlichen Weisheiten besagen, besonders wetterfühlig sind, welche Anomalien der Witterung «erkennen» und sich danach richten? Eine Bauernregel lautet:

> *«Kommt die Eiche vor der Esche*
> *bringt der Sommer eine große Wäsche,*
> *kommt die Esche vor der Eiche*
> *bringt der Sommer eine Bleiche»*
> *(Schaffhausen und Zürich).*

Dieser Spruch ist sowohl aus der deutschsprachigen Schweiz wie auch aus Süd- und Mitteldeutschland überliefert. Es sind mehrere Varianten bekannt. In einzelnen Regionen spricht man von Treiben und Grünen, in anderen von Blühen. Das scheint indessen unwesentlich, denn bei der Eiche erscheinen Blätter und Kätzchen gleichzeitig. Die Esche treibt die Blätter wenige Tage nach der Blüte aus; sie blüht im übrigen nicht jedes Jahr. Trifft nun die Regel wirklich zu? Tatsächlich treibt die Esche, je nach Frühlingstemperatur, einmal früher, einmal später aus. Sie ist deshalb gegen Spätfröste besonders empfindlich. Die Bauern sagen aus diesen Gründen: «Wenn die Esche blüht, gibt's keinen Frost mehr[2].» Blühen die Eschen später, so wird auf eine kommende naßkalte Witterung geschlossen. Demgegenüber schließt man aus einem frühen Blühen auf trockene Witterung. Im Hinblick darauf, daß das Wetter tatsächlich die Tendenz hat, gleich zu bleiben, kann die Regel zutreffen. Im ganzen wird man aber doch sagen müssen, daß der Blütezeitpunkt durch die vorangegangene und nicht künftige Witterung bestimmt wird. Diese Feststellung gilt auch für die Regeln, die sich mit dem Laubfall befassen und die aus dem frühen oder späten Verfärben oder aus dem Zeitpunkt des Laubfalles auf einen milden oder harten Winter schließen.

Wetterpropheten in Haus und Hof

Um das Wetter voraussagen zu können, achtete man von jeher auch auf kleine Anzeichen und Veränderungen in Haus und Hof. «Wenn der Abort stinkt, kommt schlechtes Wetter», sagt man etwa. Oder die Seeanwohner meinen: «Es fischelet, es chunnt go rägne.» Was sagt die Wissenschaft dazu? B. Primault erklärt, daß die anaerobischen Bakterien, welche sich unter Abschluß der Luft entwickeln und die beim Fäulnisprozeß eine wichtige Rolle spielen, durch die Senkung des Luftdruckes aktiviert werden. «Eines der Produkte ihrer Arbeit ist das Methangas, das ihren Kolonien im Verhältnis zu ihrer Aktivität in größerem oder kleinerem Ausmaß entweicht. Sinkt der Luftdruck, entweicht mehr Gas. Außerdem kann das Wasser, je kleiner der Luftdruck ist, um so weniger Gase, darunter Methan, in gelöstem Zustand zurückhalten[1].» So melden zwei Erscheinungen, eine biologische und eine physikalische, unserem Geruchssinn, daß der Luftdruck sinkt.

Auch Geräusche können, richtig interpretiert, einen gewissen prognostischen Aussagewert haben. «Wenn man von Arboldswil läuten hört, wird es regnen», sagen die Leute in Ziefen BL. Für sie ist die Arboldswiler Glocke das «Dräckglöggli». In ähnlicher Weise sprechen die Leute von Hombrechtikon, wenn sie das Glockengeläute von Stäfa besonders gut hören, vom «Seichglöggli». Die Glocke hört man vor allem bei Westwindwetter; dieses bringt in der Regel auch Regen mit sich.

Als Hygrometer dienen auch schwitzende Brunnenröhren, nasses Straßenpflaster: «Wenn d Ste (Steine) schwitzid, geds ruch Wetter», lautet eine appenzellische Regel. Sie dürfte im allgemeinen richtig sein. Auf die Druckverhältnisse reagiert auch der Rauch. Sinkt er, will er nicht zum Kamin heraus, gibt es schlechtes Wetter, sagen verschiedene Regeln. Steigt er grad auf, so wird es schön, lautet eine andere Regel. Schon im 18. Jahrhundert hat man versucht, diese Beobachtung wissenschaftlich zu deuten: «Nebst demme, das der Rauch zum richtigsten anzeiget, was vor ein Wind streiche, ob der Schöhn- oder Wetterwind, so zeigt er auch die Schwere und Leichte des Lufts, aber wie das Quecksilber in dem Barometer-Glaß[2].» Wie jedermann weiß, hat der Mensch seit alters versucht, bestimmte Wetteränderungen aus seinem eigenen körperlichen Befinden zu prophezeien. «Lorsque mes cheveux sont faciles à coiffer, le temps est à la pluie», meint man im Welschland. Einfach, schlicht meint eine Appenzeller Regel: «Er hätt en Wettervogel.» Wie steht es mit der Wetterfühligkeit des Menschen? E. Grandjean, A. Fleisch, W. Mörikofer und A. Linder untersuchten die physiologischen und pathologischen Einflüsse der Wetterlage auf den Menschen[3]. «Während 134 aufeinanderfolgender Tage wurden täglich an acht Versuchspersonen die Reizschwellen des Drucksinnes der Haut, die Reizschwellen des Patellarsehnenreflexes, die Handvolumen, die Pupillenweite und die Haut- und Körpertemperatur gemessen. Bei 30 weiteren Versuchspersonen wurde täglich eine Statistik über die subjektiven Wetterbeschwerden erhoben. Alle Versuchspersonen waren sogenannte wetterempfindliche Individuen, die als Patienten eines Lungensanatoriums eine sehr regelmäßige Lebensführung hatten. Neben den täglichen Messungen von Luftdruck, Feuchtigkeit und Temperatur wurde für die ganze Versuchsdauer das Wetter nach Luftkörpern, Frontendurchzügen und andern Luftmassenverschiebungen analysiert.

Von allen physiologischen Meßwerten zeigten einzig die 1072 individuellen Schwellenwerte des Reflexes eine statistisch gesicherte Wetterabhängigkeit. Die Schwellenwerte sind an Tagen ungestörter Wetterlagen (Hochdrucklagen) im Durchschnitt höher als an Tagen, die durch Luftmassenverschiebungen gekennzeichnet sind. Der Unterschied ist statistisch gesichert.

Die Statistik der Wetterbeschwerden ergab, daß Tage mit Föhn oder mit Warmfrontdurchzügen im Durchschnitt die größte, Tage mit ungestörter Wetterlage dagegen die niedrigste Beschwerdehäufigkeit aufweisen. Die übrigen Wetterlagen nehmen eine Zwischenstellung ein. Von besonderem Interesse ist die Tatsache, daß auch an Tagen mit ungestörter Wetterlage noch 33% der Versuchspersonen über Wetterbeschwerden klagen. Die berechneten Korrelationen zwischen den Schwellenwerten des Reflexes oder der Beschwerdehäufigkeit einerseits und den meteorologischen Meßgrößen oder den Wetterlagen anderseits hat gezeigt, daß nur rund 20% der physiologischen und pathologischen Symptome auf das Wetter zurückgeführt werden können. Diese relativ geringe Abhängigkeit ist zum Teil durch die große Veränderlichkeit der gemessenen biologischen Phänomene bedingt, zum Teil könnte sie aber auch darauf beruhen, daß die von uns berücksichtigten Maße und Kriterien des Wetters bloß durch sekundäre, wenig gesicherte Begleiterscheinungen eines übergeordneten, noch unbekannten biologisch wirksamen Faktors bedingt sind.»

Neuere Untersuchungen deutscher Forscher ergaben eine auffällige Parallelität vom Verlauf des Luftdruckes mit biologischen Erscheinungen. Dabei wurde eindeutig festgestellt, daß es sich keineswegs um eine Fernwirkung, um ein eigentliches Vorfühlen, sondern vielmehr um die Folge der Änderungen der physikalischen Umwelt handelt. Als besonders aufschlußreich erwiesen sich die Arbeiten des Tölzer Arbeitskreises. Im Jahre 1965 wurde eine Untersuchung über die Abhängigkeit des Herzinfarkts von Klima, Wetter und Jahreszeit vorgelegt: «Ein homogenes Material von 12 888 Herzinfarkten wurde auf die Abhängigkeit von Klima, Wetter und Jahreszeit in 12 deutschen Bioklimaten untersucht. Es ergab sich eine überzufällige Vermehrung der Infarkte bei der Zufuhr fremder Luftkörper und der damit verbundenen Störung der 24stündigen meteorologischen Periodik. Mit Ausnahme der Räume Schleswig-Holstein und Berlin überwiegt dabei die Biotropie der warmluftadvektiven Seite der Biosphäre. Auch nach Eliminierung des im Grundmaterial enthaltenen Jahrganges blieben große jahreszeitliche Schwankungen der Biotropie erhalten. Das Maximum liegt im Frühjahr und Winter, das Minimum im Sommer. Die Verteilung auf die 12 Bioklimate zeigt eine im jahreszeitlichen Verlauf zwischen der norddeutschen Tiefebene und dem Main pendelnde Grenze, nördlich deren im Jahresmittel die Biotropie beim Infarkt um etwa ein Drittel niedriger ist als südlich davon. Großstadteinfluß, geschützte Mittelgebirgslagen und Flußlandschaften sowie kontinentaler Einfluß variieren die Biotropie zusätzlich. Die Biotropie des Föhns erwies sich als gering, dagegen besteht eine Belastung durch Nebellagen. Hitze-Schwüle-Wellen erwiesen sich nur bei ihrem Einsatz als biotrop, weit weniger wirksam während längerer Dauer[4].»

H. Richner betont, daß für die Wetterfühligkeit nicht nur der Luftmassenwechsel (das heißt mechanisch-thermodynamische Störungen der exogenen Periodik) verantwortlich ist: «Man denke etwa an längere (oder kürzere) Perioden freien Föhns: Gerade dieser meteorologische

Zustand, bei dem das Temperatur-Feuchte-Milieu eine reine, ungestörte Tagesperiodik – ohne jeden Luftmassenwechsel – durchläuft, weist eine ausgeprägte Biotropie (allgemeine Befindensstörungen) auf.» Dem Föhn werde, so wird außerdem festgestellt, «eine viel zu geringe medizin-meteorologische Bedeutung zugemessen. Die von Brezowsky (Tölz) angegebene Jahreshäufigkeit von 5 bis 10% ist für das schweizerische Mittelland zu gering und beträgt nach Widmer in Altdorf etwa 15% bei einer mittleren Dauer von 10 Stunden. Brezowsky bezeichnet als Föhn durchwegs den zum Boden durchgebrochenen Föhn, während doch in vielen Fällen ein freier Föhn vorhanden ist. Zudem ist die lokale Beschränkung aus den gleichen Gründen viel weiter zu fassen.» Die Untersuchungen haben auch die luftelektrischen Erscheinungen außer Betracht gelassen. «Dabei ist die Bemerkung, ihre Intensität sei viel zu gering, um biologisch wirksam zu werden, nicht völlig stichhaltig. Besteht nicht die Möglichkeit, daß solche zwar unterschwelligen Reize doch dadurch im Organismus wirksam werden, daß dieser nicht imstande ist, sie auszugleichen? Schließlich» – so wird von H. Richner betont – «ist völlig ungewiß, ob sich verschiedenartige Reize im Organismus wirklich einfach ‹linear› überlagern[5].»

Zu den Wetterpropheten in Haus und Hof gehören auch die Katzen. Erst kürzlich (1968) ist der Einfluß des Wetters auf ihr Verhalten untersucht worden: «Eine Korrelation von Verhaltenselementen und meteorologischen Daten (Temperatur und Feuchte) ergab eine deutliche Wetterabhängigkeit des Verhaltens von Katzen auch in geschlossenen Räumen. Diese ist gekennzeichnet durch Ruhelosigkeit hauptsächlich an Tagen mit aperiodischen, und Ruheneigung an Tagen mit periodischen Wetteränderungen. Die Ergebnisse sind statistisch gesichert» (H. Richner). Sie decken sich mit den Bauernregeln.

Atmosphärische Erscheinungen

A. WINDREGELN

Es gibt beinahe so viele Windregeln wie Winde. Der Versuch einer Klassierung ist deshalb nicht einfach. H. Grünhagen spricht vom Großwetterwind, Ortswind und Geländewind, und er stellt fest, daß man Schlüsse auf kommendes Wetter nur aus dem Großwetterwind ziehen könne, «es sei denn, man habe seine Ortswinde, Geländewinde und das zu ihm gehörende Wetter bereits gründlich studiert»[1]. Dieses «Studium» gestaltete sich noch vor wenigen Jahrzehnten verhältnismäßig einfach. Es standen einige Erfahrungsregeln zur Verfügung, die sich fast wie Faustregeln anwenden ließen. Inzwischen hat die Meteorologie ihren empirischen Charakter abgestreift und sich als Physik der Atmosphäre auf eine mathematisch fundierte Grundlage gestellt. Die modernen Meteorologen befassen sich mit Aspekten der Winde und Wolken,

die mit den Prognosen aufgrund lokaler Beobachtungen nichts mehr zu tun haben (Vorausberechnung des Strömungsfeldes, Physik der Kondensations- und Sublimationskerne). Dazu kommt die großräumige Beobachtung der Wolken durch Satelliten, wobei die sich bewegenden Wolken unter anderem als Indizien für verschiedene Strömungen beobachtet werden. Boden- und Geländewinde interessieren die Meteorologen in diesem Zusammenhang nicht mehr. Wohl aus diesem Grunde gibt es auch kein neueres wissenschaftliches Werk der Meteorologie, das der Prognose aufgrund lokaler Beobachtungen und den bäuerlichen Wetterregeln im besondern gewidmet wäre. Wir werden uns deshalb mit einigen allgemeinen Deutungen zufriedengeben müssen. Die Bauern kennen ihre Winde sehr genau. So nennen die Anwohner der Kapuzinerbucht bei Rapperswil neben drei Föhnwinden noch sieben weitere typische Winde: den Glarnerföhn, er kommt von Jona; weht er bis Stäfa, dann gibt es schlechtes Wetter; den Seewind von Richterswil her, man nennt ihn den «Heiterwind am Morgen»; den vom Ricken her wehenden Landwind, den «Heiterwind am Abend». Sie sprechen sodann von der Nordbise, dem vom Bachtel her wehenden Nordostwind; er bringt schönes Wetter. Gute Witterung verheißt auch der «Grüniger», eine aus der Richtung von Grüningen wehende Nordströmung. Bekannt ist auch der «Unterwind» oder «Twärläck» von Ürikon; wenn er besonders stark weht und es dadurch «bächet», bedeutet dies Wetterumschlag. Der «Bächler», das heißt der Wind, der von Bäch bis in die Gegend von Feldbach bläst, bringt schlechtes Wetter. Auch der Etzelföhn oder die Hinterbise vom Etzel bringen Regen[2].
Föhnregeln kennt man auch in anderen Regionen. «Ein schön Wetter, welches von dem Neu- oder Mittagwind beygebracht wird, kann etwa 2–3 Täg anhalten», meint eine Innerschweizer Regel aus dem 18. Jahrhundert. Ähnliche Regeln finden wir im 19. und 20. Jahrhundert. «Was der Föhn frißt, schießt er wieder», sagt man heute noch im Muotathal. Die Prättigauer sagen: «Der Pföön hed d Wassergeltä am Füdli.» Ähnlich sagt man im Waadtland: «Si le vent du sud souffle, cela amène la pluie.» Diese Regeln sind nicht nur schöne Beispiele für die volkstümlich-derbe Ausdrucksweise, sie stimmen mit den wissenschaftlichen Erkenntnissen im großen und ganzen überein. Der Föhn ist mindestens auf der Alpennordseite bekannt als warmer und trockener Fallwind. Er ist von klarem und schönem Wetter begleitet. Die relative Luftfeuchtigkeit ist gering, Föhnluft ist feuchtigkeitshungrig; sie wirkt austrocknend. Deshalb ist, wie die Muotathal-Regel richtig sagt, der Föhn imstand, innerhalb von wenigen Stunden große Schneefelder zu «fressen». Hat sich die Föhnluft mit Feuchtigkeit angereichert und trifft mit kälteren Luftmassen zusammen, so scheidet sie Wasserdampf, den sie nicht mehr halten kann, als Regen aus. Die Meteorologen sprechen vom Stau- und Föhneffekt: «Wenn die Luft ein Gebirge überquert, muß sie zunächst im Stau auf der Luvseite aufsteigen, dabei tritt unterhalb des Taupunktes Kondensation, Bildung mächtiger Wolken und Nie-

derschlag ein. Auf der anderen Seite des Gebirges sinkt die Luft trockenadiabatisch ab und erreicht höhere Temperaturen als beim Aufsteigen[3].»

B. WOLKEN

Sowohl im Altertum wie im Mittelalter gab es zahllose Wolkenregeln. Sie basieren, wie eine Analyse zeigt, im allgemeinen auf genauer Beobachtung. Im 19. Jahrhundert hat sich eine Art volkstümliche Wolkenterminologie herausgebildet; diese Tradition lebt, wie die Umfrage von 1972 zeigt, teilweise noch. So sprach und spricht man etwa von Schäfli, Himmelschäfli, Rägebluest, Federwolken, Haufenwolken, Wolkenkappen und -mützen, Wasserkälbern, Regenwürmern, Wolkenbroten, Wolkenfahnen, Fotzelgwülch, plumet (Federwölklein) usw. Die Meteorologen haben ihrerseits eine wissenschaftliche Terminologie entwickelt. Sie sprechen von drei verschiedenen Typen. Wolken, die ausschließlich aus Wassertröpfchen bestehen, bezeichnen sie als Wasserwolken, diejenigen, welche sich nur aus Eiskristallen zusammensetzen, als Eiswolken. Zu ihnen gesellt sich eine dritte Gruppe von Wolken, die gleichzeitig aus Wassertröpfchen und aus Eiskristallen bestehen. Sie werden im allgemeinen als Mischwolken bezeichnet. Wasserwolken zeichnen sich durch fest umrissene, mindestens in vertikaler Richtung scharf abgegrenzte Formen aus, während Eiswolken eine faserige Struktur mit unscharfer Begrenzung aufweisen. Wasserwolken können an der unteren Grenze einen Schatten bilden, bei Eiswolken tritt dies kaum ein[4].
Die Meteorologen sprechen sodann von einzelnen Wolkenformen: «Die einfache Schichtwolke oder *stratus,* die einfarbig mit leichtem Grau ohne jede Struktur sich über den ganzen Himmel zieht, ist wesensverwandt mit den ausgedehnten Nebelfeldern, die wir so oft im Herbst und Winter in Bodennähe beobachten. Beide Formen entstehen meist durch Ausbreitung von Kaltluft in der Nähe des Erdbodens oder unterhalb einer Inversion und Wärmeverlust durch Ausstrahlung ... Ebenso bekannt ist die Haufenwolke oder Quellwolke, lateinisch *cumulus* genannt. Sie entwickelt sich bei schönem Strahlungswetter in den Tagesstunden in Form einzelner, zunächst flacher Ballen von einigen Hektometern Höhenerstreckung, die bei labiler Schichtung stärker aufquellen und den Übergang zu Schauerwolken bilden[5].» In den volkstümlichen Wolkenregeln treten alle Wolkenbilder auf. So kannte beispielsweise Klosterkaplan Jakob (2. Hälfte 18. Jahrhundert) die Cumuluswolken. Er sprach von «schön weiß heiteren Nebeln», die schönes Wetter bedeuten. «Wenn sich Schön-Wülcklein ober den Güpfeln der Bergen sich vestsetzen, diese aber ihren Posten verlassen und die weithen des Himmels sich auflassen», dann sei es ein Zeichen, daß die

Winde schon in den Lüften seien und sich auch das Wetter entsprechend ändern werde. Ähnliche Beobachtungen und Regeln werden auch heute noch gemacht: «Mittelgroße weiße Haufenwolken im Verlauf des Vormittags auftretend, deuten auf Fortdauer des schönen Wetters», sagt man im bernischen und freiburgischen Mittelland. Eine Engadiner Regel lautet entsprechend: «Wenn sich das Wölklein über dem Piz d'Alvra ganz allein am Himmel befindet, ändert sich das Wetter.» Quellen die Haufenwolken nach oben, kommt es zur Bildung von Türmen, so ist nach volkstümlicher Auffassung mit Gewitterregen zu rechnen. Wir finden entsprechende Wolkenregeln in verschiedenen Teilen des Landes.

Verschiedene Regeln befassen sich mit den in größeren Höhen schwebenden Schäfchen-, Schleier- oder Federwolken. Sie verheißen schlechtes Wetter: «Wenn der Himmel gezupfter Wolle gleicht, das schöne Wetter dem Regen weicht», heißt eine solche Regel. «Wenn am Himmel Wolken wie Brote sind, regnet es nicht heute, aber morgen», heißt es im Tessin, und im Münstertal sagt man: «Wenn die Engel Brot backen, regnet es am folgenden Tag.» Die Meteorologie bestätigt diese Erfahrung im großen und ganzen[6].

Auch aus dem Verhalten des Nebels schließt man auf die künftige Witterung. Schon Reynman sagt in seinem Wetterbüchlein von 1510: «Wenn nebel von den pergen absteygen oder vom hymel fallen oder in den tälern liegen bedeutet schön wetter.» Ähnlich lautet eine Regel aus der Sammlung Strub: «Wenn abends dicker Nebel liegt, dann das schöne Wetter siegt.» Im Tessin sagt man: «Nebbia bassa, bel temp la lassa.» (Tiefer Nebel verheißt schönes Wetter.) Analoge Regeln existieren im Engadin und im Wallis. Tatsächlich können lagernde Abendnebelbänke gutes Wetter verheißen, sofern sich darüber ein wolkenloser Himmel mit ruhiger Atmosphäre befindet. Bereits im 16. Jahrhundert wußte man, wie die Bauernpraktiken zeigen, daß steigende Nebel im allgemeinen Niederschläge bringen. Entsprechende Regeln gibt es heute noch: «Nebelschwaden, die in geringer Höhe in das Tal ziehen, künden Regen», sagt man etwa in Andermatt.

Ohne Zahl sind die Regeln, die sich mit Wolkenhüten oder Wolkenkappen befassen. «Hat der Pilatus einen Hut, so ist das Wetter gut», sagt man in der Innerschweiz. Die Flumser glauben dasselbe von ihrem Gonzen. «Wenn der Piz Lunghin seine Mütze trägt, lege die Sense weg und nimm den Rechen», so lautet eine warnende Regel im Engadin. Eine ähnliche Regel stammt aus dem Bergell: «Setzt der Piz Duan die Kappe auf, laß die Sense und hol den Rechen», das will besagen, daß man mit dem Grasschneiden aufhören und mit dem Einholen beginnen soll. Eine ähnliche Regel kennen auch die Basellandschäftler: «Häd der Wiseberg e Chappe, chönne d Buure Wasser lappe.» Die Meteorologen stellen fest, daß es sich in allen diesen Fällen um einen durch das Gebirge mitbedingten Kondensationsvorgang handelt. Der Wind strömt hangaufwärts, kühlt sich dabei ab, der Wasserdampf wird zum Kondensieren gezwungen[7]. Die Situation kann dabei je nach Tageszeit ganz verschieden sein. Die Morgenwolke entsteht noch unter dem Einfluß der nächtlichen Wärmeabstrahlung. Die Mittagswolken hingegen verraten, daß der Großwetterwind eher feucht ist. Sie verheißen deshalb eher schlechtes Wetter, während die Morgenwolke für gutes Wetter spricht. Eine Wolkenkappe kann gemeinsam von Wärme- und Hangaufwinden gearbeitet sein. Je größer, je regelmäßiger die Kappe ist, um so größer dürfte der Anteil des thermischen Windes sein. Dies ist wohl auch der Grund, weshalb die einen Regeln von einer Kappe, andere von einem Hut oder von einer Mütze sprechen. In den gleichen meteorologischen Zusammenhang gehören die Regeln, welche vom Tagesgang der Winde sprechen: «Morgens Morgenwind, mittags Mittagwind, schön Wetter wir sicher sind», so lautet eine solche Regel. Die Münstertaler wissen es genauer: «Der Wind muß bis zehn Uhr talauswärts blasen. Von diesem Zeitpunkt an muß er taleinwärts blasen, dann kommt schönes Wetter.» Bergwind ist für die Küsnachter am Zürichsee ein eigentlicher Gutwetterwind. H. Frey, der die Lokalwinde am Zürichsee untersucht hat, stellte fest, «daß seine saugende Wirkung, wenn der Tag sehr schön war und eine stabile Wetterperiode herrscht, verhältnismäßig weit reicht; an einem bewölkten Tag ist die Windströmung schon beim Mühlewiesli kaum mehr zu spüren»[8]. Tatsächlich erzeugen, wie die Meteorologen darlegen, die thermischen Zirkulationen als Folge der tagesperiodischen Unterschiede der Eintragung lokale Windsysteme, die tageszeitlich ihre Richtung wechseln. Diese lokalen Systeme können durch kräftige, großräumige Strömungen überlagert und unterdrückt werden[9]. Wehen dagegen Tal- und Bergwinde «normal» weiter, so kann, nach der Auffassung unserer Regel, mit Fortdauer der Schönwetterperiode gerechnet werden.

C. REGEN, SCHNEE, TAU UND REIF

In diesem Kapitel sprechen wir nicht von den Regen- und Schneeprophezeiungen, wie sie uns etwa in den Lostagsregeln begegnen. Es soll vielmehr die Rede sein von den Regeln, welche aus der Beschaffenheit, dem zeitlichen Eintreffen von Regen und Schnee gewisse Prognosen ableiten. Eine in fast allen Gegenden der Schweiz bekannte Regel lautet (Davoser Fassung): «E Morgedräge und Wiberweh ist um Nüni niene me.» Eine Variante lautet: «Morgeräge, Wyberweh send zobe niene me.» Die Engadiner kennen folgende Fassung: «Der Morgenregen ist kurz wie der Zorn einer alten Frau.» Die Walliser sagen: «La pluie du matin n'arrête pas le pélerin.» Das Gegenstück dazu lautet: «Wenn es um die Mittagsstunde zu regnen anfängt, so regnet es den ganzen Tag» (Engadin). Im Wallis sagt man wörtlich: «Quand il commence à midi, il pleut tout le jour» (Savièse). Die Meteorologen haben verschiedene

Untersuchungen angestellt. Der Deutsche Kastner hat die Frühregen in einer bestimmten Region während Jahren geprüft. Er fand die volkstümlichen Regeln bestätigt. «Auf 306 Regen in der Zeit von 5–8 Uhr kamen nur 40, die bis 9 Uhr anhielten, auf 286 Regen von 6–8 Uhr nur 61, die 3 Stunden anhielten, auf 327 Regen von 6–9 Uhr nur 33, die noch in die 4. Stunde, von 9–10 Uhr, hineinregneten[10].»
Schließlich kann man auch aus der Existenz oder dem Fehlen von Tau und Reif gewisse Regeln ableiten: «s Wetter häbed, es hed e Morgethau.» An diese schon im 19. Jahrhundert bekannte Regel wird auch heute noch geglaubt. Wenn am Morgen kein Tau auf dem Gras liegt, so sagt man etwa, sei das Wetter unbeständig, währenddem ein schöner Tau auch schönes Wetter verheißt. Demgegenüber heißt es in der Waadt: «Après la gelée du matin, c'est la lavée», oder: «Hets am morgu en Rifä, so wäscht se bald wider ab» (Wallis). Welche Auffassung ist die richtige? Die Meteorologen sprechen vom Taupunkt und meinen damit die «Temperatur, bei der der im Augenblick in der Luft vorhandene Wasserdampf zur Sättigung ausreicht»[11]. Bei Sättigung sind Temperatur und Taupunkt identisch. Kommt es in den Nachtstunden zur Abkühlung, so bildet sich bei Temperaturen wenig unter null Grad Reif. Dies beweist eigentlich lediglich, daß die Bodentemperatur um null Grad war. Tau und Reif können Ausdruck einer guten, sogar stabilen Wetterlage sein. Die Regel: «Starker Tau hält den Himmel blau» dürfte deshalb in vielen Fällen zutreffen.

D. SONNE, MOND UND STERNE

Die Regeln über Morgen- und Abendrot gehören zu den ältesten Wetterregeln. Schon bei Matthäus 16,2,3 lesen wir: «Des Abends sprecht ihr: Es wird ein schöner Tag werden, denn der Himmel ist rot. Und des Morgens sprecht ihr: Es wird heute Ungewitter sein, denn der Himmel ist rot und trübe.» «Es wird regnen», sagte der im 1. Jahrhundert v. Chr. lebende griechische Philosoph Theophrast, «wenn sich die Wolken vor Sonnenaufgang purpur färben...[12]» Das Mittelalter übernahm diese Regeln: «Morgenrot bedeutet Regenwetter», heißt es beispielsweise in der Basler Papierhandschrift des 14./15. Jahrhunderts[13]. In Reynmans Wetterbüchlein von 1505 steht: «Wenn in der Sonnen nydergeen rot wolcken an dem hymel steen, der tag dernach wirt gwonlich schön.» Im 18. Jahrhundert hieß es: «Wann es abends am Himmel schön roth aussiehet, ist es ein Zeichen, das nachgehender Tags schön Wetter seyn wolle[14].» Im 19. Jahrhundert sagte man: «Le rouge du matin amène la pluie, le rouge du soir amène la sécheresse.» Ähnliche Regeln gibt es im Puschlav, im Bergell und im Wallis: «Am Morgen rot, am Abend Kot.» Im Tessin sagt man heute noch: «L'alba rossa a la sera la var centumilia lira.» Im Jura: «Rouge soirée, grise matinée, belle journée.» Die Tessiner kennen auch die Regel: «Rosso di sera, bel tempo si spera; rosso alla mattina, piove a catina.» (Catino = Waschbecken; wir sagen ja auch «kübeln».) Die Erklärung dieser Regel ist einfach. Abendrot entsteht, wenn zur Zeit des Sonnenunterganges im Westen nicht allzu dichte Wolken, zum Beispiel Cirren oder Altocumuli, liegen. Wären weiter im Westen dichtere Wolken vorhanden, würde die Sonne diese Cirren oder Altocumuli nicht anscheinen; also handelt es sich mit einer gewissen Wahrscheinlichkeit um die letzten Ausläufer einer bereits vorbeigezogenen Störung – das Wetter hellt auf. Beim Morgenrot können die zarten, rot angeleuchteten Wolken jedoch die Vorläufer einer von Westen nach Osten ziehenden Störung sein[15]. Abendrot wie auch Morgenrot sind oft schwer zu deuten. Nehmen wir an, eine Reihe von Leuten verschiedenster Art würde mit der Abendrotregel gleichzeitig sechs Wochen lang nach dem Abendrot ausschauen, um die Richtigkeit dieser Regel zu erkunden. Die einen werden gewiß finden, daß die Regel unbrauchbar sei. Andere werden behaupten, daß sie den Nagel auf den Kopf treffe. Vielleicht findet sich noch eine dritte Art von Beobachtern: «Diese haben während der sechs Wochen eine verwirrende, fesselnde, aufreizende Fülle von Beobachtungen gemacht. Sie haben einen höchst verwickelten, auf keinen Generalnenner zu bringenden Sachverhalt gefunden, einen Stoff, der sich der Umsetzung in fruchtbare Erfahrung kräftig widersetzt[16].» Vielleicht werden nun die einen oder andern die Sache mutlos fallenlassen. Schließlich werden nur ganz wenige übrigbleiben; es sind diejenigen, welche das Ungeklärte an diesen Dingen nicht mehr ruhen noch rasten läßt. Es sind die, welche, nach H. Grünhagen, für die Ortswetterkunde taugen. Auf unser Thema übertragen hieße dies wohl, daß man nicht nur die Abendrotregeln, sondern alle bäuerlichen Wetterregeln so betrachten muß. Es läßt sich nicht erwarten, daß man mit einer kurzen Regel wie «Gutwetterabendrot» die ganze Komplexität der Witterung einfangen könnte. Das Wetter ist «voll von Wandlungen, Übergängen, Überraschungen, und zwei durchaus gleiche Lagen oder Himmelsansichten, sind sie überhaupt jemals aufzutreiben[17]?» Demnach können sich fein ausgeklügelte und differenzierte Regeln weniger eignen als grobgefügte, allgemeine Regeln. Aus den gleichen Gründen muß auch jeder Versuch, das wirkliche Wetter in einem dichtmaschigen Netz zu fangen, als aussichtslos betrachtet werden. Wir hätten am Schluß ein unüberblickbares Regelwerk, das dem Einzelnen kaum hülfe. Es ist auch so noch reichhaltig genug. Was die Bauern alten Schlages und was die Schöpfer der Bauernregeln wollten, war etwas anderes: es waren einprägsame, handliche Faustregeln, kleine Gedächtnisstützen, um in der unübersehbaren Fülle von Erscheinungen zurechtzukommen. Sie kannten die Natur und das Wetter, auch wenn sie nicht um alle Zusammenhänge wußten, und sie spürten wohl instinktiv, daß das Wetter und die Natur jeder starren Regel spottet. Aus diesem gleichen Grund lassen sich die Bauernregeln wohl erläutern und kommentieren, vielleicht auch widerlegen, aber niemals erweitern und verfeinern. Es mag mißlich scheinen: «Einmal soll die Regel vom Abendrot weise, andermals nicht schlechthin brauchbar sein[18].» Genauso brauchbar oder unbrauchbar wird sich jegliche weise Regel erweisen.

Ebenso zahlreich wie die Abendrotregeln sind die Haloregeln. Unter Halo versteht man einen leuchtenden Ring, der das Gestirn (Sonne oder Mond) in einem Abstand von 22° umgibt. Zu den Haloformen gehören auch Nebensonnen, Nebenmonde und Lichtsäulen. Manchmal wird der Ausdruck «Halo» fälschlich verwendet für den verwaschenen «Hof» (wissenschaftlich «Corona») um Sonne oder Mond. Ein richtiger Halo (der mannigfache Formen annehmen kann, in der Regel aber einen 22°-Bogen als Hauptelement enthält) entsteht nur in Eiswolken (Cirrostratus, gelegentlich Cirrus); der Hof dagegen entsteht in unterkühlten Wasserwolken (Altostratus oder Altocumulus) und umgibt das Gestirn scheinbar ohne Zwischenraum als verschwommener Fleck. Beide künden häufig eine Wetterverschlechterung an; beim Halo dauert die Zeit bis zum Einsatz des Regens länger als beim Hof, weil der Altostratus schon zu einer frontnäheren Zone gehört; manchmal regnet oder schneit es bereits, wenn der Hof sichtbar wird[19]. Die älteste, rund sechstausend Jahre alte Regel aus Babylonien – sie ist in einer assyrischen Keilschrift erhalten – lautet: «Wenn ein kleiner Halo die Sonne umgibt, wird Regen fallen[20].» Diese, wohl den Hof, nicht einen Halo anvisierende, aus der Bibliothek des assyrischen Königs Assurbanipal (669–633 v.Chr.) stammende Regel ist von den Griechen übernommen worden. Aristoteles beschreibt sie eingehend[21]. Plinius kennt sowohl Sonnenhöfe wie Mondhöfe und nennt entsprechende Wetterregeln[22]. Sie werden von Konrad von Megenberg (1350) als «kriechisch-halo» gewürdigt[23]. Die genau gleichen Regeln finden wir im 18. und 19. Jahrhundert, und sie werden heute noch angewendet. Die Wetteraussage der Halos ist mehrfach untersucht worden. Palmer, USA, hat 1924 Niederschlag binnen 36 Stunden nach Erscheinen eines Sonnenhalos in Prozenten aller untersuchten Fälle registriert: Januar 76%, Juli 48%, Gesamtjahr 69%. Die mittlere Zwischenzeit zwischen Halo und Niederschlag war, nach Palmer, im Sommer größer als im Winter[24]. Der Deutsche G. Schindler-Podersam stellte 1933 in 29% der untersuchten Fälle nach dem Erscheinen eines Sonnenhalos eine Verschlechterung des Wetters am gleichen, in 33% der Fälle am darauffolgenden Tag fest. Für den Sonnenhof lauten die entsprechenden Ziffern 28% und 40%. Schließlich hat R.Meyer-Riga 1934 aufgrund von Potsdamer Beobachtungen festgestellt, daß am ersten und zweiten Tag nach einem Halo die Niederschlagswahrscheinlichkeit etwas größer sei als im allgemeinen Durchschnitt. H.Neuberger kam 1937 für Norddeutschland zum Schluß, daß der prognostische Wert von Halos von untergeordneter Bedeutung sei. «Das Verhältnis der Regenhäufigkeit am Tage nach einem Halotag zu dem am Tage nach einem halolosen Tag ist wie 3:2.» H.Grünhagen meint, daß diese Untersuchungen interessant seien, daß sie aber kaum weiterführen. Haloerzeugender Cirrostratus erscheint vorzüglich an der Vorderseite der Schlechtwetterwirbel. Nach allgemeiner Voraussicht wäre anzunehmen, daß der Wirbel oder die Warmfront weiterzieht, es würde dann Altostratus, dann Nimbostratus mit Regen folgen. Die Dinge sind indessen oft nicht so einfach. Der Wirbel kann inzwischen zerfallen oder einen andern Kurs nehmen. Die Haloregeln haben aber trotz alledem ihren bestimmten prognostischen Wert; man muß sie lediglich zu deuten wissen. Die Haloerscheinung ist nicht mehr und nicht weniger als ein frühes Ausrufungszeichen, vielleicht auch Fragezeichen. Die Frage würde dann etwa lauten: Woher kommt der Halobildner oder -schöpfer? Zieht er schnell oder langsam? Wie verhalten sich die Winde usw.? Mit anderen Worten: Es war wohl nie die Meinung der Regelmacher oder Haloentdecker, das Wetter ausschließlich und allein aus dieser Regel prognostizieren zu wollen.

Die gleichen Feststellungen gelten auch für die Sternenregeln. Sie lauten etwa: «Wenn die Milchstraße viele Sterne zeigt, so ändert sich das Wetter rasch» (Engadin). «Flimmernde Sterne bringen Wind sehr gerne», heißt eine andere Regel. Tatsächlich zeigen funkelnde Sterne an, daß die Luft in großer Höhe sehr unruhig ist. Daraus kann eine schlechte Witterung resultieren.

E. BLITZ, DONNER UND REGENBOGEN

Die Bauernregeln versuchen, aus dem zeitlichen Eintreffen sowie dem Verlauf von Gewittern Schlüsse auf die kommende Witterung zu ziehen. Eine bekannte, ins Mittelalter zurückgehende, heute noch gebräuchliche Regel sagt: «Wenn es ins leere Holz donnert, wird es nochmals schneien.» Diese vor allem in nördlichen Regionen anzutreffende Regel findet eine Entsprechung in einer bernischen Regel: «Donner und Blitz in entlaubtes Holz bringt große Kälte.» In der Westschweiz sagt man: «Quand il tonne sur le bois nu, il neigera sur le bois feuillé» (Freiburg). Offensichtlich handelt es sich hier um Wintergewitter; es sind, wie die Meteorologen sagen, Frontgewitter, und diese sind tatsächlich oft von Kälte und Schneetreiben begleitet. Anders ausgedrückt: Auf Wintergewitter folgt oft Frostwetter. Alle diese Regeln, wie auch der Spruch «Donner im Winterquartal bringt Kälte ohne Zahl» haben eine gewisse Gültigkeit und Berechtigung. Die sommerlichen Gewitter dagegen sehen anders aus, und ihr Verlauf impliziert andere Witterungsverhältnisse. Die Bauern und Regelschöpfer versuchten sie herauszufinden. «Donnert's vormittags, donnert's auch nachmittags», lautet die eine Regel. «Dampft die Erde nach dem Gewitter, wird es nochmals Gewitter geben», lautet die andere. Sommerliche Gewitter sind meistens warme Gewitter. Sie werden durch aufwärtssteigende erwärmte, wasserdampfreiche Luft hervorgerufen. Leider ist aber der Sachverhalt auch hier nicht sehr einfach: «Zwischen dem eilenden Sturm- und Großwettergewitter und dem trägen Hitze- und Geländegewitter läßt sich nirgends eine natürliche Scheidewand ziehen, auch hier steht zwischen den Extremen eine Fülle von Formen[25].» Sommerliche Gewitter haben im ganzen gesehen die Tendenz, sich zu wiederholen. Durch die Wärme wird die Feuchtigkeit, die sich beim oder nach dem Gewitterregen ausbreitet, verdunstet, und es besteht die Möglichkeit von weiteren gewitterhaften Niederschlägen. «Wie ihre Ursache, die gesteigerte Intensität des vertikalen Luftstroms, so ist auch ihre Entstehung an bestimmte Tageszeiten gebunden[26].» Die beiden Regeln haben deshalb einen gewissen prognostischen Wert, doch wird man auch sie nicht schematisch anwenden dürfen. Dampfender Boden kann zum Beispiel auch ein Zeichen starker Luftabkühlung sein, und der Regen, der ein Gewitter begleitet, kann ebensogut in Landregen übergehen.

Die Schöpfer der Bauernregeln haben nicht zuletzt auch die Farbe des Himmels und der Wolken betrachtet. Besonderes Interesse galt seit je dem Regenbogen. Der griechische Philosoph und Naturforscher Anaxagoras (500–428 v. Chr.) nahm an, daß der Regenbogen nichts anderes sei als ein Widerschein der Sonne in den Wolken. Das sei ein Sturmzeichen. Wärme, Wolken und Winde zusammen mit Feuchtigkeit bedeuten Gewitter[27]. Der römische Schriftsteller Seneca (4 v. Chr. bis 65 n. Chr.), der die aristotelische Meteorologie überliefert hat, glaubte, daß ein Regenbogen gegen Süden starken, gegen Westen aber leichten Regen, gegen Osten sogar heiteres Wetter bringe[28]. Die Regenbogenregeln der Neuzeit lauten ähnlich:

> «*Regenbogen über den Rhein,*
> *daß morn gut Wetter giebt,*
> *Regenbogen übers Land,*
> *regnet morn in alle Land*»,

glaubte man in Basel im 19. Jahrhundert. Und im 20. Jahrhundert heißt es in einer Regel aus Osterfingen:

> «*Rägeboge über de Rande, morn rägnets i alle Lande,*
> *Rägeboge über de Rhy, morn wird guet Wätter sy.*»

Demgegenüber sagt man im Wallis: «Arc-en-ciel du matin, pluie du soir, l'arc-en-ciel du soir, beau temps» (Savièse). Die Engadiner aber glauben, daß der Regenbogen ganz allgemein schönes Wetter verheiße. Der prognostische Wert dieser Regeln ist umstritten, ungewiß. Die Meteorologen deuten den Regenbogen auf folgende Weise: «Der Regenbogen entsteht durch Reflexion, Brechung und Beugung von Sonnenstrahlen an Regentropfen; das scheinbare Zentrum des Bogens liegt stets im Gegenpunkt der Sonne oder des Mondes. Ein Regenbogen am Abend erscheint also notwendigerweise im Osten; dort muß Regen fallen, während im Westen der Himmel hell ist. Da bei uns die meisten Störungen (Wolken- und Niederschlagsbänder) von Westen nach Osten ziehen, bedeutet ein Regenbogen am Abend Abzug der Störung. Umgekehrt am Morgen: Regenbogen im Westen, heiterer Himmel im Osten, Aufzug einer Störung. An Wolken ohne Regen bilden sich kaum Regenbogen. Es gibt zwar im Gebirge oder vom Flugzeug aus beobachtet sogenannte Nebelbogen, doch handelt es sich hier um eine verhältnismäßig seltene Erscheinung, die dem Bauern kaum begegnet[29].»

Zeichenregeln

In zahllosen Regeln spielen die Kalenderzeichen eine überragende Rolle. Sie basieren auf dem Glauben, daß die Kreiszeichen einen Einfluß auf das Wetter, ja das irdische Geschehen ganz allgemein haben. Man müsse – meint die Bauernpraktik von 1508 – wissen, welcher Planet zu einer jeden Stund' regiert. «Wenn die beiden bösen Planetengötter, der finstere, unheilvolle Saturn und der kriegsschwangere Mars, einander unterstützen..., dann bedeutet das doppelt schweres Unheil», so heißt es im Basler Rosius-Kalender von 1636. Die Kalender des 18. und 19. Jahrhunderts fahren fort, genaue Hinweise auf die Zeichen zu geben. Das Volk selber bewahrte diese Regeln besonders gern.

> *«Zwiebeln im Zeichen des Steinbocks werden fest und schön; im Zeichen des Wassermanns faulen sie bald»,*

sagte man um 1900 im Berner Oberland.

> *«Die Kartoffeln, im Zeichen des Krebses gesetzt, setzen keine Knollen an, sondern machen Wurzeln»*,

lautete eine analoge Regel aus der gleichen Zeit in Lützelflüh. Im Wallis hieß es, daß im Zeichen der Jungfrau gepflanzte Bohnen nie über das Blühen hinauskommen. Man vermeide den Alpaufzug im Zeichen des Steinbocks, so lautet eine Regel aus St-Maurice; sonst ist das Vieh während der ganzen Alpzeit unruhig.

> *«Blumen soll man im August-Krebs versetzen»*,

sagten die Emmentaler.

« Man darf die Reben nicht schneiden, wenn der Mond im Krebs oder Skorpion steht »,

war eine in Rüdlingen weit verbreitete Meinung.

« Man soll den Ofen das erste Mal nicht im wäßrigen Zeichen anfeuern, weil sich sonst die Fenster beschlagen »,

so glaubte man um 1926 in Savièse. Dort war man auch der Meinung, daß die Leintücher nicht im Tierzeichen gewechselt werden sollen, weil sonst die Flöhe kommen.
Noch die Umfrage von 1972 ergab, daß die Zeichenregeln bekannt und zum Teil befolgt werden.

« Man soll die Reben nicht im Krebs oder Skorpion schneiden »,

heißt es da etwa, oder:

« Heu, im Skorpion gemäht, fressen die Tiere ungern. »
« Schafe sollen im Widder geschoren werden. »
« Bohnen soll man im Fisch stecken. »
« Karotten sind im Krebs zu säen. »

Gute Zeichen sind Stier, Widder, Waage. Alles nimmt zu, ist kräftig und haltbar, meint man beispielsweise im Münstertal.
Wir können unschwer feststellen, daß in diesen Regeln die imitative Magie oder der Analogiezauber wirksam sind. Aus der Ähnlichkeit der astronomischen oder astrologischen Zeichen und Symbole mit irdischen Vorgängen wird eine Realität abgeleitet.
Im allgemeinen Teil haben wir dargelegt, daß diese Regeln, und vor allem die hinter ihnen stehende Astrologie, uralt sind. In ihnen entdeckte die Menschheit gewissermaßen die Dominanten des Unbewußten oder, wenn man so will, die Götter[1]. Wer die Zeichenregeln richtig deuten will, hat sich zu vergegenwärtigen, daß sich in ihnen Reste des antiken Naturgefühls und vorchristlicher Mythologie verbergen, die durch die Kirche nicht auszurotten waren. Sie fanden «in der mittelalterlichen Naturphilosophie ein Asyl[2]». Auf diese Weise überdauerten die alten Zeichen und alten Planetengötter viele christliche Jahrhunderte. «Während in der Kirche die zunehmende Differenzierung von Ritus und Dogma das Bewußtsein von seinen naturhaften Wurzeln im Unbewußten entfernte, waren Alchemie und Astrologie unablässig damit beschäftigt, die Brücke hinüber zur Natur, das heißt zur unbewußten Seele, nicht in Verfall geraten zu lassen.» Sowohl Alchemie wie Astrologie bewegten sich zwar andauernd an der Grenze der Häresie; oft genug auch gerieten sie in den Bannstrahl der Kirche, außerdem immer wieder ins Sperrfeuer von Aufklärern aller Art. Ihre dunkle, aber wissenschaftlich scheinende Symbolik und Allegorie blieb indessen volkstümlich. Das geschah nicht zuletzt auch dadurch, daß sie sich selber mit den Symbolen des Christentums umgaben. Es ist kein

Zufall, daß im Titelholzschnitt von Schön zum Reynmanschen Kalender von 1515 über den heidnischen Symbolen und Zeichen Christus mit der Weltkugel und dem Kreuz thront[3]. In manchem Kalender mischen sich mythologische, astrologische Zeichen und Inhalte aufs schönste mit christlichen Symbolen und Glaubensregeln.

Beschwörungsregeln

Um sich gegen Gewitter und andere Naturgefahren zu wappnen, hat das Volk mancherlei Zaubersprüche, Zauberformeln, Beschwörungsrituale und magisch wirkende Gebete angewendet. Ein solches Gebet aus dem Jahre 1500 ist aus Charmoille im Wallis überliefert. Zu den wirksamen Mitteln, um sich gegen irgendwelche Plagen zu wehren, gehörte immer auch das Kreuz. Nach einem Arzneibuch des 15. Jahrhunderts hat man, um die Mäuseplage zu bannen, vier Kreuze in die vier Ecken des Ackers eingegraben. Weit verbreitet war auch das Läuten der Kirchenglocken beim Herannahen von Gewittern (Wetterläuten). Die Reformatoren betrachteten dieses Wetterläuten zwar als einen Greuel vor Gott. Dennoch haben sie im Kampf gegen diese «Unsitte» mancherlei Kompromisse eingehen müssen. In verschiedenen Regionen unseres Landes war das Wetterläuten noch um 1900 selbstverständlich[1]. Dieser Brauch ist heute noch lebendig. In Gams gibt es ein besonderes Hagelglöcklein, das am Morgen beim Wettersegen und bei Gewittern geläutet wird[2]. Aus dem 19. Jahrhundert überliefert uns Mannhardt einige Sprüche, die man brauchte, um den Wind zu stillen. Richard Weiß hat sodann die Nebelsprüche gesammelt und kommentiert. Die Hirtenbuben brauchten die Wortmagie, um den lästigen Nebel zu verjagen. Der Nebel wird einmal in Verbindung mit Feuerbräuchen, einmal auch allein mit traditionellen Versen beschimpft oder bedroht.

«*Brouillard, brouillard! va-t-en en haut en Prabé chercher du beurre et du sérac. Et quand tu seras en bas, je te donnerai une bonne crêpe brûlée.*»

Das Gegenstück bildet der Spruch aus dem bündnerischen Schamsertal, wo die Hirtenbuben den Feuerbrauch (Feuersägen oder Feuerbohren) mit dem Vers begleiteten:

«*Tschiera, tschiera,
va si la Val d'Era.*»
(*Nebel, Nebel, geh ins Val d'Era.*)

Hier wirken Wort- und Handlungszauber zusammen[3]. Feuerzauber, Feuermagie sind auch aus andern, nicht alpinen Regionen unseres Landes überliefert. So verbannte man im Appenzellischen die Insekten, und im Luzernischen suchte man sich gegen Viehkrankheiten und Viehbehexungen zu schützen[4]. Im Urnerland legte man eine Axt oder eine Sense in die Dachtraufe, um die hagelbrauenden Hexen zu verletzen[5]. Um den Blitz aufzuhalten, stellte man auch gekreuzte Sensen ins Freie[6]. In Graubünden befestigte man in Sturmnächten Sensen an den Außenwänden des Stalles oder der Alphütte, um die heranfliegenden Hexen aufzuspießen[7]. Im Emmental versuchte man die Wetterhexen zu besänftigen, indem man sie mit Käse und Brot bewirtete[8]. Es kann sich – so meint F. Schwarz – auch um ein Opfer an Donar gehandelt haben[9]. Gegen Blitz sollte – ein Aberglaube, der sich bis in die Gegenwart erhalten hat – auch ein am Karfreitag gelegtes Ei schützen.

Ins weitere Kapitel der Beschwörungen gehören die Wetterprozessionen, die vor allem in den katholischen Landesteilen früher eine große Rolle spielten. Wie Stebler berichtet, ertönten bei solchen Prozessionen laute Gnadenrufe an die heilige Maria oder den betreffenden Schutzheiligen[10]. In katholischen Gebieten ist es – um sich vor Blitzschlag und Feuer zu schützen – auch üblich, geweihte Kräuterbüschel und Kerzen im Hause aufzubewahren. Allen diesen Vorstellungen, Sprüchen und Handlungen liegt dasselbe Schutzbedürfnis zugrunde. Es wird ihm entweder mit magischen Mitteln oder aber mit kirchlichen Benediktionen entsprochen. Die Grenze zwischen Magie und christlicher Frömmigkeit ist dabei nicht immer klar ersichtlich. Ob die Formen und Regeln alt oder neu, theologisch anfechtbar oder einwandfrei, dem Gebiet des Glaubens oder jenem der Magie zugeordnet werden müssen – sie alle haben einen gemeinsamen Nenner: Sie sind volkstümlich.

Land- und forstwirtschaftliche Regeln

A. PFLANZENBAUREGELN

1. Weinbau

Als traditionsreicher Pflanzenbauzweig hat sich der Rebbau besonders viele Regeln geschaffen; sie werden zum Teil heute noch angewandt.

> «E Frau chamer sganz Läbe lang verliederle, sy schafft glich, aber bin Räbe räächts sich scho im erschte Summer.»

Diese aus Wilchingen stammende Regel sagt, daß bei Neuanpflanzungen die Arbeit des ersten Sommers von entscheidender Bedeutung ist.

> «De Blüjet söll i acht Tage vorbii sii»,

meint eine Rüdlinger Regel. Tatsächlich wirkt sich eine witterungsmäßig ungünstige und dadurch lange Blühperiode ungünstig aus, weil viele unbefruchtete Schrotbeeren entstehen und den Ertrag reduzieren. Zudem reifen die Beeren der gleichen Traube unregelmäßig aus und vermindern die Qualität.

> «*Wo de Pflueg cha gun,*
> *söll kei Räbe stun.*»

Wie diese Schaffhauser Regel zeigt, soll nach alter Auffassung das flache Terrain dem Ackerbau vorbehalten bleiben. Reben gehören wegen des warmen Lokalklimas an die besonnten Hänge. Das gilt vor allem für den Weinbau in der nördlichen Schweiz. In neuester Zeit ist man – vor allem im Wallis – von dieser Anschauung abgerückt und hat auch in tieferen, flachen Zonen Reben angepflanzt. Ob sich dieses Vorgehen angesichts der Frostgefahr rechtfertigt, wird sich erst zeigen.

> «*Läär Platz gäbed au Wii*»
> *(Hallau und Rüdlingen).*

Diese Regel mutet erstaunlich modern an; sie nimmt die Erkenntnisse, die zum Drahtbau führten, gewissermaßen vorweg.

> «*Mi sött d Räbe so gruebe,*
> *daß si no gehöored elfi lüüte.*»
> *(Wilchingen).*

Man soll – meint diese Bauernregel – nicht so tief gruben. Diese Regel hat keine Gültigkeit mehr, da das Verfahren kaum mehr angewandt wird. Höchste Aktualität besitzt hingegen die andere aus Wilchingen stammende Regel:

> «*D Räbe ghöored gärn d Wiifuerwärch faare.*»

Diese Regel bedeutet, daß die Reben gerne in der Nähe der Straße sind; modern ausgedrückt, würde das heißen, daß Rebgebiete durch Wege und Straßen erschlossen sein müssen. Die folgende Regel stammt aus der gleichen Region:

> «*D Räbe ghöored nid gärn lüte.*»

Man soll die Reben nicht zu hoch ziehen, weil die tief gezogenen Reben von der Bodenwärme profitieren. Eine richtige Anweisung stellt auch die aus Thayngen stammende Regel auf:

> «*En chliine Chluub,*
> *en große Truub.*»

Das will besagen, man soll die Reben richtig verlesen, Kümmerschosse ausbrechen und beim Verzwicken möglichst viele Blätter über den Blüten stehen lassen. Richtig wird von den Fachleuten auch die aus Rüdlingen stammende Regel beurteilt:

«Bögle soll me, wänns Ziit isch, suscht giits en Gügeboge.»
Die Bogen sollten bei feuchtem Wetter gemacht werden, sonst besteht Gefahr, daß die Tragruten brechen. Auf guter Naturbeobachtung beruht auch die Regel:

*«Wenn s Laub a de Räbe abfellt, mitsamt em Stiil,
so vertüüred d Räbe nid.»*

Das heißt, dann ist – wie diese Rüdlinger Regel meint – das Holz gut ausgereift.

2. Obst- und Gartenbau

Die Bauernregeln aus dem Sektor Obst- und Gartenbau geben recht detailliert Auskunft über die verschiedensten Verrichtungen in den einzelnen Jahreszeiten. Wir beschränken uns auf einige wenige Beispiele. Sie zeigen, wie stark die Abhängigkeit vom Kalender war. Zahlreiche Bauern haben offenbar, bevor sie mit ihren Arbeiten begannen, den Kalender befragt. Für den Januar heißt es beispielsweise im Churer Kalender schon 1708, er sei die geeignete Zeit, um die Bäume zu versetzen. Eine aus der Region Domleschg stammende Regel besagt, man soll die Obstkerne im Januar «an einen warmen Ort versetzen und im April, wenn die Triebe fünf bis sechs Blätter bekommen haben, ins Freie pflanzen und mit verdünnter Gülle befeuchten». Im Mai, sagte man vor allem in Bergregionen, sei es Zeit, Kartoffeln zu stecken. In anderen Regionen wird der April als die richtige Pflanzzeit betrachtet. Die Engadiner wissen, daß sie in ihrer Region spät austreiben; die betreffende Regel meint: «Setzt mich, wann ihr wollt, bis im Juni seht ihr mich nicht.»
Verschiedene Bauernregeln, vor allem jene älteren Datums, sind mythologisch begründet. «Ungerade Zahl Erbsen und Bohnen stecken», lautet eine Regel aus Oltingen. In Seltisberg sagte man: «Rüben soll man auf einem Bein stehend säen, damit sie nur ein Bein und ebenmäßige Form bekommen.» Sie sind sympathetischer Art: Man schließt aus gewissen Voraussetzungen auf einen guten Ertrag. Andere Regeln bestimmen den richtigen Pflanzort; Salat gehört an windgeschützte Stellen. Hanf wird in der Nähe des Dorfes gepflanzt, Zwetschgenbäume sollen in der Nähe des Hofes gezogen werden. Manche Regeln sagen schlicht und einfach, wann die ersten Früchte, zum Beispiel Erdbeeren und Kirschen, zu erwarten sind. Sie stammen aus einer Zeit, in welcher die modernen Tiefgefriermethoden noch unbekannt waren. Man hat deshalb die ersten Früchte («Hüre-Peis») mit besonderer Freude begrüßt. («Hüre-Peis» = «heurige Speis».)

3. Ackerbau

Verschiedene Bauernregeln befassen sich mit dem Boden und der Bodenbearbeitung.

> *«Terra nera fa buon frumento.»*
> *(Schwarze Erde macht guten Weizen)*
> *(Tessin).*
> *«Schwarzer Herd trägt gute Frucht, aber der rothe ist nichts.»*
> *(Schweiz, 1824).*

Zu diesen recht allgemein gefaßten Regeln kommen Regeln für die Bodenbearbeitung.

> *«Guet gfahre, isch halb grote.»*
> *(Baselland, 1908).*

Unter Fahren versteht diese Regel das Pflügen und Eggen. Sie weist in allgemeiner Weise auf eine richtige und umfassende Bodenbearbeitung hin. Etwas spezifischer drückt sich die aus Rivera stammende Regel aus:

> *«Besser ist schlechtes Umstechen im März, als gutes Pflügen im April.»*

Einzelne Regeln mahnen den Bauern, rechtzeitig mit dem Pflügen zu beginnen:

> *«A la St-Germain (7 février) la charrue aux champs»*
> *(Miécourt BE)*

Für den Herbst lautet die Regel:

> *«Ab Laurentius (5. September)*
> *man pflügen muß.»*
> *(Graubünden).*

Es fehlt auch nicht an Hinweisen auf die Beziehung Bodenbearbeitung/Ertrag:

> *«Gut Land braucht halben Samen.»*

Tatsächlich bieten Äcker mit einer guten Bodenstruktur und reichlichem Nährstoffvorrat unter richtigen klimatischen Bedingungen die beste Gewähr für ein gutes Auflaufen und eine kräftige Entwicklung der einzelnen Pflanze.
Diese Saatregel dürfte richtig sein. Bei gutem Boden ist tatsächlich weniger Saatmenge nötig als bei schlechtem. Auch die folgende Regel sagt in genereller Weise wohl Richtiges aus:

> *«Wenn der Boden zu fest ist, erstickt die Frucht.»*

Ist der Boden zu fest, so können die Wurzeln nicht richtig atmen; auch die Nährstoffaufnahme ist behindert. Der Boden dient auch als Wasserspeicher, dazu sind Poren mittlerer Größe nötig. Die Grobporen sind für die Luftführung von Bedeutung.

Zahlreiche Regeln befassen sich mit dem Saatgut und seiner Qualität. Schon das sogenannte Kunstbuch von Johannes Hutmacher aus dem Jahre 1561 enthält eine solche Anweisung: «So du wilt gutt süß Rüben pflantzen, so mußte erstlich Acht haben, das der Samen von gutten Rüben sye harkommen; deshalben wenn man will Samenrüben setzen, so soll man userlesen, die wol gestaltet syen, kleine Wurtzel haben und süß syen.» Schlicht, aber zutreffend sagt es die Engadiner Regel:

«Semna crè, schi tschimcast crè.»
(Säe guten Roggen, so erntest du guten Roggen.)

Den Saatroggen gewann man in der Zeit, aus welcher diese Regel stammt, vor allem dadurch, daß man die Garben an der Tennenwand ausschlug. Die leicht ausfallenden Körner waren vollkörnig; es ergab sich mit der Zeit eine wohl unbeabsichtigte Selektion innerhalb der Population auf Nachkommen, welche die Körner bei Ernten leicht ausfallen ließen[1].

Verschiedene Regeln schreiben die Saatzeit vor. Sehr allgemein heißt es im Hundertjährigen Kalender, Ausgabe 1942:

«Zu frühes Säen ist selten gut,
zu spätes Säen tut gar nicht gut.»

Etwas konkreter sind die folgenden Regeln:

«Auff Benedicten Tag (21. März) säe Gersten, Erbsen und Zwiebeln.»
(Chur, 1708).
«Mit Kreuzerhöhung (14. September) soll die Aussaat beginnen, mit Gallustag (16. Oktober) beendet sein.»
(Oberwagenburg, 1865).
«Wenn sich Gregori (12. März) stellt,
muß der Bauer mit der Saat ins Feld.»
(Graubünden).
«Frühe Saat hat nie gelogen,
allzu spät hat oft betrogen.»
(Schleitheim SH).
«Den Wässn (Weizen) tar men schon en weng spöt säe.»
(Thurgau).
«Säe Hanf Urbani (25. Mai),
Viti Lein, Rüben, Kiliani (15. Juni und 8. Juli),
Ruffi säe Wintersaat (21. November),
an Himmelfahrt schneid Honig ab (15. August)»
(Hundertjähriger Kalender, Zürich 1942).

Beim Lein unterscheidet man zwischen Frühsaat und Spätsaat. Hier ist die Spätsaat gemeint. Diese Regel dürfte bei uns kaum befolgt worden sein; man zog allgemein die Frühsaat (Mitte März/Anfang April) vor. Auf die Herbstsaat bezogen sich folgende Regeln:

> «Tritt Matthäus ein (21. September),
> soll die Saat vollendet sein.»
> «Acht Tage vor und nach Michael (29. September) ist die beste Wintersaatzeit.»
> (Graubünden).
> «Am St.-Lukas-Tag (18. Oktober) soll das Winterkorn schon in die Stoppeln gesät sein.»
> (Emmental).
> «Wird Mariä Geburt gesät (8. September)
> ist nicht zu früh und nicht zu spät.»
> (Emmental).

Die Zeitangaben dieser Regeln stimmen nicht überein, weil sich die Saatzeit einerseits nach den Ansprüchen der betreffenden Art, anderseits nach dem Klima, der geographischen Lage, der jahreszeitlichen Witterung richtet; auch weisen die einzelnen Getreidesorten unterschiedliche Ansprüche auf. Heute wird die Herbstsaat in folgender Reihenfolge vorgenommen: Wintergerste, Roggen, Winterweizen, Korn. Nach Koblet[2] gelten für den schweizerischen Ackerbau die folgenden Saatzeiten: Für Wintergerste und Roggen die zweite Hälfte des Monats September, für Winterweizen und Korn (Dinkel) die erste Hälfte Oktober.

Kurz und bündig wird in der Regel aus Boécourt BE gesagt:

> «L'avoine du mois de février
> remplit les greniers.»

Die Sommergetreidearten, insbesondere Hafer und Weizen, sind so früh wie möglich, das heißt, sobald der Acker abgetrocknet und ein wenig erwärmt ist, zu säen. Späte Frühjahrssaaten bestocken sich schlechter und leiden unter starkem Fritfliegenbefall[3]. In höheren Lagen verzögern sich die Bestellungsarbeiten, was vor allem in den Regeln der Berggebiete zum Ausdruck kommt. Verschiedene Regeln befassen sich auch mit der Bodenfeuchtigkeit. Schon der Rosius-Kalender von 1636 sagt:

> «Ein Rägen hat befeucht die Erd,
> darumb ich jetz sayen werd.»
> «Chorn mues me yne dräckle»,

heißt es in einer Regel aus dem Baselbiet, die aus den dreißiger Jahren stammt. Eine Schaffhauser Regel aus den fünfziger Jahren meint:

> «De Weize mo me iischwemme,
> de Roggi iibrenne.»

Das will besagen, daß das Erdreich für die Weizensaat durchfeuchtet sein sollte; Roggen wird in trockeneren Boden gesät, was auch in den Regeln aus dem Engadin zum Ausdruck kommt. Noch konkreter drückt sich eine Unterengadiner Regel aus:

«*Der Roggen will den Himmel sehen*»,

das heißt, man sollte ihn im Herbst nicht zu tief säen. Tatsächlich war es ein großer Vorteil der Handsaat, daß sofort nach einem Regenfall gesät werden konnte. Mit der Maschine, das heißt mit schweren Traktoren und Sämaschinen, kann man nach einem Regenfall nicht säen. Um das zu erreichen, was die alten Bauernregeln eigentlich wollten, kann heute der Landwirt nur hoffen, daß es kurze Zeit nach der Saat regnet.

4. Graswirtschaft

Eine recht große Zahl von Bauernregeln befaßt sich mit der Düngung, wobei diese Regeln in verschiedenen Beziehungen nicht nur für die Graswirtschaft, sondern auch für den Ackerbau gelten. Die Bauernregeln stammen aus vortechnischer Zeit, und sie befassen sich demnach nicht mit Kunst-, sondern nur mit den Hofdüngern Mist und Jauche (Gülle). Zunächst wird die Notwendigkeit der Düngung betont:

«*Es nützt weniger, beten und singen,*
als tüchtig düngen.»

Diese wie auch die folgende Regel ist von J. Strub überliefert; sie dürfte aber nicht unbedingt aus Graubünden stammen.

«*Wer wohl dünget, fährt wohl ein.*»

Um eine schweizerische Regel handelt es sich bei der folgenden:

«*Wo Chuemischt, isch Brot.*»

Man wußte auch in vortechnischer Zeit intuitiv und empirisch, daß die Düngung Voraussetzung einer richtigen und erfolgreichen Landwirtschaft ist. Wer nicht düngt, wird arm. Man weiß heute, daß die Nährstoffentzüge ganz erheblich sind. Sie betragen für die Naturwiesen (100 q Dürrfutter) 150 N, 60 kg Phosphorsäure, 250 kg Kali und 120 kg Kalk. Für Kartoffeln lauten die entsprechenden Ziffern: 198 N, 68 kg Phosphorsäure, 234 kg Kali und 57 kg Kalk je Hektare. Es muß also jedes Jahr ein relativ hoher Nährstoffbedarf gedeckt werden. Die Schöpfer der Bauernregeln haben diese Zahlen sicher nicht gekannt. Ihre Erfahrung ließ sie indessen das «Richtige» tun.
Verschiedene Bauernregeln geben für die Düngung auch technische Ratschläge. So sagt eine von J. Strub übermittelte Regel:

«*Halt ihn feucht und tret ihn feste,*
auf engem Raum, im Schatten vom Baum,
das ist für den Mist das beste.»

Diese vier Anforderungen entsprechen tatsächlich den modernsten Erkenntnissen. R. Koblet weist darauf hin, daß man, indem man den Miststock unter einem Baum oder Dach anlegte, Nährstoffentzüge zu vermeiden suchte. Auch versuchte man durch Festtreten und Feuchthalten die durch das Austrocknen und Auswaschen entstehenden Nährstoffverluste zu reduzieren. Tatsächlich können mit dem Mistwasser bedeutende Mengen löslicher Nährstoffe verloren gehen. Unsere Regel zeigt, daß die Erfahrung zu einem Verhalten führte, das den modernen Erkenntnissen der Wissenschaft entspricht. Zwei weitere Regeln befassen sich mit verschiedenen Düngemitteln:

> «Stroh macht dr Acher froh,
> Holz macht dr Acher stolz,
> Laub macht dr Acher daub»
> (Baselland).

Ähnlich sagt die aus dem Engadin stammende Regel:

> «Wer dem Vieh im Stalle Stroh streut, kommt aus dem Hunger; wer Laub streut, hat nichts.»

Tatsächlich verwendete man in Ermangelung von Stroh Obstbaumlaub. Es weist einen verhältnismäßig hohen Düngewert auf, zersetzt sich aber langsam und hat wenig Saugkraft. In stroharmen Gegenden spielte die Laubstreue eine große Rolle. Das Laub von Ahorn, Erle und Hasel zersetzt sich, im Gegensatz zu Buchenlaub, relativ rasch; der Laubentzug schadet hingegen dem Waldboden und raubt ihm seine natürliche Düngung. In einigen Regeln wird auch die Düngezeit angegeben. Schon König sagt in seinem Hausbuch von 1705, daß man im Januar den alten Mist auf die Felder und Wiesen führen und auf Haufen schlagen soll. Er ist im Februar auszubreiten. Diese Regel wird vom Churer Kalender 1708 übernommen:

> «Führt jetzund den Mist auff die Äcker und den Lätt auf die Matte, so gibt es viel Frucht und Graß.»

Demgegenüber sagt eine neuere Bauernregel:

> «Fahr im November deinen Ackermist.»

Tatsächlich bestehen in der Wirkung zwischen Herbst- und Frühjahrsdüngung gewisse Unterschiede. So muß zum Beispiel im Zuckerrübenbau auf eine Herbst- oder frühe Frühjahrsdüngung geachtet werden. Die Düngeregel kann aber im allgemeinen als richtig bezeichnet werden.

Verschiedene Bauernregeln befassen sich mit dem Ausbringen der Jauche (Gülle).

> «Märzenstaub und Aprilgülle
> tüend de Pure d Chäschte fülle.»

Diese Regel findet sich gleichzeitig in den Sammlungen von Müller, Liestal, wie jener von Strub, Jenisberg. Sie ist identisch mit einer Regel, die aus dem Prättigau überliefert ist:

> «*Aprilgülla tuet den Purän Chasta füllen.*»

Der Monat April bringt normalerweise eher nasses Wetter, ist für das Ausbringen der Gülle also ideal. Diese Düngeregel kann auch heute noch angewandt werden. Unter den Düngeregeln gibt es auch einige, die nur mythologisch erklärbar sind. Aus dem Kanton Glarus wie auch aus der Gegend des Zürichsees ist aus der Mannhardt-Untersuchung die Regel überliefert: Beim Mistführen wird das erste Fuder durch einen Stier, der von einem ledigen Burschen geleitet wird, ausgeführt, weil sich die befruchtende Kraft des Düngers vermehrt. Hier schimmert der alte Fruchtbarkeitszauber durch.

Im gesamten Regelwerk haben die Bodenbearbeitungs-, Saat- und Düngeregeln einen ganz besonderen Stellenwert. Sie zeigen in wundervoller Weise, welche Mittel die Bauern einst brauchten, um die Fruchtbarkeit zu steigern und den biologischen Kreislauf zu verbessern. Der Prozeß beginnt mit der Bodenbearbeitung. Die Bauern wußten oder ahnten, «daß jede Vermehrung des Porenvolumens im Boden zu einer besseren Wasserspeicherung, Verminderung der Erosion und damit zu einer wesentlichen Voraussetzung für die Dauer des Pflanzenwachstums führt». Sie wichen, wohl gestützt auf genaue Beobachtung, der Verminderung der Leistungsfähigkeit des Bodens aus, indem sie die Fruchtfolge einführten. Schließlich – und das war, wie G. Preuschen richtig bemerkt, eine der großen Erfindungen in der langen Agrargeschichte – lenkten sie den Weg der Pflanzen über die Tiere zum Boden zurück, indem sie «dem Boden neben Mineralien halbabgebaute Pflanzenmassen als Bakterienfutter, spezifische Bakterien zur Anregung des Bakterienlebens im Boden und Eiweißabbaustoffe zur Verfestigung der Bodenkrümel zuführen». All das leistet der einfache Stallmist, die Vermischung von Exkrementen mit Stroh und die Vorgärung dieses Gemisches. Stallmistdünger bedeutet weiter, «daß die wasserhaltende Kraft des Bodens und gleichzeitig die Voraussetzung für große Pflanzenproduktion so rasch gesteigert werden kann, daß selbst Böden mit schlechter Struktur und erosionsgefährdete Hänge in kurzer Frist wieder in einen positiv gerichteten Kreislauf zurückgeführt werden können»[3a]. Gestützt auf einige ganz einfache Regeln haben die Bauern des 18. und 19. Jahrhunderts einen positiven Kreislauf geschaffen und ein biologisches Gleichgewicht hergestellt. Mit einem Minimum an Zwang (den unter anderem die Dreifelderwirtschaft brachte) wurde ein Maximum an Produktion und Produktionsfähigkeit erreicht. Das setzte indessen voraus, daß jeder Landwirt die Notwendigkeit dieser Eingriffe sah. Eine eigentliche Erziehungs- und Aufklärungsarbeit war nötig, um den Bauern begreiflich zu machen, daß das richtige Einstreuen im Stall, die richtige Stapelung des Stallmistes und die Ausbringung des Mistes oder der Gülle zu ganz bestimmten Zeiten vorzunehmen sind. Es waren dies – Maschinen fehlten ja – recht harte Arbeiten, und ihr Erfolg war nicht sichtbar. Die Bauern waren also bereit, für die Zukunft zu arbeiten und nachhaltig zu wirtschaften, für eine langfristige Erhaltung der Fruchtbarkeit einzutreten. Angesichts der Tatsache, daß wir heute in einer Welt leben, deren Kreislauf zu einem schönen Teil gestört ist, sollte dies zu denken geben.

B. ERNTEREGELN

1. Weinbau

Zahlreiche Bauernregeln befassen sich mit den Beziehungen der Witterung zur Ernte. Nachdem wir sie kennengelernt haben, wird zu prüfen sein, welchen, gestützt auf die wissenschaftlichen Untersuchungen, eine absolute oder relative Richtigkeit zukommt und welche von falschen Annahmen ausgehen.

> *«Großer Rhein, saurer Wein,*
> *kleiner Rhein, guter Wein»*
> *(Schaffhausen).*

Die gleiche Regel war schon im Spätmittelalter bekannt:

> *«Wenn der riin klan sayg, sol gutter wiin werden»*
> *(Schaffhausen, 1522).*

Großer Rhein bedeutet viel Regen, das heißt ungünstige Witterung für die Reben, kleiner Rhein wenig Niederschläge, was von den Weinbauern gerne gesehen wird. Verschiedene Weinbauregeln stammen aus dem 18. und 19. Jahrhundert:

> *«Wenn im Heu- und Augustmonat die Sonne viel scheint, so gibt es guten Wein»*   *(Churer Kalender, 1708).*
> *«Was der Juli und August nicht kochen,*
> *kann der September nicht braten»*
> *(schweizerisch, 1824).*

Diese Bauernregel ist auch heute noch bekannt:

> *«Was dr Augste nit chocht,*
> *cha de Herbstmonet nit brate»*
> *(Baselland, ähnlich Schaffhausen, Zürich, Bündner Herrschaft).*

Eine Variation dieser Regel spricht vom Juli. Diese Regeln können wohl dahin interpretiert werden, daß vor allem Juli und August heiß sein müssen, um einen guten Wein zu bekommen. Die beiden folgenden Regeln beziehen auch den September mit ein.

> «*Septembre chaud fait le vin beau*»
> (*Westschweiz*).
> «*Der Räbe und der Geiß
> wirds im September (Variante im Summer) nie z heiß*»
> (*Osterfingen SH, Baselland, Zürich*).

Auch die folgenden Regeln befassen sich mit den Beziehungen zwischen Witterung und Ernte.

> «*Im Juli muß braten,
> was im Herbst soll geraten*»
> (*Graubünden*).
> «*Stürmt es im August,
> so gibt es weder Wein noch Most.*»
> (*Carasso TI*).
> «*Die Augusthitze gibt guten Traubensaft*»
> (*Breno TI*).
> «*Wänns am Micheli (29. September) nid cha sy,
> so bringt der Galli (16. Oktober) sure Wy*»
> (*Baselland*).
> «*Hat der Wein abgeblüht auf St. Vit (15. Juni),
> so bringt er schönes Weinjahr mit*»
> (*Schleitheim SH*).
> «*Je mehr Regen im August,
> je weniger Rebenlust*»
> (*Graubünden*).
> «*Was die Hundstage (16. Juli bis 28. August) gießen,
> muß die Traube büßen*»
> (*Schweizer Kalender*).
> «*Nur in der Juliglut
> wird Obst und Wein dir gut*»
> (*Graubünden*).
> «*St. Lorenz (10. August) mit heißem Haucq
> füllt dem Winzer Faß und Schlauch*»
> (*schweizerisch*).

Alle diese Regeln besagen übereinstimmend, daß die Weinbauern von einem trockenen und heißen Sommer auf eine gute Weinernte schließen. Die Witterung des Juni nimmt wegen der Blüte eine besondere Bedeutung ein. Als entscheidend werden die Monate Juli, August und September bezeichnet. Können diese Regeln den Erkenntnissen und Forschungsresultaten der Wissenschaft standhalten? W. Koblet und P. Zwicky[4], die den Einfluß der Witterung, Temperatur und Sonnenstunden auf die Qualität der Reben untersuchten, kamen zum Schluß, daß zwischen der Temperatursumme und dem Zuckergehalt der Trauben enge, statistisch gesicherte Korrelationen bestehen. Mit steigender Temperatursumme nimmt die Säure ab. Eine Untersuchung der Beziehungen zwischen der Temperatursumme über 10 °C der drei Monate Juli, August und September ergab, daß es weniger auf die Summe der einzelnen Monate, als vielmehr die totale Summe der ganzen Entwicklungs- und Reifezeit ankommt. Beim Riesling × Silvaner hat eine Zunahme der Septembertemperatur sich speziell günstig auf die Qualität ausgewirkt. Eigentlich hätte man erwarten können – so meinen die beiden Autoren –, «daß die Temperatursumme im September eng mit der Qualität korreliert sein würde. Es ist aber möglich, daß im Sommer nicht die gesamte Zuckermenge in die Trauben wandert, sondern als Reservestoffe eingelagert und während des Ausreifens zugunsten der Beeren wieder mobilisiert werden. Dadurch findet über die ganze Vegetationsperiode ein gewisser Ausgleich statt.»

Auch zwischen Anzahl Sonnenstunden und Zuckergehalt bestehen gesicherte Korrelationen; sie sind aber weniger eng als jene zwischen Temperatursumme und Säuregehalt. Es kommt also weniger auf die Sonnenscheindauer als vielmehr auf die Temperatursummen in diesen drei Monaten an. Die Bauernregeln, die dies in allgemeiner Form ausdrücken, sind somit richtig. Die folgende Weinbauregel ist von der Entwicklung «überholt» worden:

> «*Micheliwy, Herewy (29. September)*
> *Judithwy, Buurewy (7. Oktober)*
> *Galliwy, suure Wy (16. Oktober)*»
>   *(Baselland).*

Eine Variante lautet:

> «*Micheliwy, Herewy (29. September)*
> *Galliwy, Puurewy (16. Oktober)*
> *Ursulawy, suure Wy (21. Oktober)*»
>   *(Zürich-Land und Graubünden).*

Diese Regel besagt, daß frühe Weinlesen auf ein gutes Jahr hindeuten, während kühlere Sommer- und Herbstwitterung die Reife verzögern. Der Lesezeitpunkt wurde weitgehend durch die Fäulnis bestimmt, unabhängig davon, ob die Trauben reif waren oder nicht. Der moderne Rebbau zieht aus Qualitätsgründen eine spätere Weinlese vor[5]. Dank der besseren Weinbautechnik faulen die Trauben weniger und können länger am Stock gelassen werden. Abgesehen von ganz guten Jahren dürfte die Regel heute wohl richtigerweise lauten:

> «*Micheliwy, suure Wy,*
> *Galliwy, Puurewy,*
> *Ursulawy, Herewy.*»

2. Obst- und Gartenbau

Die Beziehungsregeln (Witterung/Ernte) setzen im Obst- und Gartenbau, wenn wir von den allgemein gefaßten Winterregeln absehen, mit Märzregeln ein und schließen die ganze Vegetationsperiode ein.

> «Ist Gertrud (17. März) sonnig,
> so wird's dem Gärtner wonnig»
> (Schweiz).
> «Märzengrün ist nicht schön»
> (schweizerisch).
> «Grün schmückt sich Flur und Au,
> fällt vom Himmel Maientau»
> (schweizerisch).
> «Au mois de mars des fèves,
> au mois d'avril des fèvettes,
> au mois de mai rien»
> (Freiburg).
> «St. Jakob bringt das Salz in die Äpfel und Birnen»
> (Graubünden).
> «Setzt mer de Chabis vor Johanni (21. Juni),
> so gits Chabis,
> setzt men in aber derno,
> so gits Chäbesli»
> (Baselland).
> «Wänns in Pflumebluest rägnet, gits luter Naare»
> (Maienfeld).
> «Wenn es donnert, wachsen die Kartoffeln.»
> (Zernez).
> «Wenns in Bireblueschet rägnet, so falled d Biren ab, und wänn si mit Dröhtlene abunde were»
> (Baselland).
> «Der August muß Hitze haben,
> sonst wird der Obstbaumsegen begraben»
> (Schleitheim).
> «Sollen Trauben und Obst sich mehren,
> müssen mit Lorenz (10. August) die Gewitter aufhören»
> (schweizerisch).

Diese meisten Regeln stammen aus einer Zeit, in welcher man die Spritzung noch nicht kannte. Man wußte und sah, daß bei feucht-schwüler Witterung der Schorf überhand nahm. War der August heiß, so hielt er sich in beschränktem Rahmen. Auch die Regel vom Pflaumenblust befaßt sich mit einer Krankheit. Es gab «Naaren», wenn es während des Blühens regnete, das heißt, es trat eine Pilzkrankheit auf, die unförmige und nicht reifende Früchte zur Folge hatte. Auch die Regel vom Birnenblust ist zutreffend; man weiß, daß die Birnen in ihrer Blütezeit auf nasse Witterung besonders empfindlich reagieren[6]. Die aus dem Engadin stammende Kartoffelregel trifft ebenfalls zu. Sie besagt, daß die Kartoffel warme Witterung bevorzugt. Auch die Bündner Regel dürfte richtig sein. Mit dem Salz sind sicherlich Würze und Zuckergehalt gemeint, die wesentlich von der Witterung im August abhängen.

Mit der Registrierung des Obstertrages hängt die aus Liestal stammende Regel zusammen: «Wämmer im Heuet cha drey Öpfeli zelle, cha mer d Hurd ufmache.» Dies besagt, daß man nach dem Junifall die Ernte einigermaßen überblicken kann; wenn man drei Äpfel zwischen den Blättern zählen kann, ist anzunehmen, daß der Behang recht gut aussieht.

«Märzenblüte ist nicht gut,
Aprilenblüte halb so gut,
Maienblüte ist ganz gut»
(Graubünden).

Diese Regel dürfte auf die Frostanfälligkeit hinweisen, die im März und April größer ist als im Mai.

Eine andere, ähnliche Regel lautete:

«Viele Blumen im April, wenig Kirschen.»

Mit dieser Regel verwandt ist die folgende:

«Die späten Jahre sind die besten.»

E. Gafner in St-Légier hat seit 1910 das Aufblühdatum der Kirschen notiert, um gewisse Korrelationen mit der Witterung ableiten zu können. Welches sind – so fragte er sich – die besten Erntejahre, die frühen, normalen oder späten? Seine Statistik ergab 9 Blütezeiten im März, 29 in der ersten, 8 während der zweiten Aprilhälfte und eine einzige im Mai (Jahr 1917). Die guten Erntejahre waren 1911, 1919, 1921, 1928, 1929, 1943, 1945, 1947, 1948. Diese Jahre weisen folgende Aufblühdaten auf: 16. April, 20. April, 1. April, 4. April, 20. April, 13. April, 2. April, 28. März, 9. April und 22. März. In den schlechten Jahren 1910, 1912, 1913, 1914, 1918, 1926, 1930, 1933 und 1939 lauten die entsprechenden Daten: 13. April, 27. und 31. März, 10., 13., 2., 10., 9. und 3. April. Wirklich eindeutige Schlüsse lassen sich kaum ableiten. Immerhin fällt in den guten Jahren die Blütezeit der Kirschen in die Zeit zwischen dem 22. März und dem 20. April. Die Regel, wonach die späten Jahre immer die besten seien, ist weder eindeutig verifiziert, noch eindeutig widerlegt worden[7].

Max Bider konnte nachweisen, daß tatsächlich die Frostgefahr in den Jahren, in welchen die Kirschen früh blühen, ein Mehrfaches derjenigen in Jahren mit später Blüte beträgt. Die Beziehungen zwischen Erntemengen und meteorologischen Faktoren sind indessen recht kompliziert. Einen Überblick kann man sich dadurch verschaffen, daß man eine Anzahl schlechter Erntejahre (ohne Frost) mit einer gleich großen Zahl guter Ernten vergleicht. Bider kam zum Resultat, «daß für einen großen Ertrag die Spätsommer- und Frühherbstmonate wärmer, sonniger und trockener als normal, die Wintermonate kälter und trockener als normal, die Frühjahrsmonate, besonders der April, wesentlich wärmer, sonniger und trockener als normal sein müssen; fast genau das gegensätzliche Verhalten zeigt sich für schlechte Ernten; dieser nahezu gegenteilige Verlauf ist ein Anzeichen dafür, daß die Ergebnisse nicht durch Zufall vorgetäuscht sind. Eingehende statistische Untersuchungen mit Einbezug aller Jahre (1934–1946, ohne Frostjahre) erhärten die engen Beziehungen zwischen den meteorologischen Faktoren und dem Kirschenertrag. Mit Hilfe von sogenannten Regressionsgleichungen läßt sich der Ernteertrag aufgrund der meteorologischen Ergebnisse recht genau errechnen, wie die Vergleiche mit den tatsächlichen Erträgen zeigen; nur in den Frostjahren fallen die Ernten natürlich viel geringer als berechnet aus. Besonders wichtig ist nun, daß der Ernteertrag zu einem recht großen Anteil schon Ende Januar festgelegt ist und daß die Witterung in den folgenden Monaten keinen so überragenden Einfluß hat, wie man vermuten könnte. Es ist deshalb möglich, schon Ende Januar einen recht gut angenäherten Ertrag zu berechnen[8].»

3. Ackerbau

Wie alle Bauernregeln, so haben sich auch die Regeln im Sektor Ackerbau im Laufe der Jahrhunderte gewandelt. Verschwunden sind einmal die Fruchtbarkeitsregeln, wie sie noch die Mannhardt-Untersuchung von 1865 zutage förderte: Das letzte Getreide zu schneiden, wird den Ledigen überlassen (Aargau). Verschwunden sind gebetsähnliche Sprüche: «Was i han, das ischt vo Gott; was vermag mis eige Wort» (Kanton Zürich, 1865). Behauptet haben sich indessen die eigentlichen Beziehungsregeln. Es war und ist auch heute noch das Anliegen der Bauern, aus der Witterung auf die Ernte schließen zu können. Anhand einiger besonders typischer Beispiele wollen wir versuchen, diese Regeln zu analysieren und sie mit den Erkenntnissen der modernen Wissenschaft zu vergleichen. Wir können uns dabei auf die Arbeiten jener Autoren stützen, welche versuchten, die gewogenen oder geschätzten Ernteerträge mit den von den Regenmeßstationen ermittelten Niederschlagsmengen in Beziehung zu bringen. Dabei tauchen allerdings erhebliche Schwierigkeiten auf. Sie bestehen, wie R. Koblet ausführt, darin, «daß sich gleichzeitig mit den Niederschlägen auch andere, für das Pflanzenwachstum wichtige Witterungselemente, wie Temperatur und Belichtung, ändern»[9]. Für unser Anliegen waren besonders jene Berechnungen aufschlußreich, welche die Auswirkungen der in den einzelnen Monaten oder in noch kürzeren Zeitabschnitten gemessenen Regenüberschüsse oder Fehlbeträge mit den Ernteergebnissen in Beziehung setzten. Einen neuen Weg hat H. Hanus eingeschlagen. Er versuchte, bei der Errechnung der Regression zwischen Witterung und Ertrag eine Methode einzuführen, die es erlaubte, auch bei relativ kleinen Versuchsreihen alle in Betracht kommenden Witterungsfaktoren einzubeziehen. Er entwickelte ein Regressionsmodell, mit dessen Hilfe sich die Erträge bereits zu einem frühen Zeitpunkt relativ genau vorhersagen ließen[10]. Zur Charakterisierung der Witterung dienten Maximum-, Minimum- und Mitteltemperatur, Windgeschwindigkeit, Sonnenscheindauer, Niederschläge sowie die relative Luftfeuchtigkeit. Es ging ihm darum, Korrelationen, das heißt die Abhängigkeit zwischen den meßbaren Merkmalen, herzustellen[11]. Die Beziehungen zwischen Witterung und Ertrag sind sehr komplex und vielschichtig. Die Bauernregeln indessen sind meistens lapidar und kurz gehalten. Dazu kommt, daß sie oft nur für eine ganz bestimmte Region angewendet werden können. Man müßte eigentlich, um zu wirklich richtigen Resultaten zu kommen, die Regeln zum Beispiel des Engadins mit den Witterungsabläufen oder Ernteerträgen im Engadin vergleichen. Aus verschiedenen Gründen dürften solche lokalen Untersuchungen schwierig sein. Wir glauben aber, daß dies nicht nötig ist: die Bauernregeln zeigen ja im Grunde immer nur Tendenzen auf. Deshalb dürfte es auch angängig sein, die schweizerischen Regeln mit den Resultaten einer in Deutschland gemachten Untersuchung zu vergleichen. Eine aus dem Engadin stammende Regel besagt:

«*Gott bewahre uns vor einem tropfenden Januar.*»

Tatsächlich muß der Januar, namentlich wenn wir gute Roggen- und Weizenerträge bekommen wollen, kalt sein. Die Korrelation ist für beide Getreidearten positiv. Die Regel kann deshalb als grundsätzlich richtig bezeichnet werden. In die gleiche Kategorie gehören die beiden folgenden Regeln:

«*Lieber den Wolf im Stall
als einen schönen Februar*»
(*Engadin*).
«*Kalter Februar, gut Roggenjahr*»
(*Hallau*).

Nach Hanus wird der Getreideertrag hauptsächlich durch niedrige Maximumtemperaturen im Frühjahr gefördert[12]. Auch die aus Klosters stammende Regel:

«*Friert's im Hornung nicht ein,
wird's ein schlechtes Kornjahr sein*»,

erweist sich als richtig. Hohe Minimumtemperaturen im Februar wirken sich für Brotgetreide, insbesondere Weizen, auf den Ertrag günstig aus. Aus Engollon NE kennt man die Regel:

«*Année de gelée,
année de blé.*»

Tatsächlich sind für die Ertragsbildung des Getreides niedrige Minimumtemperaturen in den Wintermonaten günstig. Eine Engadiner Regel sagt:

«*Kalter Mai, volle Korntruhen.*»

Nach Hanus[13] wirken sich hohe Minimumtemperaturen und niedrige Maximumtemperaturen im Mai für den Körnerertrag günstig aus, das heißt der Mai sollte nicht allzu kalt, aber auch nicht allzu warm sein. Die Untersuchungen von O. Perrin haben ergeben, daß sich relativ tiefe Temperaturen im Mai günstig auf die Getreideerträge auswirken[14]. Zu dieser Engadiner Regel kommt die folgende, die ein weiteres Element enthält. Sie lautet:

«*Mai kalt, Juni naß,
füllt die Häuser bis zum Dach.*»

Daß ein relativ kühler Mai sich günstig auswirkt, wurde bereits festgestellt. Im Juni ist tatsächlich der Wasserbedarf bei den Getreidearten am größten. Auf der andern Seite wirken sich außergewöhnlich große Niederschlagsmengen aus verschiedenen Gründen (Förderung von Krankheitserregern, Gefahr des Sichlagerns, -umlegens) schlecht auf den Ertrag aus[15].

«*Finsterer Februar und klarer März füllen den Kornboden.*»

Eine Konfrontation dieser aus dem Engadin stammenden Regel mit den Resultaten von H. Hanus ergibt, daß kurze Sonnenscheindauer im Februar und lange Sonnenscheindauer im März sich für Brotgetreide günstig auswirkt[16]. Diese Regel gilt in bezug auf den Februar allerdings nicht für Roggen.

«*Matschiger Mai, ährenreicher August.*»

So lautet eine Regel aus dem Tessin. Nach Hanus[17] wirkt sich tatsächlich eine hohe Niederschlagsmenge im Mai günstig auf die Getreideerträge aus. Ebenfalls aus dem Tessin stammt die Regel:

«*Wenn es im April regnet, werden die Garben umfangreich.*»

Nach Hanus besteht in bezug auf die Niederschlagsmenge keine Korrelation. O. Perrin kommt hingegen zu anderen Schlüssen. Nach ihm wäre diese Regel richtig.

«*Sollen gedeihen Korn und Wein,
muß der Juni trocken sein.*»

Diese aus der Sammlung Strub stammende Regel wird durch die Untersuchungen von Hanus bestätigt. Für einen guten Getreideertrag sind möglichst geringe Niederschlagsmengen und tiefe relative Luftfeuchtigkeit erforderlich[18]. Die Bergeller Regel:

> «*Staubiger März, viel Roggen und Weizen*»,

wird durch die Untersuchungen von Hanus nicht bestätigt. O. Perrin kommt aufgrund seiner Untersuchungen zum Schluß, daß sich ein trockener März auf die Erträge von Getreide günstig auswirkt. Die allgemein schweizerische Regel:

> «*Wenn der April Spektakel macht,
> gibt's Heu und Korn in voller Pracht*»,

deckt sich mit den Ergebnissen der Untersuchungen von Hanus. Die Korrelationskurve ist positiv, das heißt: Niedrige Temperaturen bedeuten gute Bedingungen für hohe Erträge. Die aus Baselland stammende Regel:

> «*Großi Wasser, chlini Brod,
> chlini Wasser, großi Brod*»,

ist recht allgemein gefaßt. Kleine Wasser bedeutet wohl normale, nicht allzu große Feuchtigkeit. Tatsächlich wirken sich – wie vor allem die Untersuchungen von Perrin zeigten – geringe Niederschlagsmengen günstig auf die Erträge aus[19]. Bei der Engadiner Regel:

> «*Warmer Regen im Juni ist goldener Regen, er füllt die Scheune und Korntruhe des Bauern*»,

muß wohl die Betonung auf dem Wort «warm» liegen. Tatsächlich ist nach Hanus viel Sonne im Juni Bedingung für gute Weizenerträge. Regen an und für sich ist unerwünscht. Die aus Zürich stammende Regel:

> «*Wettert der Juli mit großem Zorn,
> bringt er dafür reichlich Korn*»,

kann nach den wissenschaftlichen Erkenntnissen nicht bestätigt werden. Man nimmt an, daß sich die Gewitterheftigkeit im Juli verhältnismäßig günstig auswirkt. Demgegenüber hat die Engadiner Regel:

> «*Der April ist der Vater des Roggens*»,

mit beinahe prophetischer Hellsicht das Richtige getroffen. Der Roggen ist ein Fremdbestäuber, und die Windbestäubung findet im April statt. Die Untersuchungen von Hanus haben ergeben, daß sich hohe Windgeschwindigkeiten im April für den Roggenbau günstig auswirken. Die Tessiner Regel:

> «*Trockener Mai, Korn für alle*»,

findet – wenn wir die Resultate der Untersuchungen von Hanus betrachten – keine Bestätigung. Nach den Untersuchungen von Perrin allerdings trifft sie, wenigstens für das Gebiet des Genfersees, zu[20]. Im ganzen gesehen bestätigen die Bauernregeln die Erkenntnisse der Untersuchungen der Meteorologen und Pflanzenbauer. Sie besagen, daß die Korrelationen des Ernteertrags mit Witterungszuständen, die auf frühen Termin einwirkten, im Endergebnis ebenso deutlich, wenn nicht noch deutlicher als spätere Zustände zutage treten. Anders ausgedrückt: Unsere Vorfahren haben sehr früh und mit sicherem Instinkt herausgefunden, daß die Entscheidung über die Höhe der Ernte schon zu einem sehr frühen Zeitpunkt fällt, daß die spätere Witterung an diesem Entscheid nicht mehr viel ändern kann. Heute ist diese Erkenntnis allgemein. Man weiß, daß die Winterniederschläge, deren Hauptfunktion in der Auffüllung der Wasservorräte des Bodens besteht, auf die Höhe der nächsten Ernte starken Einfluß haben. Es ist sodann auch bekannt, daß die winterlichen Temperatur- und Sonnenscheinverhältnisse vielfach über die Auswinterung der Winterfrüchte entscheiden und somit an der nachfolgenden Ernte beteiligt sind; ja schon die herbstlichen Witterungsbedingungen sind von Bedeutung. Der günstige oder ungünstige Start sichert der Pflanze den erhaltenen Vorsprung oder macht sich später nachteilig bemerkbar. «Die Startbedingungen können durch spätere Witterungsbedingungen allenfalls verstärkt oder abgeschwächt, aber nur ganz selten überdeckt werden[21].» Verschiedene Bauernregeln richten ihr Augenmerk auf die Blütezeit. Sie ist in der Tat für jene Kulturpflanzen von Bedeutung, deren Ertrag auf der Bildung von Früchten und Samen beruht. Günstige Witterungsbedingungen zur Blütezeit sind deshalb für die Ertragsbildung ausschlaggebend.

4. Graswirtschaft

Die älteste schweizerische Bauernregel, die sich mit der Heuernte befaßt, stammt aus dem Zürcher Bauernkalender von 1574. In knapper Weise gibt sie Zeugnis von den Nöten und Schwierigkeiten der Landwirtschaft jener Zeit: Geringe Produktivität und Produktion sowie Knappheit des Futters herrschen vor. Der Juli spricht in dieser Regel also zum Volk:

> «Gar trostlich ich dem armen bin,
> der denckt: nun ist das böst dahin.
> Schnydt wider yn uf ein gantz jar,
> und fröuwet sich, daß er ist uß gfahr.»

Im 18. Jahrhundert erscheinen die ersten Regeln, die eine Beziehung zwischen Wetter und Ernte herstellen. Vom Monat Mai verlangt das Königsche Hausbuch:

> *« Nicht zu kalt und nicht zu naß,*
> *füllt die Scheuren und das Faß. »*

Wir werden dieser Regel in gleicher oder ähnlicher Fassung bis in die Gegenwart hinein immer wieder begegnen. Im 19. Jahrhundert sind bereits eine ganze Reihe solcher Beziehungsregeln bekannt. Die Freiburger sagten in allgemeiner Weise:

> *« Jamais année tardive*
> *ne fut inproductive »*,

und meinten damit, daß eine verhältnismäßig spät einsetzende Vegetationsperiode einer früh und mit großen Frostgefahren einsetzenden Vegetation vorzuziehen sei. Recht allgemein sagt eine Freiburger Regel von 1877:

> *« Regenjahr, Heujahr,*
> *warmes Jahr, Weinjahr. »*

Tatsächlich sind in der Graswirtschaft gute Erträge nur in relativ niederschlagsreichen Jahren zu erwarten, während der Rebbau hohe Temperaturen und wenig Niederschläge vorzieht.

> *« Wenns Hung (Honig) git, gits guets Heu. »*

So heißt es 1873 im Solothurnischen. Diese Regel meint folgendes: Wenn die Witterung ein gutes Blühen erlaubt, werden die Bienen viel Honig einbringen. Die günstige Maiwitterung wird auch namhafte Heuerträge verheißen. Aus der gleichen Quelle stammt ein Spruch, der eine eigentliche Anweisung enthält:

> *« Wänns eim reut, mit em letschte Heu dürs erscht Emdgras z fahre,*
> *gits weni Emd. »*

Diese Regel wurde vom Herausgeber der betreffenden Sammlung 1873 kommentiert: Wenn das Emd geraten soll, «so sollen unmittelbar nach der Heuernte die Heustoppeln von der Sonne verbrannt werden, was voraussetzt, daß bei der Einfuhr des letzten Heues noch kein Emdgras sein kann.» Ist diese Interpretation richtig? Meint die Regel nicht ganz einfach, man müsse mit dem Emden rechtzeitig beginnen, um quantitativ und qualitativ optimale Erträge zu bekommen? Einen neuen Ton schlug die Appenzeller Regel von 1837 an:

> *« Seis Scorpio oder Leu,*
> *wenns guet Wetter ist, so heu. »*

Um diese Zeit haben noch zahllose Bauern die Kalenderzeichen genau beachtet. Es brauchte also damals etwas Mut, zu sagen, daß nicht ein Zeichen, sondern die Witterung beobachtet werden müsse.
Im 20. Jahrhundert häufen sich die eigentlichen Beziehungsregeln.

> «Soviel Schnee im Winter,
> so groß Heustock im Summer»,

lautet eine Regel vom Zürichsee.

> «Im Winter kleine Schneemahden,
> im Sommer kleine Heumahden»,

sagte man im Thurgau;

> «Viel Schnee, viel Heu»

im Bergell. Ähnlich lautet die Regel aus dem Engadin:

> «Jänner warm, daß Gott erbarm.»

Auch die aus Graubünden überlieferte Regel zielt in die gleiche Richtung:

> «Wächst das Gras im Januar,
> wächst es schlecht im ganzen Jahr.»

Die Jurassier bezogen den Februar mit ein und sagten:

> «Behalte Heu für das Pferd, wenn der Februar trocken und warm ist.»

Bekannt ist die Regel:

> «Märzenstaub bringt Gras und Laub.»

Sie ist in allen Landesgegenden anzutreffen. Etwas konkreter meint der Zürcher Kalender:

> «Viel und langer Schnee im März, gibt viel Heu,
> aber mager Korn und dicke Spreu.»

Zahlreiche Regeln befassen sich mit dem April und seinen Folgen für die Graswirtschaft:

> «Wenn der April bläst in sein Horn,
> so steht es gut um Heu und Korn»
>   (Bern).

Recht anschaulich schildert diesen Tatbestand eine Regel aus Vogorno TI:

> «Das Aprilwasser ist wie Öl auf den Wiesen.»

Kurz und bündig sagt eine Bündner Regel:

> «Aprillenschnee ist der Grasbrüter.»

Die Regeln stimmen, was den Winter anbetrifft, mit wissenschaftlichen Erkenntnissen überein. Warme und trockene Perioden im Januar, Februar oder März hindern tatsächlich den Graswuchs und vermindern die Erträge. Der regnerische April wird in der Graswirtschaft geschätzt. Etwas anders und auch widersprechend lauten die Regeln für den Mai:

> *«A chüele Mai*
> *bringt Frucht und Heu»,*

meint eine Regel aus dem Baselbiet.

> *«Im Maien regnet es Gras»,*

sagte ein Gewährsmann aus dem Domleschg. Der gleiche Gewährsmann überliefert indessen auch eine Regel, die lautet:

> *«Zu nasser Mai,*
> *macht viel Geschrei*
> *und wenig Heu.»*

Die Differenz dürfte auf ungleiche Höhenlagen und Bodenverhältnisse zurückzuführen sein. Manche Regeln sprechen vom richtigen Zeitpunkt des Heuens und Emdens.

> *«Mit der Sens' der Barnabas (11. Juni)*
> *schneidet ab das längste Gras»*
> *(Graubünden).*
> *«Wer im Juli nicht Heu macht, hat die Mühsal im August»*
> *(Sta. Domenica GR).*
> *«Wenn der Juni naß und kalt ist, so wächst kein Heu»,*

sagten die Bauern in Lavin im Engadin. Sehr umfassend drückt sich eine andere Engadiner Regel aus:

> *«Heu in der Blüte und Emd in der Ähre tut sowohl dem Vieh als auch dem Haushalt am besten.»*

In ähnlicher Weise lautet die ebenfalls aus dem Engadin stammende Regel:

> *«Wenn das Heu die Blüten verliert, nimm es und säume nicht.»*

Nach modernen Erkenntnissen der Futterwirtschaft wird heute generell zu einem früheren Zeitpunkt mit Heuen begonnen als in der Zeit, aus welcher die Bauernregeln stammen. Man muß auch an die damals immer noch recht knappen Futtervorräte denken. In diesen Zusammenhang gehört der aus S-chanf GR stammende Spruch:

> *«Lieber im September heuen als im Maien.»*

Wenn man im Mai heuen oder Gras schneiden muß, bedeutete dies vor allem Futtermangel. Wer im Bergtal im September noch emden konnte, erfreute sich der Fülle. Wie diese Regeln, so hat auch die aus dem Engadin stammende Regel an Aktualität verloren:

> *«Aufgehäuftes Heu halb in der Scheune.»*

Jene Betriebe, die über Heugebläse und Heubelüftung verfügen, werden danach trachten, ihr Heu, ohne es häufen zu müssen, möglichst schnell in die Scheune zu bringen. Sie werden sich also nicht mehr an die Regel halten können:

> «*Führe das trockene Heu in die Scheune*
> *und laß das Gras auf der Wiese.*»

Diese Feststellung darf indessen nicht darüber hinwegtäuschen, daß auch früher nach einer guten Qualität getrachtet wurde. Kurz und bündig meint der aus Scuol GR stammende Spruch:

> «*Eintägiges Heu und einjähriger Wein.*»

In ähnlicher Weise argumentierten die Münstertaler:

> «*Besser was die Trockenheit übrigläßt, als die Haufen in nassen Jahren.*»

Die Bauern wußten genau, daß das bei ausgeprochen feuchter Witterung gewachsene Gras weniger wertvoll ist als das andere. Anderseits hieß es namentlich in eher trockenen Gebieten:

> «*Ova fò erva.*»
> *(Wasser macht Gras)*
> *(Engadin).*

Verschiedene Regeln befassen sich mit der Wässerung.

> «*Im September Wässerung*
> *ist der Wiesen Besserung*»,

so hieß es im Domleschg. Anderseits wird gewarnt:

> «*Wer im August bewässert, bewässert auf seine Kosten*»,

das heißt, er schadet sich damit, so meinte man im Engadin. Und ebenso deutlich:

> «*Wer im April bewässert, bewirkt, daß sich das Gras umlegt*»
> *(Engadin).*

Man befürchtete wohl zu große Dichte und damit auch Fäulnis, was zu Qualitätseinbußen führte. Umfassend sagt es die Regel:

> «*Wer seine Wiesen im Frühjahr bewässert, sucht das Gras,*
> *wer sie im Sommer bewässert, erfrischt das Gras,*
> *wer sie im Herbst bewässert, findet das Gras,*
> *und wer sie im Winter bewässert, rottet das Gras aus*»
> *(Engadin).*

Auf die eigentliche Technik des Heuens ist die ebenfalls aus dem Engadin stammende Regel zugeschnitten:

> «*Schlecht mähen und gut zusammenrechen gibt viel Heu.*»

Ähnlich lautet die aus der gleichen Region stammende Regel:

> «*Besser gut zusammengerecht als gut gemäht.*»

Am Zürichsee sagte man hingegen:

> «*Es dörf bym Mähe kei Schneuz gä.*»

Diese Regeln lassen sich nur mit der geringeren Produktivität der früheren Graswirtschaft erklären. Es kam darauf an, alles Futter einzubringen: Vergeuden, Verschwenden galt als sündhaft. Aus diesem Grunde wurde auch das «hinterste Bord» gemäht und genutzt. Das Problem der «Vergandung» kennen die Bauernregeln nicht.

Zahlreiche Regeln sprechen von den negativen Folgen schneearmer Winter oder der auf Vegetation und Erträge sich günstig auswirkenden Schneedecke.

> «*Im Winter kleine Schneemahden,
> im Sommer kleine Heumahden.*»

Eine andere Regel heißt:

> «*Im Januar recht hohen Schnee,
> heißt für den Sommer hohen Klee.*»

Diese Regeln decken sich vollständig mit den Erkenntnissen der Wissenschaft. Die winterlichen Niederschläge «bilden eine wichtige Feuchtigkeitsrücklage des Bodens, aus der die Pflanzen während der folgenden Vegetationsperiode einen wesentlichen Teil ihres Wasserbedarfes befriedigen können», sagt P. Filzer[22], und R. Koblet führt aus: «Die Feuchtigkeitsverhältnisse bestimmen in starkem Maße die Höhe der Erträge und damit indirekt die Intensität des Anbaues ... Dank der Speicherung im Boden können die Auswirkungen zeitweiliger Niederschlagsknappheit gemildert werden ... Die winterliche Schneedecke bietet wenig entwickelten Keimpflanzen Schutz gegen extreme Kälte[23].» Auch die Regel:

> «*Bringt November vieles Naß,
> gibt's Wiesen viele Graß*»,

bezieht sich auf die außerhalb der eigentlichen Vegetationsperiode stattfindende Wasserspeicherung.

Zu den bekanntesten und in allen Regionen und zu allen Zeiten immer wieder auftretenden Regeln gehören die drei folgenden:

> «*Märzenstaub, bringt Gras und Laub.*»

Ähnlich:

> «*Trocken der März,
> lacht dem Bauern das Herz.*»

Und in analoger Umkehr dazu:

*« Ein feuchter, fauler März,
ist stets des Bauern Schmerz. »*

Was sagt die Wissenschaft zu dieser Aussage? Filzer betont, daß in den Monaten März bis August die wesentlichsten Vegetationsprozesse ablaufen. In den Jahren, die für die Monate März bis Mai hohe Temperaturen aufweisen, stellen sich in der Regel, wenn nicht extreme Niederschlagsverhältnisse gegenteilige Effekte auslösen, günstige Erträge ein. Hohe Frühjahrstemperaturen, die mit großer Trockenheit und gesteigerter Evaporationskraft der Atmosphäre verknüpft sind, können sich allerdings auch abträglich auswirken[24]. Die Bauernregel vom Märzenstaub muß also mit gewissen Einschränkungen versehen werden. Wie viele andere Bauernregeln, wird sie der komplexen Realität nicht ganz gerecht. Es kommt – wie die Untersuchungen über die Zusammenhänge zwischen Temperatur und Ernte zeigen – immer auf die Begleitumstände an: «Eine kühlfeuchte Periode wird einen andern Effekt als eine kühltrockene, eine warmfeuchte einen andern als eine warmtrockene ausüben. Indem somit die direkten und indirekten Wirkungen der Temperatur einander bald verstärken, bald abschwächen und indem sich mit der Temperatur auch die andern Witterungsfaktoren verändern, addieren sich diese mannigfachen Wechselbeziehungen zu einem schwer zu durchschauenden Gesamteffekt[25].»
Die Arten der Pflanzengemeinschaft stehen, wie auch W. Künzli betont, «dauernd in einem mehr oder weniger großen Konkurrenzkampf, der sich in erster Linie um Licht, Raum, Wasser und Nährstoffe abspielt»[26]. Sowohl bezüglich Wuchseigenschaften wie Ansprüche an die Umwelt bestehen große arttypische Unterschiede. «Neben diesen Merkmalen sind es vor allem zwei Faktoren, die bei konstanter Düngung und Nutzung die Konkurrenzverhältnisse beeinflussen, nämlich die Witterung und der Lebenszyklus der Arten[27].» Die Einwirkungsmöglichkeiten der Witterung auf den Pflanzenbestand sind vielfältig. Die einen Arten reagieren empfindlich auf Spätfröste, die andern auf Trockenheit. Verschiebungen im Artverhältnis können sich auch aus klimatischen Bedingungen während des Überwinterns ergeben. Besonders ungünstig erweist sich – dieses Ergebnis deckt sich mit gewissen Bauernregeln – ein regnerischer, milder Herbst mit nachfolgendem Bodenfrost.
W. Künzli hat mit Hilfe der partiellen Korrelation geprüft, ob zwischen Grünsubstanzerträgen einzelner Arten und der Temperatur sowie Niederschlagssumme gewisse Zusammenhänge bestehen. Die einen Arten (Fromental, Goldhafer, Englisches Raygras) vermochten von den günstigen Temperaturbedingungen zu profitieren, während sich andere Arten wie Bärenklau, Spitzwegerich, Löwenzahn in feuchten und kühlen Frühjahren, also unter ungünstigen Wachstumsbedingungen, stärker durchsetzten[28]. Neben der Witterung können bei konstanter Düngung und Nutzung auch noch andere Faktoren den Pflanzenbe-

stand beeinflussen: Nach noch nicht restlos abgeklärten Untersuchungen dürfte es sich dabei «um Verschiebungen handeln, die auf dem Lebenszyklus der Pflanzen beruhen»[29]. Daß die Bauernregeln dieser Komplexität der Erscheinungen gerecht werden konnten und es jemals tun könnten, wird niemand verlangen können. Selbst ein kritischer Kommentator wird anerkennen müssen, daß manche Ernteregel die Beziehungen, allen Schwierigkeiten zum Trotz, in den großen Zügen richtig erfaßt hat. Das ist um so erstaunlicher, als den Bauern alten Schlages der wissenschaftliche Apparat, der uns heute weiterhilft, nicht zur Verfügung gestanden hat.

5. Forstwirtschaft

Die Fachsprache des Forstwesens war bis zum Beginn des 19. Jahrhunderts weitgehend identisch mit der bäuerlichen Terminologie. Waldwirtschaft und Bauernwirtschaft gehörten zusammen. Wald war ein Teil der Landwirtschaft, und er hatte landwirtschaftlich-bäuerlichen Forderungen zu genügen. Während Jahrhunderten standen nicht so sehr das Holz als vielmehr die landwirtschaftlichen Nebennutzungen (Streue, Laub, Waldgras, Waldweide und ganz besonders Waldmast) im Vordergrund. Diese Nebennutzung wird in Urbaren, Offnungen, Dorfbriefen, die Holznutzung zusätzlich auch in Holzordnungen geregelt. Die eigentliche Waldarbeit, das heißt die Art und Weise der Nutzung, insbesondere die Ernteregeln, finden in den Quellen kaum einen Niederschlag. Bauernregeln, die sich mit dem Holzen befassen, sind verhältnismäßig selten. Das hat seine ganz bestimmten Gründe: Die Bauern standen dem Wald – so erstaunlich das klingen mag – feindlich gegenüber. Es galt, dem Wald Raum und Boden abzugewinnen, um Weiden und Wiesen zu bekommen. Außerdem herrschte die Meinung vor, daß es genug Wald gebe und die Bäume sowieso von selber wieder wachsen. Noch um 1900 meinte ein alter Prättigauer Bergbauer, früher habe man noch Tannen gehauen und geschwempt, um Weide zu erhalten; jetzt müsse man – und man kann aus dieser Aussage ein gewisses Erstaunen herauslesen – sogar Tannen setzen. Denn schwempen, dem Baum gleichsam bei lebendigem Leibe die Rinde abziehen, um ihn dann seinem Schicksal zu überlassen, war – wie W. Schmitter richtig sagt – «bäuerlicher Meuchelmord am Wald»[30]. Holz zu haben war dem Bauern selbstverständlich. Er nutzte es, brauchte es, wurde aber deshalb nicht reich. Diesem Tatbestand entspricht die Regel – sie entstammt der zweiten Hälfte des 19. Jahrhunderts und dem Kanton Solothurn:

«*Vil Holz isch e chlyne Rychtum,*
kei Holz e großi Armuet.»

Eine weitere Bauernregel präzisiert diesen Tatbestand:

> «*Het me Holz beym Hus,*
> *so bechönnt me dr Rychtum nit,*
> *het men aber keis,*
> *so weiß me, wie arm men isch.*»

Für den Reichen hat Holz wenig Wert; der Arme, der es zu verhältnismäßig hohen Preisen kaufen muß, merkt, was er entbehrt. Diese Regel war 1972 vereinzelten Bauern noch bekannt.

Im Zentrum der eigentlichen Holzregeln steht die Anweisung:

> «*Man soll nie Holz schlagen, wenn es im Saft ist.*»

Diese Anweisung wird durch eine andere ergänzt und auch begründet:

> «*Bauholz, zwischen November und Februar gehauen, wird am dauerhaftesten und nicht wurmstichig.*»

Sehr einfach drückt es die aus Maienfeld stammende Regel aus:

> «*Holz nie fällen in Saftzeit, sonst wird es vom Wurm befallen.*»

In den gleichen Zusammenhang gehört die Regel aus Hallau:

> «*Wer sein Holz um Weihnachten fällt,*
> *dem ein Gebäude zehnfach hält.*»

Diese Auffassung ist uralt. Schon Marcus Vitruvius Pollo (Padua) wie auch Plinius der Ältere berichten, daß die römischen Bauleute von der Überlegenheit der Winterfällung überzeugt waren[31]. Besonders das im Frühjahr gefällte Holz sei minderwertig, rascher Zersetzung unterworfen, schwinde stark, reiße, werfe sich und sei weniger fest als das im Winter gefällte. Auch die mittelalterlichen Ordnungen schreiben die winterlichen Fällzeiten vor[32]. Diese Vorschriften beruhen auf der Erfahrung, daß sich das zur Saftzeit gefällte Holz nicht zur Verarbeitung eignet. Wie H. Knuchel vermutet, dürfte auch die Erhaltung des Ausschlagvermögens mitgespielt haben[33]. Im 18. Jahrhundert war diese Erkenntnis durchaus verbreitet. So sagt die berühmte Bischöflich-Baselsche Waldordnung von 1755: «Es soll nichts mehr gefällt werden, wenn das Holz schon im Saft ist, denn der Saft verursacht die Fäule und andurch den Wurmfraß[34].»

Der erste, der den Einfluß der Fällzeit auf die Holzqualität untersuchte, war der französische Naturforscher Duhamel du Monceau. Er glaubte nachweisen zu können, daß die Forstleute im Irrtum seien, wenn sie annähmen, der Winter sei die saftarme und daher die richtige Zeit zur Fällung der Bäume. Aufgrund seiner Versuche kam er zum Schluß, daß erstens die Bäume im Winter einen mindestens ebenso hohen Saftgehalt haben wie im Sommer und daß zweitens die Stämme im Frühjahr und Sommer am raschesten austrocknen. Schließlich betonte er aber auch, daß es nicht sicher sei, ob die rasche Austrocknung einen günstigen Einfluß auf die Holzbeschaffenheit ausübe[35]. Duhamel du Monceau hat auch als erster Naturforscher versucht, die Wirkungen des Mondes auf die Pflanzenwelt wissenschaftlich abzuklären. Er ging davon aus, daß Bauern, Holzfäller und auch Zimmerleute übereinstimmend glaubten, daß die Fällung des Holzes im «richtigen» Mond von größter Wichtigkeit sei. Alles Holz müsse im abnehmenden Mond gefällt werden. Er ließ im Dezember 1732 sowie im Januar und Februar 1733 je in der Mitte der zunehmenden und abnehmenden Periode drei junge, ungefähr drei Fuß dicke Eichen fällen, zerlegen und an verschiedenen Stellen aufbewahren. Drei Jahre später ließ er die Stücke zersägen, um ihren Zustand zu untersuchen. Von dem bei abnehmendem Mond gefällten Holz waren acht Stücke in gutem Zustand, zwölf im Spleiß erstickt, sieben wurmstichig. Von den im zunehmenden Mond gefällten Stücken befanden sich indessen sechzehn in gutem Zustand, acht im Splint erstickt, drei wurmstichig. Man solle – so meint er – nun endlich einsehen, daß die weitverbreitete Ansicht, wonach nur bei abnehmendem Mond gefällt werden dürfe, auf Aberglauben beruhe[36]. Leider haben Knuchel und Gäumann, die um 1930 den Einfluß der Fällungszeiten auf die Holzqualitäten untersuchten, es unterlassen, diesen Fragen nachzugehen[37].

Trotz den Untersuchungen von Duhamel du Monceau stellten sich die großen forstlichen Klassiker wie Hartig, Beckmann und Burgsdorf für die Winterfällung ein. Selbst Baudrillart fand 1825, daß im Vergleich zur jahrhundertelangen Erfahrung Duhamels Versuche wenig beweiskräftig seien[38]. Sommerfällung sei auch im Gebirge ein Nachteil, meinte Georg Ludwig Hartig im Jahre 1831. Nach seinen eigenen Versuchen verliere das in der Saftzeit gefällte Holz einen Achtel seiner Brennkraft. Der hessische Baurat Harres [39], ebenfalls ein Anhänger der Winterfällung, zitierte die mittelalterlichen Bauleute, die beim Fällen ihrer Laubhölzer den Spruch beachteten:

> *«Wer sein Holz um Christmett fällt,*
> *dem sein Haus wohl zehnfach hält.»*

Und:

> *«Um Fabian und Sebastian,*
> *fängt schon der Saft zu gehen an.»*
> *(Fabian und Sebastian fällt auf den 20. Januar.)*

Wir kennen diese beiden Regeln aus unserer eigenen Sammlung. Zschokke, dessen «Gebirgsförster» um dieselbe Zeit erschien, konnte sich mit dieser Fällregel nicht befreunden. Das Holz – so meinte er – soll «je nach seiner Beschaffenheit und Benutzung gefällt werden. Eichen und Buchen im Hochwald sind im späten Herbst und Winter zu fällen, während Laubholz im Niederwald wegen des Wurzelausschlags im Safttrieb geschlagen werden solle. Nadelholz soll im Hochwald, im Winter, womöglich im Schnee, gefällt werden[40].»

In den Kalendern des 19. Jahrhunderts wird an der Winterfällung fest-

gehalten, obwohl die Versuche über den Einfluß der Fällungszeit teilweise neue Resultate ergeben hatten. Ja die führenden Holzfachleute hielten sich bis weit hinein ins 20. Jahrhundert an die althergebrachten, «bewährten Bauernregeln». So meinte noch um 1930 der Holzfachmann einer der größten schweizerischen Hoch- und Tiefbauunternehmungen: «Daß das Holz nicht im Saft gefällt werden soll, ist eine alte Regel, die sich aus langjähriger Erfahrung herausgebildet hat. In unserem Betrieb verwenden wir wissentlich kein Rundholz, das während der Saftzeit gefällt wurde. Schon in frühesten Zeiten hat der Landwirt, der Bauarbeiten ausführen ließ, sein Holz während der Wintermonate gefällt, weil er wußte, daß nur aus nicht im Wachstum gefälltem Holz gute und dauerhafte Arbeiten hergestellt werden können[41].»
Die Bauern selber halten sich heute immer noch zu einem wohl überwiegenden Teil an die Winterfällung. Dabei werden allerdings auch betriebswirtschaftliche Gründe angeführt: Man hat im Winter Zeit; trotz besseren Transportbedingungen gibt es auch heute noch Wälder, in welchen der Transport über gefrorenem Boden leichter zu bewerkstelligen ist. Sodann sind die Fällschäden im Winter weniger groß als im Sommer. Auch werde das im Sommer geschlagene Holz leichter ein Opfer von Pilzen und Insekten. Was sagt die Wissenschaft dazu? Die in der Zeit von 1926 bis 1930 von H. Knuchel vorgenommenen Untersuchungen für Fichten- und Tannenholz ergaben, daß «weder der Sommer noch der Winter die geeignetste Fällzeit ist, sondern der Herbst und Vorwinter (September bis Ende November)[42].»
H. Knuchel hat zusammen mit Gäumann den Einfluß der Fällzeit auf die Eigenschaften des Buchenholzes untersucht[43]. Die beiden Verfasser kamen zum Resultat, «daß in manchen Gegenden Buchen im Frühjahr und Sommer gefällt werden, ohne daß bei der Verwendung des Holzes Nachteile zutage treten. Daraus muß geschlossen werden, daß das zu verschiedenen Jahreszeiten gefällte Buchenholz ungleich empfindlich gegen Pilzangriffe ist.» Nach Ansicht der befragten Säger besteht die Gefahr des Stockigwerdens besonders im Frühjahr für wintergeschlagenes Holz, während Bäume, die im Sommer gefällt werden, weniger gefährdet seien. Wenn trotzdem die meisten Holzfachleute den November und Dezember als die geeignetste Fällzeit für die Buche betrachten, so hange das damit zusammen, daß die Bedingungen, unter denen Buchenholz gesund bleibt, im Winter doch leichter zu erfüllen seien als im Sommer. Die Untersuchungen von Knuchel und Gäumann ergaben im weiteren, daß von den im Freien getrockneten Körpern der Sommer- und Herbstfällungen 20–30% mehr verbogen waren als von den Winter- und Frühjahrsfällungen[44]. Die Bauernregel hat hier ihre nachträgliche Billigung durch die Wissenschaft bekommen.
Zu den Regeln, welche von den Fällungszeiten sprechen, kommen einige wenige technische Anweisungen:

«Ds Holz muas mä am Bodä suächä»,

lautet eine Prättigauer Regel. Die Bäume sollen möglichst weit unten abgesägt werden. Eine ebenfalls aus dem Prättigau stammende Regel lautet:

> «*Zerscht luäget mä, uf weli Sytä dasch hy wil ... und dernaa, uf weli Sytä dasch hy söl.*»

Schöner und einfacher kann man wohl die Art und Weise dieser Arbeitsvorbereitung kaum beschreiben. Als klassisch kann auch die folgende, aus dem Prättigau stammende Regel gelten, weil sie in recht derber, aber volkstümlicher Weise einen Arbeitsvorgang mit menschlichem Erleben in Verbindung bringt.

> «*Ds Holz und ds Wybävolch*
> *spaaltä mä beedi vom dünerä Oort.*»

W. Schmitter, der die Waldarbeit, wie sie noch in den vierziger Jahren betrieben wurde, genau erfaßt und beschrieben hat, konnte schon damals feststellen, daß die Technik, die Ratio, die Vernunft, der rechnerische Geist die bäuerlichen Arbeitsbräuche und somit auch die bäuerlichen Regeln zu verdrängen begannen. Schon damals begannen alte Bräuche zu verschwinden; das Brauchtum der Arbeit reduzierte sich auf bloße Arbeitstechnik.

Tierhaltungsregeln

Die Wandlungen, Umwälzungen und Neuerungen in der Landwirtschaft der letzten zwei Jahrzehnte haben auch vor der Stalltüre nicht haltgemacht. Althergebrachte Methoden der Zucht- und Tierhaltung sind aufgegeben worden. Eine moderne Fütterungslehre wurde entwickelt. Heute entfallen nur noch 66% des Gesamtbedarfes an Stärkeeinheiten auf Rauhfutter inländischer Herkunft, 11% kommen auf Futtergetreide, Hackfrüchte, Molkereiabfälle und andere Produkte inländischer Herkunft, während 23% auf Kraftfutter ausländischer Herkunft, vorwiegend Getreide, entfallen[1]. Die Tierernährung setzt neue, andere Kenntnisse über die theoretischen und praktischen Grundlagen voraus. Anstelle der früheren Betriebsweise, mit auf die Selbstversorgung ausgerichteter Tierhaltung, tritt immer mehr der Spezialbetrieb. Die Verknappung an Arbeitskräften zwingt zu Rationalisierung und

Mechanisierung. Die Bauernregeln stammen jedoch fast ausnahmslos aus der Zeit vor dem Zweiten Weltkrieg, aus einer Zeit also, in der die neuen Lehren nur wenigen bekannt waren. Sind sie deshalb überholt; haben sie Sinn und Bedeutung verloren? Die Beantwortung dieser Fragen kann nur durch eine eingehende Analyse und differenzierte Betrachtung der einzelnen Regeln erfolgen. Um das vielfältige und komplexe Thema in den Griff zu bekommen, haben wir die Regeln in mehrere Gruppen unterteilt: Tierpflege, Tierzucht und Stalleinrichtungen, Milchproduktion und Mast, Weide und Futter sowie Viehabsatz.

Die Regeln über die Tierpflege und Stalleinrichtungen gehen ins 19., teilweise auch ins 18. Jahrhundert zurück. Schon damals hat man die Bedeutung der Hautpflege erkannt: «Striegel und Streu thun mehr als Heu», heißt es um 1865. Ähnlich sagt eine Regel aus Baselland 1908: «Striegel und Streu nutzt mehr as vil Heu», währenddem eine Regel aus der Sammlung Strub mahnt: «Gut geputzt ist halb gefüttert.» Diese Regeln haben nichts von ihrer Daseinsberechtigung verloren. Anders verhält es sich mit jenen, die sich mit dem Einstreuen befaßten. Sie stehen nicht mehr im Einklang mit den modernen Erfordernissen und Erkenntnissen. «Wer dem Vieh im Stall Stroh streut, kommt aus dem Hunger, wer Laub streut, hat nichts», lautet eine Engadiner Regel aus den dreißiger Jahren. Bei den modernen Gitterrostanlagen wird der Einstreuebedarf auf ein Minimum reduziert. Bei den Gummimattenläger wird auf das Einstreuen überhaupt verzichtet[2]. Jene Regeln, die von der erstrangigen Bedeutung der Ordnung im Stall sprechen, haben ihre Gültigkeit nicht verloren. Auch nach vollzogener technischer Wandlung spielt in der Tierhaltung und Tierzucht die ruhige Behandlung der Tiere eine ausschlaggebende Rolle. Tierzüchter sind gute Beobachter; eine starke Verbindung mit ihren Tieren zeichnet sie aus. In geradezu klassischer Weise drückt dies eine Regel aus dem Kanton Graubünden aus: «In der Kirche und im Stall ist man nie zuviel.» Tatsächlich nützt auch heute noch die beste technische Einrichtung und Neuerung nichts, wenn hinter ihr nicht der gute und ausdauernde Betreuer steht. Die entsprechenden Futterregeln können deshalb heute noch gebraucht werden. Dazu gehört etwa die Regel: «Ordnung im Stall ist halbes Futter.» Sie ist beinahe identisch mit derjenigen aus dem Engadin: «Gut gefüttert, viel gebuttert.» Ähnlich heißt eine Regel aus der Sammlung Strub: «Die Leistung geht durch den Magen.» Sie dürfte heute noch gültig sein. Einer Huldigung an die Frau kommt die aus Graubünden stammende Regel gleich: «Wenn die Frau die Kühe füttert, geben selbst die Hörner Milch.» Tatsächlich eignen sich die Frauen dank ihrer guten Beobachtungsgabe und Einfühlung ganz besonders zum Füttern. Daß die Beschaffung von quantitativ und qualitativ genügendem Futter an zentraler Stelle stand, zeigen die vielen Regeln, die sich mit dem Futtervorrat befassen. «Lichtmeß (2. Februar) halbe Winterung.» Diese Regel findet man vor allem in Gebirgsregionen wie auch die Regel: «Wer den Mai nicht mitrechnet, fährt schlecht.»

Auch die aus der Sammlung Strub stammende Regel: «Philippi – Jacobi – vill friß i, wenig hab i», weist auf die im Mai übliche Futterknappheit der Bergbauern hin. Philippus und Jakobus wurden ursprünglich am 1. Mai begangen. «Füttere im Herbst gut, so sparst du Heu», sagte man im Engadin, und in ähnlicher Weise heißt es: «Im Herbst gut gefüttert, ist halb überwintert.» Die Tiere sollen gut genährt in den Winter kommen, ja man trachtete nach einem gewissen Entwicklungsvorsprung. In diesem Sinne meint die Regel aus dem Unterengadin: «Was man dem Galtvieh vor Weihnachten füttert, zählt doppelt.»
Verschiedene Regeln zeigen, daß man die Bedeutung der Weide genau kannte. Für eine optimale Weidnutzung hat man sowohl auf die Eigenart von Pflanzen wie Tieren zu achten. «Wie die Weide, so das Fett der Tiere», sagte man im Kanton Graubünden. Das schweizerische Lesebuch von 1865 mahnte: «Treibst auf schlechte Weid die Kuh, so verlierst du die Milch und den Mist dazu.»
Verschiedene Regeln befassen sich mit dem Viehabsatz. Kauf und Verkauf des Viehs gab von jeher viel zu denken und zu reden. Eine zentrale Frage war seit dem 16. Jahrhundert: Soll man auf dem Viehmarkt verkaufen, oder ist der Stallhandel vorzuziehen? «Wenn me deheime cha handle, verchauft men am beschte», meint eine Regel aus Solothurn. Mit ihr stimmt die Engadiner Regel überein: «Am besten verkauft man sein Tier vor der eigenen Tür.» Tatsächlich verkaufen auch heute noch viele Landwirte am liebsten im Stall. In einem niedrigen Stall – so meint ein Gewährsmann – erscheinen die Tiere größer. Vergleichsmöglichkeiten fehlen. Wenn man lange genug um das Tier herumgestanden ist, wird man trotz anfänglicher Unschlüssigkeit vielleicht doch noch handelseinig, während man auf dem Viehmarkt bei großer Auswahl weitergegangen wäre[3]. «Bym Verchaufe lehrt me chaufe», sagt eine Solothurner Regel. Tatsächlich wird der Bauer beim Verkauf auf die Mängel aufmerksam gemacht, die er beim Kaufen wissen muß. Recht anschaulich und farbig sagt eine Engadiner Regel, auf welche Faktoren es bei der Beurteilung ankommt: «Beim Pferd schau auf die Beine, bei der Kuh auf das Euter und bei den Leuten aufs Herz.» Aus dem Engadin stammt auch jene Regel, die heute wohl kaum mehr angewendet werden kann: «Kühe und Frau nimm in deinem Dorf.» Wer nichts riskieren will, so glaubte man, kauft dort, wo er die Leute und Tiere genau kennt. Anhand von Herdebüchern und Abstammungsausweisen ist es heute dem Käufer besser möglich, ein gutes Bild vom Kaufobjekt zu bekommen. Die Regel hat deshalb ihren Sinn zum Teil verloren.
Zahlreiche Sprüche gelten neben dem Rind auch der Ziege. Sie hatte als Kuh des armen und kleinen Mannes zentrale Bedeutung und war weit verbreitet. Noch um 1866 zählte man in unserem Land 375 500 Ziegen, 1966 dagegen nur noch 74 700 Stück[4]. Während jene Regeln, die eine bestimmte Farbe der Ziege als wichtig bezeichnen, als überholt betrachtet werden können, sind einige andere gültig geblieben: «Alte

Ziegen und junge Hühner machen die Hausfrau lächeln.» Diese aus dem Unterengadin stammende Regel besagt, daß alte Ziegen mehr Milch geben als junge. Mit dem Milchertrag der Ziege befassen sich auch die beiden folgenden Regeln: «St. Jakob mit dem Stab, schlat de Gaiß die halb Milch ab» (Zug). Am Jakobstag (25. Juli) sind die für die Ziege besonders attraktiven Kräuter nicht mehr vorhanden; auch der Höhepunkt der Laktation ist, sofern sie vor Ostern geworfen hat, in dieser Zeit überschritten. Auf die Zusammenhänge zwischen Futter und Milchertrag weist die Regel hin: «Der August nimmt die Milch der Ziege und tötet die Fliege.» Die Ziegen geben im Hochsommer und Herbst weniger Milch. Eine Regel aus Courrendlin BE mahnte den Bauern: «Au mois d'avril, la chèvre au chevreau.» Man schlachtete auf Ostern ein Zicklein, um es entweder selber zu verzehren oder einen günstigen Preis zu bekommen. Deshalb hatte man die Ziege vorher zu decken. Eine Tessiner Regel behauptet: «La capra non sta bene fin che non diventa magra.» Der Ziege geht es nicht gut, solange sie nicht mager wird. Die Ziege gehört zu den eigentlichen Weidetieren, und sie gedeiht schlecht, wenn sie im Stall eingesperrt wird. Im Futter ist sie genügsam, aber man darf es doch nicht auf einen Futtermangel ankommen lassen. Wie die folgende Tessiner Regel zeigt, gibt es deshalb genaue Anweisungen für die Fütterung: «Wenn man die Ziegen mit Stroh füttert, geben sie Milch, die nicht viel wert ist; wenn man sie mit Laub füttert, geben sie Milch, wenn es ihnen paßt; wenn man sie mit Heu füttert, geben sie von sich aus das Beste.» Wie weit diese Regel befolgt wurde, entzieht sich unserer Kenntnis.

Zu jeder bäuerlichen Haushaltung gehörte einst ein Hühnerhof. Es kann deshalb nicht überraschen, wenn sich unsere Regeln auch mit den Hühnern befassen. «Junge Hennen auf die Hühnerstange» – sagte man –, damit sie dort und nicht irgendwo unter einer Holzbeige ihre Eier legen. Auch die Hühner brauchen gutes Futter. So mahnt eine Tessiner Regel: «Le galline fanno le uova dal becco.» Die Hühner legen Eier vom Schnabel. Alle diese Regeln sind bedeutungslos geworden, weil die Hühner von den meisten Bauernhöfen verschwunden sind; ihre Haltung ist nicht mehr rentabel. Hat die Bündner Regel diese Entwicklung vorausgesehen, wenn sie sagt: «Wer Geld verlieren will und weiß nicht wie, der halte recht viel Federvieh»?

Waldbauregeln

Die bewußte und gezielte Pflege des Waldes setzt, wenn wir von einigen pionierhaften Versuchen absehen, erst im 18./19. Jahrhundert ein. Die frühesten Anweisungen, die wir kennen, entstammen nur zum Teil dem bäuerlichen und korporativen Bereich, sondern viel mehr den Ordnungen der Stadtstaaten, geistlichen Herrschaften oder Klöster[1]. In diesen Reglementen und Mandaten sowie in den Anweisungen einzelner forstlicher Beamter finden sich eigentliche Waldbauregeln. Wir haben deshalb einige typische Beispiele in unsere Sammlung aufgenommen. Besonders instruktiv sind die Anweisungen der Pruntruter Waldordnung des Jahres 1756. Keine oder nur vereinzelte Hinweise enthalten die Bauernkalender oder Praktika. Der Churer Schreibkalender von 1708 sowie der Badener Kalender von 1721 enthalten für den

September die Anweisung, junge Birken zu pflanzen. Mehr findet sich darin nicht. Das einzige schweizerische Hausbuch (Emmanuel König) enthält, im Gegensatz zu den französischen, deutschen und österreichischen Hausbüchern oder Hausvätern, kein forstliches Kapitel. Die im 19. Jahrhundert einsetzenden forstlichen Lehrbücher geben trotz ihrer volkstümlichen Fassung wohl kaum die Meinung der Bauern und Waldarbeiter wieder. Die Bauern selber formulierten ihre Meinung nicht schriftlich. Ihre Auffassung kommt höchstens in Verboten zum Ausdruck; sodann kann man sie auch heute noch an den Waldbildern, das heißt im Walde selber, ablesen. Bauernwälder waren, und sind es zum Teil heute noch, in vielen Regionen Plenterwälder. Wir finden sie im Emmental und im Jura heute noch. Über das, was ein Plenterwald war und was Plenterwirtschaft zu sein hatte und heute sein sollte, gehen die Meinungen auseinander. Nach der Auffassung des 18. Jahrhunderts heißt Plentern soviel wie «aus Dickungen und aus einem wohlbestandenen Holze hie und da die besten Bäume herauszuhauen». Nach einem andern Autor heißt Plentern «hin und wieder Bäume aus Dikkungen hauen und solche ausleuchten. Man nennt dieses ausplentern[2].» Nach einer zürcherischen, aus der Zeit von 1830 stammenden Regel heißt Plentern «überall herumhauen»[3]. Die forstlichen Pioniere des beginnenden 19. Jahrhunderts verurteilten die Plenterung, wobei sie wohl eher Plünderung denn eigentliche Plenterung meinten. Eine allmähliche Änderung der Anschauungen bahnte sich erst gegen Ende des letzten Jahrhunderts an, als man die zum Teil verheerenden Folgen der ackerbauähnlichen Waldzucht mit ihren gleichförmigen Fichtenbeständen erkannte. Eine eigentliche Renaissance erlebte die Plenterung um 1900. Damals trat unter anderen Arnold Engler, Professor für Waldbau an der ETH, für das Plenterprinzip ein[4]. Die Bauernregeln setzen sich mit der Plenterung nicht auseinander. Eine Ausnahme bilden die beiden aus dem Emmental überlieferten Regeln:

> «*Bym Dureforschte mues me d Auge offe ha*» *(1972).*
> «*Mi sött kei Känneltännli schla,*
> *es sige Schuelbuebe z Tod schla*» *(1972).*

Die meisten Bauernregeln auch des 20. Jahrhunderts setzen sich – soweit sie überhaupt auf den Wald eingehen – mit forstlichen Nebennutzungen auseinander.

> «*Wenn die Haselnüsse geraten, gibt es auch viel Eicheln*»,

heißt eine Regel aus Graubünden. Sie deckt sich genau mit einer Regel des Churer Schreibkalenders von 1708. Analog dazu meint die Regel aus Ocourt BE:

> «*Peu de noisettes, peu de glands (Eicheln).*»

Aus dem Bergell und Tessin stammen einige Regeln, die sich mit der Kastanienkultur befassen.

> «*Die letzte Augustwoche und die erste Septemberwoche sind die Schlüssel der Kastanien*»,

lautet eine Bauernregel aus Soglio im Bergell. Eine Bauernregel aus Vira-Mezzovico TI stellt Beziehungen zwischen dem Kastanienaustrieb und der Ernte her:

> «*Wenn die Kastanienbäume im April sprießen, dann gibt es eine Menge Kastanien; wenn sie im Mai sprießen, erntet man sie in einem Sack, wenn sie im Juni sprießen, erntet man sie mit einer Hand.*»

Als schädlich bezeichnet eine Regel aus Mugena TI die Nebel:

> «*Die Augustnebel fressen alle Kastanien*»,

heißt es kurz und bündig. Eine Regel aus dem Bergell befaßt sich auch mit den Niederschlägen und ihrer Bedeutung für die Kastanienernte.

> «*Gibt es Emd auf jeder Halde,*
> *tragen die Bäume wenig Kastanien.*»

Alle diese Regeln sind Zeugen der alten, heute nur noch in spärlichen Relikten vorhandenen Kastanienkultur. Verschiedene Bauernregeln befassen sich mit dem Wachstum der Waldbäume. So lautet etwa die weit verbreitete Regel:

> «*Nach Laurenzi Ehr (10. August)*
> *wächst das Holz nicht mehr.*»

Ebenso bekannt ist die Regel:

> «*Fabian und Sebastian (20. Januar)*
> *lassen den Saft in die Bäume gan.*»

Sie ist aus Graubünden und dem Kanton Glarus überliefert. Sie wird im Zusammenhang mit den Holzernteregeln betrachtet und kommentiert.

Zur Bedeutung der Bauernregeln; ihre Zukunft

Die Bauernregeln, vor allem die Wetterregeln, sind Zeugen einer jahrtausendealten Auseinandersetzung mit der für die Land- und Forstwirtschaft so bedeutenden Witterung und den klimatischen Verhältnissen. Das überrascht uns nicht, entscheidet doch die Witterung in weitgehendem Maße über Erfolg oder Mißerfolg land- und forstwirtschaftlicher Arbeiten. Alle Arbeiten in Wald und Flur sind vom Wetter abhängig. Ein «unzeitgemäßer», nicht erwarteter Regen stört nicht nur bei der Arbeit, zwingt vielleicht sogar zur Unterbrechung, sondern verändert auch den Boden, so daß gewisse Geräte nicht mehr arbeitsfähig sind. In einem Jahr wirkt die Düngung stark, in einem andern weniger oder gar nicht. Bei größeren Windstärken gelingt das Düngen nicht. Vor allem die Erntearbeiten sind vollständig von der Witterung abhängig. Kurzum, Klima und Wetter wirken formend und bestimmend in die Pflanzenproduktion ein. Auch der Boden und seine Ertragsleistung werden in stärkstem Maße beeinflußt. Das wußte man von jeher mehr oder weniger bestimmt. Hierauf stellte sich die Frage, ob es Mittel geben könnte, um sich vor ungünstigen und überraschenden Ereignissen abzuschirmen und sie vorauszusehen. Eine Wettervorhersage im heutigen Sinn gab es nicht. Deshalb war man, wollte man nicht zum Hundertjährigen Kalender und zu magischen Hilfsmitteln greifen, auf die Zeichen in Feld, Wald und Hof angewiesen. Indem man sie deutete und in eine prägsame Form faßte, schuf man Formeln und Gedächtnisstützen. Bäuerliche Wetterregeln waren deshalb – allen Mängeln zum Trotz – sicher eine Hilfe, und sie können es, bei richtiger Interpretation, in ergänzender Weise zu den meteorologischen Erkenntnissen und Vorhersagen auch heute und morgen noch sein. Denn mit dem Lokalklima und der lokalen Witterung werden sich die Meteorologen wohl nie in dem Maße befassen können und wollen, wie es für den Landwirt und Förster wünschbar wäre. Freilich wird die Zukunft mehr und mehr der modernen Meteorologie im allgemeinen und der Agrar-Meteorologie im speziellen gehören, und sie wird die komplizierten und vielfältigen Beziehungen ungleich viel besser erforschen und überblicken können, als es dem alten bäuerlichen Regelwerk möglich gewesen ist. Doch wird der Bauer und Förster in voller Kenntnis der wissenschaftlichen Errungenschaften und Techniken wohl auch in Zukunft seinen Boden, seine Wälder und Fluren, sein Wetter verfolgen müssen. Zwar wird man, wie Mylius einmal sagte, genötigt sein, mit einer ganzen Anzahl geheiligter Erfahrungssätze der Volks-Meteorologie zu brechen. Prognose und örtliche Beobachtung schließen sich indessen nicht aus, sondern ergänzen sich. Es wäre ebenso töricht wie sinnlos, das eine Verfahren gegen das andere auszuspielen. «Ich hege den Wunsch», sagte Alexander von Humboldt, «daß Sie ein wenig für sich selbst beobachten, weil Sie durch eigenes Beobachten mehr lernen werden als durch alle Vorlesungen[1].»

Das Schicksal der land- und forstwirtschaftlichen Regeln erscheint in einem andern Licht. Ähnlich wie die Wetterregeln hatten auch sie einen großen Einfluß auf die Entwicklung der Land- und Forstwirtschaft. Sie dienten, als es noch keine Agrarwissenschaft, Agrartechnik und Forstwissenschaft gab, als Mentoren und Wegweiser.

Von einigen Ausnahmen abgesehen, haben sie mit seltener Intuition auf empirische Weise das «Richtige» getroffen. Sie waren deshalb imstande, die Land- und Forstwirtschaft entscheidend zu fördern. Insgesamt galten sie jedoch einer vortechnischen, auf Selbstversorgung und -bedarfsdeckung ausgerichteten Land- und Forstwirtschaft, und sie kannten die modernen Hilfsmittel in den verschiedenen Sektoren nicht. Haben sie die Entwicklung gar nicht sehen wollen? Haben sie, genauer gesagt: haben die Benützer selbst noch an den Regeln festgehalten, als sie durch die Wissenschaft und Technik und ökonomisch-soziologischen Strukturen überholt waren? Sicherlich gab es solche

Fälle. Sie scheinen indessen, wie neuere agrarsoziologische Untersuchungen zeigen, selbst in traditionsreichen Regionen verhältnismäßig selten zu sein. Wir wollen dies an einem Beispiel verdeutlichen. In seiner Untersuchung im Diemtigtal stellte A. Koellreuter die Frage: «Welcher der folgenden Punkte ist für das Führen eines landwirtschaftlichen Betriebes am wichtigsten, am zweitwichtigsten: eine gute Ausbildung, die genaue Beobachtung der Natur, viel Erfahrung, die Führung einer landwirtschaftlichen Buchhaltung, das Befolgen der Bauernregeln?» Eine Antwort im ersten Rang erhielt 5 Punkte, im zweiten Rang 4 Punkte usw. Das Resultat fiel eindeutig aus. An erster Stelle stand mit 398 Punkten die Ausbildung; an zweiter Stelle folgte die Erfahrung mit 366 Punkten, an dritter Position stand die Naturbeobachtung mit 360 Punkten, an vierter Stelle rangierte die Buchhaltung mit 245 Punkten, und erst an letzter und fünfter Stelle kamen die Bauernregeln mit 131 Punkten[2]. Man hat also den Bauernregeln eine ganz untergeordnete Bedeutung zugemessen. Wie wir schon in anderem Zusammenhang darlegten (Kapitel Tradierung und sozialpsychologische Situation), stehen vor allem die jungen Landwirte einer weiteren Tradierung kritisch, wenn nicht ablehnend gegenüber. Anders verhält es sich mit der älteren Generation. «Ein großer Teil der älteren Generation lebt im Unterbewußtsein den noch vorhandenen alten Traditionsregeln und Überlieferungen kritiklos nach und stellt sie nur selten in Frage. Manche geraten dabei in einen inneren Konflikt mit der fortschreitenden Technisierung und Modernisierung in der Landwirtschaft[3].» Ähnliche Feststellungen finden wir in den agrarsoziologischen Untersuchungen von A. Dönz, W. Wyder, P. Hugger, J. Nußbaumer, U. Jäggi und W. Bonderer. A. Dönz im besonderen glaubte in einer bestimmten Bergregion (Prättigau) nachweisen zu können, daß sich manche älteren Bauern an alte Arbeitsbereiche und überholte betriebswirtschaftliche Einrichtungen klammern und daß es tatsächlich deshalb zu Konflikten und Schwierigkeiten kommen kann. Andererseits geht doch aus mancher Untersuchung hervor, daß gerade im Bannkreis der Technik eine legitime und begreifliche Sehnsucht nach altüberlieferten, vom Volk geschaffenen und von der Tradition geadelten Kulturgütern wächst. Schon im Jahre 1957 hat R. Weiß darauf aufmerksam gemacht, daß der Bergbauer – der sich ja in besonderer sozioökonomischer Bedrängnis befindet – durch die Sennen- und Küherlieder eine «unrealistische, aber wohltätige Selbstverklärung» sucht und auch erfährt[4], und P. Hugger bestätigt in einer neuen Untersuchung von 1972 diese Wahrnehmung: «Es gibt», so sagt er, «Alpwirte, die alle Bräuche, das ‹sennische Gehabe› insbesondere, als vergangen abtun. Daneben aber gibt es die ‹vrais mordus›, die meist an den Bräuchen festhalten, im Bewußtsein, daß mit ihrer Preisgabe ein letztes Stück Kultur dahinfallen würde[5].» Gegen sie und ihresgleichen richtet sich der Zorn aller jener, die Traditionen und Bräuche als verdächtig, als gefährliche und fortschrittshemmende Elemente der Statik ableh-

nen. Selbst Volkskundler, beispielsweise die Kreise um Hermann Bausinger in Tübingen, beginnen die Begriffe Kontinuität und Tradition einer scharfen Kritik zu unterziehen, ja den Sachverhalt selbst in Frage zu stellen. Der Gedanke des Tradierens über weite Zeiträume sei eine fragwürdige Angelegenheit. Es gelte, die Volkskunde von der rückwärts gerichteten Blickrichtung, die zum Stagnieren verleite, zu befreien und sie zu einer sozial engagierten Wissenschaft zu gestalten, die mithelfe, gesellschaftliche Mißstände bewußt zu machen, und auf deren Abschaffung dränge[6]. Paul Hugger sieht, abgesehen vom pamphletischen Charakter vieler Publikationen und Streitschriften, in der Bewegung auch etwas Positives: «Es kommt zur Besinnung auf das Grundsätzliche, neue Blickpunkte und Perspektiven werden eröffnet. Allerdings ist die Gefahr einer zu heftigen Abkehr vom Alten gegeben, die manches Bewährte und Wertvolle unbesehen verschüttet[7].» Wir halten es mit Josef Dünninger, der gegen die zeitkritische Ablehnung des traditionellen Elementes in unserer Kultur und die ideologische Verurteilung des «Traditionellen» als Stagnation entschieden Stellung nahm. «Tradition und Geschichte sind keine Gegensätze, vielmehr ist Tradition ein Element des Geschichtlichen, ja kann erst vom Geschichtlichen her völlig verstanden werden. Wir sprechen nicht mehr von zeitloser Tradition, sondern wissen, daß alle traditionellen Elemente in der Geschichte ihren Anfang und ihr Ende haben. Tradition ist nicht ein außer- oder nebengeschichtliches Phänomen, sondern selbst ein geschichtlicher Vorgang. Die Gefahr, dabei alle traditionellen Elemente in bloße geschichtliche Singularität aufzulösen, völlig einem bloßen Historismus zu verfallen, besteht natürlich. Aber Tradition ist es gerade, was die Geschichte zusammenhält, auch bei aller geschichtlichen Differenzierung der traditionellen Tatbestände[8].»
Unter dem Gesichtspunkt der Überlieferungstreue bietet die bäuerliche Landwirtschaft ein widersprüchliches Bild: Einerseits stellen wir in manchen Fällen ein ausgeprägtes Verharren am Alten, Herkömmlichen, ein Festhalten an Arbeitstechniken, die sich nachweisbar seit Jahrhunderten, vielleicht sogar Jahrtausenden kaum geändert haben, fest. Andererseits hat sich auch in der Landwirtschaft ein Umbruch, ein Aufbruch zu neuen Ufern vollzogen, und man ist bereit, modernste Arbeitstechniken und -methoden zu übernehmen und anzuwenden. Dieser Vorgang geschieht vor dem Hintergrund der Entzauberung der Welt, der «Verdrängung des magisch-präkausalen Weltverständnisses, Denkens und Erlebens durch ein rational-wissenschaftliches»[9]. Gleichzeitig drang auch eine neue Lebenshaltung in den Bauernstand ein: ein Streben nach höherem Lebensstandard, welches seit dem 18. Jahrhundert als Massenerscheinung der industriellen Gesellschaft auftrat, erfaßte auch die bäuerlichen Schichten. Neben diesen sozio-kulturellen Kriterien sind auch Aspekte der Verhaltenspsychologie miteinzubeziehen. Vor allem haben wir die Frage nach der Lernbereitschaft und der Lernbefähigung des Menschen zu erläutern. Noch im 19. Jahr-

hundert war die Lernanlage und Lernbefähigung auf eine bestimmte Entwicklungsphase beschränkt. Die Lernbereitschaft erstreckte sich vor allem auf die ersten Phasen des Lebens, auf die Kindheit und Jugend bis zur erfolgten Eingliederung ins berufliche und gesellschaftliche Leben. Mit der Aneignung der Arbeitstechniken und Kenntnisse erlosch zwar der Impuls zu lernen nicht, doch waren die Anreize dazu im modernen Sinne nicht mehr sehr groß. Auch das Angebot an zu Erlernendem blieb knapp. Die bäuerlichen Techniken und Arbeitsweisen blieben überschaubar und auch innerhalb einer gewissen Zeit erlernbar. Das ist zusammen mit den «Zwängen», die sich aus der Fruchtfolge, der Flurverfassung, den während Jahrhunderten geltenden «Gesetzen», wie sie Gemeinschafts- und Korporationsarbeit erheischten, ein Grund, weshalb im bäuerlichen Bereich am Überlieferten festgehalten wurde. Mit der Öffnung der Landwirtschaft zum technischen Fortschritt hin wurde das Lernvermögen des Menschen zur wichtigen Voraussetzung des Fortschrittes. «Heute wird der Erwachsene dauernd in seinem Lernwillen angesprochen. In allen möglichen Formen wird Erwachsenenbildung propagiert, durch Fernkurse, Volkshochschulen, Telekolleg. Ja, bis ins hohe Alter hinein soll der Mensch lernen, damit die geistige Vergreisung hinausgeschoben wird. Abschließend die entsprechende Stellungnahme eines Lernpädagogen: ‹Der Mensch ist sein ganzes Leben lang lernfähig und lernbedürftig. Die Mobilität des Lebens macht es sinnlos, zu versuchen, mit einem in Kindheit und Jugend gespeicherten Vorratswissen durch Jahrzehnte hindurch auszukommen. Dieses Vorratswissen veraltet heute schnell; die wissenschaftliche Entwicklung bringt in schnellem Vorgang neue Ergebnisse, und ebenso ändern sich die Bedingungen und Aufgaben des Lebens rapide. Die traditionelle Auffassung, es genüge ein einmaliges Erlernen von Grundkenntnissen, setzt eine statische Sicht des Lebens und seiner Ordnung voraus. Heute ist sie einer dynamischen Denk- und Lebensart gewichen›[10].» Wir erinnern nochmals an das einprägsame Wort von Jacob Burckhardt: «Unser Leben ist ein Geschäft, das damalige war ein Dasein.» Aber was wird mit den Menschen, die dieses Geschäft betreiben? Was geschieht mit denen, die begonnen haben, sich mit der ganzen Komplexität der gegenwärtigen Wirklichkeit einzulassen? Was ist angesichts der Auflösung der alten Bindungen zu tun? Wie verbinden wir die Tradition mit dem Fortschritt? Was machen wir mit den Gütern der alten Volkskultur, zu denen auch die Bauernregeln gehören? Sind sie nicht bewußt zu machen und in den Bildungsprozeß einzubauen? Gibt es nicht in diesem unwahrscheinlich reichen Regelwerk neben solchen Regeln, die überholt sind, auch jene, deren Sinn und Inhalt unvergänglich ist?

III. Sammlung der Regeln

Hinweise zur Edition der Regelsammlung

Für den Abdruck der Quellen waren die für wissenschaftliche Editionen gültigen Regeln maßgebend. Verschiedene Originaltexte sind so uneinheitlich, daß im Interesse der Lesbarkeit Vereinfachungen vorgenommen werden mußten. Grundsätzlich sind bei den Dialektregeln keine diakritischen Zeichen und auch keine Apostrophe verwendet worden. Die Sprachforscher müssen deshalb die bei jeder Regel angegebene Quelle oder Literatur konsultieren. Kommen die gleichen Regeln mehrmals vor, ändert bloß die Orts- und Regionenangabe; so werden sie nur einmal gedruckt. Hingegen werden in solchen Fällen die Orts- und Quellenangaben der gleichnamigen Regeln angegeben. Bei jeder Regel befindet sich der Hinweis auf die Quelle oder die Literatur. Bei den mündlichen Befragungen ist entweder der Befragte oder die Gewährsperson angegeben. Die Literaturangaben sind, wo dies möglich war, gekürzt. In gewissen Fällen ist das Literaturverzeichnis heranzuziehen. Dort, wo eine Interpretation für eine einzelne Regel angezeigt schien, ist sie in Klammern gesetzt oder mit einem I = Interpretation versehen worden.

Innerhalb der einzelnen Sachbereiche sind die Regeln chronologisch geordnet.

Wir benutzten fast ausschließlich schweizerische Quellen; aus entwicklungsgeschichtlichen Gründen sind einige antike Autoren beigezogen worden.

Wetterregeln

A. ORAKEL

Eine alte griechische Wettervoraussage verlangt, man solle auf Feigenblätter die Namen der 12 Monate des Jahres beim Siriusaufgang schreiben und sie in der Nacht im Freien liegen lassen. Das Blatt, das am andern Morgen feucht ist, zeigt an, daß der daraufgeschriebene Monat schlechtes Wetter haben wird. Von einer entsprechend einfachen Schlußfolgerung der Ägypter aus Samenkörnern über den Ausfall der Ernte am Tag des Siriusaufgangs berichtet ein anderer antiker Text.

E. Knapp, Volksk. i. d. roman. Wetterregeln, S. 59

Wiltu krieg, hunger und sterben,
armut und der leut verderben
erkennen, sagen und wissen,

so biß an dem herbst geflissen,
zu sehen, was in lauböpfeln sey.
Schneid ir auf zwen oder drey.
Findst du darinnen fliegen,
bedeut das nächst jar groß kriegen!
Findst du dann ain würmlein,
das jar wirt faißt und fruchtbar sein!
Findst du aber darin ain spinnen,
wir werden ain sterbent gewinnen!
Dise regel hat uns gegeben
Silvanus: merckts und behalts eben!

L. Reynman, Wetterbüchlein 1505

In dem Herbstmonat. Wiltu sehen, wie das jar geraten sol, so nym war der aychöpfel umb sant Michels tag. Bey dem sicht man, wie das jar geraten soll. Hand sy spinnen, so kompt ain böß jar. Handt sy fliegen, so ist es ain milte zeit. Hand sy maden, sa kompt ain gut jar. Ist nichts darin, so kompt ain tod. Ist der öpfel vil und früe, so wirt der winter, und vil schnee vor weihennachten und darnach wirt es kalt. Seind die nerlich darin schön, so wirdt der Summer schön und das korn. Seindt sy aber naß, so wirt der sumer auch naß. Seindt sy aber mager, so wirt es ain hayßer summer.

Bauernpraktik 1508

Im Wintermonat. Ob der winter kalt oder warm werd, so gang umb allerhailigentag zu ainer buchen und haw ain span daraus, und ist er trucken, so ist der winter warm. An sant Andres abent versuch, ob ain feucht oder dürr jar kombt, und das thut man mit ainem glaß vol wasser. Kumbt ain feucht naß jar, so lauft es über, und soll ain dürr jar kommen, so schwimpt es oben entbor. Item wann recht rauchnecht kummen, so komen gut jar. Das ist, wann sy kommen an dorntagnechten oder do man flaisch an ißt und nit an freytag und sambstagnächt, da man nit flaisch an yßt.

Bauernpraktik 1508

Am Allerheiligen-Tag (1. November) hauen die Bauern einen Spahn aus einer Buche, ist der Spahn naß, so wird es einen nassen Winter, ist er trucken, ein kalter Winter.
Etlich nehmen am Andreas Abend (10. November) ein Glas und güßens strich voll Wasser und setzens auf einen Tisch da niemand zukommt. Geußt es vor sich selber über, so bedeuts ein Fruchtjahr, bleibt es aber also stehen, so wirds ein trucken Jahr.
Es haben auch die Alten um Michaelis (29. September) einen Eich-Apfel aufgebrochen, fanden sie darinnen einen Spinner, so haben sie das künftig Jahr für ein unglückselig Jahr gehalten. Haben sie darin

eine Fliege gefunden, so es für ein mittelmäßig Jahr gehalten, ist es eine Made gewesen, so haben sie auf ein gutes Jahr geschlossen.
Zürich, 17. Jahrhundert | Handschrift 1692

Herbstmonat.
Die eichöpfel umb Michaelis tag
von den man s' Jar erkennen mag.
Sind die Eichöpfel frü und vil,
lug, was der Winter machen wil:
er summt mit vil Schnee vor Wienachten,
darnach magst du groß Kelte trachten!
Sind die Öpfel schön innerlich,
ein Summer gut volgt sicherlich.
Werdend sy innen naß erfunden,
ein Summer naß zeigends der Stunden.
Sinds mager, wirt der Summer heiß:
das sey dir gsagt, als wol ichs weiß!
Zürcher Bauernkalender 1574

Wintermonat.
Umb aller Heiligen Tag solt gan
und houw von einer Buch ein Span.
So dann der Span gar trochen ist,
fücht warm wirt der Winter vermist.
Ist aber naß das obgemeldt Zeichen,
wirt uns kalten Winter reichen.
So du aber wilt gwüß vernen,
obs ein dürr oder fücht Jar werd gen,
so stell an Andres Abend nider
ein Glaß mit Wasser, kumm morn wider:
loufts über, so kumpt ein fücht Jar,
wirt es dürr heiß, so schwimmts enbor!
Zürcher Bauernkalender 1574

Die Alten haben nachfolgende Gemerck auß den Eich-Aepffeln umb Michaelis genommen, welche auf der Erfahrung, die man davon selbst nehmen könnte, beruhen. Eine Mucke darinnen soll auf ein mittelmäßig Jahr deuten. Ein Würmlein und Made darinnen soll ein Zeichen zum fruchtbaren Jahr geben. Wann sie entzwey geschnitten frisch und safftig sind, bedeuten sie einen fruchtbaren Sommer. Wann nichts darinn ist, solls auf Sterben deuten. Wann sie wässerig sind, sollen sie auf ein nasses und theures Jahr deuten. Seind sie aber dürz und eingeschrumpffen, soll ein dürzer unfruchtbarer Sommer zu vermuthen seyn.
Hausbuch König 1705, S. 1004 und 1006

Briche einen Galläpfel auff, wann in demselben eine Spinn, so soll das künfftige Jahr ein Sterbend, ist aber eine Fliege darinnen, so solle der Krieg, ists eine Made, ein gutes Jahr kommen.

Churer Schreibkalender 1708

Die Weihnachtsreben zeigen das Wachstum der Reben im kommenden Jahr. Hiezu stellt man am Weihnachtstag einen oder mehrere Häfen oder Becken mit Sand und Wasser bereit, steckt einige frisch abgeschnittene, 6–8 Zoll lange Gerten von Reben darein und stellt sie an einen geeigneten Ort der Wohnstube. Wie sich diese Rebzweige entwickeln, so soll es auch im nächstfolgenden Jahr in den Weinbergen kommen.

Rafz ZH 1847 / W. Höhn, Volksbotanik, S. 58

In der Silvesternacht soll man den Obstbäumen helsen (ein Neujahrsgeschenk geben), so bringen sie viel Früchte. In der letzten Viertelstunde des alten und in der ersten des neuen Jahres sollen Bauersleute beim Glockengeläute um den Stamm eines Obstbaumes in der Nähe ihrer Wohnung 3–4 Fuß über der Erde ein ungefähr ein Zoll dickes Band aus Strohhalmen binden und es über den Winter dran lassen, bis es abfällt.

Rafzerfeld ZH 1840 / Medikus J. J. Graf, W. Höhn, Volksbotanik, S. 46

Am ersten Weihnachtstag, mittags 11 Uhr, während des Mittagsläutens die Obstbaumstämme mit gewundenem Stroh (Schaub) etwa 3 Fuß über den Boden umwickeln, soweit man bis zum Schlusse des Läutens kommen konnte, weil man glaubte, im folgenden Jahr würde ein reicher Obstsegen eintreten.

Pfäffikersee ZH 1840 / W. Höhn, Volksbotanik, S. 46

Bäume werden fruchtbar, wenn man sie an Weihnachten beim Vesperläuten mit Weiden umwindet.

Kanton Zürich 1898 / Schweiz. Archiv f. Volksk. 1898, 2. Jg., S. 264

Um das Ungeziefer für 7 Jahre von dem aufbewahrten Getreide fernzuhalten, wird der Bindknebel von einer Stechpalme genommen, welche am Charfreitag Nachts 12 Uhr abgeschnitten worden ist. Derjenige, welcher die Palme schneidet, darf auf dem Gang zu derselben nie zurücksehen und keinen Begegnenden grüßen. Das Holz muß mit einem Streich gehauen werden und zwar in den 3 höchsten N., und während des Abschneidens muß man einen in einem Jahr gewachsenen Doppelschoß von einer Haselstaude im Mund halten.

Wädenswil ZH 1865 / Mannhardt-Untersuchung, Schweiz. Archiv. f. Volksk., 1971, Heft 3, S. 344

Christmonat. Donneret es in diesem Monat, so bedeutet es viel Regen und Wind.
Churer Schreibkalender 1708

Ist es windig an den Weynachts-Feyertagen, so tragen die Bäume viel Obst.
Churer Schreibkalender 1708

Am St. Martins Abend tödten die Bauren eine Gans, braten sie und essen das Fleisch, an dem Brustknochen können sie sehen, ob es ein linder, oder harter Winter geben werd: Sie sehens an Farben.
Churer Schreibkalender 1708

Am ersten Tag des Monats Oktober hauen die Bauren einen Spaan auß einer Buchen, ist er troken, so wird ein kalter, herber Winter folgen, ist er naß, so giebt es ein nasser winter.
Churer Schreibkalender 1708

Das Zwiebelorakel (Bölläglöüs), das die künftige Witterung zu entschleiern sucht, gestaltet sich folgendermaßen. Man schneidet am Heiligen Weihnachtsabend eine Zwiebel in zwei gleiche Teile, löst 12 Schalen davon ab, legt in jede eine Prise Salz, worauf ein Rosenkranz gebetet wird. Nach Beendigung desselben wird Nachschau gehalten. Die relative Feuchtigkeit der Schalen läßt Schlüsse ziehen auf die Witterung der betreffenden Monate des folgenden Jahres.
Ist das Salz in einer Schale zu Wasser geworden, so wird «Pluvius» sein Naß in nur zu verschwenderischem Maße austeilen. Ist aber eine Schale trocken geblieben, so wird der entsprechende Monat große Trockenheit zu verzeichnen haben.
Das Zwiebelorakel wird aber auch zu Rate gezogen, wenn man einen Einblick tun will in die Fruchtbarkeit des folgenden Jahres. Das Orakel erfährt nur insoweit eine Abweichung, daß eine Schale nicht mehr dem Witterungscharakter eines Monats, sondern einer Feldfrucht zugedacht wird. Hat doch der Sarganserländer ein großes Interesse, in Erfahrung zu bringen, ob die Mais-, Kartoffel- und Weinernte, die viele Mühe und Arbeit, die er für seine Hauptkulturen aufwendet und die ihn neben der Viehzucht und dem damit verbundenen Wiesenbau beständig in Atem halten, auch lohnen. Nach Beendigung des gemeinschaftlichen Rosenkranzes um den Familientisch herum wird auch hier wieder Nachschau gehalten. Weist eine Schale Verflüssigung des Salzes auf, so verspricht man sich für die zugedachte Frucht ein «Groutjour», hingegen bei Trockenheit derselben ein «Feiljour». Auch die während des Jahres sorgfältig aufbewahrte Jerichorose wird am Weihnachtsabend in den Dienst des Orakels gestellt, indem beim Einstellen derselben in ein Glas Wasser die größere oder kleinere Entfaltung der Blätter in Beziehung zur Fruchtbarkeit des folgenden Jahres gebracht wird.
Sarganserland SG 1909 / Schweiz. Archiv f. Volksk., Jg. XIII, S. 206

Die «Bölleschüsseli». Schon im Herbst, beim Einsammeln der Zwiebeln (Bölle), werden einige gleichgroße Exemplare mittlerer Größe beiseite gelegt, um zum Wetterorakel benützt zu werden. Am Heiligen Abend werden dann diese Zwiebeln halbiert, so daß man 12 gleichgroße «Schüsselchen» erhält, in deren jedes man nun drei Finger voll Salz einlegt. Die einzelnen Schüsselchen werden mit den Namen der 12 Monatstage versehen oder entsprechend numeriert und bleiben nun nebeneinander über Nacht auf dem Tisch stehen. Am folgenden Morgen sieht man nach, in welchen Zwiebelschalen das Salz zerflossen und naß geworden, in welchen es aber trocken blieb. Die naß gewordenen «Bölleschüsseli» bedeuten nasse Monate des nächsten Jahres, diejenigen aber, in denen das Salz trocken blieb, bedeuten trockene Monate. Wichtig ist es natürlich, daß die einzelnen Schälchen ungefähr gleichgroß sind und gleichviel Salz enthalten.

Oberer Zürichsee ZH 1900 | O. Stoll, Zur Kenntnis des Zauberglaubens, der Volksmagie und Volksmedizin in der Schweiz, S. 140

Um die Jahreswitterung vorauszubestimmen, legte man in der «alten heiligen Nacht» (5. Januar = Weihnacht des julianischen Kalenders) Salz auf 12 Zwiebelhülsen. Je nachdem diese bis am Morgen Wasser anzuziehen vermögen, werden die Monate naß oder trocken.

Oberthal (Emmental) BE 19. Jahrhundert | F. Schwarz, Volksglaube und Volksbrauch aus Oberthal im Emmenthal, Blätter für bernische Geschichte, Kunst und Altertumskunde, Jg. IX

In der alten heiligen Nacht (nach dem julianischen Kalender) kann man erfahren, wie das Wetter im nächsten Jahre werden wird. Man legt zu dem Zwecke 12 Zwiebelschalen auf den Tisch, legt eine Portion Salz in jede und sieht zu, ob das Salz Wasser zieht oder nicht. Da, wo das Salz trocken bleibt, schließt man auf einen trockenen, da, wo es Wasser zieht, auf einen regnerischen Monat.

Emmental BE 1911 | Schweiz. Archiv f. Volksk., Jg. XV, S. 2

In einzelnen Gegenden am Zürichsee legte sich an Weihnacht-Fronfasten ein Mann nachts 12 Uhr auf einem Hügel auf den Rücken, um die Beschaffenheit des folgenden Jahres zu erkunden; weit verbreitet ist das Zwiebelorakel: man schneidet Zwiebeln entzwei, füllt 12 der ausgelösten schalenförmigen Schichten, die je einen Monat bedeuten, mit Salz und schließt aus der verhältnismäßigen Feuchtigkeit, die das Salz am andern Morgen gezogen hat, auf die Niederschläge des betreffenden Monats.

Kantone Zug, Luzern, St. Gallen, Zürich, Bern, Basselland, Uri, Freiburg, Schweiz 1940 | E. Hoffmann-Krayer, Feste und Bräuche des Schweizer Volkes S. 95

Am Andreastag oder Altjahrabend werden 12 Zwiebel- oder Nußschalen mit Salz gefüllt und zu jeder ein Monatsname geschrieben. Wo am nächsten Morgen das Salz feucht ist, bedeutet's einen feuchten Monat.

Kanton Zürich 1898 / Schweiz. Archiv f. Volksk., 1898, S. 222

Die 12 Lostage beschlagen den Zeitraum von Weihnachten bis Dreikönigen. Ihr Witterungscharakter entspricht demjenigen der 12 Monate des folgenden Jahres. Besonderer Beliebtheit zur Untersuchung irgendwelchen Orakels erfreut sich der heilige Weihnachtsabend.

Sarganserland SG 1909 / Schweiz. Archiv f. Volksk., Jg. XIII, S. 206

Kalender.
Willst du sehen wie das Jahr geraten soll,
so merke folgende Lehre gar wohl:
nimm wahr den Eichapfel am Michaelstag,
an welchem man das Jahr erkennen mag;
haben sie Spinnen, so folgt kein gutes Jahr;
haben sie Fliegen, so zeigt's ein Mitteljahr, fürwahr;
haben sie Maden, so wird das Jahr gut;
ist nichts darin, so hält der Tod die Hut.
sind die Eichäpfel früh und sehr viel,
so schau, was der Winter verrichten will.
Mit vielem Schnee kommt er vor Weihnachten,
darnach magst du große Kälte betrachten.
Sind die Eichäpfel ganz schön innerlich,
so folgt ein schöner reicher Sommer sicherlich,
werden sie innerlich naß erfunden,
tut einen nassen Sommer bekunden;
sind sie mager, so wird der Sommer heiß,
das sei dir gesagt mit allem Fleiß.

Hundertjähriger Kalender, Zürich 1942

Die Jericho-Rose. Der glückliche Besitzer einer Jerichorose *(Anastatica hierochuntica L.)* oder, wie sie auch genannt wird, «Weihnachtsrose» pflegt sein Exemplar dieser bekanntlich stark xerophilen und hygroskopischen Pflanze alljährlich am «Heiligen Abend», das heißt am Vorabend des heiligen Weihnachtsfestes, gewöhnlich bei eintretender Dunkelheit, in ein Glas Wasser auf den Tisch zu stellen und so lange im Wasser stehen zu lassen, bis sich die kugelförmig zusammengekrümmten, holzigen Zweige und Fruchtklappen durch Wasseraufnahme gestreckt und die Form einer geöffneten «Rose» angenommen haben. Öffnet sich die «Rose» voll und schön *vor* Mitternacht, so geht die allgemeine Ansicht dahin, daß das kommende Jahr ein recht gutes sein werde. Erschließt sich die «Rose» dagegen erst *nach* Mitternacht oder gegen Morgen hin, so steht ein mißliches oder selbst schlechtes Jahr bevor.

In Galgenen befinden sich ein paar solcher Jerichorosen, deren Besitzer angeben, daß sie schon über hundert Jahre alt seien, da ihre Vorfahren sie von ihrer Pilgerfahrt ins Heilige Land mitgebracht hätten. Sie werden daher in hohen Ehren gehalten.

Oberer Zürichsee ZH 1900 | O.Stoll, Zur Kenntnis des Zauberglaubens, der Volksmagie und Volksmedizin in der Schweiz, S.139/40

Am alten heiligen Tag soll kein Pferd aus dem Stalle genommen werden. Das Vieh soll getränkt werden, bevor ein Vogel über den Trog fliegt. Heu soll ins Freie oder unter die Dachtraufe getan werden. Man gibt dies am heiligen Morgen den Tieren zu fressen und läßt sie zum Brunnen, bevor ein Vogel darüber fliegt, damit es ihnen das Jahr hindurch nichts gibt. Oder man legt Heu unter einen schwarzen Kirschbaum und gibt es den Tieren zu fressen, damit sie das Jahr hindurch genügend zu fressen haben.

Emmental BE 1911 | Schweiz. Archiv f. Volksk., Jg. XV, S.4

D'Auseinzas matevni or ena curtagna sot tschiel aveart. Schi pudevan la seira piglier anaint sitga ella, schi nivla la garneza bunmartgeda, niv'ella aber bletscha, schi dav'igl tgera garneza.

An Auffahrt stellte man einen Scheffel unter offenen Himmel. Konnte man ihn abends trocken hereinnehmen, wurde das Korn billig; wurde der Scheffel aber naß, wurde das Korn teurer.

Rätoroman. Chrestomathie 1896/1919, S.694

Legt man das Brot mit der Fläche aufwärts auf den Tisch, so haben Hexen in Haus und Stall keine Gewalt.

Davos GR 1937 | J.Bärtschi, Der Davoser im Lichte seiner Sprichwörter und Redensarten

Trägt man die Milch einer frischgekalberten Kuh aus dem Stall, so muß man sie bedecken, damit die Hexen der Kuh nichts anhaben können.

Davos GR 1937 | J.Bärtschi, Der Davoser im Lichte seiner Sprichwörter und Redensarten

Steht ein Stück Vieh im Stalle um, so zieht man es immer rückwärts (wider die Haarlage) heraus, damit kein anderes Stück nachkomme.

Davos GR 1937 | J.Bärtschi, Der Davoser im Lichte seiner Sprichwörter und Redensarten

Bei der Alpfahrt soll man keinen Garten oder Acker jäten gehn, «sus tuod me dem Veh d Weid usm Mul zerre».

Davos GR 1937 | J.Bärtschi, Der Davoser im Lichte seiner Sprichwörter und Redensarten

Wer ein Rotschwänzchen tötet oder ihm die Eier aus dem Nest nimmt, dem geht ein Stück Vieh zugrunde oder es gibt sonst ein Unglück.

Davos GR 1937 | J. Bärtschi, Der Davoser im Lichte seiner Sprichwörter und Redensarten

Am Barbaratag (4. Dezember) soll man einen Kirschenzweig ins Wasser stellen. Wenn die Blüten aufgehen, gibt's ein fruchtbares Jahr.

Liestal BL 1920 | Sammlung Müller

Weitverbreitet ist der Brauch der Jerichorose *(Anastatica hierochuntica L.)*, die man am Weihnachtsabend in einem mit Wasser (oft sogar mit Weihwasser) gefüllten Gefäß auf den Tisch stellt und aus deren Aufgehen man auf ein gesegnetes Jahr schließt. Ähnlich das Einstellen eines Kirschbaumzweiges, der bis Neujahr aufgeblüht sein muß, wenn das Wetter gut sein soll.

Schweiz 1940 | E. Hoffmann-Krayer, Feste und Bräuche des Schweizer Volkes S. 96

Fällt das Laub nicht weit vom Baum, so folgt ein fruchtbares Jahr.

Sammlung Strub, Jenisberg GR

Im Oktober schneidet man ein grünes Ästlein einer Buche oder Erle ab: ist es naß, gibt es einen Schneewinter; ist es trocken, gibt es einen schneearmen Winter.

Prättigau GR 1953 | W. Schmitter, Waldarbeit im Prättigau, S. 124

Ob der Winter kalt oder warm soll sein,
so gehe am Allerheiligentag so fein
in das Gehölz zu einer Buchen,
allda magst du folgendes Zeichen suchen:
Hau einen Span davon und ist er trucken,
so wird ein warmer Winter heranrucken;
ist aber naß der abgehaune Span,
so kommt ein kalter Winter auf den Plan.

Hundertjähriger Kalender, Zürich 1942

Am Charfreitag des Morgens früh zeichnet man (versieht man mit einem Brandzeichen oder mit Einschnitten in die Ohren) auch am liebsten die Schafe und haut den Lämmern von den Schwänzen. (Um sie vor Krankheiten zu schützen.)

Domleschg GR 1900 | Schweiz. Idiotikon 1961, S. 858

Will man bei Kälbern Krankheiten verhindern, so muß man am Karfreitag morgen in eines ihrer Ohren eine kleine Kerbe schneiden.

Diemtigtal BE 1972 | Umfrage 1972, A. Koellreuter

Hört man im Wildheu den Geist (Schneemann), so schneit's am andern Tag.
> *Wil Muotathal SZ | A.G., *1954, Landwirt, Wil Muotathal SZ, Umfrage 1972*

Ertönt in der Nacht ein Ungeheuer im Haus, so schneit es am nächsten Tag.
> *Diemtigtal BE 1972 | Umfrage 1972, A. Koellreuter*

Gibt man den Hühnern und Katzen «Biensch» (Biestmilch), so gibt die Kuh bald keine Milch mehr.
> *Diemtigtal BE 1972 | Umfrage 1972, A. Koellreuter*

An Weihnachten einen «Schübel» Heu auf den Miststock legen = Glück im Stall.
> *Diemtigtal BE 1972 | Umfrage 1972, A. Koellreuter*

Am Silvester 6 Zwiebeln halbieren (= 12 Monate), in jede Hälfte eine kleine Höhlung machen, gleich viel Salz hinein streuen. Am Neujahrstag nachsehen und ablesen, welche Monate trocken oder naß werden. (Nasse Monate = Salz aufgelöst; trockene Monate = Salz noch wie am Vorabend.)
> *Büetigen BE 1972 | Frau H.S., *1935, Bäuerin, Büetigen BE, Umfrage 1972*

Ist die erste Person, der man beim «Zügle» (Alpfahrt) begegnet, ein junges Mädchen, so wird das Jahr fruchtbar, ist es aber eine alte Frau, so gibt es ein schlechtes Jahr.
> *Diemtigtal BE 1972 | Umfrage 1972, A. Koellreuter*

B. LOSTAGE

1. Lostage: Praxis

Der Loostag, einer der zwölf Tage, vom Stephanstag an gerechnet bis mit dem Tage der drei Könige. Den Stephanstag läßt man den Jenner, den darauf folgenden Tag den Hornung repräsentieren usw., so daß endlich die drei Könige dem Christmonate entsprechen. Man glaubt, wie der Loostag in Betreff der Witterung ausfalle, so werde auch der entsprechende Monat sich gestalten; zum Beispiel ist der Stephanstag halb gut und halb schlecht, so würde auch der Jenner halb gut und halb schlecht. Die alten Leute und auch jüngere halten auf den Loostagen sehr viel und pflegen, um sie gehörig im Andenken zu behalten, mit Kreide an die Wand einen Kreis (Monatsring) zu zeichnen, der vollgekreidet wird, wenn der Tag schlecht war, leer oder lauter steht, wenn er gut, halb oder ¼ gekreidet wird, so ein halber oder ein Viertelstag gut war.

Appenzell 1837 / T. Tobler, Appenzellischer Sprachschatz, S. 305

Die Beobachtungen an den Lostagen werden mit Kreide auf der Stubenwand durch Kreise dargestellt, die halbiert (Vor- und Nachmittag) oder in vier Teile geteilt werden; ein leeres Feld bedeutet helles, ein schattiertes bewölktes Wetter, ein quergestricheltes Regen, ein punktiertes Schnee.

Wald ZH 1930 / Schweiz. Idiotikon 1961, S. 916

2. Lostage und Wochentage

Durch den gesamten europäischen Wetterspruchschatz zieht sich der Glaube hindurch, daß Güte und Witterung des Jahres wesentlich von dem Wochentag abhängen, auf den der Jahresanfang bzw. der Christtag fallen. Dieser Aberglaube wurzelt zutiefst in der hellenistischen Laienastrologie, welche «dem Planeten, der den ersten Wochentag des Neujahrs regiert, den Ausschlag über die Schicksale des kommenden Jahres gibt». So stellt zum Beispiel ein griechischer Text, der dem Astrologen Antiochus zugeschrieben wird, für den Samstag folgende Prognose auf: «Sind die Kalenden (Neujahr) an einem Samstag (das heißt dem Tag des Saturn), so wird das Jahr sehr bewegt sein: der Frühling kalt, der Sommer naß, und es gibt wenig Wind. Die Baumfrüchte fallen gut aus, der Herbst wird trocken sein, viele Neugeborene werden sterben, es wird viele Überschwemmungen geben infolge starker Regenfälle...»

E. Knapp, Volksk. i. d. roman. Wetterreg., S. 60

Etlich stehen an Nicasii-Tag (14. Dezember) frü auf und schreiben über die Thüren aller Gemächer: Heut ist Nicasius Tag, der Maüß und Ratten vertreiben mag.

B. Anhorn, Magiologia, Basel 1674, S. 135

Bei der Kirchenvisitation im Frühling 1684 schrieb der Dekan des Unterwetzikoner Kapitels (umfassend ungefähr die heutigen Bezirke Uster und Pfäffikon): «Etlicher Ohrten wird es gebraucht, daß man das viech an der Weihnacht mittnacht tränkht; solle das ganze Jahr besser thrüyen. Item am Neüwen Jahr (Brot) bachet, solle durchs Jahr gesegneter syn. Wie disem aberglauben zu wehren, begährt man Hilff.» Die Antwort des Antistes, des Vorstehers der zürcherischen Kirche, lautete: «Nu dagegen sollen die Prediger an denen orten, da dergleichen geschihet, mit guter lehr die leute von solchem abergläubischem Wesen abzeuhen.»

Zürcher Oberland ZH 1684 / Schweiz. Archiv. f. Volksk., Jg. 50, S. 37

Aus Wildberg wurde bei der Frühjahrsvisitation 1699 geklagt «ab zimlichem Aberglauben, so das volk übt, an der H(eiligen) Weihnacht am morgen in aller fruhe mit tränken des viehes uß einbildung, die ersten by dem Brunnen trühen durch das ganze jahr desto besser, und desgleicher Gestalt zu Ostern und Pfingsten. Deßgleichen die bäum mit strau umbinden, daß sy desto mehr obs gehen.»

Zürcher Oberland ZH 1699 / Schweiz. Archiv f. Volksk., Jg. 50, S. 37

Der Jenner ist prognosticus des ganzen Jahres. Denn ist der Anfang Mittel und End dieses Monats gut, ist das ganze Jahr gut.

Zürich, 17. Jahrhundert / Handschrift 1692

Wotsch am Sundig schöns Wätter ha,
so lueg der Frytig z Oben a.
(Wie das Wetter am Freitagabend, so auch am Sonntag.)
> *F.J. Schild, Der Großätti aus dem Leberberg, 1873, 2. Bd., S. 26 |*
> *Zürich 19./20. Jahrhundert | Schweiz. Idiotikon 1961, S. 850 |*
> *Zürcher Oberland ZH 19./20. Jahrhundert |*
> *Basel 19./20. Jahrhundert |*
> *Osterfingen SH 1972 | J. R., *1888, Weinbauer, Osterfingen SH, Umfrage 1972*

Regnet's am ersten Dienstag eines Monats, so regnet's alle Dienstage im betreffenden Monat.
> *Kanton Zug 1901 | Schweiz. Archiv f. Volksk., 1901, S. 245*

Wenn die Sonne am Freitag in einer Wolke niedergeht, ist der Sonntag drauf ein Regentag.
> *Zürich 19./20. Jahrhundert | Schweiz. Idiotikon 1961, S. 850*

Wie der Fritig am Schwanz,
so der Sunntig ganz.
> *Zürich-Stadt um 1910 | Schweiz. Idiotikon 1961, S. 850*

Cur chi plova la dumengia, plova tuott' eivna.
Wenn es am Sonntag regnet, regnet es die ganze Woche.
> *Engadin GR 1944 | H. Lössi, Der Sprichwortschatz des Engadins, S. 250*

S'il pleut le dimanche, il peut bien pleuvoir toute la semaine.
Wenn es am Sonntag regnet, regnet es die ganze Woche.
> *Les Marécottes VS 1961 | M. Müller, Le patois des Marécottes*

Bella chalanda, trid mais.
Trida chalanda, bel mais.
Schöne Chalanda (erster Tag des Monats), häßlicher Monat.
Häßliche Chalanda, schöner Monat.
> *Engadin GR 1944 | H. Lössi, Der Sprichwortschatz des Engadins, S. 237*

Die Lostage Ende des alten und anfangs des neuen Jahres zeigen das Wetter des kommenden Jahres.
> *Herisau AR 1972 | H. M., *1924, Förster, Herisau AR, Umfrage 1972*

Sechs letzte Tage im alten, sechs erste im neuen Jahr bestimmen je einen Monat Wetter im kommenden Jahr.
> *Stein AR 1972 | A. St., *1929, Stein AR, Umfrage 1972*

Wenn am Mittwoch der Föhn aufmacht, dann hält er eine Woche.
> *Schwyz 1972 | A. K., *1952, Landwirt, Schwyz, Umfrage 1972*
> *Muotathal SZ 1972 | R. B., *1954, Landwirt, Muotathal SZ, Umfrage 1972*

Wie der erste Dienstag im Monat, so wird das Wetter im ganzen Monat.
Liestal BL 1920 | Sammlung Müller, S. 60
Stein AR 1972 | A. St., *1929, Landwirt, Stein AR, Umfrage 1972
Sool GL 1972 | F. J., *1922, Bäuerin, Sool GL, Umfrage 1972

Le samedi sans soleil est aussi rare que les filles sans orgueil (Variante: sans amour).
Der Samstag ohne Sonne ist ebenso selten wie die Mädchen ohne Stolz (Variante: ohne Liebe).
Les Marécottes VS 1961 | M. Müller, Le patois des Marécottes

3. Lostage und Festtage

Wenns in der heiligen Christnacht schneit so soll der Hopf wohl gerahten.
Zürich, 17. Jahrhundert | Handschrift 1962

Ists am Palmtag schön und hell, so bedeuts ein fruchtbar Jahr.
Zürich, 17. Jahrhundert | Handschrift 1692

Pfingstenregen thut selten gut
diese Lehr faß in Deinen Muth.
Zürich, 17. Jahrhundert | Handschrift 1692

Regnet es am Charfreytag, so soll es ein gutes Jahr bedeuten.
Churer Schreibkalender 1708

Wann es am Ostersonntag regnet, so solle es mehr Sonntag regnen als aber die Sonne scheinen.
Churer Schreibkalender 1708

Ist es zwischen Ostern und Pfingsten schön, so wird es guter und wolfeiler Butter geben.
Churer Schreibkalender 1708

Wenns am Funkasonntig (Dominus invocavit) z Obed vil Sterna hed, so geds vil Chriesi (1. Fastensonntag).
Appenzell 1837 | T. Tobler, Appenzellischer Sprachschatz, S. 207

Die von Mäusen oder Maulwürfen aufgestoßene Erde wird am Charfreitag «verrechet».
>   *Kanton Zürich 1865 | Mannhardt-Untersuchung, Schweiz. Archiv f. Volksk., 1971, S. 338*

Wenns am Charfrytig rägnet, so bschießt der Räge der ganz Summer nüt.
>   *F. J. Schild, Der Großätti aus dem Leberberg, 1873, 2. Bd., S. 21*

D Ostere mueß der Summer bringe.
>   *F. J. Schild, Der Großätti aus dem Leberberg, 1873, 2. Bd., S. 19*

Wenns am Pfingstheiligtag regnet, so regnets siba Sönntig nohanand.
>   *Appenzell 1837 | T. Tobler, Appenzellischer Sprachschatz, S. 426*

Regnets a der Pfingste oder am Palmsonntag, so cha der Bur s dritt Band im Wald lo. – Säen am ersten April verdirbt den Bur mit Stumpf und Stil. – Vinzenz im Sunnschi bringt vil Korn und Wi.
>   *Baselland 1865 | Mannhardt-Untersuchung, Schweiz. Archiv f. Volksk., 1971, S. 352*

Bell' aura notg de bumaun, vagn in beun onn.
Schön Wetter in der Neujahrsnacht gibt ein gutes Jahr.
>   *Rätorom. Chrestomathie 1896/1919, S. 692*

Trockenheit an den Fronfasten-Tagen hat Trockenheit während des ganzen Jahres im Gefolge.
>   *Sarganserland SG 1916 | W. Manz, S. 123*

Fronfasten zeigt das Wetter an.
>   *Herisau AR 1972 | H. M., *1924, Förster, Herisau AR, Umfrage 1972*

Drei Tage nach Fronfasten (Donnerstag, Freitag, Samstag) bezeichnen das Wetter für das nächste Vierteljahr.
>   *Teufen AR 1972 | E. R., *1931, Förster, Teufen AR, Umfrage 1972*

Mähe nicht am 10000-Rittertag (22. Juni), sonst gibt es nächstes Jahr viele «Claffen» (Hahnenkamm) und beinahe kein Gras; auch darf man an diesem Tag nicht abreisen.
>   *Kanton Zürich 19. Jahrhundert | Schweiz. Archiv f. Volksk., 1898, 2. Jg., S. 220*

Domengia de Palmas neiv giu per la palma, neiv giu per la spigia.
Schnee am Palmsonntag, Schnee auf den Ähren.
>   *Rätoroman. Chrestomathie 1896/1919, S. 167*

Schnyts in die palme, schnyts in ds chooru,
de geit as fischi chooru verlooru.
Schneit es am Palmsonntag, so schneit es ins Korn; dann geht ein Fischi
Korn verloren (Fischi = altes Kornmaß).
St-Germann VS 1972 | Umfrage 1972, A. Egli, Küsnacht

Sch'ei neiva giu per la palma, sche neiv' ei giu per la cua della vacca.
Wenn's schneit auf die Palmzweige (Palmsonntag), so schneit's auf den
Schwanz der Kuh (auf der Alp).
Rätoroman. Chrestomathie 1896/1919, S. 677

Solegl sin la palma dat iu bien onn.
Palmsonntag Sonne, ein gutes Jahr.
Rätoroman. Chrestomathie 1896/1919, S. 677

Bell' oliva, trida pasqua
Schöner Palmsonntag, schlechtes Wetter zu Ostern.
Münstertal GR 1944 | H. Lössi, Der Sprichwortschatz des Engadins, S. 240

Regnets' am Palmsonntag, gibt's eine verregnete Getreideernte.
Eschenbach LU 1972 | H.K., *1952, Landwirt, Eschenbach LU, Umfrage 1972

Wenn's am Karfreitag ab und zu regnet, wird ein guter Sommer erwartet.
Flawil SG 1972 | J.G., Flawil SG, Umfrage 1972, L. Kutter, Egg

Wenn es die Palmen am Palmsonntag nicht verregnet, dann gibt's eine
nasse Ernte.
Wohlen AG 1972 | A.M., *1953, Landwirt, Wohlen AG, Umfrage 1972

Bel' emda sontga, bel Settember.
Schöne Karwoche, schöner September.
Rätoroman. Chrestomathie 1896/1919, S. 693

La Grande Semaine est toute belle ou toute vilaine.
Die Karwoche ist entweder ganz schön oder ganz schlecht.
Develier BE 1908 | Schweiz. Archiv f. Volksk., Jg. XII, S. 170

Charwuche – ruchi Wuche.
Hombrechtikon ZH 1972 | Frau A.H.Z., *1892, Hombrechtikon ZH, Umfrage 1972

Sch'ei plova Venderdis sogn, dat ei in bien onn.
Wenn's am Karfreitag regnet, gibt's ein gutes Jahr.
> *Rätoroman. Chrestomathie 1896/1919, S. 677*
> *Baselland 1930 / Schweiz. Idiotikon 1961, S. 858*
> *Baselland 1908 / Schweiz. Archiv f. Volksk., Jg. XII, S. 20*

Der Karfreitag soll ein Regentag sein.
> *Kanton Zug 1897 / Schweiz. Archiv. f. Volksk., 1897, Jg. I, S. 119*

Wenns am Karfrytig rägnet, so bschießt der Räge der ganz Summer nüt.
> *Baselland 1908 / Schweiz. Archiv f. Volksk., Jg. XII, S. 20*

Wenn es am Karfreitag regnet,
ist das ganze Jahr mit Frucht gesegnet.
> *Sammlung Strub, Jenisberg GR*
> *Osterfingen SH 1972 / J. R., Weinbauer, Osterfingen SH, Umfrage 1972*
> *Aesch BL 1972 / M. v. B., *1920 Aesch BL, Umfrage 1972*

Wenn es an Karfreitag und Ostern regnet,
so soll es einen trockenen Sommer geben.
> *Kalender Schweizer Volksfreund 1907*
> *Hundertjähriger Kalender, Zürich 1924*
> *Sammlung Strub, Jenisberg GR*

Auf nassen April folgt ein trockener Juni. Regen an Karfreitag und Ostern gibt einen trockenen Sommer. April kalt und naß, füllt Scheuer und Faß.
> *Hinkender Bot, Bern 1972*

Quand il pleut le Vendredi saint,
la terre est sèche toute l'année.
Ist am Karfreitag die Erde naß,
so dürstet sie das ganze Jahr.
> *Develier BE 1908 / Schweiz. Archiv f. Volksk., Jg. XII, S. 170*
> *Sarganserland SG 1916 / W. Manz, S. 123*
> *Fribourg 1941 / Sagesse paysanne, S. 65*

Wänns am Karfrytig regnet, so ischt es s ganz Jor, wie wänns in en Zeinen rägnen wörd (das heißt günstig für die Kulturen, der Regen wird nichts ersäufen).
> *Russikon ZH 1920 / Schweiz. Idiotikon 1961, S. 858*

Gibt es am Karfreitag einen Regen, so ist zu hoffen, daß es den Sommer durch nach schwerem Regen recht bald wieder trocken ist.
> *Haslen AI 1972 / J. B. G., *1918, Chauffeur, Haslen AI, Umfrage 1972*

Charfreitag trocken bedeutet zu viel Wasser im Sommer.
Emmental BE 1930 | Schweiz. Idiotikon 1961, S. 858

Am Karfritig seltend alli Wetter sin.
Unterwalden 1930 | Schweiz. Idiotikon 1961, S. 858

Regnets am Karfritig, so regnets Unzifer.
Zürich 1916 | Schweiz. Idiotikon 1961, S. 858

Meist wird es als ein gutes Zeichen angesehen, wenn der Karfreitag trüb und regnerisch ist; aber auch das umgekehrte gilt manchenorts.
Zürich 1940 | E. Hoffmann-Krayer, Feste und Bräuche des Schweizer Volkes S.135

Bel Venderdi Sench, trida festa;
trid Venderdi Sench, bella festa.
Schöner Karfreitag, häßliche Ostern;
häßlicher Karfreitag, schöne Ostern.
Schlarigna GR 1944 | H. Lössi, Der Sprichwortschatz des Engadins, S. 240

Schalada da Verderde sogn fo nign don.
Frost zu Karfreitag verursacht keinen Schaden.
Rätoroman. Chrestomathie 1896/1919, S. 693

Wänns am Charfritig en Riffen häd, so verfrürt nüd me.
(Am Karfreitag soll es regnen.)
Appenzell 1923 | Schweiz. Idiotikon 1961, S. 858

S'il gèle la nuit du Vendredi saint,
il gèle tous les mois de l'année.
Wenn's in der Karfreitagnacht gefriert,
friert's in allen Monaten des Jahres.
Develier BE 1908 | Schweiz. Archiv f. Volksk., Jg. XII, S. 170

Alle am Karfreitag von den Hennen gelegte Eier werden aufbewahrt, da denselben eine besonders schützende Kraft beigemessen wird. Gewöhnlich wird an jeder der vier Ecken einer Scheune an sicherer, geschützter Stelle je ein Ei geborgen.
Zug 1900 | Schweiz. Archiv f. Volksk., 1901, S. 245

Ein am Karfreitag gelegtes Ei nimmt die Farbe nicht an.
Thurgau 1911 | Schweiz. Idiotikon 1961, S. 859

Les œufs mangés le jour du Vendredi saint donnent le goître.
Wer am Karfreitag Eier ißt, bekommt einen Kropf.
Ocourt BE 1950 | Schweiz. Archiv f. Volksk., Bd. 46, S. 21

Am Karfreitag vor Sunnenufgang sell meer d Scherhüfen uf der Wisen verrichlen, dänn gibts kän Scheren me.
Zürich 1960 | Schweiz. Idiotikon 1961, S. 858

Man liebt es, Charfreitag zu gärtneren.
Bern 1767 | Schweiz. Idiotikon 1961, S. 858

Am Karfreitag gesetzte Pflanzen gedeihen besser.
Horgen ZH 1940 | Schweiz. Idiotikon 1961, S. 858

Amenen Karfritig ists sust guet gsin Bäum zweien.
Hombrechtikon ZH 1930
Maisprach BL 1940 | Schweiz. Idiotikon 1961 S. 858

Am Karfreitag zieht man den Essig von der Mutter, da er dann am besten halten soll.
Rorbas ZH 1920 | Schweiz. Idiotikon 1961 S. 858

Ziegen und Schafen soll man am Charfreitag das Ohrzeichen machen, so bekommen sie keine Raude.
Rothenburg LU 1910 | Schweiz. Idiotikon 1961, S. 858

Die Verabreichung eines Karfreitageies am ersten Tag des Weidganges an das Rindvieh verhütet für den ganzen Sommer die Blähsucht.
Trogen AR 1972 | E. B., *1927, Förster, Trogen AR, Umfrage 1972

Wenn zwei bis drei Karfreitagseier in den Estrich gelegt werden, schlägt der Blitz im Sommer nicht ins Gebäude.
Trogen AR 1972 | E. B., *1927, Förster, Trogen AR, Umfrage 1972

Le vent qui souffle le dimanche des «grands feux» domine toute l'année. (Le Vendredi saint a été l'objet de remarques spéciales. Je ne parle pas des œufs de ce jour-là, qui, disent les ménagères, se conservent toute l'année. Je ne dis rien non plus d'une singulière superstition qui pousse certaines personnes à couper les ailes de leurs poules le Vendredi saint, à 3 heures, moyennant quoi ces coquines de bêtes ne seront pas enlevées par l'épervier.)
Der Wind, der an Mittefastenfeuer-Sonntag bläst, beherrscht das ganze Jahr. (Der Karfreitag bot Anlaß zu verschiedenen Bemerkungen. Ich rede nicht von den Eiern dieses Tages, die – wie die Hausfrauen sagen – das ganze Jahr halten. Ich sage auch nichts über den eigentümlichen Aberglauben, der gewisse Leute veranlaßt, die Flügel ihrer Hühner am Karfreitag um 3 Uhr zu stutzen, damit diese nicht durch den Sperber geraubt würden.)
Fribourg 1941 | Sagesse paysanne, S. 64

Pasqua tardiva, prümaveira tempurida.
Pasqua tumpariva, prümaveira tardiva.
Späte Ostern, früher Frühling,
frühe Ostern, später Frühling.
> *Bergell GR 1896 | Decurtins, S. 175*

Wenn zu Ostern die Sonne scheint,
sitzt der Bauer am Speicher und weint.
> *Sammlung Strub, Jenisberg GR*

Bial' aura Anzeinza dat in fretgieivel onn.
Schönes Wetter an Auffahrt gibt ein fruchtbares Jahr.
> *Rätoroman. Chrestomathie 1896/1919, S. 678*

Plov' ei per Anzeinza, betta la tiarra sfendaglias.
Regnet es an Auffahrt, gibt es Risse in der trockenen Erde.
> *Rätoroman. Chrestomathie 1896/1919, S. 167*

Plover d'Anseinzas magl' ena terza digl fretg.
Regen an Auffahrt frißt einen Drittel der Frucht.
> *Rätoroman. Chrestomathie 1896/1919, S. 694*

Plova ei Anzeinza, dat ei buca tschereschas.
Regnet es an Auffahrt, gibt es keine Kirschen.
> *Rätoroman. Chrestomathie 1896/1919, S. 1014*
> *Diemtigtal BE 1972 | Umfrage 1972, A. Koellreuter*

Se piove il giorno dell'Ascenzione
per quaranta giorni non siamo senza.
Wenn es an Auffahrt regnet,
so regnet es weiter an vierzig Tagen.
> *Tessin 1911 | V. Pellandini, Tradizioni popolari Ticinesi, S. 139*

Scha plova il di da l'Ascensiun,
schi plova quaraunta dis a la lungia.
Schi plova l'Ascensiun, plova quaranta dis;
schi plova a Tschinquaisma, plova tschinquanta dis.
Wenn es am Auffahrtstag regnet, so regnet es vierzig Tage lang.
Wenn es an Pfingsten regnet, regnet es fünfzig Tage lang.
> *Engadin GR 1944 | H. Lössi, Der Sprichwortschatz des Engadins, S. 236*

A l'Ascensiun sto quai plover almain tant
per bagnar il fuond d'üna muotta.
Am Auffahrtstage muß es wenigstens so viel regnen, um den Boden
einer Milchgebse zu benetzen.
> *Scuol GR 1944 | H. Lössi, Der Sprichwortschatz des Engadins, S. 236*

Gövgia d'Ascensiun sütta, fain sün mincha tschücha;
gövgia d'Ascensiun bletscha, mincha muot secha.
Auffahrtstag trocken, Heu auf jedem Baumstrunk;
Auffahrtstag naß, jeder Hügel trocknet aus
(das heißt, es wächst kein Gras darauf).
: *Engadin GR 1944 | H. Lössi, Der Sprichwortschatz des Engadins, S. 236*

Scha'l di d'Ascensiun aise be tant nüvel
co'l chè d'ün chavagl, schi nun esa da tmair la sedschda.
Wenn am Auffahrtstage nur so viel Gewölk da ist wie der Kopf eines Pferdes, so braucht man keine Tröckne zu befürchten.
(Will man auf ein gutes Jahr hoffen, so sollte am Auffahrtstage wenigstens ein Wölklein sichtbar werden, auch wenn es nicht größer wäre als der Kopf eines Pferdes.)
: *Unterengadin GR 1944 | H. Lössi, Der Sprichwortschatz des Engadins, S. 236*

Scha plova l'Ascensiun, schi plova set dumengias.
Wenn es am Auffahrtstag regnet, so regnet es an sieben darauffolgenden Sonntagen.
: *Engadin und Münstertal GR 1944 | H. Lössi, Der Sprichwortschatz des Engadins, S. 236*

Se piove il di dell'ascenzione tutte le vacche a rotoloni.
Wenn es am Auffahrtstag regnet, purzeln alle Kühe durcheinander.
: *Onsernonetal TI 1920 | Schweiz. Archiv f. Volksk., Jg. 23, S. 80*

Se piove il di dell'ascenzione, tanta paglia e poca segale.
Wenn es am Auffahrtstag regnet, gibt es viel Stroh und wenig Roggen.
: *Onsernonetal TI 1920 | Schweiz. Archiv f. Volksk., Jg. 23, S. 80*

A l'Ascension le dernier frisson.
An Auffahrt das letzte Frösteln.
: *Westschweiz 1972 | Le véritable Messager Boiteux*

Wenn es an Pfingsten regnet, regnet es sieben Sonntage nacheinander.
: *Zürich 1940 | E. Hoffmann-Krayer, Feste und Bräuche des Schweizer Volkes, S. 150*
: *Rätoroman. Chrestomathie 1896/1919, S. 694*
: *Davos GR 1937 | J. Bärtschi, Der Davoser im Lichte seiner Sprichwörter und Redensarten*
: *Wädenswil ZH 1972 | H. B., Landwirt, Wädenswil ZH*
: *Stein AR 1972 | A. St., Landwirt, Stein AR*
: *Fanas GR 1972 | B. A. D., *1901, Landwirt, Fanas GR*
: *Luzern 1898 | Schweiz. Archiv f. Volksk., 1898, S. 280*
: *Sool GL 1972 | F. J., *1922, Sool GL, Umfrage 1972*

Pfingstregen zieht vierzig Tage Regen nach sich. Regnet es an Pfingsten, so fällt das Obst vor der Reife herunter.

> *Sarganserland SG 1916 | W. Manz, S. 123*

Quand il pleut le jour de la Pentecôte,
on laisse la moitié des liens à la côte.
Wenn es an Pfingsten regnet, läßt man die Hälfte der Garbenbändel auf dem Hang liegen.

> *Epauvillers BE 1908 | Schweiz. Archiv f. Volksk., Jg. XII, S. 170*

Quant il pleut le jour de Pentecôte,
il faut laisser le tiers des liens à la côte.
Wenn es an Pfingsten regnet, soll man das Drittel der Garbenbändel auf dem Hang liegen lassen.

> *Develier BE 1908 | Schweiz. Archiv f. Volksk., Jg. V, S. 171*

An der Pfeiste (Pfingsten) söll men uf der Bünte en Ankeballe chönne verbärge.

> *Baselland 1908 | Schweiz. Archiv f. Volksk., Jg. XII, S. 16*

A Pâques blanc de neige,
à Pentecôte la ciguë à la hauteur des haies.
Ostern weiß vom Schnee, Pfingsten der Schierling auf Heckenhöhe.

> *Savièse VS 1926 | Dictons de Savièse, S. 10*

Pentecôte sans seigle en graine
présage une mauvaise année.
Wenn an Pfingsten der Roggen nicht körnig ist, gibt es ein schlechtes Jahr.

> *Ocourt BE 1950 | Schweiz. Archiv f. Volksk., Jg. B 46, 1950, S. 6*

Nasse Pfingsten, fette Weihnachten.

> *Hundertjähriger Kalender 1942*

Pfingstregen ist dem ganzen Land ein Segen.

> *Baselland 1950 | Sammlung Müller*

Quand il pleut à la Trinité,
il pleut tous les dimanches de l'année.
Wenn es an Trinitas (1. Sonntag nach Pfingsten) regnet, regnet es an allen Sonntagen des Jahres.

> *Epauvillers und Courtemaiche BE 1908 | Schweiz. Archiv f. Volksk., Jg. XII, S. 171*

Steht man an Trinitas (erster Sonntag nach Pfingsten) mit der Sonne auf, so sieht man drei Sonnen. Regnet es an diesem Tag, so muß man

das dritte Garbenband weglegen, das heißt es gibt eine schlechte Ernte.
>*Les Genevez BE 1908 | Schweiz. Archiv f. Volksk., Jg. XII, S. 171, und*
>*E. Hoffmann-Krayer, Feste und Bräuche des Schweizer Volkes, S. 150*

Sco igl ei steliu Nadal notg, sto ins semnar graun.
Wie die Weihnachtsnacht gestirnt ist, so soll man das Korn aussäen.
>*Rätoroman. Chrestomathie 1896/1919, S. 168*

Cura ch'ei bischa Nadal, dat ei dariet pumma.
Wenn es schneit um Weihnachten, gibt es viel Obst.
>*Rätoroman. Chrestomathie 1896/1919, S. 168*

Sufl'ei ils firaus Nadal, dat ei bia pumma.
Ist Wind an Weihnachten, gibt es viel Obst.
>*Rätoroman. Chrestomathie 1896/1919, S. 679*

In der alten heiligen Nacht soll man zwischen 11 und 12 Uhr den Hühnern Speck zu fressen geben; dann sind sie im nächsten Jahr vor dem Habicht sicher.
>*Emmental BE 1911 | Schweiz. Archiv f. Volksk., Jg. XV, S. 4*

Scu igls dodesch deis da Nadal e Buaneia, uscheia igls dodesch meis.
Wie die 12 Tage von Weihnachten bis Dreikönigen, so die 12 Monate.
>*Rätoroman. Chrestomathie 1896/1919, S. 696*

Am Weihnachtsabend (24. Dezember) legt man im Namen der drei Heiligen einen Arm voll Heu vor die Stalltüre.
>*Diemtigtal BE 1972 | Umfrage 1972, A. Koellreuter*

Am Heiligen Abend (25. Dezember) muß man den Kühen «Züpfe» zu fressen geben; das bedeutet Gesundheit und Glück im Stall.
>*Diemtigtal BE 1972 | Umfrage 1972, A. Koellreuter*

Am Heiligen Abend gibt man den Katzen und Hühnern von all dem zu fressen, wovon man am Abend zuvor selbst gegessen hat. «Der Vogel» (Raubvogel) holt sie dann nicht.
>*Diemtigtal BE 1972 | Umfrage 1972, A. Koellreuter*

Am Weihnachtsabend ein wenig Emd in die Dachtraufe legen. Am 25. Dezember morgens gibt man dieses den Kühen zu fressen (sie werden dann nicht krank).
(Man sagte auch, das sei für das Eselein, wenn es vorbeikomme.)
>*Diemtigtal BE 1972 | Umfrage 1972, A. Koellreuter*

4. Lostage im Januar

Wenn der 1. Januar ein Sonntag ist, dann ist ein guter Winter zu erwarten, ein windreiches Frühjahr, ein trockener Sommer, eine gute Weinernte; die Rinder werden gut gedeihen, Honig wird in Überfülle vorhanden sein, alte Frauen werden sterben, Überfluß und Frieden werden herrschen.

Beda Venerabilis (673–735), K. Schneider, S. 41

Wenn der 2. Januar ein Sonntag ist, dann wird der Winter verschieden ausfallen, es wird ein gutes Frühjahr, ein trockener Sommer und eine windreiche Zeit sein; die Weinernte, die Gesundheit der Menschen wird nicht gut sein, die Bienen werden vielfach verenden, und Wunderzeichen werden auftreten, die Gott den Menschen anzeigt.

Beda Venerabilis (673–735), K. Schneider, S. 41

Item ist es an dem neuwen jahrstag vil morgenröte an dem gewülck, so wirdt es ain zornig jar mit krieg und ungewitter. Scheint die sonn an sant Vincentzentag (22. Januar), so wirdt vil weins. Scheindt die sonn an sant Paulustag (25. Januar), bedeut ain fruchtpar jar. Regnet oder schneyd, so ist es mittelmeßig, seindt aber nebel, bedeut ain todt.

Bauernpraktik von 1508

Wirts Morgenrot am nüwen Jar,
so ists Kriegs halben große Gfaar,
ouch schwäre Wätter thuts bedüten,
vil Zwytracht under allen Lüten.

Zürcher Bauernkalender 1574

Clara dies Pauli largos fructus notat anni;
si nix vel pluvia, designat tempora cara;
si fuerint nebulae, pereunt animalia quaeque;
si fuerint venti, generantur proelia genti.

Heller Tag des Paulus (25. Januar) bedeutet reichliche Früchte des Jahres. Wenn Schnee oder Regen, bedeutet es Teuerung. Hat es Nebel, gehen alle Tiere zugrunde. Wenn es windet, werden dem Volk Kriege entstehen.
Basel 14./15. Jahrhundert / Sammlung Werner, S. 28

Gibt an Vincentz (22. Januar) die Sunn irn Schyn,
so wirt desselben Jars vil Wyn,
desglychen uf sant Paulus Tag:
ein fruchtbar Jar denn werden mag.
Wirts aber schnyen oder regnen,
so wirt kein fruchtbar Jar begegnen.
Zürcher Bauernkalender 1574

Vincenten (22. Januar) Sonnenschein
bringet viel Wein
Zürich, 17. Jahrhundert / Handschrift 1692

St. Paulitag (25. Januar) schön im Sonnenschein
bringt Fruchtbarkeit und Getreide ein.
Zürich, 17. Jahrhundert / Handschrift 1692

An St. Pauli Bekehrungstag (25. Januar)
ein Nebel auch groß oder klein
bringt ein Sterben allgemein.
Nimmt aber Wind überhand
darauf erfolget Krieg im Land
durch Regen aber oder Schnee
solt tu en thür Zeit vorseh.
Zürich, 17. Jahrhundert / Handschrift 1692

Ist es an der Neuen-Jahrs-Nacht klar, still, ohne Regen und Wind, so bedeutet es ein gut Jahr; were es aber windig ungastüm, so seye es schädlich und ungesund.
Churer Schreibkalender 1708

Ist es in der Neu-Jahrsnacht klahr, still, ohn Regen und Wind, so bedeutet es ein gutes Jahr, wäre es aber windig und Ungewitter, so seye es schädlich und ungesund.
Newer Schreib-Kalender, Baden 1721

Wenn am Neuen Jahrs-Tag Morgen röthe ist,
so bedeütet es Krieg und Ungewitter;
scheint die Sonn hell und klar,
so giebt es viel Fisch dieses Jahr.
Churer Schreibkalender 1708

Vincentzen (22. Januar) Sonnenschein,
füllt die Faß mit Wein.

> *Hausbuch König 1705, S. 999*
> *Churer Schreibkalender 1708*

Ist es an Pauli Bekehrung (25. Januar) schön, hell und klar, so hoffet man ein gutes Jahr; regnet es aber, oder schneyets, so besorget man Theure.

> *Churer Schreibkalender 1708*

St. Paulus (25. Januar) klar, bringt gutes Jahr;
so er bringt Wind, kommt Krieg geschwind.

> *Hausbuch König 1705, S. 999*

St. Paulus (25. Januar) klar, bringt gutes Jahr,
so er bringt Wind, kommt Regen geschwind.

> *M. Kirchhofer, Wahrheit und Dichtung 1824, S. 319*

Fabian Sebastian (20. Januar), laßt den Saft in die Bäume gan.

> *M. Kirchhofer, Wahrheit und Dichtung 1824, S. 318*

Quand il neige le jour du saint Sébastien (20 janvier), on revoit vingt-deux fois le bois blanc (de neige).
Schneit es am Sebastianstag (20. Januar), sieht man 22mal das weiße Holz.

> *Fribourg 1877 / Romania, S. 89*

Uff e Ramejesis-Sundig (16. Januar) änderet s Wätter, eidweders wirds chalt oder s wird unwirsch (unfreundlich).

> *F. J. Schild, Der Großätti aus dem Leberberg, 2. Bd. 1873, S. 19*

Im Kanton Zürich glaubt der Bauer, daß am Neujahr die rasch eintretende Tageshelle ein gutes Jahr verkünde, im Kanton Schaffhausen, daß der Wind, der an Neujahr wehe, auch im kommenden Jahr vorherrsche. Morgenröte deutet auf Ungewitter, Feuersbrünste oder Krieg (Luzern, Zürich), aber auch darauf, daß im kommenden Jahr viele Wöchnerinnen sterben werden (Zizers, Graubünden). Wie das Wetter an Neujahr, so wird es vorwiegend im kommenden Jahr sein (verbreitet).

> *E. Hoffmann-Krayer, Feste und Bräuche des Schweizer Volkes, S. 103*

Manche Volksbräuche des 1. Januars stimmen mit Weihnachtsbräuchen überein, was seinen Grund vorwiegend darin hat, daß Jahrhunderte hindurch der 25. Dezember als Jahresanfang galt («das Jahr des Herrn»). Auch brachte die Einführung des neuen Kalenders (in der protestantischen Schweiz erst 1701) Datenverschiebungen mit sich.

(Im Emmental Bleigießen am 13. Januar, Hausgeisteropferung am Silvester alten Stils; in Flums hingen alte Leute bis um 1900 noch zäh am Kalender alten Stils.)
E. Hoffmann-Krayer, Feste und Bräuche des Schweizer Volkes, S. 100

S-chüras modinas – clers tablats,
cleras modinas – s-chürs tablats.
Finstere Neujahrsmesse – helle Scheunen,
klare Neujahrsmesse – finstere Scheunen.
(Tablats clers sind leere Scheunen. Ist es in der Neujahrsnacht klar, still, ohne Regen und Wind, so bedeutet es ein gut Jahr; wäre es aber windig und ungestüm, so sei es schädlich und ungesund).
Engadin GR 1944 / H. Lössi, Der Sprichwortschatz des Engadins, S. 240

Die Neujahrsnacht still und klar,
deutet auf ein gutes Jahr.
Hundertjähriger Kalender 1942

Die Neujahrsnacht hell und klar,
deutet auf ein reiches Jahr.
Sammlung Strub, Jenisberg GR
Wädenswil ZH 1972 / H. B., Landwirt, Wädenswil ZH, Umfrage 1972

Neujahrsmorgenröte macht viele Nöte.
Hundertjähriger Kalender 1942

Kommt die Tageshelle während des Neujahrsmorgens schnell, so bedeutet das ein gutes Jahr.
Kanton Zürich 1898 / Schweiz. Archiv f. Volksk., 1898, S. 222

Strahlt Neujahr im Sonnenschein, wird das Jahr wohl fruchtbar sein.
Züricher Kalender 1970, Einsiedeln SZ
*Hombrechtikon ZH 1972 / Frau A. H. Z., *1892, Bäuerin, Hombrechtikon ZH, Umfrage 1972*

Was am Berchtoldstag (2. Januar) gearbeitet, wird von Mäusen gefressen.
*Wädenswil ZH 1972 / R. L., *1914, Landwirt, Wädenswil ZH, Umfrage 1972*

Scu fa l'ora igls dodesch amprems deis digl on, fogl igls dodesch meis.
Wie das Wetter die ersten zwölf Tage des Jahres, so die zwölf Monate.
Rätoroman. Chrestomathie 1896/1919, S. 692

Wie sich die Wittrung bis drei Könige (6. Januar) hält,
so ist das nächste Jahr bestellt.
Sammlung Strub, Jenisberg GR

Ist's um Drei König (6. Januar) hell und klar,
gibt's viel Wein in diesem Jahr.
> *Sammlung Strub, Jenisberg GR*

Stellen sich im Anfang Gewitter ein,
wird's bis Ende so beschaffen sein.
> *Sammlung Strub, Jenisberg GR*

St-Julien (9 janvier) rompt la glace;
s'il ne la rompt pas, il l'embrasse.
St. Julius (9. Januar) bricht das Eis;
bricht er es nicht, umarmt er es.
> *Les Genevez BE 1908 / Schweiz. Archiv f. Volksk., Jg. XII, S.165*

A la St-Antoine (17 janvier) les jours deviennent grands d'un repas de moine (¾ d'heures à 1 heure).
Am Antonstag werden die Tage um eine Viertelstunde (Mönchsmahlzeit) länger.
> *Develier BE und Epauvillers BE 1908 / Schweiz. Archiv f. Volksk., Jg. XII, S.165*

A Sant'Antonio Abate (17 gennaio) un'oretta buona.
St. Antonio Abate (17. Januar) ist eine günstige Stunde.
> *Almanacco Grigioni Italiano 1939, S.134*

Sebastian (20. Januar) im Nebelhut
tut dem Obst nicht gut.
> *Sammlung Strub, Jenisberg GR*

St-Vincent (22 janvier) ou qu'il rompt la dent, ou la reprend.
Der heilige Vinzenz bricht die Kälte oder bringt sie wieder.
> *Bagnards VS 1898 / Schweiz. Archiv f. Volksk., 1898, S.241*

Vinzenzen Sonnenschein (22. Januar),
bringt viel Korn und Wein.
> *Kalender Schweizer Hausfreund 1907, Zürich*
> *Züricher Kalender 1972, Einsiedeln SZ*

A la St-Vincent (22 janvier) claire journée
annonce une bonne année.
St. Vinzenz (22. Januar) heller Tag,
verheißt ein gutes Jahr.
> *Develier BE 1908 / Schweiz. Archiv f. Volksk., Jg. XII, S.166*

De St-Paul (25 janvier) claire journée
nous annonce bonne année.

S'il fait brouillard,
mortalité de toute part.
St. Paul (25. Januar) heller Tag, verheißt ein gutes Jahr.
Wenn es Nebel hat, Sterblichkeit allenorts.
Bagnards VS 1898 / Schweiz. Archiv f. Volksk., 1898, S. 241

St.-Pauli-Tag (25. Januar) schön und Sonnenschein
bringt großen Segen an Frucht und Wein.
Hundertjähriger Kalender 1942

St. Paulus (25. Januar) klar, bringt gutes Jahr,
so er bringt Wind, regnet's geschwind.
Hundertjähriger Kalender 1942
Züricher Kalender 1972, Einsiedeln SZ

Conversion de saint Paul (25 janvier) clair et beau,
plus de vin que d'eau.
St. Paul (25. Januar) klar und schön, mehr Wein als Wasser.
Savièse VS 1926 / Dictons de Savièse, S. 11

Je fester St. Paul (25. Januar) und je heller,
desto voller Scheuer und Keller.
Sammlung Strub, Jenisberg GR

5. Lostage im Februar

Si sol splendescat Maria Purificante
major erit glacies post festum quam fuit ante.
Scheint an Maria Reinigung (Lichtmeß, 2. Februar) die Sonne heiß,
kommt noch viel mehr Schnee und Eis.
Lateinische Bauernregel des Frühmittelalters / E. Knapp, Volksk. i. d. roman.
Wetterregeln, S. 10

Uf unser frowen liechtmeßtag (2. Februar)
schint die sunn, ist der alten sag,
daß noch eyn winter sy do hynden.
Darumb sich nieman on futer laß finden!
Das weyß das unvernünftig thier:
der ber, er kumpt noch nit herfür!
   L. Reynman, Wetterbüchlein 1505

Am Aftermontag der rechten faßnacht ist aller engel tag, und man soll in aller engel namen pflantzen, säen am morgen, so beleybent sy allwegen grüen. Item wie wenig die sonn auf denselben tag scheint, so vil erscheyndt sy die gantzen vasten. Und allweg das nechst new nach liechtmeß und darnach der nechst aftermontag ist allweg die recht vaßnacht, und wenn die sonn früe aufgeet, so gerat die früe sat wol. Es spricht Beda, drey tag und drey nächt seind, wirt dann ain kind geboren, des leib bleybet gantz bis an den jüngsten tag. Das ist der abent des hornungs und sein gehaym seind wunderlich und wann ain holtz der gehawen wirdt, das faulet nymmer.
 Bauernpraktik von 1508

Das nechst neuw (Neumond) nach liechtmessen
das soltu gantz und gar nit vergessen!
Den zinstag (Dienstag) darnach betracht,
uf den du hast die klein vastnacht.
 Schweizer Bauernpraktik 1517/18

Der Faßnacht Donstag ward von Alden
allweg für hoch und heilig ghalten.
Denselben morgen hieltend werd,
werfend den Saamen in die Erd
im Namen aller Engeln klar:
die behieltinds sicher durchs gantz Jar,
gabend den Geschöpften solche Eer,
die unserm Gott zuhört vil mer.
Der gibt dem Erdterych sin Kraft,
yedem sin rechte Eigenschaft.
Deshalb man sy Pflantz oder Buw,
thuts in Gotts Namen, dem vertruw.
 Zürcher Bauernkalender 1574

Der gemein Mann hallt dafür, was der Mittwoch jn der Fronfasten für Wetter habe, das werde die gantze Fronfasten uß wären, warm oder kallt, windig oder sonst. Und habs ouch von guoten Lüten, die ettliche jar lang zu Rom gewesen.
 Luzern um 1600 / Puwrenpratic des R.Cysat. Collectanea 1.Bd., 2.Teil, S.715

Wies am Tag Peter Stuhlfeier (22. Februar) wittert, so solls noch 40 Tage gefrieren.
Zürich, 17. Jahrhundert | Handschrift 1692

Matheis (25. Februar) bricht alles Eis,
bringt er keins, so macht er eins.
Zürich, 17. Jahrhundert | Handschrift 1692

Wies die Nacht von Peter Stuhl Feier (22. Februar) wittert, so soll es 40 Tag nach einander wittern; wenn es in St. Peter Nacht nicht gefrieret frierets es darnach nicht mehr.
Zürich, 17. Jahrhundert | Handschrift 1692

Wie lang die Lerchen vor Lichtmeß (2. Februar) singen, so lang schweigen sie hernach still.
Newer Schreib-Kalender, Baden 1721

Si le soleil clairement luit
à la chandeleur (2 février), vous verrez
q'encore un hyver vous aurez
portant gardez bien vôtre foin
car il vous sera de besoin.
Wenn an Lichtmeß (2. Februar) die Sonne klar scheint, wird nochmals der Winter kommen. Tragt Sorge zum Heu, weil es noch nötig sein wird.
Calendrier Messager boiteux de Bâle 1770. Glossaire des patois de la Suisse Romande, Teil III, S. 305–307

Wann auf Liechtmeß (2. Februar) die Sonn scheint, wird noch größerer Schnee beförchtet.
Churer Schreibkalender 1708

Wann es an Peter-Stulfeyr (22. Februar) gefriert, so gefriert es gern 14 Tag nacheinander.
Churer Schreibkalender 1708

Wie es an der Aschermitwochen witteret, so soll es die gantze Fasten durch wittern.
Churer Schreibkalender 1708

Wann an der Fastnacht die Sonn scheinet, soll die Korn- und Weitzen-Ernde schön werden und die Erbsen wol gerahten.
Churer Schreibkalender 1708

Wenn zu Lichtmeß (2. Februar) die Sonn den Pfaffen auf den Altar scheint, so ist es noch sechs Wochen Winter.
M. Kirchhofer, Wahrheit und Dichtung 1824, S. 318

Wyßi Lichtmeß (2. Februar), grüeni Ostere.
>	*Solothurn 1860 | Die Schweiz 1860, S. 72*

Wenn d Liechtmäß (2. Februar) heiter isch, sell de Bur d Chirsi-Chrätte parad mache.
>	*F. J. Schild, Der Großätti aus dem Leberberg, 2. Bd. 1873, S. 20*

Wenns am Agetetag (5. Februar) am Morge bym Sunnen Ufgang roth isch, so gits währet em Johr vil Brunste.
>	*F. J. Schild, Der Großätti aus dem Leberberg, 2. Bd. 1873, S. 20*

A la sainte Agathe (5 février) l'eau descent le petit chemin.
I: Le dégel commence.
Am Agathentag (5. Februar) rinnt das Wasser den kleinen Weg hinunter.
I: Das Tauwetter beginnt.
>	*Fribourg 19. Jahrhundert | Romania 1877, S. 89*

Wenn es am Agathetag (5. Februar) schneit, so schneit es noch 40 Male.
>	*Emmental BE 19. Jahrhundert | Zitiert von Gotthelf: Schweiz. Idiotikon, Bd. IX, Sp. 1204*

Wenns am Agathetag (5. Februar) schneit, so schneits vierzg Tag.
>	*F. J. Schild, Der Großätti aus dem Leberberg, 2. Bd., 1873, S. 20*

Mathys (25. Februar) bricht Is,
hat er keins, so macht er eins.
>	*M. Kirchhofer, Wahrheit und Dichtung 1824, S. 319*

A la saint Mathias (25 février), bonne femme, laisse sortir tes abeilles.
Am Mathiastag (25. Februar), gute Frau, laß deine Bienen heraus.
>	*Fribourg 19. Jahrhundert | Romania 1877, S. 89*

Ghurig, das heißt stehend und liegend durcheinander gewachsen ist die Frucht, welche an Fronfasten gesäet wurde.
>	*Bülach ZH 1865 | Mannhardt-Untersuchung*
>	*Schweiz. Archiv f. Volksk. 1971, S. 344*

Al primo di febbraio l'è fuori l'orso della tana; se l'è nuvolo dall'inverno siamo fuori e se sereno per quaranta giorni si ritorna dentro.
Am 1. Februar kommt der Bär zur Höhle heraus: wenn es wolkig ist, so ist der Winter zu Ende, und wenn es schön ist, so muß man 40 Tage lang wieder ins Haus.
>	*Almanacco Grigioni Italiano 1939, S. 134*

Il ne faut pas filer le 1er février (Saint-Tour) cela fait tourner la tête.
Am 1. Februar soll man nicht springen, das verdreht den Kopf.
<blockquote>Savièse VS 1926 / Dictons de Savièse, S. 13</blockquote>

Wenns a der Liechtmäß sövel schneit, ass mes uff eme schwarzen Ochs ma gseh, so gits e zytige Früelig.
<blockquote>F. J. Schild, Der Großätti aus dem Leberberg, 2, 1873, S. 20</blockquote>

A la Madòna Candelòra (2 febbraio) – da mezz'invern sem fòra.
A la Madonna Candelora, da mezzo inverno siamo fuori.
Am Tag der Madonna der Kerzen sind wir aus dem halben Winter.
<blockquote>Tessin 1911 / V. Pellandini, Tradizioni popolari Ticinesi 1911</blockquote>

Le temps de la Chandeleur (2 février) est un présage pour les récoltes de l'année, le mauvais temps annonce des récoltes abondantes, le temps clair, la disette.
Das Wetter an Lichtmeß (2. Februar) sagt die Ernten des Jahres voraus; schlechtes Wetter verheißt gute Ernten, klares Wetter Hungerjahr.
<blockquote>Le Sentier VD / Glossaire des patois de la Suisse Romande 1958/59, Teil III, S. 305</blockquote>

La madòna candelóra (2 febbraio), da l'invèrn sém fóra. Sa l'é nìgul nigulàsc, l'é fóra l'invernàsc: sa l'é sarén sarenént, par quarànta dì ga sém amó dént.
Am 2. Februar, Madonna Candelora, sind wir aus dem Winter heraus. Wenn es wolkig ist, so ist der böse Winter zu Ende; wenn es heiter oder am heitersten ist, dann bleiben wir 40 Tage lang noch drin.
<blockquote>Poschiavo GR 1967 / Tognina, Lingua Poschiavo, S. 81</blockquote>

On doit avoir à la Chandeleur (2 février) un vrai temps d'hiver – mauvais temps, temps couvert, froid ou neige – pour que le printemps ne tarde pas à s'installer; si au contraire il fait un temps clair, ensoleillé ou chaud, il faudra s'attendre à un retour de l'hiver.
An Lichtmeß (2. Februar) muß winterliche Witterung, schlechtes Wetter, bedeckter Himmel, Kälte und Schnee herrschen, auf daß der Frühling sich nicht verzögere. Wenn es aber hell ist, sonnig und warm, muß man mit der Rückkehr des Winters rechnen.
<blockquote>Kantone Waadt, Wallis und Freiburg / Glossaire des patois de la Suisse Romande 1958/59, Teil III</blockquote>

On dit que le vent qui souffle à la Chandeleur (2 février) prédominera durant toute l'année.
Der Wind, der an Lichtmesse (2. Februar) bläst, wird während des ganzen Jahres vorherrschen.
<blockquote>Vallorbe VD / Glossaire des patois de la Suisse Romande 1958/59, Teil III</blockquote>

La chandalera clera, bger süt e fneda rera.
Lichtmeß (2. Februar) klar, viel Trockenheit und geringer Jahresertrag an Heu.
> *Engadin GR 1944 / H. Lössi, Der Sprichwortschatz des Engadins, S. 238*

Lichtmeß s-chür, St. Paul cler,
impla las archas e'l graner.
Lichtmeß (2. Februar) finster, St. Paul (29. Juni) klar, füllt die Korntruhen und den Speicher.
> *Engadin GR 1944 / H. Lössi, Der Sprichwortschatz des Engadins, S. 238*

Quand il pleut à la chandeleuse (2 février), quand même on sèmerait de l'orge sur les toits, elle croîtrait.
Wenn es an Lichtmeß (2. Februar) regnet, könnte man Gerste auf den Dächern säen, sie würde wachsen.
> *Undervelier BE / Glossaire des patois de la Suisse Romande 1958/59, Teil III*

Scheint am Lichtmeßtag (2. Februar) die Sonne klar,
gibt's Spätfrost und kein fruchtbar Jahr.
> *Sammlung Strub, Jenisberg GR*

Scheint an Lichtmeß (2. Februar) die Sonne heiß,
kommen noch viel Schnee und Eis.
> *Sammlung Strub, Jenisberg GR*

Heiteri Lichtmäß (2. Februar) git e heiteri Büni.
> *Untersteckholz BE 1972 / R.E., *1928, Landwirt, Untersteckholz BE, Umfrage 1972*

Lichtmäß (2. Februar)
bi Tag äß.
> *Baselland 1908 / Schweiz. Archiv f. Volksk., Jg. XII, S. 15*

Liechtmäß (2. Februar) dunkel,
macht der Bur zum Junker.
> *Baselland 1908 / Schweiz. Archiv f. Volksk., Jg. XII, S. 15*

Lichtmeß (2. Februar) hell, gerbt dem Bauer das Fell –
Lichtmeß dunkel, wird der Bauer ein Junker.
> *Sammlung Strub, Jenisberg GR*

Ist's zu Lichtmeß (2. Februar) licht,
geht der Winter nicht,
Lichtmeß trüb,
ist dem Bauer lieb.
> *Sammlung Strub, Jenisberg GR*

Wenn an Lichtmeß (2. Februar) die Sonne den Pfarrer auf der Kanzel bescheint, muß der Fuchs nochmals Wochen ins Loch.
> *Flawil SG 1972 / J. G., Landwirt, Flawil SG, Umfrage 1972, L. Kutter, Egg ZH*

Ist an Maria Lichtmeß (2. Februar) dunkles Wetter, steht ein gutes Jahr vor der Tür.
> *Haslen AI 1972 / J. B. G., *1918, Chauffeur, Haslen AI, Umfrage 1972*
> *Diemtigtal BE 1972 / A. Koellreuter, Umfrage 1972*

Wenn's an Lichtmeß (2. Februar) schneit,
ist der Frühling nicht mehr weit;
ist's dagegen klar und hell,
kommt der Frühling nicht so schnell.
> *Schweizer Hausfreund, Zürich 1907*
> *Ähnlich: Sammlung Strub, Jenisberg GR*
> *Züricher Kalender 1972, Einsiedeln SZ*

Wenn's um Lichtmeß (2. Februar) stürmt und schneit,
ist der Frühling nicht mehr weit.
> *Schwanden GL 1972 / H. P. T., *1901, Landwirt, Schwanden GL, Umfrage 1972*
> *Unterägeri ZG 1972 / J. J., *1953, Landwirt, Unterägeri ZG, Umfrage 1972*
> *Thörigen BE 1972 / G. W., *1928, Landwirt, Thörigen BE, Umfrage 1972*

Chandeleur (2 février) bourbeuse,
bonne année, bien du blé.
Lichtmeß (2. Februar) schlammig, gutes Jahr, viel Getreide.
> *Develier BE 1908 / Schweiz. Archiv f. Volsk., Jg. XII, S. 167*

Si le soleil se montre à la Chandeleuse (2 février), il y a encore six semaines d'hiver.
Wenn sich die Sonne an Lichtmeß (2. Februar) zeigt, gibt es noch sechs Wochen Winter.
> *Penthalaz VD / Glossaire des patois de la Suisse Romande 1958/59, Teil III*

Si le soleil luit à la Chandeleuse (2 février), l'hiver durera jusqu'au mois de mai.
Wenn die Sonne an Lichtmeß (2. Februar) scheint, dauert der Winter bis in den Mai hinein.
> *Leysin VD / Glossaire des patois de la Suisse Romande 1958/59, Teil III*

Lichtmeß Sonnenschein, bringt viel Schnee herein.
> *Niederneunforn TG 1972 / L. B., *1926, Hausfrau, Niederneunforn TG, Umfrage 1972*

Lichtmeß (2. Februar) hell und klar, später Frühling, aber gutes Jahr.
Trubschachen BE 1972 | H. K., Landwirt, Trubschachen BE, Umfrage 1972

Lichtmeß (2. Februar) luter und klar
git es guets Wyjahr.
Fläsch GR 1972 | Ch. L.,*1901, Bauer, Fläsch GR, Umfrage 1972

S'il fait beau à la chandeleuse (2 février), du vin comme de l'eau au tonneau.
Wenn es an Lichtmesse (2. Februar) schön ist, gibt's soviel Wein wie Wasser im Faß.
Epauvillers BE | Glossaire des patois de la Suisse Romande 1958/59, Teil III

Lichtmeß (2. Februar) im Klee, Ostern im Schnee.
Hundertjähriger Kalender, Zürich 1942
Ebenso: Züricher Kalender 1972, Einsiedeln SZ

A la chandeleur (2 février) verdure,
sûrement à Pâques blancheur.
Grüne Lichtmeß (2. Februar), mit Sicherheit weiße Ostern.
Ocourt BE | Schweiz. Archiv f. Volksk., 1950, Jg. B 46, S. 2

Lichtmeß (2. Februar) im Schnee,
Palmsonntag im Klee.
Hallau SH 1972 | E. H.,*1947, Landwirt, Hallau SH, Umfrage 1972

An Liechtmeß (2. Februar) soll's schneie.
Bern 1908 | Schweiz. Idiotikon, Bd. IX, S. 1204

Wenn an Lichtmeß (2. Februar) schlechtes Wetter ist, ist der Winter zu Ende. *Nendaz VS | Glossaire des patois de la Suisse Romande 1958/59, Teil III*

Schi naiva il di da Nossa Duonna, schi vaine amo quaranta naivs.
Wenn es am Muttergottestag (Lichtmeß, 2. Februar) schneit, so kommen noch vierzig Schneefälle.
Engadin GR 1944 | H. Lössi, Der Sprichwortschatz des Engadins, S. 238

S'il fait à la chandeleuse (2 février) un temps clair et serein, encore un hiver certainement.
Wenn es an Lichtmeß (2. Februar) hell und klar ist, gibt es sicher nochmals Winter.
Les Haudères VS | Glossaire des patois de la Suisse Romande 1958/59, Teil III

Wenn an der Liechtmäß (2. Februar) d Sunn im Pfarrer uf d Chanzle schynt, so wirds no sibe Wuche cholt.
Baselland 1908 | Schweiz. Archiv f. Volksk., Jg. XII, S. 17

So mängi Stund an der Lichtmäß (2. Februar) d Sunne schynt, so mängi Wuche blybts no chalt.

> *Gelterkinden BL 1965 | L.F., *1895, Gelterkinden BL | Umfrage 1972, Gewährsmann E. Strübin, Gelterkinden BL*

Het Liechtmäß noch ä Wolcha wien äs Oksuhooru,
ischi no nit ganz verlooru.
Hat Lichtmeß (2. Februar) eine Wolke nicht größer als ein Ochsenhorn, so ist sie noch nicht ganz verloren.
I: Schönes Wetter an Lichtmeß ist ein schlechtes Zeichen für die kommenden Monate.

> *St. Germann VS 1972 | Umfrage 1972, Gewährsmann A. Egli, Küsnacht ZH*

Quand la Chandeleur (2 février) trouve les fossés pleins, elle les vide; quand elle les trouve vides, elle les remplit.
Wenn Lichtmeß (2. Februar) die Gräben voll vorfindet, leert sie sie; findet sie sie leer, so füllt sie sie.
I: mit Schnee.

> *Les Genevez BE 1908 | Schweiz. Archiv f. Volksk., Jg. XII, S. 167*
> *Ähnlich: Froideville VD | Glossaire des patois de la Suisse Romande 1958/59, Teil III*

Les jours augmentent aux Rois (6 janvier) d'une heure, à la chandeleuse (2 février) de deux heures.
Die Tage werden am Königstag (6. Januar) um eine, an Lichtmesse (2. Februar) um zwei Stunden länger.

> *Ajoie BE | Glossaire des patois de la Suisse Romande 1958/59, Teil III*

Liechtmäß (2. Februar) luter und rei, Bürli, häst zwei Chüali, verchauf des ei.

> *Sarganserland SG 1916 | W. Manz, S. 123*

Lichtmeß (2. Februar) klar und rein,
Pur, hast zwei Küh, verkauf die ein!
Lichtmeß dunkel und warm,
Pur, stell noch eini z Barm.

> *Sammlung Strub, Jenisberg GR*
> *Ähnlich: Klosters GR 1972/Chr. H., *1910, Landwirt, Klosterserberg GR*

Si le temps à Chandeleuse (2 février) est nuageux, nous sommes à la fin de l'hiver.
Wenn das Wetter an Lichtmeß (2. Februar) wolkig ist, sind wir am Ende des Winters angelangt.

> *Sembrancher VS | Glossaire des patois de la Suisse Romande 1958/59, Teil III*

Scheint an Lichtmeß (2. Februar) die Sonne, geraten die Bienen gut.

> *Sammlung Strub, Jenisberg GR*

Da Nossadonna da tgandeilas pi gugent igl uors sen la grascha, tg'igl sulegl.
Zu Lichtmeß (2. Februar) lieber den Bären auf dem Miststock als die Sonne.

> *Rätoroman. Chrestomathie 1896/1919, S. 692*
> *Ähnlich: Mastrils GR 1972 | S. W., *1900, Landwirt, Mastrils GR, Umfrage 1972*

Wenn der Bär am 2. Februar (Lichtmeß) über den Berg sehen kann, so muß er noch acht Wochen in die Höhle (das heißt, es folgt noch eine große Kälte, die acht Wochen anhält).

> *Langnau BE 1900 | Schweiz. Archiv f. Volksk., Jg. VIII, S. 280*
> *Ähnlich: Hombrechtikon ZH 1972 | A. H. Z., *1892, Bäuerin, Hombrechtikon ZH, Umfrage 1972*

So mängi Stund der Bär z Liechtmäß (2. Februar) der Doope cha sunne, so mängi Wuche wirds no Winter (cholt).

> *Baselland 1908 | Schweiz. Archiv f. Volksk., Jg. XII, S. 17*

A la Chandeleuse (2 février), l'ours sort de sa tanière et si le soleil luit, il y retourne pour six semaines.
An Lichtmeß (2. Februar) kommt der Bär aus der Höhle, und wenn die Sonne scheint, kehrt er nochmals für sechs Wochen zurück.

> *Roche VD, Epauvillers BE, Painsec VS, Pailly VD, Trient VS, Aven VS | Glossaire des patois de la Suisse Romande 1958/59, Teil III*

Ist es zu Lichtmeß (2. Februar) schön und warm, so muß der Dachs noch sechs Wochen in seiner Höhle bleiben.

> *Kanton Luzern 1898/Schweiz. Archiv f. Volksk., 1898, S. 280. Ähnlich: Mastrils GR 1972/S. W., *1899, Landwirt, Mastrils GR, Umfrage 1972*

Scheint die Sonne an Lichtmeß (2. Februar) in die Kerzen, bleibt der Fuchs noch sechs Wochen in der Höhle.
Kanton Zug 1897 | Schweiz. Archiv f. Volksk., 1897, 1. Jg., S. 119
Ähnlich: Wohlen AG 1972 | A.M., *1953, Wohlen AG, Umfrage 1972

Wenn der Fuchs an Lichtmeß (2. Februar) seinen Schatten sieht, bleibt es noch vier Wochen kalt.
Sammlung Strub, Jenisberg GR

Wänn em Fuchs am Liechtmeß (2. Februar) d Sunn id Auge schynt, so verschlüüft er sich namel 40 Tag.
Wädenswil ZH 1972 | H.B., Landwirt, Wädenswil ZH, Umfrage 1972

A la Chandeleur (2 février) s'il fait clair les loups se cachent en leur tanière, si c'est nuageux ils sortent et nous sommes tranquilles.
Wenn es an Lichtmeß (2. Februar) klar ist, verbergen sich die Wölfe in ihrer Höhle, wenn es wolkig ist, kommen sie heraus, und wir können ruhig sein.
Savièse VS 1926 | Dictons de Savièse, S. 9

Schi's vezza il di da Nossa Duonna be tant nüvel co'l cheu d'ün chavagl, schi nu vain ün an da sedschdà.
Wenn am Muttergottestag nur eine Wolke von der Größe eines Pferdekopfes sichtbar ist, so gibt es kein dürres Jahr.
Engadin GR 1944 | H. Lössi, Der Sprichwortschatz des Engadins, S. 238

Al di da S. Agäda (5 febbraio) al sul al va per tutt la conträda.
Am St.-Agatha-Tag (5. Februar) scheint die Sonne überall.
Bergell GR 1896 | Decurtins, S. 175

Sainte Agathe (5 février) d'eau sur les chemins.
Am Tag der Agathe (5. Februar), das Wasser auf den Wegen.
Fribourg 1941 | Sagesse paysanne, S. 61
Ähnlich: Levron VS 1926 | Schweiz. Archiv f. Volksk., Jg. 26, S. 225

Schneit's an Agathe (5. Februar) soll's noch 37mal schneien.
Hirzel ZH 1972 | H.B.S., Landwirt, Hirzel ZH, Umfrage 1972

St. Dorothee (6. Februar) bringt meistens Schnee.
Schweizer Hausfreund, Zürich 1907
Hundertjähriger Kalender, Zürich 1942

Wie es in der Nacht vor Petri Stuhlfeier (22. Februar) wittert, so wittert es 40 Tage nacheinander; wie das Wetter am Aschermittwoch ist, soll es die ganzen Fasten bleiben.
Hinkender Bot, Bern 1972. Ähnlich: Hundertjähriger Kalender, Zürich 1942.
Sammlung Strub, Jenisberg GR

Gefriert es in der St.-Peters-Nacht (23. Februar), so gefriert es hernach nicht mehr.
>> *Hundertjähriger Kalender, Zürich 1942*

Hat Petri Stuhlfeier (22. Februar) Eis und Ost,
bringt der Winter noch herben Frost.
>> *Appenzeller Kalender 1972*
>> *Ebenso: Sammlung Strub, Jenisberg GR*

Scha als 23 favrer nun ais auncha pungüt, schi as fo'l.
Wenn sich bis zum 23. Februar am Rande der Flüsse noch kein befahrbares Eis gebildet hat, so wird es sich noch bilden.
I: Man hat noch große Kälte zu erwarten.
>> *Engadin GR 1944 / H. Lössi, Der Sprichwortschatz des Engadins, S. 241*

Mattheis (24. Februar) bricht Eis,
hat er keins, so macht er eins.
>> *Schweizer Hausfreund, Zürich 1907*

Matthys (24. Februar) bricht s Ys,
het er keis, so macht er eis.
>> *Baselland 1908 / Schweiz. Archiv f. Volksk., Jg. XII, S. 17*
>> *Ebenso: Sarganserland SG 1916, W. Manz, S. 123*

Sant Peeter und San Matys
bräche ds Ysch;
finnesch keis, so machesch eis.
Sankt Peter und Sankt Matthias brechen das Eis.
Finden sie keins, so machen sie eins (22. und 24. Februar).
>> *Brigerbad VS 1972 / Umfrage 1972, Gewährsmann: A. Egli, Küsnacht ZH*

Tritt Matthias (24. Februar) stürmisch ein,
wird bis Ostern Winter sein.
>> *Hallau SH 1972 / E. H., * 1947, Landwirt, Hallau SH, Umfrage 1972*

Schneit es an St. Mathis (24. Februar), so schneit es während des ganzen Jahres von Zeit zu Zeit.
>> *Diemtigtal BE 1972 / Umfrage 1972, A. Koellreuter*

Schnyt's zwisch und Sant Peeter und Matys,
so gäb es noch vierunddryßg.
Schneit es zwischen St. Peter und St. Matthias, so gebe es noch vierunddreißig (mal Schnee) (22. und 24. Februar).
>> *Oberems VS 1972 / Umfrage 1972, Gewährsmann: A. Egli, Küsnacht ZH*

St. Matthäus (24. Februar) kalt, die Kälte lang anhalt.
Hundertjähriger Kalender, Zürich 1942

San Mattias ovas sün las vias – naiv aint in las quadrias.
Scha a San Mattias las ovas cuorran per las vias,
schi vain la naiv aint illas quadrias.
Am 24. Februar Wasser auf den Straßen – Schnee beim Pflügen mit dem Viergespann.
Wenn am 24. Februar Wasser durch die Straßen rinnt, so kommt Schnee ins Viergespann.
I: Herrscht an diesem Tage Tauwetter, so ist noch mit vielen Schneefällen zu rechnen. Las quadrias: früher gebräuchliches Viergespann von jungen Rindern mit zwei verschiedenen Pflügen.
S-chanfs GR 1944 / H. Lössi, Der Sprichwortschatz des Engadins, S. 240

Alexander und Leander (28. Februar)
suchen Märzluft miteinander.
Sammlung Strub, Jenisberg GR

Wie de Fraufastemitwuche sich tuet halte,
so wird sichs Wetter vier Wuche lang gstalte.
I: Unter «Fraufastemitwuche» ist der Mittwoch in den Fronfastenwochen zu verstehen. Dieser Tag wird als Spuktag häufig in Spukgeschichten genannt.
Zug 1900 / Schweiz. Archiv f. Volksk., 1901, S. 245

Wie der Aschermittwoch wittert, so wittert es die ganzen Fasten.
Sammlung Strub, Jenisberg GR

Wenn es am Aschermittwoch regnet, so regnet es die ganze Woche.
Emmental BE 1911 / Schweiz. Archiv f. Volksk., Jg. XV, S. 5

Schi naiva al Marcurdi da la Tschendra,
schi vaine amo quaranta naivs.
Schi naiva Marcurdi da Tschendra,
schi vaine amo quaranta brüs-chas in quella prümavaira.
Wenn es am Aschermittwoch schneit, so kommen noch vierzig Schneefälle (so kommen in jenem Frühjahr noch vierzig kleine Schneefälle).
Engadin GR 1944 / H. Lössi, Der Sprichwortschatz des Engadins, S. 239

Trockene Fasten – gutes Jahr.
Schaltjahr – Kaltjahr.
Sammlung Strub, Jenisberg GR

Was auf Fasnacht gesät wird,
bleibt allezeit grün.
Schleitheimer Bote 1970

Am Hirsmontag (Montag nach Invocavit), überhaupt in der Fastnacht, soll man nicht Kartoffeln aus dem Keller holen, sonst kommen die Mäuse in den Kartoffelbehälter.

Am Hirsmontag soll man auch nicht spinnen; die Mäuse zerfressen sonst das Garn.

Emmental BE 1911 | Schweiz. Archiv f. Volksk., Jg. XV, S. 5

6. Lostage im März

Wer clarheyt der ougen begert,
uf sant Gertruden tag (17. März) wurt er gewert:
der laß am rechten arm zu der median,
so würt er das gantz jar ein clar gesicht han.

Schweizer Bauernpraktik 1517/18

Donnert's wenn der Mond im Widder ist, so wird groß Schrecken und Furcht in den Leuten im Lande überfallen

Zürich, 17. Jahrhundert | Handschrift 1692

Wenn's am Tage Mariae Verkündigung (25. März) früh vor dem Sonnenaufgang schön und hell ist und die Sternen hübsch leuchten, so gibt's ein gut Jahr zu allerley Getreid.

Zürich, 17. Jahrhundert | Handschrift 1692

Wann an Mariae Verkündigung (25. März) vor der Sonnen Auffgang
der Himmel schön, hell, und klahr,
so ist gut Wetter zu hoffen das gantze Jahr.
> *Churer Schreibkalender 1708*
> *Newer Schreib-Kalender, Baden 1721*

Gertrud (17. März) setzt Böllen und Chrut.
> *Wetzikon ZH 1865 | Mannhardt-Untersuchung, Schweiz. Archiv f. Volksk.,*
> *1971, S. 344*

Plievgia da Mars, anc 40 deis anviern.
Märzregen, noch 40 Tage Regen.
> *Rätoroman. Chrestomathie 1896/1919, S. 693*

Quand il pleut à la St-Aubin (1er mars)
il n'y a ni foin, ni paille.
Wenn es an St. Albin (1. März) regnet, gibt es weder Heu noch Stroh.
> *Develier und Courrendlin BE 1908 | Schweiz. Archiv f. Volksk., Jg. XII,*
> *S. 168*

Wenn am Fridolinstag (6. März) Schnee fällt, schneit es mindestens
noch an 40 Tagen bis zum Lenz.
> *Stoos SZ 1972 | J. B., *1950, Landwirt, Stoos SZ, Umfrage 1972*

Il set da marz raspa marz e prümavaira, l'ot raspa avrigl, il nouv mai, il
desch gün, l'ündesch lügl, e'l dudesch avuost.
Der 7. März entscheidet über den März und den Frühling, der 8. März
über den April, der 9. März über den Mai, der 10. März über den Juni,
der 11. März über den Juli und der 12. März über den August.
I: Diese Tage, las raspadas (von raspar: zusammenfassen) genannt, lie-
fern dem Bauern eine Prophezeiung für das ganze Jahr. Sie entscheiden
darüber, ob es gut oder schlecht sein wird.
> *Engadin GR 1944 | H. Lössi, Der Sprichwortschatz des Engadins, S. 240*

Die Witterung an vierzig Ritter und vierzig Märtyrer (10. März) soll
vierzig Tage lang anhalten.
> *Hundertjähriger Kalender, Zürich 1942*

Wie das Wetter auf vierzig Ritter (10. März) fällt,
es sich noch sieben Wochen hält.
> *Sammlung Strub, Jenisberg GR*

Friert's am Märtyrertag (10. März) recht,
so friert's noch 40 Nächt.
> *Hallau SH 1972 | E. H., *1947, Landwirt, Hallau SH, Umfrage 1972*

Gregor (12. März) kalt, 40mal Reif oder Schnee.
> *Speicher AR 1972 / J.G., *1914, Landwirt, Speicher AR, Umfrage 1972*

An Gregori (12. März) sieht man Schlechtwetter gern.
> *Sammlung Strub, Jenisberg GR*

Ist der Gregor (12. März) kalt, gibt's noch einen Monat schlecht Wetter.
> *Stein AR 1972 / A.St., *1929, Landwirt, Stein AR, Umfrage 1972*

Wenn am Gregorstag (12. März) kein Ostwind, der jeden Tag eine Stunde später weht, ist ein «untätiger» Frühling zu erwarten.
> *Flawil SG 1972 / J.G., Landwirt, Flawil SG, Umfrage 1972, Gewährsperson: L. Kutter, Egg ZH*

Wänn am Gregoritag (12. März) de Biise gad,
so gad er na 40 Tag.
> *Wädenswil ZH 1972 / W.H., *1917, Wädenswil ZH, Umfrage 1972*
> *Ähnlich: Mastrils GR 1972 / S.W., *1900, Mastrils GR, Umfrage 1972*
> *Untersteckholz BE 1972 / R.E., *1928, Untersteckholz BE, Umfrage 1972*

Wenn am Gregor (12. März) der Geschirrlumpen vor dem Fenster gefriert, so gefriert er noch 40 Tage.
> *Niederteufen AR 1972 / H.K., *1903, Niederteufen AR, Umfrage 1972*

Wenn an Gregori (12. März) grobes Wetter ist, so fährt der Fuchs aus der Höhle. Ist es aber schön, bleibt er noch zwei Wochen drin.
> *Sammlung Strub, Jenisberg GR*

Friert's an Gertrud (17. März),
der Winter noch 14 Tage nicht ruht.
> *Züricher Kalender 1972, Einsiedeln SZ*

Wäns an Gertrud (17. März) guxet und schnyet, bliibts Wätter sibe Wuche lang glych.
> *Prättigau GR 1972 / Umfrage 1972, Befrager: A. Grämiger, Forsting., Pany GR*

Ist Gertrud (17. März) sonnig,
wird's dem Gärtner wonnig.
> *Kappel SO 1972 / J.S., *1882, Landwirt, Kappel SO, Umfrage 1972*

Ist's am St.-Josefs-Tag (19. März) klar,
so folgt ein fruchtbares Jahr.
> *Sammlung Strub, Jenisberg GR*
> *Ebenso: Züricher Kalender 1972, Einsiedeln SZ*

A San Giuseppe (19 marzo) porta via la candela e porta la merenda.
Am St.-Josefs-Tag (19. März) mußt du die Kerze weg tun und das Zvieri bringen.

> *Almanacco Grigioni Italiano 1939, S.134*

Bel sogn Banadetg (21 marz), bela parmaveira.
Schöner St. Benedikt (21. März), schöner Frühling.

> *Rätoroman. Chrestomathie 1896/1919, S.693*

Dat la beischa da sogn Banadetg (21 marz), schi dat la totta parmaveira.
Schneit's zu St. Benedikt (21. März), schneit's den ganzen Frühling.

> *Rätoroman. Chrestomathie 1896/1919, S.693*

Bisch' ei Sontg Benedetg (21 marz), dat ei aunc trenta bischas sin tetg.
Schneit es am heiligen Benedikt (21. März), gibt es noch dreißigmal Schnee auf dem Dach.

> *Rätoroman. Chrestomathie 1896/1919, S.166*

Schneit's am Benedikttag (21. März), so wird noch vierzigmal Schnee fallen.

> *Haslen AI 1972 / J.B.G., * 1918, Chauffeur, Haslen AI, Umfrage 1972*

Schi naiva a San Benedict (21 marz)
schi vegnan auncha quaraunta naivs.
Wenn es am St.-Benedikts-Tage (21. März) schneit, so kommen noch vierzig Schneefälle.

> *S-chanfs GR 1944 / H. Lössi, Der Sprichwortschatz des Engadins, S. 237*

Favogn de sogn Banadetg (21 marz), favogn tot igl onn.
Föhn zu St. Benedikt (21. März), Föhn das ganze Jahr.

> *Rätoroman. Chrestomathie 1896/1919, S.693*

Scha sbischa ils 21 marz, schi sbischa auncha trenta voutas aunz chi saja prümavaira.
Wenn am 21. März der Nordwind bläst, so bläst er noch dreißigmal, ehe es Frühling wird.

> *Engadin GR 1944 / H. Lössi, Der Sprichwortschatz des Engadins, S.240*

Der Georgstag ist ein Lostag (Jöristag, 23. März) für den Landmann. Ehemals pflegten die Sentenbauern auf der Hohen Rohne an diesem Tag nach dem Wetter auszuschauen. Wehte oben der Föhn, so galt es für ein günstiges Zeichen, das mit Schmausen und Zechen gefeiert wurde, ging aber der Biswind, so mußte man auf Heukauf bedacht sein, denn es war dann zu gewärtigen, daß die Kälte sechs Wochen andauern würde.

> *Zugerland 1897 / Schweiz. Archiv f. Volksk., Jg. I, S.117*

Ist Mariä Verkündigung (25. März) hell und klar, so folgt ein gutes Jahr.
So viel Regen der März, so viel bringt auch der Juni, und so viel Nebel im März, so viel Gewitter im Sommer.
Hinkender Bot, Bern 1972

Schöner Verkündigungsmorgen (25. März),
befreit den Landmann von vielen Sorgen.
Sammlung Strub, Jenisberg GR

Um Mariä Verkündigung (25. März) klar,
ist Segen für das ganze Jahr.
Sammlung Strub, Jenisberg GR

Z Mariä Verkündigung (25. März)
chehrt si jedes Gresli um.
Baselland 1908 | Schweiz. Archiv f. Volksk., Jg. XII, S. 15

7. Lostage im April

Item wie wenig es regnet an dem auffertag, das bedeut dürrung des futers. Wenn es aber schön ist, so ist es glücklich, schmaltz wolfayl. Auf den auffertag ist gut kind entwenen, in dem namen des vaters und des suns und des hailigen gaysts, und bet drey Paternoster ec.
  Bauernpraktik von 1508

Mit Blüst der Aprel har tringt,
der uns die Grüne ynhärbringt.
Dem Mertzen glych etlicher maß
den z bschryben ich nit underlaß:
Ist's schön am heiligen Ostertag,
so wirts Schmaltz wolfeil by der Waag.
Nun gut vollkommen Käß und Ancken,
daher man greitzt wirt, Gott zu dancken.
Rägnets uf den Tag oberzellt,
als denn die Sach mir nit wol gfellt;
dann die nassen Ostren, merck mich äben,
wirt dir ein dürres Futter gäben.
  Zürcher Bauernkalender 1574

Auff Tiburti (14. April) solten alle Felder grünen.
  Churer Schreibkalender 1708

St. Georg (23. April) und St. Marx (25. April), die drohen offt viel args.
  Churer Schreibkalender 1708

S'a sbrousa in Camadra ur prim d'april,
prepara legn e fegn pa r méis d maisc.
Se fa nevischio in Camadra il primo aprile,
prepara legna e fieno pel mese di maggio.

Wenn es am 1. April in Camadra schneit, dann mußt du Holz und Heu für den Monat Mai richten.

Olivone TI | Vocabolario dei Dialetti della Svizzera Italiana, Lugano 1952 ff., Vol. 1, S. 205

Wenn d Frösche rugge (quaken) St. Georg (23. April) selle d Roggenähri do sy. *F. J. Schild, Der Großätti aus dem Leberberg, 2. Bd. 1873, S. 21*

Jörgetag (23. April) Ronnenähri,
i siebe Wuche Garbe-Schwäri.

F. J. Schild, Der Großätti aus dem Leberberg, 2. Bd. 1873, S. 21

Am Hugo (1. April) darf men kei Gerste säe.

Wil SG | Schweiz. Idiotikon, Bd. VII, S. 595

Reben soll man nie am Hugotag (1. April) schneiden.

Rüdlingen SH 1954 | G. Kummer, Volksbotanik, 2, S. 63

Chaland' Avrigl, quaranta ch'eu pigl.
Prüm, seguond e terz d'avrigl,
scha bun nun ais, schi quaranta inavo pigl.
Prüm, seguond e terz avrigl,
oters quaranta cun mai pigl.
Erster April, vierzig (Tage) nehme ich (zurück). Erster, zweiter und dritter April, wenn das Wetter nicht gut ist, so nehme ich vierzig (Tage) zurück. Variante: vierzig weitere nehme ich mit mir.
I: Diese noch heute sozusagen im ganzen Engadin gebräuchliche und überall ungefähr gleichlautende Wetterregel stammt aus der Zeit, da der Bär in den Wäldern des Engadins noch häufiger anzutreffen war (der letzte «Schweizer Bär» wurde am 1. September 1904 von Schulser Jägern erlegt). Verläßt der Bär an diesen Tagen sein Winterquartier, ohne schönes Wetter vorzufinden, so verlangt er vierzig Tage zurück und setzt während dieser Zeit seinen Winterschlaf fort, was besagen will, daß noch vierzig kalte und regnerische Tage folgen. Ähnliche Formen in Revue de linguistique romande 10,19.

Unterengadin GR 1944 | H. Lössi, Der Sprichwortschatz des Engadins, S. 237

A carén d'auri, l'è bon se u vegn sgiü i sti.
Per le calende d'aprile, è bene se gocciolano le grondaie.
Es ist gut, wenn am 1. April die Dachrinnen tröpfeln.

Quinto TI | Vocabolario dei Dialetti della Svizzera Italiana, Lugano 1952 ff., Vol. 1, S. 206

Bringt Rosamunde (2. April) Sturm und Wind,
so ist Siby (9. April) uns gelind.

Sammlung Strub, Jenisberg GR

Terza aurianza tira dré quaranta, il 3 aprile tira dietro quaranta giorni simili.
Der dritte April zieht 40 gleiche Tage nach.
> *Quinto TI | Vocabolario dei Dialetti della Svizzera Italiana, Lugano 1952 ff., Vol.1, S.206*

Al 3 aprile seguono quaranta giorni uguali.
Am 3. April folgen 40 gleiche Tage.
> *S. Domenica GR | Vocabolario dei Dialetti della Svizzera Italiana, Lugano 1952 ff., Vol.1, S.206*

Trianza d'auri quaranta di i a da gni,
se i des i na i romp i è quaranta bèli tond.
Come il 3 aprile debbono venire quaranta giorni, se il 10 non rompe la continuità sono quaranta bell' e tondi.
Da am 3. April vierzig gleiche Tage kommen sollen, dann sind es, falls am 10. die Fortdauer nicht unterbrochen wird, ganze, runde vierzig.
> *Campo TI | Vocabolario dei Dialetti della Svizzera Italiana, Lugano 1952 ff., Vol.1, S.206*

Il cuculo o il 7 o il 17 o il 27 d'aprile, o venire o mandare a dire, o cantare o crepare.
Ruft der Kuckuck am 7. oder am 17. oder am 27. April, so heißt das, entweder kommt jemand, oder eine Nachricht trifft ein, oder es wird gesungen oder gestorben.
> *Olivone TI | Vocabolario dei Dialetti della Svizzera Italiana, Lugano 1952 ff., Vol.1, S.207*

Il 7 aprile è ancora presto, il 17 è il momento buono, il 27 o cantare o crepare.
Am 7. April ist es noch zu früh, am 17. ist die richtige Zeit, am 27. entweder singen oder sterben.
> *Calpiogna TI | Vocabolario dei Dialetti della Svizzera Italiana, Lugano 1952 ff., Vol.1, S.207*

Il tempo del 13 aprile continua per quaranta giorni.
Das Wetter des 13. April dauert 40 Tage.
> *Rossura TI | Vocabolario dei Dialetti della Svizzera Italiana, Lugano 1952 ff., Vol.1, S.206*

S'il pleut le jour de Saint-Georges (23 avril), toutes les cerises lui passent par la gorge.
Wenn es am St.-Georgs-Tag regnet, werden alle Kirschen durch die Kehle rutschen.
I: wird es keine Kirschen geben.
> *Savièse VS 1926 | Dictons de Savièse, S.10*

Des cerises demi la bouche,
s'il pleut à la St-Georges (23 avril).
Wenn es am St.-Georgs-Tag regnet, kann man nur noch die Hälfte der
Kirschen essen.

    Ocourt BE 1950 | Schweiz. Archiv f. Volksk., Jg. B 46, 1950, S. 3

So lange es vor St.-Markus-Tag (25. April) warm ist, so lange ist es
nachher kalt.

    Hundertjähriger Kalender, Zürich 1942

Ist Markus (25. April) kalt, so ist auch die Bittwoche kalt.

    Züricher Kalender 1972, Einsiedeln SZ

Jörk (23. April) und Marx (25. April)
bringen öppis Args.
Und Philipp, Jakobi (1. Mai)
sy au no zwe grobi.

    Baselland 1908 | Schweiz. Archiv f. Volksk., Jg. XII, S. 18

Am Lergemärkt (23. April) mue me de Aafaal treit ha.
Georg (23. April) und Marks (25. April) dräuen viel Args.
(Erfrieren der Reben.)

    Rüdlingen SH 1952 | G. Kummer, Schaffhausen, Volksbotanik, 2. Teil, S. 63

Jörg (23. April) und Marx (25. April)
bringen na vil Args.

    Sarganserland SG 1916 | W. Manz, S. 123

Georg (23. April) und Marx (25. April)
bringen oft viel Args.

    *Sammlung Strub, Jenisberg GR. Hundertjähriger Kalender 1942. Osterfingen
SH 1972 | Hombrechtikon ZH 1972 | Wädenswil ZH 1972 | Umfrage 1972*

Auf Sankt Peters Fest (29. April)
sucht der Storch sein Nest.

    Sammlung Strub, Jenisberg GR

Hat Sankt Peter (29. April) das Wetter schön,
kann man Kohl und Erbsen säen.

    Sammlung Strub, Jenisberg GR

Quand il pleut aux Rogations, il pleuvra aux foins.
Wenn es an Rogation (5. Sonntag nach Ostern) regnet, wird es ins Heu
regnen.

    *St-Maurice VS 1935 | J. B. Bertrand, Le Folklore de St-Maurice, Cahiers
Valaisans de Folklore, S. 174*

8. Lostage im Mai

Item scheint die sonn an sant Urbans tag (25. Mai), so gerat der wein wol, regnet es aber, so ist es schad. Item regnet es an dem pfingsttag, ist nit gut. Item im ausgang des maien so blüen die aychelbaum, geratet die plüe wol, so wirt ain gut schmaltzjar.
Bauernpraktik von 1508

Gibt uf Urban (25. Mai) die Sonn iren Schyn,
so wirt desselben Jars vil Wyn.
Rägnet es dann, so sag ich dir:
so keert es sich grad hinderfür:
Pfingsträgen ist ein böses Zeichen!
Zürcher Bauernkalender 1574

Wie es an St. Urbanitag (25. Mai) wittert, also wittert's auch im Herbst, wenn man Wein lieset.
Wenn an St. Urban (25. Mai) schön Wetter ist, so hofft man auf ein gut Jahr.
Zürich, 17. Jahrhundert / Handschrift 1692

Wann den ersten Tag May ein Reiff fallt, so gerahtet die Frucht wol.
Churer Schreibkalender 1708

Wann es in dem May offt donneret, bedeutet es Wind und ein fruchtbares Jahr.
Churer Schreibkalender 1708

Vor S. Servatii Tag (13. Mai) bedarff man sich keines Sommers versehen, aber nach demselben beförcht man sich keines Frosts mehr.
Churer Schreibkalender 1708

Wenn es an S. Pancratii Tag (22. Mai) schön ist, so ist es ein gutes Zeichen zu einem reichen Herbst.
> *Churer Schreibkalender 1708*

Wann St.-Urbans-Tag (25. Mai) schön, so solle der Wein wohl gerahten.
> *Churer Schreibkalender 1708*
> *Newer Schreib-Kalender, Baden 1721*

Servatius (13. Mai) und Bonifazius (14. Mai) ohne Regen
bringen dem Weinstock großen Segen.
> *Rafz ZH 1840 | Medikus Graf, zit. von W. Höhn, Volksbotanik, S. 58*

Wenns am erste Mai rägnet, bidütets e Heuthüri oder e Heufülli.
> *F. J. Schild, Der Großätti aus dem Leberberg, 2. Bd., 1873, S. 21*

Wenn der Maitag ein Regentag ist, so gibt es im Sommer entweder teures oder faules Heu.
> *Kanton Luzern 1898 | Schweiz. Archiv f. Volksk., 1898, S. 280*

Wänns am Maitag regnet, so gits en Heuwtüri, und wänn der Halmen es Fueder gäb.
> *Zürcher Unterland | Schweiz. Idiotikon 1961, S. 920*

S'il pleut le 1ᵉʳ mai
tu perds la moitié du lait.
Wenn es am 1. Mai regnet, verlierst du die Hälfte der Milch.
> *Ocourt BE 1950 | Schweiz. Archiv f. Volksk., Jg. 1950, S. 21*

Calonda Matg plievia, pauc fretg.
Am ersten Mai Regen – wenig Frucht.
> *Rätoroman. Chrestomathie 1896/1919, S. 677*

Wenn es am 1. Mai regnet, fallen die Birnen herunter, und wenn sie eiserne Stiele hätten.
> *Baselland 1950 | Sammlung Müller, Liestal BL*

Chalanda Meg sütta, erva sün mincha tschücha;
Chalanda Meg bletscha, mincha muot chi secha.
Erster Mai trocken, Gras auf jedem Baumstrunk;
erster Mai naß, jeder Hügel trocknet aus.
> *Chamues-ch GR 1944 | H. Lössi, Der Sprichwortschatz des Engadins, S. 237*

Regen in der Walpurgisnacht (30. April/1. Mai)
stets Keller und Tenn voll macht.
> *Sammlung Strub, Jenisberg GR*

Philipp und Jakob (1. Mai) naß,
macht dem Bauern Spaß.
> *Sammlung Strub, Jenisberg GR*

Fällt Philippi und Jakobi (1. Mai) Regen,
folget sicherer Erntesegen.
> *Züricher Kalender 1972, Einsiedeln SZ*

Der Maitag darf keinen Tau haben.
> *Kanton Zug 1897 / Schweiz. Archiv f. Volksk., 1897, Jg. I, S. 119*

Wenn es am 1. Mai Tau hat, gibt's den ganzen Monat keinen mehr.
Wenn es am 1. Mai windet, dann das ganze Jahr.
> *Baselland 1950 / Sammlung Müller, Liestal BL*

Purgina igl emprim di de Matg fa dar bein fretg.
Reif am 1. Mai gibt gute Frucht.
> *Rätoroman. Chrestomathie 1896/1919, S. 678*

Fällt am 1. Mai Reif, so hofft man auf ein gutes Jahr.
> *Hundertjähriger Kalender, Zürich 1942*

Wenn am 1. Mai Reif fällt, gerät das Futter wohl
> *Sammlung Strub, Jenisberg GR*

Wänn der Albispur na chann Schne zeigen am Maitag, se mues er nüd zeise.
> *Horgen ZH / Schweiz. Idiotikon 1961, S. 920*

Scha naiva il prüm Meg, schi's palainta la naiv mincha mais dürant la sted sün las otezzas, sülla pizza.
Wenn es am 1. Mai schneit, so tut sich der Schnee während des Sommers auf den Höhen, auf den Bergspitzen jeden Monat kund.
I: Man wird während des Sommers auf den Bergen jeden Monat Neuschnee sehen.
> *Chamues-ch GR 1944 / H. Lössi, Sprichwortschatz des Engadins, S. 238*

Maia Nüw Schnee, alli Nüw Schnee.
I: Schneit es im Mai im Neumond, schneit es den ganzen Sommer bei Neumond.
> *Davos GR 1972 / H.M.J., *1897, Davos-Monstein GR, Umfrage 1972*

Schneit es am ersten Neumondtag im Mai, so schneit es bei jedem Mondwechsel im Sommer.
> *Diemtigtal BE 1972 / A. Koellreuter, Umfrage 1972*

A la saint Sigismond (1ᵉʳ mai)
la feuille à mi-mont.
Am heiligen Sigismund (1. Mai), das Blatt halbwegs.
> *St-Maurice VS 1953 | J.B. Bertrand, Le Folklore de St-Maurice, Cahiers Valaisans de Folklore, S.177*

Sind d Reben am Maitag noch stockblind,
so sell sich freuwen Mann, Wib und Chind.
> *Stallikon ZH | Schweiz. Idiotikon 1961, S. 920*

A Santa Croce (3 maggio) il tempo mena quarantena.
Wie es an Santa Croce (3. Mai) ist, so bleibt das Wetter 40 Tage lang.
> *Almanacco Grigioni Italiano 1939, S.134*

St. Gregor (9. Mai) und das Kreuze macht
den Tag so lang als wie die Nacht.
> *Hundertjähriger Kalender, Zürich 1942*

Pankraz (12. Mai) und Servaz (13. Mai) gelten als böse Heilige, die Kälte bringen.
> *Baselland 1908 | Schweiz. Archiv f. Volksk., Jg. XII, S.18*

Pancratius (12. Mai), Servatius (13. Mai), Bonifatius (14. Mai) sind die sogenannten Lateiner oder Eisheiligen. Sie sind wie die «Kalte Sophie» (15. Mai) von den Bauern wegen des häufig eintretenden Temperatursturzes gefürchtet.
> *E. Hoffmann-Krayer, Feste und Bräuche des Schweizer Volkes, Zürich 1940, S.150*

Saints Mamert (11 mai), Pancrace (12 mai) et Servais (13 mai) sont toujours vrais saints de glace.
Mamerz (11. Mai), Pankraz (12. Mai) und Servaz (13. Mai) sind immer echte Eisheilige.
> *Le véritable Messager Boiteux 1972*

Les Saints de glace: Mammert (11 mai), Pancrace (12 mai), Pérégrin (13 mai).
Die Eisheiligen: Mamerz (11. Mai), Pankraz (12. Mai) und Peregrin (13. Mai)
> *Morges VD 1972 | P. Ph. M., *1912, professeur, Morges VD, Umfrage 1972*

Pankraz (12. Mai), Servaz (13. Mai), Bonifaz (14. Mai)
schaffen Frost und Eis gern Platz.
> *Sammlung Strub, Jenisberg GR*
> *Ebenso: Wädenswil ZH 1972 | H.B., Landwirt, Wädenswil ZH, Umfrage 1972*

Au printemps ramènent l'hiver Pancrace (12 mai), Servais (13 mai), Mamert (11 mai).
Pankraz (12. Mai), Servatius (13. Mai) und Mamerz (11. Mai) bringen im Frühling den Winter zurück.
Le véritable Messager Boiteux 1972

Pankraz (12. Mai), Servaz (13. Mai) und Bonifaz (14. Mai), die machen erst dem Sommer Platz.
Züricher Kalender 1972, Einsiedeln SZ

Vor Servaz (13. Mai) kein Sommer – nach Servaz kein Frost!
Kein Reif nach Servaz – kein Schnee nach Bonifaz (14. Mai)
Sammlung Strub, Jenisberg GR

Kein Reif nach Servatius (13. Mai),
kein Schnee nach Bonifazius (14. Mai).
Schweizer Volksfreund 1907, Zürich
Ebenso: Hundertjähriger Kalender, Zürich 1942

Pankratius (12. Mai) und Servatius (13. Mai)
bringen Kälte und Verdruß.
Sammlung Strub, Jenisberg GR
Ebenso: Elm GL 1972 / M. R., *1920, Hausfrau, Elm GL, Umfrage 1972
Alpenhorn-Kalender, Langnau BE 1968

Pankraz (12. Mai) und Servaz (13. Mai) sind böse Gäste,
sie bringen oft die Maienfröste.
Schweizer Volksfreund 1907, Zürich

Vor Nachtfrost bist du sicher nicht,
bis daß herein Servatius (13. Mai) bricht.
Züricher Kalender 1972, Einsiedeln SZ

Nach Servaz (13. Mai) kommt kein Frost mehr,
der dem Weinstock gefährlich wär.
Hundertjähriger Kalender, Zürich 1942

Regnet's am Pankratiustag (12. Mai), so gibt's keine Birnen, regnet's am Servatiustag (13. Mai), so gibt's keine Äpfel.
Kanton Zürich 1898 / Schweiz. Archiv f. Volksk., 1898, S. 222

Pankratius (12. Mai) schön, ist ein Gut-Wetter-Zeichen.
Schweizer Volksfreund 1907, Zürich

Pankraz (12. Mai) und Urban (25. Mai) ohne Regen,
bringen großen Erntesegen.
> *Sammlung Strub, Jenisberg GR*
> *Ebenso: Züricher Kalender 1972, Einsiedeln SZ*
> *Ähnlich: Hundertjähriger Kalender, Zürich 1942*

Was Pankraz (12. Mai) ließ unversehrt,
wird von Urban (25. Mai) oft zerstört.
> *Sammlung Strub, Jenisberg GR*

Gehn die Eisheiligen ohne Frost vorbei,
singen Bauer und Winzer Juhei!
> *Sammlung Strub, Jenisberg GR*

Wies Wetter um St. Urban (25. Mai), so im Heuet.
> *Alpenhorn-Kalender, Langnau BE 1968*

Wenn St. Urban (25. Mai) lacht, so tun die Trauben weinen,
weint St. Urban, so gibt's der Trauben nur ganz kleinen.
> *Hundertjähriger Kalender, Zürich 1942*

Wenns a St. Urban (25. Mai) schön isch, so gits vil Wy.
> *Baselland 1908 | Schweiz. Archiv f. Volksk., Jg. XII, S. 16*

Urbanus (25. Mai): An diesem Tag müssen die Erbsen gesteckt werden
(Glarus). Wenn das Wetter schön ist, gibt es ein gutes Weinjahr.
> *E. Hoffmann-Krayer, Feste und Bräuche des Schweizer Volkes, Zürich 1940, S. 150*

Tant que Saint-Urbain (25 mai) n'est pas passé
le vigneron n'est pas rassuré.
Solange St. Urban (25. Mai) nicht vorbei, ist der Weinbauer nicht sicher.
> *Le véritable Messager Boiteux 1972*

Das Wetter, das Sankt Urban (25. Mai) hat,
auch in der Lese findet statt.
> *Sammlung Strub, Jenisberg GR*

Saint-Urbain (25 mai) gèle le vin (la vigne).
St. Urban (25. Mai) bringt den Wein (die Rebe) zum Erfrieren.
> *Savièse VS 1926 | Dictons de Savièse, S. 10*

Ni bon vin, ni pain blanc,
s'il gèle après la Saint-Urbain (25 mai).
Weder guten Wein noch weißes Brot, wenn es nach St. Urban (25. Mai)
gefriert.
> *Ocourt BE 1950 | Schweiz. Archiv f. Volksk., 1950, Jg. 46, S. 6*

S'il pleut à la Saint-Philippe,
vide le tonneau, vide la pipe.
Wenn es am Philippstag (26. Mai) regnet, ist das Weinfaß und das große Faß (altes Maß) leer.

> *Ocourt BE 1950 | Schweiz. Archiv f. Volksk., 1950, Jg. B 46, S. 6*

Regnet es am Dreifaltigkeitstag (1. Sonntag nach Pfingsten), so muß der Bauer das dritte Garbenband wegtun.

> *Emmental BE 1911 | Schweiz. Archiv f. Volksk., Jg. XV, S. 5*

S'il pleut à Sainte-Pétronille (31 mai),
il faut trente jours pour sécher les guenilles.
Wenn es am Tag der Heiligen Petronella (31. Mai) regnet, braucht es dreißig Tage, um die alten Kleider zu trocknen.

> *Savièse VS 1926 | Dictons de Savièse, S. 11*

Quant il pleut à Sainte-Pétronille (31 mai)
les raisins tombent en guenilles.
On dit aussi de la pluie du jour de l'Assomption qu'elle fait tomber les raisins en guenilles.
Wenn es regnet am Tag der Petronella (31. Mai), fallen die Trauben wie Lumpen.

> *Savièse VS 1926 | Dictons de Savièse, S. 11*
> *Ebenso: Le véritable Messager Boiteux 1972*

Wenns am Dreifaltigkeits-Sundig (28. Mai) rägnet, so mues der Bur die dritti Wyd im Holz lo.

> *Baselland 1908 | Schweiz. Archiv f. Volksk., Jg. XII, S. 16*

Wenns am Dreifaltigkeits-Sundig (28. Mai) rägnet, so rägnets sibe Sundig hinderenander.

> *Baselland 1908 | Schweiz. Archiv f. Volksk., Jg. XII, S. 18*
> *Ebenso: Reigoldswil BL 1972 | E. W. T., * 1886, Reigoldswil BL, Umfrage 1972*

Pfingsttage und Dreifaltigkeitssonntag (28. Mai) sollten schön sein, sonst regnet es sieben Sonntage und den dritten Teil der Frucht ab.

> *Trubschachen BE 1972 | H. K., Landwirt, Trubschachen BE, Umfrage 1972*

Vers le vingt mai souvent le froid
vient attrister plus d'un endroit.
Um den 20. Mai kommt oft die Kälte, um manche Gegenden heimzusuchen (wörtlich: zu betrüben).

> *Waadtland 1816/17 | Feuilles d'Agriculture, Bd. 27, S. 206*

9. Lostage im Juni

In dem Brachmonat.
Item wie wenig es regnet auf sant Johans (24. Juni) tag des taufers, so geraten die hasel nit. Item ist es unsers herren fronleichnamstag schön, ist es gut.

Bauernpraktik von 1508

Der Brachmonat bringt uns sant Medard (8. Juni).
Der bur uf synen tag wart.
Regnet es daran, ist der alten clag:
würt weren drißig tag!
Ist es clar, das siecht man gern:
bedüt eyn gute schöne ernn!

Schweizer Bauernpraktik 1517/18

Wenn Santi Hans Dag des Düffers (24. Juni) uff ain nüw (Neumond) kunt, sol ain gutt Jar kon, sagend die Alten. Und wen ain sant Jacobs Dag hias ist, so soll ain haßer Sumer, ain kalter Winter kun.

Schaffhausen 1522 / Chronik von Hans Stockar, G. Kummer, Volksbotanik 2. Teil, S. 65

Man sicht nit gern, fürwar ich sag,
wenns regnet uf Johannis tag (25. Juni).
Man spricht, daß diser Tag gwüß sey
der Haselnussen Prophecey:
trüft dem Hansen bart und Haar,
die Haselnus verdärbend gar.

Zürcher Bauernkalender 1574

An St. Johanni (24. Juni) Abend soll man die Zwiebeln legen, so gibt's große.

Rosius-Kalender, Basel 1636

Die Immen so vor Johanni (24. Juni) stoßen, sind die besten, nach Johanni sind sie gar nicht gut.
Rosius-Kalender, Basel 1636

Je mehr es regnen wird, das sag ich dir
auf St. Johannestag (26. Juni) glaube mir
je weniger die Haselnüß geraten
dann magst du wohl Zwiblen braten
oder magst Rüben darfür essen
und der Haselnüß vergessen.
I: Wenn es wenig Haselnüsse gibt, wird die Zwiebel- und Rübenernte um so reicher sein.
Zürich, 17. Jahrhundert / Handschrift 1692

Regnet's an St. Johannestag (26. Juni), so soll's noch 40 Tage regnen und nasses Ende sein.
Zürich, 17. Jahrhundert / Handschrift 1692

Wie um Medardi (8. Juni) das Wetter, also sol es in der Ernd auch seyn.
Churer Schreibkalender 1708

Medard (8. Juni) bringt keinen Frost mehr här,
der dem Weinstock gefährlich wär.
Hausbuch König 1705, S. 1003

St. Veit (15. Juni) hat den längsten Tag und die längste Nacht vermag,
St. Georg das Creutz uns macht den Tag so lang als die Nacht.
Churer Schreibkalender 1708

St. Veit (15. Juni) hat den längsten Tag, Lucia die längste Nacht vermag, St. Georg und das Creutz auch macht, den Tag so lang als die Nacht.
Newer Schreib-Kalender, Baden 1721

Auff S. Johannis (24. Juni) tag Abends solle man den Knoblauch zusammen binden.
Churer Schreibkalender 1708

Regnet es an St. Johannistag (24. Juni) so gerahten die Haselnussen nicht wohl, und gibt nicht gute Frucht.
Churer Schreibkalender 1708

Die Bienenschwarm so vor St. Johannis (24. Juni) gefallen, sind die besten, aber die nach Johanni sind nicht gut.
Churer Schreibkalender 1708

An dem S. Johannis (24. Juni) Abend solle man die Zwiebeln legen, so werden sie groß.
> *Churer Schreibkalender 1708*

So es an Johann des Täuffers (24. Juni) Tag regnet, so sollen die Nüsse mißrathen.
> *Hausbuch König 1705, S. 1003*

Auff St. Peter Pauli Tag (29. Juni) brich dem Korn die Wurtzlen ab, so zeitiget es Nacht und Tag.
> *Churer Schreibkalender 1708*

Regnets am Mäderlitag (8. Juni),
so regnets ein und zwanzig Tag.
> *M. Kirchhofer, Wahrheit und Dichtung 1824, S. 319*

La pliodze à la St. Médà (8 juin)
la pliodze seischenanné schein pliéka.
Regen am Medardustag, Regen sechs Wochen ohne Aufhören.
> *Die Schweiz 1860 | Sprüchwörter aus der französischen Schweiz, S. 120*

La pluie à la saint Médard (8 juin), la pluie six semaines discontinuer.
Regen am St.-Medardus-Tag, der Regen wird sechs Wochen nicht aufhören.
> *Kanton Freiburg 19. Jahrhundert | Romania 1877, S. 89*

S'il pleut le jour saint Médard (8 juin), il pleuvra quarante jours plus tard.
Wenn es am St.-Medardus-Tag regnet, wird es vierzig Tage später regnen.
> *Freiburg 19. Jahrhundert | Romania 1877, S. 89*

Wie die Witterung am Medard (8. Juni) also in der Ernte.
> *Kanton Zürich 1865 | Mannhardt-Untersuchung, Schweizerisches Archiv f. Volksk., Basel 1971, S. 339*

Medard (8. Juni) bringt keinen Frost mehr her,
der dem Weinstock gefährlich wär.
> *M. Kirchhofer, Wahrheit und Dichtung 1824, S. 319*

Am 10000-Ritter-Tag (22. Juni) wird selten gemäht, weil man glaubt, der Rasen gehe dadurch zugrund.
> *Wetzikon ZH 1865 | Mannhardt-Untersuchung, Schweizerisches Archiv f. Volksk., 1971, S. 344*

Wenn es am St.-Johannes-Tag (24. Juni) regnet, werden die Haselnüsse faul.

> *Brusio und Poschiavo GR 1858 | Die Schweiz, Nr. 1, S. 235*

Peter Paul (29. Juni) reißt dem Korn die Würzlein ab,
dann zeitiget es Tag und Nacht.

> *M. Kirchhofer, Wahrheit und Dichtung 1824, S. 319*

Drei wichtige Lostage sind St. Medardus (8. Juni), St. Veit (15. Juni) und Mariä Heimsuchung (2. September).

> *Kanton Zug 19. Jahrhundert | Schweiz. Archiv f. Volksk., 1897, 1. Jg., S. 119*

Es folgt für uns ein gutes Jahr,
wenn es ist an Corpus Christi klar (1. Juni).

> *Hundertjähriger Kalender, Zürich 1942*

Quand saint Médard (8 juin) tombe à l'eau
il faut saint Barnabé (11 juin) pour le sortir de l'eau.
Wenn der St. Medardus (8. Juni) ins Wasser fällt, braucht es den Sankt Barnabas (11. Juni), um ihn wieder aus dem Wasser zu bringen.

> *Savièse VS 1926 | Dictons de Savièse, S. 11*

S'il pleut à la saint Médard (8 juin) il pleut 40 jours plus tard à moins que la Barnabé ne vienne lui couper le nez.
Wenn es am Medardus regnet, regnet es vierzig Tage, wenn nicht Barnabas ihm die Nase abschneidet.

> *Morges VD 1972 | La Chaux de Fonds NE 1972 | P. Ph. M., *1912, Maître professeur, A. B., Umfrage 1972*
> *Ebenso: Les vins suisses, S. 270*

Quand il pleut le jour de la St-Médard (8 juin) il pleut six semaines sans arrêter, à moins que St-Gervais (19 juin) et Protais ne le retirent de l'eau.
Wenn es am Medardustag regnet, regnet es sechs Wochen ohne Unterlaß, es sei denn St. Gervasius und Protais halten ihn vom Wasser ab.

> *Soulce BE 1908 | Schweiz. Archiv f. Volksk., Jg. 12, S. 171*

Regnets der a Mederli (8. Juni) uf ds Chöpfli,
so tuets es 40 Tag, au sigg nu es Tröpfli.

> *Sool GL 1972 | F. J., *1922, Bäuerin, Umfrage 1972*

S'il pleut le jour de St-Médard, il pleut sept semaines sans manquer, si St-Bernard ne révoque pas.
Wenn es am St.-Medardus-Tag regnet, regnet es sieben Wochen, wenn St. Bernhard es nicht widerruft.

> *Val de Bagnes VS 1898 | Schweiz. Archiv f. Volksk., 1898, S. 240*

Medardus (8. Juni): Regnet es an diesem Tage, so regnet es vierzig
Tage hintereinander.
>   *Sarganserland SG 1916 | W. Manz, S. 123*
>   *Savièse VS 1926 | Dictons de Savièse, S. 11*
>   *Epauvillers BE 1908 | Schweiz. Archiv f. Volksk., Jg. 12, S. 171*
>   *Fribourg 1941 | Sagesse paysanne, S. 67*

Wenns am Mäderlistag (8. Juni) rägnet, so rägnets vierzg Tag, und
wenns alli Tag nur e Tropfe sött.
>   *E. Hoffmann-Krayer, Feste und Bräuche des Schweizer Volkes, S. 151*

St. Medard (8. Juni) keinen Regen trag,
es regnet sonst wohl vierzig Tag,
und mehr, wer's glauben mag.
>   *Hundertjähriger Kalender, Zürich 1942*

Ein trübseliger St. Medardus (8. Juni) verdirbt das Wetter für sechs
Wochen.
>   *Luzerner Tagblatt 1922 | Schweiz. Archiv f. Volksk., Bd. 30, S. 84*

Wie es wittert auf Medardustag (8. Juni),
so bleibt's sechs Wochen lang darnach.
>   *Kalender Schweizer Volksfreund, Zürich 1907*
>   *Hundertjähriger Kalender, Zürich 1942*
>   *Züricher Kalender 1972, Einsiedeln SZ*

Wie das Wetter um Medardus (8. Juni) ist, bleibt es sechs Wochen lang.
>   *Schwanden GL 1972 | H. P., *1901, Umfrage 1972*

San Medardo (8 giugno): Il tempo che fa in tal giorno continua per 40
di successivi.
St. Medardus (8. Juni): Das Wetter dieses Tages hält die nächsten 40
Tage lang an.
>   *Onsernonetal TI 1920 | Schweiz. Archiv f. Volksk., Jg. 23, S. 79*

Was St. Medardus (8. Juni) für Wetter hält,
solch Wetter auch in die Ernte fällt.
>   *Hundertjähriger Kalender, Zürich 1942*

Medardustag (8. Juni) schön, gute Ernte,
Medardustag schlecht, schlechte Ernte.
>   *Büetigen BE | H.S.S., *1935, Bäuerin, Umfrage 1972*

Seicht de Mäder (8. Juni) i de Rii,
so ischt alls hii.
I: Es gibt einen schlechten Blühet.
>   *Rüdlingen SH 1954 | G. Kummer, Volksbotanik, 2. Teil, S. 64*

Wenns am Mäderlistag (8. Juni) rägnet, gits e schlächte Heuet;
oder: so rägnets vierzg Tag und wenns alli Tag nur e Tropfe sy sott.

Baselland 1908 | Schweiz. Archiv f. Volksk., Jg. 12, S. 18

Mäder (8. Juni) an diesem Tage hofft man Heuwetter zu bekommen,
wenn vorher immer Regenwetter war.

Wädenswil ZH 1972 | H.B., Landwirt, Umfrage 1972

Wenn es am Medardus (8. Juni) regnet, gibt es einen schlechten Heuet.

Kriechenwil BE 1972 | Hs. L. R., *1891, Landwirt, Umfrage 1972

Wenn der Mäder (8. Juni) in d Hose schyßt, gits en nasse Heuet.
Ähnlich: So ischs nümm schön bis am 21. Juli.

Wenslingen BL 1951 | Gewährsmänner: Lehrer Grauwiler und E. Strübin, Gelterkinden BL

Wenn de Mäder (8. Juni) i d Hose brünzlet, so gits en nasse Herbst.

Baselland 1960 | Sammlung Müller, Liestal BL

Medard (8. Juni) bringt keinen Frost mehr her,
der dem Weinstock gefährlich wär.

Sammlung Strub, Jenisberg GR

Wer auf Medardus (8. Juni) baut,
der kriegt viel Flachs und Kraut.

Schweizer Volksfreund, Zürich 1907
Ebenso: Alpenhorn-Kalender, Langnau BE 1969

Sal plöv al di da San Barabà, tö sü i fracun e va a cà;
sal plöv al di da l'Ascena sei quaranta di i en esent.
Regnet es an St. Barnabas (11. Juni), dann bleib zu Hause; regnet es am
Auffahrtstag, regnet es vierzig Tage weiter.

Bergell GR 1896 | Decurtins, S. 175

Sankt Barnabas (11. Juni) macht, wenn er günstig ist,
wieder gut, was verdorben ist.

Züricher Kalender 1972, Einsiedeln SZ

St. Barnabas (11. Juni) immer die Sichel vergaß;
hat den längsten Tag und das längste Gras.

Hundertjähriger Kalender, Zürich 1942

Se piove il giorno di San Barnaba
potete strappare le frasche e portarle a casa.
Regnet es am St. Barnaba (11. Juni), könnt ihr die Bohnenstangen ausreißen und heimtragen.

Tessin 1911 | V. Pellandini, Tradizioni popolari Ticinesi, S. 141

Se piove il di di Sta Barnabà (11 giugno) prendi il palo delle piante di fagiuoli e portato a casa.
Wenn es am St.-Barnabas-Tag regnet, so nimm die Bohnenstangen und bring sie nach Hause.
Almanacco Grigioni Italiano 1939, S.134

Regnet's auf St. Barnabas (11. Juni),
schwimmen die Trauben bis ins Faß.
Sammlung Strub, Jenisberg GR

Regnet's am Vittag (15. Juni), regnet's 31 Tag.
Stein AR 1972 / A. St., *1929, Landwirt, Umfrage 1972

Rägnets am Viitstag (15. Juni), so rägnets 31 Tag.
I: Schlechter Blühet, schlechter Heuet.
Schaffhausen 1954 / G. Kummer, Volksbotanik, 2. Teil, S. 64

Barnabas (11. Juni) naß, schwindet der Wein bis zum Faß.
Fläsch GR 1972 / J. F., *1931, Landwirt, Umfrage 1972
Wädenswil ZH 1972 / H. B., Landwirt, Umfrage 1972
Aesch BL 1972 / M. v. B., Umfrage 1972

Rägnets am Barrabas (11. Juni), so schwiined d Truube bis is Faß.
I: Regen schadet der Traubenblüte.
Thayngen, Rüdlingen SH 1954 / G. Kummer, Volksbotanik, 2. Teil, S. 64
Ebenso: Baselland 1908 / Schweiz. Archiv f. Volksk., Jg. 12, S. 16
Osterfingen SH 1972 / J. R., *1888, Weinbauer, Umfrage 1972
Niederneunforn TG 1972 / L. B., *1926, Hausfrau, Umfrage 1972

Regnet es an Viit (15. Juni), so regnets aanedrissig (Tag).
Osterfingen SH 1972 / J. R., *1888, Weinbauer, Umfrage 1972
Niederneunforn TG 1972 / L. B., *1926, Hausfrau, Umfrage 1972
Speicher AR 1972 / J. G., *1914, Landwirt, Umfrage 1972

Wänns am Vit (15. Juni) rägnet, so rägnets 40 Tag, und wänns nu jede Tag en Fingerhuet voll isch.
Wädenswil ZH 1972 / H. B., Landwirt, Umfrage 1972

Nun ir ad alp avant S. Vit (15. Juni).
T' imbaissa sülla burrasca da S. Vit.
Geh nicht auf die Alp vor St. Vit.
Denke an das Sturmwetter am St. Vit.
Müstair GR 1972 / C. F. A., *1897, Landwirt und Lehrer, Umfrage 1972

Hat St. Vitus (15. Juni) starken Regen,
bringt er unermeßlich Segen.
> *Sammlung Strub, Jenisberg GR*
> *Ähnlich: Züricher Kalender 1972, Einsiedeln SZ*

Regnet's auf St. Veit (15. Juni),
gerät die spätgesäte Gerste nicht
O heilger Veit, o regne nicht,
daß es uns nicht an Gerst gebricht.
> *Sammlung Strub, Jenisberg GR*

Wenn's regnet auf St. Gervasius (19. Juni),
es vierzehn Tage regnen muß.
> *Züricher Kalender 1972, Einsiedeln SZ*

Wenn d Staffler z Alp gan und d Heerä ins Kapitel, gits äs Schneewetter (20.–25. Juni).
I: Wenn die Alp Staffel bestoßen wird und die Pfarrer die Synode besuchen, gibt's Schnee.
> *Davos GR 1972 | H. M. J., *1897, Landwirt, Umfrage 1972*

Vier Tage vor und vier nach Sonnenwende (22. Juni) zeigen die herrschende Sommerwitterung an.
> *Sammlung Strub, Jenisberg GR*

10 000 Ritter (22. Juni) wird als Unglückstag angesehen.
Man soll an diesem Tag nicht zügeln. *(Frutigtal)*
Wer an diesem Tag mäht, richtet sein Gras zugrunde. *(Goßau ZH)*
Er fordert wie der Johannistag seine Opfer.
> *E. Hoffmann-Krayer, Feste und Bräuche des Schweizer Volkes, S. 151*

Wenn de Rii vor Johanni (24. Juni) nid groß chunnt, so gheit er nohär überusse.
> *Rüdlingen SH 1954 | G. Kummer, Volksbotanik, 2. Teil, S. 64*

Sinkt der Rhein vor Johannes (24. Juni), so steigt er nachher wieder (Augusthochwasser).
> *Hemishofen SH 1972 | W. M., *1927, Landwirt, Umfrage 1972*

Je mee as s blaschtet vor Johanni (24. Juni), deschto weniger nachane.
> *Hombrechtikon ZH 1972 | A. Z., *1892, Umfrage 1972*

Wenns Wätter uf Johanni (24. Juni) nit änderet, so änderets nümme.
> *Baselland 1908 | Schweiz. Archiv f. Volksk., Jg. 12, S. 20*

Scu chi fo l'ora a San Gian, fo tuot l'an.
Wie das Wetter am 24. Juni ist, so ist es das ganze Jahr hindurch.
Schlarigna GR 1944 / H. Lössi, Der Sprichwortschatz des Engadins, S. 239

La sütta da San Gian düra per tuot l'an.
La sütta da St. Jon fa uai tot l'on.
La süttina intuorn San Gian – la fam per tuot l'an.
Die Trockenheit am St.-Johannes-Tag dauert das ganze Jahr hindurch.
.. tut das ganze Jahr hindurch weh.
Trockenheit um den Johannestag – Hunger das ganze Jahr.
S-chanfs und Münstertal GR 1944 / H. Lössi, Der Sprichwortschatz des Engadins, S. 239

Se piove a San Giovanni (24 giugno) le nocciuole marciscono.
Wenn es regnet an St. Johann (24. Juni), verfaulen die Nüsse.
Onsernonetal TI 1920 / Schweiz. Archiv f. Volksk., Jg. 23, S. 79

La pluie de la Saint-Jean
pourrit noisettes et glands.
Der Regen an St. Johann verdirbt Haselnüsse und Eicheln.
Ocourt BE 1950 / Schweiz. Archiv f. Volksk., Bd. 46, S. 3

Sa 'l plòf al dì da san Giuàn, tüti li nisciòli li fan al can.
Wenn es regnet an St. Johann (24. Juni), so gehn alle Haselnüsse vor die Hunde.
Poschiavo GR 1967 / R. Tognina, Lingua Poschiavo, S. 84

St.-Johannes-Tag (24. Juni): Von diesem Zeitpunkt an schadet das «Ryttiär» (Maulwurfsgrille) dem Mais nicht mehr.
Sarganserland SG 1916 / W. Manz, S. 124

Z Johanni (24. Juni) us de Räbe goo und d Truube blüeje loo.
Thayngen und Stein a. Rh. SH 1954 / G. Kummer, Volksbotanik, 2. Teil, S. 64

Der Kuckuck kündet teure Zeit,
wenn er nach Johanni (24. Juni) schreit.
Sammlung Strub, Jenisberg GR

Cur cha'l cuc chanta davo Singion (San Gian), nu vain ün bun on.
Wenn der Kuckuck nach dem 24. Juni singt, kommt kein gutes Jahr.
Engadin GR 1944 / H. Lössi, Der Sprichwortschatz des Engadins, S. 238

Der St.-Johannis-Tag (24. Juni) bringt gern Unglück mit Feuer und Wasser.
Dieser Tag will drei Personen: eine muß in der Luft, eine im Feuer und die dritte im Wasser umkommen.

Am Johannistag kann man «Böhnele» (Sedum refluxum) pflücken, zwei Zweige an einem trockenen Orte einstecken und an eine Person denken, die man gerne möchte. Wachsen die Zweige zusammen, so gibt es eine Heirat.

Am «Böhnele», das am Johannistag gepflückt wurde, kann man sehen, ob man im laufenden Jahr stirbt oder nicht. Der Zweig muß an einen trockenen Ort gelegt werden. Bleibt er grün, so bleibt man am Leben, wird er dürr, so stirbt man.

Emmental BE 1911 / Schweiz. Archiv f. Volksk., Jg. 15, S. 5

An Johannis (24. Juni) muß man die jungen Stauden im Weidland abschneiden, damit sie nicht mehr nachwachsen.

Diemtigtal BE 1972 / A. Koellreuter, Umfrage 1972

Vor Johanni (24. Juni) bitt um Regen,
nachher kommt er ungelegen.

Sammlung Strub, Jenisberg GR

Regnet's an Johanni (24. Juni) sehr,
sind die Haselnüsse leer.

Sammlung Strub, Jenisberg GR

Regen um Johannistag (24. Juni),
nasse Ernten man warten mag.

Sammlung Strub, Jenisberg GR

In clar sogn Paul (26. Juni), in bien onn.
Heller St. Paulus, ein gutes Jahr.

Rätoroman. Chrestomathie 1896/1919, S. 676

Soll das Jahr gut und fruchtbar sein, muß an Pauli Bekehr (29. Juni) die Sonne mindestens so lange scheinen, als ein Reiter braucht, um sein Roß zu zäumen.

Sammlung Strub, Jenisberg GR

Wenn es am Siebenschläfertag (27. Juni) regnet, wird's im Juli regnen.

Schaffhausen 1972 / K. L., Landwirt, Umfrage 1972

Regnet's am St.-Peters-Tag (29. Juni), drohen dreißig Regentag.

Züricher Kalender 1972, Einsiedeln SZ

S'il pleut la veille de Saint-Pierre (29 juin)
la vinée est réduite d'un tiers.
Wenn es am Vorabend von St. Peter regnet, ist die Weinernte um einen Drittel kleiner.

Les vins suisses, S. 270

A Peter und Paul (29. Juni) blaschtets.
Hombrechtikon ZH 1972 / A.H.Z., *1892, Umfrage 1972

10. Lostage im Juli

In dem Heumonat. Item regnet es an unser frawen tag (22. Juli), als sy über das gebürg gieng, so wirt das selb regenwetter viertzig tag an ainander weren.
Bauernpraktik von 1508

Heumonat. In disem Monat ist ein Tag des man füruß acht haben mag.
Rägnets am Tag unserer Frouwen (22. Juli)
als sy Elizabeth wolt bschouwen,
do sy den Berg bestigen war:
so regnets viertzig Tag yemer dar.
Zürcher Bauernkalender 1574

Item wenn es drey Sonntag vor Sant Jacobs tag (25. Juli) schön ist, so wirt gut Korn. Regnet es aber, so wirt das Korn miltzig. Sant Jacobs Tag bedeut vormittag die Zeit vor Weihenachten des Winters und Nachmittag bedeut die Zeit nach Weinnachten. Also scheint die Sonn an Sant Jacobs Tag, bedeut Kälte, regnet es aber daran, bedeut warm und feuchte Zeit. Ist es aber sunst, das bedeut ain mittels Nachlassen und ain mittel Wetter.
Bauernpraktik 1508

Regnet's an St. Jacobi (25. Juli), so sollen die Eicheln verderben; wenn's am Freitag vor Jacobi regnet, so sollen auch die Nüsse verderben.
Wenn's am Tage Margareta (20. Juli) regnet, so verderben die groß und klein Nüß.
Regnet's am Tag unser lieben Frauen (22. Juli)
da ist gebürgt, hat man erfahren,
so wird sich das Regenwetter mehren
und 40 Tag nacheinander währen.
Zürich, 17. Jahrhundert | Handschrift 1692

Wann es auff Mariä Heimsuchung (2. Juli) regnet, so ist etliche Tag hernach kein schön Wetter zu hoffen. Ist es drey Tag vor Jacobi schön, so wachset schönes und dauerhafftes Korn.
Churer Schreibkalender 1708

Ist es drey Tag vor Jacobi (25. Juli) schön, so wachset schönes und dauerhafftes Korn.
Newer Schreib-Kalender, Baden 1721

Regnet es auff Jacobi (25. Juli), so sollen die Eicheln verderben.
Churer Schreibkalender 1708
Ebenso: Newer Schreib-Kalender, Baden 1721

Scheinet die Sonn an St. Jacobs Tag (25. Juli)
hat man umb Weyhnachten große Klag.
Newer Schreib-Kalender, Baden 1721
Ebenso: Churer Schreibkalender 1708

Wanns umb Margrethen (20. Juli) Tag regnet, so fallen die welschen Nüsse ab, die Haselnüsse aber werden madig.
Hausbuch König 1705, S. 1004

Nach Jakobi (25. Juli) fliegen die Storchen wieder hinweg.
Newer Schreib-Kalender, Baden 1721

Scheinet an St. Jakobs Tag (25. Juli) die Sonn, und regnet darzu, so ist ein temperierter Winter zu hoffen.
Newer Schreib-Kalender, Baden 1721

Wann auff St. Anna Tag (26. Juli) die Ameisen auffwerffen, so soll ein harter Winter kommen.
Churer Schreibkalender 1708

Mariä Heimsuchung (2. Juli) mit Regen
tut sieben Wochen sich nicht legen.
> *Sammlung Strub, Jenisberg GR*
> *Hallau SH 1972 / E.H.,*1947, Landwirt, Umfrage 1972*

Ist es an Maria Heimsuchung (2. Juli) schönes Wetter, gibt es noch viel schönes Wetter.
> *Haslen AI 1972 / J.B.G.,*1918, Chauffeur, Umfrage 1972*

Regnet's an unsrer Frauen Tag (22. Juli),
so regnet's nachher vierzig Tag.
> *Hundertjähriger Kalender, Zürich 1942*

Wie Maria (2. Juli) über das Gebirge geht,
so vierzig Tage das Wetter steht.
> *Zürich 1972 / F.F., Forsting. ETH, Umfrage 1972*

Wenn Maria (2. Juli) im Regen übers Gebirge geht, so muß sie im Regen wieder zurück.
> *Sammlung Strub, Jenisberg GR*

Il ne faut pas aller aux cerises le jour de Notre-Dame (22 juillet): on risque de tomber.
Am Tag unserer lieben Frau (22. Juli) soll man keine Kirschen pflücken, man riskiert zu fallen.
> *Isérables VS 1930 / E. Gillioz, Dictons d'Isérables, Cahiers valaisans de folklore 15, 1930, S. 5*

Wie das Wetter am Siebenbrüdertag (10. Juli), so soll es fünfzig Tage lang sein.
> *Hundertjähriger Kalender, Zürich 1942*

Sitzen die Sieben Brüder (10. Juli) im Wasser, werden sie sieben Wochen lang sitzen.
> *Sammlung Strub, Jenisberg GR*

Margarethentag (15. Juli) Regen,
bringt keinen Segen.
> *Züricher Kalender 1972, Einsiedeln SZ*

Le temps du premier jour de la canicule (16 juillet–28 août) dure quarante jours.
Das Wetter am ersten Tag der Hundstage dauert 40 Tage.
> *Isérables VS 1930 / E. Gillioz, Dictons d'Isérables, Cahiers valaisans de folklore 15, 1930, S. 5*
> *Ähnlich: Les Marécottes VS / Le patois des Marécottes, M. Müller*
> *Savièse VS 1926 / Dictons de Savièse, S. 11*

Hundstage Anfang, so das Ende (16. Juli–28. August).
> *Illgau SZ 1972 | X. L., *1953, Landwirt, Umfrage 1972*

Scha'ls chanins van aint cun trid, schi farà trid fin chi vegnan oura.
Wenn die Hundstage (16. Juli–28. August) mit schlechtem Wetter beginnen, so wird es schlecht bleiben, bis sie aufhören.
> *Engadin 1944 | H. Lössi, Der Sprichwortschatz des Engadins, S. 238*

Wie d Hundstag (16. Juli–28. August) ygönge, so isch der Summer.
> *Baselland 1908 | Schweiz. Archiv f. Volksk., Jg. 12, S. 20*
> *Gelterkinden BL 1967 | B. G., *1896, Gewährsperson Strübin, Gelterkinden, Umfrage 1972*

Bials dis tgaun, in bien onn enta maun.
Schöne Hundstage (16. Juli–28. August), ein gutes Jahr in der Hand.
> *Rätoroman. Chrestomathie 1896/1919, S. 167*

Hundstage (16. Juli–28. August) hell und klar,
zeigen ein gutes Jahr.
> *Schweizer Volksfreund, Zürich 1907*
> *Hundertjähriger Kalender 1942*
> *Züricher Kalender 1972, Einsiedeln SZ*
> *Sammlung Strub, Jenisberg GR*

Wenn man nasse, sumpfige Wiesen in den ersten drei Hundstagen (16. Juli–28. August) bei zunehmendem Mond abmäht, so bekommt das Heu einen Geruch nach Hunden und kann fast nicht geätzt werden.
> *Baselland 1904 | Schweiz. Idiotikon 1961, S. 880*

Regnet's auf Sankt Margareth (15. Juli),
die Nuß schlecht gerät.
> *Sammlung Strub, Jenisberg GR*

Bringt Margreth (15. Juli) Regen statt Sonnenschein,
so kommt die Ernte schlecht herein.
> *Sammlung Strub, Jenisberg GR*

Schi glè bel'ora de Sontga Margreta, bun onn.
Zu St. Margretha (15. Juli) schön, ein gutes Jahr.
> *Rätoroman. Chrestomathie 1896/1919, S. 694*

Regen am St.-Margareten-Tag (15. Juli) verursacht vierwöchiges Regenwetter.
> *Hundertjähriger Kalender, Zürich 1942*

Plov'igl da songta Maria Madleina, scha plov'igl antochen Sogn Baltarmia.

Regnet es zu St. Maria und Magdalena (22. Juli), dann regnet es bis
St. Bartholomäus. (24. August)
> *Rätoroman. Chrestomathie 1896/1919, S. 695*

St. Jakobstag (25. Juli) vormittag deuten tut
die Zeit der Weihnachten das halt in Hut.
Der Nachmittag die Zeit nach Weihnachten,
also sollst du nach dem Wetter trachten.
> *Hundertjähriger Kalender, Zürich 1942*

Ist es drei Tage vor Jakobi (25. Juli) schön,
so wird Korn geraten auf die Bühn,
so es aber an diesem Tag regnen wird,
zeigts daß das Erdreich wenig Korn gebiert.
> *Hundertjähriger Kalender, Zürich 1942*

Ein trockener Jakobitag (25. Juli) verheißt einen strengen Winter.
> *Hundertjähriger Kalender, Zürich 1942*

Was Juli und August nicht kochen, das kann der September nicht braten. Jakobstag (25. Juli) ohne Regen deutet auf strengen Winter.
Hundstage (16. Juli–28. August) hell und klar zeigen an ein gutes Jahr.
> *Hinkender Bot, Bern 1972*

Ist's schön auf St.-Jakobi-Tag (25. Juli),
viel Frucht man sich versprechen mag.
> *Schweizer Volksfreund, Zürich 1907*

Bel San Jachen, trid avuost.
Schöner Jakobitag (25. Juli), häßlicher August.
> *H. Lössi, Der Sprichwortschatz des Engadins, S. 239*

Ist's zu Jakobi (25. Juli) dürr,
geht der Wind ins Gschirr.
> *Sammlung Strub, Jenisberg GR*

Ist es um Jakobi (25. Juli) schön, so wird das Korn dauerhaft.
> *Sammlung Strub, Jenisberg GR*

Um Jakobi (25. Juli) schön,
im Herbst mehr Bise als Föhn.
> *Sammlung Strub, Jenisberg GR*

Wenn der Jakobstag (25. Juli) hell ist, wird im folgenden Jahr das Heu
sehr teuer, wenn er trüb ist, hat es im kommenden Jahr genug billiges
Heu.
> *Alpthal SZ 1972 / M. F., *1954, Landwirt, Trachslau, Umfrage 1972*

Ist es zu Jakobi (25. Juli) hell und warm,
macht man zu Weihnachten den Ofen warm.
Züricher Kalender 1972, Einsiedeln SZ

Jakob (25. Juli) soll warmen Regen spenden und Anni (26. Juli) soll brav tröcknen, dann wird das Herbstwetter gut.
Sammlung Strub, Jenisberg GR

Sankt Anna (26. Juli) klar und rein,
wird bald das Korn geborgen sein.
Sammlung Strub, Jenisberg GR

Sainte Anne (26 juillet) reverse la channe.
St. Anna leert die Kanne aus.
Isérables VS 1930 / E. Gillioz, Dictons d'Isérables, Cahiers valaisans de folklore 15, S. 5

S'il pleut à la St-Victor (28 juillet),
la recolte n'est pas d'or.
Wenn es am Viktortag (28. Juli) regnet, ist die Ernte nicht von Gold.
Courrendlin BE 1908 / Schweiz. Archiv f. Volksk., Jg. 12, S. 172

Hat Margreth (15. Juli) keinen Sonnenschein,
kommt das Heu nie trocken ein.
Sammlung Strub, Jenisberg GR

11. Lostage im August

Scheint die sonn an unser frawen tag (15. August), als sy zu hymel fur, das ist ein gut zaichen und sunderlich dem wein.
Bauernpraktik von 1508

So die Sonn schynt hüpsch klar von Art
an unserer Frouwen Himmelfart (15. August),
das düt uns vil und guten Wyn.
Das laß ein guten Loßtag syn!
Darnach kompt ouch sant Bartlomee (24. August),
Drum wirt den Vöglen ach und wee.
Zürcher Bauernkalender 1574

Im Augsten findst das Widerspiel:
vil wüster Nebel glycher zal.
Ouch alles Holtz in Berg und Thal,
so mans houwt, dir kan ichs sagen,
in den zwen letsten Frytagen,
das blybt fyn grad, sich nit entwindt.
Für gwüß sich das ouch hie erfindt:
wenns nit ist schön uf den Palmtag,
s jar nüt dest besser werden mag.
Zürcher Bauernkalender 1574

Wie es an St. Bartholomeitag (24. August) wittert, so soll es den ganzen Herbst durchwittern.
Zürich, 17. Jahrhundert | Handschrift 1692

Man sagt Mariä Himmelfahrt (15. August) klar Sonnenschein
bringet gemeinlich gern viel guten Wein.
Zürich, 17. Jahrhundert | Handschrift 1692

Wie es an St. Bartholomei Tag (24. August) wittert, so sol es den gantzen Herbst durch also wittern.
Churer Schreibkalender 1708

Wann es an Maria Himmelfahrts Tag (15. August) schön, hell und klar,
so hoffet man guten Wein dises Jahr.
Churer Schreibkalender 1708

Z Bartleme (24. August) schreia d Vögel Ach und Weh.
Album des literarischen Vereins Bern 1858, S. 250

Le premier jour du mois d'août il faut enlever trois feuilles à chaque chou pour qu'il leur pousse des têtes.
Am ersten August soll man jedem Kohlkraut drei Blätter abreißen, damit die Köpfe sprießen.
Savièse VS 1926 | Dictons de Savièse, S. 13

Soll der nächste Wein gedeihn,
muß St. Stefan (3. August) windstill sein.
    Sammlung Strub, Jenisberg GR

Bläst der Wind an Stefanitag (3. August) recht,
wird der Wein nächstes Jahr schlecht.
    Sammlung Strub, Jenisberg GR

Hitze an St. Dominikus (4. August),
streng der Winter werden muß.
    Züricher Kalender 1972, Einsiedeln SZ

Hitze auf St. Dominitius (4. August),
ein strebger Winter kommen muß.
    Hallau SH 1972 / E. H., *1947, Landwirt, Umfrage 1972

Regen an Mariä Schnee (5. August),
tut dem Korn tüchtig weh.
    Züricher Kalender 1972, Einsiedeln SZ

Sind Lorenz (10. August) und auch Barthel (24. August) schön,
ist guter Herbst vorauszusehn.
    Sammlung Strub, Jenisberg GR
    Hundertjähriger Kalender, Zürich 1942
    Züricher Kalender 1972, Einsiedeln SZ

Freundlicher Barthel (24. August) und Lorenz (10. August)
machen den Herbst zum Lenz.
    Sammlung Strub, Jenisberg GR

A Saint-Laurent (10 août)
le second été.
An Lorenz der zweite Sommer.
    Savièse VS 1926 / Dictons de Savièse, S. 11

Sankt Lorenz (10. August) alli Wätter verschlenzt.
I: Es gibt keine Gewitter mehr.
    Thayngen, Rüdlingen SH 1954 / G. Kummer, Volksbotanik, 2. Teil, S. 64

Um St. Lorenzi (10. August) Sonnenschein
bedeutet ein Jahr mit gutem Wein.
    Sammlung Strub, Jenisberg GR

Ist's hell um den Laurentiustag (10. August),
viel Früchte man sich versprechen mag.
    Züricher Kalender 1972, Einsiedeln SZ

Wer am Lorenztag (10. August) in der Erde gräbt, findet nach dem Volksglauben Kohlen.
>> *Kantone Bern, Glarus, Appenzell, St. Gallen, Luzern, Schaffhausen, Zürich*

Die weißen Rüben müssen vor dem Laurentiustag (10. August) gesät werden. Nach diesem Tag sind keine schweren Gewitter mehr zu fürchten.
>> *St. Gallen, Walenstadt SG | E. Hoffmann-Krayer, Feste und Bräuche des Schweizer Volkes, S. 154*

A San Lorenzo prendi una noce e guardaci dentro.
Am St.-Lorenz-Tag (10. August) nimm eine Nuß und guck hinein.
>> *S. Vittore TI 1952 | Vocabolario dei Dialetti della Svizzera Italiana, Vol. 1, 387, S. 48*

Regnet's am St.-Laurentius-Tag (10. August),
gibt es große Mäuseplag.
>> *Züricher Kalender 1972, Einsiedeln SZ*

Lorinz (10. August) bricht de Brimmä (Bremsen) d Schwinz (Schwänze).
>> *Sarganserland SG 1916 | W. Manz, S. 124*
>> *Bündner Herrschaft 1972 | Gewährsmann: F. F., Uitikon ZH, Umfrage 1972*

Wie das Wetter an St. Cassian (13. August),
so hält es mehrere Tage an.
>> *Sammlung Strub, Jenisberg GR*
>> *Alpenhorn-Kalender 1969*

Scheint die Sonne fein und klar nach ihrer Art,
an unserer lieben Frauen Himmelfahrt (15. August),
so ist es ein gut Zeichen bei den Leuten,
daß es wird viel guten Wein bedeuten.
>> *Hundertjähriger Kalender, Zürich 1942*
>> *Sammlung Strub, Jenisberg GR*

Maria Himmelfahrt (15. August). Ist das Wetter gut, so gehen die Wespen ins Gebirg.
>> *Sarganserland SG 1916 | W. Manz, S. 124*

Wer ein neues Haus will bauen,
soll das Holz dazu am Gottwaltstag (18. August) fällen.
Wenn ein Baum nicht Früchte tragen will, so soll man am Gottwaltstag (18. August) darauf steigen, dann wird er in Zukunft Früchte tragen.
>> *Emmental BE 1911 | Schweiz. Archiv f. Volksk., Jg. 15, S. 5*

Was am Gottwaltstag (18. August) gefällt wird, wird nicht wurmstichig, sondern bleibt chäch (gesund).
>> *Emmental BE 1911 | Schweiz. Archiv f. Volksk., Jg. 15, S. 5*

Wie Bartholomäitag (24. August) sich hält,
so ist der ganze Herbst bestellt.
>> *Sammlung Strub, Jenisberg GR*
>> *Züricher Kalender 1972, Einsiedeln SZ*

Sant Bärtlomee (24. August), so chunts im Herbscht no mee.
I: So wie das Wetter an St. Bartholomäus ist, so präsentiert es sich im Herbst.
>> *Brigerbad VS 1972 | Gewährsmann: A. Egli, Küsnacht, Umfrage 1971*

Bartholomä hat das Wetter parat
für den Herbst bis zur Saat.
>> *Sammlung Strub, Jenisberg GR*
>> *Züricher Kalender 1972, Einsiedeln SZ*

An Bartholomäus (24. August) Regen,
im Herbst kein Segen.
>> *Diemtigtal BE 1972 | A. Koellreuter, Umfrage 1972*

San Bartolomè bel, utuon bel.
Ist es am Bartholomäustag (24. August) schön, so ist der ganze Herbst schön.
>> *Engadin GR 1944 | H. Lössi, Der Sprichwortschatz des Engadins, S. 237*

Bartholomä (24. August) Ryf oder Schnee,
Bergpur, hescht gheuet,
suscht heuischt nümme meh.
>> *Sammlung Strub, Jenisberg GR*

Bartlime (24. August): Hinder jedwädem Hag Rägen oder Schnee.
>> *Baselland 1908 | Schweiz. Archiv f. Volksk., Jg. 12, S. 16*

Gewitter an Bartholomä (24. August)
bringen Hagel oder Schnee.
>> *Sammlung Strub, Jenisberg GR*
>> *Hundertjähriger Kalender 1942*
>> *Diemtigtal BE 1972 | A. Koellreuter, Umfrage 1972*

Barthlimei (24. August) bringt ä Sümmerli oder ä Schnei,
nünt dr Tunder, bringt dr Schnei.
>> *Sarganserland SG 1916 | W. Manz, S. 124*

San Batrumieu (24. August) porta cun se
u üna stedetta u naiv a pandschè.
Bartholomäus führt entweder ein Sömmerchen oder Schneeflocken
mit sich.
Barthime holt es Sümmerli oder en Schnee.
: *Engadin GR 1944 | H. Lössi, Der Sprichwortschatz des Engadins, S. 237*

Bartholomäus (24. August) bringt ein Sömmerli oder Schnee.
: *Mastrils GR 1972 | S.W., *1900, Landwirt, Umfrage 1972*

Wenns z Bartlimee (24. August) rägnet, so giits en suure Wii, au wenn
d Truube scho halb root sind.
: *Rüdlingen SH 1954 | G. Kummer, Volksbotanik, 2. Teil, S. 64*

Al vent da St. Burtulumê al fa curantina.
Der Bartholomäuswind dauert vierzig Tage.
: *Bergell GR 1896 | Decurtins, S. 175*

A San Bartolomeo (24 agosto) le montagne lasciate vele alle spalle.
Am St.-Bartholomäus-Tag sollt ihr den Bergen den Rücken drehen.
: *Soazza TI 1952 | Vocabolario dei Dialetti della Svizzera Italiana, Vol. 1, 387, S. 47*

Notre Dame ne laisse pas le temps comme elle le trouve. S'il fait beau le
15 août, il fera mauvais depuis et vice-versa.
Der Tag unserer lieben Frau läßt das Wetter nicht so, wie er es findet.
Das heißt, wenn es am 15. August (Himmelfahrt) schön ist, wird es
schlecht und umgekehrt.
: *Levron VS 1926 | Schweiz. Archiv f. Volksk., Jg. 26, S. 225*

12. Lostage im September

Wie viel Froste vor Michaelis (29. September) etwa 3 oder 4 Wochen vor Michaelis gefallen, so viel fallen auch 3 oder 4 Tag vor oder nach Walburgis oder Philippi Jakobi (11. Mai).

Zürich, 17. Jahrhundert / Handschrift 1692

Wann es auff Matthei Tag (21. September) gut Wetter ist, so soll auff das zukünffge Jahr guter Wein zu hoffen seyn.

Churer Schreibkalender 1708

Regnets am Verenatag (1. September), so soll de Bur de Löffel i der Suppe lo stecke und der Sack näh und go säie.

Baselland 1865 / Mannhardt-Untersuchung, Schweiz. Archiv f. Volksk. Basel 1971 S.352

Der immer auf den 1. September fallende St.-Verena-Tag ist einer der wichtigsten Lostage für den Witterungscharakter des Herbstes. Wenn an diesem Tage Sonnenschein mit leichter Bewölkung herrscht, so ist ein schöner und langer Herbst zu erwarten. Ist es aber ganz klar, dann gibt es an St. Michael (29. September) Schnee.

Kanton Luzern 1898 / Schweiz. Archiv f. Volksk. S.280

Wenn's am Verenatag (1. September) schön ist, gibt's auf Michaeltag (29. September) Schnee.

Emmental BE 1972 / H.K., Landwirt, Trubschachen, Umfrage 1972

Verääna (1. September) hipsch und schää,
dry Täg dernaa der Schnää.
Verena hübsch und schön,
drei Tage danach der Schnee.

Gampel VS 1972 / Gewährsmann: A. Egli, Küsnacht, Umfrage 1972

Sant Vreena hipsch und schee,
am dritu Tag Räge oder Schnee –
wa nit noch ee!
>   *St. Germann VS 1972 | Gewährsmann: A. Egli, Küsnacht, Umfrage 1972*

Verena (1. September) ist Wetterlostag. Im aargauischen Surbtal werden die Mühlbäche geputzt.
>   *Surbtal AG 1940 | E. Hoffmann-Krayer, Feste und Bräuche des Schweizer Volkes 1940, S. 154*

St. Verena (1. September) soll morgens das Krüglein leeren, doch nachmittags die Wäsche wieder trocknen; und weiterhin: D Sant Vre soll Vormittag im Flungg (nassen Rocksaum) gah und Nachmittag wieder trochä stah.
>   *Kanton Zug 1897 | Schweiz. Archiv f. Volksk., 1. Jg., S. 120*

Sontga Frena! Seigies avon miezdi spellada e suenter miezdi bein ornada.
Heilige Verena (1. September)! Sei am Vormittag struplig am Nachmittag schön geschmückt.
>   *Rätoroman. Chrestomathie 1896/1919, S. 168*

S Vreneli (1. September) sett a sim Tag d Jüppe wäsche und wider chönne tröchne.
I: Es ist ein gutes Zeichen für die kommende Witterung, wenn an diesem Lostag die Niederschläge in der angedeuteten Weise dosiert sind.
>   *Zürich 1900 | Schweiz. Idiotikon, Bd. I S. 915*

Ist St. Vrene (1. September) en heitere Tag,
en guete Herbst folge mag.
>   *Appenzell AR 1930 | Baselbiet 1930*

Am Vrenetag settid all Stil rif si.
Am Vrenetag sett me chönne de Säsack abhenke.
>   *Zürich 1920 | Schweiz. Idiotikon, Bd. I, S. 915*

Schöner Verenatag (1. September), schöner sonniger Herbst.
>   *Thörigen BE 1972 | G. W., *1928, Landwirt, Umfrage 1972*

Wenns am Vrinetag (1. September) heiter ist, so schnits vu Alp.
>   *Glarnerland um 1900 | Schweiz. Idiotikon, Bd. 1, S. 915*

Heiteri Vre (1. September), gly Rife und Schnee.
>   *Luzern um 1900 | Schweiz. Idiotikon, Bd. 1, S. 915*

E glanzni Vre (1. September), i dri Wuche Rif und Schnee.
Zugerland 1897 | Schweiz. Archiv f. Volksk., Jg. 1, S. 120

Heiteri Vre (1. September), i vier Wuche Rife und Schnee.
Wädenswil ZH 1972 | H. B., Landwirt, Umfrage 1972
Hirzel ZH 1972 | H. B. S., Landwirt, Umfrage 1972

Wenn d Vrene (1. September) schön chunnt, so chunnt der Michel (29. September) mit Rock und Huet.
Wenn d Vrene wüest chunnt, so chunnt der Michel mitemene gsterkte Hemli.
(Ohne Rock, weil mildes Wetter.)
Bern und Basel um 1900 | Schweiz. Idiotikon, Bd. 1, S. 915

Fa Sontga Frena pesch en la camischa, sche dat ei in bletsch atun.
Wenn die St. Verena (1. September) ins Hemd macht, gibt es einen nassen Herbst.
Rätoroman. Chrestomathie 1896/1919, S. 168

Winn z Vreneli (1. September) z Röggli wäscht ... folgt eine vierzigtägige Regenzeit.
Sarganserland SG 1916 | W. Manz, S. 124

Wenn es am Vrenetag (1. September) regnet, so hat man den ganzen Monat Regen.
Emmental BE 1911 | Schweiz. Archiv f. Volksk., Jg. 15, S. 6

Wenn es am Verenentag (1. September) regnet, so hat man den ganzen Monat Regen.
Luzerner Tagblatt, 1. September 1924. Schweiz. Archiv f. Volksk., 1930, S. 86

Schi plova a Santa Farena, schi plova bler.
Wenn es an St. Verena (1. September) regnet, so regnet es viel.
Münstertal GR | H. Lössi, Der Sprichwortschatz des Engadins, S. 238

Es ist nit guet, wenn d Vre (1. September) brünzlet.
Wenns an St. Vrenatag regnet, so regnets sechs Sunntig noch enander.
Ostschweiz 1900 | Schweiz. Idiotikon, Bd. 1, S. 915

S Vreni (1. September) sött s Häfeli nid verschütte, süsch gits e nasse Herbscht.
Untersteckholz BE 1972 | R. E., *1928, Landwirt, Umfrage 1972

Wenn s Vreneli (1. September) in Rock brünzlet, so rägnets dr ganz Herbschtmonet.
Baselland 1940 | Sammlung Müller, Liestal BL

S Vreneli (1. September) hät s Chrüegli usgschütt oder umglert.
D Vrene mueß s Chrüegli lere und wenn numme drei Dröpf drin sy.
D Vre sett Vormittag s Chrüegli löse und Nomittag s Chitteli tröchne.
S Vreneli sett a sim Tag d Jüppe wäsche und wider chönne tröchne.
Wenn s Vreneli s Chrüegli dräit, so gits e nasse Herbst.
S Vreneli nimmt s Zimmischörbli furt und s Mareieli (25. März) bringts.

Zürich, Schwyz, Solothurn um 1900 | Schweiz. Idiotikon, Bd. 1, S. 915

Rägnets a Vrenetag (1. September), se soll me dem Me (Mann) s Brod i d Hand ge.
I: Es wird, wenn es an diesem Lostag regnet, nachher trocken sein, so daß man die Saat sehr rasch bestellen muß. Der Mann wird das Znünibrot stehend essen müssen.

Zollikon ZH 1900 | Schweiz. Idiotikon, Bd. 4, Spalte 935

Wenns am Vrenetag (1. September) rägnet, so söll der Bur den Sack ahänke und go säije, denn s git e Tröchni.

Baselland 1908 | Schweiz. Archiv f. Volksk., Jg. 12, S. 20

Wenns am Verenatag (1. September) rägnet, so sell der Buur der Sack ahänke und go säje, denn s git e Dröchni. Rägnets aber nit, so chunt no jedem Buur si Lindi.
I: Es wird eine so lange Regenperiode einsetzen, daß auch der Langsamste noch zum Säen kommt.

Baselland 1920 | Schweiz. Archiv f. Volksk., Jg. 37, S. 14

Macort' aura Sontga Frena, pur sega ad in segar e raschla, cu ti sas.
Schlechtes Wetter an St. Verena (1. September), Bauer mähe ohne Unterlaß und reche so viel du kannst.

Rätoroman. Chrestomathie 1896/1919, S. 168

Ist's schön am Vrenelistag (1. September), muß der Galli (16. Oktober) die Hose trocknen.

Flawil SG 1972 | Gewährsperson: L. Kutter, Egg ZH, Umfrage 1972

Wie das Wetter an Egidii (1. September), so bleibt es vier Wochen lang.

Hundertjähriger Kalender, Zürich 1942

Wie der St.-Egidi-Tag (1. September),
so der ganze Monat mag.

Sammlung Strub, Jenisberg GR

Ist Aegidi (1. September) ein heller Tag,
ich dir schönen Herbst ansag.

F. F., Forsting. ETH, Umfrage 1972

Wie sich das Wetter an Mariä Geburt (8. September) tut verhalten,
wird's sich weitere vier Wochen gestalten.
>*Sammlung Strub, Jenisberg GR*
>*Züricher Kalender 1972, Einsiedeln SZ*

Mariä Geburt (8. September),
jagt Schwalben und Studenten furt.
>*Sammlung Strub, Jenisberg GR*
>*Hundertjähriger Kalender, Zürich 1942*

Tritt Matthäus (21. September) stürmisch ein,
wird's ein kalter Winter sein.
>*Sammlung Strub, Jenisberg GR*
>*Zürich 1972 | F. F., Zürich, Umfrage 1972*

Wie's Matthäus (21. September) treibt,
es vier Wochen bleibt.
>*Sammlung Strub, Jenisberg GR*

Wenn Matthäus (21. September) weint, statt lacht,
er aus dem Wein noch Essig macht.
>*Sammlung Strub, Jenisberg GR*
>*Züricher Kalender 1942, Einsiedeln SZ*

Matthäiwetter (21. September) hell und klar,
bringt viel Wein im nächsten Jahr.
>*Sammlung Strub, Jenisberg GR*

Michael (29. September) ist bedeutender Los-, Termin- und Markttag.
Mit diesem Tag beginnt man zu lichten (bei Licht zu arbeiten).
>*E. Hoffmann-Krayer, Feste und Bräuche des Schweizer Volkes, S. 155*

A San Michele (29 settembre) porta la candela e porta via la merenda.
Am St.-Michaels-Tag mußt du die Kerze bringen und das Zvieri weglassen.
>*Almanacco Grigioni Italiano 1939, S. 134*

Schnyts vor Michel (29. September) über den Rhyn,
so ist der halb Winter dahin.
>*Sammlung Strub, Jenisberg GR*

Stehn zu Michel (29. September) die Fische hoch,
kommt viel schönes Wetter noch.
>*Sammlung Strub, Jenisberg GR*

Ist die Nacht vor Michaeli (29. September) hell, so soll ein strenger Winter folgen, regnet es aber an Michaeli, so soll der nächste Winter gelinde sein.
> *Züricher Kalender 1972, Einsiedeln SZ*
> *Ähnlich: Hundertjähriger Kalender 1942*

Regnet's sanft an Micheltag (29. September),
nasser Herbst gern folgen mag.
> *Sammlung Strub, Jenisberg GR*
> *Züricher Kalender 1972, Einsiedeln SZ*

Michael (29. September) mit Nord und Ost
deutet auf gar strengen Frost.
> *Sammlung Strub, Jenisberg GR*
> *Züricher Kalender 1972, Einsiedeln SZ*

Wie der Wind an Michael (29. September) geht, so in den kommenden zwölf Monaten.
> *Sammlung Strub, Jenisberg GR*

Sovill Ryf und Schnee vor Michaeli (29. September), sovill nach Waldburga.
> *Schwanden GL / H. P., *1901, Umfrage 1972*

Hat Michael (29. September) viel Eicheln, liegt zu Weihnachten viel Schnee. Wenn es viele Eicheln gibt, soll ein strenger Winter folgen.
> *Sammlung Strub, Jenisberg GR*

Ist St. Michael (29. September) vorbei,
sind alle Wiesen frei.
> *Sammlung Strub, Jenisberg GR*

Micheli (29. September) gang go wümme,
suscht tuet dich de Galli (16. Oktober) zwinge.
> *Wädenswil ZH 1972 / R. L., *1914, Landwirt, Umfrage 1972*

St.-Michaelis-Wein (29. September), süßer Wein, Herrenwein.
> *Hundertjähriger Kalender, Zürich 1942*

Wenn Felix (11. September) nicht glückhaft,
der Michel (29. September) keinen Tischwein schafft;
wenn dieses nicht kann sein,
so bringt Gallus (16. Oktober) sauren Wein.
> *Hundertjähriger Kalender, Zürich 1942*

Bialla aura sontg Michel, dat in bien onn de mel.
Schönes Wetter an St. Michael (29. September) gibt eine gute Bienen-
honigernte.
Rätoroman. Chrestomathie 1896/1919, S. 168

Am Micheli (29. September) sie riife alli Stiili.
Kappel SO 1972 / J. S., *1882, Landwirt, Umfrage 1972

13. Lostage im Oktober

Wänns z Chur vor Galli (16. Oktober) schneit in Rhyn,
so der halbi Winter hin.
Chur 1629 / Schweiz. Idiotikon, Bd. 9, Spalte 1204, nach Guler 1629

Wann Simon und Judä vorbey (28. Oktober),
so rücket der Winter herbey.
M. Kirchhofer, Wahrheit und Dichtung 1824, S. 320

A la Saint-Denys (9 octobre) vient la neige.
An St. Dionysius kommt der Schnee.
Savièse VS 1926 / Dictons de Savièse, S. 11

Regnet's auf St. Dyonis (9. Oktober),
wird der Winter hart, gewiß.
Sammlung Strub, Jenisberg GR

Sankt Gall (16. Oktober) der erste Schneefall.
Viel Regen im Oktober viel Wind im Dezember.
Sammlung Strub, Jenisberg GR. Hundertjähriger Kalender 1942

Regnet's am St.-Gallus-Tag (16. Oktober) nicht,
es im Frühling an Regen gebricht.
>   *Züricher Kalender 1972, Einsiedeln SZ*

Wenn am Gallustag (16. Oktober) Regen fällt,
der Regen sich bis Weihnacht hält,
ist's an Gallus heiter,
hellt's bis Weihnacht weiter.
>   *Sammlung Strub, Jenisberg GR*

St. Gall (16. Oktober)
stellt's Veh vor e Stall.
>   *Baselland 1908 / Schweiz. Archiv f. Volksk., Jg. 12, S. 17*

Gall (16. Oktober) stellt z Vei in d Stall.
>   *Sarganserland SG 1916 / W. Manz, S. 124*

Nach Sankt Gall (16. Oktober)
bleibt die Kuh im Stall.
>   *Sammlung Strub, Jenisberg GR*

Ist's um Gallus trocken,
folgt ein Sommer mit nassen Socken.
>   *Sammlung Strub, Jenisberg GR*

Nach St.-Gallen-Tag (16. Oktober)
man den Nachsommer erwarten mag.
>   *Sammlung Strub, Jenisberg GR*
>   *Ähnlich: Schweizer Volksfreund, Zürich 1907*

Sitzt de Galli (16. Oktober) uf em Stei,
Puur was dusse häsch tue hei.
>   *Schaffhausen 1972 / F.S., *1932, Landwirt, Umfrage 1972*

Wenn Sankt Gallus die Butten trägt = für den Wein ein schlechtes
Zeichen. *Sammlung Strub, Jenisberg GR*

Wer an Lukas (18. Oktober) Roggen streut,
es im Jahr darauf nicht bereut.
>   *Züricher Kalender 1972, Einsiedeln SZ*

Simeludi (Simon und Judä, 28. Oktober)
hänkt Schnee an d Studi.
I: Simon und Judä bringen den ersten Schnee.
>   *Baselland 1908 / Schweiz. Archiv f. Volksk., Jg. 12, S. 17*
>   *Vgl. E. Hoffmann-Krayer, S. 155*

Simonjüüdi bringt der Schnee in d Stüüdi (28. Oktober).
St. Germann VS 1972 | Gewährsmann: A. Egli, Küsnacht ZH, Umfrage 1972

Wenn zu uns Simon und Judas (28. Oktober) wandeln,
wollen sie mit dem Winter handeln.
Sammlung Strub, Jenisberg GR

14. Lostage im November

Wenn's auf Martinitag (11. November) naß oder gewülcket ist, so folget ein unbestendiger Winter, wenn aber an Martinitag die Sonne scheinet, so kommt ein harter Winter.
Zürich, 17. Jahrhundert | Handschrift 1692

So es umb Martini (11. November) regnet, und bald darauf ein Frost fallt, das thut der Saat mercklichen Schaden, und bringet Theuerung.
Hausbuch König 1705, S. 1005

De la Toussaint à l'Avent
jamais trop de pluie ou de vent.
Von Allerheiligen (1. November) bis zum Advent kann es nie genug Regen und Wind haben.
Courrendlin BE 1908 | Schweiz. Archiv f. Volksk., Jg. 12, S. 172

Ist ein Span, der um Allerheiligen (1. November) aus einer Buche oder Weißtanne gehauen, feucht, wird der Winter naß, ist er aber trocken, kommt viel Kälte.
Sammlung Strub, Jenisberg GR

Wenn's zu Allerheiligen (1. November) schneit,
häng den Winterpelz bereit.
Sammlung Strub, Jenisberg GR

Zu Allerheiligen (1. November) Sonnenschein,
tritt der Nachsommer ein.
Sammlung Strub, Jenisberg GR

Zu Allerheiligen (1. November)
sitzt der Winter auf den Zweigen.
Sammlung Strub, Jenisberg GR

Allerheiligen-Reif (1. November)
macht den Winter starr und steif.
Alpenhorn-Kalender, Langnau BE 1969

Marti (11. November) tuets gar y.
Baselland 1908 / Schweiz. Archiv f. Volksk., Jg. 12, S. 17

A la St-Martin (11 novembre), l'hiver en chemin.
Am Martinstag ist der Winter im Anzug.
Develier BE 1908 / Schweiz. Archiv f. Volksk., Jg. 12, S. 173

Martinstag (11. November) trüb,
macht den Winter lind und lieb;
ist er hell,
so macht er das Wetter zur Schell.
Hundertjähriger Kalender, Zürich 1942
Sammlung Strub, Jenisberg GR

Ist's auf Martinstag (11. November) trüb, so soll ein leidlicher, ist er aber hell, ein kalter Winter folgen.
Wie das Wetter in der letzten Hälfte dieses Monats ist, so soll es im nächsten Herbst sein.
Hinkender Bot, Bern 1972

In clar sogn Martin, in ruch unviern.
Ein heller St. Martin (11. November), ein rauher Winter.
Rätoroman. Chrestomathie 1896/1919, S. 1014

Wer will wohl verstehen das,
ob der Winter werd dürr oder naß,
der den Martinstag (11. November) betrachtet,
das Siebengestirn auch nehm in acht,
auf ein naß Wetter zur Hand,
folgt ein Winter im Unbestand;
wenn aber die Sonne scheint wohl,
ein harter Winter folgen soll.
Hundertjähriger Kalender, Zürich 1942

Scha San Martin fess tschera scorta,
l'istess l'inviern ais avant porta.
Wenn auch St. Martin (11. November) gute Miene machen würde, so
steht der Winter doch vor der Tür.
>   *Engadin GR 1944 | H. Lössi, Der Sprichwortschatz des Engadins, S. 239*

Scha's San Martin il di ais bel, resta bel infin Nadel.
Ist der Martinstag (11. November) schön, so bleibt es bis zur Weihnacht
schön.
>   *Engadin GR 1944 | H. Lössi, Der Sprichwortschatz des Engadins, S. 239*

Scha avant San Martin la naiv riva jo pro l'En, schi l'inviern ais mez
passà.
Wenn vor Martini (11. November) der Schnee bis zum Inn herab-
kommt, so ist der Winter zur Hälfte vorbei.
>   *Engadin GR 1944 | H. Lössi, Der Sprichwortschatz des Engadins, S. 239*

A San Martin scha l'or'ais trida,
schi d'inviern ais bod la vgnüda.
Wenn zu Martini (11. November) das Wetter schlecht ist, so kommt der
Winter bald.
>   *Engadin GR 1944 | H. Lössi, Der Sprichwortschatz des Engadins, S. 239*

Kommt St. Martin (11. November) mit Winterkält,
ist's gut, wenn bald ein Schnee einfällt.
Man hat ihn lieber dürr als naß,
So hält's sich auch mit Andreas (30. November).
>   *Sammlung Strub, Jenisberg GR*

Ist's an Martini (11. November) nicht trocken und kalt,
die Winterkälte nicht lang anhalt.
>   *Sammlung Strub, Jenisberg GR*

Hat Martini (11. November) weißen Bart,
wird der Winter lang und hart.
>   *Sammlung Strub, Jenisberg GR*
>   *Hallau SH 1972 | E. H., Landwirt, Umfrage 1972*

Schneit es an Martini (11. November) überein,
so wird eine weiße Weihnacht sein.
>   *Illgau SZ 1972 | X. R., *1954, Landwirt, Umfrage 1972*

Bial'aura sogn Martin, fa l'aura entochen Nadal.
Schönes Wetter zu Martini (11. November), schön bis Weihnachten.
>   *Rätoroman. Chrestomathie 1896|1919, S. 679*

Schneits z Martini (11. November) überä Rhy,
ist d Hälfti Winter hi.
> *Sarganserland SG 1916 | W. Manz, S. 124*

Schneit's vor Martini (11. November) über den Rhein,
ist der halbe Winter vorbei.
> *Bühler AR 1972 | K. F., *1907, Förster, Umfrage 1972*

Schneits vor Martini (11. November) über de Rhy,
so isch de halb Winter hi.
> *Bündner Herrschaft 1972 | F. F., Uitikon ZH, Umfrage 1972*
> *Netstal GL 1972 | D. L., *1906, Landwirt, Umfrage 1972*

Wenn um Martini (11. November) Nebel sind
wird das Wetter meist gelind.
> *Züricher Kalender 1972, Einsiedeln SZ*

Wolken am Martinitag (11. November),
der Winter unbeständig werden mag.
> *Sammlung Strub, Jenisberg GR*
> *Züricher Kalender 1972, Einsiedeln SZ*

Sa'l truna da St. Martin chi ca üna vacca mett'en er ün puscin.
Donnert es am St.-Martini-Tag (11. November), kann man die Kuh
samt Kalb durchwintern.
> *Bergell GR 1861 | Decurtins, S. 175*

Wenn die Nußstauden reich tragen sollen, versetze sie um Lamberti
(17. November).
> *Sammlung Strub, Jenisberg GR*

A Santa Elisabetta ed anche all'Ascensione il tempo mena quarantena.
An St. Elisabeth (19. November) und auch an Auffahrt bleibt das Wetter vierzig Tage gleich.
> *Almanacco Grigioni Italiano 1939, S. 134*

Sankt Elisabeth (19. November) sagt's an,
was der Winter für ein Mann.
> *Sammlung Strub, Jenisberg GR*
> *Hallau SH 1972 | E. H., *1947, Umfrage 1972*

Mariä Opferung (21. November) klar und hell,
macht den Winter streng und fehl.
Dem heiligen Clemens (23. November) traue nicht,
denn selten hat er ein mild Gesicht.
> *Sammlung Strub, Jenisberg GR*

Scha fin Soncha Chatrina nun ha ruot aint fraidüra, schi ais da spettar ün crüj e fraid inviern.
Wenn bis zum 25. November nicht große Kälte hereingebrochen ist, so muß man einen rauhen und kalten Winter erwarten.
>   *Engadin GR 1944 | H. Lössi, Der Sprichwortschatz des Engadins, S. 238*

Wie das Wetter um Katarin (25. November),
so wird's den ganzen Winter sin.
>   *Sammlung Strub, Jenisberg GR*

Katharinawinter (25. November) – Plagwinter.
>   *Sammlung Strub, Jenisberg GR*

Schneits vor Kathri (25. November) öber de Ry,
ischt de halb Wenter hi.
>   *Herisau 1972 | J.B.G., *1928, Chauffeur, Umfrage 1972*

Noch niemals stand ein Mühlenrad
an Konrad (26. November), weil er Wasser hat.
>   *Sammlung Strub, Jenisberg GR*

In Wilchingen SH war an Andreas (30. November) «Durchspinnacht», das heißt, es wurde die ganze Nacht hindurch gesponnen; Leinwand aus solchem Garn gewoben, war wunderkräftig. Man glaubte, böse Geister hätten in dieser Nacht Gewalt, und steckte darum ein Messer unter die Türschwelle und über die Stalltüre.
In Horgen ZH glaubte man, die Hexen tanzten auf den Kreuzwegen. Ein am Andreastag von einem Weißdorn geschnittenes «Sprisenhölzli», in der Tasche getragen, zieht die Holzsplitter, die in die Hand gedrungen sind, heraus.
>   *Zürcher Oberland | E. Hoffmann-Krayer, Feste und Bräuche des Schweizer Volkes, S. 85*

Andreasschnee (30. November)
tut dem Korn und Weizen weh.
>   *Hundertjähriger Kalender, Zürich 1942*

Wirft herab Andreas (30. November) Schnee,
tut's dem Korn und Weizen weh.
>   *Sammlung Strub, Jenisberg GR*
>   *Züricher Kalender 1972, Einsiedeln SZ*

Wenn an St. Andreas (30. November) Schnee fällt, so bleibt er hundert Tage liegen.
>   *Kanton Luzern 1898 | Schweiz. Archiv f. Volksk., 1898, S. 280*

Andreastag (30. November) Besen hauen.

Wädenswil ZH 1972 / R.L., *1914, Landwirt, Umfrage 1972

Sant Andrèa da la bàrba blànca: san Martin la nef sül camin, e da sant' Andrè la gh'é, la gh'é.
St. Andreas (30. November) mit dem weißen Bart: auf Martini (11. November) kann Schnee auf dem Kamin sein, und von St. Andreas an bleibt er da, bleibt er da.

Poschiavo GR 1967 / Tognina, Lingua Poschiavo, S. 83

A san Martin, la néf sül camin, ossia: la neve può già fare una ragida apparizione.
An Martini (11. November) kann Schnee auf dem Kamin sein: Schnee kann vorübergehend da sein.

Poschiavo GR 1967 / Tognina, Lingua Poschiavo, S. 83

15. Lostage im Dezember

Hie hebet sich an der pauren practik und ir regel, darauf sy dann mercken und halten das gantz jar.
Die weisen und klugen maister und sternschauwer haben funden, wie man in der hailigen christnacht mag sehen und mercken an dem wetter, wie das gantz jar in wirckung sein zukunft werd thun, und spricht also: Wenn es an der christnacht und abent lauter und klar on windt und regen ist, so wirt des jars weins und frucht genug. Ist es aber widerwertig, so werden die ding auch widerwertig. Gat aber der wind von aufgang der sonnen, so bedeut es sterben des fichs und der thyer des jars. Gat aber der wind von nydergang der sonnen, so bedeut es sterben der künig und der großen herren. Gat aber der wind von aquilone (Nordwind), so mitnacht, so bedeut es ain fruchtbars jar. Gat aber der

wind von austro (Südwind), von mittag, so bezeichnet uns der wind
täglich kranckheit.
Bauernpraktik von 1508

Der pauren practik stat also: sy habe am christag an und mercken auf
die zwölf tag, bis an den obristen (Dreikönigstag), und wie es wittert an
yr yecklichen der zwölf tag, also sol es auch witteren an seynem monat,
der im zugehöret, und ist zu mercken: der christag ließet den jenner
und sant Steffans tag den hornung und sant Johans tag den mertzen,
und also für und für bis auf den obristen. (Obrist schwäb./bayr. =
Dreikönigstag, letzter Tag der Rauchnächte.)
Bauernpraktik von 1508

Den christag, so die sonn volkomlich scheint, bedüt ain fridlichs jar.
Den anderen tag, so schwint das gold und das koren wirt lieb. Scheint
sy an dem dritten tag, so kriegen die bischof und die prelaten gern, und
wirt irrung under den pfaffen. Den 4. tag, so leyden die jungen, die
müelich seind. Den 5. tag, so gerat die winter frucht und die garten.
Den 6. tag, so wirt vil gartenfrucht und ander frücht genug. Den 7. tag,
so vil hungers und gute vischwaid, und werden etwan teurung und
mangel an der speyß als wein und korn. Den 8. tag, so wirt ain visch-
reich jar. Den 9. tag, bedeut glück an schafen. Den 10. tag, so wirt vil
schweres wetter das jar. Den 11. tag, so wirt vil nebel das jar und gewonlich sterbendt. Den 12. tag, so wird vil kriegs und streits. (müelich
= kümmerlich.)
Bauernpraktik von 1508

Die Christnacht, so der wint wähet, so sterben die fürsten in landen.
Die ander nacht, so versitzet der wein. Die dritt nacht, so sterben die
künig. Die vierde nacht, so wirt hunger in dem Land. Die fünft nacht,
so sterben die maister der bücher. Die sibend nacht, bringt weder
schaden noch frummen. Die achtend nacht, so sterben alter oder junger
leut vil. Die neundte nacht, so wirdt der leut vil siech und sterben. Die
zehendt nacht, so vellet das vich nyder und stirbt. Die aylfte nacht, so
wirt auch vil vichs sterben. Die zwölfte nacht, so wirdt auch vil kriegs
und streyt in landen.
Bauernpraktik von 1508

Die pauren halten also: Wenn es an der christnacht zu mitternacht die
windt unden her gat, das bedeut ain fruchtbar jar. Wann es zu weyen-
nächten in feyertagen windig ist, das bedeut vil obs. Wann die sonn in
weyhenachtfeirtagen des morgens scheinet, bedeut vil waytze. An dem
obristen, ist nymmer stetz wetter, wann die monat ließet (vorausgesagt werden) alle durch ainander denselben tag. Ists aber schön den
tag, ist glücklich. Die sechs tag nach dem obristen seind wider ließtag
und bestätten das erst ließen, also das an den sechs tagen yetlichem

zwen monat ließent hinder sich, also der nechst tag nach dem obristen ließet der hornung vormittag und der jenner nachmittag, und also ließen sy für und für.

Bauernpraktik von 1508

Das dem vich glücklich hall (halden, neigen) das jar. Item raum den parn (Festtag) oder was du habest zu weihnachten die drey rachnächt gar schon und gib dem fich nit darein zu essen im namen Jesu die selben nacht. Aber du solt yn geben an die erd für den paren, das ist gut. Und das seind die drey nächt: die Christnacht, das new jar, der hailigen drey künignacht.

Bauernpraktik von 1508

Gefelt der christag auf den sonntag, so wirt ain warmer guter winter und beginnet fast ween und starcker wind kommen von ungewitter. Der glentz (Lenz) wird senft, warm und naß. Der summer haiß und trucken und schön. Der herbst wirt feucht und winterisch, wein und korn genügsamlich und gut, und wirt vil honig, und die schaf thund gut. Die schmalsat (Nebenfrüchte des Feldes) und gartenfrucht thund wol. Die alten leut sterben geren und sunder der frauwen, die mit kinden gand. Guter frid in eelichem stand.

Bauernpraktik von 1508

Gefelt der christtag auf den montag, so wirt ain gemischter winter, weder zu kalt nach zu warm. Der glentz wirt gut. Der summer windig, groß sturmwetter des selb jar in vil landen. Der herbst wirt gut, vil weins und lützel honigs, dan die ymmen sterben gern und das fich, und vil frauwen werden an der klag sitzen umb ir man das selb jar.

Bauernpraktik von 1508

Gefelt der Christtag an dem aftermontag, so wirt ain kalter winter und früche mit vil schnees. Der glentz wirt gut und winding. Ain nasser sommer. ain truckner herbst und böß. Es wirt wein und koren zu mitler maß, öl, schmaltz genug auch honig und flachs genug. Die schwein sterben und die schaf leiden arbeit, die frummen sterben geren. Die schiff im wasser hond groß unglück, und werden vil brünst, und wirt guter frid under den fürsten und künigen, und priesterschaft sterben auch gern das jar.

Bauernpraktik von 1508

Gefelt der Christtag an der mittwoch, so wirt der winter hart und scharpf und warm. Der glentz wirt starck und übel wetter. Der sommer und der herbst werden gut, und wirt das jar heuw, weins und korn genug und gut. Das honig wirt theur das jar. Aepfel werden wenig und vil zwyfel (Zwiebel) bauwleut und kaufleut leiden große arbeit. Jung leut und kinder sterben vil und ander fich stirbt auch vil.

Bauernpraktik von 1508

Gefelt der Christtag an dem dorstag, so wirt der winter gut mit regen. Der glentz fast windig, ein guter sommer und ain gemischter herbst mit regen und kälte, und wirt korn und alle frucht in dem erdrich genugsam, wein zu mitler maß, desgleichen öl und schmaltz genugsam und wenig honig. Künig und fürsten und herren sterben vil das jar, und ander leut sterben auch vil. Und wirt guter frid und groß eer den herren.
Bauernpraktik von 1508

Gefelt der Christtag an dem freytag, so wirt der winter fäst und stätz, der glentz wirt gut, der summer unstät und der herbst wirt gut, und wirt weins und kornes und heuws genug und gut. Die schaf und ymmen sterben geren das jar, und thund den leuten geren die augen wee. Zwifelsat und öl wirt theur und obs genug und kinder werden gern siech.
Bauernpraktik von 1508

Gefelt der Christtag an dem sambstag, so wirt der winter nyblich mit großer kelt und vil schnees und auch trüb und unstät mit vil winden. Der glentz wird bös und windig. Der summer wirt gut und ain truckner herbest, und wirt wenig korns und theur und wirt nit vil frucht. Die fischwayd wirt gut, aber die schiff uf dem mör und anderen wassern hand groß unglück und große brunst an vil heusern, und werden krieg das selb jar an vil enden. Die leut werden geren siech und die alten sterben geren. Die baum werden türr und die immen sterben geren.
Bauernpraktik von 1508

Wann die Zeit von Weihnachten biß auf der Heiligen drey König tag neblicht und dunckel ist, soll das Jahr darauff Kranckheit folgen.
Hausbuch König 1705, S. 1005

Grüne Weihnachten, weiße Ostern, welches ohne Gefahr der Saat selten abgehet.
Hausbuch König 1705, S. 1005

Man berichtet, daß in der Christ-Nacht die Weine in den Fässern sich bewegen; so sie übergehen, soll ein gutes Wein-Jahr zu hoffen seyn.
Hausbuch König 1705, S. 1006

Gib jetzt acht auff die loßtage, von dem Christtag abend fahet man an zu zehlen, und wie es an selbigen Tagen witteret, soll das künfftige Jahr auch witteren: Der erste Tag bedeutet den Monat Jenner, der andere den Hornung und so folgende Monat.
Churer Schreibkalender 1708

Wann der Christag (25. Dezember) schön und klar, hoffet man ein gut Wein-Jahr.
Churer Schreibkalender 1708. Newer Schreib-Kalender, Baden 1721

Grüne und auch warme Weynachten bringen gerne weiße Ostern.
> *Churer Schreibkalender 1708*

En obere (apere, grüne) Wenecht, e wißa Ostera.
> *Appenzell 1837 | T. Tobler, S. 300*

Viele glauben, daß sich während des Weihnachtsmorgen-Geläutes (4 Uhr) ein heiliger Rahm auf dem Wasser befinde; sie tränken deshalb ihr Vieh um diese Zeit.
> *Wädenswil ZH 1865 | Mannhardt-Untersuchung, Schweiz. Archiv f. Volksk., 1971, S. 350*

Das Zerspringen der Bäume zu verhüten, geht der Bauer am Silvesterabend, wenn die Vesperglocken ertönen, in den Obstgarten, mit Weiden und Roggenstroh, um dort bis zum letzten Glockenschlag möglichst viele Bäume zu umbinden.
> *Wetzikon ZH 1865 | Mannhardt-Untersuchung, Schweiz. Archiv f. Volksk., 1971, S. 350*

Wenn in der ersten Adventswoche strenges, kaltes Wetter herrscht, so soll es vier volle Wochen anhalten.
> *Außerberg VS 1972 | S. G., *1914, Landwirt, Umfrage 1972*

Nebel und Bicht (der an den Bäumen hängende Duft) im Advent bedeuten ein gutes Wein- und Obstjahr.
> *Zug 1900 | Schweiz. Archiv f. Volksk., 1901, S. 245*

Il vento che soffia a santa Bibiana (2 dicembre) soffia per 40 giorni ed 1 settimana.
Der Wind der an der St. Bibiana (2. Dezember) weht, weht vierzig Tage und eine Woche.
> *Onseronetal TI 1920 | Schweiz. Archiv f. Volksk., Jg. 23, S. 79*

San Bastiaun vegn cul jabaun.
Sankt Sebastian (5. Dezember) kommt mit dem Kittel.
I: Es wird kalt.
> *Müstair GR 1944 | H. Lössi, Der Sprichwortschatz des Engadins, S. 237*

Regnet's an St. Nikolaus (6. Dezember),
wird der Winter streng und graus.
> *Hundertjähriger Kalender, Zürich 1942*

Wenns an Mariä Empfängnis (8. Dezember) rägnet, so gits no fürig Heuwätter.
> *Baselland 1908 | Schweiz. Archiv f. Volksk., Jg. 12, S. 20*

Sant Andrea dalla barba bianca (10 dicembre) se trova la neve al monte la porta al piano, se la trova al piano la porta al monte.
Wenn St. Andreas (10. Dezember) mit dem weißen Bart den Schnee auf dem Berg findet, bringt er ihn ins Tal, findet er ihn im Tal, so bringt er ihn auf den Berg.

Onsernonetal TI 1920 | Schweiz. Archiv f. Volksk., 1920, Jg. 23, S. 80

A Santa Lucia (13 dicembre) il di più corto che vi sia.
An St. Lucia (13. Dezember) ist der kürzeste Tag.

Almanacco Grigioni Italiano 1939, S. 134

St. Luzen (13. Dezember) macht den Tag stutzen.

Hundertjähriger Kalender, Zürich 1942

Auf Barbara (4. Dezember) die Sonne weicht,
auf Lucia (13. Dezember) sie wieder herschleicht,
St. Veit (15. Juni) hat den längsten Tag,
Lucia die längste Nacht vermag.

Hundertjähriger Kalender, Zürich 1942

An Thomas (21. Dezember) kehrt der Tag omas.

Mastrils GR 1972 | S. W., * 1899, Landwirt, Mastrils GR, Umfrage 1972

Il ne faut pas faire la lessive le jour de la Saint-Thoma (21 décembre), il fera renverser le cuvier.
Am Thomastag (21. Dezember) soll man keine Wäsche haben, er wird den Zuber umwerfen.

Savièse VS 1926 | Dictons de Savièse, S. 15

Als heilige Zeit ist Weihnachten ein wichtiger Tag zur Erforschung der Zukunft. Besonders für die Fruchtbarkeit und Witterung des kommenden Jahres ist Weihnachten ein Lostag erster Ordnung. Die zwölf Tage zwischen Weihnachten und Dreikönigen sind die eigentlichen Lostage und vordeutend auf das Wetter der zwölf kommenden Monate.

Thurgau, St. Gallen, Wallis | E. Hoffmann-Krayer, Feste und Bräuche des Schweizer Volkes, S. 95

Wies Wätter vor der Wienecht isch, so ischs (im darauffolgenden Jahr) vor Johanni (24. Juni).

Baselland 1908 | Schweiz. Archiv f. Volksk., Jg. 12, S. 20

Ist gelind der heilige Christ,
der Winter drüber wütend ist.

Sammlung Strub, Jenisberg GR

Ist die Weihnacht kalt und klar,
folgt ein höchst gesegnet Jahr.
> *Sammlung Strub, Jenisberg GR*

Ist die Christnacht hell und klar,
deutet's auf ein gutes Jahr.
> *Züricher Kalender 1972, Einsiedeln SZ*

Hängt an Weihnachten Eis an Weiden,
kannst du an Ostern Palmen schneiden.
> *Züricher Kalender 1972, Einsiedeln SZ*
> *Zürich 1972 / F. F., Uitikon ZH, Umfrage 1972*

Besser e wyßi Ostere as e grüeni Wienecht.
> *Baselland 1908 / Schweiz. Archiv f. Volksk., Jg. 12, S. 17*

Grüeni Wienecht, wyßi Ostere,
wyßi Wienecht, grüeni Ostere.
> *Baselland 1908 / Schweiz. Archiv f. Volksk. Jg. 12, S. 17*

Grüne Weihnacht – weiße Ostern.
> *Sammlung Müller, Liestal BL*
> *Sammlung Strub, Jenisberg GR*

Sa dan lan feista da Nadäl as stä in plaza,
da Pasqua sü la plata.
Weihnacht auf dem Platz, Ostern auf dem Ofen.
> *Bergell GR 1896 / Decurtins, S. 175*

Natale alla piazza
Pasqua alla brasca.
Weihnachten auf dem Dorfplatz, Ostern am Kaminfeuer.
> *Almanacco Grigioni Italiano 1939, S. 134*

Nadel in plazza,
pasqua sülla bras-cha.
Weihnachten auf dem Platz, Ostern über der Glut.
I: Grüne und auch warme Weihnachten bringen gern weiße Ostern.
Weihnachten im Klee, Ostern im Schnee.
> *Engadin GR 1944 / H. Lössi, Der Sprichwortschatz des Engadins, S. 240*

Wienecht im Chlee,
Ostere im Schnee.
> *Baselland 1908 / Schweiz. Archiv f. Volksk., Jg. 12, S. 17*
> *Hundertjähriger Kalender 1942*

Ist's grün auf unsere Weihnachtsfeier,
Gibt's manchmal Schnee auf Ostereier.
Sammlung Strub, Jenisberg GR

S'il fait beau à Noël,
on «tape» les œufs derrière le poêle.
Wenn es an Weihnachten schön ist, «tütscht» man die Eier (Ostereier) hinter dem Ofen.
Delémont BE 1908 / Schweiz. Archiv f. Volksk., Jg.12, S.173

Noël au balcon, Pâques aux tisons.
Weihnachten auf dem Balkon, Ostern am Kaminfeuer.
La Chaux-de-Fonds NE 1972 / A.B., Umfrage 1972

A Noël les moucherons, à Pâques les glaçons.
An Weihnachten Fliegen, an Ostern Eiszapfen.
La Chaux-de-Fonds NE 1972 / A.B., Umfrage 1972
Morges VD 1972 / P.Ph.M., *1912, Umfrage 1972

A Natale al passo del Gallo.
Auf Weihnachten soll man über den Gallo-Paß kommen.
I: Vermutlich hat es dann keinen Schnee (grüne Weihnachten).
Almanacco Grigioni Italiano 1939, S.134

Sa 'l truna da Nadäl, chi ca üna vacca mett'ent er ün sterl.
Donnert es an der Weihnacht, kann man Kuh samt Jährling durchwintern.
Bergell GR 1896 / Decurtins, S.175

Ist's zu Weihnachten feucht und naß,
gibt's leere Speicher und leeres Faß.
Sammlung Strub, Jenisberg GR
Hundertjähriger Kalender 1942

Ist es windig an den Weihnachtstagen,
so sollen die Bäume viel Früchte tragen.
Ägeri ZG 1972 / J.J., *1953, Landwirt, Umfrage 1972

Wird es in der Christnacht schneien,
kann sich der Hopfen freuen.
Sammlung Strub, Jenisberg GR

Stürmt es zu Weihnachten, gibt es viel Obst.
Sammlung Strub, Jenisberg GR

Mehr Kälte als der Fichtenstamm
erträgt der Weinstock lobesam,
wenn im Christmonat trocken er eingefriert.
Fallen in der Christnacht Flocken,
wird sich der Hopfen gut bestocken.
> *Sammlung Strub, Jenisberg GR*

Celui qui met un habit neuf à Noël est à l'abri des accidents pour toute l'année suivante.
Wer an Weihnachten ein neues Kleid anzieht, ist während des kommenden Jahres vor Unfällen geschützt.
> *St-Maurice VS 1935 | J.B. Bertrand, Le Folklore de St-Maurice, Cahiers Valaisans de Folklore, S.174*

Wenn man am Tag vor Wienecht bim Heiligen-Obe-Lüte Strauwyde an d Bäum hänkt, so bringe si s nöchst Johr vil Obst.
> *Baselland 1908 | Schweiz. Archiv f. Volksk., XII, S.153*

Man soll in der Christnacht die Bäume begießen, damit sie gut wachsen.
> *Kanton Bern 1900 | Schweiz. Archiv f. Volksk., VIII, S.279*

Die zwölf Lostage werden heute noch beachtet; für die einen beginnen sie ab 21. Dezember, für die andern ab 25. Dezember.
> *Pratteln BL 1904 | E. Strübin, Gelterkinden BL, nach Ortschronik von 1904*

D Lostag, die zwölf vom 26. Christmonet, also em Wiehnachtsnatag, bis zun drei Chünge, de 6. Jäner.
> *Zürich 1900 | Schweiz. Idiotikon 1961, S.916*

Die zwölf Lostage: 26. Dezember bis 6. Januar.
> *Gelterkinden BL 1972 | B.Z., Landwirt, Umfrage 1972*
> *Wädenswil ZH 1972 | W.H., *1914, Landwirt, Umfrage 1972*
> *Büetigen BE 1972 | H.S., *1935, Bäuerin, Umfrage 1972*

A Saint-Etienne (26 décembre) on goûte le (vin) rouge. On rend ainsi honneur au sang du premier martyr.
Am Stephanstag trinkt man roten Wein. So erweist man dem Blut des Martyriums Ehre.
> *Savièse VS 1926 | Dictons de Savièse, S.14*

Ist die Neujahrsnacht stürmisch, so gibt's ein ruhiges Jahr.
> *Kanton Zürich 1898 | Schweiz. Archiv f. Volksk., 1898, S.222*

Silvester hell und klar,
Glückauf zum Neuen Jahr.
> *Sammlung Strub Jenisberg GR*

C. WOCHENTAGSREGELN (TAGWÄHLEREI)

Schlecht oder gut wird ein Tag nicht zufolge seiner eigenen Natur, denn jeder Tag ist an sich genau gleich wie jeder andere, sondern zufolge unserer Anstrengung oder unseres Leichtsinns.

Chrysostomos, 4. Jahrhundert | B. Wyß, Johannes Chrysostomos und der Aberglaube, Schweiz. Archiv f. Volksk., 1951, S. 262

Daß nicht jemand unter dir gefunden werde, der seinen Sohn oder Tochter durchs Feuer gehen läßt, oder einen Weissager oder einen Tagwähler, oder der auf Vogelschrei achte, oder einen Zauberer oder Beschwörer, oder Wahrsager. Denn wer solches tut, ist dem Herrn ein Greuel.

5. Mose, 18, 10–11

Tage beachtet ihr und Neumonde und Festzeiten und Neujahrstage. Ich fürchte für euch, daß ich am Ende vergeblich an euch gearbeitet habe. *Galater 4, 10*

Es sey unglücklich wann ein Knecht oder Magd an dem Mittwuchen einen Dienst antrete.
Man soll den Donnerstag Abend feyren.
Man soll am Freytag die Essig füllen.

B. Anhorn, Magiologia, Basel 1674, S. 135

An einem Char-Freytag gelegte Hünereyer haben die Kraft eine Brunst zu löschen, wann man solche in das Feuer werffe.

B. Anhorn, Magiologia, Basel 1674, S. 135

Wann man einer Hennen am Freytag Eyer underlege, so werden die Hünlin alle von dem Vogel gefressen.

B. Anhorn, Magiologia, Basel 1674, S. 134

Wer drey Freitag morgens den rechten Fueß zueerst aus dem Bett setze, deme trucken die Schueh das ganze Jahr keine Blateren.

Schweiz 1674 | Anhorn, Schweiz. Idiotikon, 1961, S. 852

Fürs dritt sol under dir nicht funden werden ein Tagweller, das ist deren einer, welcher ein Zeyt, ein Tag oder Stund für glückhaffter und besser haltet als die andere, zue der Zeit sol man das thuen oder nicht thuen, fürnemmen oder bleiben lassen.

Schweiz 1646 | Gwerb, Schweiz. Idiotikon, 1961, S. 783

Sie (die alten Naturkundiger, so auch die heutige Astrosophi) bewiesen auch aus heiliger Schrift alten und newen Testaments, daß auf die verworffene Tag alle Unglücksfäll vorgangen, als z. E. die Sündfluth, das Feuer zu Sodom und Gomorrha, der Tod Absolons, der Tod Judas, welcher just auf den 9. April gebohren und wiederum auf gleichen Tage die ewige Pein eingegangen. Bey unsern Zeiten haben viele Gelehrte wahrgenommen, daß große Überschwemmungen der Wasser, Erdbebungen und andere Unglücksfälle just auf einen verworffenen Tag geschehen.

Bern 1731 | Schweiz. Idiotikon, 1961, S. 784

Behüte der Himmel vor verworfenen Tagen, ob welchen ein gewisser Fluch ligt, daß alles den Krebsgang gewinnen muß. Dieser verworfenen Tage gibts alljährliche, die deß Jahrs einmahl widerkommen, andere, die alle Woche, wie der Mittwoche, an welchen ohne Gefahr vor Unglücken kein Werk von Wichtigkeit dörfte undernohmen werden. Der Bauer hat seine eigenen Tage fast für jede Arbeit; diese Sache will an einem heiligen Abend, diese wider an einem andern ihrer besondern Tage verrichtet seyn, z. E. die Hanf- und Linsaat am Charfreytag; auß Grunde? Risum tenete, amici: weil der Herr Jesus am Charfreytage in reinen Leinwaad ist gewikelt worden.

Bern 1767 | Schweiz. Idiotikon, 1961, S. 784

Mittwoch ist ein verworfener Tag. «Hüt ischt Mittwuche, stoß d Nase i d Tischdrucke.»
Keine Stelle antreten, nicht zügeln, nicht backen, sonst geht das Brot nicht auf, keinen Kabis einmachen, sonst wird er nicht sauer, keinen Flachs säen.

Emmental BE, Ende 19. Jahrhundert | F. Schwarz, Volksglauben und Volksbrauch aus Oberthal im Emmenthal, Blätter für bernische Geschichte, Kunst und Altertumskunde, Bern 1913

Donnerstag und Freitag sind die angesehensten Tage. So wie das Wetter am Freitag ist, so ist es am Sonntag. Ein Kiltgang am Freitag bedeutet Heiratsantrag. Der Freitag ist der richtige Tag für Heilungen

und Beschwörungen, Doggeli austreiben (Gespensteraustreibungen).
> *Oberthal im Emmental 19. Jahrhundert | F. Schwarz, Volksglaube und Volksbrauch aus Oberthal im Emmenthal, Blätter für bernische Geschichte, Kunst und Altertumskunde, Bern 1913, S. 10*

Le vendredi aimerait mieux crever
qu'aux autres jours ressembler.
Besser der Freitag krepiere, als den anderen Tagen zu gleichen.
> *Valangin NE 1895 | Le patois Neuchâtelois, 1895, S. 32*
> *Westschweiz 1860 | Die Schweiz, 1860, S. 213*

Läßt man frisch gekaufte Tauben zuerst an einem Freitag während des Predigtläutens fliegen, so ziehen sie nicht fort.
> *Rothenburg LU 19. Jahrhundert | Schweiz. Idiotikon, 1961, S. 854*

Si tu gardes le dimanche, le dimanche te gardera.
Wenn du den Sonntag achtest, wird er dich beschützen.
> *Valangin NE 1895 | Le patois Neuchâtelois, 1895, S. 32*

Was man am Sonntag macht, hebt nicht.
> *M. Kirchhofer, Wahrheit und Dichtung, 1824, S. 321*

Wenn man den Essig am stilla Fritig (Karfreitag) süberet, so blibt er s ganz Johr frisch.
> *Appenzell 1837 | T. Tobler, S. 409*

Wenn me gueten Essig will ha, sell men en a me Frytig asetze.
> *F. J. Schild, Der Großätti aus dem Leberberg, 2., 1873, S. 67*

Verworfene Tage:
Im Januar: der 1., 2., 6., 11., 17. und 18. Tag.
Im Februar: der 8., 16. und 17. Tag.
Im März: der 1., 12., 13. und 15. Tag.
Im April: der 3., 15., 17. und 30. Tag.
Im Mai: der 8., 10., 17. und 30. Tag.
Im Juni: der 1. und 7. Tag.
Im Juli: der 1., 5. und 6. Tag.
Im August: der 1., 3., 18. und 20. Tag.
Im September: der 15., 18. und 30. Tag.
Im Oktober: der 1., 7. und 18. Tag.
Im November: der 1., 7. und 11. Tag.
Im Dezember: der 1., 7. und 11. Tag.
> *Oberer Zürichsee 1900 | O. Stoll, Zur Kenntnis des Zauberglaubens, der Volksmagie und Volksmedizin in der Schweiz, Zürich 1909*

Besonders «böse» aber sind drei Tage im Jahr, nämlich: der 3. April, der 1. Juni und der 1. Juli, denn am 3. April ist der Teufel vom Himmel geworfen worden, am 1. Juni ist Sodom und Gomorrha zerstört worden, und auf den 1. Juli fällt die Verräterei des Judas.

> *Oberer Zürichsee 1900 / O. Stoll, Zur Kenntnis des Zauberglaubens, der Volksmagie und Volksmedizin in der Schweiz, Zürich 1909*

Unglückstage sind: 1. April, 1. Brachmonat (Juni), 1. August, 17. Brachmonat. Dieser ist ein böser Tag. Was an ihm unternommen wird, kommt nicht gut.

> *Emmental BE 1911 / Schweiz. Archiv f. Volksk., XV, S. 6*

Der 13. eines Monats ist ein verworfener Tag.

> *Emmental BE 1911 / Schweiz. Archiv f. Volksk., XV, S. 6*

Dienstboten gehen nicht gern am Montag in eine neue Stelle, weil sie fürchten, sie würden «ungfellig» sein (Unglück haben).

> *Emmental BE 1911 / Schweiz. Archiv f. Volksk., XV, S. 1*

Montag und Samstag soll man kein Tier zukaufen.

> *Emmental BE 1940 / Atlas der schweizerischen Volkskunde, Kommentar 1940, Frage 141*

Wens am erschtä Zyschtig läid ischt, is der ganz Manet läid.

> *Prättigau GR / W. Schmitter, Waldarbeit im Prättigau, 1953, S. 124*

Am Dienstag, Donnerstag und Samstag soll man nicht in die Kohlpflanzungen gehen, sonst kommen die Graswürmer an den Kohl.

> *Emmental BE 1911 / Schweiz. Archiv f. Volksk., XV, S. 1*

Dienstag und Donnerstag werden als «günstige» Tage speziell für Rechtssachen, feierliche Familienangelegenheiten, Dienstantritte und dergleichen betrachtet.

> *Sarganserland SG 1916 / W. Manz, Basel 1916, S. 136*

In Ollon wurden die Alpen nur Dienstag und Donnerstag bestoßen.

> *Ollon VS 1940 / Atlas der schweizerischen Volkskunde, Kommentar 1940, Frage 141*

Tage mit -r- (mardi, mercredi, vendredi), besonders der Tag mit zwei -r-, werden im französischen und italienischen Sprachgebiet gelegentlich als unglücklich, beziehungsweise die andern als glücklich bezeichnet, während im deutschen Sprachgebiet die «ungeraden Tage» (Montag, Mittwoch, Freitag) als unglücklich gelten.

> *Tessin 1940 / Westschweiz 1940 / Flaach ZH 1940 / Atlas der schweizerischen Volkskunde, Kommentar 1940, Frage 141*

Martedì e venerdì no si sposa nè si parte, nè si manda il filo per l'arte (per tessere la tela).
Dienstags und freitags soll man weder heiraten noch abreisen, auch nicht den Zettel am Webstuhl einschießen.
> *Tessin 1940 | Italienischbünden 1940 | Bivio GR 1940 | Atlas der schweizerischen Volkskunde, Kommentar 1940, Frage 141*

Nè di venere nè di marte
non si sposa nè si parte (nè si dà principio all'arte).
Weder am Freitag noch am Dienstag soll man heiraten oder abreisen, auch soll man an diesen Tagen nicht die Arbeit am Webstuhl aufnehmen.
> *Tessin 1940 | Italienischbünden 1940 | Bivio GR 1940 | Atlas der schweizerischen Volkskunde, Kommentar 1940, Frage 141*

Der Dienstag und Freitag sind Sätage.
> *Diemtigtal BE 1972 | A. Koellreuter, Umfrage 1972*

Mittwoch ist ein Unglückstag.
> *Kanton Zürich 1898 | Schweiz. Archiv f. Volksk., 2, 1898, S. 220*

Viele beginnen am Mittwoch nicht zu heuen, auch wenn das schönste Wetter ist.
> *Baselland 1940 | Atlas der schweizerischen Volkskunde, Kommentar 1940, Frage 141*

Am Mittwuche stoß d Nase i d Tischtrucke.
> *Willisau LU 1940 | Atlas der schweizerischen Volkskunde, Kommentar 1940, Frage 141*

Am Mittwoch geht keine Maus in ein anderes Loch.
> *Luzern 1940 | Atlas der schweizerischen Volkskunde, Kommentar 1940, Frage 141*

Am Mittwuch i ds Huus, gly wider druus.
> *Konolfingen BE 1940 | Atlas der schweizerischen Volkskunde, Kommentar 1940, Frage 141*

Am Mittwoch soll niemand seine Wohnung veränderen oder sein Brautfuder führen lassen, denn «er ist kein Tag».
> *Kanton Zürich 1898 | Schweiz. Archiv f. Volksk., 2, 1898, S. 220*

Der Mittwoch ist kein guter Tag, man soll nicht «zügeln» (in eine Wohnung ziehen). Bäckt man am Mittwoch, so gibt es vom gleichen Mehl ein Brot weniger als an andern Tagen. Muß man am Mittwoch niesen, so gibt es gerne etwas Dummes. Mittwochkälber soll man nicht

abbrechen (aufziehen), sie gedeihen nicht. Am Mittwoch soll man kein Stück Vieh aus dem Stall nehmen.
> *Emmental BE 1911 | Schweiz. Archiv f. Volksk., XV, S. 1*

Mittwoch. An diesen Tagen soll man keinen Bau anfangen, kein Vieh zulassen, es hat kein Gedeihen, noch weniger etwas säen oder pflanzen; man fange an, was man will, so kommt alles zu Schaden.
> *Kanton Zürich 1898 | Schweiz. Archiv f. Volksk., 2, 1898, S. 221*

Nien faren mier am Mittwuchen z Alp! Der Mittwuchen ist en verriefta Tag. Sust hein mer gwiß, gwiß Unfall am Veh.
> *Berner Oberland BE 1908 | Schweiz. Idiotikon, 1961, S. 783*

Die Bedeutung des Mittwochaberglaubens zeigt sich im Prättigau darin, daß in den Gemeindealpen bis heute nie eine Alpfahrt auf Mittwoch beschlossen wird.
> *Prättigau GR 1940 | Atlas der schweizerischen Volkskunde, Kommentar 1940, Frage 141*
> *Bündner Herrschaft GR 1972 | C. M., *1887, Umfrage 1972*
> *Horgen ZH 1972 | O. L., *1912, Landwirt, Horgen ZH, Umfrage 1972*
> *Diemtigtal BE 1972 | A. Koellreuter, Umfrage 1972*

An einem Mittwoch das Vieh nie zum ersten Male auf die Weide hinauslassen.
> *Diemtigtal BE 1972 | A. Koellreuter, Umfrage 1972*

An einem Mittwoch darf kein Stück Vieh gleich welcher Gattung gekauft oder ein bereits gekauftes in den Stall gestellt werden.
> *Horgen ZH 1972 | O. L., *1912, Landwirt, Horgen ZH, Umfrage 1972*

Viele Bauern würden ihr Vieh an einem Montag, Mittwoch oder Freitag nicht verstellen.
> *Klosters-Berg GR 1972 | Ch. H., *1911, Landwirt, Klosters-Berg GR, Umfrage 1972*
> *Pany GR | A. G., Forsting., Pany GR, Umfrage 1972*

Cur cha l'aura s'fa sü il marcudi,
schi dür'la plü lunga fin gövgi' a mezdi.
Wenn sich das Wetter am Mittwoch auftut, so dauert es höchstens bis Donnerstag mittag.
> *Unterengadin GR 1944 | H. Lössi, Der Sprichwortschatz des Engadins, 1944, S. 250*

Der Mittwoch ist ein gefährlicher Tag; nie umziehen, eine neue Stelle antreten oder wichtige Arbeiten beginnen.
> *Diemtigtal BE 1972 | A. Koellreuter, Umfrage 1972*

D Mittwuchä hübschi wääri (währe) bis am Donschtig oder de sus ganz lang.
> *Prättigau GR 1953 | W. Schmitter, Waldarbeit im Prättigau, 1953, S. 124*

Mittwochaufhellungen sind nicht von Dauer. Schönwetter hält nicht an.
> *Chur GR 1972 | G. Th., *1921, Landwirt, Chur GR, Umfrage 1972*

Wenn der Föhn an einem Montag, Dienstag, Donnerstag, Freitag, Samstag oder Sonntag kommt, dauert er drei Tage. Kommt er an einem Mittwoch, dauert er eine Woche.
> *Wädenswil ZH 1972 | R. L., *1914, Landwirt, Wädenswil ZH, Umfrage 1972*

Le vendredi aimerait mieux crever que de ressembler (les) aux autres jours.
Besser der Freitag krepiere, als den andern Tagen zu gleichen.
> *Develier BE 1908 | Schweiz. Archiv f. Volksk., XII, S. 163*

Le vendredi aimerait mieux crever que de ressembler au samedi.
Besser der Freitag krepiere, als dem Samstag zu gleichen.
> *Savièse VS 1962 | Dictons de Savièse, S. 11*

Giöbia vignìda, setimàna finìda.
Ma chi ga mìga da mangià, ga amo tré dì da ga pensà.
Wenn der Donnerstag gekommen ist, ist die Woche schon zu Ende – wer dann nichts mehr zu essen hat, kann 3 Tage darüber nachdenken.
> *Poschiavo GR 1967 | Tognina, Lingua Poschiavo, S. 85*

Il faut toujours planter le chanvre le premier vendredi de mai, les oiseaux ne le mangeront pas.
Pflanzt man den Hanf am ersten Freitag im Mai, so fressen ihn die Vögel nicht auf.
> *Savièse 1926 | Dictons de Savièse, S. 14*

Le Vendredi saint on met dehors les fleurs (qu'on a mis en chambre pendant l'hiver).
Am Karfreitag stellt man die Blumen ins Freie, welche man während des Winters im Zimmer hatte.
> *Savièse 1926 | Dictons de Savièse, S. 13*

Am Karfreitag setzen die Gärtner viele Pflanzen, dann gedeihen sie besser.
> *Kanton Zürich 1898 | Schweiz. Archiv f. Volksk., 2, 1898, S. 264*

Pour qu'ils ne pourissent pas, il faut planter les ognonets le Vendredi saint.
Damit die Zwiebeln nicht verfaulen, soll man sie am Karfreitag setzen.
Ocourt BE 1950 | Schweiz. Archiv f. Volksk., 1950, S. 24

Ne travaille pas la terre le Vendredi saint
des hannetons t'en auras moins.
Bearbeite die Erde nie am Karfreitag, sonst sind dir die Maikäfer sicher.
St-Maurice VS 1935 | J. B. Bertrand, Le Folklore de St-Maurice, Cahiers Valaisans de Folklore, S. 174–177

Man soll den Kühen nach dem Kalbern ein Karfreitagsei eingeben.
*Schwyz 1972 | A. K., *1952, Landwirt, Schwyz, Umfrage 1972*

Beim Galtgehen, Kühe am Freitagmorgen das letzte Mal melken, dann kalbern sie während des Tages.
*Muotathal SZ 1972 | A. G., *1954, Landwirt, Muotathal SZ, Umfrage 1972*

Wenn men gueten Essig will, söll men in amen Fritig ansetzen.
Baselland 19./20. Jahrhundert | Solothurn 19./20. Jahrhundert | Schweiz. Idiotikon, 1961, S. 853
Baselland 1908 | Schweiz. Archiv f. Volksk., XII, S. 153

«Graswürmer» (Raupen) vertreibt man aus dem Kabis, indem man ihn am Freitag vor Sonnenaufgang mit einem buchenen Besen gehörig schlägt.
Bern 19./20. Jahrhundert | Schweiz. Idiotikon, 1961, S. 852

Um die Saat vor Spatzen zu schützen, soll man am Freitag vor Sonnenaufgang säen.
Zürich 19./20. Jahrhundert | Schweiz. Idiotikon, 1961, S. 852

Quand il fait beau le vendredi, il pleut le dimanche.
Ist es am Freitag schön, so regnet es am Sonntag.
Pleigne BE 1908 | Schweiz. Archiv f. Volksk., XII, S. 163

Cur chi plova'l venderdi, plov' eir la dumengia.
Wenn es am Freitag regnet, regnet es auch am Sonntag.
Oberengadin GR 1944 | H. Lössi, Der Sprichwortschatz des Engadins, S. 250

Venderdis aura de persei.
Freitag, besonderes Wetter.
Rätoroman. Chrestomathie 1896/1919, S. 1014

Was dr Fritig für Wätter will han,
zeiched er am Donnstig abed an.
Davos GR 1937 | J. Bärtschi, Der Davoser im Lichte seiner Sprichwörter und Redensarten, Davos 1937

Al vént da la giöbia al sa pìsca sót al venerdì,
al vént dal venerdì al düra òt dì.
Auf den Wind vom Donnerstag, folgt der Regen vom Freitag. Wind
am Freitag dauert 8 Tage.
> *Poschiavo GR 1967 | Tognina, Lingua Poschiavo, 1967, S. 85*

Wie de Samschtig de Sunntig wot ha,
das zeigt er am Frytig Zmittag scho a.
> *Wädenswil ZH 1972 | T.H., *1914, Hausfrau, Wädenswil ZH, Umfrage 1972*

Le vendredi ou tout beau ou tout pire.
Der Freitag ist entweder sehr schön oder sehr schlecht.
> *Savièse VS 1926 | Dictons de Savièse, S. 11*

Celui qu'on enterre le vendredi attire quelqu'un de la maison après lui.
Derjenige, den man an einem Freitag beerdigt, zieht bald ein Mitglied
desselben Hauses mit ins Grab.
> *Savièse VS 1926 | Dictons de Savièse, S. 16*

Celui qui rit le vendredi pleure le dimanche.
Wer am Freitag lacht, weint am Sonntag.
> *Savièse VS 1926 | Dictons de Savièse, S. 16*

Quand il y a un décès le vendredi, on peut être sûr qu'un second suivra
le vendredi suivant.
Gibt es am Freitag einen Todesfall, so kann man sicher sein, daß ein
zweiter am nächsten Freitag folgt.
> *St-Maurice 1935 | J.B. Bertrand, Le Folklore de St-Maurice, Cahiers Valaisans de Folklore, 30, S. 174–177*

Der Freitag ist ein gefährlicher Tag; man soll dann keine wichtigen
Arbeiten beginnen.
> *Diemtigtal BE 1972 | A. Koellreuter, Umfrage 1972*

Auch soll man am Freitag nicht auf die Alp fahren, überhaupt kein Vieh
austreiben.
> *Tessin 1940 | Atlas der schweiz. Volkskunde, Kommentar 1940, Frage 141*

Nun ir ad alp il venderdi, l'alpiada nu gnarà a grattiar.
Geh nicht auf die Alp an einem Freitag, die Sömmerung wird nicht gelingen.
> *Müstair GR 1972 | C.F.-L., *1897, Landwirt und Lehrer, Müstair GR, Umfrage 1972*

Ne pas aiguiser les outils le mercredi et le vendredi.
Schleife die Werkzeuge nie an einem Mittwoch oder Freitag.
> *Wallis 1940 | Atlas der schweiz. Volkskunde, Kommentar 1940, Frage 141*

Ne pas déménager le vendredi.
Ziehe nie an einem Freitag um.
>	*Wallis 1940 | Atlas der schweiz. Volkskunde, Kommentar 1940, Frage 141*

Ne pas déplacer le bétail d'un mayen à l'autre le vendredi.
Verstelle dein Vieh nie an einem Freitag von einem Ort an den andern.
>	*Wallis 1940 | Atlas der schweiz. Volkskunde, Kommentar 1940, Frage 141*

Unter den Wochentagen gilt der Mittwoch als ein für die Vornahme wichtiger Dinge, Reisen, Geschäfte usw., ungünstiger Tag, eine Anschauung, die auch in den benachbarten protestantischen Gegenden weit verbreitet ist. Auch der Freitag ist für gewisse Dinge ungeeignet. Man soll sich zum Beispiel nie an einem Freitag an Fingern und Zehen (die Nägel) schneiden, da sie sonst, namentlich an den Zehen, leicht «ins Fleisch wachsen».
>	*Oberer Zürichsee 1900 | O. Stoll, Zur Kenntnis des Zauberglaubens, der Volksmagie und Volksmedizin in der Schweiz, Zürich 1909*

Unter den Wochentagen steht der Freitag noch mehr als der Mittwoch, weil an diesem Tage Judas sich erhängt haben soll, in bösem Rufe.
>	*Sarganserland SG 1916 | W. Manz, 1916, S. 134*

Mittwoch und Freitag werden als Unglückstag bei Vornahme der Trauung sorgfältig gemieden. Meist fällt die Wahl des Hochzeitstages auf Dienstag und Donnerstag.
>	*Sarganserland SG 1916 | W. Manz, 1916, S. 122*

Den Mohn und den Weizen säe man an ungeraden Tagen (Mittwoch und Freitag), so sind sie vor Krähen und Spatzen desto sicherer.
>	*Rafz ZH 1972 | W. Höhn, Volksbotanik, 1972*

Men gad nid z Chilt, men fart nid z Alp und chunnd nid z Boden amenen zalten Tag.
>	*Nidwalden um 1930 | Schweiz. Idiotikon, 1961, S. 782*

Kartenschlagen am Sonntag nützt nichts, wohl aber am Freitag.
>	*Zürich 1918 | Schweiz. Idiotikon, 1961, S. 852*

Wenn men am Sunntig Holz schnefled, würd einem am jüngsten Tag sövel vam Rügg abgebätschged.
>	*Davos GR 1937 | Schweiz. Idiotikon, 1961, S. 782*

Milchziegen soll man im Frühling am Sonntag nicht hinauslassen.
>	*Val de Bagnes VS 1940 | Atlas der schweizerischen Volkskunde, Kommentar 1940, Frage 141*

Wenn man am Sonntag mit Käsen beginnt, werden die Käse blästig.
Emmental BE 1940 | *Atlas der schweizerischen Volkskunde, Kommentar 1940, Frage 141*

Der Sonntag gilt als Glückstag.
Innerschweiz 1940 | *Atlas der schweizerischen Volkskunde, Kommentar 1940, Frage 141*

Anderseits bringt der Sonntag Unglück, wenn man ihn durch die Arbeit entheiligt.
Wallis 1940 | *Atlas der schweiz. Volkskunde, Kommentar 1940, Frage 141*

Il ne faut pas se marier le jour des Rois (6 janvier), cela ne porte pas bonheur.
Man soll sich nie am Dreikönigstag vermählen, dies bringt nur Unglück.
Savièse 1926 | *Dictons de Savièse, S. 9*

Quand on fait la lessive en la semaine sainte,
on blanchit un (drap) linceul pour un de sa parenté.
Waschtag in der Karwoche halten bedeutet das Leichentuch für einen Verwandten bleichen.
Courtemaîche BE 1908 | *Schweiz. Archiv f. Volksk., XII, S. 169*

Se piove il giorno dell'ascensione le vacche vanno a capitomboli.
Wenn es an der Auffahrt regnet, stürzen die Kühe.
Tessin 1911 | *V. Pellandini, Tradizioni popolari Ticinesi, S. 142*

Man soll d Böhnli an der Uffert setzen, derno gänge si d Stäcken uf!
Baselland 1930 | *Gewährsmann: E. Strübin, Gelterkinden BL*

D. KORRELATIONSREGELN

1. Bis 19. Jahrhundert

Nasser April und windiger Mai
bringen ein fruchtbar Jahr herbei.
: *Bauernregel aus dem Altertum*
E. Knapp, Volksk. i. d. roman. Wetterregeln, Tübingen 1939, S. 11

Item wie vil nebel seindt in dem mertzen, so vil güß seindt im jar und wie vil taw im mertzen seind, so vil reyfen komen nach ostern, als manig nebel kompt in dem augsten. Alles das holtz, das nydergeschlagen wird in den letsten zwayen freytagen in dem mertzen, das kombt nymer. Item ist es am palmtag nit schön, ist nicht gut.
: *Bauernpraktik 1508*

Mertz. Als vil in mir sind Nebel zwar,
als vil Güß sind im gantzen Jar.
Als vil der Thouw sich lassend nider,
nach Osteren erzeigt sich wider
der kalten Ryfen grad als vil.
: *Zürcher Bauernkalender 1574*

Mey kühl, Brachmonat naß,
füllt den Bauern Scheuren und Faß.
: *Rosius-Kalender, Basel 1636*

Wie der Holder blühet, so blühen auch die Reben.
: *Rosius-Kalender, Basel 1636*

Ans meyen end blüyend die eichen.
Merck mich: geradt die blüst denn wol,
ein gut schmaltzjar uns kommen sol!
  Zürcher Bauernkalender 1574

Donnert's diesen Monat (Juni), so wird gut Getraid.
  Rosius-Kalender, Basel 1636

Weinmonat. Lug, wenn das laub nit gern ab den baumen fallen wil, so kompt darnach ain kalter winter. Oder aber hinaus, so kommen vil raupen auf den baumen.
  Bauernpraktik 1508

Wynmonat. Wenns Loub nit gern von Böumen falt,
das zeigt uns an ein Winter kalt.
Im Summer wernd vil Rupen funden,
welche den Blüst der Böum verwunden.
Die solt im Wynmonat verbrennen,
im Hornung ire Näst zertrännen;
laß sy den Summer nit erläben,
sonst möchtist inen nit widersträben!
Drum thu nach yetzgemelten gstalten,
so magst von inen die Frücht erhalten!
  Zürcher Bauernkalender 1574

Item das es sich nimmer gegen einander bezühe wann es kein Obsjar, so gebe es ein gut Kornjar und allso hinwiderumb dz ander ouch.
  R. Cysat, Puwrenpractic, Collectanea pro Chronica Lucernensi et Helvetiae 1575–1614, Hg. J. Schmid, 1969/70, 1, S. 715

Im Jenner Reiffen und Schnee, thut Bergen und Thälern weh.
  Churer Schreibkalender 1708

Die Schnee-Lauwen, welche im Hornung herab reithen, reithen im Aprill wider hinauf.
  Sarnen OW 1791 / Schweiz. Archiv f. Volksk., 1900, S. 37

Wie lang die Lerch vor Liechtmeß (2. Februar) singet, so lange schweiget sie hernach still.
  Churer Schreibkalender 1708

Februar. Wann es in diesem Monat sich nit recht winteret, so besorget man Kälte umb Osteren.
  Newer Schreib-Kalender, Baden 1721
  Churer Schreibkalender 1708

Mertz nicht zu trocken und nicht zu naß,
füllet den Bauern Keller und Faß.
Churer Schreibkalender 1708

Mertz. Donnert es in diesem Monat, so bedeutet es ein fruchtbares Jahr.
Churer Schreibkalender 1708

Wann sich im Frühling die Spinnweben auf dem Feld erzeigen, besorget man im selbigen Sommer eine ansteckende Krankheit.
Churer Schreibkalender 1708

Der dürre Aprill ist nicht der Bauern Will,
sonder Aprillen Regen ist ihnen gelegen.
Churer Schreibkalender 1708

So lang die Fröschen vor St. Marxen Tag quaxen, so lang müssen sie hernach still seyn.
Churer Schreibkalender 1708

Der May kühl, der Brachmon naß,
die füllen Scheuren und Faß.
Churer Schreibkalender 1708

Den Mäyen voller Wind,
begehrt das Bauren Gsind.
Churer Schreibkalender 1708

Wann der May kalt ist, und Reiffen gibt, so ist es der Frucht und den Reben schädlich.
Churer Schreibkalender 1708

Wilt du wissen deß Weins frommen,
so laß den Mey zum Ende kommen.
Newer Schreib-Kalender, Baden 1721

Wann das Wasser reich ist von Fischen, so ist das Land arm von Früchten.
Churer Schreibkalender 1708

Wann am ersten Tag dieses Monats (September) die Sonn scheinet, hoffet man den gantzen Monat durch gutes wetter.
Churer Schreibkalender 1708

September. Gleich wie der neue Herbstschein eingegangen, so folget auch das andere Gewitter in dem gantzen Herbst.
Churer Schreibkalender 1708

So viel Reiffen und Frost vor Michaeli (29. September), so viel sollen nach Walpurgi (30. April) kommen.
Churer Schreibkalender 1708

Scheinet aber am selben Tag die Sonn, und regnet darzu, so ist ein temperierter Winter zu hoffen.
Churer Schreibkalender 1708

Wann das Laub nicht gern von den Bäumen falt, ersorget man einen kalten Winter.
Churer Schreibkalender 1708

Wia es diesem Monat (Weinmonat) wittereti so solle es auch in dem künfftigen Mertzen geschehen.
Churer Schreibkalender 1708

Umb St. Gallen-Tag gibt es noch gern ein kleiner Sommer (Oktober).
Newer Schreib-Kalender, Baden 1721

Wann Simon Judä (28. Oktober) vorbei, so kommt der Winter herbey.
Churer Schreibkalender 1708

Wann in dem Herbst helles wetter ist, so giebet ess im Winter gerne Wind.
Churer Schreibkalender 1708

Donneret es in diesem Monat (November), so bedeutet es vil Geträids.
Churer Schreibkalender 1708

Wann in diesem Monat (November) die Wasser steigen, so geschieht dergleichen auch alle und jede Monat hernach, und hat man sich eines großen Gewässers, und nassen Sommers zu besorgen.
Churer Schreibkalender 1708

So nach der Weihnacht viel nasses Wetter einfallt, so stehet der Rocken in keiner sonderlichen Gefahr, aber nach der Weihnacht ist die Gefahr größer.
Hausbuch König 1705, S. 1005

Auf Nebel starck, Fülle Pest den Sarck;
nach Schnee und Regen, komme wenig Segen.
Hausbuch König 1705, S. 1000

Auf die überflüssige Regen oder Hitze pfleget eine Unfruchtbarkeit zu folgen.
Hausbuch König 1705, S. 996

So der erste Schnee auf ein nasses und beregnetes Erdreich fallet, bedeutet es eine geringe Ernte.
>   *Hausbuch König 1705, S.1005*

Im Hornig gseht m liabr a Wolf choh, weder a Ma oni Cutta.
>   *Album des literarischen Vereins Bern, 1858, S.250*

Wenn der Jänner nit grännet,
der Horner nit hürnet,
und s Müeti hinger em Ofe pflännet,
so isch der Merz erzürnet.
>   *F.J.Schild, Der Großätti aus dem Leberberg, 2, 1873, S.19*

Quand sec est le mois de janvier, ne doit se plaindre le fermier.
Ist der Januar trocken, hat der Bauer nicht zu klagen.
>   *Kt. Freiburg 19. Jahrhundert | Romania, 1877, S.86*

Im Februar ist besser zwei Schuh tiefer Schnee auf dem Miste zu sehen als ein Mann in Hemdsärmeln.
>   *Westschweiz 1860 | Die Schweiz, 1860, S.120*

Autant voir un loup sur un fumier qu'un homme en manches de chemise au mois de février.
Im Februar ist es besser einen Wolf auf dem Mist zu sehen als einen Mann in Hemdsärmeln.
>   *Valangin NE 1890 | Le patois Neuchâtelois, 1895, S.32*

Si février ne donne pas du froid, mars vient qui gâte tout.
Bringt der Februar keine Kälte, so wird der März alles verderben.
>   *Kt. Freiburg 19. Jahrhundert | Romania, 1877*
>   *Valangin NE 1890 | Le patois Neuchâtelois, 1895, S.31*
>   *Béroche NE 1895 | Le patois Neuchâtelois, 1895, S.33*
>   *La Côte-aux-Fées 1893 | Le patois Neuchâtelois, 1895, S.132*

Wenn men a der alte Faßnecht d Chüechli a der Sunnen ißt, so ißt me z Ostern d Eier hinger em Ofe.
>   *F.J.Schild, Der Großätti aus dem Leberberg, 2, 1873, S.20*

Wie der Merz, so ist der ganze Sommer.
>   *M. Kirchhofer, Wahrheit und Dichtung, 1824, S.313*

Wie der Wing im Früeligsquartal (März) goht, so goht er s ganz Johr.
>   *F.J.Schild, Der Großätti aus dem Leberberg, 2, 1873, S:20*

So wit aban es im Merza pickt, so wit aba schneits im Mai.
(Picka = Reif.)
Appenzell 1873 | T. Tobler, S. 51

Wie der Merz der Berg atritt, so verlot ere.
F.J. Schild, Der Großätti aus dem Leberberg, 2, 1873, S. 20

Früeche Donner, spote Hunger.
F.J. Schild, Der Großätti aus dem Leberberg, 2, 1873, S. 26

Tonnerre de mars, vente de blé (signe de misère), tonnerre d'avril, richesse au pays.
Donner im März, Elend im Land, Donner im April, Reichtum im Land.
Kt. Freiburg 19. Jahrhundert | Romania, 1877, S. 88

Si mars ne marmotte (est beau), avril fait la moue (est mauvais).
Ein schöner März zieht einen schlechten April nach sich.
Valangin NE 1890 | Le patois Neuchâtelois, 1895, S. 31

Lang nit Ostere, lang nit Summer.
F.J. Schild, Der Großätti aus dem Leberberg, 2, 1873, S. 19

Wenns im Herbst früe über d Bärge schneit, so seit me: Der Winter het ergä.
(Der Winter hat das Junge zu früh geworfen – man hat einen milden Winter zu erwarten.)
F.J. Schild, Der Großätti aus dem Leberberg, 2, 1873, S. 24

A la foire de la Chaux-de-Fonds (fin octobre), la neige est sur les pieux (plantés le long des routes), si elle n'y est pas, il la faut.
Zur Zeit des Marktes von La Chaux-de-Fonds (Ende Oktober) hat es Schnee auf den Straßenpfählen. Hat es keinen, ist es nicht gut.
Valangin NE 1890 | Le patois Neuchâtelois, 1895, S. 31

Um St. Martin ist der Schnee auf dem Kamin.
Brusio GR 1858 | Poschiavo GR 1858 | Die Schweiz, 1, 1858, S. 234

Wenn der Winter der Gring macht (setzt den Kopf, will nicht kommen), so het er e Stil.
F.J. Schild, Der Großätti aus dem Leberberg, 2, 1873, S. 19

Gly Winter, lang Winter.
F.J. Schild, Der Großätti aus dem Leberberg, 2, 1873, S. 19

A Noël les moucherons, à Pâques les glaçons.
Zu Weihnachten die Mücken, zu Ostern das Eis.
> *Westschweiz 1860 | Die Schweiz, 1860, S. 120*
> *Valangins NE 1890 | Le patois Neuchâtelois, 1895, S. 31*

Der Wolf het no kei Winter gfrässe.
> *F. J. Schild, Der Großätti aus dem Leberberg, 2, 1873, S. 24*
> *Valangin NE 1890 | Le patois Neuchâtelois, 1895, S. 32*

Nach einem vollen Jahr kommt ein mageres.
> *M. Kirchhofer, Wahrheit und Dichtung, 1824, S. 311*

Auf große Fruchtbarkeit folgt Unfruchtbarkeit.
> *M. Kirchhofer, Wahrheit und Dichtung, 1824, S. 308*

Wenns im Sommer warm ist, so ist es im Winter kalt.
> *M. Kirchhofer, Wahrheit und Dichtung, 1824, S. 311*

Je giriger (trocken, knirschend) der Wenter, desto tropfiger der Sommer.
> *Appenzell 1837 | T. Tobler, S. 22*

A granda seccaglia, granda humidezza.
Der großen Dürre folgt große Feuchtigkeit.
> *Annalas Rhaeto-Romantscha, 1888, S. 3*

S Wätter zahlt si gäng.
I: Gutes und schlechtes Wetter, oder gute und schlechte Jahreszeiten gleichen sich aus.
> *F. J. Schild, Der Großätti aus dem Leberberg, 2, 1873, S. 27*

Wie die churze Tage sy, so sy die länge, trocken oder naß.
> *F. J. Schild, Der Großätti aus dem Leberberg, 2, 1873, S. 27*

Après la gelée la lavée (la pluie).
Dem Frost folgt der Regen.
> *Kt. Freiburg 19. Jahrhundert | Romania, 1877, S. 90*

Cur il neva sün las muntagnas, il fa fitg freid nellas valladas.
Wenn es auf den Höhen schneit, ist es sehr kalt in den Tälern.
> *Annalas Rhaeto-Romantscha, 1888, S. 15*

Année de noisettes, rude hiver.
Ein gutes Haselnuß-Jahr zieht einen harten Winter mit sich.
> *Béroche NE | Le patois Neuchâtelois, 1895, S. 33*

2. Monatskorrelation

In bi Daniev ed in bi Uost.
Schöner Neujahrstag, schöner August.
    Rätoroman. Chrestomathie 1896/1919, S. 676

Bi Schaner, schliet Matg.
Schöner Januar, schlechter Mai.
    Rätoroman. Chrestomathie 1896/1919, S. 676

Tuna ei il Schaner, sche dat ei glatscha senza fin.
Donnert es im Januar, gibt es Eis ohne Ende.
    Rätoroman. Chrestomathie 1896/1919, S. 676

Wenns im Jänner donnert überm Feld,
kommt nachher große Kält.
    Sammlung Strub, Jenisberg GR

In schetg Schaner dat neiv il Fevrer.
Trockener Januar, Schnee im Februar.
    Rätoroman. Chrestomathie 1896/1919, S. 676

Cler Schaner, stgir Favrer.
Heller Januar, dunkler Februar.
    Rätoroman. Chrestomathie 1896/1919, S. 692

Sa ploiv da Gianair al bun vaccair al zopa lan brosca.
Regnet es im Januar, spart der Bauer sein Heu.
    Bergell GR 1896 / Decurtins, 1896, S. 175

Plievia Schaner maunca la stad.
Regen des Januar fehlt im Sommer.
    Rätoroman. Chrestomathie 1896/1919, S. 676

Ist der Jänner feucht und rauh,
wird das Frühjahr trocken und rauh.
    Sammlung Strub, Jenisberg GR
    Hallau SH 1972 / H. Z., *1947, Hallau SH, Umfrage 1972

Ist der Januar naß,
bleibt leer das Faß.
    Sammlung Strub, Jenisberg GR

Ist der Januar naß und warm,
wird der Bauersmann gern arm.
> *Sammlung Strub, Jenisberg GR*

Im Januar viel Regen, wenig Schnee, tut Acker, Wiese und Bauer weh.
> *Züricher Kalender 1972, Einsiedeln SZ*

A la St-Vincent
(arrête) cesse la pluie et vient le vent.
Am St.-Vinzenz-Tag wird der Regen vom Wind abgelöst.
> *Les Genevez BE 1908 / Schweiz. Archiv f. Volksk., XII, S. 166*

Janvier doux, mars rude.
Milder Januar, rauher März.
> *Develier BE 1908 / Schweiz. Archiv f. Volksk., XII, S. 165*

Quand janvier ne janvrille,
(et que) février ne févrille,
mars et avril s'en ébahissent.
Wenn der Januar nicht januart, und der Februar nicht februart, so holen es März und April nach.
> *Les Genevez BE 1908 / Schweiz. Archiv f. Volksk., XII, S. 165*

Wenn's der Hornung gnädig macht,
bringt der Lenz den Frost bei Nacht.
> *Hundertjähriger Kalender, Zürich 1942. Züricher Kalender 1972, Einsiedeln SZ*
> *Schwanden GL 1972 / H.-P. T., *1901, Schwanden GL, Umfrage 1972*

Se gennaio non gela, se febbraio non fa freddo, se marzo non fa il matto, aprile farà per tutti e tré.
Wenn es im Januar nicht gefriert, wenn es im Februar nicht kalt wird, wenn der März nicht verrückt ist, dann benimmt sich April für alle drei.
> *Quinto TI 1950 / Vocabolario dei Dialetti della Svizzera Italiana, I, Lugano 1952, S. 206*

Gennaio la gran freddura,
agosto la gran caldura,
l'une e l'altra poco durano.
Im Januar die große Kälte, im August die große Hitze, beides dauert nicht lange.
> *Ludiano TI 1952 / Vocabolario dei Dialetti della Svizzera Italiana, I, Lugano 1952, S. 46*

Wenn's im Hornung nicht tüchtig schneit, kommt die Kälte zur Osterzeit.
> *Züricher Kalender 1972, Einsiedeln SZ*

Wer Hornung an der Sonne liegt,
zum Lenzitag an den Ofen kriecht.
Hallau SH 1972 | H. E. *1947, Landwirt, Hallau SH, Umfrage 1972

Sonnt die Katze im Januar,
liegt am Ofen sie im Februar.
Außerberg VS 1972 | S. G., *1914, Landwirt, Außerberg VS, Umfrage 1972

Januarsonne hat weder Kraft noch Wonne.
Hallau SH 1972 | H. E., *1947, Hallau SH, Umfrage 1972

Ein strenger, kalter Januar
bringt ein gutes Jahr.
Sammlung Strub, Jenisberg GR

Ein kalter schöner Januar
bringt meistens auch ein gutes Jahr.
Züricher Kalender 1972, Einsiedeln SZ

Jänner weiß – Sommer heiß.
Sammlung Strub, Jenisberg GR

Ist der Jänner hell und weiß,
wird der Sommer gerne heiß.
Sammlung Strub, Jenisberg GR

Solls es guets Jahr gä, so mueß es im Hornig winde, daß de Stiere d Hörner gnapped.
Sammlung Strub, Jenisberg GR

Januar – Schnee zuhauf,
Bauer halt den Sack auf.
Hallau SH 1972 | H. E., *1947, Hallau SH, Umfrage 1972

Im Jänner kann man sehen, was für Witterung in jedem Monat des Jahres kommen wird; ist der Anfang, das Mittel und das Ende gut, so gibt es ein gedeihliches Jahr. Donner bedeutet große Kälte.
Hinkender Bot, Bern 1972

En criv Favrer en bel Avost sto trer.
Rauher Februar, schöner August.
Rätoroman. Chrestomathie 1896/1919, S. 692

Bien Favre, schliatta primavera.
Guter Februar, schlechter Frühling.
Rätoroman. Chrestomathie 1896/1919, S. 1013

Si février ne fait pas fevrouye (c'est-à-dire ne remplit pas son rôle), mars et avril seront pénibles.
Wenn der Februar die Erwartungen nicht erfüllt, werden März und April ungemütlich sein.

Val de Bagnes VS 1898 | Schweiz. Archiv f. Volksk., 1898, S.240
Berlincourt BE 1908 | Schweiz. Archiv f. Volksk., 1898, XII, S.166

Sa gené nu 'l genégia, sa fevré nu 'l fevrégia, marz, avrìl e mac i tìran drö la curégia.
Wenn sich das Wetter im Januar und Februar nicht so benimmt, wie es sollte, machen es die drei folgenden Monate ebenso.

Poschiavo GR 1967 | Tognina, Lingua Poschiavo, 1967, S.82

Si février ne fait pas son devoir, mars le fait.
Erfüllt der Februar seine Pflicht nicht, wird es der März tun.

Fribourg 1941 | Sagesse paysanne, Fribourg, S.62

Scha'l favrer nu favragia e'l marz nu marzagia, l'avrigl e'l meg tiran la curagia.
Wenn der Februar nicht februart und der März nicht märzt, so holen es April und Mai nach.

Engadin GR 1944 | H. Lössi, Der Sprichwortschatz des Engadins, S.244

Se febbraio non febbraieggia, marzo marzeggia e aprile tira la cintura: patisce la fame.
Wenn Februar sich nicht wie Februar aufführt, dann märzelt der März, und April zieht den Gürtel enger: er bringt den Hunger.

Bregaglia GR 1950 | Vocabolario dei Dialetti della Svizzera Italiana, 1, Lugano 1952, S.206

Se febbraio non febbraieggia, marzo e aprile versano l'acqua a secchi.
Wenn Februar sich nicht wie Februar aufführt, dann gießen März und April das Wasser in Kübeln.

S. Domenica TI 1950 | Vocabolario dei Dialetti della Svizzera Italiana, 1, Lugano 1952, S.206

Si le mois de février entre comme un loup,
il part comme un agneau;
s'il entre comme un agneau,
il part comme un loup.
Wenn der Februar wie ein Wolf heranschleicht, geht er wie ein Lamm; kommt er wie ein Lamm, geht er wie ein Wolf.

Miécourt BE 1908 | Schweiz. Archiv f. Volksk., XII, S.166

Wenn me d Fasnechtchüechli an der Sunne cha ässe, mues me d Ostereier hinder im Ofen ässe.
Baselland 1908 | Schweiz. Archiv f. Volksk., XII, S.18

La neige de février
donne peu de blé au grenier.
Februarschnee bedeutet wenig Korn im Speicher.
Develier BE 1908 | Schweiz. Archiv f. Volksk., XII, S.167

Dio ce ne guardi da un buon febbraio.
Gott behüte uns vor einem guten Februar.
Almanacco Grigioni Italiano, 1939, S.134

Heftige Nordwinde im Februar,
vermelden ein fruchtbares Jahr;
wenn Nordwind aber im Februar nicht will,
so kommt er sicher im April.
Hundertjähriger Kalender, Zürich 1942

Scha las muos-chas chantan in favrer, schi taschna in marz.
Wenn die Fliegen im Februar summen, so schweigen sie im März.
Engadin GR 1944 | H. Lössi, Der Sprichwortschatz des Engadins, S.244

Il favrer ha set bischas, e quellas chi nu vegnan in favrer, vegnan in marz.
Der Februar hat sieben Schneestürme (Nordwinde), und diejenigen, welche im Februar nicht kommen, kommen (dafür) im März.
Engadin GR 1944 | H. Lössi, Der Sprichwortschatz des Engadins, S.244

On aime mieux voir un loup sur le fumier le 2 février qu'un homme en bras de chemise.
Lieber ein Wolf auf dem Miststock am 2. Februar als ein Mann in Hemdsärmeln.
Lignières NE 1972 | S. Ch., *1912, Landwirt, Lignières NE, Umfrage 1972
Franches-Montagnes BE 1908 | Schweiz. Archiv f. Volksk., XII, S.166
Réclère BE 1908 | Schweiz. Archiv f. Volksk., XII, S.166

Pluie de février
vaut du fumier.
Februarregen ist Mist wert.
Courrendlin BE 1908 | Delémont BE 1908 | Schweiz. Archiv f. Volksk., XII, S.166

Viel Regen im Februar,
viel Regen das ganze Jahr.
Sammlung Strub, Jenisberg GR

Läßt der Februar Wasser fallen,
läßt es der März gefrieren.
> *Sammlung Strub, Jenisberg GR*

Ist der Februar klar und trocken, soll der August heiß werden.
> *Sammlung Strub, Jenisberg GR*

Wie der Februar, so der August.
> *Sammlung Strub, Jenisberg GR*

Soviel Nebeltage im Februar, soviel kalte Tage im August.
> *Sammlung Strub, Jenisberg GR*

Singt die Lerche jetzt schon hell (Februar),
geht's dem Landmann an das Fell.
> *Sammlung Strub, Jenisberg GR*

Si février ne frisonne, mars vient tout gâcher.
Wenn der Februar keinen Frost bringt, wird der März alles verderben.
> *La Chaux-de-Fonds NE 1972 | A. Borel, La Chaux-de-Fonds NE, Umfrage 1972*

Su wit abhin daß es am ersten Merzen schnijt, su wit abhin schnijts am ersten Meijen.
> *Bern 1900 | Schweiz. Idiotikon, S. 1203*

Sch'il Mars fa Avrel, fa gl' Avrel Mars.
Wenn der März zum April wird, wird der April zum März.
> *Rätoroman. Chrestomathie 1896/1919, S. 1013*

Quand le mars fait l'avril, l'avril fait le mars.
Wenn der März zum April wird, wird der April zum März.
> *Courrendlin BE 1908 | Schweiz. Archiv f. Volksk., XII, S. 168*

Marzo è figlio d'una baldracca,
sopra una montagna cade la pioggia,
su di un altra la neve a braccia.
März ist Sohn einer Vettel, auf dem einen Berg fällt Regen, auf dem andern Schnee.
> *Tessin 1900 | Schweiz. Archiv f. Volksk., 1903, Folklore ticinese per V. Pellandini, S. 28*

Dat ei l'aura sut de miez Mars, suond' ei ina schliata primavera.
Ist um Mitte März Nordwetter, folgt ein schlechter Frühling.
> *Rätoroman. Chrestomathie 1896/1919, S. 166*

Luft de Mars e plievia d'Avril dattan in bi Matg.
Wind im März, Regen im April machen einen guten Mai.
>   *Rätoroman. Chrestomathie 1896/1919, S. 677*

Tantas neivlas igl Mars, tantas neivlas la stad.
Soviel Wolken im März, soviel Wolken im Sommer.
>   *Rätoroman. Chrestomathie 1896/1919, S. 693*

Bia neiv sogn Giusep Mars, bauld ir' ad alp.
Viel Schnee um St. Joseph im März, früher Alpaufzug.
>   *Rätoroman. Chrestomathie 1896/1919, S. 677*

Merzestaub bringt Gras und Laub.
>   *Baselland 1908 / Schweiz. Archiv f. Volksk., XII, S. 15*
>   *Hombrechtikon ZH 1972 / A.H., *1892, Hombrechtikon ZH, Umfrage 1972*

Märzenstaub, Aprilenlaub, Maienlachen,
das sind drei gute Sachen.
>   *Sammlung Strub, Jenisberg GR*

Merzebluescht – nit guet,
Aprellebluescht – halb guet,
Maiebluescht – ganz guet.
>   *Baselland 1908 / Schweiz. Archiv f. Volksk., XII, S. 15*

So viele Fröste im März, so viele im Mai.
>   *Hundertjähriger Kalender, Zürich 1942*

Hält der März den Pflug beim Sterz,
kommt der April und hält ihn wieder still.
>   *Sammlung Strub, Jenisberg GR*
>   *Hundertjähriger Kalender, Zürich 1942*

Al Marz ha'l chè o'l chül ars.
Der März hat Kopf oder Arsch verbrannt.
(Herrscht zu Beginn des Monats mildes Frühlingswetter, so muß man dafür später mit einem Kälteeinbruch rechnen. Die Kälte muß sich im März einmal bemerkbar machen.)
>   *Engadin GR 1944 / H. Lössi, Der Sprichwortschatz des Engadins, S. 244*

Scha marz nun ha sgrischur,
sgür lügl nun ha chalur.
Wenn der März kein richtiger Wintermonat ist (nicht Schauer hat), so herrscht im Juli keine Hitze.
>   *Engadin GR 1944 / H. Lössi, Der Sprichwortschatz des Engadins, S. 245*

Tontas brentiuas il Mars, tous urezzis il Zercladur.
Soviel Nebel im März, soviel Gewitter im Juni.
> *Rätoroman. Chrestomathie 1896/1919, S. 677*

Sovil Näbel im Merze, sovil Schlagwätter im Summer.
> *Baselland 1908 / Schweiz. Archiv f. Volksk., XII, S. 20*
> *Emmental BE 1972 / H. K., Landwirt, Trubschachen BE, Umfrage 1972*

Wenn im März der Nebel sich zeigt, folgen in 100 Tagen heftige Gewitter.
> *Wädenswil ZH 1972 / R. L., *1914, Landwirt, Wädenswil ZH, Umfrage 1972*

Schi plova igl Mars, igl tarratsch vegia sect tot on.
Wenn es im März regnet, dann bleibt die Erde trocken das ganze Jahr.
> *Rätoroman. Chrestomathie 1896/1919, S. 693*

Auf Märzenregen
wird ein dürrer Sommer entgegnen.
> *Sammlung Strub, Jenisberg GR*

Wie es im März regnet, wird es im Juni wieder regnen.
> *Hundertjähriger Kalender, Zürich 1942*
> *Sammlung Strub, Jenisberg GR*

Quand il tonne en mars,
on peut dire: Hélas!
Quand il tonne en avril,
on se peut réjouir.
Wenn es im März donnert, muß man sagen: Leider!
Wenn es im April donnert, kann man sich freuen.
> *Courrendlin BE 1908 / Schweiz. Archiv f. Volksk., XII, S. 168*

Wenn es im Märzen donnert, wird es im Mai schneien.
> *Zürich 19./20. Jahrhundert / Schweiz. Idiotikon, IX, S. 1204*

Aberiletunner – Mäieschnee.
> *Hombrechtikon ZH 1972 / A. H.-Z., *1892, Hombrechtikon ZH, Umfrage 1972*

Sogu Benedetg pli bugient ina caura crappada en nuegl, che cambrida sils pegns.
Zum St. Benedikt (9. März) lieber eine tote Ziege im Stall als Rauhreif an den Tannen.
> *Rätoroman. Chrestomathie 1896/1919, S. 677*

So wyt as Duft (Rauhreif) im Merze, so wyt schneits im Maie.
: *Reigoldswil BL 1972 | E.W.-T., *1886, Landwirt, Reigoldswil BL, Umfrage 1972*

Soviel Tau im März,
soviel Reif an Pfingsten,
soviel Nebel im August.
: *Sammlung Strub, Jenisberg GR*

Gibt's viel Tau im März, nasser August, viel Nebel.
: *Emmental BE 1972 | H.K., Landwirt, Trubschachen BE, Umfrage 1972*

Wenn der März als Wolf kommt,
so geht er als Schaf fort.
Wenn er als Schaf kommt,
geht er als Wolf fort.
: *Sammlung Strub, Jenisberg GR*

Zu Anfang oder zu End
der März sein Gift sendet.
: *Sammlung Strub, Jenisberg GR*

Märzengrüen ist nicht schön.
: *Hundertjähriger Kalender, Zürich 1942*

Fängt das Gras schon anfangs März zu wachsen an, gibt's einen langwierigen Frühling.
: *Emmental BE 1972 | H.K., Landwirt, Trubschachen BE, Umfrage 1972*

Maielets im Märze, so märzelets im Maie.
: *Osterfingen SH 1972 | J.R., *1888, Weinbauer, Osterfingen SH, Umfrage 1972*

Ostern früh, wird's Wachstum spät.
: *Affoltern BE 1972 | R.S.-B., *1901, Affoltern BE, Umfrage 1972*

Scu fo l'ora l'emda sontga, fo ella igl Settember.
Wie das Wetter in der Karwoche, so das Wetter im September.
: *Rätoroman. Chrestomathie 1896/1919, S.694*

Aschi liunga sco la glatscha penda gl' Avrel vid ils tetgs, aschi ault dat ei aunc neiv nova.
So lange wie die Eiszapfen im April von den Dächern hangen, so hoch wird der Schnee sein, der noch kommen wird.
: *Rätoroman. Chrestomathie 1896/1919, S.167*

Der April ist nicht zu gut,
er beschneit dem Ackermann den Hut.
> *Hundertjähriger Kalender, Zürich 1942*

Ist der April zu schön,
kann im Mai der Schnee noch wehn.
> *Außerberg VS 1972 / S.G., *1914, Außerberg VS, Umfrage 1972*

Femme d'Ajoie,
cheval de montagne,
bise d'avril,
ne vaut pas le diable en notre pays.
Eine Frau aus der Ajoie, ein Bergpferd, die Aprilbise sind in unserm Land keinen Teufel wert.
> *Develier BE 1908 / Delémont BE 1908 / Schweiz. Archiv f. Volksk., XII, S.169*

En avril nuée,
en mai rosée.
Im April Hagel, im Mai Tau.
> *Courrendlin BE 1908 / Schweiz. Archiv f. Volksk., XII, S.169*

Avril froid, mai chaud, donne du pain tout en bas.
Kalter April, warmer Mai, verspricht Brot im Tal.
> *Develier BE 1908 / Schweiz. Archiv f. Volksk., XII, S.169*

Da San Marco a Santa Croce – 15 aprile – 2 maggio – c'è ancora un mezzo invernuccio.
Von St. Markus bis St. Croce (15. April bis 2. Mai) gibt es noch ein halbes Winterchen.
> *Onsernonetal TI 1920 / Schweiz. Archiv f. Volksk., XXIII, S.79*

Wie das Wetter vom Frühlingsanfang bis Mitte April, so wird in der Regel der ganze kommende Sommer.
> *Hundertjähriger Kalender, Zürich 1942*

Avrigl chod, mai frai, gün mol, rich on.
April warm, Mai kalt, Juni naß, reiches Jahr.
> *Engadin GR 1944 / H. Lössi, Der Sprichwortschatz des Engadins, S.245*

Wenn der April als Löwe kommt, so geht er wie ein Lamm.
> *Sammlung Strub, Jenisberg GR*

Aprile produce il fiore e maggio ha l'onore.
April bringt Blumen hervor und Mai hat davon die Ehre.

Aprile la spiga, maggio il fiore, giugno l'onore.
Im April der Halm, im Mai die Blüte, im Juni die Ehre.
> *Cauco GR | Moghegno TI | Vocabolario dei Dialetti della Svizzera Italiana, 1, Lugano 1952, S. 207*

Quand on a vu trois beaux mois d'avril, il est temps d'aller dormir (= mourir).
Wenn man drei schöne Aprilmonate erlebt hat, ist es Zeit zu sterben.
> *Les Marécottes VS 1961 | M. Müller, Le patois des Marécottes, Tübingen 1961*

La neige d'avril est le fumier des pauvres.
Aprilenschnee ist der Dünger der Armen.
> *Les Marécottes VS 1961 | M. Müller, Le patois des Marécottes, Tübingen 1961*

Se aprile non prepara, maggio non fa bella figura.
Wenn der April nicht vorbereitet, macht der Mai keinen guten Eindruck.
> *Dalpe TI 1950 | Vocabolario dei Dialetti della Svizzera Italiana, 1, Lugano 1952, S. 207*

Ist der April naß, folgt ein trockener Juni.
> *Sammlung Strub, Jenisberg GR*

Gewitter vor dem St.-Georgs-Tag (23. April)
ein kühles Jahr bedeuten mag.
> *Sammlung Strub, Jenisberg GR*

Wenn vor Georgi (23. April) Regen fehlt,
wird man nachher damit gequält.
> *Sammlung Strub, Jenisberg GR*

Soviel Tage vor Georgi (23. April) die Kirschen und Schlehen blühn,
soviel Tage vor Jakobi (25. Juli) kann der Bauer die Sense ziehen.
> *Sammlung Strub, Jenisberg GR*

War Georg arm (23. April), ist Jakob reich.
> *Sammlung Strub, Jenisberg GR*

Quand il tonne en avril
vigneron prépare tes barils.
Wenn es im April donnert, Weinbauer bereite deine Fässer vor.
> *Les vins suisses, S. 270*

Aprildonner bedeutet Schnee im Mai.
> *Elm GL 1972 | M. R., *1930, Hausfrau, Elm GL, Umfrage 1972*
> *Netstal GL 1972 | F. und D. L., *1906, Netstal GL, Umfrage 1972*
> *Osterfingen SH 1972 | I. R., *1888, Weinbauer, Osterfingen SH, Umfrage 1972*

Maikäfer, die im April schwirren,
müssen im Mai erfrieren.
> *Emmental BE 1972 | H. K., Landwirt, Trubschachen BE, Umfrage 1972*

Wächst das Gras schon im April,
steht's dafür im Maien still.
> *Gunzwil LU 1972 | O. F., Landwirt, Gunzwil LU, Umfrage 1972*

Alv Matg ed alv Settember.
Weißer Mai, weißer September.
> *Rätoroman. Chrestomathie 1896/1919, S. 694*

Tun' ei il Matg, dat ei ina freida stad.
Donnert es im Mai, gibt es einen kalten Sommer.
> *Rätoroman. Chrestomathie 1896/1919, S. 678*

Tunar da Matg curanta deis anviern, tunar da Settember curanta deis stad.
Donner im Mai: 40 Tage Winter, Donner im September: 40 Tage Sommer.
> *Rätoroman. Chrestomathie 1896/1919, S. 694*

Quand il tonne au mai
espérance au grenier.
Donnert es im Mai, Hoffnung für den Speicher.
> *Le véritable Messager Boiteux 1972*

Trockener Mai – dürres Jahr.
> *Sammlung Strub, Jenisberg GR*
> *Hundertjähriger Kalender, Zürich 1942*

Trockener Mai – Wehgeschrei,
feuchter Mai bringt Glück herbei.
> *Sammlung Strub, Jenisberg GR*

Auf nassen Mai kommt trockener Juni herbei.
> *Sammlung Strub, Jenisberg GR*
> *Hundertjähriger Kalender, Zürich 1942*
> *Zürich 1972 | F. F., Forsting., Zürich, Umfrage 1972*

Quand il pleut au mois de mai, cela annonce une bonne année.
Maienregen kündet ein gutes Jahr an.
> *Les Marécottes 1961 | M. Müller, Le patois des Marécottes, Tübingen 1961*

Maieschnee schneit all Monet meh.
> *Lausen BL 1972 | Sch., *1942, Lausen BL, Umfrage 1972*

Mai frileux: an langoureux.
Mai venteux: an douteux.
Mai fleuri: an réjoui.
Mai fröstelnd: schmachtendes Jahr.
Mai windig: zweifelhaftes Jahr.
Mai blühend: erfreuliches Jahr.
Le véritable Messager Boiteux 1972

Den Maien voll Wind,
begehrt das Bauerngesind.
Sammlung Strub, Jenisberg GR

Wenn der Mai den Maien bringet,
ist es besser, als wenn er ihn findet.
Sammlung Strub, Jenisberg GR

Mai vain cun erba e föglia, vöglia l'avrigl o nu vöglia.
Meg ch'el fetscha que ch'el vöglia, mo'l vain cun erv' e föglia.
Der Mai kommt mit Gras und Laub, wolle es der April oder nicht.
Mache der Mai was er wolle, er kommt (doch) mit Gras und Laub.
Engadin GR 1944 / H. Lössi, Der Sprichwortschatz des Engadins, S. 246

Schöne Eichenblüt im Mai,
bringt ein gutes Jahr herbei.
>   *Sammlung Strub, Jenisberg GR*

Las pruinas d'mai piglian via quellas d'avuost.
Die Maifröste nehmen die Augustfröste weg.
>   *Engadin GR 1944 / H. Lössi, Der Sprichwortschatz des Engadins, S. 246*

Wenn der Wein vor Michael (29. September) erfriert,
erfriert er im nächsten Mai wiederum.
>   *Sammlung Strub, Jenisberg GR*

Den Mai wünscht der Bauer kühl, aber nicht kalt, Nachtfröste schaden,
aber Winde sind gut.
>   *Außerberg VS 1972 / S. G., *1914, Landwirt, Außerberg VS, Umfrage 1972*

Fraîcheur et rosée de mai
vin à la vigne et foin au pré.
Maienfrische und Maientau, Trauben am Rebstock und Heu auf den
Wiesen.
>   *Le véritable Messager Boiteux 1972*

Ist der Mai recht warm und fruchtbar, wird der Juni kalt und naß.
>   *Emmental BE 1972 / H. K., Landwirt, Trubschachen BE, Umfrage 1972*

Wenn naß und kalt der Juni war,
verdirbt er meist das ganze Jahr.
>   *Hundertjähriger Kalender, Zürich 1942*
>   *Außerberg VS 1972 / S. G., *1914, Landwirt, Außerberg VS, Umfrage 1972*

Stellt der Juni mild sich ein,
wird's mild auch im Dezember sein.
>   *Sammlung Strub, Jenisberg GR*

Brachmonat naß,
leert Scheunen und Faß.
>   *Kalender Schweizer Volksfreund, Zürich 1907*

Um den 20. Juni und am Helliga Chrütschtig (25. September) gibt es
Schneewetter.
>   *Davos-Monstein GR 1972 / M. J., *1897, Landwirt, Davos-Monstein GR, Umfrage 1972*

Sind bis Johanni (24. Juni) wenig Gewitter, desto mehr nachher.
>   *Sammlung Strub, Jenisberg GR*

Vor Johanni (24. Juni) bitt um Regen,
nachher kommt er ungelegen.
Züricher Kalender 1972, Einsiedeln SZ

Wie das Wetter am 27. Juni (Siebenschläfertag) ist, so wird es im Juli sein.
Sammlung Strub, Jenisberg GR

Was Juli und August nicht kochen, kann der September nicht braten, daher sollen sie warm sein.
Kalender Schweizer Volksfreund, Zürich 1907

Juli. Scheint die Sonne, wird es kalt,
regnet es, so ändert sich die Kälte bald.
Hundertjähriger Kalender, Zürich 1942

Wenn Juli fängt mit Tröpfeln an,
so wird man lange Regen han.
Sammlung Strub, Jenisberg GR

Wie der Juli war, wird der Januar.
Sammlung Strub, Jenisberg GR

Hundstage (16. Juli bis 26. August) hell und klar,
zeigen an ein gutes Jahr.
Emmental BE 1972 / H. K., Landwirt, Trubschachen BE, Umfrage 1972

Fa ei cauld l'emprima jamna d'Uost, dat ei in ruch unviern.
Ist die erste Augustwoche warm, so gibt es einen rauhen Winter.
Rätoroman. Chrestomathie 1896/1919, S. 678

August – Anfang heiß,
Winter lang und weiß,
Sammlung Strub, Jenisberg GR

Ein kühler August nach einem heißen Juli verkündet einen harten, ein trockener August einen schneereichen Winter.
Kalender Schweizer Volksfreund, Zürich 1907

Brentina igl Uost dat in freid unviern.
Nebel im August, ein kalter Winter.
Rätoroman. Chrestomathie 1896/1919, S. 679

Agost, cumé 'l trùa 'l làga.
August: dieser Monat ist in jeder Beziehung die Fortsetzung des vorherigen. *Poschiavo GR 1967 / Tognina, Lingua Poschiavo, S. 82*

Que cha l'avuost nu couscha,
eir il settember nun ustrescha.
Was der August nicht kocht,
bratet auch der September nicht.
> *Engadin GR 1944 / H. Lössi, Der Sprichwortschatz des Engadins, S. 248*

Starker Tau im August verkündet beständiges Wetter.
Mangel an Tau aber Hitze, Gewitter und Regen.
Weil Nachttau jetzt Feld und Früchte nässen,
soll man keine Früchte ungereinigt essen.
> *Sammlung Strub, Jenisberg GR*

Viel Donner im August, kündet Kot auf Weihnachten.
> *Sammlung Strub, Jenisberg GR*

Wenn's im August nicht regnet,
ist der Winter mit Schnee gesegnet.
> *Sammlung Strub, Jenisberg GR*
> *Klosters-Berg GR 1972 / Ch.H., *1911, Landwirt, Klosters-Berg GR, Umfrage 1972*

Tunar da Settember suond'aunc ena stad.
Donner im September, dann folgt noch ein Sommer.
> *Rätoroman. Chrestomathie 1896/1919, S. 695*

Nach Septembergewittern
wird man im Winter vor Schnee und Kälte zittern.
> *Sammlung Strub, Jenisberg GR*
> *Züricher Kalender 1972, Einsiedeln SZ*

Septembergewitter sind Vorläufer von starkem Wind.
> *Sammlung Strub, Jenisberg GR*

Gewitter im September sind meist heftig, verheißen aber ein gutes folgendes Jahr.
> *Emmental BE 1972 / H.K., Landwirt, Trubschachen BE, Umfrage 1972*

Wenn es Ende September einige Male schneit, «so hed der Winter de verchalberet».
> *Prättigau GR 1953 / W. Schmitter, Waldarbeit im Prättigau 1953, S. 124*

September schön in den ersten Tagen,
will schön den ganzen Herbst ansagen.
> *Appenzeller Kalender 1972*

Ist der September lind,
ist der Winter ein Kind.
>*Zürich 1972 | F.F., Forsting., Zürich ,Umfrage 1972*

L'october vain cumpli
que chi s'ha laschar stovü.
Im Oktober wird vollendet, was man bisher hat zurücklassen müssen.
>*Engadin GR 1944 | H. Lössi, Der Sprichwortschatz des Engadins, S. 248*

Wie der Oktober wittert,
so der März ausfüttert.
>*Sammlung Strub, Jenisberg GR*

Ist der Oktober warm und fein,
kommt ein scharfer Winter drein,
ist er aber naß und kühl,
mild der Winter werden will.
>*Sammlung Strub, Jenisberg GR*

Warmer Oktober bringt fürwahr
uns kalten Jänner/Februar.
>*Sammlung Strub, Jenisberg GR*

Bringt der Oktober viel Frost und Wind,
so sind der Jänner und Hornung gelind.
>*Sammlung Strub, Jenisberg GR*

Ist der Oktober kalt,
so macht er fürs nächste Jahr dem Raupenfraß halt.
>*Sammlung Strub, Jenisberg GR*

Wenn's im Oktober friert und schneit,
bringt der Jänner milde Zeit,
wenn's aber donnert und wetterleuchtet,
der Winter dem April an Launen gleicht.
>*Sammlung Strub, Jenisberg GR*
>*Züricher Kalender 1972, Einsiedeln SZ*

Oktober Nordlicht, glaub es mir,
verkündet harten Winter dir.
>*Sammlung Strub, Jenisberg GR*

Oktobergewitter sagen beständig,
der kommende Winter sei wetterwendig.
>*Sammlung Strub, Jenisberg GR*

Oktobergewitter deuten auf einen Sudelwinter.
> *Emmental BE 1972 | H. K., Landwirt, Trubschachen BE, Umfrage 1972*

Wenn's im Oktober donnert und wetterleuchtet,
der Winter dem April an Launen gleicht.
> *Außerberg VS 1972 | S. G., *1914, Landwirt, Außerberg VS, Umfrage 1972*

Sitzt im Oktober das Laub noch fest am Baum,
fehlt ein strenger Winter kaum.
> *Appenzeller Kalender 1972*

Bel November e December, bagn rar en bung onn sequent.
Schöner November und Dezember, dann folgt selten ein gutes Jahr.
> *Rätoroman. Chrestomathie 1896/1919, S. 696*

Wie der November, so der kommende Mai.
> *Sammlung Strub, Jenisberg GR*

Bricht vor Allerheiligen der Winter ein,
so herrscht um Martini (11. November) Sonnenschein.
> *Züricher Kalender 1972, Einsiedeln SZ*

Schnits vor Martini über de Rhi,
so ist dr halb Winter verbi.
> *Davos GR 1937 | J. Bärtschi, Der Davoser im Lichte seiner Sprichwörter und Redensarten, Davos 1937*
> *Prättigau GR 1953 | W. Schmitter, Waldarbeit im Prättigau, 1953, S. 124*
> *Mastrils GR 1972 | S. W., *1900, Landwirt, Mastrils GR, Umfrage 1972*

Wenn es vor Martini bei uns schneit, so gibt es einen schneearmen Winter.
> *Niederteufen AR 1972 | H. K., *1903, Landwirt, Niederteufen AR, Umfrage 1972*

Wenns vor Martini gfrürt, daß s Iis e Gans treit, so ist der Winter erfrore.
> *Sammlung Strub, Jenisberg GR*

Schneit's im November gleich,
so wird der Winter weich.
> *Sammlung Strub, Jenisberg GR*

Schneit es im November im Neumond und wird kalt, so hat der Winter verworfen. Schneit's aber im November im abnehmenden Mond, so hält der Schnee bis in den Frühling.
> *Emmental BE 1972 | H. K., Landwirt, Trubschachen BE, Umfrage 1972*

Viel Regen im November,
viel Wind im Dezember.
>   *Sammlung Strub, Jenisberg GR*

Steigt im November das Gewässer,
steigt's allmonatlich noch besser,
und nächsten Sommer ist es nässer,
als es zum Wachstum wäre besser.
>   *Sammlung Strub, Jenisberg GR*

Wenn im November die Wasser steigen,
wird sich im Frühling viel Regen zeigen.
>   *Sammlung Strub, Jenisberg GR*

Wenn im November die Wasser schwellen,
gibt's jeden Monat im Jahr hohe Wellen.
>   *Emmental BE 1972 | H. K., Landwirt, Trubschachen BE, Umfrage 1972*

Novemberdonner verspricht guten Sommer.
>   *Zürich 1972 | F. F., Forsting., Zürich, Umfrage 1972*

La neiv dil Dezember cuoza igl entir unviern.
Schnee im Dezember dauert den ganzen Winter.
>   *Rätoroman. Chrestomathie 1896/1919, S. 1014*

Quand on mange les «vecques» au soleil,
on «tape» les œufs derrière le poêle.
Wenn man die Weihnachtskuchen an der Sonne ißt,
tütscht man die Eier hinter dem Ofen (an Ostern).
>   *Delémont BE 1908 | Schweiz. Archiv f. Volksk., XII, S. 173*

Blanc Noël fait les Pâques vertes.
Weiße Weihnacht macht die Ostern grün.
>   *Miécourt BE 1908 | Delémont BE | Schweiz. Archiv f. Volksk., XII, S. 173*

Vert(e) Noël
Blanches Pâques.
Grüne Weihnacht, weiße Ostern.
>   *Develier BE 1908 | Schweiz. Archiv f. Volksk., XII, S. 173*
>   *Sarganserland SG 1916 | W. Manz, Basel 1916, S. 124*

Natale al sole – Pasqua al fuoco.
Natale al fuoco – Pasqua al sole.
Weihnachten an der Sonne – Ostern am Feuer.
Weihnachten am Feuer – Ostern an der Sonne.
>   *Tessin 1911 | V. Pellandini, Tradizioni popolari Ticinesi, 1911, S. 139*

Natàl a la plàzza, pàsqua a la bušca; natàl al giöch, pàsqua al föch.
Wenn Weihnachten auf dem Platz gefeiert wird, wird Ostern beim Kaminfeuer sein; Weihnachten beim Spiel – Ostern beim Herdfeuer.
Poschiavo GR 1967 / Tognina, Lingua Poschiavo, S. 83

Wenn die Kälte in der ersten Adventswoche kommt, hält sie 10 Wochen an.
Sammlung Strub, Jenisberg GR

Dezember warm,
daß Gott erbarm.
Hundertjähriger Kalender, Zürich 1942

Set sudrüms avant büman
ans indichan ün bun an.
Sieben Eistreiben vor Neujahr zeigen uns ein gutes Jahr an.
Engadin GR 1944 / H. Lössi, Der Sprichwortschatz des Engadins, S. 243

Donnert's im Dezember gar,
kommt viel Wind das nächste Jahr.
Hundertjähriger Kalender, Zürich 1942

Auf windige Weihnachten folgt ein fruchtbares Jahr.
Sammlung Strub, Jenisberg GR

Dezember veränderlich und lind,
bleibt der ganze Winter ein Kind.
Hundertjähriger Kalender, Zürich 1942
Sammlung Strub, Jenisberg GR
Züricher Kalender 1972, Einsiedeln SZ

Kalt Dezember und fruchtbar Jahr
sind vereinigt immerdar.
Hundertjähriger Kalender, Zürich 1942
Sammlung Strub, Jenisberg GR

Kalter Dezember – zeitiger Frühling.
Sammlung Strub, Jenisberg GR

So kalt im Dezember, so heiß wird es im kommenden Juni.
Sammlung Strub, Jenisberg GR

Dezember dunkel, nicht sonnigklar,
verheißt ein gutes, fruchtbares Jahr.
Ein nasser macht es unfruchtbar.
Sammlung Strub, Jenisberg GR

3. Jahreszeitkorrelation

Schaltjohr – chalt Johr.
Gelterkinden BL 1972 | St., Gelterkinden BL, Umfrage 1972

Wenn der Bär an der Lichtmäß (2. Februar) d Doope sunnet, wirds nonemal chalt.
Gelterkinden BL 1972 | St., Gelterkinden BL, Umfrage 1972

Der Landstrich, der im Frühling zum erstenmal vom Ungewitter überfallen wird, hat im Verlauf desselben Jahres viele Ungewitter zu erdulden.
Kt. Zürich 1898 | Schweiz. Archiv f. Volksk., 1898, S. 222

Jamais pluie du (bon temps) printemps
n'est mauvais temps.
Regen im Frühling bedeutet nie schlechtes Wetter.
Courrendlin BE 1908 | Schweiz. Archiv f. Volksk., XII, S. 162

Viel Nebel im Frühjahr, viel Gewitter im Sommer (oder nach 100 Tagen).
Kriechenwil BE 1972 | H.L.-R., *1891, Kriechenwil BE, Umfrage 1972

Wenn der Sommer warm ist,
so ist der Winter kalt.
Sammlung Strub, Jenisberg GR

Sco l'aura fa gl'atun, fa ella la primavera.
Wie das Wetter im Herbst ist, so ist es auch im Frühling.
Rätoroman. Chrestomathie 1896/1919, S. 168

Tard fleurs ainten jert, schi vegn'igl anviern plaunsiu.
Noch spät Blumen im Garten, dann kommt der Winter langsam.
Rätoroman. Chrestomathie 1896/1919, S. 695

Ist im Herbst das Wetter hell,
bringt es Wind im Winter schnell.
Hundertjähriger Kalender, Zürich 1942

Auf warmen Herbst folgt meist ein strenger oder langer Winter.
Sammlung Strub, Jenisberg GR

Wenn es im Vorwinter viel schneit und kalt ist, gibt es einen milden
Winter.
> *Büetigen BE 1972 / H.S., *1935, Bäuerin, Büetigen BE, Umfrage 1972*

Cura che la feglia va tard, sche vegn ella baul.
Wenn die Blätter spät fallen, kommen sie wieder früh.
> *Rätoroman. Chrestomathie 1896/1919, S.168*

Fällt im Wald das Laub sehr schnell,
ist der Winter früh zur Stell.
> *Sammlung Strub, Jenisberg GR*

Gibt es eine frühe «Laubrisi», gibt es einen frühen Frühling.
> *Schwanden GL 1972 / H.-P.T., *1901, Schwanden GL, Umfrage 1972*

Fällt im Herbst das Laub spät von den Bäumen.
gibt es einen späten Frühling.
> *Schwanden GL 1972 / H.-P.T., *1901, Schwanden GL, Umfrage 1972*

Wenn Buchenfrüchte geraten wohl,
Nuß- und Eichbaum hangen voll,
so folgt ein harter Winter drauf
und fällt der Schnee zum vollen Hauf.
> *Züricher Kalender 1972, Einsiedeln SZ*

Sitzen die Birnen fest am Stiel,
bringt der Winter Kälte viel.
> *Sammlung Strub, Jenisberg GR*

L'inverno non fu mai mangiato dal lupo.
(L'estate invernale non sarà di lunga durata, verranno le cattive giornate).
Der Winter ist noch nie vom Wolf gefressen worden.
(Etwas Sommer im Winter wird nie lange dauern, die schlechten Tage werden noch kommen.)
> *Tessin 1903 / V. Pelladini, Folklore ticinese, Schweiz. Archiv f. Volksk., 1903, S.28*

Die Wintertage:
Wenn sie aföhn länge,
föhn si a stränge.
> *Baselland 1908 / Schweiz. Archiv f. Volksk., XII, S.17*

Kei rächtä Winter, kei rächtä Summer.
> *Davos GR 1937 / J. Bärtschi, Der Davoser im Lichte seiner Sprichwörter und Redensarten, Davos 1937*

Invierns da bgera naiv sun seguitos da bunas e früttaivlas steds.
Schneereiche Winter sind von guten und fruchtbaren Sommern gefolgt.
Engadin GR 1944 | H. Lössi, Der Sprichwortschatz des Engadins, S. 249

Wenn es nicht wintert,
so sommert es nicht.
Sammlung Strub, Jenisberg GR

Ist der Winter warm,
wird der Bauer arm.
Sammlung Strub, Jenisberg GR

Sperrt dir der Winter früh das Haus,
läßt er auch früh dich wieder hinaus.
Sammlung Strub, Jenisberg GR
Außerberg VS 1972 | S.G., *1914, Landwirt, Außerberg VS, Umfrage 1972

Fängt der Winter früh an zu toben,
wird man ihn im Januar loben.
Sammlung Strub, Jenisberg GR

Wenn man den Winter soll loben,
so muß er frieren und toben.
Hallau SH 1972 | H.E., *1947, Hallau SH, Umfrage 1972

Teufels Winter – Teufels Sommer.
(Wenn es im Winter viel schlechtes Wetter gibt, wird der Sommer auch schlecht.)
Muotathal SZ 1972 | O.B., *1954, Wil, Muotathal SZ, Umfrage 1972

Ein strenger, schneereicher Winter hat auch einen niederschlagsreichen Sommer zur Folge und umgekehrt.
Andermatt UR 1972 | L.D., *1900, Andermatt UR, Umfrage 1972

Ein schneefreier und warmer Winter, so auch im Frühjahr Blitz und Donner bei noch kahlem Wald, bringen gewöhnlich einen naßkalten und späten Frühling, so auch verspätete Alpfahrt mit sich.
Hohfluh-Hasliberg BE 1972 | U.H., *1898, Hohfluh-Hasliberg 1972

Die Erde muß ihr Bettuch haben,
soll sie der Winterschlaf auch laben.
Steffisburg BE 1972 | Z.K., *1907, Bäuerin, Steffisburg BE, Umfrage 1972

Wens nid voorwinteret, tuäds naawinterä.
(Es schneit im März und April noch.)
Prättigau GR 1953 | W. Schmitter, Waldarbeit im Prättigau, S. 124

4. Witterungskorrelation

Quand il tonne sur le bois nu, il neige sur la feuille.
Donnert es in das kahle Holz, so schneit es auf die Blätter.
> *Delémont BE 1908 | Schweiz. Archiv f. Volksk., XII, S. 162*

Quand il tonne hors de saison,
il fait un temps hors de raison.
Donnert es außerhalb der Gewitterzeit, verspricht dies eine strube Zeit.
> *Delémont BE 1908 | Schweiz. Archiv f. Volksk., XII, S. 162*

Wes i ds blutt Holz tonderet, su schnits i ds glubede.
> *Simmental BE 1920 | Schweiz. Idiotikon, IX, Sp. 1200*
> *Wädenswil ZH 1972 | R. L., *1914, Landwirt, Wädenswil ZH, Umfrage 1972*
> *Lignières NE 1972 | S. Ch., *1907, Landwirt, Lignières NE, Umfrage 1972*
> *La Chaux-de-Fonds NE 1972 | A. B., La Chaux-de-Fonds NE, Umfrage 1972*

Nous sommes quittes pour la gelée. J'ai entendu le tonnerre, nous n'avons plus à craindre le gel (se dit au printemps).
Wir sind den Frost los. Ich habe den Donner gehört, wir brauchen den Frost nicht mehr zu fürchten (sagt man im Frühling).
> *Les Marécottes 1961 | M. Müller, Le patois des Marécottes, Tübingen 1961*

Wenn es im Frühling früh donnert, gibt es noch späten Schnee.
> *Niederteufen AR 1972 | H. K., *1903, Landwirt, Niederteufen AR, Umfrage 1972*

Früh Donner – spät Schnee.
> *Stein AR 1972 | A. St., *1929, Landwirt, Stein AR, Umfrage 1972*

Donnert's ins junge Laub hinein,
wird das Brot bald billiger sein.
> *Klosters GR 1972 | Ch. H., *1911, Landwirt, Klosters-Berg GR, Umfrage 1972*

Früher Donner, später Hunger.
> *Bündner Herrschaft GR 1972 | J. F., *1921, Landwirt, Fläsch GR, Umfrage 1972*

Wenns ins leer Holz donneret, so wirds no einisch cholt.
> *Baselland 1920 | 1960 | S. M.*

Après la pluie, le soleil.
Nach dem Regen die Sonne.
Miécourt BE 1908 | Schweiz. Archiv f. Volksk., XII, S. 162

Wie die churze Tage sy, so sy die lange (nämlich trocken oder naß).
Baselland 1908 | Schweiz. Archiv f. Volksk., XII, S. 20

La pioggia desiderata stenta a cessare.
Das erhoffte Wasser hat Mühe aufzuhören.
Onsernonetal TI 1920 | Schweiz. Archiv f. Volksk., XXIII, S. 79

Uf Hitz und Kai gids keis bös Gschrei,
aber uf Nässi und Süri gids Hunger und Türi.
Davos GR 1937 | J. Bärtschi, Der Davoser im Lichte seiner Sprichwörter und Redensarten, Davos 1937

La pluie du matin n'a jamais arrêté le pèlerin.
Der Morgenregen hat noch nie einen Wanderer aufgehalten.
Les Marécottes VS 1961 | M. Müller, Le patois des Marécottes, Tübingen 1961

E langi Tröchni zahlt si hei.
Hombrechtikon ZH 1972 | A.H., *1892, Hombrechtikon ZH, Umfrage 1972

Fallt der Schnee in Chot,
weiß me nit, wenn er goht.
Baselland 1908 | Schweiz. Archiv f. Volksk., XII, S. 17

S schneit jedem Stecken en Huet,
er schneit dem Hirten en vollen Huet.
(Man glaubt, daß später Schneefall der Vegetation helfe und eine gute Ernte erwarten lasse.)
Bern 1914 | Schweiz. Idiotikon, IX, Sp. 1204

Schi floca sü la föglia, schi vegn' ün leiv inviern.
Wenn es aufs Laub schneit, so kommt ein leichter Winter.
Münstertal GR 1944 | H. Lössi, Der Sprichwortschatz des Engadins, S. 250

Beaucoup de noisettes et beaucoup de guêpes annoncent beaucoup de neige.
Viele Nüsse und viele Wespen künden reichlichen Schnee an.
Les Marécottes VS 1961 | M. Müller, Le patois des Marécottes, Tübingen 1961

Kleiner Schnee – große Wasser,
großer Schnee – kleine Wasser.
Sammlung Strub, Jenisberg GR

Soviel Reif und Schnee vor Michael (29. September), soviel Fröst im Mai.
Sammlung Strub, Jenisberg GR

Wenn der erste Schnee im Herbst früh kommt, so hat der Winter verkalberet. (Es wird noch einige Zeit gehen, bis es richtig einwintert und der Schnee bis zum Frühjahr liegen bleibt.)
Andermatt UR 1972 | L.D., *1900, Andermatt UR, Umfrage 1972

Bia cambrida gl'unviern, bia brentina la stad.
Viel Raureif im Winter, viel Nebel im Sommer.
Rätoroman. Chrestomathie 1896/1919, S. 679

Gefriert in Thayngen die Biber bei der Brücke, so erfrieren auch die Reben, und friert der große Brunnen (bei der Kirche) zu, so erfrieren die Reben auch.
Thayngen SH 1954 | G. Kummer, Volksbotanik, 2, Schaffhausen, S. 64

Quand il fait du vent, il ne gèle pas.
Wenn es windet, gefriert es nicht.
Les Marécottes VS 1961 | M. Müller, Le patois des Marécottes, Tübingen 1961

Après le gel vient la pluie.
Nach dem Frost kommt der Regen.
: *Les Marécottes VS 1961 | M. Müller, Le patois des Marécottes, Tübingen 1961*

L'aura della domengia regia l'jamna.
Das Sonntagswetter herrscht die ganze Woche.
: *Rätoroman. Chrestomathie 1896/1919, S.1014*

Wias der Suntig wil haa, faats am Frytigaabed scho aa.
: *Prättigau GR 1953 | W. Schmitter, Waldarbeit im Prättigau, S.124*

Töts em Mentig uf, so töts em Donstig zue.
: *Teufen AR 1972 | E.P., *1914, Landwirt und Baumwärter, Teufen AR, Umfrage 1972*

Cura ch'il cucu conta sin la caglia seca, quescha el sin la verda.
Wenn der Kuckuck auf den dürren Stauden singt, schweigt er auf den grünen.
: *Rätoroman. Chrestomathie 1896/1919, S.167*

Année de guêpes, année de neige.
Wespenjahr, Schneejahr.
: *Les Marécottes VS 1961 | M. Müller, Le patois des Marécottes, Tübingen 1961*

Année de foin.
année de rien.
Heujahr, leeres Jahr.
(In den Jahren, in welchen der reichliche Regenfall eine gute Heuernte verspricht, haben alle anderen Ackerfrüchte unter der Feuchtigkeit zu leiden.)
: *Bagnards BE 1898 | Schweiz. Archiv f. Volksk., 1898, S.241*

Année de chardons,
année de grenaison.
Disteljahr, Kornjahr.
: *Movelier BE 1908 | Schweiz. Archiv f. Volksk., XII, S.164*

Année de noisettes, rude hiver.
Nußjahr, rauher Winter.
: *La Chaux-de-Fonds NE 1972 | A.B., La Chaux-de-Fonds NE, Umfrage 1972*

Année de noisettes, année de fillettes,
année de blossons, année de garçons.

Nußjahr, Mädchenjahr,
Beerenjahr, Knabenjahr.
> *La Chaux-de-Fonds NE 1972 | A.B., La Chaux-de-Fonds NE, Umfrage 1972*

Vill Nusse bringed en chalte Winter.
> *Osterfingen SH 1972 | J.R., *1888, Weinbauer, Osterfingen SH, Umfrage 1972*

E. SINGULARITÄTSREGELN

Wann der Tag beginnet zu langen, kombt die Kälte hergegangen.
Newer Schreib-Kalender, Baden 1721
M. Kirchhofer, Wahrheit und Dichtung, 1824, S. 312

Im Jenner viel Regen ohne Schnee,
thut Bäumen, Berg und Thälern weh.
M. Kirchhofer, Wahrheit und Dichtung, 1824, S. 312

Man sieht ringer im Jenner ein Wolf, als ein Mann ohne Schoopen.
M. Kirchhofer, Wahrheit und Dichtung, 1824, S. 312

Gott behüte uns vor einem guten Februar.
Brusio und Poschiavo GR 1858 | Die Schweiz, 1, 1858, S. 234

Il vaut mieux voir en février deux pieds de neige sur le tas de fumier qu'un homme en manches de chemise.
Es ist besser im Februar zwei Fuß Schnee auf dem Miststock zu sehen als einen Mann in Hemdsärmeln.
Kt. Freiburg 19. Jahrhundert | Romania, 1877, S. 87

Märzbise, Aprilwind sind der Reichtum des Landes;
Märzwind, Aprilbise sind das Unglück des Landes.
Westschweiz 1860 | Die Schweiz, 1860, S. 120
Kt. Freiburg 19. Jahrhundert | Romania, 1877, S. 87

Quand on a vu trois beaux mois d'avril, il est bien temps de mourir (c'est-à-dire qu'on doit être vieux, parce qu'il est extrêmement rare que le mois d'avril soit beau).
Hat man drei schöne Aprilmonate erlebt, ist es wohl Zeit zu sterben (das heißt, daß man alt sein muß, da ein schöner Monat April selten ist).
Kt. Freiburg 19. Jahrhundert | Romania, 1877, S. 88

A mez Matg fin d'inviern.
Um Mitte Mai Winterende.
>   *Annalas Rhaeto-Romanscha, 1888, S. 5*

Die gefährlichsten Sommer sind auch die fruchtbarsten.
>   *M. Kirchhofer, Wahrheit und Dichtung, 1824, S. 311*

Im Hornig mag s Wätter sy, wies will, s isch nie z wüest.
>   *Baselland 1908 | Schweiz. Archiv f. Volksk., XII, S. 20*

Scha'l schner na jenaja e'l favrer na febraja
e'l mars na marsaja, vain l'avrigl chi fa tot el.
Wenn Januar, Februar und März nicht sind, wie sie sein sollten, kommt
der April und macht alles selber.
>   *Engadin GR 1944 | H. Lössi, Der Sprichwortschatz des Engadins, S. 246*

An Fabian und Sebastian (20. Januar) fängt der Winter erst recht an.
>   *Züricher Kalender 1972, Einsiedeln SZ*

Jänner warm, daß Gott erbarm.
>   *Uitikon ZH 1972 | F. F., *1914, Forsting., Uitikon ZH, Umfrage 1972*
>   *Schwanden GL 1972 | H.-P. T., *1901, Schwanden GL, Umfrage 1972*
>   *Wädenswil ZH 1972 | H. P., Landwirt, Wädenswil ZH, Umfrage 1972*

Ist er warm der Januar,
wenig taugt das ganze Jahr.
>   *Hallau SH 1972 | H. E., *1947, Hallau SH, Umfrage 1972*

Dr Jänner mueß gränne.
>   *Kappel SO 1972 | J. S., *1882, Kappel SO, Umfrage 1972*

Fò gené l'é scia fevré, l'é fò l'urs da la tàna.
Kaum ist der Monat Januar fort, ist Februar schon da, der Bär kommt
aus seiner Höhle.
>   *Poschiavo GR 1967 | Tognina, Lingua Poschiavo, S. 81*

Ist der Januar kalt und weiß,
kommt der Frühling ohne Eis.
>   *Gunzwil LU 1972 | O. F., Landwirt, Gunzwil LU, Umfrage 1972*

Wenn die Tage fangen an zu langen,
kommt die Kälte hergegangen.
>   *Wädenswil ZH 1972 | W. H., *1917, Landwirt, Wädenswil ZH, Umfrage 1972*

Sal favrair nu favreggia al marz al marzeggia al avril tira la curegia.
Sind Februar und März nicht schlecht, holt es der April nach.
> *Bergell GR 1896 | Bergell, Decurtins, S. 175*

Alla Candelora (2 febbraio) o che nevica o che piova.
An Lichtmeß (2. Februar) Schnee oder Regen.
> *Tessin 1939 | Almanacco Grigioni Italiano, 1939, S. 134*

Alla Madonna Candelora (2 febbraio) dell'inverno siamo fuori.
Am Tag der Kerzenmadonna sind wir aus dem Winter heraus.
> *Val Bedretto TI | O. L., Lugano*

Il faut que février fasse son devoir.
Es ist notwendig, daß der Februar seine Pflicht erfüllt.
> *Fribourg 1941 | Sagesse paysanne, Fribourg 1941, S. 60*

Si février ne joue pas son rôle, en mars et en avril le temps sera détraqué.
Wenn der Februar seine Rolle nicht spielt, werden März und April Kopf stehen.
> *Les Marécottes VS 1961 | M. Müller, Le patois des Marécottes, Tübingen 1961*

Au mois de février les jours ont augmenté d'un repas de noce, ... et ce repas ne dure-t-il pas un bon moment!
Im Februar haben die Tage um die Länge eines Hochzeitsmahles zugenommen ... und diese Mahlzeit dauert eine Weile.
> *Les Marécottes VS 1961 | M. Müller, Le patois des Marécottes, Tübingen 1961*

Il vaut mieux voir un loup sur le tas de fumier qu'un homme sans manches en février (c'est-à-dire, il vaut mieux un mois de février si froid que les loups se rapprochent des maisons qu'un mois de février doux; ou si vous préférez une autre explication que je tiens de ma tante: il vaut mieux courir le danger de se trouver en face du loup que de voir un beau mois de février).
Es ist besser einen Wolf auf dem Miststock zu sehen als einen Mann in Hemdsärmeln (das will heißen, es ist besser einen so kalten Februar zu haben, daß sich die Wölfe den Wohnhäusern nähern, als einen zu milden, oder wenn Sie eine andere Erklärung wünschen, die ich von meiner Tante habe und die so lautet: es ist besser, Gefahr zu laufen, einem Wolf ins Gesicht blicken zu müssen, als einen schönen Februar zu haben).
> *Fribourg 1941 | Sagesse paysanne, Fribourg 1941, S. 60*

Ein milder Winter kann im Februar doch noch ein schweres Stierkalb werfen, also der Winter im Februar zu Ehren kommt.
> *Büetingen BE 1972 | H. S., *1935, Bäuerin, Büetingen BE, Umfrage 1972*

Mois de mars,
il faut voir clair à souper,
mois d'avril,
il faut voir clair à se couvrir.
Im Monat März soll es beim Abendessen heiter sein, im Monat April hingegen soll es beim zu Bette Gehen heiter sein.

Bagnards BE 1898 | Schweiz. Archiv f. Volksk., 1898, S. 241

Marzo polveroso – segale e frumento.
Staubiger März – Roggen und Weizen.

Tessin 1911 | V. Pellandini, Tradizioni popolari Ticinesi, 1911, S. 140

Marzo é figlio di una baldracca,
su una montagna piove
e sull'altra nevica.
März ist der Sohn eines liederlichen Weibes,
auf einem Berg regnet es,
auf dem anderen schneit es.

Tessin 1911 | V. Pellandini, Tradizioni popolari Ticinesi, 1911, S. 140

La naiv in marz sto schmarschir;
o dal frai o dal chod sto'la ir.
Der Schnee muß im März vergehen; durch die Kälte oder durch die Wärme muß er verschwinden.

Engadin GR 1944 | H. Lössi, Der Sprichwortschatz des Engadins, S. 245

Il vent da marz nu maina s-chars.
Der Märzwind bringt keine Not.

Engadin GR 1944 | H. Lössi, Der Sprichwortschatz des Engadins, S. 245

Avrìl avrilét, tücc i dì un sguazét.
Im April alle Tage ein Regengüßchen.

Poschiavo GR 1967 | Tognina, Lingua Poschiavo, S. 81

Piangete un bel marzo, ma ridete se piange aprile.
Weint über einen schönen März, doch lacht, wenn der April weint.

Quinto TI 1952 | Ambri TI 1952 | Vocabolario dei Dialetti della Svizzera Italiana, 1, Lugano 1952, S. 206

Bise de mars et vent d'avril sont la richesse du pays.
Märzbise und Aprilenwind sind der Reichtum des Landes.

Les Marécottes VS 1961 | M. Müller, Le patois des Marécottes, Tübingen 1961

Nimmt der März den Pflug beim Sterz,
hält der April ihn wieder still.

Alpenhorn-Kalender 1969, Langnau BE

Mars venteux, avril pluvieux, de tout l'an fait la valeur.
Windiger März, regnerischer April machen den Wert des Jahres aus.
> *Arnex-sur-Orbe VD 1972 | G.M., *1935, Maître d'enseignement, Arnex-sur-Orbe VD, Umfrage 1972*

Taille tôt, taille tard, rien ne vaut la taille de mars.
Schneide früh, schneide spät, nichts wiegt den Schnitt im März auf.
> *Morges VD 1972 | P.Ph.M., *1912, Maître d'enseignement, Morges VD, Umfrage 1972*

Sind im März d Matte brun wien en Has, so gits viel Gras.
> *Staufen AG 1972 | R.F.M., *1935, Hausfrau, Staufen AG, Umfrage 1972*

Märzegrüeni sött me in Bode ine schtampfe.
> *Wädenswil ZH 1972 | H.B., Landwirt, Wädenswil ZH, Umfrage 1972*

Märzeschnee seyi Gift,
Aprileschnee seyi Mischt.
> *Wädenswil ZH 1972 | H.B., Landwirt, Wädenswil ZH, Umfrage 1972*

Märzenstaub bringt Gras und Laub,
Märzenschnee tuet allem weh.
> *Klosters GR 1972 | Ch.H., *1911, Landwirt Klosters-Berg GR, Umfrage 1972*

Märzenstaub bringt Gras und Laub.
> *Schwanden GL 1972 | H.-P.T., *1901, Schwanden GL, Umfrage 1972*
> *Zürich 1972 | F.F., Forsting., Zürich, Umfrage 1972*

Nasser März, des Bauern Schmerz.
> *Schwanden GL 1972 | H.-P.T., *1901, Schwanden GL, Umfrage 1972*

Pluie d'avril,
trésor du pays.
Aprilenregen – Fundgrube des Landes.
> *Bagnards BE 1898 | Schweiz. Archiv f. Volksk., 1898, S. 241*

Avrìl avrilàndu'l cucù'l vén cantàndu.
Im April fängt der Kuckuck zu rufen an.
> *Poschiavo GR 1967 | Tognina, Lingua Poschiavo, S. 82*

Avrìl gnànca'n fil, mac adàc adàc.
Im April sollst du noch kein warmes Kleidungsstück wegtun, im Mai nur nach und nach.
> *Poschiavo GR 1967 | Tognina, Lingua Poschiavo, S. 82*

April l'a trenta di, sal plöv trent'ün, nu fa mäl a nagiün.
April zählt 30 Tage, und regnete es 31, würde es nicht schaden.
>   *Bergell GR 1896 | Decurtins, 1896, S.175*
>   *Aurigeno TI 1952 | Vocabolario dei Dialetti della Svizzera Italiana, 1, Lugano 1952, S.206*
>   *Tessin 1911 | V. Pellandini, Tradizioni popolari Ticinesi, 1911, S.139*

Der April cha mache, was er will.
>   *Baselland 1908 | Schweiz. Archiv f. Volksk., XII, S.20*

Es isch kei Aprelle so guet,
es schneit im Bur uf e Huet.
>   *Baselland 1908 | Schweiz. Archiv f. Volksk., XII, S.17*
>   *Wädenswil ZH 1972 | B.H., Landwirt, Wädenswil ZH, Umfrage 1972*
>   *Kalender Schweizer Volksfreund, Zürich 1907*

La neve d'aprile è tanto letame.
Aprilschnee ist lauter Dünger.
>   *Quinto TI 1952 | Ambri TI 1952 | Vocabolario dei Dialetti della Svizzera Italiana, 1, Lugano 1952, S.205*

Wenn d Stafler z Alp gan (20. Juni) und d Heerä ins Kapitel, gits Schnee.
>   *Monstein GR 1972 | M.J.,*1897, Landwirt, Monstein GR, Umfrage 1972*

Es ist kein April zu gut,
er macht noch jedem Stecken einen Hut.
>   *Zürich 1972 | F.F., Forsting., Zürich, Umfrage 1972*

Aprilregen verheißt viel Segen.
>   *Kalender Schweizer Hausfreund, Zürich 1907*

Avrigl vögl' o nu vöglia, mai vain cun erba e föglia.
L'avrigl, ch'el fetscha que ch'el vöglia,
il meg vain cun erv' e föglia.
Ob es der April wolle oder nicht, der Mai kommt mit Gras und Laub.
Der April tue was er will, der Mai kommt mit Gras und Laub.
>   *Engadin GR 1944 | H. Lössi, Der Sprichwortschatz des Engadins, S.245*

I'l mais d'avrigl as vivaint mincha stortigl.
Bun avrigl sdruvagl' eir il tortigl.
Im Monat April wird jedes Krummholz (zum Beispiel Legföhren) voll Leben.
Ein guter April weckt auch das Krummholz.
>   *Engadin GR 1944 | H. Lössi, Der Sprichwortschatz des Engadins, S.246*

Avrigl cun plövgia, meg fraid e naiv, gün süt e chod,
il paur as stramaint' alur' bainbod,
ma avrigl fraid e naiv, meg süt e gün chod e bletsch,
il paur surria dal dalet.
April mit Regen, Mai Kälte und Schnee, Juni trocken und warm, dann macht sich der Bauer bald Sorgen; aber April Kälte und Schnee, Mai trocken und Juni warm und naß, da lächelt der Bauer vor Freude.

S-chanf GR 1944 | H. Lössi, Der Sprichwortschatz des Engadins, S. 245

Uena plövgia d'avrigl
val' ün char d'aur cun roudas ed aschigl.
Ein Aprilregen ist einen goldenen Wagen mit Rädern und Achse wert.
I: Warme Regen im April bringen gute Ernte und reichen Herbst, oder nasser April verspricht der Früchte viel.

Engadin GR 1944 | H. Lössi, Der Sprichwortschatz des Engadins, S. 246

Prüma plövgia d'avrigl,
trenta cun me ch'eu pigl.
Erster Aprilregen – dreißig nehme ich mit mir.

S-chanf GR 1944 | H. Lössi, Der Sprichwortschatz des Engadins, S. 246

Ora d'avrigl – glüna da femna.
Aprilwetter – Weiberlaune.

Engadin GR 1944 | H. Lössi, Der Sprichwortschatz des Engadins, S. 246

Aprile piovoso, mese gioioso.
Regnerischer April, glücklicher Monat.

Ludiano TI 1950 | Vocabolario dei Dialetti della Svizzera Italiana, 1, Lugano 1952, S. 206

Aprile con molta pioggia, aprile fiorente.
April mit reichlichem Regen ist blumenreich.

Losone TI 1950 | Vocabolario dei Dialetti della Svizzera Italiana, 1, Lugano 1952, S. 206

Aprile, tre gocce al giorno.
April, drei Tröpflein im Tag.

Isone TI 1950 | Vocabolario dei Dialetti della Svizzera Italiana, 1, Lugano 1952, S. 206

Aprile, tutti i giorni un barile.
April, alle Tage ein Faß voll.

Sonvico TI 1950 | Vocabolario dei Dialetti della Svizzera Italiana, 1, Lugano 1952, S. 206

Aprile, aprilino, tutti i giorni un goccino.
April, Aprilchen, alle Tage ein Tröpflein.

> Rovio TI 1952 | Sementina TI 1950 | Campocologno GR 1952 | Vocabolario dei Dialetti della Svizzera Italiana, 1, Lugano 1952, S. 206

Aprile è figlio di un pescatore, su una montagna piove et sull'altra batte il sole.
April ist der Sohn eines Fischers, auf einem Berg regnet es, auf den andern scheint die Sonne.

> Certara TI 1950 | Vocabolario dei Dialetti della Svizzera Italiana, 1, Lugano 1952, S. 206

Aprile è figlio di un sonatore, un po' piove e un po' c'è il sole.
April ist der Sohn eines Spielmanns, bald regnet es, bald scheint die Sonne.

> Corticiasca TI 1950 | Vocabolario dei Dialetti della Svizzera Italiana, 1, Lugano 1972, S. 206

Aprile è il mese del gambero, un giorno innanzi e l'altro in dietro.
April ist der Monat des Krebses: ein Tag vorwärts, den andern rückwärts.

> Rovio TI 1950 | Vocabolario dei Dialetti della Svizzera Italiana, 1, Lugano 1952, S. 206

Non può mancare il cane (il freddo mordente) d'aprile.
Der Hund kann der bissigen Kälte im April nicht entgehen.

> Rossura TI 1950 | Vocabolario dei Dialetti della Svizzera Italiana, 1, Lugano 1952, S. 205

Il cane d'aprile non l'ha mai mangiato il lupo.
Den Aprilhund hat der Wolf noch nie gefressen.

> Calpiogna TI 1950 | Primadengo TI 1950 | Vocabolario dei Dialetti della Svizzera Italiana, 1, Lugano 1952, S. 205

Quand il tonne au mois d'avril, c'est le signe d'une bonne année.
Donner im April – Zeichen für ein gutes Jahr.

> Les Marécottes VS 1961 | M. Müller, Le patois des Marécottes, Tübingen 1961

Un bon mois d'avril doit rendre la feuille à l'arbre.
Ein guter April muß Blätter hervorbringen.

> Les Marécottes VS 1961 | M. Müller, Le patois des Marécottes, Tübingen 1961

Pluie d'avril remplit tines et tonneaux.
Aprilenregen füllt Fäßchen und Faß.

> Les Marécottes VS 1961 | M. Müller, Le patois des Marécottes, Tübingen 1961

Wenn der April Spektakel macht,
gibt's Heu und Emd in voller Pracht.
Klosters GR 1972 | Ch.H., *1911, Landwirt, Klosters-Berg GR, Umfrage 1972

April macht, was er will.
Hombrechtikon ZH 1972 | A.H.-Z., *1892, Hombrechtikon ZH, Umfrage 1972

Ein trockener April ist nicht des Bauern Will.
Hombrechtikon ZH 1972 | A.H.-Z., *1892, Hombrechtikon ZH, Umfrage 1972

Ist der April schön und rein,
wird der Mai dann wilder sein.
Sammlung Strub, Jenisberg GR

Primavera bagnata non é mai sbagliata.
Nasser Frühling ist nie schlecht.
Val Bedretto TI | O.L., Lugano

Che tutti i mesi vadano pure male,
basta che maggio e giugno vadano bene.
Alle Monate können schlecht sein, aber Mai und Juni müssen gut sein.
Tessin 1911 | V. Pellandini, Tradizioni popolari Ticinesi, 1911, S. 140

Sa'l més da mac al fa cinq di da bón, sa pòn amó di ca l'é stàit galantóm.
Gibt es im Mai fünf schöne Tage, so kann man schon sagen, daß er ein Ehrenmann gewesen ist.
Poschiavo GR 1967 | Tognina, Lingua Poschiavo, 1967, S. 82

Quand le mois de mai est froid, on n'est pas riche.
Ist der Monat Mai kalt, wird man nicht reich.
> *Les Marécottes VS 1961 | M. Müller, Le patois des Marécottes, Tübingen 1961*

Servaz und die Kalte Sofie (15. Mai) müssen vorüber sein,
willst du vor Nachtfrost sicher sein.
> *Sammlung Strub, Jenisberg GR*

Giügn: fin al quarànta da macc nu tra fó i strasc.
Juni: Bis zum 40. Mai sollst du keine warmen Kleider weglegen.
> *Poschiavo GR 1967 | Tognina, Lingua Poschiavo, S. 82*

Pankraz, Servaz, Bonifaz (12., 13. und 14. Mai), seht die drei Eispatrone an!
Sollten dem Winzer nicht im Kalender stahn.
> *Sammlung Strub, Jenisberg GR*

Pankraz, Servaz und Bonifaz (12., 13. und 14. Mai) sind drei echte Weindiebe.
> *Sammlung Strub, Jenisberg GR*

Die Eisheiligen (12., 13. und 14. Mai) geben immer rauhe Tage. Sie kommen manchmal etwas früher, meistens aber zwei oder mehr Tage später.
> *Emmental BE 1972 | H. K., Landwirt, Trubschachen BE, Umfrage 1972*

Je wärmer der Mai, desto nässer und kälter der Juni.
> *Sammlung Strub, Jenisberg GR*

Des Maien Mitte hat für den Winter noch eine Hütte.
> *Sammlung Strub, Jenisberg GR*

Ein Bienenschwarm im Mai ist wert ein Fuder Heu.
> *Züricher Kalender 1972, Einsiedeln SZ*

Viel Gewitter im Mai, dann singt der Bauer Juchhei!
> *Züricher Kalender 1972, Einsiedeln SZ*

Abendtau und kühl im Mai,
bringt Wein und vieles Heu.
> *Züricher Kalender 1972, Einsiedeln SZ*

Gün po dar e tour.
Il gün do e piglia.
Der Juni kann geben und nehmen. Der Juni gibt und nimmt.

(Ein nasser Juni hat eine gute Ernte zur Folge, ein trockener dagegen verdirbt alles.)

Engadin GR 1944 | H. Lössi, Der Sprichwortschatz des Engadins, S. 247

Gün ha trenta, e scha plovess trentün,
nu füss que dan ingün.
Scha in gün plovess adüna ed il mais avess trentüna,
nu fess que dan ingün.
Der Juni hat dreißig Tage, und wenn es an einunddreißig Tagen regnen würde, so wäre dies kein Schaden.

Engadin GR 1944 | H. Lössi, Der Sprichwortschatz des Engadins, S. 247

Auf den Juni kommt es an,
wann die Ernte soll bestahn.

*Klosters GR 1972 | Ch. H., *1911, Landwirt, Klosters-Berg GR, Umfrage 1972*

Ist es um Mitte Juni regnerisch, so ist oft mit anhaltender schlechter Witterung zu rechnen.

*Schaffhausen 1972 | W. M., *1927, Landwirt, Hemishofen SH, Umfrage 1972*

Vor Johanni (24. Juni) bitt um Regen,
nachher kommt er ungelegen.

Zürich 1972 | F. F., Forsting., Zürich, Umfrage 1972

Um St. Johannes (24. Juni) bessert das Wetter.

Uffikon LU 1972 | R. Z., Uffikon LU, Umfrage 1972

Nur in der Juliglut
gedeiht der Wein und das Getreide gut.

*Klosters GR 1972 | Ch. H., *1911, Landwirt, Klosters-Berg GR, Umfrage 1972*

La siccità non rende mai carestia a meno che sia in agosto.
Die Dürre verursacht nie Hungersnot, außer sie komme im August.

Tessin 1911 | V. Pellandini, Tradizioni popolari Ticinesi, 1911, S. 140

Agóst, l'é gnànca gió'l sul ca l'é fosch.
August, kaum ist die Sonne untergegangen, so ist es dunkel.

Poschiavo GR 1967 | Tognina, Lingua Poschiavo, 1967, S. 82

In agosto, si va arrosto.
Im August wird man gebraten.

Olivone TI 1952 | Vocabolario dei Dialetti della Svizzera Italiana, 1, Lugano 1952, S. 45

Agosto brucia boschi.
Augusthitze gibt Waldbrände.
> *Besazio TI 1952 | Vocabolario dei Dialetti della Svizzera Italiana, 1, Lugano 1952, S. 45*

Häufige Gewitter (im August).
> *Sonogno TI 1952 | Vocabolario dei Dialetti della Svizzera Italiana, 1, Lugano 1952, S. 46*

Mitte August sind heftige Stürme üblich.
> *Vogorno TI 1952 | Vocabolario dei Dialetti della Svizzera Italiana, 1, Lugano 1952, S. 46*

Der Sturm von San Bartolomé (24. August).
> *Magadino TI 1952 | Vocabolario dei Dialetti della Svizzera Italiana, 1, Lugano 1952, S. 46*

Bartholomä Ryf oder Schnee, Bergpur hescht gheuet, suscht heuischt nümme meh.
> *Klosters GR 1972 | Ch. H., *1911, Landwirt, Klosters-Berg GR, Umfrage 1972*

Zant Bartlomee – kei Bräme mee!
> *St. German VS 1972 | A. E., Küsnacht ZH, Umfrage 1972*

Zanggallu (St. Gallus = 16. Oktober) laat der Schnee la fallu: Dry täg derfir old dry täg dernaa wil där nit luggner staa.
Sankt Gallus (16. Oktober) läßt den Schnee fallen. Drei Tage vorher oder drei Tage danach will der nicht als Lügner dastehen.
> *Visperterminen VS 1972 | A. E., Küsnacht ZH, Umfrage 1972*

Zanggallu (16. Oktober) tüet mu ds Vee stallu, suscht chunt der san Martiin, der tüet schi dän scho iin.
An St. Gallus bringt man das Vieh in den Stall; sonst kommt St. Martin, der treibt sie dann schon hinein.
> *St. German VS 1972 | A. E., Küsnacht ZH, Umfrage 1972*

Simon Jude (28. Oktober) wirft Schnee auf die Bude.
> *Sammlung Strub, Jenisberg GR*

Simon, der Jüd (28. Oktober),
bringt den Winter unter d Lüt.
> *Sammlung Strub, Jenisberg GR*

Wenn Simon und Judas (28. Oktober) vorbei,
so rücket der Winter herbei.
>   *Hundertjähriger Kalender, Zürich 1942*

A S. Martino (11 novembre) la neve in sul camino.
An Martini – Schnee auf dem Kamin.
>   *Almanacco Grigioni Italiano, 1939, S. 134*

Sa 'l flòca sü la föa, al n'a plüv vöa.
La néf nuembrìna fin a marz la cunfìna, dura cioè molto a lungó, verso la fine dell'inverno.
Wenn es schon auf das grüne Blatt schneit, hat man keine Freude mehr.
Der Novemberschnee wird vom März begrenzt (das heißt, er dauert lange, bis zum Ende des Winters).
>   *Poschiavo GR 1967 / Tognina, Lingua Poschiavo, 1967, S. 83*

Katharinenwinter (25. November), ein Plackwinter.
>   *Hundertjähriger Kalender, Zürich 1942*

Was de Thome wot (21. Dezember), wot Wiehnecht ned.
I: Ist es an Thomas warm, so ist es an Weihnachten kalt oder umgekehrt.
>   *Uffikon LU 1972 / R. Z., Uffikon LU, Umfrage 1972*

Mondregeln

A. MOND UND WETTER

Verschmähe nichts davon. Doch besser schaust du aus
nach weitern Zeichen: magst ja zweien eher trauen,
die gleichbedeutend sind, doch fest aufs dritte bauen!
Auch rechne stets zurück, ob vorges Jahr gegolten
die Zeichen? Kamen so die Sonnen und entrollten
so, wie es Stern um Stern verkündet? Doch auch lohnt
sich's reichlich, merkst du dir nur stets vom vorgen Mond
und auch vom künftgen je vier Tage – acht umflechten
die Fuge je von Mond zu Mond: in diesen Nächten
muß ja der Äther dann die Mondesgöttin missen,
ohn' ihren holden Blick schwankt er im Ungewissen.

Hab acht nun! Wolle nichts von alledem versäumen,
den Jahrlauf vorzuschaun, in ewgen Himmelsräumen.
> *Das Gedicht Arats (315–245 v. Chr.), S. 58*

Doch daß wir dies an sicheren Zeichen können erkennen; Sommerhitze und Regen und Kälte bringende Winde, hat der Vater selber verfügt, was monatlich Luna deute, bei welchen Zeichen sich lege der Süd, was die Bauern oft müssen sehen, um näher dem Stall die Herden zu halten.
> *Vergil (70–19 v. Chr.), Vom Landbau, S. 14*

Wenn du aber die schnelle Sonne und Mondgestalten nach der Reihe beachtest, nie trügt die morgige Stunde noch läßt du durch Tücken der heiteren Nächte dich fangen.
Wenn die Luna, ihr wiederkehrendes Feuer versammelnd, einschließt in die getrübte Sichel den düsteren Nebel, dann wird gewaltiger Regen zuteil dem Landmann und Meere; ...
> *Vergil (70–19 v. Chr.), Vom Landbau, S. 16*

Die größte Beachtung finden bei den Alten der 4. und der 5. Tag, und zwar ist die des vierten ägyptischen Ursprungs nach Plinius:
Quartam eam maxime observat Aegyptus.
> *Plinius (23–79) | E. Knapp, Volkskunde i. d. roman. Wetterregeln, Tübingen S. 36*

Wolfmonat. Man spricht, wenn in den nüwen Mon
der heilig Wienacht Tag thu kon,
so werd ein gut und sälig Jar!
Dargegen ist ouch offenbar:
Gfallt im Wädel (abnehmender Mond) der obgemelt Tag,
das Jar mir denn nit gfallen mag!
> *Zürcher Bauernkalender 1574*

Vollmond marschiert am 22. durch die Krippen, ist auf neblich Wetter gneigt, den 24. ist Schnee und Sturmwind zu erwarten.
> *Rosius-Kalender, Basel 1636*

Bestimmung der Mondphasen.
Wan der Mon obsich oder nidsich gange, ohn den Kalender zu wüssen. Ich habe von einem Pauwren ghört, wan er gegen dem Mon stände und er mitt der lingken Hand in den Mon zwüschen die Horn gryffen könd, so gange er obsich. Wan der Mon aber also stande das er mitt der rechten Hand ime zwüschen die Horn gryffen möge, so gange er under.
> *Basel 1561 | J. Hutmacher, Ein schön Kunstbuch, 1561, S. 243*

Die Erfahrung bezeugt, daß der Mond befeuchtet, daß Saturnii und Martii Zusammenkunft im Löwen große Hitze verursacht, des Jupiters aber und des Mondes Zusammenkunft im Krebs viel Regen.
>   *B. Anhorn, Magiologia, Basel 1674, S. 169*

Donnert's im Juni Monden so wird guts Getreid.
Donnert's, wenn der Mond im 69 ist, so wird wenig Regen und Abgang der Gerste.
>   *Zürich 17. Jahrhundert | Handschrift 1692*

Donnert's, wenn der Mond im Hirschen ist, so wird das Getreid einen kleinen Schaden haben.
Donnert's, wenn der Mond im Wassermann ist, so leiden alle Früchte Schaden, und das Zugemüs wird gar verdorben.
>   *Zürich 17. Jahrhundert | Handschrift 1692*

Donnert's, wenn im April der Mond im Stier, so bedeut's Korn und Gersten Schaden leiden.
>   *Zürich 17. Jahrhundert | Handschrift 1692*

Donnert's, wenn der Mond im August in der Jungfrauen ist, so bedeut's viel Regens, der bis in die 50 Tage werden soll.
Donnert's, wenn der Mond im September in der Waag ist, so verderben alle Früchte.
Donnert's, wenn im November der Mond im Schützen ist, so gerät das Getreide am Gebirge wohl, aber im Tal nimmt es Schaden. Etlich sagen, donnert's im November, so bedeut's Getreide genug.
>   *Zürich 17. Jahrhundert | Handschrift 1692*

Wann es neuwet bey heüterem Himmel, das ist, wann es häll und klahr, da der Neü-Mond sich einlasset, wird das schöne Wetter gemeyniglich über 3 Täg nit anhalten.
>   *Sarnen OW 1791 | Schweiz. Archiv f. Volksk., 1900, S. 38*

Dans le district de Nyon, on observait le changement de la lune; on n'aimait pas à semer à la nouvelle lune; mais la jeune génération ne partage plus ce scrupule.
Im Bezirk Nyon beachtete man die Veränderungen des Mondes; so schätzte man es zum Beispiel nicht, bei Neumond zu säen; doch die junge Generation teilt diese Bedenken nicht mehr.
>   *Kt. Waadt 1866 | Mannhardt-Untersuchung, Schweiz. Archiv f. Volksk., 1971, S. 331*

Creschaint marz mol e sainza bischa.
Bei zunehmendem Mond sollte der März naß und ohne Nordwind sein.
>   *Engadin GR 1944 | H. Lössi, Der Sprichwortschatz des Engadins, S. 245*

Cura, ch'ei betta la neiv carschen Matg, sche bett'ella mintga malaura tutta stad.
Wenn im Mai bei Neumond Schnee fällt, dann schneit es den ganzen Sommer bei schlechtem Wetter.
Rätoroman. Chrestomathie 1896/1919, S. 167

Schi la neiv vign giu igl carschaint Matg, schi vign la giu totta stat mintga carschaint.
Kommt der Schnee bei Neumond im Mai, dann kommt er bei Neumond den ganzen Sommer.
Rätoroman. Chrestomathie 1896/1919, S. 694

Scha creschaint meg la naiv as palainta,
mincha mais chi la resainta. –
Scha vain naiv il creschaint meg,
vaine naiv mincha creschaint.
Wenn sich bei wachsendem Mond im Mai Schnee zeigt, so hat ihn jeder Monat zu spüren.
Wenn bei wachsendem Mond im Mai Schnee kommt, gibt es bei jedem wachsenden Mond Neuschnee.
Engadin GR 1944 / H. Lössi, Der Sprichwortschatz des Engadins, S. 247

Wenn s Wätter im Neue (Neumond) nit änderet, so blybts zwo Wuchen eso.
Baselland 1908 / Schweiz. Archiv f. Volksk., XII, S. 20

S isch hüt dritt Tag Neu, wenns jetz nit hebt (oder uftuet), so hei mer e Wuche oder zwo schlächt Wätter.
Baselland 1908 / Schweiz. Archiv f. Volksk., XII, S. 21

Quand se renouvelle la lune change le temps.
Bei Mondwechsel ändert sich auch das Wetter.
Savièse VS 1926 / Dictons de Savièse, S. 11
Appenzell 1972 / H. M., *1924, Förster, Herisau AR, Umfrage 1972
Ballwil LU 1972 / H. Sch., *1954, Landwirt, Ballwil LU, Umfrage 1972

Man schaut auf Fronfasten und Mondwechsel.
Niederteufen AR 1972 / H. K., *1903, Niederteufen AR, Umfrage 1972

Gewitter in der Vollmondzeit
verkünden Regen lang und breit.
Krummenau SG 1972 / A. G., *1950, Krummenau SG, Umfrage 1972

Der Mond spielt in der Beurteilung der Witterung immer noch eine große Rolle.
Häfelfingen BL 1972 / St., Gelterkinden BL, Umfrage 1972

B. MOND UND PFLANZENWELT

Futterlaub soll bei abnehmendem Mond gewonnen werden, sonst beginnt es rasch zu faulen.

Römische Regel 2./3. Jahrhundert | A. Seidensticker, Waldgeschichte des Altertums, II, S. 270

Pflügst du zur Sonnenwende jedoch das göttliche Erdreich, wirst du im Hocken zu mähen, mit der Hand nur wenig ergreifend.

Hesiod (7. Jh. v. Chr), S. 22

Wann der Christag kumpt an wachsendem mon, so wirt ain gut jar und ye neher dem newen mon, ye bößer das jar. Kompt er aber am abnemen des mons, so wirt ain hert jar und ye neher dem abnemen, ye herter das jar wirt. Wer das holtz niderschlecht an den zwaien letsten tagen des Christmonatz und am ersten tag im Jenner, als er new ist worden, dasselb holtz faulet nicht und wirt auch nit wurmig und ye lenger ye herter und im alter als ain stain.

L. Reynman, Wetterbüchlein 1505

Denk daran, bei wachsendem Mond die Früchte zu pflücken! Denn wenn er abnimmt, wird alles faul, was du abgepflückt haben wirst.

Basel 14./15. Jahrhundert | Sammlung Werner, S. 68

Pflanzet oder stupffet Erbsen in dem abnehmenden Mond.

Hausbuch König 1705, S. 924

Wintermonat. Weil nunmehr das meiste Laub abgefallen, so versetzet kurtz vor dem Vollmond Aepffel, Biren, Quitten und dergleiche Obsbäume.

Hausbuch König 1705, S. 983

Augstmonat. Man säet auch wiederumb Mangold, rohte Ruben, Rapuntzel, Rebkressig im abnemmenden Mond; item Binetsch, Kabis, gelben Wertz oder Köhl; auch versetzet man Artischocken-Setzling, item Endivi-Setzling.
Hausbuch König 1705, S. 975

Heumonat. Den Samen der von den Zwiebeln, als Hyacinthen, Fritillarien und Thusai abgenommen werden, im wachsenden Mond außzusäen.
Hausbuch König 1705, S. 972

Die Nägelein, den braunen und weißen Veyel, wie auch allerhand Köhl- und Kraut-Pflantzen im Vollmond zu versetzen.
Hausbuch König 1705, S. 960

Im wachsenden Mond Rosmarin und Majoran zu säen.
Hausbuch König 1705, S. 960

Melonen, die im Meyen gestupfft, abnemmenden Mond, gerathen offtermals besser.
Hausbuch König 1705, S. 959

Meyen. Salbey ein nutzliches Gartenkraut, wie auch die Müntze werden gleichfalls im starcken Mond verpflantzet, man kan diese beyde, weilen sie große Gesträuch abgeben, monatlich ohne Beobachtung Zeit und Zeichens erbrechen, oder abschneiden, und sonderlich die Salbey am Schatten dörren.
Hausbuch König 1705, S. 959

Meyen. Lauch ist ein gutes Gewächs, darauff die Frantzosen viel halten, so nun auch bey uns wegen seines nicht unangenehmen Gebrauchs in Fleischsuppen hin und her gepflantzet wird, hat auch noch seine Zeit wie die Zwiebeln im schwächsten Mond, mit vermischter Asche gesäet werden.
Hausbuch König 1705, S. 959

Aprill. Sommer-Majoran wird im Neumond gesäet und versetzt, er hat gern Schatten und Schirm vor den Reiffen.
Hausbuch König 1705, S. 951

Mertzen. Fenchel, der welsche, wird gegen den Vollmond gesäet.
Hausbuch König 1705, S. 944

Spargen werden in abnemmendem Mond auß dem Samen, geschwinder aber von den Wurtzeln in den präparirten Boden gesetzt.
Hausbuch König 1705, S. 943

In diesem Monat, und zwar 1. in Mitten der Mertzens, wann sich nur ein warmer Tag blicken läßt, wil alles im Garten arbeiten, es sey auch der Mond beschaffen wie er wolle.
Hausbuch König 1705, S. 943

Mertzen. Zu außgehendem Monat begibt sich die rechte Zeit zu dem andern Pfropffen, nemlich in die Rinden für Kern-Obs.
Hausbuch König 1705, S. 942

Mertzen. Erbsen und Linsen säen im letsten Viertheil drey Tage vor dem Neuen, so blühen sie bald ab.
Hausbuch König 1705, S. 940

Im wachsenden Mond lebendige Zäune und Gehäge machen.
Hausbuch König 1705, S. 939

Mertzen. Die Haber-saat, so feren es die Nässe des Feldes zuläßt, beschleunigen, etwan acht Tage nach dem Neuen, oder im alten Mond; Dann in diesem wird der Haber (glaubt men) reicher an Körneren, geringer am Stroh.
Hausbuch König 1705, S. 939

Der Mangold förchtet keine Kälte, wird dehero füglich auch im Hornung gesäet im abnemmenden Mond.
Hausbuch König 1705, S. 933

Erbis oder Erbsen soll mann stecken gegen Ausgang Mertzenß oder Anfang Aprillenß nächster Tägen nach dem Neü-Mond, treffe eß, waß vor ein Zeichen es wolle.
Mein Magt hat anno 1758 erst den loten Tag nach dem Neü-Mond Erbsen gesteckt, in dem Zeichen Jung Frau, und nachgehends den 14ten Tag nach demselben Neü-Mond, in dem Zeichen Waag. Ist alleß wohl gerahten.
Sarnen OW 1791 / Schweiz. Archiv f. Volksk., 1900, S. 33

Rosmarin Keidel (daß ist, daß äußerste daran) soll mann 3 oder 4 Tag vor dem Vollmond ausbrechen, so werden selbige Keidel vill dickher oder laubreicher werden.
Sarnen OW 1791 / Schweiz. Archiv f. Volksk., 1900, S. 33

Die Herbst-Rosen-Stauden, welche sollen bis weith im Herbst hinein Rosen tragen, werden geschnitten Mense Aprili im Voll Mond. Die Knöpf aber solle mann im Meyen eben in Plenilunio ausbrechen oder abschneiden.
Sarnen OW 1791 / Schweiz. Archiv f. Volksk., 1900, S. 33

Hanf kann mann säen gegen Ausgang Mertzenß oder Anfang Aprillß nach dem Neü-Mond, welcher um selbe Zeit sich ereygnet, etwann den dritten Tag nach selbem.
Sonst sieht mann auch auf daß Zeichen des Stierß, des Zweylings, und der Jung Frauen.
Das Zeichen Leüw will nit gut befunden werden, aus Meinung, der Hanf werde mit Laub behengt biß auf den Boden hinab.

Sarnen OW 1791 | Schweiz. Archiv f. Volksk., 1900, S. 33

Nägeli-Stauden soll man ausbrechen im Voll-Mond.

Sarnen OW 1791 | Schweiz. Archiv f. Volksk., 1900, S. 33

Böllen soll man säen, da der Mond klein und ist besser nach als vor dem Neu-Mond.

Sarnen OW 1791 | Schweiz. Archiv f. Volksk., 1900, S. 32

Samen-Rueben (welche Samen tragen sollen), kann man einsetzen bey ausgehendem Mertzen oder anfangendem April etwan den dritten Tag nach dem Neu-Mond, im Zeichen Stier.

Sarnen OW 1791 | Schweiz. Archiv f. Volksk., 1900, S. 32

Kabis Samen-Stauden soll man setzen bey dem Neü-Mond, absonderlich im Zeichen Wider im Monat April oder auch gegen Ausgang deß Monats Mertzen.

Sarnen OW 1791 | Schweiz. Archiv f. Volksk., 1900, S. 32

Krautt Samen kann man aussäen im Monat April den zehnten Tag nach dem Neu-Mond in dem Zeichen Leüw.

Sarnen OW 1791 | Schweiz. Archiv f. Volksk., 1900, S. 32

Einem im nidsichgehenden Mond gestückten Baum wachsen die Äste abwärts, einem im obsichgehenden Mond geschnittenen dagegen aufwärts.

Rafz ZH 1840 | W. Höhn, Volksbotanik, 1972

Den Hanf säe im obsichgehenden Mond, im Fisch und im Krebs, sonst bekummt er viel Wurzeln, wobei der Hanfstengel schwach bleibt.

Rafzerfeld ZH 1847 | W. Höhn, Volksbotanik, 1972

Pflanze, won i Bode wachse, sell me bym abgänte Mon säien und Pflanze, wo use wachse, bym ufgänte Mon.

F. J. Schild, Der Großätti aus dem Leberberg, 2, 1873, S. 26

Die im Neumond ausgedroschenen Körner werden lebendig.

Kt. Zürich 1865 | Untersuchung Mannhardt, Schweiz. Archiv f. Volksk., 1971, S. 340

Wird d Gerste im Nidsigend gsäit, so will si nit zu de Hosen us.
Baselland 1865 | Untersuchung Mannhardt, Schweiz. Archiv f. Volksk., 1971, S.352

Quando la luna va con il mese fanno frutti perfino le siepi.
Wenn der Mond mit dem Monat geht, tragen sogar die Hecken Früchte.
Tessin 1900 | V. Pellandini, Tradizioni popolari Ticinesi, 1911, S.140

Pflanzen, bei denen man den in der Erde steckenden Teil verwendet, soll man in der Zeit des nidsig gehenden Mondes säen oder pflanzen, diejenigen, bei denen man die andern Teile verwendet, beim obsig gehenden Mond. Nidsig gehend ist der Mond, wenn beide Spitzen der Sichel nach unten, obsig gehend, wenn sie nach oben sehen.
Kt. Bern 1900 | Schweiz. Archiv f. Volksk., 1903, S.142

Wenn man im Vollmond Blumen beschneidet, so werden sie gefüllt, zum Beispiel Margritli und Viönli.
Emmental 1911 | Schweiz. Archiv f. Volksk., XV, S.7
Oltingen BL 1972 | H.G., *1882, Landwirt, Oltingen BL, Umfrage 1972
Liestal BL 1920 | 1960 | Sammlung Müller

Im Augustwädel (Wädel = abnehmender Mond) sollen die Heilkräuter gebrochen werden.
Emmental 1911 | Schweiz. Archiv f. Volksk., XV, S.7

Reben schneiden und Erbsen stecken soll man bei wachsendem Monde, damit im ersten Fall das Holz wächst, im zweiten die Ranken sich am Stickel in die Höhe winden. Wein soll bei hellem Wetter und im «schwinätä Mu» abgezogen werden, damit sich der «Häpf» im Weine setzt. Der Krebs wird als schlechter Wedel (Vollmond) beim Anpflanzen der Früchte umgangen, weil das Wachstum «hinderschi» geht, wie der Krebs.
Sargans 1909 | Schweiz. Archiv f. Volksk., XIII, S.207

Im Herbst säet man lieber im Wädel (abnehmenden Mond). Im Wädel soll man Mist zetten und Holz fällen. – Zwiebeln setzt man gern beim abnehmenden Mond im Zeichen der Waage.
Emmental 1911 | Schweiz. Archiv f. Volksk., XV, S.6

Pflanze, wo i Bode wachse, söll me bim abgänte (absteigenden Mond) Mon säije, und Pflanze wo ufe wachse, bim ufgänte Mon.
Baselland 1908 | Schweiz. Archiv f. Volksk., XII, S.153
Müstair GR 1972 | C.F.-A., *1897, Landwirt und Lehrer, Müstair GR, Umfrage 1972
Andermatt UR 1972 | L.D., Andermatt UR, Umfrage 1972

Alle Pflanzen, die, um nicht grün zu werden, mit Erde bedeckt sein müssen, wie Rüben, Kartoffeln und andere, im abnehmenden Mond pflanzen.
>   *Kriechenwil BE 1972 | H.L.-R., *1891, Landwirt, Kriechenwil BE, Umfrage 1972*

Im zunehmenden Mond pflanze man diejenigen Früchte, die auf der Erde wachsen.
>   *Kriechenwil BE 1972 | H.L.-R., *1891, Landwirt, Kriechenwil BE, Umfrage 1972*

D Böhnli söll men im Nitsigänt (absteigenden Mond) setze, si hänke mehr a.
>   *Baselland 1908 | Schweiz. Archiv f. Volksk., XII S.153*

Wenn me d Böhnli im Nitsigänt setzt, so wei si nit d Stäcken uf.
>   *Baselland 1908 | Schweiz. Archiv f. Volksk. XII S.153*
>   *Savièse VS 1926 | Dictons de Savièse, S.14*

D Boone steckt mer im Obsigent, d Rüebli sät me im Nidsigent.
>   *Hombrechtikon ZH 1972 | A.H., *1892, Hombrechtikon ZH, Umfrage 1972*

Böhnli nicht im Nidsigent! Zibeli nit im Obsigent, süscht chömme si obenuuf!
>   *Hemmikon BL 1972 | K.S., *1906, Landwirt, Hemmikon BL, Umfrage 1972*

Bohnen bei Neumond setzen.
>   *Diemtigtal BE 1972 | A.K., Umfrage 1972*

Die Bauernfrauen sagen, man solle die Rübli nie im Neu (das heißt zunehmenden Mond) jäten und verdünnen (das heißt dort, wo sie zu dicht stehen, die überflüssigen ausjäten), sonst komme der Rost darein, sondern immer im Wädel (abnehmenden Mond).
>   *Emmental BE 1911 | Schweiz. Archiv f. Volksk., XV, S.6*

Rüebli und Wägluegere säet mer nu im Nidsigänt.
>   *Rafz ZH 1940 | W. Höhn, Volksbotanik, 1972*

Rüben bei abnehmendem Mond säen.
>   *Diemtigtal BE 1972 | A.K., Umfrage 1972*
>   *Lignières NE 1972 | S.Ch., *1907, Landwirt, Lignières NE 1972*

Rübli und andere Bodenfrüchte werden nur bei Nidsigend gesteckt, während Bohnen bei Obsigend besser gedeihen.
>   *Prättigau GR 1972 | A.G., Forsting., Pany GR, Umfrage 1972*

Il ne faut pas planter les pommes de terre en lune croissante, il ne poussera que des tiges, il faut les planter en lune décroissante, elles pousseront en dedans.
Man soll die Kartoffeln nicht bei zunehmendem Mond pflanzen, sie werden nur ins Kraut wachsen; man soll sie bei abnehmendem Mond setzen, dann werden sie in den Boden stoßen.

Savièse VS 1926 | Dictons de Savièse, S. 14

On doit planter les pommes de terre en tendre lune.
Man soll die Kartoffeln bei Neumond setzen.

Ocourt Jura BE 1950 | Schweiz. Archiv f. Volksk., 1950, S. 24

Kartoffelstecken muß man im aufsteigenden oder grünen Mond. Niemals Kartoffeln im Zeichen der Jungfrau oder Korn in diesem Zeichen säen (sonst wird es vom Ungeziefer befallen).

Visperterminen VS 1901 | F. G. Stebler, Ob den Heidenreben, Zürich, 1901, S. 88

Kartoffeln bei abnehmendem Mond setzen.
Diemtigtal BE 1972 | A. K., Umfrage 1972

Keine Kartoffeln bei Vollmond setzen (gibt nur Kraut), bei Halbmond hingegen gibt es eine gute Ernte.
Muotathal SZ 1972 | O. B., *1954, Landwirt, Wil SZ, Umfrage 1972

Setz dr Chabis im Neu,
so hesch für d Lüt und für d Seu.
Diemtigtal BE 1972 | A. K., Umfrage 1972

Kabis und Bohnen bei abnehmendem Mond einmachen.
Diemtigtal BE 1972 | A. K., Umfrage 1972

Die Kirschen werden gepfropft, wenn der Mond drei oder vier Tage alt ist. Apfel- und Birnbäume im Neumond, so tragen sie geschwind.
Sammlung Strub, Jenisberg GR

An Martini bei wechselndem Mond sind die Bäume gut zu versetzen.
Sammlung Strub, Jenisberg GR

Alles, was wachsen soll, muß im zunehmenden Mond, und was nicht wachsen soll, im abnehmenden Mond beschnitten werden.
Sammlung Strub, Jenisberg GR

Apfelbäume im Obsigent setzen.
Schwyz 1972 | A. K., *1954, Landwirt, Schwyz, Umfrage 1972

Aber nicht allein das Wetter entscheidet über den Anfang des Schneidens. Seit Generationen zieht man auch den Kalender zu Rat. So wird man zum Beispiel nur bei wachsendem Mond, nicht aber bei abnehmendem oder gar bei Neumond den Schnitt wagen. Doch nicht nur der Mond für sich, auch sein Stand im Tierkreis will berücksichtigt sein. In schlechten Zeichen, etwa dem Krebs oder dem Skorpion, soll nicht geschnitten werden, da sonst die Rebe räudig werden könnte. Im Zeichen des Löwen und des Schützen dagegen sind die besten Aussichten auf Ertrag gegeben. Ständen aber Mond und Zeichen noch so gut, am 1. April, dem Hugotag, läßt man die Rebschere oder das Rebmesser liegen; an Hugo wird keine Rebe geschnitten, denn dieser Tag bringt nichts Gutes. So ist manches zu bedenken, ehe man das wichtige Werk beginnen kann. Jüngere Rebleute sind freilich nicht mehr so zeichengläubig; den Glauben der Alten halten sie für Aberglauben. Die Hauptsache sei, daß die Reben geschnitten würden, meinte ein aufgeklärter Rebbauer – ob so oder so, das bleibe sich gleich, kalte Finger gebe es im wachsenden wie im abnehmenden Mond.
W. Weber, Die Terminologie des Weinbaus im Kanton Zürich, in der Nordostschweiz und im Bündner Rheintal, S. 72

Die Reben soll man bei wachsendem Mond schneiden und nie beim «schwiinige» oder «lääre» Mond (abnehmenden Mond und Neumond).

Schaffhausen 1954 | G. Kummer, Volksbotanik, 2, S. 63

Die wichtigsten Weinbergarbeiten sollen bei abnehmendem Mond verrichtet werden.

Sammlung Strub, Jenisberg GR

Verblüht der Weinstock im Vollmondlicht
er vollen, feisten Traub verspricht.

Sammlung Strub, Jenisberg GR

Im Untergent Mond und kurzen Tagen Holz hauen, dann bekommt das Holz den Wurm nicht.

Trachslau SZ 1972 | M.F., *1954, Landwirt, Trachslau SZ, Umfrage 1972

Nutzholz soll nur bei abnehmendem Mond gefällt werden, wenn es davon gutes Bauholz geben soll.

Appenzell 1972 | E.B., *1927, Förster, Trogen AR, Umfrage 1972

Capitan glatschers sül fuond in jüraint fa que dan, il tschisp patescha, dscherm d'utuon st gnir arà oura in prümavaira.
Glatscheras chi capitan in creschaint nu fan quel dan.
Frost auf dem Feld bei abnehmendem Mond schadet der Wiese, Herbstsaat muß im Frühling gepflügt werden.
Frost bei zunehmendem Mond verursacht diesen Schaden nicht.

Müstair GR 1972 | C.F.-A., *1897, Landwirt und Lehrer, Müstair GR, Umfrage 1972

Sommerweizen bei zunehmendem Monde säen.

Sammlung Strub, Jenisberg GR

Kunstwiesen im wachsenden Mond ansäen.

Kriechenwil BE 1972 | H.L.-R., *1891, Landwirt, Kriechenwil BE, Umfrage 1972

Mein Großvater sagte vor einigen Tagen: «Jetzt mues me nit Gärschte säje, s isch Nidsigent!»

Oltingen BL 1972 | A.G., *1960, Schülerin, Oltingen BL, Umfrage 1972

Im Obsigänt nit Mischt zette und nit güllere.
Böhnli darf man nicht im Krebs setzen. Auch jetzt noch setzt man – ohne bestimmten Grund – gerne am 1. Maitag Böhnli.

Oltingen BL 1972 | H.G., *1882, Landwirt, Oltingen BL, Umfrage 1972

Obsi- und Nidsigend haben hauptsächlich bei Pflanzen ihren Einfluß.

Klosters-Berg GR 1972 | Ch.H., *1911, Landwirt, Klosters-Berg GR, Umfrage 1972

Pflanzungen im Wald und Garten sollen bei zunehmendem Mond gemacht werden.

Appenzell 1972 | E.B., *1927, Förster, Trogen AR, Umfrage 1972

Bei abnehmendem Mond keine Wasser fassen, weil sie versickern.

Ernen VS 1972 | A.S., Bäuerin, Ernen VS, Umfrage 1972

Räbe schniide söll me im wachsige Moo.

Hallau SH 1953 | Hallauer Mundart, S. 35

In periodo di luna nuova, in dür la lüna, si taglia la legna da ardere che deve seccare, la léna da brüsà, si seminano le patate, si trapiantano le verdure, sca la ròba da l'òrt. Trapiantando in fase di luna crescente, le pianticine non darebbero che degli steli lunghi, li van in füst.
Während des Neumonds wird Brennholz zum Trocknen geschnitten, werden Kartoffeln gepflanzt und Gemüse verpflanzt; bei zunehmendem Mond würden die Setzlinge nur lange Stengel treiben.

Poschiavo GR 1967 | Tognina, Lingua Poschiavo, S. 101. Vgl. auch das Kapitel über die Holzernteregeln.

In periodo di luna crescente si prepara il legname da costruzione. Tagliandolo in questo periodo, i tronchi non si fendono, i sa sféndan mìga. Un nostro informatore di Brusio ci ha comunicato che i tronchi d'abete tagliati mentre la luna è in periodo di diminuzione, appena scortecciati si fendono. Le fessure si dicono sulìvi. Di un tronco con molte fessure longitudinali si dice: l'é tüt sulivù, -à. In questo periodo si semina il grano e si tagliano i capelli alle ragazze.
Bei zunehmendem Mond richtet man das Bauholz, dann zerspalten sich die Stämme nicht. Ein Berichterstatter aus Brusio meldet, daß die Stämme der Tannen, wenn bei abnehmendem Mond gefällt, sich zerspalten, kaum daß die Rinde geschält ist. Die Spalten nennt man «sulivi». Hat ein Stamm viele senkrecht verlaufende Spalten, so sagt man: l'é tüt sulivù, -à. In dieser Periode sät man das Korn und schneidet den Mädchen die Haare.

Poschiavo GR 1967 | Tognina, Lingua Poschiavo, S. 101 Vgl. ähnliche Regeln im Abschnitt Holzernte.

C. MOND UND TIERWELT

Sammle Eier, wann der Mond abnimmt, dann verderben sie nicht leichtlich.
Rosius-Kalender, Basel 1636

Eyer sol man samlen, wann der Mond abnimmt, und in die Spreuer legen, so bleiben sie über den Winter.
Churer Schreibkalender 1708
Newer Schreib-Kalender, Baden 1721

Die Füllen nicht im abnemmen, sondern im zunemmen des Monds, und zwar im Steinbock, Schützen, Wassermann, Zwilling abgewöhnen.
Hausbuch König 1705, S. 960

Meyen. Im abnemmenden Mond und ehe die Hitze überhand nimmet, die Pferde, junge Kälber und Widder schneiden oder außwerffen lassen.
Hausbuch König 1705, S. 961

Herbstmonat. Die Schafe in dem Vollmond scheeren, und nicht zu lang damit harzen, daß sie die Wolle nicht verlieren.
Hausbuch König 1705, S. 979

Meyen. Den Schafen die Wolle im zunemmenden Mond abnemmen.
Hausbuch König 1705, S. 961

Aprill. In der Vieh-Zucht soll man 1. den Schafen, so sie zuvor rein gewaschen worden, die Wolle abscheren im Neumond; die Wolle versilbern.
Hausbuch König 1705, S. 952

Mertzen. Die Spill-Ochsen vor Ostern im Vollmond unter das Vieh lassen.

Hausbuch König 1705, S. 944

In der Vieh-Zucht soll man 1. schöne Spanferckel, welche der Zeit, vorab bey wachsendem Mond fallen, auffziehen, und ihnen, damit sie bald wachsen und der Milch vergessen, anfangs Brot und Gersten fürwerffen.

Hausbuch König 1705, S. 936

Il faut étendre le fumier en lune décroissante sinon il en restera des mottes sur l'herbe et les vaches ne mangeront pas.
Man soll den Mist bei abnehmendem Mond zetten, sonst bleiben die Mistklumpen auf dem Gras, und die Kühe werden es nicht fressen.

Savièse VS 1926 / Dictons de Savièse, S. 16

Les veaux faits au dernier quartier de la lune ne deviennent jamais vaches.
Diejenigen Kälber, die im letzten Viertel des Mondes geworfen werden, werden nie zu Kühen heranwachsen.

Savièse VS 1926 / Dictons de Savièse, S. 16

Die Kälber sollen bei wachsendem Mond abgesetzt werden. Glucken sollen bei zunehmendem Mond angesetzt werden.
Sammlung Strub, Jenisberg GR

Wenn Mastschweine im letzten Viertel des Mondes geschlachtet werden, so schwindet das Fleisch nicht, auch hält sich der Speck gut.
Sammlung Strub, Jenisberg GR

Bei zunehmendem Mond keine Ferkel kastrieren.
Diemtigtal BE 1972 | A. K., Umfrage 1972

Nasenringe den Schweinen bei zunehmendem Mond anbringen.
Diemtigtal BE 1972 | A. K., Umfrage 1972

Im Jänner beschlag die Pferde, wenn Neumond ist oder etliche Tage darnach, dann kriegen sie gute Hufe.
Sammlung Strub, Jenisberg GR

Mit dem Pferd zur Schmiede gehen, wenn der Mond abnimmt.
Einigen BE 1972 | H. W., *1930, Landwirt, Einigen BE, Umfrage 1972

Pferde bei zunehmendem Mond beschlagen.
Diemtigtal BE 1972 | A. K., Umfrage 1972

Eine Kuh kalbt entweder einen Tag vor oder einen Tag nach dem Mondwechsel, aber nie am Tage des Mondwechsels selbst.
Diemtigtal BE 1972 | A. K., Umfrage 1972

Bei Mondwechsel kalbt eine Kuh sicher, oder es geht dann noch einige Tage länger.
Diemtigtal BE 1972 | A. K., Umfrage 1972
Wädenswil ZH 1972 | R. L., *1914, Landwirt, Wädenswil ZH, Umfrage 1972

Neumond regt die Kalberkühe stärker zum Kalben an als abgehender Mond.
Riggisberg BE 1972 | F. K., *1927, Landwirt, Riggisberg BE, Umfrage 1972

Klauen schneidet man bei abnehmendem Mond im Monat April.
Diemtigtal BE 1972 | A. K., Umfrage 1972

Schneidet man die Klauen bei zunehmendem Mond, so wachsen sie schneller nach als bei abnehmendem Mond.
Diemtigtal BE 1972 | A. K., Umfrage 1972

SAMMLUNG DER REGELN 354

Im Märzen-Wädel Fisch (Tierzeichen Fisch), schnitzt man die Hörner von Jungvieh (schnitzen = mit dem Messer nach oben richten).
Diemtigtal BE 1972 | A. K., Umfrage 1972

Hornpflege soll im Obsigend-Steinbock erfolgen, damit sich die Hörner aufwärts schwingen.
Pany GR 1972 | Chr. N., *1911, Landwirt, Pany GR, Umfrage 1972

Wenn Hörner zu tief, im Obsigend Schnitte im Horn anbringen (Hornführer anbringen und abnehmen).
Wädenswil ZH 1972 | R. L., *1914, Landwirt, Wädenswil ZH, Umfrage 1972
Rüthi SG 1972 | A. H., *1949, Landwirt, Rüthi SG, Umfrage 1972

Die Hörner von Jungvieh bei abnehmendem Mond richten.
Diemtigtal BE 1972 | A. K., Umfrage 1972
Rothenturm SZ 1972 | R. Sch.-M., Landwirt, Rothenturm SZ, Umfrage 1972

Man soll den Kälbern die Hornjöchli beim zunehmenden Mond anbringen.
Einigen BE 1972 | H. W., *1930, Landwirt, Einigen BE, Umfrage 1972

D. MOND, HAUS UND HOF

Butter soll man im Vollmond kochen; im zunehmenden Mond gekocht, läuft sie über den Topf, im abnehmenden Mond gekocht, ist sie nachher schnell verbraucht.

Lützelflüh BE 1900 | Schweiz. Archiv f. Volksk., 1903, S. 142

Wenn man im Neu schlachtet, so geht das Fleisch auf.

Emmental BE 1911 | Schweiz. Archiv f. Volksk., XV, S. 7

Wenn man im Wädel (abnehmenden Mond) schlachtet, so läßt sich das Fleisch zusammen und bleibt dann besser.

Emmental BE 1911 | Schweiz. Archiv f. Volksk., XV, S. 7

Das Haar soll man am dritten Tag im Neu schneiden.

Emmental BE 1911 | Schweiz. Archiv f. Volksk., XV, S. 7

Wenn man den Kindern das Haar am dritten Tag Neu im Zeichen des Widders schneidet, so bekommen sie schöne Locken (Chrüseli).

Emmental BE 1911 | Schweiz. Archiv f. Volksk., XV, S. 7

Nella luna d'agosto non bisogna bere acqua perchè fa male.
Während des Augustmonds soll man kein Wasser trinken, es ist schädlich.

Grancia TI 1952 | Vocabolario dei Dialetti della Svizzera Italiana, 1, Lugano 1952, S. 49

La luna d'agosto è cattiva.
Der Augustmond ist böse.

Cimadera TI 1952 | Vocabolario dei Dialetti della Svizzera Italiana, 1, Lugano 1952, S. 48

La luna d'agosto è grave per un malato.
Der Augustmond ist gefährlich für einen Kranken.
> *Soazza GR 1952 | Vocabolario dei Dialetti della Svizzera Italiana, 1, Lugano 1952, S. 48*

E luna forte d'agosto.
Im August ist ein starker Mond.
> *Cimadera TI 1952 | Vocabolario dei Dialetti della Svizzera Italiana, 1, Lugano 1952, S. 48*

Il mese d'agosto porta una brutta luna.
Der Augustmonat bringt einen schlimmen Mond.
> *Rossura TI 1952 | Vocabolario dei Dialetti della Svizzera Italiana, 1, Lugano 1952, S. 48*

Le uova si conservano molto se sono della luna vecchia di agosto.
Wenn die Eier vom alten Augustmond sind, konservieren sie sich lange.
> *S. Abbondio TI | Vocabolario dei Dialetti della Svizzera Italiana, 1, Lugano 1952, S. 48*

Straßen soll man im Neu übergrienen (bekiesen, beschottern), dann bleibt das Grien oben. Grient man im Wädel (abnehmenden Mond), so geht es in den Boden hinein. Was im Neu gesäet wird, wird eher reif.
> *Emmental BE 1911 | Schweiz. Archiv f. Volksk., XV, S. 7*

Il faut transvaser le vin en lune décroissante, la lie se déposera.
Man soll den Wein bei abnehmendem Mond abfüllen, die Weinhefe setzt sich dann ab.
> *Savièse VS 1926 | Dictons de Savièse, S. 16*

Il ne faut pas faire la lessive en lune croissante, (sinon) les puces augmenteront.
Man soll die Wäsche nicht bei zunehmendem Mond machen, sonst vermehren sich die Flöhe.
> *Savièse VS 1926 | Dictons de Savièse, S. 15*

Sauerkraut soll man im Zeichen des Fisches einmachen, dann wird es zart und mild.
> *Baselland 1920 | Sammlung Müller, Liestal 1920/1960*

Butter nicht im Obsigent einsieden, sonst übersiedet sie.
> *Diemtigtal BE 1972 | A. K., Umfrage 1972*
> *Davos Platz GR 1972 | Ch. B., *1886, Landwirt, Davos Platz GR, Umfrage 1972*

Will man bei zunehmendem Mond Schweinefett einkochen, so kocht es über.
Diemtigtal BE 1972 | A. K., Umfrage 1972

Nu far mezia in jüraint,
ischlia la charn va al main.
Fand mezia in creschaint
la charn reda bler plü bain.
Mache keine Metzgete bei abnehmendem Mond, sonst schwindet das Fleisch. Metzgete bei zunehmendem Mond gibt viel mehr Fleisch.
Müstair GR 1972 | C.F.-A., *1897, Landwirt und Lehrer, Müstair GR Umfrage 1972

Metzgen soll man bei abnehmendem Mond.
Diemtigtal BE 1972 | A. K., Umfrage 1972

Il faut commencer à chauffer le fourneau en lune croissante, la fumée montera dans la cheminée.
Man soll den Ofen bei zunehmendem Mond anheizen, der Rauch wird dann durchs Kamin abziehen.
Savièse VS 1926 | Dictons de Savièse, S.15

Ein Kamin, der bei zunehmendem Mond gebaut wird, zieht besser.
Diemtigtal BE 1972 | A. K., Umfrage 1972

Tagliar chavels, tuonder bescha in creschaint, fa cha chavels e lana vegna lunga, ma groba. Tagliand in jüraint vain quai ün pa plü cuort, ma fin e spess.
Haare schneiden, Schafe scheren bei zunehmendem Mond gibt lange aber grobe Haare und Wolle. Schneiden bei abnehmendem Mond, kürzere, aber feinere und dichtere.
Müstair GR 1972 | C.F.-A., *1897, Landwirt und Lehrer, Müstair GR, Umfrage 1972

Zehennägel werden besser bei Obsigend geschnitten, damit sie nicht einwachsen. Wenn man dazu noch das Zeichen Skorpion erwischt, um so besser, da in diesem Zeichen das Wachstum beeinflußt wird.
Prättigau GR 1972 | A. G., Forsting., Pany GR, Umfrage 1972

Nägel sind am 3. Tag nach Neumond zu schneiden.
Diemtigtal BE 1972 | A. K., Umfrage 1972

Nägel und Hühneraugen muß man bei zunehmendem Mond schneiden oder behandeln.
Diemtigtal BE 1972 | A. K., Umfrage 1972

Bei Nidsigend Graben machen, ansonst man Graben immer voll Wasser hat.
> *Prättigau GR 1972 | A.G., Forsting., Pany GR, Umfrage 1972*

Wassergräben öffnet man bei Nidsigent, damit die Gräben weniger schnell zuwachsen.
> *Monstein GR 1972 | M.J., *1897, Landwirt, Monstein GR, Umfrage 1972*

Ä Quel muäs mä bim obschigentä grabä, wilsch de sälber obschi wil – und derzuä muäs mä schä im Wasserzäichä grabä.
> *Prättigau GR 1953 | W.Schmitter, Waldarbeit im Prättigau 1953, S.153*

Quellwassergrabungen sollen im Obsigend, im Wassermann oder Fisch erfolgen.
> *Pany GR 1972 | Chr.N., *1911, Landwirt, Pany GR, Umfrage 1972*

Wasser darf nur bei Obsigend gefaßt werden, sonst verliert es sich und geht in die Tiefe.
> *Pany GR 1972 | A.G., Forsting., Pany GR, Umfrage 1972*
> *Diemtigtal BE 1972 | A.K., Umfrage 1972*
> *Rothenturm SZ 1972 | Sch.-M., Rothenturm SZ, Umfrage 1972*

Quellen dürfen nur bei zunehmendem Mond und im jungen Monat gefaßt werden.
> *Schiers GR 1972 | V.V., *1922, Landwirt, Schiers GR, Umfrage 1972*

Eine Sickergrube während des abnehmenden Mondes bauen.
> *Diemtigtal BE 1972 | A.K., Umfrage 1972*

Hochwasser haben bei Nidsigend die Tendenz zu graben, also die Sohle zu vertiefen, zu wühlen.
> *Pany GR 1972 | A.G., Forsting., Pany GR, Umfrage 1972*

Bei Nizigent nicht sprengen, das Wasser wird sonst einen tieferen Weg suchen.
> *Rüthi SG 1972 | A.H., *1949, Landwirt, Rüthi SG, Umfrage 1972*

Arger cur chi fa glatsch in jüraint fa dan e murir oura il tschisp.
Arger eir schi fa glatsch in creschaint mâ nu fa dan, i fa be bain.
Bewässerung bei Frost und abnehmendem Mond schadet und läßt den Rasen absterben.
Bewässerung bei Frost und zunehmendem Mond schadet nie und tut gut.
> *Müstair GR 1972 | C.F.-A., *1897, Landwirt und Lehrer, Müstair GR, Umfrage 1972*

Im Untergent den Bachlauf verändern, so nimmt der Bach nachher diesen Lauf an.
> *Trachslau SZ 1972, Einsiedeln SZ 1972 | M.F., *1954, Landwirt, Trachslau SZ, Umfrage 1972*

Die Eisblatternbildung bei quelligen Stellen soll bei Obsigend größer sein als bei Nidsigend.
> *Pany GR 1972 | A.G., Forsting., Pany GR, Umfrage 1972*

Die Wasser in den Tobeln im Winter haben bei Obsigend die Tendenz aufzuzeisen, das heißt zuzufrieren, Wasser läuft wieder darüber, neue Eisschicht darauf, und alles steigt. Ist von Wichtigkeit bei Tobelwinterwegen für die Holzfuhren.
> *Pany GR 1972 | A.G., Forsting , Pany GR, Umfrage 1972*

Das Mistanlegen soll bei Nidsigend besser sein, Mist wird gepackt, geht unter. Ein kompakter Misthaufen, bei Nidsigend in die Wiese gesetzt, frißt den Wasen, bei Obsigend soll dieser intakt bleiben.
> *Pany GR 1972 | A.G., Forsting., Pany GR, Umfrage 1972*
> *Fläsch GR 1972 | J.F., *1921, Landwirt, Fläsch GR, Umfrage 1972*

Mist streuen, wenn der Mond abnimmt.
> *Lütisburg SG 1972 | A.G., *1951, Landwirt, Lütisburg SG, Umfrage 1972*
> *Gähwil SG 1972 | P.H., *1954, Landwirt, Gähwil SG, Umfrage 1972*
> *Diemtigtal BE 1972 | A.K., Umfrage 1972*
> *Pany GR 1972 | Chr.N., *1911, Landwirt, Pany GR, Umfrage 1972*
> *Vorderthal SZ 1972 | R.B., *1953, Landwirt, Vorderthal SZ, Umfrage 1972*
> *Arth SZ 1972 | H.A., *1953, Landwirt, Arth SZ, Umfrage 1972*
> *Riggisberg BE 1972 | F.K., *1927, Landwirt, Riggisberg BE, Umfrage 1972*

Mist im Obsigend ausbringen.
> *Rothenturm SZ 1972 | A.Sch.-M., Landwirt, Rothenturm SZ, Umfrage 1972*

Stalldünger wird im Nidsigent auf die Wiesen gestreut, Jauche hingegen im Obsigent.
> *Mastrils GR 1972 | S.W., *1899, Landwirt, Mastrils GR, Umfrage 1972*
> *Fanas GR 1972 | B.A.-D , *1901, Landwirt, Fanas GR, Umfrage 1972*

Tiere als Wetterpropheten

A. HASEN, WIESEL UND MURMELTIERE

Hasen, die sich tagsüber sehen lassen, bedeuten schlechtes Wetter.
Schwendi BE 1900 | Schweiz. Archiv f. Volksk., Jg. VIII, S. 280

Vesa ins musteilas cotschnas, vegn ei biall' aura.
Sieht man rote Wiesel, gibt es schönes Wetter.
Rätoroman. Chrestomathie 1896/1919, S. 1014

Cura tgi las misteilas von a spas, vign igl treid' ora.
Wenn die Wiesel spazieren gehen, gibt es schlechtes Wetter.
Rätoroman. Chrestomathie 1896/1919, S. 696

Vesa ins musteilas alvas, vegn ei neiv.
Sieht man weiße Wiesel, gibt es Schnee.
Rätoroman. Chrestomathie 1896/1919, S. 1014

Hasen, die springen, Lerchen, die singen,
werden sicher den Frühling bringen.
Sammlung Strub, Jenisberg GR

Hat der Has ein dichtes Fell,
kümmre dich um Brennholz schnell.
Sammlung Strub, Jenisberg GR

Je rauher der Hase,
je kälter die Nase.
Sammlung Strub, Jenisberg GR

Trägt der Hase lang sein Sommerkleid,
ist der Winter auch noch weit.
Zürich 1972 / K.E., *1930, Dipl. Forsting. ETH, Binz ZH, Umfrage 1972

Je näher die Hasen dem Dorfe rücken,
desto ärger des Eismondes Tücken.
Hallau SH 1972 / E.H., *1947, Landwirt, Hallau SH, Umfrage 1972

Ist das Wiesel weiß, schneit es in kurzer Zeit.
Schwyz 1972 | A. K., *1954, Landwirt, Schwyz, Umfrage 1972

Ist das Fell der Wiesel noch weiß, wenn sie im Frühjahr zum erstenmal herauskommen, so gibt es nochmals Schnee.
Diemtigtal BE 1972 | A. Koellreuter, Umfrage 1972

Wänns Wiseli lang wyß isch, gits en spate Früelig.
Wädenswil ZH 1972 | H. B., Landwirt, Wädenswil ZH, Umfrage 1972

Scha las muntanellas van bod a dormir, schi vaine bod inviern.
Wenn die Murmeltiere frühzeitig schlafen gehen, so wird es bald Winter.
Engadin GR 1944 | H. Lössi, Der Sprichwortschatz des Engadins, S. 249

We Murmittä früeh tient heuwi, so gits i friejä Winter.
Grengiols VS 1972 | K. I., Grengiols VS, Umfrage 1972

Kriechen die Eichhörnchen bald zu Nest,
wird der Winter hart und fest.
Sammlung Strub, Jenisberg GR

Wenn die Marder sich auf dem Dachboden laut bemerkbar machen, gibt es innert zwei Tagen mit Sicherheit Regen.
Büetigen BE 1972 | Frau H. S., *1935, Bäuerin, Büetigen BE, Umfrage 1972

Tiere verhalten sich vor Wetterumstürzen zeitweise abnorm.
Teufen AR 1972 | E. R., *1932, Förster, Teufen AR, Umfrage 1972

B. GEMSEN, REHE, FÜCHSE UND DACHSE

Cu las uolps uorlan, vegn ei macort' aura.
Wenn die Füchse schreien, gibt es schlechtes Wetter.
Rätoroman. Chrestomathie 1896/1919, S. 1014

Fuchsgeschrei bedeutet schlechtes Wetter.
Kt. Bern 1900 / Schweiz. Archiv f. Volksk., Jg. VII, S. 280

Hört man im Sommer Füchse bellen, so gibt's guten Wein.
Kt. Zürich 1898 / Schweiz. Archiv f. Volksk., 1898, S. 222

Scha la sulvaschina vain dasper la vschinauncha, as müda l'ora.
Wenn das Wild in die Nähe des Dorfes kommt, ändert sich das Wetter.
Schlarigna GR 1944 / H. Lössi, Der Sprichwortschatz des Engadins, S. 226

Wetteränderung, wenn Wildtiere sich den Gebäuden nähern.
Pany GR 1972 / N. Ch., *1911, Landwirt, Pany GR, Umfrage 1972

Steht das Rotwild im Walde fest,
sucht's vor Wintersnot sein Nest.
Sammlung Strub, Jenisberg GR

Glatter Pelz beim Wilde,
dann wird der Winter milde.
Sammlung Strub, Jenisberg GR

Wenn Wildtiere (Gemsen und Rehe) bis zu den Bergställen herunterkommen, bedeutet das eine lange Schlechtwetterperiode.
Andermatt UR 1972 / L. D., *1900, Andermatt UR, Umfrage 1972

Wenn Rudel von Gemsen (50–60 Tiere) über die Schneehalde aufwärts ziehen, kann mit einer längeren Schönwetterperiode gerechnet werden.

Monstein GR 1972 | M.J., *1897, Landwirt, Monstein GR, Umfrage 1972

Wechseln die Gemsen von den höheren Regionen in den Wald hinunter, gibt es rauhes Wetter mit Schnee.

Monstein GR 1972 | M J , *1897, Landwirt, Monstein GR, Umfrage 1972

Steigen die Gemsen herab, wird das Wetter schlecht.

Diemtigtal BE 1972 | A. Koellreuter, Umfrage 1972

Wenn die Rehe sich Häusern nähern und die Dohlen schreien, gibt's Schnee.

Baselland | Sammlung Müller, Liestal BL

Wenn im Sommer das Rehwild sich tagsüber außerhalb des Waldes auf Wiesen aufhält und grast, so deutet es sicher auf Wetterumschlag (Regen).

Kriechenwil BE 1972 | H.L.-R., *1891, Landwirt, Kriechenwil BE, Umfrage 1972

Wenn d Reh zom Wald uus chönd go ääse, geeds ander Wetter.

Schwellbrunn AR 1972 | H.S., *1925, Förster, Schwellbrunn AR, Umfrage 1972

Äsende Rehe während des Tages außerhalb des Waldes deuten auf Regen.

Wünnewil FR 1972 | L.P., Landwirt, Wünnewil FR, Umfrage 1972

Treten die Rehe gegen Mittag aus, kommt meistens Regen.
Hemishofen SH 1972 / W.M., *1927, Landwirt, Hemishofen SH, Umfrage 1972

Wenn die Rehe immer aus dem Wald treten und auf den Wiesen weiden, ist das auf längere Sicht ein schlechtes Wetterzeichen.
Haslen AI 1972 / J.B.G., *1918, Chauffeur, Haslen AI, Umfrage 1972

Kommen die Füchse früh ins Dorf, so soll man die Reben decken, denn es gibt einen kalten Winter.
Rüdlingen SH 1954 / G. Kummer, Schaffhausen, Volksbotanik, 2. Teil, S. 65

Wänn d Füchs i d Nächi chömed, wirds ruuch.
Hombrechtikon ZH 1972 / Frau A.H., *1892, Hombrechtikon ZH, Umfrage 1972

Wenn die Füchse im Berg jauchzen, so gibt es kaltes Wetter; bellen sie jedoch unten am Rhein, so muß man mit Regen rechnen.
Rüdlingen SH 1954 / G. Kummer, Schaffhausen, Volksbotanik, 2. Teil, S. 65

Hier soir j'ai entendu glapir le renard, nous aurons la neige (la pluie), je t'assure.
Gestern abend hörte ich den Fuchs bellen; wir werden Schnee (Regen) bekommen, das sage ich dir.
> *Les Marécottes VS 1961 | M. Müller, Le patois des Marécottes, Tübingen 1961*

Wänn im Winter de Fuchs bälled, dänn gits ruchs Wätter und Schnee.
> *Wädenswil ZH 1972 | H. B., Landwirt, Wädenswil ZH, Umfrage 1972*

Wenn am Morgen früh die Füchse bellen, schlägt das Wetter um.
> *Illgau SZ 1972 | K. B., *1951, Forstarbeiter, Illgau SZ, Umfrage 1972*

Wenn zur Nachtzeit der Fuchs sein heiseres Bellen hören läßt, steht ein Kälteeinbruch bevor.
> *Horgen ZH 1972 | O. L., *1912, Landwirt, Horgen ZH, Umfrage 1972*

Wenn nachts der Fuchs bellt, gibt es eine «Rüüchi».
> *Sool GL 1972 | F. J., *1922, Bäuerin, Sool GL, Umfrage 1972*

Wenn der Fuchs körsch hünä, so gits ä Tröchni oder ä Rüchi.
> *Netstal GL 1972 | F. und D. L., *1906, Landwirt, Netstal GL, Umfrage 1972*

Wenn die Füchse auf der Schattenseite brüllen,
wird es naß.
Wenn die Füchse auf der Sonnenseite bellen,
wird es trocken.
> *Arth SZ 1972 | H. A., *1953, Landwirt, Arth SZ, Umfrage 1972*

Sonnt sich der Dachs in der Lichtmeßwoche (2. Februar),
geht auf vier Wochen er wieder zu Loche.
> *Hundertjähriger Kalender, Zürich 1942*
> *Züricher Kalender 1972, Einsiedeln SZ*

Wenn sich der Dachs an Lichtmeß (2. Februar) sonnen kann, geht er im Frühjahr nochmals in die Höhle.
> *Diemtigtal BE 1972 | A. Koellreuter, Umfrage 1972*

C. VÖGEL

Ehe die Schwalbe kommt, die Reben beschneiden, so ist es richtig.
Hesiod (700 v. Chr.)

Steigt aus dem Meer ans Licht nicht etwa schön bedächtig
der Reiher, sondern schreit mit heisrer Stimme mächtig:
Weil sturmgepeitscht die See bald wogen wird, drum flieht
er eilend. Oder auch dem Sturm entgegenzieht.
Das Gedicht Arats (315–245 v. Chr.), S. 53

Die Küchelschar und piept und piept gar laut – dem Klang
des Wassertropfens gleich, wann er ins Wasser sprang!
So kannst du auch vom Volk der Dohlen und der Raben
für Regen, der von Zeus bald kommt, ein Zeichen haben:
In Schwärmen treten sie dann auf, ihr Rufen gellt
wie Falkenschrei. Wie wenn von Zeus ein Regen fällt –
hört so des Raben Schnarrn sich an? Das weissagt dir
auch Regen, oder wenn mit rauher Stimme Gier
er auf krächzt, lange dann nachpfeift, und mannigfach
mit Flügeln schlägt. Es regt den Fittich unterm Dach
die Dohl', es flattert auch die zahme Ent' herbei –
der Reiher aber fliegt seewärts mit gellem Schrei.
Mißachte nichts davon, vor Regen auf der Hut zu sein.
Das Gedicht Arats (315–245 v. Chr.), S. 54

Auch legt sich bald der Sturm, wenn sacht die Lampen brennen;
doch kannst du's auch am Schrei der Eule nachts erkennen,
sofern er sachte tönt, auch wenn zur Abendzeit
die Krähe trillerhaft in sachtem Wechsel schreit.
Das Gedicht Arats (315–245 v. Chr.), S. 55

Auch ziehn die Kraniche, zum Zeichen, daß der Tag
nun friedlich-heiter wird, in unverwandtem Flug
dem schönen Wetter zu, ein dichtgedrängter Zug.
> *Das Gedicht Arats (315–245 v.Chr.), S.55*

Wer zeitig ackert, liebt den frühen Kranichzug;
ist er spät dran, so kommt ihm der stets früh genug.
Der Winter kommt ja mit den Kranichen gefahren:
Früh, wenn sie frühe ziehn, und reich an Zahl in Scharen;
doch wenn sie nach und nach erst spät vereinzelt kommen,
und nicht mit einem Mal in Schwärmen – dir wird's frommen:
Des Winters Aufschub gönnt dir späte Landarbeit.
> *Das Gedicht Arats (315–245 v.Chr.), S.57*

Unfehlbar droht ein Sturm, wenn Gänse gierig tun,
nach Futter schnatternd; krächzt des nachts, wann alle ruhn,
die neunmannsalte Kräh'; ertönt ein Dohlenschrei
spät abends; ruft zu früh der Fink; flieht allerlei
Gevögel weg vom Meer zum Land; ja, andre schlüpfen
ins Erdreich und hinein in Felsen; nicht mehr hüpfen
hungrig auf Feld und Flur umher die Dohlen – ihnen
ist's Nest nun lieber.
> *Das Gedicht Arats (315–245 v.Chr.), S.55*

Auch freut's den Landmann nicht, wenn Vögel Schar um Schar,
wann's Sommer werden will, von Meeresinseln her
sich stürzen auf das Feld: dann fürchtet er gar sehr,
vor arger Dürre werd ihm taub und reich an Spreu
die Ernte. Doch dünkt, daß sich der Vögel freu,
sammeln sich ihrer nicht zuviel, der wackre Hirt
der Ziegen, hoffend, daß dies Jahr ihm milchreich wird.
So lebt ja das Geschlecht der Menschen: ruhlos schmachtet
einer nach dem, nach dem ein andrer; jeder trachtet,
wie er sein Zeichen kleinlich deute und verwerte.
> *Das Gedicht Arats (315–245 v.Chr.), S.57*

Verschiedene Arten der Vögel, des bunten Geflügels,
Habicht, Adler und Möwen, die wohnen auf Wogen des Meeres
und auf der salzigen Flut sich Nahrung suchen und leben,
geben von sich zu anderer Zeit ganz andere Stimmen,
als wann sie zanken um Raub und sich um die Speise bekämpfen.
Teils verändern sie auch mit dem Wetter ihr rauhes Gekrächze,
wie das bejahrte Krähengeschlecht und die Schwärme der Raben:
Alsdann sagt man von ihnen, sie forderten Wasser und Regen,
riefen zuweilen mit ihrem Geschrei den Winden und Stürmen.
> *De rerum Natura V Lucreti Cari (96–55 v.Chr.), Deutsch von K.L. von Knebel, Leipzig 1831, S.199*

Wenn sich Vögel, die nicht im Wasser leben, baden, so deutet das auf Regen und schlechtes Wetter hin.

Theophrast (380–285 v.Chr.), K.Schneider, S.30

Eine ganze Reihe Wetterregeln achtet auf die jeweilige Höhe des Vogelfluges. So zeigen zum Beispiel die Schwalben Sturm an, wenn sie ganz dicht über dem Erdboden dahinfliegen:
Ital.: Le rondini strisciani per terra, vuol dire che l'acqua è vicina.
Franz.: Les hirondelles volent bas, nous aurons du temps.
Dasselbe bei Plinius (23–79 n.Chr.): Hiemen ... hirundo tam iuxta aquam volitans, ut pinna saepe percutiat.

Plinius (23–79), E.Knapp, Volksk.i.d.roman.Wetterreg., Tübingen 1939, S.46

Kommen die Möven und andere Wasservögel vom Meer landeinwärts geflogen, so künden sie den draußen auf dem Meer schon wütenden Sturm an, was antike Wetterregeln ausdrücken. So Plinius: Tempestatis signa sunt ... ceteraeque aquaticae aves concursantes, mergi, gaviae maria aut stagna fugientes.

Plinius (23–79), E.Knapp Volksk.i.d.roman. Wetterreg., Tübingen 1939, S.45

Ardea sublime volitans, spargens caput unda
cornix, sub nubem sol sero means notat imbrem.
Der hochfliegende Reiher, die Krähe, die ihr Haupt mit Wasser besprengt, die Sonne, die spät unter die Wolke geht, bedeutet Regen.

Basel 14./15. Jahrhundert, Sammlung Werner, S. 23; vgl. Vergil, Georgica I, 364

Das ist gewiß on alls betriegen:
wenn schwalben auf dem wasser fliegen
und mit den flügeln schlagen drein,
das regenwetter nit weyt thut sein!
Ain morgenröt die leugt nit,
ain bauchete magt treugt nit.
Die röt bedeut ain regen oder wind,
so ist die magt faißt oder tregt ain kind!
Wenn in der sonnen nydergeen
rot wolcken an dem hymel steen,
der tag darnach wirt gwonlich schön!

L. Reynman, Wetterbüchlein 1505

Item nym das brustbrett von eynem antvogel im herbste oder darnach und besiehe es wol! Ist es durchus weyß, so bedut es eyn warmen winter! Ist es aber am anfang rot und darnach wiß, bedut eyn vorwinter! Ist es aber vornan und hyndan wyß und in der mitte rot, bedut kelt des mitelswinters! Ist es aber gegen dem weydloch rot, bedut eyn nachwinter!

Schweizer Bauernpraktik 1517/18

Von einem guten oder Miß-Jahr:
Wann die Vögel die Wälder ungewöhnlich verlassen und den Dörfern oder Städten in großer Zahl zufliegen, so wirds als ein Zeichen der Unfruchtbarkeit angesehen.

Hausbuch König 1705, S. 997

Wann die Muheimen (Heimchen) mit ihrem Gesang oder surren die Nacht hindurch sich lustig machen, ist ein Zeichen, daß ein schöner Tag erfolgen werde.

Sarnen OW 1791 / Schweiz. Archiv f. Volksk., 1900, S. 38

Wann die Haus-Röthelein anstatt ihreß Gesangß nur quetschgen, als wann Sie das Schnäbelein auf ein ander reibeten, ist diseß ein Zeichen, das eß innerthalb 3 Tagen eintwederß regen oder gar schneien werde.

Sarnen OW 1791 / Schweiz. Archiv f. Volksk., 1900, S. 36

Andere Vögel, wann Sie auch Sommers-Zeit vor die Fenster kommen, absonderlich in dem Flug an denen Fenstern anstoßen, ist es eben auch ein Vor-Zeig des Regen-Wetters.

Deßgleichen auch die Flüegen, wann sie den Menschen beißen und stechen.
> *Sarnen OW 1791 | Schweiz. Archiv f. Volksk., 1900, S. 34*

Die Schwalben oder Schwalmen, wann sie dem Boden nach flüegen, ist ein Zeichen deß Regen-Wetterß.
> *Sarnen OW 1791 | Schweiz. Archiv f. Volksk., 1900, S. 34*

Der Gugger soll den 10. Aprill anfangen zu guggen und an S. Joannis Baptistä Tag (24. Juni) aufhören.
> *Sarnen OW 1791 | Schweiz. Archiv f. Volksk., 1900, S. 37*

Quand on voit du canard le jabot se blanchir,
et l'hirondelle revenir,
le printemps au plutôt se va faire sentir.
Wenn man den Kopf einer Ente weiß werden sieht und die Schwalbe wiederkommt, riecht man den Frühling.
> *Waadtland 1816/17 | Feuilles d'Agriculture, Bd. 19, S. 192*

Wenn der Vogel badet, so geds ruch Wetter.
> *Appenzell 1837 | T. Tobler, S. 235*

Wenn d Tuba badid, geds ruch Wetter.
> *Appenzell 1837 | T. Tobler, S. 371*

Wenn d Summervögel gritzid, so blibts guet Wetter.
> *Appenzell 1837 | T. Tobler, S. 235*

Am Tributzitag (14. April) sell der Gugger schreie oder s Mul verheie.
> *F. J. Schild, Der Großätti aus dem Leberberg, 2. Bd., 1873, S. 21*

No der Liechtmäß (2. Februar) fö d Vögel afe pfyfe.
> *F. J. Schild, Der Großätti aus dem Leberberg., 2. Bd., 1873, S. 20*

Der Guckus chund den nöunte Abril, si der Früelig wa er wil.
> *Graubünden 19. Jahrhundert | Versuch eines Bündnerischen Idiotikons, Chur 1880, S. 7*

Entre mars et avril,
chante, coucou, si tu vis (si tu es en vie).
Zwischen März und April, singe Kuckuck, wenn du am Leben bist.
> *Valangin NE 1895 | Le patois Neuchâtelois 1895, S. 31*

Sch'ils utschals se train buc' avon sogn Michel, sch'ei igl unviern avon Nadal meins crius.

Wenn die Vögel nicht vor St. Michael (29. September) wegziehen, dann ist der Winter vor Weihnachten nicht so rauh.

Rätoroman. Chrestomathie 1896/1919, S. 679

Regen: Wenn d Vögel (d Aente) bade.

Baselland 1908 | Schweiz. Archiv f. Volksk., Jg. 12, S. 19

Schulan ils utschals fetg la sera, eis ei ina enzenna de macorta aura.
Singen die Vögel abends laut, ist das ein Zeichen von schlechtem Wetter. *Rätoroman. Chrestomathie 1896/1919, S. 1014*

Cu las schualmas van avon sogn Martin, dat ei in ruch unviern.
Wenn die Schwalben vor Martini (11. November) gehen, gibt es einen rauhen Winter.

Rätoroman. Chrestomathie 1896/1919, S. 1014

Ziehen die Schwalben nicht vor Michaeli (29. September) weg, so kommt vor Weihnachten der Winter nicht.

Schweizer Volksfreund 1907

Wenn man die Geißmelker (Nachtschwalbe) rufen hörte, war dies ein sicheres Zeichen für einen Wetterumschlag. Der Gitzelilocker (vermutlich das Schneehuhn) kündete Schneefall an. Ebenso ungern sah man die weißen Schnee- oder Alpenhasen herumhüpfen.

Flumserberg SG 1900 | Schweiz. Archiv f. Volksk., Bd. 34, S. 244

Schönes Wetter: Wenn d Schwalbe höch fliege.

Baselland 1908 | Schweiz. Archiv f. Volksk., Jg. 12, S. 21

Regen gibt's: Wenn d Schwalbe nider fliege.

Baselland 1908 | Schweiz. Archiv f. Volksk., Jg. 12, S. 19

Drei Tag no mues er (der Kuckuck) im Merze schreie,
und sotts im au der Buch verheie.

Baselland 1908 | Schweiz. Archiv f. Volksk., Jg. 12, S. 15

Au milieu d'avril,
chante le coucou s'il est vif.
Mitte April ruft der Kuckuck, wenn er lebendig ist.

Porrentruy et Ajoie BE 1908 | Schweiz. Archiv f. Volksk., Jg. 12, S. 169

Incura c'al canta al merlo, sem ora dal inverno; in cur cal canta al cüc, sem ora dal tüt.
Wenn die Amsel singt, sind wir aus dem Winter heraus; wenn der Kuckuck ruft, ist er ganz vorbei.

Bergell GR 1896 | Decurtins 1896, S. 174

Regen: wenn d Spatze und d Hüener im Staub bade.
Baselland 1908 | Schweiz. Archiv f. Volksk., Jg. 12, S. 19

Sa's sent la cornagia al temp as cambia; per al plü al vegn la neif.
Hört man die Krähen krähen, gibt es meistens Schnee.
Bergell GR 1896 | Decurtins 1896, S. 174

Sind Zugvögel um Michael (29. September) noch hier,
haben bis Weihnachten lind Wetter wir.
Sammlung Strub, Jenisberg GR

Sind die Zugvögel nach Michaelis (29. September) noch hier, haben bis Weihnachten lindes Wetter wir.
Alpenhorn-Kalender 1969, Langnau BE

Sind um Michel (29. September) noch die Vögel da,
so ist der Winter noch nicht nah.
Sammlung Strub, Jenisberg GR

Wenn die Vögel vor Michaelis (29. September) nicht ziehen, so wird vor Weihnachten kein harter Winter vermutet, wohl aber hat man sich eines gemäßigten Wetters zu versehen.
*Schwellbrunn AR 1972 | H.S., *1925, Förster, Schwellbrunn AR, Umfrage 1972*

Wenn im September noch Donnerwetter aufsteigen, so sollen sie viel Schnee für den Winter und ein darauffolgendes fruchtbares Jahr ankündigen. Wenn die Zugvögel nicht vor Michaeli (29. September) wegziehen, so deutet's auf gelindes Wetter, wenigstens vor Weihnachten.
Der hinkende Bot, Bern 1972

Siehst du fremde Wandervögel, wird's bald kalt, nach alter Regel.
Sammlung Strub, Jenisberg GR

Kommen des Nordens Vögel an,
zeigt es starke Kälte an.
Sammlung Strub, Jenisberg GR

Treffen die Strichvögel zeitig ein,
wird früh und hart der Winter sein.
Sammlung Strub, Jenisberg GR

Fett die Vögel und Dachse,
pfeift im Winter die Achse.
Sammlung Strub, Jenisberg GR

Je fetter die Vögel und Dachse sind,
um so kälter erscheint das Christuskind.
Sammlung Strub, Jenisberg GR

Regen- und Gewitterzeichen: Ungewöhnliches Schreien und Singen der Vögel und ihre Begierde, sich zu baden.
Sammlung Strub, Jenisberg GR

Wenn am frühen Morgen die Vögel ein lautstarkes Gezwitscher hören lassen und die Krähen anhaltend krächzen, schlägt das Wetter um.
Horgen ZH 1972 / O. L., *1912, Landwirt, Horgen ZH, Umfrage 1972

Hohes Fliegen der Vögel deutet auf schönes Wetter.
Wünnewil FR 1972 / L. P., Landwirt, Wünnewil FR, Umfrage 1972

Schlecht Wetter: Wänn d Vögel hungrig tüend.
Hombrechtikon ZH 1972 / Frau A. H., *1892, Hombrechtikon ZH, Umfrage 1972

Früher Vogelsang, später Ackergang.
Diemtigtal BE 1972 / A. Koellreuter, Umfrage 1972

SAMMLUNG DER REGELN

Bleiben die Schwalben lange,
so sei vor dem Winter nicht bange.
> *Sammlung Strub, Jenisberg GR*

Bauen im April schon die Schwalben,
gibt's viel Futter, Korn und Kalben.
> *Sammlung Strub, Jenisberg GR*
> *Hallau SH 1972 / E.H., *1947, Landwirt, Hallau SH, Umfrage 1972*

Cur cha las randulinas svoulan ot, schi vaine bell' ora.
Wenn die Schwalben hoch fliegen, kommt schönes Wetter.
> *Engadin GR und Münstertal GR 1944 / H. Lössi, Der Sprichwortschatz des Engadins, S. 231*

Fliegen die Schwalben hoch, gibt es schönes Wetter.
> *Wünnewil FR 1972 / P.Z., *1953, Landwirt, Wünnewil FR, Umfrage 1972*

Si les hirondelles volent haut, c'est pour le beau temps, si elles volent bas c'est pour la pluie.
Wenn die Schwalben hoch fliegen, bedeutet das schönes Wetter, fliegen sie tief, gibt es Regen.
> *Bioley-Orjulaz VD 1972 / A.T., *1905, agriculteur, Bioley-Orjulaz VD, Umfrage 1972*

Scha las randulinas svoulan bass, as müda l'ora.
Wenn die Schwalben tief fliegen, ändert sich das Wetter.
> *Schlarigna GR 1944 / H. Lössi, Der Sprichwortschatz des Engadins, S. 226*

Las randulinas vaun bass, i vain trid' ora.
Die Schwalben fliegen tief, es kommt schlechtes Wetter.
> *S-chanf GR 1944 / H. Lössi, Der Sprichwortschatz des Engadins, S. 266*

Wenn die Schwalben nahe dem Boden fliegend die Beute suchen, kommt Regen, fliegen sie hoch, gutes Wetter.
> *Sammlung Strub, Jenisberg GR*

Wenn die Schwalben tief fliegen, ist bestimmt kein gutes Wetter zu erwarten.
> *Andermatt UR 1972 / L.D., *1900, Andermatt UR, Umfrage 1972*

Tiefes Fliegen der Schwalben ist ein Schlechtwetterzeichen.
> *Hemishofen SH 1972 / W.M., *1937, Landwirt, Hemishofen SH, Umfrage 1972*

Wenn die Schwalben tief fliegen, gibt es Gewitter.
> *Illgau SZ 1972 / F.B., *1954, Landwirt, Illgau SZ, Umfrage 1972*

Quand des hirondelles volent bas,
la pluie ne tarde pas.
Wenn die Schwalben tief fliegen, läßt der Regen nicht auf sich warten.
> *Arnex-sur-Orbe VD 1972 / G M.,*1935, Maître d'enseignement, Arnex-sur Orbe VD, Umfrage 1972*

Wenn die Schwalben tief fliegen, deutet dies auf feuchte Luft.
> *Riggisberg BE 1972 / F. K.,*1927, Landwirt, Riggisberg BE, Umfrage 1972*

Lautes und weithin hörbares Rufen des Pfaues läßt Regen erwarten, ebenso das Fliegen der Schwalben in Bodennähe.
> *Wünnewil FR 1972 / L. P., Landwirt, Wünnewil FR, Umfrage 1972*

Schreit der Kuckuck schon im März,
klappert der Storch und zieht die wilde Gans ins Land,
so ist ein guter Frühling unterwegs.
> *Sammlung Strub, Jenisberg GR*

Schreit der Kuckuck viel im März, klappert der Storch und ziehet wilde Gans ins Land, so gibt's einen guten Frühling.
> *Züricher Kalender 1972, Einsiedeln SZ*

Schreit der Kuckuck viel im März und zieht die wilde Gans ins Land, gibt's einen guten Frühling.
> *Schwellbrunn AR 1972 / H.S.,*1925, Förster, Schwellbrunn AR, Umfrage 1972*

Scha'l cuc chaunta aunz Chalanda Meg, schi zieva nun chaunta'l pü.
Wenn der Kuckuck vor dem 1. Mai singt, so singt er nachher nicht mehr (das heißt, das Wetter wird wieder schlecht).
> *Segl GR 1944 / H. Lössi, Der Sprichwortschatz des Engadins, S. 237*

Wenn der Gugger gugget, eb d Tube rugget, so wirds no cholt.
> *Baselland 1908 / Schweiz. Archiv f. Volksk., Jg. 12, S. 18*

Si le coucou n'a pas chanté le neuf avril, il est mort de froid.
Wenn der Kuckuck am 9. April nicht gesungen hat, ist er erfroren.
> *Savièse VS 1926 / Dictons de Savièse, S. 10*

Se il cuculo non canta a metà aprile, o è morto o vuol morire: fa ancora freddo.
Wenn der Kuckuck Mitte April nicht singt, so ist er entweder tot oder will sterben: es ist noch kalt.
> *Isone TI 1952 / Vocabolario dei Dialetti della Svizzera Italiana, Lugano 1952 ff., Vol. 1, S. 207*

Se il cuculo non canta il 18 aprile, o è crudo o è cotto.
Wenn der Kuckuck am 18. April nicht singt, so ist er entweder roh oder gekocht.
> *Palagnedra TI 1952 | Vocabolario dei Dialetti della Svizzera Italiana, Lugano 1952ff., Vol.1, S.207*

Si le coucou n'a pas chanté le neuf avril, malheur au pays.
Wenn der Kuckuck am 9. April nicht gesungen hat, gibt es Unglück im Land.
> *Savièse VS 1926 | Dictons de Savièse, S.10*

Dès que le coucou a chanté c'est fini pour le gel.
Sobald der Kuckuck gesungen hat, ist es fertig mit dem Eis.
> *Savièse VS 1926 | Dictons de Savièse, S.10*

Tiburtius (14. April) ist der Bauern Freund,
weil erstmals dann der Guggu schreit.
> *Sammlung Strub, Jenisberg GR*

Wenn der Kuckuck noch bis in den Juli schreit,
so wird es unfreundlich und teure Zeit.
> *Sammlung Strub, Jenisberg GR*

Quand le coucou chante, c'est signe de beau temps.
Wenn der Kuckuck singt, ist es ein Zeichen für schönes Wetter.
> *Isérables VS 1930 | E. Gillioz, Dictons d'Isérables, Cahiers valaisans de folklore 15, 1930, S.5*

Wenn der Kuckuck zu den Häusern fliegt, gibt's Regenwetter.
> *Sammlung Strub, Jenisberg GR*

Schreit der Kuckuck noch lange nach Johannis (24. Juni), so folgt ein schlechtes, teures Jahr.
> *Hundertjähriger Kalender, Zürich 1942*

Wenn der Kuckuck nach Johanni (24. Juni) schreit, wird's unfruchtbar und teuer. Folgt einem nassen Mai ein nasser Juni, so folgt wahrscheinlich ein nasser Sommer.
> *Der hinkende Bot, Bern 1972*

Scha'l merl chaunta aunz la mited marz, schi zieva tascha'l.
Wenn die Amsel vor Mitte März singt, so schweigt sie nachher.
> *Engadin GR 1944 | H. Lössi, Der Sprichwortschatz des Engadins, S.245*

Si le merle siffle avant la Notre-Dame de mars il se tait de nouveau durant six semaines.
Singt die Amsel vor Mariä Verkündigung (25. März), so schweigt sie nachher sechs Wochen lang.
Ocourt BE / Schweiz. Archiv f. Volksk., Jg. 1950, Bd. 46, S. 13

Wenn die Amseln den ganzen Tag um die Häuser flöten, gibt es Regen.
Büetigen BE 1972 / Frau H.S., *1935, Bäuerin, Büetigen BE, Umfrage 1972

Wenn die Pirole emsig kreischen,
wird bald Regen niederräuschen.
Sammlung Strub, Jenisberg GR

Singt die Lerche jetzt schon (27. Februar) hell,
geht es dem Bauern ans Fell.
Schleitheimer Bote 1970

Es gibt Regen, wenn der Buchfink «schütt-schütt» anstatt «hüt isch schö – hüt isch schö» schreit.
Thurgau 1930 / E. Schmid, Volkstümliche Wetterkunde 1931, S. 136

Schlägt im Märzengrün der Fink,
ist es ein gefährlich Ding.
Sammlung Strub, Jenisberg GR

Goldammern in den Straßen (Dezember),
Kälte über die Maßen.
Sammlung Strub, Jenisberg GR

Wenn Spatzen im Sand baden, wird es bald Regen geben.
Lütisburg SG 1972 | A. G., *1951, Landwirt, Lütisburg SG, Umfrage 1972

Le cri du Foui-Foui (passereau) annonce sans conteste la pluie.
Der Schrei des Spatzen kündigt unbestreitbar Regen an.
Denens-sur-Morges VD 1972 | A. S., *1923, agriculteur, Denens-sur-Morges VD, Umfrage 1972

Il pleuvra avant demain: Les corbeaux croassent en volant.
Es wird vor morgen regnen: Die Krähen krächzen im Flug.
Ocourt BE 1950 | Schweiz. Archiv f. Volksk., Jg. 1950, Bd. 46, S. 46

Halten die Krähen Konvivium,
sieh nach dem Feuerholz dich um.
Sammlung Strub, Jenisberg GR

Krächzen die Krähen, gibt's schlechtes Wetter.
Illgau SZ 1972 | F. B., *1954, Landwirt, Illgau SZ, Umfrage 1972

Wenn die Krähen scharenweise laut krähend über das Dorf fliegen, gibt es Regen.
Büetigen BE 1972 | Frau H. S., *1935, Bäuerin, Büetigen BE, Umfrage 1972

Es gibt bald Regen, wenn die Raben auf dem Heu spazieren gehen.
Diemtigtal BE 1972 | A. Koellreuter, Umfrage 1972

Wenn nach einem abendlichen Gewitter die Krähen dem See zufliegen, ist das Wetter am nächsten Tag wieder gut.
Horgen ZH 1972 | O. L., *1912, Landwirt, Horgen ZH, Umfrage 1972

Regen: wenn d Spächte schreie.
Baselland 1908 | Schweiz. Archiv f. Volksk., Jg. 12, S. 19

Wenn man den Specht schreien hört, gibt es Regen.
Hirzel ZH 1972 | F. B., *1932, Hirzel ZH, Umfrage 1972

Wenn die Spechte rufen, gibt es Regen.
Büetigen BE 1972 | Frau H. S., *1935, Bäuerin, Büetigen BE, Umfrage 1972

Cur cha la chevra da god sbegla in farver, schi vaine üna buna prümavaira.
Wenn der Ziegenmelker (Grünspecht) im Februar schreit, so kommt ein gutes Frühjahr.
Engadin GR 1944 | H. Lössi, Der Sprichwortschatz des Engadins, S. 243

Quand l'aigle crie, c'est signe de mauvais temps.
Wenn der Adler schreit, ist das ein Zeichen für schlechtes Wetter.
Les Marécottes VS 1961 | M. Müller, Le patois des Marécottes, Tübingen 1961

Quand chante le «clou» (oiseau de nuit) s'adoucit le temps.
Wenn der Nachtvogel singt, wird das Wetter mild.
Savièse VS 1926 | Dictons de Savièse, S. 10

Le mauvais temps s'en ira
quand la chouette hululera.
Das schlechte Wetter wird weggehen, wenn die Eule ruft.
Ocourt BE 1950 | Schweiz. Archiv f. Volksk., 1950, Bd. 46, S. 10

We mä de wild Gäißler (Waldkauz) ghöört, isch de Winter prochä.
Prättigau GR 1953 | W. Schmitter, Waldarbeit im Prättigau 1953, S. 124

Fangen die Nachtigallen in den Stuben bald nach Weihnachten zu schlagen an, so wird der Frühling warm und früh; wenn sie spät anfangen, spät und kalt. Kalter Christmonat mit viel Schnee verheißt ein fruchtbares Jahr.
Der hinkende Bot, Bern 1972

Les choucas annoncent l'approche de l'hiver, quand ils volent bas.
Die Dohlen künden das Nahen des Winters an, wenn sie tief fliegen.
Les Marécottes VS 1961 | M. Müller, Le patois des Marécottes, Tübingen 1961

Sind die Bergdohlen Anfang Juni noch scharenweise im Tal, so gibt es eine Schlechtwetterperiode.
Diemtigtal BE 1972 | A. Koellreuter, Umfrage 1972

Gange d Storche gly furt, gits gly Winter und gly Früelig;
gange si spot furt, gits spot Winter und spot Früelig.
Baselland 1908 / Schweiz. Archiv f. Volksk., Jg. 12, S. 18

Wenn Störche, Mauerschwalben und der Kuckuck früh wegziehen, ist früher Winter in Sicht.
Sammlung Strub, Jenisberg GR

Bleiben Störche und Reiher noch nach Bartholomä (24. August), kommt ein Winter, der tut nicht weh.
Sammlung Strub, Jenisberg GR

Siehst du den Storch viel waten,
kannst du auf Regen raten,
dann merk das Zeichen noch:
die Mäuse ziehn ins Loch.
Sammlung Strub, Jenisberg GR

Wenn Wasservögel Teiche und Flüsse verlassen und nach größeren Gewässern ziehen, wird der Winter streng.
Sammlung Strub, Jenisberg GR

Wenn in den Monaten Mai bis Juli einzelne Möwen erscheinen, wird
das Wetter in den nächsten Tagen regnerisch und rauh.
> *Hemishofen SH 1972 | W.M., *1927, Landwirt, Hemishofen SH, Umfrage 1927*

Wenn im März die Kraniche ziehn,
werden bald die Bäume blühn.
> *Sammlung Strub, Jenisberg GR*

Kraniche, die niedrig ziehn,
deuten auf warmes Wetter hin.
> *Sammlung Strub, Jenisberg GR*

Wenn die Wachteln fleißig schlagen,
läuten sie von Regentagen.
> *Sammlung Strub, Jenisberg GR*

Tes pigeons rentrent tard:
Beau temps tôt ou tard.
Deine Tauben kommen spät zurück: Es wird früher oder später schönes Wetter geben.
> *Ocourt BE 1950 | Schweiz. Archiv f. Volksk., 1950, Bd. 46, S. 20*

Wenn im Herbst d Schneegäns früe chömme, se gits e stränge Winter.
> *Baselland 1908 | Schweiz. Archiv f. Volksk., Jg. 12, S. 18*

Wenn die wilden Gänse wegfliegen, zieht bald der Winter ein.
> *Sammlung Strub, Jenisberg GR*

Wildgänse auf offenem Wasser,
bleibt der Winter ein nasser.
> *Sammlung Strub, Jenisberg GR*

Balzt der Birkhahn bei östlichem Wind,
nahen Stürme und Regen geschwind.
> *Zürich 1972 | K.E., *1930, Dipl. Forsting. ETH, Binz ZH, Umfrage 1972*

D. BIENEN, AMEISEN UND SPINNEN

Will's stürmen, kümmert sie (die Bienen) kein Wachs im Blumenseim
entfernter Wiesen, nein, dem Honig gilt daheim
ihr fleißig Treiben dann.
Das Gedicht Arats (315–245 v. Chr.), S. 55/56

D Ima stönd spot uf, s Wetter blibt.
D Ima störmid lang, es ged ruch Wetter.
D Ima setzid starch för, s Wetter enderet si.
Appenzell 1837 / T. Tobler, S. 284

Cur chi mascun i corran cut i cassott, al cambia al temp dabott.
Verkriechen sich die Bienen in ihr Haus, ändert sich das Wetter.
Bergell GR 1896 / Decurtins 1896, S. 174

Je weiter die Bienen sich vom Stock entfernen, desto beständiger ist die
Wetterlage.
Sammlung Strub, Jenisberg GR

Ein Bienenschwarm im Mai
ist wert ein Fuder Heu;
aber ein Schwarm im Juli,
der lohnet kaum die Müh.
Hundertjähriger Kalender, Zürich 1942
Sammlung Strub, Jenisberg GR

Schwarm im Mai,
Fuder Heu.
Schwarm im Jun,
es brates Huhn.

Schwarm im Jul,
e Federpful.
> *Wädenswil ZH 1972 | F. K., Imker, Wädenswil ZH, Umfrage 1972*

Ein Bienenschwarm im Mai
ist wert ein Fuder Heu.
> *Schweizer Volksfreund, Zürich 1907*

Wenn im Mai die Bienen schwärmen,
so soll man vor Freude lärmen.
> *Hallau SH 1972 | E. H., *1947, Landwirt, Hallau SH, Umfrage 1972*

L'an fumiga la spian l'ägua, curca la lavuran cun grand bräsa.
Sind die Ameisen emsig, gibt es Regen.
> *Bergell GR 1896 | Decurtins 1896, S. 176*

Rennen die Ameisen auf ihren Wegen aufgeregt umher, regnet's innert 24 Stunden.
> *Hirzel ZH 1972 | H. B.-S., Landwirt, Hirzel ZH, Umfrage 1972*

Wenn die Ameisen sich verkriechen, gibt's Regen.
> *Sammlung Strub, Jenisberg GR*

Wenn auf Annatag (26. Juli) die Ameisen aufwerfen, soll ein harter Winter kommen.
> *Schweizer Volksfreund, Zürich 1907*

Ein harter Winter soll kommen, wenn die Ameisen ihre Haufen auf St.-Anna-Tag (26. Juli) aufwerfen.
Hundertjähriger Kalender, Zürich 1942

Wenn die Ameisen ihren Haufen im Juli höher machen, so folgt ein strenger Winter.
Hundertjähriger Kalender, Zürich 1942

Wenn im Juli d Ameise hoch baue, mues me nach Holz luege.
Kappel SO 1972 / J. S., * 1882, Kappel SO, Umfrage 1972

Wenn die Ameisen im Heumonat hohe Haufen machen,
so sollen im Christmonat die Bäume krachen.
Uitikon ZH 1972 / F. F., * 1914, Uitikon ZH, Umfrage 1972

Baut Ameis' hohe Haufen auf,
folgt lang' und harter Winter drauf.
Sammlung Strub, Jenisberg GR

Bauen die Ameisen hoch über den Boden,
gibt's viel Regen den Sommer über.
Hirzel ZH 1972 / H. B., * 1916, Landwirt, Hirzel ZH, Umfrage 1972

Frisch aufgeworfene Ameisenstraßen deuten auf Niederschlag.
Hemishofen SH 1972 / W. M., * 1927, Hemishofen SH, Umfrage 1972

Tragen die Ameisen ihre Eier an die Sonne hinaus, gibt es Regen.
Diemtigtal BE 1972 / A. Koellreuter, Umfrage 1972

Hängespinnen zeigen veränderliches Wetter an: wenn es nur wenig Hängespinnen gibt und diese nur schwach und im Kleinen arbeiten.
Steinbeck Ch. G., Leipzig 1820, 3. Teil, S. 34

Hängespinnen zeigen anhaltend schönes Wetter an: wenn sie die Hauptfäden ihrer Gewebe besonders lang und weit spinnen.
Steinbeck Ch. G., Leipzig 1820, 3. Teil, S. 34

Hängespinnen zeigen gutes Wetter an: wenn sie in großer Anzahl da sind, wenn sie ins Große arbeiten, wenn sie in der Nacht neue Netze fertigen, sich die alte Haut abstreifen.
Steinbeck Ch. G., Leipzig 1820, 3. Teil, S. 34

Hängespinnen zeigen Regen an: wenn man gar keine Hängespinnen sieht, sie gar nicht spinnen oder sie ihre Hauptfäden nur sehr kurz machen.
Steinbeck Ch. G., Leipzig 1820, 3. Teil, S. 35

Hängespinnen zeigen Wind an: wenn sie gar nicht spinnen, wenn sie nur die Speichen ihres Rathes (Rades) machen, ohne die zirkelförmigen Fäden um den Mittelpunkt derselben anzulegen, wenn sie plötzlich ein Viertel oder ein Drittel ihres Netzes zerreißen und dann in einen Schlupfwinkel kriechen.
> *Steinbeck Ch. G., Leipzig 1820, 3. Teil, S. 35*

Winkelspinnen versprechen gutes Wetter: wenn sie in ihrem Gewebe den Kopf zeigen und die Füße weit vorstrecken, wenn sie ihre Eier legen, welches in einem heißen Jahr siebenmal geschieht.
> *Steinbeck Ch. G., Leipzig 1820, 3. Teil, S. 36*

Winkelspinnen versprechen anhaltend schönes Wetter: wenn sie ihre Füße, soweit sie nur können, vor sich hin strecken, wenn sie in der Nacht ihre Gewebe vergrößern.
> *Steinbeck Ch. G., Leipzig 1820, 3. Teil, S. 36*

Winkelspinnen versprechen Regen: wenn sie sich in ihren Geweben ganz umkehren und uns ihren Hintern zeigen.
> *Steinbeck Ch. G., Leipzig 1820, 3. Teil, S. 36*

Winterspinnen prophezeien Kälte: wenn sie aus ihren Winkeln hervorkommen, stark hin und her rennen und um die bestgelegenen, schon fertigen Gewebe kämpfen, wenn sie ganz neue Gewebe machen und stark arbeiten, wenn sie in der Nacht ein oder mehrere Gewebe übereinander machen. Dies bedeutet heftige und anhaltende Kälte, die gewöhnlich zwischen dem neunten und zwölften Tag eintritt.
> *Steinbeck Ch. G., Leipzig 1820, 3. Teil, S. 36*

Kriechen große Spinnen herum, so folgt bald Regen. Sitzt die Spinne mitten im Netze, so ist gutes Wetter zu erhoffen.
> *Sarganserland SG 1916 / W. Manz, Basel 1916, S. 120*

Il va pleuvoir si une araignée tombe dans la seille de l'eau (à la cuisine). Es kommt Regen, wenn eine Spinne in den Wassereimer (in der Küche) fällt.
> *Ocourt BE 1950 / Schweiz. Archiv f. Volksk., 1950, Bd. 46, S. 24*

Wenn Spinnen fleißig weben im Freien,
läßt sich dauernd schön Wetter prophezeien.
Weben sie nicht, wird's Wetter sich wenden.
Weben sie bei Regen, wird er bald enden.
> *Sammlung Strub, Jenisberg GR*

Wenn die Spinnen wirken, wird ander Wetter.
> *Lipperheide, S. 1016*

Wenn die Spinnen im Regen spinnen,
wird er nicht lange rinnen.
Lipperheide, S. 715

Wenn große Spinnen herumkriechen, kommt binnen drei Tagen Regen.
Lipperheide, S. 715

Machen die Spinnen Häuschen, so wird's kalt; ein dick' Gewebe, so kommen Wolken; ein seidnes Rad, so wird's schön.
Solothurn | Lipperheide, S. 812

Reißt die Spinne ihr Netz entzwei,
kommt ein Regen bald herbei.
Sammlung Strub, Jenisberg GR

Wenn die Spinnen niedrig sitzen, gibt's Regen.
Sammlung Strub, Jenisberg GR

Wenn die Spinnen sich aus ihren Verstecken hervorlassen, gibt es Regen.
*Büetigen BE 1972 | Frau H.S., *1935, Bäuerin, Büetigen BE, Umfrage 1972*

Wenn Spinnen anfangen Netze zu machen, ist gutes Wetter sicher, denn die Fliegen fangen dann ebenfalls an herumzufliegen.
Wattenwil BE 1972 | W.N., Landwirt, Wattenwil BE, Umfrage 1972

E. FROSCH UND MOLCH

Auch wenn dort stärker wird des Fröschvolks Gequake,
des quappenzeugenden, an dem die Wasserschlange
sich letzt; auch wenn bereits am frühen Morgen bange
das Käuzlein ruft; auch wenn am Meer behend die Krähe
sich stürzt zu einer Festlandzunge – Sturmesnähe
bekundet sie; auch wenn den Kopf in einem Bach
sie bis zum Flügel netzt, ja untertaucht hernach;
auch wenn sie ruhelos am Wasser kreist, rauh krächzend.
Das Gedicht Arats (315–245 v. Chr.), S. 54

Insbesondere deutet es auf Regen, wenn sich Kröten waschen und Frösche besonders hohe Töne von sich geben. Auch wenn sich die Eidechsen, die Salamander genannt werden, zeigen, und der Laubfrosch auf dem Baume seine Stimme erhebt.
Theophrast (380–285 v. Chr.), K. Schneider, S. 30

Wenn sich die kelt im winter lindet,
alsbald man schnees empfindet.
Es seyen dann dunckel wolcken dabey,
so sag, das es ain regen sey!
Wenn morgens frü schreyen die frösch,
bedeut ain regen darnach rösch!
So die genß, enten und taucherlein
vast baden und bey einander sein
vil wasservögel zu der frist:
naß wetter gewiß vor augen ist!
L. Reynman, Wetterbüchlein 1505

Dariet raunas la primavera, ina bletscha stad;
paucas raunas, ina schetga stad.
Viele Frösche im Frühling, nasser Sommer; wenig Frösche, trockener Sommer.
Rätoroman. Chrestomathie 1896/1919, S. 167

Wenn die Frösche quaken, gibt's Regenwetter.
Sammlung Strub, Jenisberg GR

Quaken die Frösche im April,
noch Schnee und Regen folgen will.
Sammlung Strub, Jenisberg GR

Solange die Frösche schreien vor Georgi (23. April) oder Markustag (25. April), solange schweigen sie danach.
Züricher Kalender 1972, Einsiedeln SZ

Wenn bei schönem Wetter ein Frosch umherhüpft, so regnet es am folgenden Tag.
Nidfurn GL 1972 / S. H., *1922, Landwirt, Nidfurn GL, Umfrage 1972

Schönes Wetter, wenn d Laubfrösch höcher styge.
Baselland 1908 / Schweiz. Archiv f. Volksk., Jg. 12, S. 21

Regen, wenn d Laubfrösch abe styge.
Baselland 1908 / Schweiz. Archiv f. Volksk., Jg. 12, S. 19

Regen, wenn d Laubfrösch schreie.
Baselland 1908 / Schweiz Archiv f. Volksk., Jg. 12, S. 19

Wenn im Mai die Laubfrösche knarren,
magst du wohl auf Regen harren.
Sammlung Strub, Jenisberg GR

Regen, wenn d Chrotte dur e Tag umenander gumpe.
Baselland 1908 / Schweiz. Archiv f. Volksk., Jg. 12, S. 19

Wenn die Kröten fleißig laufen,
wollen sie bald Wasser saufen.
Sammlung Strub, Jenisberg GR

Quand on entend les salamandres, le temps veut changer.
Wenn man die Salamander hört, will das Wetter wechseln.
1908 / Schweiz. Archiv f. Volksk., Jg. 12, S. 162

Il pleuvra quand les salamandres, les crapauds ou les grenouilles ont la peau sèche.
Es wird Regen geben, wenn die Salamander, Kröten oder Frösche trockene Haut haben.
Ocourt BE 1950 | Schweiz. Archiv f. Volksk., Bd. 46, S. 24

Sieht man Regenmolche beim Mähen, so gibt's Regen.
Au TG 1972 | M.B., *1954, Landwirt, Au TG, Umfrage 1972

Wenn die Frösche des Nachts quaken, gibt es schönes Wetter.
Egg ZH 1972 | E.K., alt Landwirt, Egg ZH, Umfrage 1972, Gewährsperson: L. Kutter, Egg ZH

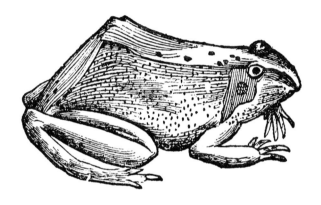

F. HAUSTIERE

Oft blicken Rinder auch empor zum Aether, lechzend
nach einem Regenguß, der sie am Mittag kräftig
erquicke.
> *Das Gedicht Arats (315–245 v. Chr.), S. 54*

Wenn aber Schaf und Rind nach reicher Erntezeit
die Erde scharren und den Kopf des Nordens Winden
entgegenstrecken, dann verkünden im Entschwinden
ein Winterwetter bös die schimmernden Plejaden.
Nein, nicht zuviel gescharrt! Denn übermäßig schaden
dem Garten und dem Feld ja solche Wetter nur.
Doch ist von hohem Schnee bedeckt die weite Flur,
eh sprossend noch das Kraut sich knotenweis erneut:
Getrost – ein gutes Jahr den Bauersmann erfreut!
> *Das Gedicht Arats (315–245 v. Chr.), S. 57*

Vom Rind auch lernt der Kuhhirt wie der Pflüger traun,
wann Sturm heraufzieht: Wenn Rinder ihre Klaun
am Vorderfuß ringsum sich mit der Zung' belecken;
auf rechter Flanke sich auch wohl zur Ruhe strecken –
ein alter Bauer weiß dann schon: spät säen wir
dies Jahr. Hat er des Jochs entledigt schon den Stier;
und ziehn die Färsen stallwärts, ohne Lust an Futter
und Weide, brüllend drängt sich jede hin zur Mutter –
> *Das Gedicht Arats (315–245 v. Chr.), S. 58*

Daß Sturm im Anzug sei – den Schäfer oftmals lehrte
die Lämmerherde dies, strebt nach der Weide sie
zu gierig, üben auch des Wegs die Böcklein hie
und da die Herdenböck' ein mutig Hörnerstoßen.

Auch wenn zweibeinigen Sprung tun die gehörnten Großen,
die Kleinen aber dort mit allen vieren springen;
auch wann die Herde heimkehrt abends, und zu zwingen
vermag der Hirte nicht manch widerspenstig Tier –
kein Steinwurf hilft – es grast mit ungestillter Gier!

Das Gedicht Arats (315–245 v. Chr.), S. 57

Die Mutterschweine, auch die Mutterschaf und Ziegen –
bespringen sie aufs neu einander, ob sie schon
von ihren Männchen doch begattet sind, so drohn
uns Winterstürme hart, ganz wie vom Wespenschwärmen.
Drum freut's den dürftgen Mann, der schlecht sich kann erwärmen,
wenn nicht zu früh die Brunst der Ziegen, Schaf' und Säue
erwachte: hofft er doch auf Winterhimmelsbläue!

Das Gedicht Arats (315–245 v. Chr.), S. 56/57

Das Vieh kündigt durch mutwilliges Umtreiben die kommende Witterung an (nec mirum aquaticas aut in totum volucres praesagia aeris sentire: pecora exultantia et indecora lascivia ludentia easdem significationes habent), und die Schweine zerren beim Anzug des Regens die sonst so verachteten Heubündel auseinander (turpesque porci alienos sibi manipulos faeni lacerantes).

Plinius (23–79), E. Knapp, Volksk. i. d. roman. Wetterreg., Tübingen 139, S. 49

So die sonn haiß thut stechen,
die küe pisen und prummen,
alsbald, thun die pauren sprechen:
es wirt gwiß ain regen kummen!

L. Reynman, Wetterbüchlein 1505

Wenn den hunden die beuch kurren,
vil gras essen, greinen und murren,
so bleybt selten underwegen,
es volgt darauf bald ain regen!

L. Reynman, Wetterbüchlein 1505

So die hund das gras speyen
und die weyber über die flöch schreien
oder sy die zeehen jucken,
thut naß wetter zuher rucken!

L. Reynman, Wetterbüchlein 1505

Wann die hanen widerstrytz kreigen,
widereynander füren eyn wilden reigen:
doby soltu mercken und verstan,
daß wir enderung der wind oder des wetters werden han!

L. Reynman, Wetterbüchlein 1505

Wann die Kühe schon am Morgen ab der Allmend in das Dorff kommen, oder zu denen Häuseren, wird es am Abend regnen. Sage: die Kühe, nit nur eine oder die andere, welche villeicht ihr Heimat suchet. Die Ursach mag eben das Geflug seyn.
Sarnen OW 1791 / Schweiz. Archiv f. Volksk., 1900, S. 36

Wann diese Thierer sich nit gern in ihren Stall Treiben lassen, Zeigen Sie hiedurch vor, daß das langwierige Regen-Wetter im Thun seye.
Sarnen OW 1791 / Schweiz. Archiv f. Volksk., 1900, S. 34

Die Hanen und Hännen, wann Sie bey anfangendem Regen nicht unter das Tach fliechen, sonder immerdar auf der Weithe bleiben, ist eß ein Zeichen, daß daß Regenwätter länger anhalten wolle.
Sarnen OW 1791 / Schweiz. Archiv f. Volksk., 1900, S. 34

Wenn d Henna of d Bömm uhi flügid, so ged s ruch Wetter.
Appenzell 1837 / T. Tobler, S. 371

Quand les poules se pouillent à la remise, c'est signe de pluie.
Wenn sich die Hühner im Stall lausen, ist das ein Zeichen für Regen.
Fribourg 1877 / Romania 1877, S. 90

Cur ca lan vacca len famanteda la spian al fred o lägua.
Werden die Kühe hungrig, so wird es naß oder kalt.
Bergell 1896 / Decurtins 1896, S. 174

Hustet das Vieh, so wird's kalt.
Kt. Zürich 1898 / Schweiz. Archiv f. Volksk., 1898, S. 222

Hustet das Rindvieh, so gibt es Schnee. Übermütiges Herumspringen desselben auf der Weide läßt auf Witterungswechsel schließen.
Sarganserland SG 1916 / W. Manz, Basel 1916, S. 118

Scha la muaglia sbluotta intensivamaing, as müda l'ora.
Wenn das Vieh ununterbrochen weidet, ändert sich das Wetter.
Schlarigna GR 1944 / H. Lössi, Der Sprichwortschatz des Engadins, S. 225

Scha la muaglia tuossa aunz üna strasora, nun vain be la plövgia, ma eir la naiv.
Wenn das Vieh vor einem Unwetter hustet, gibt's nicht nur Regen, sondern sogar Schnee.
Schlarigna GR 1944 / H. Lössi, Der Sprichwortschatz des Engadins, S. 226

Scha la muaglia müja la damaun, vegna trid' ora.
Wenn das Vieh am Morgen muht, kommt schlechtes Wetter.
S-chanf GR 1944 / H. Lössi, Der Sprichwortschatz des Engadins, S. 225

Il pleuvra si les vaches «retiennent» leur lait (si elles en donnent moins que d'habitude).
Es gibt Regen, wenn die Kühe die Milch zurückhalten (wenn sie weniger als gewöhnlich geben).
> *Ocourt BE 1950 | Schweiz. Archiv f. Volksk., 1950, Bd. 46, S. 25*

L'agitation des bovins au moment du pacage est le signe précourseur d'un régime de bise.
Die Unruhe des Viehs auf der Weide ist ein Vorzeichen für Bisenlage.
> *Denens-sur-Morges VD 1972 | A.S., *1923, agriculteur, Denens-sur-Morges VD, Umfrage 1972*

Wenn die Viehherde auf der Weide unerwartet aufspringt und mit hochgestelltem Schwanz herumrennt, ist Bisenwetter im Anzug.
> *Wünnewil FR 1972 | L.P., Landwirt, Wünnewil FR, Umfrage 1972*

Wenn das Jungvieh auf der Alp an einem heißen Sommertag plötzlich davonrennt (Biesen), muß mit Wetterumschlag gerechnet werden.
> *Andermatt UR 1972 | L.D., *1900, Andermatt UR, Umfrage 1972*

Wenn die Kühe im Stall liegend alle dem Wind den Rücken kehren, deutet dies auf Wetteränderung, auch wenn das weidegewohnte Vieh auf der Weide plötzlich ganz übermütig umherspringt.
> *Riggisberg BE 1972 | F.K., *1927, Riggisberg BE, Umfrage 1972*

Wenn das Vieh hustet und unruhig ist, so gibt es schlechtes Wetter.
> *Nidfurn GL 1972 | S.H., *1922, Landwirt, Nidfurn GL, Umfrage 1972*

Wenn die Tiere im Stall husten, wird mit schlechtem Wetter gerechnet.
> *Andermatt UR 1972 | L.D., *1900, Andermatt UR, Umfrage 1972*

Wenn die Kühe husten, wird es rauh (im Sommer) oder es gibt Schnee.
> *Wädenswil ZH 1972 | R.L., *1914, Landwirt, Wädenswil ZH, Umfrage 1972*

Wenn die Kühe husten, die Füße schütteln oder ausschlagen, gibt es unweigerlich Schnee.
> *Sool GL 1972 | F.J., *1922, Bäuerin, Sool GL, Umfrage 1972*

Wenn die Kälber oder Kühe bei schönem Wetter husten, schneit es zwei bis drei Tage später.
> *Muotathal SZ 1972 | O.B., *1954, Landwirt, Wil-Muotathal SZ, Umfrage 1972*

Tun die Kälber wild, so gibt es Schnee oder schlechtes Wetter.
> *Diemtigtal BE 1972 | A. Koellreuter, Umfrage 1972*

Wollen die Kühe an einem Sommermorgen früh in den Stall, dann schlägt das Wetter um (Fliegenplage!).
> *Diemtigtal BE 1972 | A. Koellreuter, Umfrage 1972*

Wenn das Vieh unruhig auf der Weide hin und her rennt, gibt's schlechtes Wetter.
> *Flawil SG 1972 | J.G., Flawil SG, Gewährsperson: L. Kutter, Egg, Umfrage 1972*

Il pascolare tranquillo ed assiduo delle bovine, di cui allora si dice: Br li stan, li ràspan da vöa.
Schlechtwetterzeichen: Wenn die Rinder ruhig stehn und eifrig fressen (weiden).
> *Poschiavo GR 1967 | Tognina, Lingua Poschiavo, 1967, S. 88*

Il fatto che le capre «non salgono molto in alto», li pàssan mìga sü.
Schlechtwetter oder Gefahr im Anzug: die Geißen steigen nicht bergwärts.
> *Poschiavo GR 1967 | Tognina, Lingua Poschiavo, 1967, S. 88*

Will am Abend das Vieh von der Weide nicht in den Stall, ist am andern Tag bestimmt schlechtes Wetter.
> *Simplon-Dorf VS 1972 | P.D., *1911, Förster und Landwirt, Simplon-Dorf VS, Umfrage 1972*

Muß man zur Herbstzeit am Abend das Vieh mit Gewalt in den Stall treiben, gibt es Schnee.
> *Horgen ZH 1972 | O.L., *1912, Landwirt, Horgen ZH, Umfrage 1972*

Lyt s Veh im Stall alles uf der glyche Syte, so häds guet Wetter z bedüüte.
> *Osterfingen SH 1972 | J.R., *1888, Weinbauer, Osterfingen SH, Umfrage 1972*

Wenn das Galtvieh in der Sömmerung im Flüelatal einzeln oder in Gruppen, und zwar bei Tag oder Nacht, aufwärts Richtung Hospiz zieht, ist mit Wetterbesserung zu rechnen. Zieht es abwärts gegen Süs zu, ist das ein Zeichen, daß rauhes Wetter im Anzug ist.
> *Monstein GR 1972 | M.J., *1897, Landwirt, Monstein GR, Umfrage 1972*

Wenn die Hühner krähen wie die Hähne und abends Hühner und Geißen nicht von der Weide wollen, so gibt's Regen.
> *Kt. Zug 1897 | Schweiz. Archiv f. Volksk., 1897, S. 119*

Regen, wenn d Hüener chräije und lüse.
> *Baselland 1908 | Schweiz. Archiv f. Volksk., Jg. 12, S. 19*

Wetteränderung, wenn Huhn kräht.
Pany GR 1972 | N. Chr., *1911, Landwirt, Pany GR, Umfrage 1972

Quand les poules se pouillent, il va (venir) pleuvoir.
Wenn sich die Hühner lausen, wird es regnen kommen.
Develier BE 1908 | Schweiz. Archiv f. Volksk., Jg. 12, S. 163

Quand (c'est que) le coq chante, le temps change.
Wenn der Hahn kräht, ändert das Wetter.
Develier BE 1908 | Schweiz. Archiv f. Volksk., Jg. 12, S. 162

Kräht der Hahn noch abends, so muß man sich auf Witterungsumschlag gefaßt machen.
Sarganserland SG 1916 | W. Manz, Basel 1916, S. 118

Wenn die Henne Gras pickt oder nicht unter Dach will, so glaubt man auf Regen, sucht sie hingegen früh ihr Lager auf, auf gutes Wetter schließen zu müssen.
Sarganserland SG 1916 | W. Manz, Basel 1916, S. 118

Quand les poules se lèchent les ailes c'est signe de mauvais temps.
Wenn sich die Hennen die Flügel putzen, ist das ein Schlechtwetterzeichen.
Savièse VS 1926 | Dictons de Savièse, S. 12

Cur cha las giallinas saintan e chantan gialaister, schi vaine trid' ora.

Wenn sich die Hennen wie Hähne gebärden und krähen, so ändert sich das Wetter.
Engadin GR 1944 | H. Lössi, Der Sprichwortschatz des Engadins, S. 225

La poule se gratte:
Tu seras mouillé comme une «rate».
Das Huhn kratzt sich: Du wirst naß werden wie eine Ratte.
Ocourt BE 1950 | Schweiz. Archiv f. Volksk., Bd. 46, S. 11

Wenn die Hühner die Schwänze hängen, schlägt's Wetter um.
Sammlung Strub, Jenisberg GR

Cur cha las giallinas van adura a maschun, vaine bell'ora il di davo.
Wenn die Hennen frühzeitig schlafen gehen, gibt es am folgenden Tag schönes Wetter.
Engadin GR 1944 | H. Lössi, Der Sprichwortschatz des Engadins, S. 231

Wenn die Hühner am Abend rechtzeitig den Nestraum betreten und «sädeln», ist besseres Wetter zu erwarten.
Wünnewil FR 1972 | L. P., Landwirt, Wünnewil FR, Umfrage 1972

Sind abends die Hühner früh zur Ruh, ist am andern Tag schönes Wetter.
Simplon-Dorf VS 1972 | P. D., *1911, Förster und Landwirt, Simplon-Dorf VS, Umfrage 1972

Gehen die Hühner am Abend früh in den Stall, so ist es am nächsten Tag schön.
Diemtigtal BE 1972 | A. Koellreuter, Umfrage 1972

Wollen die Hühner am Abend nicht früh ins Bett, gibt es schlechtes Wetter.
Horgen ZH 1972 | O. L., *1912, Landwirt, Horgen ZH, Umfrage 1972

Wenn die Hühner auffallend lange draußen bleiben, gibt es Regen.
Baselland | Sammlung Müller, Liestal BL

Wenn die Pferdehaare nicht gerne ausgehen wollen, wird's nochmals kalt.
Baselland | Sammlung Müller, Liestal BL

Il va pleuvoir lorsque deux chevaux se mordent la crinière.
Es gibt Regen, wenn sich zwei Pferde in die Mähne beißen.
Ocourt BE 1950 | Schweiz. Archiv f. Volksk., 1950, Bd. 46, S. 25

Cur cha l'esan starnüda, il temp as müda.
Wenn der Esel niest, ändert sich das Wetter.
Engadin GR 1944 | H. Lössi, Der Sprichwortschatz des Engadins, S. 225

Cur tg' ins tonda las nursas igl Mars, e duront igl tonder las nursas pischan, dat igl ena stad bletscha.
Wenn man die Schafe im März schert und diese während der Schur urinieren, folgt ein nasser Sommer.
Rätoroman. Chrestomathie 1896/1919, S. 693

Beschlan das nuorsas fetg, cu ei van ad alp, dat ei ina rucha stad.
Wenn die Schafe beim Alpaufzug stark blöken, dann gibt es einen rauhen Sommer.
Rätoroman. Chrestomathie 1896/1919, S. 1014

Wenn d Schaf am Abed ufgant, so gchunts ga schnie.
Graubünden / Idiotikon IX, S. 1204

Wenn sich die Ziege stark und anhaltend schüttelt, so steht Regen bevor.
Sarganserland SG 1916 / W. Manz, Basel 1916, S. 118

Wenn die Ziegen auf der Weide sich zu den Scheunen begeben, gibt es Gewitter.
Vorderthal SZ 1972 / R. B., *1953, Landwirt, Vorderthal SZ, Umfrage 1972

Es git e stränge Winter, d Spasäuli sin billig.
Baselland 1908 / Schweiz. Archiv f. Volksk., Jg. 12, S. 18

Stinken die Schweine, so gibt es Regen.
Wünnewil FR 1972 / P. Z., Landwirt, Wünnewil FR, Umfrage 1972

Cura tg' igl giat maglia erva, vign igl treid' ora.
Wenn die Katze Gras frißt, gibt es schlechtes Wetter.
Rätoroman. Chrestomathie 1896/1919, S. 696

Regen, wenn d Chatz Gras frißt.
Baselland 1908 / Schweiz. Archiv f. Volksk., Jg. 12, S. 19

Wenn die Katze im Januar an der Sonne liegt, so liegt sie im Februar hinter dem Ofen.
Schweizer Hausfreund, Zürich 1907

Sonnt sich die Katze im Hornung im Freien, muß sie im Märzen zum Ofen hinein.
Appenzeller Kalender 1972

Wenn die Katzen im Januar an der Sonne liegen, so gehen sie im Frühjahr nochmals hinter den Ofen.
Diemtigtal BE 1972 / A. Koellreuter, Umfrage 1972

Frißt die Katze Gras oder wird sie während des Tages von Schlafsucht befallen, so steht Regen in Aussicht. Putzt sie sich, so kann mit Besuch, fährt sie sich mit den Pfoten über die Ohren, mit einem angenehmen Gast gerechnet werden.

Sarganserland SG 1916 | W. Manz, Basel 1916, S. 118

Cur cha'l giat as lava sur l'uraglia vi vaine trid' aura.
Sch'l giat as lava la duman, schi avant saira plova.
Wenn sich die Katze übers Ohr putzt, kommt schlechtes Wetter. Wenn sich die Katze am Morgen putzt, so regnet es (noch) vor dem Abend.

Engadin GR 1944 | H. Lössi, Der Sprichwortschatz des Engadins, S. 225

Le chat pressantit le mauvais temps, il passe la patte derrière l'oreille.
Die Katze ahnt schlechtes Wetter, sie fährt mit der Pfote hinter dem Ohr durch.

Les Marécottes VS 1961 | M. Müller, Le patois des Marécottes, Tübingen 1961

Schlecht Wetter, wänn d Chatze fuul uf em Chöistli ligged.

Hombrechtikon ZH 1972 | Frau A. H., *1892, Hombrechtikon ZH, Umfrage 1972

Wenn die Katzen Grasspitzen fressen, gibt es Regen.

Schaffhausen 1972 | F. S., *1919, Landwirt, Schaffhausen, Umfrage 1972

Wenn die Katze Gras frißt, gibt es Regen. Wenn aber am Abend die Fledermäuse umherfliegen, ist das Wetter gut.

Trogen AR 1972 | E. B., *1927, Förster, Trogen AR, Umfrage 1972

Quand cal cän al dorm in pè al vegn prest la plövgia al bagnä.
Schläft der Hund stehend, so wird er bald vom Regen naß.

Bergell GR 1896 | Decurtins 1896, S. 174

Heult der Hund während des Läutens der Kirchenglocken, so ereignet sich ein Unglück.

Sarganserland SG 1916 | W. Manz, Basel 1916, S. 118

Cur cha'ls chans maglian erba, lura vain spert trid' avra.
Wenn die Hunde Gras fressen, dann kommt bald schlechtes Wetter.

Engadin GR 1944 | H. Lössi, Der Sprichwortschatz des Engadins, S. 225

Wenn die Hunde eine bestimmte Grasart fressen, ist Regen zu erwarten.

Wünnewil FR 1972 | L. P., Landwirt, Wünnewil FR, Umfrage 1972

G. ÜBRIGE TIERE

Mißachte nichts davon, vor Regen auf der Hut
zu sein: Sogar wenn mehr als sonst nach Menschenblut
die lästge Fliege giert und unausstehlich sticht,
auch in der Sommernacht vorne dem Lampenlicht
am Docht ein Oesel wächst, auch wenn's am Winterabend
zuweilen ruhig brennt, mit stillem Schein uns labend,
zuweilen aber sprühn von ihm wie Bläschen fein
die Funken, oder auch es flackert ihm der Schein
der Strahlen; oder wenn in Sommerhimmels Weiten
die Inselvögel sich zu dichten Schwärmen reihten.
Das Gedicht Arats (315–245 v. Chr.), S. 54

Wenn im Herbst, so meint ein alter Glaube,
die Wespen überall unzählig sich vermehren:
Vor der Plejaden Spätaufgang soll wiederkehren
der Winter, stürmend wie rasch wirbelnd Wespen fliegen.
Das Gedicht Arats (315–245 v. Chr.), S. 56

Selbst wenn das Mäusevolk, als wollt es einen Reigen
aufführen, piepend tanzt bei heitrem Himmel – nicht
den Alten wertlos schien dies seltsame Gesicht.
Noch auch die Hunde: scharrt ein Hund mit beiden Pfoten
die Erde – nimm ihn dann für einen Sturmesboten.
Das Gedicht Arats (315–245 v. Chr.), S. 58

Auch gar den Krebs: der pflegt dem Wasser zu entlaufen,
um vor dem Sturm an Land die Zeit noch auszukaufen.
Mit zarten Pfötchen huscht die Hausmaus durch die Streu
zur Ruh? Nicht zweifle, daß vom Himmel Regen dräu!
Wie oft hat wilden Sturm uns prophezeit die Maus!
Das Gedicht Arats (315–245 v. Chr.), S. 58

Schlecht Wetter gibt's, noch eh vom Abendbrot er satt
geworden. Auch nicht klar bleibt's, wenn am Stachelblatt
der Steineiche die Geiß sich labt, im Mist die Sau
wild tobt; und wenn der Wolf recht wölfisch-einsam, rauh
und lang aufheult, ja kommt er unbesorgt daher,
obschon er Männer sieht am Werk – als wäre er
ein Wandrer, der ein Obdach braucht –, und kühnlich wagt
er in Gefahr sich: Sturm gibt's, eh's noch dreimal tagt.
Auch die bereits zuvor genannten Zeichen deute
also, daß Regen, Wind und Sturm entweder heute
auch morgen oder auch am dritten Tag aufsteigen.
Das Gedicht Arats (315–245 v. Chr.), S. 58

Doch wenn die Hausträgerin (Schnecke) vom Grund an den Pflanzen
emporsteigt, dann weg mit der Hacke vom Wingert.
Hesiod (700 v. Chr.)

Wenn die roß seer beyßen die mucken,
bedeut ain regen von freyen stucken!
L. Reynman, Wetterbüchlein 1505

Wenns in der Ernte-Zeit trüb aber doch kühl ist, so förchten sich die
Bauren nicht leichtlich vor einem Regen. Ists aber geschwülich und die
Fliegen haben ein groß Getön und beißen sehr wohl auch die Flöh, so
befürchten sie einen Regen.
Zürich 17. Jahrhundert / Handschrift 1962

Wenn die Grasmücke singet ehe der Wein herfür sproßt, so wird gemeiniglich gut Jahr, Gott beschert Wein genug.
Singet der Widehopf ehe denn die Weinstock herfür sprossen, so bedeuts ein gut Jahr und viel Weines.
Zürich 17. Jahrhundert / Handschrift 1692

Ja so gar die Flöhe erzeigen sich bey solcher Beschaffenheit des Lufts
mit beißen und stechen vill handtlicher, deßwegen nit nur der Mensch,
sonder alle Thier zu solcher Zeit disen Thierlenen mehrers zu wehren
haben.
Die Ursach dessen allen mag hauptsechlich seyn; weilen der Luft bey
regnerischer Witterung ausgezogen und dannethin leerer und leichter
ist: bey welcher Beschaffenheit alle Thier mehr als andermahlen hungerig: geht also jedes Thierlein seiner Nahrung nach, als die Mucken dem
Gras und anderem Gewächß, denen Mucken die Hanen und Hüner, die
Fliegen und Flöhe nach dem Fleisch.
Sarnen OW 1791 / Schweiz. Archiv f. Volksk. 1900, S. 34

Wann die Graßmuck singt, ehe die Reben hervor kommen, so gibt es ein gutes Jahr.
Newer Schreib-Kalender, Baden 1721

Wann die Grasmuck singt, ehe dann die Reben hervür kommen, so gibt es ein gutes Jahr.
Churer Schreibkalender 1708

Grasmücken, die fleißig singen,
wollen uns den Lenzen bringen.
Sammlung Strub, Jenisberg GR

Singt die Grasmücke, ehe der Weinstock sprosset, folgt ein gutes Jahr.
Züricher Kalender 1972, Einsiedeln SZ

Wann sich in dem Frühling die Spinnweben auff dem Feld zeigen, besorget man selbigen Sommer ein ansteckende Krankheit.
Newer Schreib-Kalender, Baden 1721

Wen d Breme so agönd, gids leid Wetter.
Graubünden 19. Jahrhundert / Versuch eines Bündnerischen Idiotikons, Chur 1880, S. 123

Alla prima plövia d'avust crodan las muscas quellas che restan, mordan sco tgauns.
Beim ersten Augustregen sterben die Fliegen; die Überlebenden beißen wie die Hunde.
Annalas Rhaeto-Romanscha 1888, S. 4

Cur saultan las muscas inturn la canal, ven la bell'aura.
Wenn die Fliegen am Kennel tanzen, wird das Wetter schön.
Annalas Rhaeto-Romanscha 1888, S. 17

D Schnegga teckid si, es werd früe Winter.
Appenzell 1837 / T. Tobler, S. 445

D Schnegga chrüchid d Bömm uhi, es ged ander Wetter.
Appenzell 1837 / T. Tobler, S. 119

Die bruna Schnegga schmeckid wie Besmet, es ged guet Wetter.
Appenzell 1837 / T. Tobler, S. 44

Sch'igls mustgigns morden la seira, bel'ora daveiras,
mord'igl la dumang pluschign giu pigls mangs.
Wenn die Mücken abends beißen, wird es sicher schön; beißen sie am Morgen, dann tropft es auf die Hand.
Rätoroman. Chrestomathie 1896/1919, S. 696

Cur cha'ls muos-chins pizchan la damaun, vaine trid'ora; cur cha'ls pizchan la saira, vaine bel.
Wenn die Mücken am Morgen stechen, kommt schlechtes Wetter; wenn sie am Abend stechen, wird es schön.
Schlarigna GR 1944 / H. Lössi, Der Sprichwortschatz des Engadins, S. 225

Tanzen im Jänner d Mugge,
so mues der Bur no im (nach dem) Fueter gugge.
Baselland 1908 / Schweiz. Archiv f. Volksk., Jg. 12, S. 15

Tanzen im Januar die Mucken,
muß der Bauer nach dem Futter gucken.
Sammlung Strub, Jenisberg GR
Schwanden GL 1972 / H.-P. T., *1900, Schwanden GL, Umfrage 1972
Trogen AR 1972 / E. B., *1927, Förster, Trogen AR, Umfrage 1972

Wenn im Hornung spielen die Mücken,
gibt's im Heustall große Lücken.
Sammlung Strub, Jenisberg GR

Quand les moucherons dansent en janvier,
il faut ménager le foin sur les greniers.
Wenn die Mücken im Januar tanzen, muß man mit dem Heu in der Scheune haushälterisch umgehen.
Les Genevez BE 1908 / Schweiz. Archiv f. Volksk., Jg. 12, S. 165

Regen, wenn d Mugge tief fliege.
Baselland 1908 / Schweiz. Archiv f. Volksk., Jg. 12, S. 19

Wenn de Morge früe s Ungsüfer wüest tuet, se gits uf e Nomittag es Wätter.
Baselland 1908 / Schweiz. Archiv f. Volksk., Jg. 12, S. 19

Mous-chins la daman, la saira ün pantan.
Mücken am Morgen, am Abend eine Pfütze.
Engadin GR 1944 / H. Lössi, Der Sprichwortschatz des Engadins, S. 225

Mücken, die in der Luft tanzen, bringen schönes Wetter; wenn sie aber aufgeregt sind und stechen, bringen sie Regen.
Kt. Luzern 1898 / Schweiz. Archiv f. Volksk., 1898, S. 280

Schönes Wetter, wenn d Mugge höch fliege und e Muggetanz hei.
Baselland 1908 / Schweiz. Archiv f. Volksk., Jg. 12, S. 21

Mous-chins i'l ajer sün la saira, segn da bel temp.
Am Abend Mücken in der Luft, Schönwetterzeichen.
Engadin GR 1944 / H. Lössi, Der Sprichwortschatz des Engadins, S. 231

Quand les mouches sont méchantes (ou piquent), elles pressentent l'orage.
Wenn die Mücken böse sind (oder stechen), ahnen sie ein Gewitter voraus.

Les Marécottes VS 1961 | M. Müller, Le patois des Marécottes, Tübingen 1961

Schwüle Hitze und lästige Mücken und Bremsen lassen Gewitter erkennen.

Kriechenwil BE 1972 | H.L.-R., *1891, alt Landwirt, Kriechenwil BE Umfrage 1972

Durch Oktobermücken laß dich nicht berücken.

Sammlung Strub, Jenisberg GR

Wenn im Hornung die Mücken geigen,
müssen sie im Märzen schweigen.

Hundertjähriger Kalender, Zürich 1942
Züricher Kalender 1972, Einsiedeln SZ
Uitikon ZH 1972 | F.F., *1914, Forsting. ETH, Uitikon ZH, Umfrage 1972

Mücken, die im Hornung summen,
gar oft auf lange Zeit verstummen.

Hallau SH 1972 | E.H., Landwirt, Hallau SH, Umfrage 1972

Wenn im Hornung die Mücken schwärmen,
muß man im März die Öfen wärmen.

Hallau SH 1972 | E.H., Landwirt, Hallau SH, Umfrage 1972

Mückentanz – Morgenglanz.

Lungern OW 1972 | B.L., *1935, Landwirt, Lungern OW, Umfrage 1972

Anzeichen für schönes Wetter:
wänn d Hüüsli am Berg äne glänzed,
wäme bin öis s Buebiker-Chileglüt ghört,
wänn d Mugge höch tanzed,
wänn d Schwalbe höch flüged,
wänn de Rauch grad ufe stigt.

Hombrechtikon ZH 1972 | Frau A.H., *1892, Hombrechtikon ZH, Umfrage 1972

Regen gibt es, wenn d Müs wüest tüeje (im Holzwerk des Hauses).

Baselland 1908 | Schweiz. Archiv f. Volksk., Jg. 12, S. 19

Scharren die Mäuse tief sich ein,
wird's ein harter Winter sein.

Baselland | Sammlung Müller, Liestal BL

Scharren die Mäuse tief sich ein,
tritt ein harter Winter ein.
Und viel härter wird er noch,
bauen die Ameisen hoch.
Sammlung Strub, Jenisberg GR

Tummelt sich viel die Haselmaus,
bleibt der Winter noch lange aus.
Sammlung Strub, Jenisberg GR

Wandert die Feldmaus nach dem Haus,
bleibt der Frost nicht lange aus.
Sammlung Strub, Jenisberg GR

Kommt die Feldmaus ins Dorf,
sorge für Holz und Torf.
Schleitheimer Bote 1971

Je tiefer die Mäuse den Wintervorrat anlegen, um so kälter wird es.
Zumikon ZH 1972 / M.S.,*1923, Bäuerin, Zumikon ZH, Umfrage 1972

Stoßen die Mäuse, kommt Regen.
Diemtigtal BE 1972 / A. Koellreuter, Umfrage 1972

Wenn beim Mähen am Morgen eine Maus über die Sense springt, so ist bestimmt mit 8–14 Tagen Regen zu rechnen. Kommt aber eine Blindschleiche in die Sense, gibt es meist nur ein Gewitter.
Trogen AR 1972 / E.B.,*1927, Förster, Trogen AR, Umfrage 1972

Wenn beim Mähen eine Maus über die Sense springt, gibt es Regen. Eine Windsbraut ist ein Schlechtwetterzeichen.
Niederteufen AR 1972 / H.K.,*1903, Landwirt, Niederteufen AR, Umfrage 1972

Sche las rusnas dellas talpas ein aviartas la primavera, dat ei ina frestga stad.
Wenn die Öffnungen zu den Maulwurfgängen im Frühling offen sind, gibt es einen kühlen Sommer.
: *Rätoroman. Chrestomathie 1896/1919, S. 1013*

Dat la talp' il Schaner, sche cuzza igl unviern toc' il Matg.
Wirft der Maulwurf Hügel auf im Januar, dauert der Winter bis zum Mai.
: *Rätoroman. Chrestomathie 1896/1919, S. 676*

Wirft der Maulwurf im Januar, dauert der Winter bis im Mai.
: *Sammlung Strub, Jenisberg GR*

Wirft der Maulwurf spät im Oktober, so werden an Neujahr die Mükken tanzen.
: *Sammlung Strub, Jenisberg GR*

Wirft der Maulwurf noch spät im Oktober, läßt der Winter noch lange auf sich warten.
: *Schwanden GL 1972 / H.-P. T., *1900, Schwanden GL, Umfrage 1972*

Wenn die Maulwürfe viel stoßen, deutet das auf schlechtes Wetter.
: *Andermatt UR 1972 / L. D., *1900, Andermatt UR, Umfrage 1972*

Schulan ils grels fetg la sera, eis ei ina enzenna de biala aura.
Wenn die Grillen abends sehr laut zirpen, ist das ein Gutwetterzeichen.
: *Rätoroman. Chrestomathie 1896/1919, S. 1014*

Cur cha'ls grigls chantan dad ot, vaine bell' ora.
Wenn die Grillen laut zirpen, kommt schönes Wetter.
: *Susch GR 1944 / H. Lössi, Der Sprichwortschatz des Engadins, S. 231*

D'aurì i canta i gri.
Nei prati, i grille cominciano a cantare.
Im April fangen die Grillen in den Wiesen zu zirpen an.
: *Verscio TI 1952 / Vocabolario dei Dialetti della Svizzera Italiana, Lugano 1952ff., Vol. 1, S. 207*

Se le rondini vengono d'aprile, l'inverno perde il filo.
Wenn die Schwalben im April kommen, verliert der Winter den Faden.
: *Sta. Domenica GR 1952 / Vocabolario dei Dialetti della Svizzera Italiana, Lugano 1952ff., Vol. 1, S. 207*

Wenn die Grille im September singt, so wird das Korn billig.
: *Schweizer Volksfreund, Zürich 1907*

In agosto quando canta la cigala dicono: è segno che il panico e il granturco maturano bene.
Wenn im August die Zikade singt, so sagt man: Das bedeutet, daß Hirse und Mais gut reifen.
Sonvico TI 1952 | Vocabolario dei Dialetti della Svizzera Italiana, Lugano 1952 ff., Vol. 1, 387, S. 45

Wenn man einen «Donnergueg» (nicht Hirschkäfer, der auch so genannt wird, sondern «Goldschmied», Carabus auratus) zertritt, gibt es ein Gewitter.
Kt. Bern 1900 | Schweiz. Archiv f. Volksk., Jg. 13, S. 280

Scha's vezza blers verms da glüm, schi vaine bell'ora.
Wenn man (bei Nacht) viele Leuchtkäfer sieht, so kommt schönes Wetter.
Oberengadin GR 1944 | H. Lössi, Der Sprichwortschatz des Engadins, S. 231

Wenn im August viele Goldkäfer laufen,
braucht der Wirt den Wein nicht zu taufen.
Schleitheimer Bote 1970

Maikäferjahr ist ein gutes Jahr.
Sammlung Strub, Jenisberg GR

St. Veit (15. Juni) bringt Fliegen mit.
Hundertjähriger Kalender, Zürich 1942

Magere Wespen im Frühling bedeuten ein fruchtbares Jahr.
Kt. Zürich 1898 | Schweiz. Archiv f. Volksk., 1898, S. 222

Wänns vill Wäschpinäschter im Bode ine hät, dänn gits en schöne Herbscht.
Wänns aber under de Dächere une sind, gits en nasse Summer.
Wädenswil ZH 1972 | H. B., Landwirt, Wädenswil ZH, Umfrage 1972

Viele Wespen, ein trockener Herbst.
Ernen VS 1972 | A. S., Hausfrau, Ernen VS, Umfrage 1972

Wenn im Sommer am Abend die Glühwürmchen leuchten, ist beständiges Wetter in Aussicht; das Wetter bleibt auch schön, wenn am Abend die Hühner früh zur Ruhe gehen, wollen sie aber nicht in den Stall, ändert sich das Wetter.
*Trogen AR 1972 | E. B., *1927, Förster, Trogen AR, Umfrage 1972*

Regen, wenn d Tusigfüeßler im Chäller laufe.
Baselland 1908 | Schweiz. Archiv f. Volksk., Jg. 12, S. 19

Ist der Oktober kalt, so macht er fürs nächste Jahr dem Raupenfraße Halt.
Hundertjähriger Kalender, Zürich 1942

Wenn viel Raupen sein,
gibt's viel Korn und Wein.
Sammlung Strub, Jenisberg GR

Fan ils schnecs baul uviercal, vegn ei baul unviern.
Wenn die Schnecken früh ihre Deckel am Haus zumachen, gibt es einen frühen Winter.
Rätoroman. Chrestomathie 1896/1919, S. 168

Wenn sich die Schnecken früh deckeln, gibt's einen frühen Winter.
Sammlung Strub, Jenisberg GR

È lan profonda lan lumega sot al cispat vegn preist freid.
Verkriechen sich die Schnecken tief im Boden, wird's bald kalt.
Bergell GR 1896 / Decurtins 1896, S. 174

Regen, wänn me d Schnägge gseht über e Wäg laufe.
Baselland 1908 / Schweiz. Archiv f. Volksk., Jg. 12, S. 19

Quand les escargots (ou les limaces) se traînent, ils pressentent la pluie.
Wenn die Weinbergschnecken (oder die Erdschnecken) ziehen, ahnen sie Regen.
Les Marécottes VS 1961 / M. Müller, Le patois des Marécottes, Tübingen 1961

Si les limaces rampent dehors, du beau temps fais ton deuil.
Wenn die Erdschnecken draußen kriechen, traure um das schöne Wetter.
Ocourt BE 1950 / Schweiz. Archiv f. Volksk., 1950, Bd. 46, S. 19

Wenn «d Hüslischnägge» die Bäume hinaufkriechen, gibt's Regen.
Baselland / Sammlung Müller, Liestal BL

Klettern die Schnecken in die Höhe, gibt's mit Bestimmtheit schlechtes Wetter.
Hirzel ZH 1972 / H. B.-S., Hirzel ZH, Umfrage 1972

Wenn die Schnecken an Bäumen oder Gebäuden hinaufkriechen, ist mit einer längeren Regenzeit zu rechnen.
Trogen AR 1972 / E. B., *1927, Förster, Trogen AR, Umfrage 1972

Kriechen die Schnecken an einem warmen Sonnentag im Sommer aus dem dürren Heu, so gibt es Regen.
Diemtigtal BE 1972 / A. Koellreuter, Umfrage 1972

Kapselt sich die Weinbergschnecke an Bäumen und Wänden fest, ist mit trockener Witterung zu rechnen.

Hemishofen SH 1972 | W.M., *1927, Landwirt, Hemishofen SH, Umfrage 1972

Gedeiht die Schnecke und die Nessel,
füllen Speicher sich und Fässel.

Sammlung Strub, Jenisberg GR

Cura tg'ins vei serps aint igl faign oder schischeglias sen veia, vign igl a plover.
Wenn man Schlangen im Heu sieht oder Blindschleichen auf der Straße, gibt es Regen.

Rätoroman. Chrestomathie 1896/1919, S. 696

Les serpents sont dehors, ils pressentent la pluie.
Die Schlangen sind draußen, sie ahnen den Regen.

Les Marécottes VS 1961 | M. Müller, Le patois des Marécottes, Tübingen 1961

Avdeir üna serp pronostica ün grand sec.
Sieht man eine Schlange, bedeutet es Trockenheit.

Bergell GR 1896 | Decurtins 1896, S. 174

Zeigen sich Würmer oder Blindschleichen auf der Straße, so hat man Regen zu erwarten.

Sarganserland SG 1916 | W. Manz, Basel 1916, S. 120

Wenn man im Sommer beim Heuen und Emden oft Blindschleichen und Feuersalamander sieht, so deutet das auf Regen in der kommenden Nacht.

Teufen AR 1972 | E.P., *1914, Landwirt und Baumwärter, Teufen AR, Umfrage 1972

Ein sicheres Regenzeichen ist, wenn man beim Heuen Blindschleichen trifft.

Niederteufen AR 1972 | H.K., *1903, Landwirt, Niederteufen AR, Umfrage 1972

Wenn die Regenwürmer aus der Erde kriechen oder der Maulwurf die Erde aufwirft, gibt's Regen.

Sammlung Strub, Jenisberg GR

Das Aufstoßen von Erde durch die Regenwürmer läßt Regen erwarten.

Wünnewil FR 1972 | L.P., Landwirt, Wünnewil FR, Umfrage 1972

Wenn Regenwürmer auf den Schnee kommen,
geht der Schnee bald weg.
> *Schwanden GL 1972 | M.P.Z., *1900, Schwanden GL, Umfrage 1972*

Regen, wenn d Fisch übers Wasser gumpe.
> *Baselland 1908 | Schweiz. Archiv f. Volksk., Jg. 12, S. 19*

Springen die Fische auf, so gibt es Regen.
> *Schwellbrunn AR 1972 | H.S., *1925, Förster, Schwellbrunn AR, Umfrage 1972*

Springende Fische bringen Gewitterfrische.
> *Sammlung Strub, Jenisberg GR*

Geht der Fisch nicht an die Angel,
ist an Regen bald kein Mangel.
> *Sammlung Strub, Jenisberg GR*

Les chauves-souris se sauvent du vilain temps quand elles entrent dans les maisons.
Die Fledermäuse retten sich vor schlechtem Wetter, wenn sie in die Häuser kommen.
> *Ocourt BE 1950 | Schweiz. Archiv f. Volksk., 1950, Bd. 46, S. 20*

Maulwürfe werfen immer Hügel auf vor Regenwetter, damit sie Höhlen haben und nicht in ihren Gängen ertrinken. Sie werfen ihre Haufen etwa von 10 bis 12 Uhr auf und nachmittags von 3 bis 5 Uhr.
> *Wattenwil BE 1972 | W.N., Landwirt, Wattenwil BE, Gewährsperson: L. Kutter, Egg, Umfrage 1972*

Pflanzen als Wetterpropheten

Wie Greisenbart ist grau im Herbst der Samenflaum
der weißen Distel. Schwimmt desselben viel auf kaum
bewegtem Meere hin und her – Wind gibt es dann.
Das Gedicht Arats (315–245 v. Chr.), S. 53

Dir weiß auch guten Rat der dunkle Mastixstrauch
und früchteschwer die Steineiche: es gibt beizeiten
ein rechter Landmann acht auf alles – sonst entgleiten
die Ernten seiner Hand! Die Steineichbäume tragen
viel Eichel, doch mit Maß? Der Winter wird uns plagen
mit Nässe! Dürre soll der jungen Saat nicht schaden?
Dann sei nicht überschwer der Steineichbaum beladen
mit Eicheln! Dreimal setzt die Mastix an, auch reift

die Frucht ihr dreimal – traun, dem Pflüger, der's begreift,
gibt dreifach sie den Wink; leicht merkt er so die Zeiten
des Pflügens: eine vor, die andre nach der zweiten.
Der ersten Saat entspricht die Erstlingsfrucht; es naht
mit zweit- und dritter Frucht auch zweit- und letzte Saat.
Und war das eine Mal die Mastixfrucht sehr prächtig,
so wird die Schwestersaat von reichster Ernte trächtig,
doch schwach, wenn arm die Frucht; wenn mäßig, kaum zu rühmen.

Das Gedicht Arats (315–245 v. Chr.), S. 56

So pflegt sich auch der Schaft der Skilla zu beblümen:
Denn dreimal weissagt sie, wie jeweils der Ertrag
der Saat wird; was die Frucht der Mastix lehrt, das mag
dem Landmann künden auch die weiße Blütentraube
der Skilla.

Das Gedicht Arats (315–245 v. Chr.), S. 56

Mich hat ainsmals ain paur gelert
und ich habs auch zum tail bewert:
so die höltzer und die hegken
schwartz scheinen, regen erwecken!

L. Reynman, Wetterbüchlein 1505

Im November soll man acht haben ob das Laub von den Bäumen früh oder langsam abfallt und darnach wird es auch früh oder langsam Sommer werden.

Zürich 17. Jahrhundert / Handschrift 1692

Wann die Bohnen übermäßig wachsen, und die Eichbäume ungewöhnlich tragen, so wird des Getreyds desto weniger vermuthet.

Hausbuch König 1705, S. 996

Wann in dem Monat Oktober das Laub bald von Bäumen fallt, so glaubt man, es werd ein frühes Jahr kommen, wann es aber spat abfallt, so ist auch ein spates Jahr zu hoffen.

Churer Schreibkalender 1708

Quand on voit fleurir le noyer,
et bien nouer ensuite ainsi que l'amandier,
c'est un augure que l'année,
pour les fruits sera fortunée.
Wenn man einen Nußbaum blühen sieht und bald darauf der Mandelbaum ansetzt, ist das ein Zeichen, daß die Früchte in diesem Jahr unter einem guten Stern stehen.

Waadtland 1816/17 / Feuilles d'Agriculture, Bd. 19, S. 192

Si le gland abonde au vallon,
si la guêpe hâtive arme son aiguillon,
quoiqu'en espérant du vin bon,
craignez un hiver froid et long.
Wenn es im kleinen Tal reichlich Eicheln hat, wenn die Wespe sich mit ihrem Stachel bewaffnet, muß man, obwohl man dann einen guten Wein erwarten kann, einen kalten, langen Winter befürchten.
: *Waadtland 1816/17 | Feuilles d'Agriculture, Bd. 19, S. 192*

Wenn es viel Eicheln gibt, so gibt's einen langen Winter.
: *M. Kirchhofer, Wahrheit und Dichtung 1824, S. 311*

Wann es viel Eichlen giebt, so folget gern ein langer und harter Winter.
: *Churer Schreibkalender 1708*

S Laub god nüd gern abba Bömma, s ged en strenga Winter.
: *Appenzell 1837 | T. Tobler, S. 294*

Wenns vil Schwömm hed, so geds en strenga Wenter.
: *Appenzell 1837 | T. Tobler, S. 252*

D Nadla a de Lortanna (Lärche) sönd no grüe, es werd no nüd Wenter.
: *Appenzell 1837 | T. Tobler, S. 305*

Der Sefi (Erika) blüet wit usi, es ged en strenga Winter.
: *Appenzell 1837 | T. Tobler, S. 420*

Wenn der Hasenklee im Frühling viele Blumen hat, so erfolgt ein nasser, wenn er aber wenig hat, ein trockener Sommer.
: *Rafzerfeld ZH 1847 | W. Höhn, Volksbotanik 1972, S. 53*

Dat la feglia giu baul,
va ei gleiti cul caul.
Fallen die Blätter früh, ist die Wärme bald vorbei.
: *Rätoroman. Chrestomathie 1896/1919, S. 168*

Fällt das Laub zu bald,
wird der Herbst nicht alt.
: *Sammlung Strub, Jenisberg GR*

Wenn im Herbst das Laub früh fällt, so gibt es einen frühen Frühling.
: *Muotathal SZ 1972 | A. G., *1954, Wil-Muotathal SZ, Umfrage 1972*

Wenn im Herbst das Laub nicht von den Bäumen fallen will, so deutet das auf einen schweren Winter.
: *Emmental BE 1911 | Schweiz. Archiv f. Volksk., Jg. 15, S. 6*

Will das Laub nicht von den Bäumen fallen,
wird ein strenger Winter erschallen.
> *Trubschachen BE 1972 | H. K., Landwirt, Trubschachen BE, Umfrage 1972*

Sitzt auf dem Baum das Laub noch lange fest,
mach für den Winter dir ein warmes Nest.
> *Sammlung Strub, Jenisberg GR*

Sitzt im November das Laub noch fest am Baum,
so fehlt ein strenger Winter kaum.
> *Sammlung Strub, Jenisberg GR*
> *Züricher Kalender 1972, Einsiedeln SZ*

Sitzt Ende Oktober das Laub noch fest am Baum,
so fehlt ein strenger Winter kaum.
> *Trubschachen BE 1972 | H. K., Landwirt, Trubschachen BE, Umfrage 1972*

Späti Laubrisi – späte Früelig.
> *Sammlung Strub, Jenisberg GR*

Sitzt November fest im Laub,
dann wird der Winter hart, das glaub!
> *Sammlung Strub, Jenisberg GR*
> *Schleitheimer Bote 1970*

Hält der Baum seine Blätter lange,
ist mir um strengen Winter bange.
> *Sammlung Strub, Jenisberg GR*

Sitzt das Laub fest an Zweig' und Ästen,
kommt der Winter mit scharfen Frösten.
> *Sammlung Strub, Jenisberg GR*

Wenn das Laub nicht gern von den Bäumen fällt, so folgt ein harter Winter.
> *Schweizer Volksfreund, Zürich 1907*

Wenn das Laub von Bäumen und Reben nicht vor Martini (11. November) abfällt, ist ein harter Winter zu erwarten.
> *Züricher Kalender 1972, Einsiedeln SZ*

We s Leub früeh tuet gälwi, so gits i früjä Winter.
> *Grengiols VS 1972 | K. I., Grengiols VS, Umfrage 1972*

Bekommen die gelben Weiden, aus denen die Tragfesseln an Körben gemacht werden, viele Äste, so wird der nächste Winter rauh und kalt.
> *Kt. Zürich 1898 | Schweiz. Archiv f. Volksk., 1898, S. 222*

Behalten Birk' und Weid' ihr Wipfellaub lange,
ist ein harter Winter und gut' Frühjahr im Gange.
Sammlung Strub, Jenisberg GR

Wenn die Korbweiden (Salix capraea) am Ende des Sommers so beschaffen sind, daß die Zwischenräume zwischen den Abgangspunkten der Zweige außergewöhnlich lang und glatt sind, die Zweige aber in den Wirteln sehr dicht beisammen stehen, so deutet dies nach dem Volksglauben auf späten Eintritt des Winters.
Kt. Luzern 1898 / Schweiz. Archiv f. Volksk., 1898, S. 280

Wenns vil Eichle und Buechnüßli git, se gits e stränge Winter.
Baselland 1908 / Schweiz. Archiv f. Volksk., Jg. 12, S. 18

Les années des crones rouges (de mélèze) il y a beaucoup de vendage.
In den Jahren, in denen die Kronen der Lärchen rot werden, gibt es viel Wein.
Isérables VS 1930 / E. Gillioz, Dictons d'Isérables, Cahiers valaisans de folklore 15, 1930, S. 5

Gibt's der Eichenblüte viel,
füllt sich auch des Kornes Stiel.
Alpenhorn-Kalender 1969, Langnau BE

Treibt die Esche vor der Eiche,
hält der Sommer große Bleiche.
Treibt die Eiche vor der Esche,
hält der Sommer große Wäsche.
Uitikon ZH 1972 / W.W., Förster, Uitikon ZH, Umfrage 1972
Trubschachen BE 1972 / H. K., Landwirt, Trubschachen BE, Umfrage 1972
Schaffhausen 1972 / F.S., *1919, Landwirt, Schaffhausen, Umfrage 1972

Wenn im Wald die Äste abwärts hangen, ist mit Regen zu rechnen.
Kriechenwil BE 1972 / L. R., Landwirt, Kriechenwil BE, Umfrage 1972

Findet man die Wurzeln der Buchen trocken, wird das Wetter gelind, sind die Wurzeln feucht, steht ein harter Winter bevor.
Sammlung Strub, Jenisberg GR

Ist im November die Buche fest,
sich große Kälte erwarten läßt.
Schleitheimer Bote 1970

Solange die Lärchen grün sind im Herbst, schneit es nicht ein.
Prättigau GR 1953 / W. Schmitter, Waldarbeit im Prätigau 1953, S. 124

Quand le corniolet fleurit, faut faire ses Pâques.
(Le cornouiller fleurit chaque année aux environs des Pâques.)
Wenn die Kornelkirsche (Cornus mas) blüht, muß man seine Ostern machen.
(Die Kornelkirsche blüht jedes Jahr um Ostern herum.)
> *St-Maurice VS 1935 | J.B.Bertrand, Le Folklore de St-Maurice, Cahiers valaisans de folklore 30, S.174–177*

Blühn im November die Bäume aufs neu',
so währet der Winter bis zum Mai.
> *Züricher Kalender 1972, Einsiedeln SZ*

Baumblüte spät im Jahr,
nie ein gutes Zeichen war.
> *Sammlung Strub, Jenisberg GR*

Blühn im November die Bäume aufs neu',
so währet der Winter bis in den Mai.
> *Sammlung Strub, Jenisberg GR*

Blüten, die im Herbste kommen,
haben des nächsten Sommers Früchte genommen.
> *Sammlung Strub, Jenisberg GR*

Märzenblüte ist nicht gut,
Aprilblüte halb so gut,
Maienblüte ist ganz gut.
> *Sammlung Strub, Jenisberg GR*

Wie der Holder blühte, so blühen auch die Reben.
> *Sammlung Strub, Jenisberg GR*

Wenn die Tannen blühen und die Dornenblätter klebrig glänzen, gibt es ein Honigjahr.
> *Kriechenwil BE 1972 | L.R., Landwirt, Kriechenwil BE, Umfrage 1972*

Wenn d Chriesbäum blüed, isch de Hechtläich verby.
> *Hombrechtikon ZH 1972 | Frau A.H.-Z., *1892, Hombrechtikon ZH, Umfrage 1972*

Si colar jen plen da niciola le'n segn d'un invern bunurio.
Viel Haselnüsse bringen einen frühen Winter.
> *Bergell GR 1896 | Decurtins 1896 S.174*

Um Heu und Korn wird's schlimmer stehn,
je später wir Blüten am Schlehdorn sehn.
> *Züricher Kalender 1972, Einsiedeln SZ*

Je später der Schlehdorn nach dem 1. Mai blüht, desto schlimmer soll's um die Korn- und Heuernte stehn.
Züricher Kalender 1972, Einsiedeln SZ

Wenn der Schlehdorn blüht, ist das Wetter unfreundlich und kalt.
Kriechenwil BE 1972 | K. L.-R., Landwirt, Kriechenwil BE, Umfrage 1972

Je früher im April der Schlehdorn blüht,
desto früher der Schnitter zur Ernte geht.
*Hallau SH 1972 | E. H., *1947, Landwirt, Hallau SH, Umfrage 1972*

Pflückt man Hagrosen, so hat man bald Regenfall zu befürchten. Um solchen nicht zu provozieren, sollte man sich hüten, wie man uns Kindern mitteilte, die häufig an Hecken sich findende «Rägäbluemä» (Zaunwinde, Convolvulus sepium L.) abzureißen.
Sarganserland SG 1915 | Schweiz. Archiv f. Volksk., Jg. 25, S. 152

Wenn die Nesseln im Frühjahr mit durchlöcherten Blättern emporwachsen, so bedeutet das nach dem Volksglauben, daß es im Sommer in der betreffenden Gegend hageln wird.
Kt. Luzern 1898 | Schweiz. Archiv f. Volksk., 1898, S. 280

Wenn das Heidekraut bis an die Spitze der Zweige hinaus dicht mit Blüten besetzt ist, so ist ein früher und kalter Winter zu erwarten.
Kt. Luzern 1898 | Schweiz. Archiv f. Volksk., 1898, S. 280

Wenn die Distelköpfe ihre Samen fliegen lassen, deutet das auf Schnee:
Aha, es wollt aber no chon ga schnijen.
Kt. Bern 1908 | Idiotikon IX, S. 1204

Wenn die Disteln sich öffnen, bedeutet es Regen.
Hofwil BE 1972 | R. G., Hofwil BE, Umfrage 1972

Blühen im Herbst noch viel Löwenzahn, gibt's einen schönen Herbst.
Hirzel ZH 1972 | H. B.-S., Landwirt, Hirzel ZH, Umfrage 1972

Wänns im Summer ine na Chrottebösche häd, gits en schöne Herbst.
Wädenswil ZH 1972 | H. B., Landwirt, Wädenswil ZH, Umfrage 1972

Quel an ch'i ai fan sü tre pel vegn ün invern freid.
Haben die Knoblauchzehen drei Häute, wird der Winter kalt.
Bergell GR 1896 | Decurtins 1896, S. 174

Wenn die Erbsen und Bohnen hoch aufwachsen, so folgt ein langer Winter.
Emmental BE 1921 | Schweiz. Archiv f. Volksk., Jg. 15, S. 6

Schlecht Wetter, wänn im Garte d Lilie schaarf schmöcked.
Variante: wänn d Linde starch schmöcked.
> *Hombrechtikon ZH 1972 | Frau A. H., *1892, Hombrechtikon ZH, Umfrage 1972*

Siehst du schon gelbe Blümchen im Freien,
magst du getrost den Samen streuen.
> *Hallau SH 1972 | E. H., *1947, Hallau SH, Umfrage 1972*

Sind die Reben um Georgi (23. April) noch blind,
freut sich der Bauer mit Weib und Kind.
> *Züricher Kalender 1972, Einsiedeln SZ*

Mutterne, Cyprian und Ritz
seiend gsegnet über Berg und Spitz.
oder: Mutterna, Spitz und Cyprian
sind schuld da i dri Mal mues gan melchen gan.
> *Bündner Herrschaft 1972 | F. F., Uitikon ZH, Umfrage 1972*

Regen, wenn d Schwümm ufschieße.
> *Baselland 1908 | Schweiz. Archiv f. Volksk., Jg. 12, S. 19*

Erscheinen über Nacht Pilze auf dem Miststock, gibt es Regenwetter.
> *Wünnewil FR 1972 | L. P., Landwirt, Wünnewil FR, Umfrage 1972*

Grünt die Eiche vor der Esche,
hält die Welt eine große Wäsche.
> *Flawil SG 1972 | J. G., Flawil SG, Gewährsperson: L. Kutter, Egg, Umfrage 1972*

Wenn sich im Herbst die Blätter schwer von den Ästen lösen, ist ein strenger Winter zu erwarten.
> *Flawil SG 1972 | J. G., Flawil SG, Gewährsperson: L. Kutter, Egg, Umfrage 1972*

Wetterpropheten in Haus und Hof

Der Kochtopf und der Dreifuß, der ihn überm Feuer
fest stehn läßt: sind sie arg umsprüht von Funken – teuer
sei auch dies Zeichen dir! Selbst wenn sich dir verstohlen
unter der Asche weist ein Funkeln feurger Kohlen,
wie Hirsekörnlein: das sei dir ein Regenzeichen.
Das Gedicht Arats (315–245 v. Chr.), S. 54

Wenn Spinngewebe treiben zart durch Lüfte still;
wenn, eh die Lamp' erlischt, ihr Licht emporzuckt; will
das Feuer nicht erglühn, brennt auch das Licht nicht an
bei heitrem Wetter – sei vor Sturm gewarnt! Ich kann
dir alle Zeichen, die man kennt, nicht melden! Ballt
die Asche sich geschwind – ein Schneegestöber kalt

erwarte; Schnee, wenn ringsumher der Lampenmund
mit Körnlein, hirsegleich, besetzt scheint; auch wird kund
ein Hagelschlag am Schein der glühnden Kohle: Helle
verbreitet zwar sie selbst, doch wölkt sich eine Stelle
inmitten ihrer Glut gleichwie im Nebelhauch.

Das Gedicht Arats (315–245 v. Chr.), S. 56

Nimmt man einen Topf vom Feuer, sieht aber, daß glühende
Kohlestäubchen daran haften bleiben, so schließt man auf
baldigsten Regen: Ventum nuntiant ... item cum tollentibus
ollas carbo adhaerescit.

Plinius (23–79) in: E. Knapp, Volksk. i. d. roman. Wetterregeln, Tübingen 1939, S. 51

Wenn der rauch nit auß dem haus wil,
so ist vor augen regen zil!
Wenn die bachenstuck thun rinnen
und die maid entschlafen am spinnen
und das salcz lind und waich wirt:
an dem man gwiß ainen regen spirt!

L. Reynman, Wetterbüchlein 1505

Wenn der peurin das muß anprindt
und nachts unruwig sind die kindt,
bedeut regen oder wind!

L. Reynman, Wetterbüchlein 1505

Wan die kleinen Bächlin oder Brünnelin, ouch andere Flüßlin fyn rösch louffen, das sy fräch brüschlen und glögglend, so ist es ein gwüß Zeichen einer Schöne. So sy aber stillschwygend hynschlychen, als ob sy seiger syen, ist ein gwüß Zeichen eines Rägenwätters. Magst solches ouch an einem Stockbrunnen acht nämmen, so er nach by dinem Hus ist. Allewyl es schön ist, so rägnet es nit, ein gwüß allt Wyber Experiment.

Johann Hutmacher, Ein schön Kunstbuch 1561, S. 243

Daß Weiber-Volck hat ein Zeichen deß baldigen Regenß an dem Rueß der Pfannen, wann nemlich diser Rueß entzündet, und auch feürig bleibet, nachdem die Pfannen ein Zeit lang von dem Feür hinweg: da sagen sie dann das Regen-Wetter vor, und zwahr mit zimmlich gewissem Erfolg.

Sarnen OW 1791 / Schweiz. Archiv f. Volksk., 1900, S. 36

Item wann an dem Wasser-Kessel der Ranft obenhär mit einem gelben Rost anlauffet.

Sarnen OW 1791 / Schweiz. Archiv f. Volksk., 1900, S. 36

Nebst demme, das der Rauch zum richtigsten anzeigt, was vor ein Wind streiche, ob der Schöhn- oder Wetterwind, so zeigt er auch die Schwere und Leichte deß luftß, aber wie das Queck-Silber in dem Barometer-Glaß. Verstehe hier aber sonderheitlich den Rauch, welcher zu denen Caminen ausfahret. Wan also dieser gerad gleich einer Saülen in die Höche steigt, ist gut Wetter im Land. Thut er sich aber gleich oder dem Camin aus breitheren, ist der Regen wie gewiß, dessen noch ein gewissereß Zeichen, wann der Rauch gleichsam über das Haus-Tach hinab trohlet. So ist auch ein Zeichen der regnerischen Witterung, wann selbiger Rauch im Hauß herumstreichet und ehnder in die Zimmer sich eindringet, als das er sein gewohnten Weeg zum Hauß hinaus nemmen wurde.

Die Ursach ist wie bey dem Barometro, die Leichte des Lufts, welcher bey regnerischer ausgesoggen und leer, folgsam leichter und unfähiger den Rauch in die Höche zu erhöben.

Sarnen OW 1791 / Schweiz. Archiv f. Volksk., 1900, S. 35

Chaleur sèche et forte qui dure,
de la grêle en septembre est souvent un augure.
Trockene, anhaltende Wärme ist oft ein Vorzeichen für Hagel im September.

Waadtland 1816/17 / Feuilles d'Agriculture, Bd. 19, S. 192

Er het en Wettervogel (das heißt, er spürt Wetteränderungen am eigenen Leib).

Appenzell 1837 / T. Tobler, S. 441

Wenn d Ste (Steine) schwitzid, geds ruch Wetter.

Appenzell 1837 / T. Tobler, S. 371

Regen, wenn d Brunnröhre schwitzt.

Baselland 1908 / Schweiz. Archiv f. Volksk., Jg. 12, S. 19

Das Wetter schlägt im Sommer um, wenn am Morgen die Brunnenröhre außen naß ist.

Diemtigtal BE 1972 / A. Koellreuter, Umfrage 1972

Wetteränderung: Schwitzen des Wasserrohres.

Pany GR 1972 / N. Chr., *1911, Landwirt, Pany GR, Umfrage 1972

Cur cha'l chüern guotta, vaine trid.
Wenn das Brunnenrohr tropft (Zeichen von Feuchtigkeit), wird das Wetter schlecht.

Unterengadin GR 1944 / H. Lössi, Der Sprichwortschatz des Engadins 1944, S. 231

Quand les robinets se mouillent, c'est signe de mauvais temps.
Wenn die Hahnen naß werden, ist das ein Zeichen für schlechtes Wetter.
> *Les Marécottes VS 1961 | M. Müller, Le patois des Marécottes, Tübingen 1961*

Wenn Wasserleitung tropft, nicht gut.
> *Altendorf SZ 1972 | A. F., *1953, Landwirt, Altendorf SZ, Umfrage 1972*

Wenn die Wasserleitungen schwitzen, gibt es bald schlechtes Wetter.
> *Kottwil LU 1972 | B. B., *1953, Landwirt, Kottwil LU, Umfrage 1972*

Wenn die Wasserleitung anfängt zu schwitzen, gibt es Gewitter oder Regen.
> *Horgen ZH 1972 | O. L., *1912, Landwirt, Horgen ZH, Umfrage 1972*

Wenn die Wasserröhren an schönen Tagen schwitzen, so kommt ganz bald Regen.
> *Haslen AI 1972 | J. B. G., *1918, Chauffeur, Haslen AI, Umfrage 1972*

Schwitzen der Kaltwasserhahnen bedeutet Schlechtwetter.
> *Chur GR 1972 | G. Th., *1921, Landwirt, Chur, Umfrage 1972*

Cur cha la fotsch segna culuors, vegna trid' ora.
Wenn die Sense Farben zeichnet, kommt schlechtes Wetter.
> *S-chanf GR 1944 | H. Lössi, Der Sprichwortschatz des Engadins, S. 231*

Regen, wenn d Holzwand (an der Nordseite des Hauses) füecht wird.
> *Baselland 1908 | Schweiz. Archiv f. Volksk., Jg. 12, S. 19*

Regen, wenn d Plättli (des Küchenbodens) schwitze.
> *Baselland 1908 | Schweiz. Archiv f. Volksk., Jg. 12, S. 19*

Sch'ais ümid la salscheda,
l'ora ho pocha düreda.
Wenn das Straßenpflaster feucht ist, wird das Wetter von kurzer Dauer sein.
> *Segl GR 1944 | H. Lössi, Der Sprichwortschatz des Engadins, S. 231*

Schlecht Wetter, wänn d Sandsteiplatte füecht werded.
> *Hombrechtikon ZH 1972 | Frau A. H., *1892, Hombrechtikon ZH, Umfrage 1972*

Wenn die Steinplatten im Keller feucht sind, so gibt es schlechtes Wetter.
> *Nidfurn GL 1972 | S. H., *1922, Landwirt, Nidfurn GL, Umfrage 1972*

Wenn Wasserleitungen und Sandsteinplatten schwitzen, gibt es Regen.
Vorderthal SZ 1972 / R.B., *1953, Landwirt, Vorderthal SZ, Umfrage 1972

Regen oder Gewitter: Nasser Schopf und Korridor.
Weier i. E. BE 1972 / L. R., Weier i. E. BE, Umfrage 1972

Wird der Kellerboden oder der Boden im Stall feucht und dunkel, gibt's schlechtes Wetter.
Flawil SG 1972 / J.H., alt-Landwirt, Flawil SG, Umfrage 1972, Gewährsperson: L. Kutter, Egg

Schönes Wetter, wenn der Rauch graduf stygt.
Baselland 1908 / Schweiz. Archiv f. Volksk., Jg. 12, S. 20

Regen, wenn der Rauch nit zum Chemi us will.
Baselland 1908 / Schweiz. Archiv f. Volksk., Jg. 12, S. 19

Quand la fumée va en bas, c'est signe de mauvais temps.
Wenn sich der Rauch tief dahinzieht, ist das ein Schlechtwetterzeichen.
Savièse VS 1926 / Dictons de Savièse 1926, S. 12

Mag der Rauch nicht aus dem Schornstein wallen,
will der Regen aus dem Himmel fallen.
Sammlung Strub, Jenisberg GR

Gewitter oder Regen: Rauch zu Boden schlagen.
Weier i. E. BE 1972 / Frau L. R., Weier i. E. BE, Umfrage 1972

Schleichender Rauch, stinkende Güllengrube, nasse Böden in Haus und Scheune, Genickschmerzen lassen auf schlechtes Wetter deuten.
Geroldswil ZH 1972 / Sch. R., *1925, Landwirt, Geroldswil ZH, Umfrage 1972

Wenn der Hund das Gras benagt
und die Frau ob Flöhen klagt,
der Rauch nicht will zum Schornstein 'raus,
kommt bald ein Regen übers Haus.
Sammlung Strub, Jenisberg GR

Regen, wenn der Abtritt schmöckt.
Baselland 1908 / Schweiz. Archiv f. Volksk., Jg. 12, S. 19

Cur cha'l segret spüzza, vaine trid.
Wenn der Abort stinkt, wird es schlecht.
Unterengadin GR 1944 / H. Lössi, Der Sprichwortschatz des Engadins, S. 231

Schlecht Wetter, wänn de Abtritt starch stinkt.
Hombrechtikon ZH 1972 | Frau A. H., *1892, Hombrechtikon ZH, Umfrage 1972

Graue Pilze auf dem Mist – Regen oder Gewitter.
Weier i. E. BE 1972 | Frau L. R., Weier i. E. BE, Umfrage 1972

Wänns im Stall ine Fääde häd vo de Spinne und de Staub dra hebt, dä gits Schnee.
Wädenswil ZH 1972 | H. B., Wädenswil ZH, Umfrage 1972

Regen oder Gewitter: Windspiele, Spinnen in Lavabo und Badewanne.
Weier i. E. BE 1972 | Frau L. R., Weier i. E. BE, Umfrage 1972

Das Fortbrennen des Rußes an der Pfanne, nachdem man sie vom Feuer genommen hat, zeigt Regenwetter an.
Sarganserland SG 1908 | Schweiz. Archiv f. Volksk., Jg. 12, S. 279

Wenn der Ruß an der Pfanne brennt, schlägt das Wetter um.
Sammlung Strub, Jenisberg GR

Regen, wenn s Solz im Solzfäßli naß wird.
Baselland 1908 | Schweiz. Archiv f. Volksk., Jg. 12, S. 19

S git schön Wätter, d Saite (der Violine) göhn uffe (spannen sich straffer).
Baselland 1908 | Schweiz. Archiv f. Volksk., Jg. 12, S. 21

Wenn die Stricke und Riemen kürzer werden, gibt's Regen.
Sammlung Strub, Jenisberg GR

Regen, wenn d Flöh ein ploge.
Baselland 1908 | Schweiz. Archiv f. Volksk., Jg. 12, S. 19

Regen, wenn d Aegerstenauge ein stäche.
Baselland 1908 | Schweiz. Archiv f. Volksk., Jg. 12, S. 19

Regen, wenn me wider Gsüchte (Rheuma) het.
Baselland 1908 | Schweiz. Archiv f. Volksk., Jg. 12, S. 19

Regen, wenn vernarbti Wunde wider schmärze.
Baselland 1908 | Schweiz. Archiv f. Volksk., Jg. 12, S. 19

Vor starken Gewittern und großen Schneefällen treten bei vielen Menschen Beschwerden auf (Rheuma, Migräne).
Oberdorf BL 1972 | K. S., *1916, Oberdorf BL, Umfrage 1972

Rheumatisch veranlagte Menschen spüren vermehrte Schmerzen vor Regenwetter oder Bise.
> *Wünnewil FR 1972 / L. P., Landwirt, Wünnewil FR, Umfrage 1972*

Lauter Übermut bei Kindern, gedrückte und mißmutige Stimmung bei älteren Leuten lassen Regenwetter erwarten.
> *Wünnewil FR 1972 / L. P., Landwirt, Wünnewil FR, Umfrage 1972*

Lorsque mes cheveux sont faciles à coiffer, le temps est à la pluie.
Wenn meine Haare gut zu kämmen sind, gibt es Regenwetter.
> *Arnex-sur-Orbe VD 1972 / G. M., *1935, maître d'enseignement, Arnex-sur-Orbe VD, Umfrage 1972*

Als lokales Schlechtwetterzeichen das Läuten der Glocken von benachbarten Orten bei West- oder Südwind, zum Beispiel:
Basel: Wenn me vo Allschwil här lüte hört.
Rothenfluh: Wenn me z Hemmike lüte kört. Hemmikerglöggli – Dräckglöggli!
Langenbruck: Wenn me im Gäu lüte kört.
> *Baselland 1908 / Schweiz. Archiv f. Volksk., Jg. 12, S. 19*

Quand on entend le bruit du Trient, du fond de la vallée de Salvan, c'est mauvais signe.
Wenn man von Trient, zuhinderst aus dem Salvan-Tal, Geräusche hört, ist das ein schlechtes Zeichen.
> *Les Marécottes VS 1961 / M. Müller, Le patois des Marécottes, Tübingen 1961*

Quand la sonnerie de midi à la paroisse et à l'abbaye coïncident à la même seconde, c'est signe de mort prochaine.
Wenn das Mittagsläuten der Pfarrkirche und der Abtei auf die gleiche Sekunde zusammenfallen, ist das ein Zeichen eines baldigen Todesfalles.
> *St-Maurice VS 1935 / J. B. Bertrand, Le Folklore de St-Maurice, Cahiers Valaisans de Folklore 30, 1935, S. 174–177*

Cur chi s' oda a sunar ils sains da Ramosch,
as müd' il temp eir sch'tü nu voust.
Wenn man die Glocken von Ramosch (Remüs) läuten hört, ändert sich das Wetter, auch wenn du es nicht willst.
> *Vnà GR 1944 / H. Lössi, Der Sprichwortschatz des Engadins, S. 228*

Glockengeläut:
Bubendorf BL: Wenn me d Ziehner Glogge ghört lüte, wirds wüescht, wenn me d Lieschtler ghört, schön.
Liestal BL: Fränkedörfler Glöggli – Dräckglöggli (Westwind).
> *Baselland 1972 / Gewährsmann: E. Strübin, Gelterkinden BL*

Schlecht Wetter: Wämer s Stäfner Chileglüüt (d Seichglogge) ghört bin öis.

Hombrechtikon ZH 1972 / Frau A. H., *1892, Hombrechtikon ZH, Umfrage 1972

Leichthöriger Glockenschlag oder -geläute, von West oder Südwest kommend, bringt Regen; von Ost oder Nord kommend, aber trockenes, schönes Wetter.

Wünnewil FR 1972 / L. P., Landwirt, Wünnewil FR, Umfrage 1972

Atmosphärische Erscheinungen

A. WINDREGELN

Im Sommer, wenn es blitzt und donnert – wo's begann,
von dort auch darfst du Wind erwarten. – Sterne fuhren
oft blitzschnell nachts dahin und zogen Silberspuren
im Schwarz des Himmels: schau, woher die Funken flogen –
denselben Pfad kam je und je ein Hauch gezogen
des Windes. Wenn von hier und dort die Sterne stieben,
noch andre kreuz und quer, traun, solche sind getrieben
von Winden mannigfach: die suche zu vermeiden!

Das Gedicht Arats (315–245 v. Chr.), S. 53

Plinius weist darauf hin, daß sich die Nord- und Nordwestwinde durch
besondere Kälte auszeichnen und daß sie außerdem über die andern

Winde herrschen und die Wolken vertreiben: Ventorum et iam frigidissimi sunt quos aseptentrione diximus spirare et vicinus his corus, he et reiquos conpescunt et nubes abigunt.

> *Plinius (23–79), E. Knapp, Volksk. i. d. roman. Wetterregeln, Tübingen 1939 S. 24*

Wenn die windt geen von occident,
so ist gewonlich regenwetter,
von orient schön wetter,
von mitternacht kalt, hart wetter,
von mitterntag schedlich ungesundt wetter.

> *L. Reynman, Wetterbüchlein 1505*

Der Sud-West-Wind ingsgemeyn Regen, hingegen der Nord-Ost-Wind gutt Wetter bringe. Der Sud-West-Wind ist, welcher zwischen Mittag und Nidergang der Sonnen heraus wehet, wird hierlandß Ven (Föhn) genändt. Der Nord-Ost-Wind hingegen kombt zwischen Mitternacht und Aufgang der Sonne und wird in hiesigem Ort die Aeckerle Biß benambset.

> *Sarnen OW 1791 / Schweiz. Archiv f. Volksk., 1900, S. 36*

Byß ist ein hiesiges Landt-Wort und heißt also der Wind, welcher von Ost item auch der so von Nord härkommet. Den ersteren nennet mann in hiesiger Gegend die Ackherli-Byß, den anderen die Ar-Byß. Der erstere wehet zwar oft im Jahr, doch sonderheitlich einmahl im Fruhe-Jahr durch etliche Täg, und bringt große Kälte, wird benamset die große Byß. Solang dise Byß nit kommet, ist kein Sommer zu hoffen, wie deren Alten Sprichwohrt, und gewisse Lehr, die von der Erfahrnuß bestehtet wird.

> *Sarnen OW 1791 / Schweiz. Archiv f. Volksk., 1900, S. 38*

Ein Schohn oder schön Wetter, welches von dem Ven oder Mittagwind beygebracht wird, kann etwan 2 bis 3 Täg anhalten.

> *Sarnen OW 1791 / Schweiz. Archiv f. Volksk., 1900, S. 38*

Wann die Melchen oder auch das Aa-Wasser dämpfet, das ist, wann kleine Nebelein darauß steigen und herumstreifen, steht es mit dem Wetter nicht gut, absonderlich wann dise Nebelein ein üblen Geruch von sich geben.

> *Sarnen OW 1791 / Schweiz. Archiv f. Volksk., 1900, S. 37*

So lang die Melchen trüeb lauffet, ist der Schon noch nit im land: wohl aber wann selbe schön häll dahär flüeßet, also, daß man die Stein am Boden sehen kann.

> *Sarnen OW 1791 / Schweiz. Archiv f. Volksk., 1900, S. 37*

Déjo le gros l'andain
l'annâine dou tschertin.
Bei anhaltendem Ostwinde, Teuerungsjahr.
>   *Westschweiz 1860 | Die Schweiz 1860, S. 213*

S' al boffa e lan quatar al vegn la ploiva preist dopo.
Windet es um vier Uhr morgens, folgt bald der Regen.
>   *Bergell GR 1896 | Decurtins 1896, S. 174*

Quand ca in Bragaja al völ fà bun temp dal di al boffa la breiva e da nötsch al vent.
Soll es im Bergell schön Wetter geben, muß am Tag der Föhn und in der Nacht der Wind wehen.
>   *Bergell GR 1896 | Decurtins 1896, S. 175*

Nach dem ersten schönen Tag: s Wätter hebt nit a, der Oben isch z chüel.
>   *Baselland 1908 | Schweiz. Archiv f. Volksk., Jg. 12, S. 21*

De foa n'en fé pas tant
quand hurle le roflan (gros vent).
Heue nicht, wenn der Roflan (Wind) geht.
>   *St-Maurice VS 1935 | J. B. Bertrand, Le Folklore de St-Maurice, Cahiers Valaisans de Folklore 30, Sierre 1935, S. 174–177*

Wenn alli Wätter Wätter sind,
so ds leidest ist halt doch dr Wind.
>   *Davos GR 1937 | J. Bätschi, Der Davoser im Lichte seiner Sprichwörter und Redensarten, Davos 1937*

Scha do vent aunz las 11 la damaun e zieva las 6 la saira, ais que sgür cha l'ora as müda.
Wenn der Wind vor 11 Uhr morgens und nach 18 Uhr abends bläst, so ist es sicher, daß das Wetter sich ändert.
>   *Schlarigna GR 1944 | H. Lössi, Der Sprichwortschatz des Engadins, S. 229*

Wenn die Winde wehen im Advendt,
so wird uns vieles Obst gesendt.
>   *Sammlung Strub, Jenisberg GR*

Wenn kleiner Regen will,
legt großen Wind er still.
>   *Sammlung Strub, Jenisberg GR*

Wenn im März viel Winde wehn,
wird der Maien warm und schön.
>> *Züricher Kalender 1972, Einsiedeln SZ*

Bringt der Oktober viel Frost und Wind,
so sind der Januar und Hornung gelind.
>> *Züricher Kalender 1972, Einsiedeln SZ*

Wänn de See bächet, chunts cho rägne
(wenn sich auf dem See Wasserwege, Bäche abzeichnen).
>> *Wädenswil ZH 1972 | T.H., Hausfrau, Wädenswil ZH, Umfrage 1972*

Wirbelwinde («Windsbraut» genannt) im Heuet, dann in 24 Stunden Regen.
>> *Wädenswil ZH 1972 | W.H.,* 1917, Landwirt, Wädenswil ZH, Umfrage 1972*

Wenn der Wind nach 16 Uhr nicht zurückgeht, darf man kaum auf gutes Wetter hoffen.
>> *Andermatt UR 1972 | L.D., Andermatt UR, Umfrage 1972*

Boffa la breiva intorn l'an deisc, evant mez di al reista bel.
Bläst der Föhn um 10 Uhr morgens, bleibt das Wetter schön.
>> *Bergell GR 1896 | Decurtins 1896, S.174*

Cur cal boffa la breva della Bundesca,
al bagna prest lan fresca.
Der Föhn der Bondasca bringt nasses Wetter.
>> *Bergell GR 1896 | Decurtins 1896, S.174*

Regen, wenn d Bärge nooch schyne.
>> *Baselland 1908 | Schweiz. Archiv f. Volksk., Jg.12, S.19*

Se soffia il vento della valle c'è acqua alle spalle.
Wenn es vom Tal her windet, gibt es Regen im Rücken.
>> *Onsernonetal TI 1920 | Schweiz. Archiv f. Volksk., Jg.23, S.79*

Cur chi zoffla our da Zuort,
piglia svelt teis fain e va cun tuot.
Wenn es von Zuort her bläst, nimm rasch dein Heu und mach dich aus dem Staube.
(Zuort: Hof im hintersten Teil des Val Sinestra.)
>> *Vnà GR 1944 | H. Lössi, Der Sprichwortschatz des Engadins, S.228*

Cur il vent vegn da Bernina, metta il chapè sün pigna;
cur il vent vegn da Tavò, metta il chapè sül cho.
Wenn der Wind vom Bernina herkommt, lege den Hut auf den Ofen;

wenn er von Davos herkommt, setze den Hut auf den Kopf.
> *Punt GR 1944 | H. Lössi, Der Sprichwortschatz des Engadins, S. 234*

Weht tauend der Wind aus Süden,
ist Regen uns bald beschieden.
> *Sammlung Strub, Jenisberg GR*

Si le vent du sud souffle très fort cela amène la pluie.
Si c'est le vent du nord c'est pour le beau temps.
Wenn der Südwind sehr stark bläst, führt das Regen herbei.
Ist es der Nordwind, bedeutet es schönes Wetter.
> *Bioley-Orjulaz VD 1972 | A.T., *1905, agriculteur, Bioley-Orjulaz VD, Umfrage 1972*

Sieht man entfernte Berge sehr klar und nah, regnet's bald.
> *Sammlung Strub, Jenisberg GR*

La val d'Uina insclerida
ingiavina blera ora trida.
Val d'Uina klar, lässt viel schlechtes Wetter raten.
(Val d'Uina: südliches Seitental des Unterengadins, das bei Sur En da Sent in den Inn mündet.)
> *Sent GR 1944 | H. Lössi, Der Sprichwortschatz des Engadins, S. 229*

Außerordentlich weite, klare Sicht deutet auf Regenwetter oder Föhn, während dunstige, schlechte Sicht (bei schönem Wetter) Fortdauer dieser Schönwetterperiode erwarten läßt.
> *Wünnewil FR 1972 | L.P., Landwirt, Wünnewil FR, Umfrage 1972*

Es git schlächt Wätter, wänn d Berg überäne näched (föhnig).
> *Hombrechtikon ZH 1972 | Frau A.H., *1892, Hombrechtikon ZH, Umfrage 1972*

Föhn vor de Nüne,
Rege vor de Drüne.
> *Staufen AG 1972 | R.F.M., *1935, Hausfrau, Staufen AG, Umfrage 1972*

Kommt der Föhn in den Monaten Januar und Mai bis ins Tal, kommt er den ganzen Sommer nie mehr.
> *Muotathal SZ 1972 | A.G., *1954, Landwirt, Muotathal SZ, Umfrage 1972*

Der Pföön hed d Wassergeltä am Füdli.
> *Prättigau GR 1953 | W. Schmitter, Waldarbeit im Prättigau 1953, S. 124*

Was der Föhn frißt, schießt er wieder.
> *Muotathal SZ 1972 | H.B., *1953, Landwirt, Muotathal SZ, Umfrage 1972*

Über die Entstehung der Hagelwetter heißt es im Volksmund: Wenn der «Bisi» (Biswind – Nordwind) in ein Wetter (Gewitter) kommt, so gibt es Hagel.
Zug 1900 | Schweiz. Archiv f. Volksk., 1901, S. 245

Wenns bim Nordwind rägnet, so wisse die Heiligen im Himmel nit, wenns ufhört.
Baselland 1908 | Schweiz. Archiv f. Volksk., Jg. 12, S. 18

Wenns vo dr Bise chunnt cho rägne, wüssed d Engel im Himmel nüd, wenns ufhört.
Beinwil am See AG 1972 | H.E., *1947, Beinwil am See AG, Umfrage 1972

Heftige Nordwinde Ende Februar
deuten auf ein fruchtbar Jahr.
Züricher Kalender 1972, Einsiedeln SZ

La bise de mars est la bise de la pleurésie.
Die Bise des März ist die Bise der Brustfellentzündung.
Savièse VS 1926 | Dictons de Savièse, S. 10

La bise d'avril fait la joie du pays.
Die Aprilbise ist die Freude des Landes.
Savièse VS 1926 | Dictons de Savièse, S. 10

Cur batta il nord, süttin' ais la sort.
Wenn der Nordwind bläst, ist Trockenheit das Los.
Segl GR 1944 | H. Lössi, Der Sprichwortschatz des Engadins, S. 233

Nordwind im Juni weht Korn und Wein ins Land hinein.
Sammlung Strub, Jenisberg GR

Wenn im Juni Nordwind geht,
kommt Gewitter oft recht spät.
Sammlung Strub, Jenisberg GR

Im August Wind aus Nord
jagt Unbeständigs fort.
Sammlung Strub, Jenisberg GR

Auf Nordwind mit Regen folgt
Hagel oft, der alls erdolcht.
Sammlung Strub, Jenisberg GR

Wenn der Nord zu Vollmond tost,
folgt ein langer, harter Frost.
Sammlung Strub, Jenisberg GR

La bise nère (noire) des Ormonts
amène la neige par montons.
Die schwarze Bise von Ormonts bringt Schnee in die Berge.
>St-Maurice 1935 / J. B. Bertrand, Le Folklore de St-Maurice. Cahiers Valaisans de Folklore 30, 1935, S. 174–177

Weht im Sommer die Bise – lange keinen Tropfen Regen.
>Kottwil LU 1972 / B. B., *1953, Landwirt, Kottwil LU, Umfrage 1972

Gutes Wetter bringt der Nordwind.
>Andermatt UR 1972 / L. D., Andermatt UR, Umfrage 1972

Regnet es und dreht der Wind bei steigendem Barometer auf Nord, so ist nur mit langsamer Wetterbesserung zu rechnen (Staulage).
>Hemishofen SH 1972 / W. M., *1927, Landwirt, Hemishofen SH, Umfrage 1972

Bise vor de Nüne,
Räge vor de Drüne.
>Uffikon LU 1972 / R. Z., Uffikon LU, Umfrage 1972

Bise vor de Nüne
git Räge nach de Drüne.
>Beinwil am See AG 1972 / H. E., *1947, Beinwil am See AG, Umfrage 1972

Bise nur am Abend und nur für kurze Zeit bringt meist unstetes Wetter.
>Wünnewil FR 1972 / L. P., Landwirt, Wünnewil FR, Umfrage 1972

Wenn men uf e schöne Tag rächne will, so mues der Ostwind erscht um die Nüni umme cho.
>Baselland 1908 / Schweiz. Archiv f. Volksk., Jg. 12, S. 21

Oberwind z Obed spot, lit am Morge im Chot.
(Es gibt Regen, wenn der Ostwind am späten Abend weht.)
>Thurgau 1930 / E. Schmid, Volkstümliche Wetterkunde 1931, S. 136

Il vent da la damaun nu vela ün töch paun,
il cotschen da la saira vela üna nuorsa naira.
Der Morgenwind ist kein Stück Brot wert,
das Abendrot ist ein schwarzes Schaf wert.
>Segl GR 1944 / H. Lössi, Der Sprichwortschatz des Engadins, S. 235

Der Wind, der sich mit der Sonne erhebt und legt, bringt selten Regen.
>Sammlung Strub, Jenisberg GR

Morgens Morgenwind, mittags Mittagwind,
schön Wetter wir sicher sind.
>   *Sammlung Strub, Jenisberg GR*

Weht es aus Ost bei Vollmondschein,
dann stellt sich strenge Kälte ein.
>   *Sammlung Strub, Jenisberg GR*

Cur cha'l vent dà aint per val, schi plova sainza fal.
Wenn der Wind talabwärts bläst, so regnet es bestimmt.
>   *Guarda GR 1944 / H. Lössi, Der Sprichwortschatz des Engadins, S. 227*

Westwind führt eher zu Regenwetter, während Nord- oder Ostwind
(Bise) fast immer trockenes, aber kühles Wetter bringen.
>   *Wünnewil FR 1972 / L. P., Landwirt, Wünnewil FR, Umfrage 1972*

Il vent sto ir fin las desch in ora,
da là davent sto'l ir inaint, i lura vegni bel taimp.
Der Wind muß bis zehn Uhr talauswärts blasen, von dann weg muß er
taleinwärts blasen, dann kommt schönes Wetter.
>   *Münstertal GR 1944 / H. Lössi, Der Sprichwortschatz des Engadins, S. 232*

Vain il vent da cajo sü
schi il taimp as tira sü.
Vain el inveza giò per val
schi sgür cha'l s'müd'in mal.
Kommt der Wind talaufwärts hellt das Wetter auf. Kommt er hingegen
talabwärts wird das Wetter schlecht.
>   *Müstair GR 1972 / C. F.-A., *1897, Landwirt und Lehrer, Müstair GR, Umfrage 1972*

Cur l'ajer tira vers Bernina, l'aura ais bella in Engiadina, ma cur ch'el
tira vers Samagnun, lura ant saira plova dal bun.
Wenn der Wind gegen das Berninamassiv zieht, ist das Wetter im
Engadin schön, wenn er aber gegen Samnaun zieht, dann regnet es
noch vor dem Abend regelrecht.
>   *Engadin GR 1944 / H. Lössi, Der Sprichwortschatz des Engadins, S. 234*

Il soffel da Remuosch maina plövgia,
il vent da Mundin la s-chatscha.
Der Wind von Ramosch bringt Regen, der Wind von Mundin verjagt
ihn wieder. (Mundin: Berg nordöstlich von Tschlin.)
>   *Tschlin GR 1944 / H. Lössi, Der Sprichwortschatz des Engadins, S. 234*

Brischla in Plagnola, bel temp kiora.
Nordwind im Plagnola, schönes Wetter hier draußen.
Münstertal GR 1944 / H. Lössi, Der Sprichwortschatz des Engadins, S. 232

Cur chal chöd guarda sü da Plaz, vain bell' ora.
Wenn der Wetterhahn gegen Plaz schaut, kommt schönes Wetter.
(Plaz: Wald und Weiden nördlich von Bever, am Abhang der Crasta Mora.)
Bevers GR 1944 / H. Lössi, Der Sprichwortschatz des Engadins, S. 232

Cur chi vain il vent da Danuder, schi vaine bell' ara.
Wenn der Wind von Nauders kommt, so gibt es schönes Wetter.
Engadin GR 1944 / H. Lössi, Der Sprichwortschatz des Engadins, S 232

Il cambiarsi del tempo dal brutto al bello si dice a Brusio: al sa tra fò, al sa tira sü, al sa s'ciàiara, a Poschiavo: al sa tira fò.
Der Wetterwechsel von Schlecht zu Gut heißt in Brusio: es weht heraus, es weht herauf, es heitert auf, in Poschiavo: es weht heraus.

Poschiavo GR 1967 / Tognina, Lingua Poschiavo 1967, S. 93

Tavolta si vedono sulla superficie del lago di Poschiavo lunghe strisce, stràdi, ora chiare, céri, ora oscure, scüri. Le prime sono indizio di bel tempo, il ségnan bél, le ultime di pioggia. Se invece il lago si arriccia al sa incréspa, «indovina» vento.
Manchmal sieht man auf der Oberfläche des Sees von Poschiavo lange Streifen, «stràdi», bald hell, «céri», bald dunkel, «scüri». Erstere sind Anzeichen von schönem Wetter, «sie zeigen schön» = «il segnan bél», letztere zeigen Regen an. Wenn sich jedoch der See kräuselt, «al sa incréspa», dann kündigt er Wind an = «indovina vento».

Poschiavo GR 1967 / Tognina, Lingua Poschiavo 1967, S. 102

Quando l'acqua è calma e liscia cumé l'òli, l'atmosfera è e rimane certamente tranquilla e si ha un tempo piacevole. Il discendere e il posarsi sull'acqua dei moscerini, muscìn, e delle formiche alate, furmìghi da li àli, predice pioggia, mentre il «fumare» dell'acqua in certe giornate d'inverno, l'àcqua la füma, emettendo le sue ultime riserve di calore accumulate durante l'estate e che subito si condensano a contatto con l'atmosfera fredda, preannunciano tempo rigido.
Wenn das Wasser des Poschiavo-Sees ruhig und glatt wie Öl ist, ist und bleibt die Atmosphäre ruhig, und das Wetter ist angenehm. Das Herabkommen und Sich-aufs-Wasser-Setzen der Mücken und der geflügelten Ameisen zeigt Regen an; hingegen ist das «Rauchen» des Wassers an Wintertagen, wenn die letzten Wärmereserven des Sommers ausströmen und in Berührung mit der kalten Atmosphäre sogleich kondensieren, Anzeichen sehr kalten Wetters.

Poschiavo GR 1967 / Tognina, Lingua Poschiavo 1967, S. 102

Al vént al mòr mìga da la sét al ga plöf drö.
Der Wind verdurstet nicht, es gibt Regen hinterher.

Poschiavo GR 1967 / Tognina, Lingua Poschiavo 1967, S. 94

L'atmosfera tranquilla lascia dadere la pioggia verticalmente, la vén gió drìcia.
Beruhigte Atmosphäre läßt den Regen senkrecht fallen: er fällt ganz gerade herunter.

Poschiavo GR 1967 / Tognina, Lingua Poschiavo 1967, S. 95

Li nìguli casciàdi dal vént, sono indizio di tempo secco, li màrcan bèl.
Die von Nordwind gejagten Wolken zeigen trockenes Wetter an, schönes Wetter.

Poschiavo GR 1967 / Tognina, Lingua Poschiavo 1967, S. 90

B. WOLKEN

1. Nebel

Wenn eine Wolke am Himmel schwarz wird, wird ein Wind blasen.
Nabu-ahi-iriba, Assurbanipal (669–633 v. Chr.), K. Schneider, S. 5

Ist der kleine Hymettus, der auch der Trockene genannt wird, teilweise in Nebel gehüllt, so ist das ein Zeichen für Regen; ebenso wenn der große Hymettus im Sommer mit seinem Gipfel und von der Seite von weißem Nebel eingehüllt ist, gleichviel wenn der trockene Hymettus auf seinem Gipfel und seitwärts Nebel hat. Dasselbe trifft zu, wenn der Südwestwind weht zur Zeit der Aequinoktien.
Theophrast (380–285 v. Chr.), K. Schneider, S. 30

Wenn aber tief im Tal die Nebeldünste schleichen,
den Fuß man des Gebirgs nicht sieht, doch heiter droben
ihm glänzen Haupt und Grat: den Tag wirst du noch loben
und seinen Sonnenschein! So auch, wenn sich der Rücken
der See mit Nebel deckt, als wollt er auf sie drücken,
so ausgedehnt und flach wie eine Felsenbank.
Das Gedicht Arats (315–245 v. Chr.), S. 55

Si nubes ut vellera lanae spargentur multae ab oriente, aquam in triduum praesagient.
Wenn sich von Osten viele Nebel wie Wollflocken ausbreiten, verheißen sie Regen in drei Tagen.
Plinius (23–79), E. Knapp, Volksk. i. d. roman. Wetterregeln, Tübingen 1939, S. 29

Der Nebel verspricht allgemein Regen, wenn er aufsteigt, so: altius atque cadant summotis nubibus imbres.
Vergil (70–19 v. Chr.), Georgica VI 389

Heiteres Wetter aber ist zu erwarten, wenn er sich im Tal festsetzt: nebulae montibus descendentes aut caelo cadentes vel in vallibus sedentes serenitatem promittent.

> *Plinius (23–79), E. Knapp, Volksk. i. d. roman. Wetterregeln, Tübingen 1939, S. 29*

Wenn nebel von den pergen absteygen oder von dem hymel fallen oder in den tälern ligen, bedeut schön wetter.

> *L. Reynman, Wetterbüchlein 1505*

Item wen es regnet an dem nächsten montag nach dem und der mon neuw ist worden. So der mon neuw ist worden, so sol es den ganzen monat auß regnen. Es spricht ain mayster, hayßet Solinus und Petrus: Wann die sonn hat mäl (Flecken) des morgens, darunter trübe wolcken, so regnet es gern und vil ungewitter sein. Seind die wolcken trüebe und schwartz deß morgens frü, so weet starcker nordwind. Ist die sonn des morgens hell und damitte liecht yr scheines vol sunder sehen als die geschoß, ir liechte brechen auf der voderen straßen, ist ain zaichen, das der tag großen regen und wind macht, als der vers außweißt:
Nocte rubens celum cras indicat esse serenum,
celum rubens mane, tempus significat pluviale.

> *Bauernpraktik 1508*

Wann der nebel ym summer ufzücht,
bedüt am tag oder am morgen fücht.
Darzu wann das ertrich nit ist besprent mit towen,
daruf mercken ir, man und frowen!

> *Schweizer Bauernpraktik 1517/18*

Wenn sich aber der Nebel zücht;
vom Thal hinuf in d'Höhe rücht,
den Lüften zu, so ists nit gut:
vil Kranckheit draus volgen thut.

> *Zürcher Bauernkalender 1574*

Von dem Herbst einschlüesllich bis in daß Fruhe-Jahr eben auch einschließlich achtet man sich deren Neblen wenig; dann diser halbe Theil des Jahrß natürlich und auch nutzlich die Nebel haben will. In dem Sommer aber, da sich sonderbar denen rinnenden Wässern nach ein Nebel sehen laßt, es seye morgends fruhe vor Sonnen-Aufgang oder Abends spaht nach Sonnen-Nidergang, so wird noch selben Tag, oder Tags hernach ein Regen, wo nicht gar ein Donner- oder Hagel-Wetter zu erwahrten seyn; als wozu der Nebel die Materi gibet.

> *Sarnen OW 1791 / Schweiz. Archiv f. Volksk., 1900, S. 34*

Kommt ein Regen, so wird es mit demselben Regen nicht ausgemacht seyn. Mann kann und soll disfahls noch auf andere mitlaufende Zeichen sehen, aus welchen Zusammenhaft eine vernünftige Muthmaßung zu schlüeßen. Kommet dann die Sonne darüber und schmöltzet den Nebel, vor selbiger in die Lüfte aufsteigen kann, hat dieser Nebel, so viel nit zu bedeüten. Mag aber derselbe aufsteigen, ist der Regen wie gewiß, absonderlich, wann es undterneblet, das ist, wann noch ein Nebel auffsteiget der nit gar bis zum oberen hinaufmag.

Sarnen OW 1791 / Schweiz. Archiv f. Volksk., 1900, S. 35

Weiters ist ein Undterschied zu machen zwischen denen schön-weiß und heüteren Neblen, welche sich rings herum beyläuffig in halber Höche der Bergen vest setzen und zwischen denen dicke und aeschefärbigen; dann bey Gelegenheit der ersteren pflegt man hier zusagen, das Land habe ein Krantz und besteht mit selben das schöne Wetter gar gut, wird auch oft solches schöne Wetter ein Nebel-Schohn genännd. Nicht solche Beschaffenheit hat es mit denen letzteren, nemmlich mit den finstern und grauen Neblen.

Sarnen OW 1791 / Schweiz. Archiv f. Volksk., 1900, S. 35

Von den Schohn Wülcklenen.
Was oben von dem Nebel-Krantz gemeldet worden, laßt sich auch einigermaßen auff die so genannte Schohn-Wülcklein ziechen: auch diese sieht mann gar gern auff oder ober den Güpflen der Bergen (absonderlich deren höchsten) sich vestsetzen. Als bald dise wülcklein ihre Posten verlassen und in die weithen des Himmels sich auflassen, steht es mit dem Schohn schon nit mehr gut; dann es ein Zeichen, das die Winde schon in dem luft.

Sarnen OW 1791 / Schweiz. Archiv f. Volksk., 1900, S. 35

Wann am Morgen gegen Giswyl hinauf ein Nebel gesehen wird, kann man zimmlich gewiß ein Regen auf den Abend vorsagen, absonderlich wann diser Nebel sich also vertheilt, alß wann gleichsam Nebel-Schiffer im Luft herumstreiften.

Sarnen OW 1791 / Schweiz. Archiv f. Volksk., 1900, S. 37

Gibet man acht, ob an dem Berg Giswyler-Stock genandt, ein Nebel sich sehen lasse und wie hoch selbiger hinauff steige. Mag er nicht weiter, als an halben Berg hinauf, ist daß schöne Wetter ferne: erhöbt er sich aber über den Berg hinauf, hoffet man gut Wetter.

Sarnen OW 1791 / Schweiz. Archiv f. Volksk., 1900, S. 37

Wann nach Liecht-Meß im Fruhe-Jahr ein Nebel ligt und ein Geiäch* hinderlasset, so wird 12 Wochen darnach ein Schnee kommen, so weith hinab, als das Geiäch gewessen. Das Geiäch aber, wamis obige Bedeüt-

tung haben soll, muß bis in die höchste Wälder hinauflangen. Man gibt meistens im Mertzen darauf Achtung.
* Rauhreif

Sarnen OW 1791 / Schweiz. Archiv f. Volksk., 1900, S. 37

Von dem Nebel wird gesagt: vor Weyhnacht Brod, nach Weyhnacht Tod.

Sarnen OW 1791 / Schweiz. Archiv f. Volksk., 1900, S. 38

Brouillard rampant au pied de la montagne,
annonce l'eau fécondant la campagne.
Nebel, der am Fuße eines Berges hinkriecht, zeigt Wasser an, das die Landschaft befruchtet.

Waadtland 1816/17 / Feuilles d'Agriculture, Bd. 19, S. 192

La pointe de la Dôle, aux Voirons la fontaine,
disent par un brouillard: Crains d'eau chûte prochaine.
Wenn die Spitze der Dôle, der Brunnen von Les Voirons im Nebel sind, muß man baldigen Regenguß erwarten.

Waadtland 1816/17 / Feuilles d'Agriculture, Bd. 27, S. 205

S isch gschöflet am Himmel, s Wetter werd nüd guet bliba.

Appenzell 1837 / T. Tobler, S. 242

Quand le brouillard est sur Chaumont, prends l'aiguille et les racommodages; quand il est sur le Vanel, prends la fourche et le rateau.
Wenn der Nebel überm Chaumont liegt, nimm Nadel und Flickzeug; wenn er über Vanel liegt, nimm Gabel und Rechen.

Valangin NE 1895 / Le patois Neuchâtelois 1895, S. 31

Cur il piz tumpiv porta capé, lascha la faulç e prenda rasté.
Wenn der Tumpiv eine Kappe trägt, laß die Sense und nimm den Rechen.

Annalas Rhaeto-Romanscha 1888, S. 15

Hett der Niesen e Degen,
so gitt es Regen.
Hett er e Hut,
so ist ds Wetter gut.

Berner Oberland 1812 / Phil. A. Stapfer 1812, Schriften der Schweiz. Gesellschaft f. Volkskunde 1955, Bd. 36, S. 278
Voyage pittoresque de l'Oberland, Paris 1812

Quand les renards (petits nuages blancs en forme de brouillards) courent en haut la Côte (remontent sur la Joux) le matin – le soir on a les nuages (le ciel couvert), la pluie et le mauvais temps.
Wenn die «Füchse» (kleine weiße Wolken in Form von Nebel) am

Morgen die Côte hinaufgehen (wieder zur Joux hinaufsteigen) — hat man am Abend Wolken (bedeckten Himmel), Regen und schlechtes Wetter.
: *Béroche NE 1895 | Le patois Neuchâtelois 1895, S. 33*

Die kleinen, die «Schäfli» genannten Wolken, Regen deutend, heißen «Regenbluest».
: *Andelfingen ZH 1865 | Mannhardt-Untersuchung; Schweiz. Archiv f. Volksk., 1971, S. 350*

Dre un gran caligh, vegn bel.
Nach einem dichten Nebel wird es schön.
: *Bergell GR 1896 | Decurtins 1896, S. 174*

Schönes Wetter, wenns graukig isch (die Luft wie von Rauch erfüllt).
: *Baselland 1908 | Schweiz. Archiv f. Volksk., Jg. 12, S. 20*

Nebbia bassa — bel temp la lassa.
Tiefer Nebel verheißt schönes Wetter.
: *Tessin 1911 | V. Pellandini, Tradizioni popolari Ticinesi, 1911, S. 139*

An de brouillards — an de pommes sauvages.
Nebeljahr — Wildäpfeljahr.
: *Savièse VS 1926 | Dictons de Savièse, S. 12*

Es gibt Regen, wenn die Hasen kochen (Dämpfe aus den Wäldern aufsteigen).
: *Thurgau 1930 | E. Schmid, Volkstümliche Wetterkunde 1931, S. 136*

Cur chi'd ais muntschüt, schi vaine bell' ora.
Wenn flacher Hochnebel über dem Tale liegt, so gibt es schönes Wetter.
: *Engadin GR 1944 | H. Lössi, Der Sprichwortschatz des Engadins, S. 232*

La tscheja chi tacha, trid'ora imnatscha.
Wenn der Nebel klebt, droht schlechtes Wetter.
: *Segl GR 1944 | H. Lössi, Der Sprichwortschatz des Engadins, S. 229*

Wenn der Nebel in die Höhe zieht, fällt er in drei Tagen als Regen nieder.
: *Sammlung Strub, Jenisberg GR*

Entsteigt der Rauch gefrornen Flüssen,
so ist auf lange Kält' zu schließen.
: *Sammlung Strub, Jenisberg GR*

Nous n'aurons pas le beau temps, le brouillard traîne partout.
Wir werden kein schönes Wetter haben, der Nebel zieht überall herum.
Les Marécottes VS 1961 | M. Müller, Le patois des Marécottes, Tübingen 1961

Nebelschwaden, die in geringer Höhe in das Tal ziehen, künden Regen an.
Andermatt UR 1972 | L.D., Andermatt UR, Umfrage 1972

Liegt nach Sonnenaufgang ein dicker Nebel über Flüssen, Bächen und Wiesen, so deutet's auf anhaltend gutes Wetter (September).
Kalender Schweizer Volksfreund, Zürich 1907

Schönes Wetter, wenn der Morgenäbel uf e Bode fallt.
Baselland 1908 | Schweiz. Archiv f. Volksk., Jg. 12, S. 20

Dichte Morgennebel über Flüssen, Bächen und Wiesen künden anhaltend gutes Wetter.
Sammlung Strub, Jenisberg GR

Auf gut Wetter vertrau,
beginnt der Tag nebelgrau.
Sammlung Strub, Jenisberg GR

Morgenebeli ond Wyberweh sönd em nüüni niene meh.
Schwellbrunn AR 1972 | H.S., *1925, Förster, Schwellbrunn AR, Umfrage 1972

Dicke Abendnebel hegen
öfters für die Nacht den Regen.
Sammlung Strub, Jenisberg GR

Wenn am Abend Nebelfetzen ganz hoch an den Bergen auftauchen, kann mit gutem Wetter am folgenden Tag gerechnet werden.
Andermatt UR 1972 | L.D., Andermatt UR, Umfrage 1972

Quand il y a des brouillards au mois de mars, c'est pour de la gelée ou de la pluie en mai.
Wenn es im März Nebel hat, ist das ein Zeichen für Frost oder Regen im Mai.
Develier BE 1908 | Schweiz. Archiv f. Volksk., Jg. 12, S. 168

Autant de brouillards en mars, autant de gelée ou de pluie en mai.
Wieviel Nebel im März, soviel Frost oder Regen im Mai.
Courrendlin BE 1908 | Schweiz. Archiv f. Volksk., Jg. 12, S. 168

Soviel im Märzen Nebel dich plagen,
soviel Gewitter nach hundert Tagen.
>   *Sammlung Strub, Jenisberg GR*

Sovill Näbel im Märze, sovill Wätter im Summer.
>   *Hirzel ZH 1972 | H. B.-S., Hirzel ZH, Umfrage 1972*

Si les brouillards du printemps plânent sur le Rhône et s'y perdent:
année d'abondance. S'ils s'élèvent: année de disette.
Wenn sich die Nebel im Frühling über die Rhone ausbreiten und sich
dort auflösen: Jahr des Überflusses. Wenn sie sich heben: Mangeljahr.
>   *St-Maurice 1812 | J. B. Bertrand, Le Folklore de St-Maurice, Cahiers Valaisans de Folklore 30, Sierre 1935, S. 174–177*

Wenn im Merze Näbel ufstygt, so gits in hundert Tagen es Gwitter.
>   *Baselland 1908 | Schweiz. Archiv f. Volksk., Jg. 12, S. 20*

De Märzenäbel chunt i hundert Tage wieder obenabe.
>   *Wädenswil ZH 1972 | H. B., Landwirt, Wädenswil ZH, Umfrage 1972*
>   *Untersteckholz BE 1972 | R. E., Landwirt, Untersteckholz BE, Umfrage 1972*

Näbeltagi im Merze: in 100 Tag chömme d Gwitter uf die Näbel.
>   *Reigoldswil BL 1972 | E. W.-T., *1886, alt-Landwirt, Reigoldswil BL, Umfrage 1972*

Wenn die vier erste Näbel nach Jakobi (24. Juli) nid hebed, hebed keini
mee (dann gibt es einen nassen Sommer).
>   *Rüdlingen SH 1954 | G. Kummer, Schaffhauser Volksbotanik, 2. T., 1954, S. 64*

Ist im Sommer Höhenrauch in Menge,
ist's ein Vorbote für des Winters Strenge.
>   *Sammlung Strub, Jenisberg GR*

L'an cega d'Avost la van par i bose; lan cega da Stembar la van par i
cembar.
Augustnebel in den Wäldern, Septembernebel in den Arven (in der
Höhe).
>   *Bergell GR 1896 | Decurtins 1896, S. 176*

Le nebbie d'agosto sono balorde come gli uomini al tempo del mosto.
Die Augustnebel sind unberechenbar wie die Männer zur Sauserzeit.
>   *Lodrino TI 1952 | Vocabolario dei Dialetti della Svizzera Italiana, Lugano 1952ff., Vol. 1, 387, S. 46*

Non vuol piovere, sono nebbie d'agosto.
Es will nicht regnen, es sind Augustnebel.
>   *Ascona TI 1952 / Vocabolario dei Dialetti della Svizzera Italiana, Lugano 1952 ff., Vol. 1, 387, S. 46*

Winternebel bringt bei Ostwind Tau
der Westwind treibt ihn aus der Au (Januar).
>   *Züricher Kalender 1972, Einsiedeln SZ*

Wänns de Berge naa Näbelstreife hät, dene säge mir: Wasserchälber oder Rägewürm.
>   *Bündner Herrschaft 1972 / C. M., *1887, Maienfeld GR, Umfrage 1972*

Cur cha Crasta Mora ho sü sia chapütscha, as müda l'ora.
Wenn die Crasta Mora eine Nebelmütze trägt, ändert sich das Wetter.
>   *Schlarigna GR 1944 / H. Lössi, Der Sprichwortschatz des Engadins, S. 226*

Cur cha'l Lai Nair füma, schi vaine trid' ora.
Wenn der Lai Nair (Schwarzsee ob Nauders) raucht, so kommt schlechtes Wetter.
>   *Tschlin GR 1944 / H. Lössi, Der Sprichwortschatz des Engadins, S. 226*

Cur cha la tschiera da Piz Rims vain nan, vaina trid'ora.
Wenn der Nebel vom Piz Rims herkommt, kommt schlechtes Wetter.
(Piz Rims: Berggipfel westlich des Val d'Uina.)
>   *Sent GR 1944 / H. Lössi, Der Sprichwortschatz des Engadins 1944, S. 228*

Cur cha la tschiera da Mundeis tira vers Tavau, vegna trid' aura.
Wenn der Nebel von Mundeis gegen Davos zieht, kommt schlechtes Wetter (Mundeis: Bergrücken südlich von Susch.)
>   *Guarda GR 1944 / H. Lössi, Der Sprichwortschatz des Engadins 1944, S. 228*

La serp da Malögia porta plövgia.
Die Maloja-Schlange bringt Regen. (Die Maloja-Schlange ist ein dicker Nebelstreifen, der sich von Maloja her dem linken Talhang entlangzieht.)
>   *S-chanf GR 1944 / H. Lössi, Der Sprichwortschatz des Engadins, S. 229*

Scha la futschöla passa la val Saluver, as müda l'ora.
Wenn die Maloja-Schlange über das Saluvertal hinausgeht, ändert sich das Wetter.
>   *Schlarigna GR 1944 / H. Lössi, Der Sprichwortschatz des Engadins, S. 230*

Scha la tschiera dal Lischana as muossa la duman, ant la sair' ün bel pantan.

Wenn sich der Nebel am Piz Lischana am Morgen zeigt, (so gibt es) noch vor dem Abend ein schönes Gewitter.

<small>Vnà GR 1944 / H. Lössi, Der Sprichwortschatz des Engadins, S. 230</small>

Scha la tschiera da Plattamala vain nan e sü dal Val Ruinains, schi vaina plövgia.
Wenn der Nebel von Plattamala das Val Ruinains heraufzieht, so kommt Regen.
(Plattamala: Straßenenge zwischen Ramosch und Strada; Val Ruinains: bei Seraplana einmündendes Tobel.)

<small>Tschlin GR 1944 / H. Lössi, Der Sprichwortschatz des Engadins, S. 230</small>

Scha la fourara da l'Amd'Ursigna ais implida da tschiera, as müda l'ora.
Wenn die fuora da l'Amd'Ursigna mit Nebel gefüllt ist, ändert sich das Wetter.

<small>Schlarigna GR 1944 / H. Lössi, Der Sprichwortschatz des Engadins, S. 230</small>

La tschiera da Rims significha trid taimp.
Der Nebel von Rims bedeutet schlechtes Wetter.
(Lai da Rims: kleiner Bergsee südlich von Valchava.)

<small>Münstertal GR 1944 / H. Lössi, Der Sprichwortschatz des Engadins, S. 229</small>

Vezzast la tschiera da Rims voul quai dir:
Il bel taimp giarà a finir.
Sieht man den Nebel in Rims, will das heißen: Das schöne Wetter ist zu Ende.

<small>Müstair GR 1972 / C. F.-A., *1897, Landwirt und Lehrer, Müstair GR, Umfrage 1972</small>

Cumpara la tschiera da l'alp Ravera
sast cha in trais dis il taimp fa atra tschera.
Kommt der Nebel von der Alp Ravera, weiß man, daß sich das Wetter in drei Tagen ändern wird (atra tschera – andere Miene).

<small>Müstair GR 1972 / C. F.-A., *1897, Landwirt und Lehrer, Müstair GR, Umfrage 1972</small>

Nebelbildung am Fuße des Scesaplana (von Chur aus gesehen) bedeutet Windwechsel auf Nord mit fallender Temperatur.

<small>Chur GR 1972 / G. Th., *1921, Landwirt, Chur, Umfrage 1972</small>

Maintenant le brouillard sort de la Gorge du Trient, il fera de nouveau mauvais temps.
Jetzt kommt der Nebel aus der Schlucht von Trient, es wird von neuem schlechtes Wetter geben.

<small>Les Marécottes VS 1961 / M. Müller, Le patois des Marécottes, Tübingen 1961</small>

Wenn der Nebel auf dem Ägerisee schnell in die Lüfte steigt, gibt's Regen; lichtet er allmälig und schleicht dem Studenberg entlang, wird's schön, «versäuft» er aber im See, so gibt es anhaltend schlechtes Wetter.

Kt. Zug 1897 | Schweiz. Archiv f. Volksk., 1897, S. 120

Wenn der Nebel sich im Verlauf des Vormittags in die Höhe hebt und vergeht, wird das Wetter gut. Versinkt er hingegen im See, gibt es Regen.

Horgen ZH 1972 | O.L., *1912, Landwirt, Horgen ZH, Umfrage 1972

Chunnt dr Näbel vo dr Aare,
wärdet mer guet Wätter erfahre.

Oltingen BL 1960 | Sammlung Müller, Liestal BL

Chunt dr Näbel vo Rohr,
so rägnets hüt oder morn.

Oltingen BL 1960 | Sammlung Müller, Liestal BL

Cur chi fan pan vi'l Resch, vaine trid.
Wenn sie in Reschen drüben Brot backen, wird es schlecht.
(Nebel über dem Reschenpaß, das heißt hinter dem Piz Lad, verheißt Regen.)

Tschlin GR 1944 | H. Lössi, Der Sprichwortschatz des Engadins, S. 228

Cur cha quels da Danuder fan pan, schi vaine da plover.
Wenn die Nauderser Brot backen (das heißt wenn über Nauders dicker Nebel liegt), so wird es regnen.
(Dieser Nebel, der jeweils auf der südlichen Talseite des Engadins auftaucht und Regen verheißt, nennt man andernorts, Sent, Vnà, Tschlin usw., auch il chamins da Milan, die Kamine von Mailand.)

Scuol GR 1944 | H. Lössi, Der Sprichwortschatz des Engadins, S. 228

Cur cha'ls anguels fan pan
vain la plövgia fin daman.
Wenn die Engel Brot backen, regnet es am folgenden Tag.

Müstair GR 1972 | C.F.-A., *1897, Landwirt und Lehrer, Müstair GR, Umfrage 1972

Nébia bàssa, bèl témp la làssa.
Niedriger Nebel bringt gutes Wetter.
(Nebel im Tal, der nach reichlichem Regen entsteht, bringt schönes Wetter.)

Poschiavo GR 1967 | Tognina, Lingua Poschiavo 1967, S. 91

Tafel I: Cumuluswolken, Blick von der Fuorcla Surlej nach Norden. Die Bauernregel meint zu solchen Wolken: «Kleine weiße Haufenwolken im Verlaufe des Tages deuten auf Fortdauer des schönen Wetters.» Die Meteorologen bezeichnen solche Cumuluswolken als eigentliche Schönwetterwolken. Diese Regel ist deshalb richtig.
(Aufnahme: Meteorologische Zentralanstalt, Zürich)

Tafel II: Gewitterwolken oberhalb Herrliberg ZH. Die Bauernregel lautet: «Quellen Haufenwolken nach oben, so ist mit Regen zu rechnen.» Eine ähnliche Regel besagt: «Bilden sich große Haufenwolken bei schwüler Luft, sind Regen oder Gewitter zu erwarten.» Nach Auffassung der Meteorologen bilden hier die Hauptanhaltspunkte große Cumuli sowie die Entwicklung eines faserigen, amboßförmigen Hutes; ferner die Tatsache, daß sich keine Wolken darüber befinden, die das Wachstum nach oben verhindern könnten. Der Wind wehte aus Nordwest. Die Wetterlage brachte tatsächlich Gewitter mit Schauern.
(Aufnahme: Meteorologische Zentralanstalt, Zürich)

Tafel III: Föhnwölklein im Abendrot. Zahlreiche Bauernregeln glauben, daß Abendrot ein Schönwetterzeichen darstelle. «Rote Abendwolken verkünden schönes Wetter», sagt man im Wallis. «Rote Wolken am Abend, am Morgen schön, um auf den Markt zu gehn», heißt es im Münstertal und Engadin. Die Meteorologen sagen zu diesem Himmelsbild, daß ein solcher Abendhimmel tatsächlich gutes Wetter verspricht.
(Aufnahme: Beat Hauser)

Tafel IV: Nebel am Hüttnersee. Zwei aus dem Bergell und dem Tessin stammende Bauernregeln sagen: «Tiefer Nebel verheißt schönes Wetter.» Die Meteorologen meinen dazu, daß sich in dieser Situation der Nebel offenbar am Abend gebildet hat und daß ein verhältnismäßig schöner und ruhiger Tag zu erwarten ist.
(Aufnahme: Beat Hauser)

Tafel V: Nebelbänke über dem Brienzersee. Die entsprechende Bauernregel lautet: «Wenn der Nebel sich im Verlauf des Vormittags in die Höhe hebt und vergeht, wird das Wetter gut. Versinkt er hingegen im See, gibt es Regen.» Diese Erfahrung entspricht im allgemeinen den Erkenntnissen der Meteorologen. (Aufnahme: Meteorologische Zentralanstalt, Zürich)

Tafel VI: Föhnhimmel, Blick vom Hasliberg gegen Süden. «Was der Föhn frißt, schiißt er wieder», sagt man heute noch im Muotathal. Die Prättigauer sagen: «Der Pföön hed d Wassergeltä am Füdli.» Ähnlich sagt man im Waadtland: «Si le vent du sud souffle, cela amène la pluie.» Diese Regeln stimmen mit den meteorologischen Erkenntnissen überein. Auf der Alpennordseite ist der Föhn bekannt als warmer und trockener Fallwind. Er ist von schönem und sichtigem Wetter begleitet. Die Föhnluft ist feuchtigkeitshungrig und wirkt austrocknend. Nach dem Zusammenbruch des Föhns gibt's oft Regen. Auf der Alpennordseite folgt aber auf Föhn meist schlechtes Wetter. (Aufnahme: Walter Glättli)

Tafel VII: Schäfchenhimmel, Blick vom Säntis gegen Südosten. Eine aus Baselland stammende Bauernregel meint: «Es gibt schönes Wetter, wenn es Schäfchenwolken am Himmel hat.» Eine Tessiner Regel sagt: «Wenn am Himmel Wolken wie Brote sind (Schafswolken), regnet es nicht heute, so regnet es doch morgen.» Die Meteorologen meinen zu diesem Himmel, daß die nächste Störung noch weit entfernt ist; so daß mindestens ein schöner Tag bevorsteht.
(Aufnahme: Meteorologische Zentralanstalt, Zürich)

Tafel VIII: Schäfchenwolken am Säntis im Morgenrot. Die Morgenrotregeln sind recht häufig. Im 19. Jahrhundert hieß es in der Westschweiz: «Le rouge du matin amène la pluie, le rouge du soir amène la sécheresse.» Im Puschlav, im Bergell und im Wallis sagt man kurz und bündig: «Am Morgen rot, am Abend Kot.» Die Erscheinung ist oft schwer zu deuten. Erst die verschiedensten Beobachtungen und Regeln zusammengenommen ergeben ein brauchbares Ganzes.
(Aufnahme: Meteorologische Zentralanstalt, Zürich)

Sca li ghébi da l'altóin, cioè della stagione delle piogge, li van ras tèra, mentre quelle di primavera il pàsculan, sono un po' più mosse, e sono pure indizio di brutto tempo.
Die Herbstnebel ziehn dem Boden entlang, aber die Frühlingsnebel weiden auf den Wiesen, das heißt sie bewegen sich; sie zeigen ebenfalls schlechtes Wetter an.

Poschiavo GR 1967 | Tognina, Lingua Poschiavo 1967, S. 91

Br sa frantalùn mét sü'l cagèl, via la falc e scià'l restèl, se la cima di Frantellone scompare nella nebbia, il contadino deve smettere di falciare e puinipe il fieno in fase di essiccazione.
Wenn der Gipfel des Berges Frantellone im Nebel verschwindet, soll der Bauer aufhören zu mähen und das Heu zum Trocknen auf Haufen zusammenlegen.

Poschiavo GR 1967 | Tognina, Lingua Poschiavo 1967, S. 91

Br la ghèba da l'altoin le nìbla'l furment ùn e li castégni.
Der Herbstnebel läßt weder den Mais noch die Kastanien voll ausreifen.

Poschiavo GR 1967 | Tognina, Lingua Poschiavo 1967, S. 92

2. Wolken

So viele Blitze sind die treuesten Gefährten
des Wassers. – Daß es bald zum Regen kommt, das lehrten
oft Wolken, weich-zerzaust, wie Wolleflocken und
ins hohe Blau gemalt zwei Regenbogen bunt;
auch wenn mit schwarzem Hof ein Stern sich zeigte dir.

Das Gedicht Arats (315–245 v. Chr.), S. 53

Doch nicht minder nach Regen kannst Sonne und heiteren Himmel
du schon voraussehen und an sicheren Zeichen erkennen.
Denn dann scheint an den Sternen nicht stumpf die Schärfe des Glanzes,
noch scheint Luna ihr Licht zu borgen vom Strahle des Bruders,
auch keine zarten Flocken von Wolle am Himmel zu schweben.

Vergil (70–19 v. Chr.), Vom Landbau, S. 15

Doch wenn das reine Licht der Sterne jäh ermattet,
und Wolken nahn dabei von nirgends her, auch schattet
kein Dunkel sonst, noch auch sehn wir sie etwa schlecht,
weil hell der Mond scheint – sind nur so sie abgeschwächt:
Für schlechtes Wetter sei dies Zeichen dir gegeben,
auf Stille hoff dann nicht! Noch auch, wenn Wolken schweben
ganz unbewegt, und in noch höheren Gefilden
hintreibend und zurück, sich andre Wolken bilden.

Das Gedicht Arats (315–245 v. Chr.), S. 55

Zeigt der Himmel am Morgen «Schäfchen», so folgt am Abend Regen.
Sarganserland SG 1916 / W. Manz, Basel 1916, S. 117

Sind morgens Himmelschäflein,
wird's bald hageln oder schneien.
Sammlung Strub, Jenisberg GR

Bilden sich große Haufenwolken bei schwüler Luft schon am Morgen, sind Regen und Gewitter zu erwarten.
Sammlung Strub, Jenisberg GR

Wenn über Mittag von 12 bis 13 Uhr kein Wölklein, ändert's Wetter binnen 24 Stunden.
Sammlung Müller, Liestal BL

Schönwetterzeichen im Juni:
Wenn starker Tau gefallen ist und nicht schnell verdunstet.
Wenn die Haufenwolken sich in Federwölklein verwandeln.
Wenn bei Abendrot die Wolkenschäfchen hoch über dem Horizont gelbrot gleißen.
Sammlung Strub, Jenisberg GR

Mittelgroße weiße Haufenwolken im Verlaufe des Vormittags auftretend, deuten auf Fortdauer des schönen Wetters.
Wünnewil FR 1972 / L.P., Landwirt, Wünnewil FR, Umfrage 1972

Haufenwolken, die sich von Mittag an zusammenballen und den Himmel verdunkeln, lassen gegen Abend oder schon früher ein Gewitter erwarten. Lösen die Wolken sich gegen 14 Uhr auf, ist gleichentags kaum mehr ein Gewitter zu erwarten.
Wünnewil FR 1972 / L.P., Landwirt, Wünnewil FR, Umfrage 1972

Geht die Sonne hinter einer schiefergrauen, geraden Wolkenwand unter, folgt Regenzeit.
Sammlung Strub, Jenisberg GR

Hohe Wolken, gegen Abend nach Süden abziehend, lassen besseres Wetter erwarten.
Wünnewil FR 1972 / L.P., Landwirt, Wünnewil FR, Umfrage 1972

Von Westen her langsames Auftreten von gestrichen hohen Wolken deutet auf schlechtes Wetter.
Wünnewil FR 1972 / L.P., Landwirt, Wünnewil FR, Umfrage 1972

Schlechtes Wetter: Am Aabig graus Fotzelgwülch im Weste.
Hombrechtikon ZH 1972 / Frau A.H., *1892, Hombrechtikon ZH, Umfrage 1972

Schäfchenwolken deuten auf Regen, schönes Abendrot auf gutes Wetter.
Hirzel ZH 1972 / W.K., *1927, Landwirt, Hirzel ZH, Umfrage 1972

Après la rosée la lavée.
Nach dem Tau die Wäsche.
Arnex VD / G.M., *1935, Arnex VD, Umfrage 1972

Auflockerung des Wolkenhimmels gegen Abend (mit Abendrot) läßt auf Wetterbesserung schließen; desgleichen aufsteigende Talnebel bei Regenwetter.
Wünnewil FR 1972 / L.P., Landwirt, Wünnewil FR, Umfrage 1972

S git no kei Räge, s Gwülch isch (nach dem Gewitter) z hoch.
Baselland 1908 / Schweiz. Archiv f. Volksk., Jg. 12, S. 21

Schönes Wetter: Wenns Schöfliwulken am Himmel het.
Baselland 1908 / Schweiz. Archiv f. Volksk., Jg. 12, S. 21

Quando il cielo é fatto a pani
se non piove oggi, piove domani.
Wenn am Himmel Wolken wie Brote sind (Schäfchenwolken), regnet es nicht heute, so regnet es morgen.
Tessin 1911 / V. Pellandini, Tradizioni popolari Ticinesi, 1911, S. 139

Cielo fatto a pagnotte
se non piove di giorno piove di notte.
Wenn am Himmel Wolken sind wie Brote (Schäfchenwolken), regnet es nicht am Tag, so regnet es in der Nacht.
Tessin 1911 / V. Pellandini, Tradizioni popolari Ticinesi, 1911, S. 139

Regenzeichen: Federwolken an vorher klarem Himmel.
Sammlung Strub, Jenisberg GR

Trübe Wolken und großer Wind
selten ohne Regen sind.
Sammlung Strub, Jenisberg GR

Tiefdunkle Wolken bergen starke Regenfälle, haben sie eine gelbe Färbung, so droht Hagel.
Sammlung Strub, Jenisberg GR

Quando il cielo è sparso di nubi e si vede un po' di cielo, è segno che vuol piovere.
Wenn der bedeckte Himmel Fenster hat, bedeutet es Regen.
Calgiano TI 1972 / O. Lurati, Lugano

Quando le nuvole vanno a ponente, prendete la panca e sedetevi;
quando è nuvoloso laggiù in fondo (a oriente) prendete la zappa e
nascondetela.

Wenn die Wolken gegen Westen ziehen, so nehmt die Bank und setzt
euch; wenn es dort im Hintergrund (Osten) wolkig ist, holt die Hacke
und versteckt sie.

Onsernonetal TI 1920 / Schweiz. Archiv f. Volksk., Jg. 23, S.79

Cur cha'l nüvel va inaint
il paur po esser zuond cuntaint.
Va'l pero inora
schi porta'l la strasera.

Ziehen die Wolken taleinwärts, kann der Bauer zufrieden sein. Ziehen
sie talauswärts, bringen sie das Gewitter.

Müstair GR 1972 / C.F.-A., *1897, Landwirt und Lehrer, Müstair GR, Umfrage 1972

Cura tg'igl piz Mitgel meta se tgapitsch, vign igl a plover.

Wenn der Piz Michel sich eine Kappe auflegt, gibt es Regen.

Rätoroman. Chrestomathie 1896/1919, S.696

Veias mo adatg, cura ch'il Scopi.
Tilla neutier capetsch, ne metta si tschupi.

Hütet euch, wenn der Piz Scopi sich eine Kappe oder einen Kranz auflegt.

Rätoroman. Chrestomathie 1896/1919, S.169

Incur'cal piz Duan ha sü'l capel, bütta lò la falc e čiappa al rastel.

Setzt der Piz Duan die Kappe auf, laß die Sense und hol den Rechen.

Bergell GR 1896 / Decurtins 1896, S.174

Quando il Poncione di Pesciora mette il cappello,
butta la falce e prendi il rastrello.

Wenn der Poncione von Pesciora den Hut aufsetzt, wirf die Sense fort
und nimm den Rechen.

Tessin 1972 / O. Lurati, Lugano

Pez Punteglias metta si capi;
betta la faulsch e pren il rasti!

Wenn der Piz Punteglias die Kappe trägt, lege die Sense weg und
nimm den Rechen!

Rätoroman. Chrestomathie 1896/1919, S.169

Cur cha'l Lunghin ho sü la chapütscha,
metta davent la fotsch e piglia'l rastè.

SAMMLUNG DER REGELN

Wenn der Piz Lunghin seine Mütze trägt, lege die Sense weg und nimm den Rechen.
Segl GR 1944 / H. Lössi, Der Sprichwortschatz des Engadins, S. 226

Cur cha'l Pisoc ha sü la chapütscha,
schi pigl' il parisul e mütscha.
Cur cha'l Pisoc ha sü'l chapè,
schi lascha la fotsch e piglia'l rastè.
Wenn der Piz Pisoc eine Mütze trägt,
so nimm den Schirm und mache dich aus dem Staube.
Wenn der Piz Pisoc einen Hut trägt,
so laß die Sense liegen und nimm den Rechen.
Engadin GR 1944 / H. Lössi, Der Sprichwortschatz des Engadins, S. 227

Cur cha'l Piz Daint ha sü chapè, schi in trais dis plova.
Wenn der Piz Daint einen Hut trägt, regnet es in drei Tagen.
Münstertal GR 1944 / H. Lössi, Der Sprichwortschatz des Engadins, S. 227

Cur cha'l Piz Pisoc ais chapütschà,
o chi plova o chi plovarà.
Wenn der Piz Pisoc eine Mütze trägt,
so regnet es oder wird es noch regnen.
Ramosch GR 1944 / H. Lössi, Der Sprichwortschatz des Engadins, S. 227

Cur cha'l Piz Labàn ais chapütschà,
o chi plova o chi plovarà.
Wenn der Piz Labàn (Schmalzkopf bei Nauders) eine Mütze trägt, so regnet es oder wird noch regnen.
Tschlin GR 1944 / H. Lössi, Der Sprichwortschatz des Engadins, S. 227

Cur il Fora ho üna bindera, do que vent o trid'ora.
Wenn der Piz Fora eine Wolkenfahne hat, gibt es Wind oder schlechtes Wetter.
Segl GR 1944 / H. Lössi, Der Sprichwortschatz des Engadins, S. 228

Cur chi va sü la nüvla dal Curun,
schi vaine plövgia, ma dal bun.
Wenn die Wolke über Curon aufsteigt, so kommt Regen, aber gehörig.
Ramosch GR 1944 / H. Lössi, Der Sprichwortschatz des Engadins, S. 228

Cur il Chapisun ais chapütschà,
ais la plövgia bel e quà.
Wenn der Piz Chapisun eine Mütze trägt, ist der Regen bereits da.
(Piz Chapisun: Berggipfel nördlich von Lavin.)
(Susch GR)
Engadin GR 1944 / H. Lössi, Der Sprichwortschatz des Engadins, S. 228

Cur il Mot da set Mezdis ais chapütschà,
festin' e va a chà.
Wenn der Mot da set Mezdis bedeckt ist, beeile dich und geh nach Hause.
(Mot da set Mezdis: Weide ob Sent.)
Vnà GR 1944 / H. Lössi, Der Sprichwortschatz des Engadins, S. 229

Cur Mundeis ais chapütschà,
ais la plövgia sün üsch chà.
Wenn Mundeis bedeckt ist, steht der Regen vor der Haustüre.
(Mundeis: Bergrücken südlich von Susch.)
Lavin GR 1944 / H. Lössi, Der Sprichwortschatz des Engadins, S. 229

Metta'l Buin sü chapütscha,
fa svelt e mütscha.
Setzt der Piz Buin eine Mütze auf, mach schnell und entwische.
(Guarda GR)
Engadin GR 1944 / H. Lössi, Der Sprichwortschatz des Engadins, S. 229

Scha'l Piz Tschütt ais chapütschà
lavur' in presch' e va a chà.
Cur cha'l Piz Tschütta ais chapütschà,
o chi guotta o chi ha guttà.
Wenn der Piz Tschütta (Stammerspitze) eine Mütze trägt, arbeite in Eile und geh nach Hause, oder so tropft es oder hat getropft.
Vnà GR 1944 / H. Lössi, Der Sprichwortschatz des Engadins, S. 230

Scha'l Munt Baselgia ais chapütschà,
la plövgia sta davant la chà.
Wenn der Munt Baselgia eine Mütze trägt, steht der Regen vor dem Hause.
Zernez GR 1944 / H. Lössi, Der Sprichwortschatz des Engadins, S. 230

Scha la nüvligna sur il Piz d'Alvra
ais sulischma suletta vi al tschêl, as müda l'ora.
Wenn sich das Wölklein über dem Piz d'Alvra (Albula) ganz allein am Himmel befindet, ändert sich das Wetter.
(Schlarigna GR)
Engadin GR 1944 / H. Lössi, Der Sprichwortschatz des Engadins, S. 230

Cur cha'l nüvel ais sün Piz Daint,
alura sgür as müd' il taimp.
Wenn der Piz Daint bewölkt ist, dann ändert sich bestimmt das Wetter.
Tschierv GR 1944 / H. Lössi, Der Sprichwortschatz des Engadins, S. 226

Cur cha'l nüvel va vers Uina, schi mett' il chapè sün pigna;
cur cha'l nüvel va vers Lavèr, schi sgür chi plova pac o bler.
Wenn die Wolken gegen Val d'Uina ziehen, so lege den Hut auf den
Ofen; ziehen die Wolken nach dem Val Lavèr, so wird es sicher wenig
oder viel regnen.

Sent GR 1944 | H. Lössi, Der Sprichwortschatz des Engadins, S.233

Cur cha'l nübel va in Samagnun, pigl' il chapè bun;
cur cha'l va in Uina, mett' il chapè sün pigna.
Wenn die Wolken nach dem Samnaun ziehen, so nimm den guten Hut;
ziehen sie nach Val 'Uina, so lege den Hut auf den Ofen.

Ramosch GR 1944 | H. Lössi, Der Sprichwortschatz des Engadins, S.233

Cur cha'l nüvel tira vers Bernina, mettains il chapè sün pigna;
cur cha'l tira vers Tavo, mettains il chapè sün cho.
Wenn die Wolken gegen das Berninamassiv ziehen, laßt uns den Hut auf
den Ofen legen; wenn sie aber gegen Davos ziehen, so setzen wir ihn
auf den Kopf.

Samedan GR 1944 | H. Lössi, Der Sprichwortschatz des Engadins, S.233

Cur cha'l nüvel va vers Vuclina, schi metta il chapè sün pigna;
cur cha'l nüvel va vers Tavau, schi metta il chapè sül chau.
Wenn die Wolken nach dem Veltlin ziehen, so lege den Hut auf den
Ofen; wenn die Wolken gegen Davos ziehen, so setze den Hut auf den
Kopf.

Münstertal GR 1944 | H. Lössi, Der Sprichwortschatz des Engadins, S.233

Cur cha'l nüvel va vers la val schi plova sainza fal;
cur cha'l nüvel va vers Arpiglia, schi mett' il chapè sün la claviglia.
Wenn die Wolke talwärts zieht, so regnet es ohne Fehl; wenn sie gegen
den Piz Arpiglias zieht, so hänge den Hut an den Holznagel.

Lavin GR 1944 | H. Lössi, Der Sprichwortschatz des Engadins, S.233

Cur cha'l nüvel va vers Samagnun, vaine trid' ora in Grischun;
cur cha'l nüvel va vers Vuclina, vain bell'ora in Engiadina.
Wenn die Wolken gegen das Samnaun ziehen, so gibt es im Bünderland
schlechtes Wetter; ziehen sie gegen das Veltlin, so wird es schön im
Engadin.

Engadin GR 1944 | H. Lössi, Der Sprichwortschatz des Engadins, S.233

Cur cha'l nüvel va vers Muntafun, plova in mincha chantun;
cur cha'l nüvel va vers Vuclina, vaina bell' ora in Engiadina.
Wenn die Wolken gegen Montafon (Vorarlberg-Tirol) ziehen, regnet
es in jeder Ecke; ziehn die Wolken gegen das Veltin, kommt schönes
Wetter im Engadin.

Engadin GR 1944 | H. Lössi, Der Sprichwortschatz des Engadins, S.233

Cur cha'l nüvel va vers Tavè, schi metta'l chapè sül chè;
cur cha'l nüvel va a val, schi vaina plövgia sainza fal.
Wenn die Wolken gegen Davos ziehen, so setze den Hut auf den Kopf;
wenn die Wolken talabwärts ziehen, so kommt bestimmt Regen.
Susch GR 1944 | H. Lössi, Der Sprichwortschatz des Engadins, S.226

Cur cha'l nüvel va vers Muntafun,
plova in tuot il Grischun.
Wenn die Wolken gegen das Montafon ziehen, regnet es im ganzen Bündnerland.
Engadin GR 1944 | H. Lössi, Der Sprichwortschatz des Engadins, S.226

Cur cha'l nüvel va in Vuclina
as chargia'l cul bun vin.
Tuornand ha'l noscha glüna
e sur da nus oura svöda'l seis butschin.
Wandern die Wolken in Richtung Veltlin, beladen sie sich mit gutem Wein. Kommen sie vom Veltlin, haben sie schlechte Laune und entleeren ihre Fässer über uns.
Müstair GR 1972 | C.F.-A., Landwirt und Lehrer, Müstair GR, Umfrage 1972

Wolkenbildung ob den Brigelshörnern bei strahlendem Wetter bedeutet Wetterwechsel.
Chur GR 1972 | G.Th., *1921, Landwirt, Chur, Umfrage 1972

Horizontaler Nebelstreifen am Calanda bedeutet Regen gleichentags oder anderntags.
Chur GR 1972 | G.Th., *1921, Landwirt, Chur, Umfrage 1972

Quand celle (la pointe) d'Hérens a le plumet, c'est signe de mauvais temps.
Wenn die Pointe d'Hérens einen Federbusch trägt, ist das ein Zeichen für schlechtes Wetter.
Savièse VS 1926 | Dictons de Savièse, S.11

Le Mont Blanc a son chapeau, cela annonce le mauvais temps, dans trois jours il pleuvra.
Der Mont Blanc hat seinen Hut. Das kündet schlechtes Wetter an, in drei Tagen wird es regnen.
Les Marécottes VS 1961 | M. Müller, Le patois des Marécottes, Tübingen 1961

C'est signe de mauvais temps, quand il y a un amas de nuages aux Follatères.

Es ist ein Schlechtwetterzeichen, wenn es an den Follatères einen Wolkenhaufen hat.
(Follatères: Berge im Norden von Martigny.)
> *Les Marécottes VS 1961 | M. Müller, Le patois des Marécottes, Tübingen 1961*

Les nuages contre le Mont Chavalard, c'est signe de pluie.
Wolken gegen den Mont Chavalard sind ein Regenzeichen.
> *Wallis 1930 | E. Gillioz, Dictons d'Isérables, Cahiers Valaisans de Folklore 15 1930, S. 5*

Quand le Catogne a boté son tsapé
il va bientôt royer.
Wenn der Catogne seinen Hut aufgesetzt hat, wird es bald regnen.
> *St-Maurice VS 1935 | J. B. Bertrand, Le Folklore de St-Maurice, Cahiers Valaisans de Folklore 30, 1935, S. 174–177*

Tant qu'il y a du niolant dans la forêt des Bans (au-dessus de Lavey), il n'y a pas de beau temps.
Wenn es Nebelfetzen im Wald von Bans (oberhalb von Lavey) hat, ist das Wetter nicht gut.
> *St-Maurice VS 1935 | J. B. Bertrand, Le Folklore de St-Maurice, Cahiers Valaisans de Folklore 30, 1935, S. 174–177*

Lorsque la Dent d'Oche fume, il est presque certain qu'il pleut le lendemain.
Wenn die Dent d'Oche raucht, ist es fast sicher, daß es am folgenden Tag regnet.
> *Denens-sur-Morges VD 1972 | A. S., *1923, agriculteur, Denens-sur-Morges VD, Umfrage 1972*

Kleine Wolke bei klarem Wetter über dem Gotthard bedeutet in ein bis zwei Tagen Regen.
> *Andermatt UR 1972 | L. D., Andermatt UR, Umfrage 1972*

Hät dr Gunzä ä Huet, ist z Heuwätter guet;
hät r ä Chappä, so chunnt dr Rägä in z Heu ge tappä.
> *Sarganserland SG 1916 | W. Manz, Basel 1916, S. 117*

Hät de Wiseberg e Chappe,
chönne d Buure Wasser lappe.
> *Sammlung Müller, Liestal BL*

Hat der Säntis einen Hut,
bleibt das Wetter gut.
> *Bühler AR 1972 | K. F., *1907, Förster, Bühler AR, Umfrage 1972*
> *Haslen AI 1972 | J. B. G., *1918, Chauffeur, Haslen AI, Umfrage 1972*

Hat der Säntis einen Hut,
ja dann bleibt das Wetter gut.
Hat er aber einen Degen,
ja dann gibt es eben Regen.
> *Schwellbrunn AR 1972/ S.H., *1925, Förster, Schwellbrunn AR, Umfrage 1972*

Hat der Aubrig einen Hut,
ist das Wetter gut.
Hat der Aubrig einen Kutz,
ist das Wetter futsch.
> *Vorderthal SZ 1972 / R.B., *1953, Landwirt, Vorderthal SZ, Umfrage 1972*

Hat der Gonzen einen Hut,
ist das Wetter gut.
> *Flums SG 1972 / W.G., *1953, Landwirt, Flums SG, Umfrage 1972*

Hat der Pilatus einen Hut,
ist das Wetter gut.
Hat er einen Degen,
gibt es Regen.
> *Hombrechtikon ZH 1972 / Frau A.H., *1892, Hombrechtikon ZH, Umfrage 1972*

Hät dä Pilatus en Huet,
de isch s Wätter guet.
Hät dä Pilatus en Chappe,
rägnets drüber appä.
> *Gersau SZ 1972 / P.G., *1953, Landwirt, Gersau SZ, Umfrage 1972*

Hat der Pilatus einen Hut,
ist das Wetter fein und gut.
Hat er aber eine Kappe,
fängt es an zu «grappe».
Hat er einen Degen,
gibt es sicher Regen.
> *Luzern 1972 / M.A., *1952, Landwirt, Luzern, Umfrage 1972*

Hat der Pilatus einen Hut,
so ist das Wetter gut.
> *Lungern OW 1972 / B.L., *1952, Landwirt, Lungern OW, Umfrage 1972*

Hat der Berg einen Hut,
ist das Wetter gut.

Hat der Berg einen Sabel,
wird das Wetter miserabel.

Altdorf UR 1972 | J. M., *1972, Landwirt, Altdorf, Umfrage 1972

Hat der Berg einen Hut,
ist das Wetter gut.
Hat er einen Degen,
gibt es Regen.

Wünnewil FR 1972 | L. P., Landwirt, Wünnewil FR, Umfrage 1972

Cur cha la fuora da Cumar Barla vain s-chüra, vaine trid' ora.
Wenn das Loch der Gevatterin Barbara finster wird, kommt schlechtes Wetter.
(Fuora da Cumar Barla: Ortsname westlich des Val Lavèr, im Norden von Sent.)

Sent GR 1944 | H. Lössi, Der Sprichwortschatz des Engadins, S. 227

Cur cha la fuora da Scuol ais s-chüra, vaine trid.
Wenn das Schulser Loch finster ist, kommt schlechtes Wetter.

Tschlin GR 1944 | H. Lössi, Der Sprichwortschatz des Engadins, S. 227

Cur cha la fuora da Susch ais s-chüra, vain trid.
Wenn das Süser Loch finster ist, wird es schlecht.

Ftan GR 1944 | H. Lössi, Der Sprichwortschatz des Engadins, S. 227

Cur cha la fuora d'Uina ais s-chüra, schi vaine trid' ora.
Wenn das Loch (der Taleingang) von Uina finster ist, so kommt schlechtes Wetter.

Ramosch GR 1944 | H. Lössi, Der Sprichwortschatz des Engadins, S. 227

Scha'l vadret da Lischana as muossa da dalöntsch in s-chüra culur, as müda l'ora bainbod.
Zeigt sich der Lischanagletscher von weitem in dunkler Farbe, ändert sich das Wetter bald.

Scuol GR 1944 | H. Lössi, Der Sprichwortschatz des Engadins, S. 230

Cielo a pecorelle, acqua a catinelle.
A Brusio si dice al cél al fa la làna, cél a mügelin, la lana scartasciàda, a Sca li scartaschiàdi, nìguli a scartàsc. Cùra ca' l cél al fa la làna, l'aqqua l'é mìga luntàna.
Himmel voll Schäfchenwolken gibt Wasser in Kübeln. In Brusio sagt man: Der Himmel macht Wolle; Himmel mit Häufchen, die Wolle wird durchgekämmt, die Wolken sind durchgekämmt.
Wenn der Himmel Wolle macht, ist der Regen nicht weit.

Poschiavo GR 1967 | Tognina, Lingua Poschiavo 1967, S. 90

C. REGEN, SCHNEE, TAU UND REIF

Eine bis zu den Römern zurückführende Tradition haben die beiden folgenden, jedoch meist in übertragenem Sinn gebrauchten Wettersprichwörter:
Kleiner Regen stillt oft großen Wind – imbre cadunt tenui rapidissima flamina venti.
Auf Regen folgt Sonnenschein – gratior est solito post maxima nubila Phoebus.

Ovid (43 v.Chr.–18 n.Chr.), nach E. Knapp, Volksk. i. d. roman. Wetterregeln, Tübingen 1939, S. 28

Inundans pluvia sequitur post tempore sicca.
Nach großer Dürre kommt großer Regen.

Lateinisches Sprichwort, zitiert in: E. Knapp, Volksk. i. d. roman. Wetterregeln, Tübingen 1939, S. 11

Quand la pluie s'écoute, qu'elle cesse de tomber deux ou trois minutes pour recommencer tôt après, elle durera tout le jour.
Wenn der Regen sich herabläßt, zwei oder drei Minuten aufzuhören, um bald darnach wieder zu beginnen, wird er den ganzen Tag anhalten.

Béroche NE 1895 | Le patois Neuchâtelois 1895, S. 33

Es wird no nüd Früeli, es mos zerst abspitze.
(Es wird noch nicht Frühling, es müssen erst die Kuppen tiefer beschneit werden.)

Appenzell 1837 | T. Tobler, S. 11

Wenns ime heiße Summer ame Morge i s Tau rägnet, so gits am Nomittag es Dunnerwätter.

Baselland 1908 | Schweiz. Archiv f. Volksk., Jg. 12, S. 20

La pluie du matin enlève la poussière par les chemins.
Der Morgenregen nimmt den Staub von den Straßen.
> *Levron VS 1926 / Schweiz. Archiv f. Volksk., Jg. 26, S. 224*

La pluie du matin
ne fait pas (à) fuir le pèlerin.
Morgenregen verjagt den Pilger nicht.
> *Epauvillers BE 1908 / Schweiz. Archiv f. Volksk., Jg. 12, S. 162*

La pluie du matin
ne gâte pas la journée d'un pèlerin.
Morgenregen verdirbt den Tag eines Pilgers nicht.
> *Undervelier BE 1908 / Schweiz. Archiv f. Volksk., Jg., 12 S. 162*

La pluie du matin
n'arrête pas le pèlerin.
Morgenregen hält den Pilger nicht zurück.
> *Levron VS 1926 / Schweiz. Archiv f. Volksk., Jg. 26, S. 224*

(La) pluie du matin n'effraie pas le pèlerin.
Morgenregen erschreckt den Pilger nicht.
> *Lignières NE 1972 / S. Ch., *1917, Landwirt, Lignières NE, Umfrage 1972*
> *Morges VD 1972 / P. Ph. M., *1912, Maître d'enseignement, professeur, Morges VD, Umfrage 1972*
> *Ballens VD 1972 / M. D., *1939, Ing. Agr., Ballens VD, Umfrage 1972*

La plövgia da daman ais sco l'ira da la duonna veglia.
La plövgia da la dumaun ed il sbalz
d'üna donna veglia nu va lontaun.
Plover da la dumaun, chascher d'alton
i marider da vegl ha cuorta dürada.
Der Morgenregen ist (kurz) wie der Zorn einer alten Frau.
Der Morgenregen und der Hüpfer einer alten Frau gehen nicht weit (dauern nicht lange). Regen am Morgen, Käsen im Herbst und Heirat im Alter ist von kurzer Dauer.
> *Tschierv GR 1944 / H. Lössi, Der Sprichwortschatz des Engadins, S. 250*

E Morgedräge und Wiberweh ist um nüni nienä meh.
> *Davos GR 1937 / J. Bätschi, Der Davoser im Lichte seiner Sprichwörter und Redensarten, Davos 1937*

Morgenräge und Wyberweh isch äm nüni nienä meh.
> *Netstal GL 1972 / F. und D. L., Landwirt, Netstal GL, Umfrage 1972*

Morgerägeli, Wyberweh sind am nüni niene me.
> *Wädenswil ZH 1972 / H. B., Landwirt, Wädenswil ZH, Umfrage 1972*

Morgi Rägu und Wieberiweh gseht am Namittag niemä meh.
: *Grengiols VS 1972 | K.I., Grengiols VS, Umfrage 1972*

Morgenregen, Weiberweh, Namittag isch gar nüt meh.
: *Horgen ZH 1972 | O.L., *1912, Landwirt, Horgen ZH, Umfrage 1972*
  Wädenswil ZH 1972 | R.L., *1914, Landwirt, Wädenswil ZH, Umfrage 1972

Morgerääge – Wyberwee, Namittag käs Tröpfli mee.
: *Hombrechtikon ZH 1972 | Frau A.H.-Z., *1892, Hombrechtikon ZH, Umfrage 1972*

Morgeräge, Wyberweh sind Zobe niene meh.
: *Uffikon LU 1972 | R.Z., Uffikon LU, Umfrage 1972*

E früojä Räge und e spatä Bättler chomme z churz.
: *Davos GR 1937 | J. Bätschi, Der Davoser im Lichte seiner Sprichwörter und Redensarten, Davos 1937*

Sül plover da la daman e sül rier da las mattans nun aise da badar.
Auf den Morgenregen und auf das Lachen der jungen Mädchen braucht man nicht acht zu geben.
: *Engadin GR 1944 | H. Lössi, Der Sprichwortschatz des Engadins, S. 250*

Pluie avant 7 heures, beau temps pour 11 heures.
Regen vor 7 Uhr, schönes Wetter für 11 Uhr.
: *Ballens VD 1972 | M.D., *1939, Ing. Agr., Ballens VD, Umfrage 1972*

Regnet es zwischen 5 Uhr und 7 Uhr kurz, so ist oft mit nachfolgenden Aufhellungen zu rechnen (Föhn).
: *Hemishofen SH 1972 | W.M., *1927, Landwirt, Hemishofen SH, Umfrage 1972*

Quand la pluie arrive à dîner,
c'est pour le reste de la journée.
Wenn der Regen am Mittag kommt, bleibt er den ganzen Tag.
: *Epauvillers BE 1908 | Schweiz. Archiv f. Volksk., Jg. 12, S. 162*

Quand il commence à midi, il pleut tout le jour.
Wenn es am Mittag beginnt, regnet es den ganzen Tag.
: *Savièse VS 1926 | Dictons de Savièse S. 12*

Cur chi's mett' a plover a mezdi, schi plova tuotta di.
Wenn es um die Mittagsstunde zu regnen anfängt, so regnet es den ganzen Tag.
: *Engadin GR 1944 | H. Lössi, Der Sprichwortschatz des Engadins, S. 250*

Fängt es um 11 Uhr vormittags zu regnen an, so ist ein anhaltender Regen sicher.
> *Horgen ZH 1972 / L.O., *1912, Landwirt, Horgen ZH, Umfrage 1972*

Ein Regen, der vor 12 Uhr fällt,
sich meist zwei Tag am Orte hält.
> *Trogen AR 1972 / E.B., *1927, Förster, Trogen AR, Umfrage 1972*

Ein feuchter, fauler März
ist der Bauern Schmerz.
> *Hundertjähriger Kalender, Zürich 1942*

Ist der März der Lämmer Scherz, so treibt April sie wieder in die Ställ.
> *Hundertjähriger Kalender, Zürich 1942*

La prima acqua d'aprile fa uscire le lumache.
Das erste Wasser im April läßt die Schnecken herauskommen.
> *Leontica TI 1952 / Vocabolario dei Dialetti della Svizzera Italiana, Lugano 1952ff., Vol.1, S.207*

Vor Johanni (24. Juni) bitt um Regen,
nachher kommt er ungelegen.
> *Appenzeller Kalender 1972*

Quand vers la fin juin ou commencement juillet, les élèves de l'abbaye font leur course aux Giettes, les paysans de Vérossaz, en les voyant passer, disent: Il va pleuvoir, il faut rentrer les foins.
Wenn gegen Ende Juni oder Anfang Juli die Schüler der Abtei ihren Ausflug nach Giettes machen, sagen die Bauern, wenn sie sie vorbeigehen sehen: Es kommt regnen, man muß das Heu einbringen.
> *St-Maurice VS 1935 / J.B.Bertrand, Le Folklore de St-Maurice, Cahiers Valaisans de Folklore 30, 1935, S.174–177*

Wenn Juli fängt mit Tröpfeln an,
so wird man lange Regen han.
> *Züricher Kalender 1972, Einsiedeln SZ*

Je dünner die Regentropfen im August, je dünner der Most.
> *Schleitheimer Bote 1970*

Im Auguscht chas hinder jedem Haagstecke füre go blaschte.
> *Wädenswil ZH 1972 / H.B., Wädenswil ZH, Umfrage 1972*

An Septemberregen ist dem Bauer viel gelegen.
> *Züricher Kalender 1972, Einsiedeln SZ*

Wenn im Oktober das Wetter leuchtet
noch mancher Sturm den Acker feuchtet.
> *Züricher Kalender 1972, Einsiedeln SZ*

Ist der Oktober naß und kühl
ein strenger Winter kommen will.
> *Züricher Kalender 1972, Einsiedeln SZ*

Wenn der Bach z Wienecht e Bindbaum treit, so treit er z Johanni (24. Juni) e Sagbaum (es erfolgen Regengüsse).
> **Baselland 1908 / Schweiz. Archiv f. Volksk., Jg. 12, S. 18**

Cur chi tuna aunz cu plover,
pocha plövgia soul' as mover.
Cur chi tuna aunz chi plova, il temporél fügia.
Schi tuna aunz chi plova, d'inrer cha la plövgia's mova.
Wenn es vor dem Regen donnert, pflegt wenig Regen zu fallen; flieht das Gewitter, dann setzt sich der Regen selten in Bewegung.
> *Engadin GR 1944 / H. Lössi, Der Sprichwortschatz des Engadins, S. 233*

Plövgia da Scuol, plövgia cuntinua.
Schulser Regen – andauernder Regen.
> *Vnà GR 1944 / H. Lössi, Der Sprichwortschatz des Engadins, S. 250*

Dinrer chi plova duos dis davo rouda.
Es regnet selten zwei Tage hintereinander.
> *Engadin GR 1944 / H. Lössi, Der Sprichwortschatz des Engadins, S. 250*

Se l'atmosfera è calma e la pioggia comincia a cadere
dolce al sa mét gió bén, il tempo si predispone bene.
Wenn die Atmosphäre ruhig ist und ein schwacher Regen anfängt zu fallen, läßt sich das Wetter gut an.
> *Brusio GR 1967 / Tognina, Lingua Poschiavo 1967, S. 95*

Ein kleiner Regen dämpft ein groß' Gewitter.
> *Sammlung Strub, Jenisberg GR*

Scha'l fain vegn
schi la plövgia vegn.
Scha'l fain nu vegn
eir la plövgia nu vegn.
Kommt das Heu,
kommt der Regen.
Kommt das Heu nicht,
kommt auch der Regen nicht.
> *Müstair GR 1972 / C. F.-A., *1897, Müstair GR, Umfrage 1972*

S'al fiocca sü la foja al fiocca senza döja.
Schneit es aufs Laub, ist der Schnee von kurzer Dauer.
> *Bergell GR 1896 | Decurtins 1896, S.174*

Will der erste Schnee im Herbst nie ab den Dächern, so bedeutet es einen frühen Frühling; schießt er aber immer wieder von den Dächern herunter, so glaubt man, er bleibe im Frühling lange liegen und es gebe einen späten Frühling.
> *Emmental BE 1911 | Schweiz. Archiv f. Volksk., Jg. 15, S. 6*

Aes schnyt äsoo, wil der Winter mid dem Füdli füür choo ischt.
> *Prättigau GR 1953 | W. Schmitter, Waldarbeit im Prätigau 1953, S.124*

Wenn alte Schnee nach längerer Zyt nimma ab da Tanna will, wartet er uf en neue.
> *Zillis GR 1972 | Ch. S., *1943, Förster, Sellenbüren ZH, Umfrage 1972*

Schnee auf den Ästen verlangt nach weiteren Gästen.
> *Uitikon ZH 1972 | W. W., Förster, Uitikon ZH, Umfrage 1972*

So viele Tage der Schnee auf den Tannen liegt, so viele Wochen liegt er am Boden.
> *Kriechenwil BE 1972 | H. L.-R., *1891, Kriechenwil BE, Umfrage 1972*

Es ist zu kalt, um zu schneien.
> *Quarten SG 1972 | W. B., Landwirt, Quarten SG, Umfrage 1972*

S Wetter häbed, es hed e Morgathau.
> *Appenzell 1837 | T. Tobler, S.248*

Wenn kein Tau fällt, so kommt Regen.
> *Hundertjähriger Kalender, Zürich 1942*

Lassen sich frühmorgens frisch gesponnene, mit Tau behangene Spinnennetze feststellen, so ist gleichentags nicht vor 18 Uhr mit Regen zu rechnen.
> *Hemishofen SH 1972 | W. M., *1927, Landwirt, Hemishofen SH, Umfrage 1972*

Am Morgen ins Tau, am Abend au.
> *Netstal GL 1972 | F. und D. L., *1906, Landwirt, Netstal GL, Umfrage 1972*

Wenig oder kein Tau nach klarer Nacht deutet auf baldigen Regen; ein schöner Tau bei trockenem Wetter, läßt Fortdauer dieses Wetters erwarten.
> *Wünnewil FR 1972 | L. P., Landwirt, Wünnewil FR, Umfrage 1972*

Wenn am Morgen kein Tau auf dem Gras liegt, ist das Wetter nicht beständig.
Andermatt UR 1972 | L. D., Andermatt UR, Umfrage 1972

Wenn kein Tau aufs Heu fällt, ist das kein gutes Zeichen.
Illgau SZ 1972 | K. B., *1951, Forstarbeiter, Illgau SZ, Umfrage 1972

Hat's an einem Sommermorgen keinen Tau, so macht der Bauer auch kein Heu.
Hirzel ZH 1972 | P. M., Hirzel ZH, Umfrage 1972, Gewährsperson: Winkler

Taut es im Märzen nach Sommers Art,
kriegt der Lenz noch einen weißen Bart.
Sammlung Strub, Jenisberg GR

Wenn die drei erste Maimorge Tau hei, so rächnet men uf e nasse Monet.
Baselland 1908 | Schweiz. Archiv f. Volksk., Jg. 12, S. 18

Maientau macht grüne Au;
Maienfröste, unnütze Gäste.
Hundertjähriger Kalender, Zürich 1942

Der Tau tut dem August so not
wie jedermann sein täglich Brot.
Sammlung Strub, Jenisberg GR

Tau tut im August so not
wie das tägliche Brot.
Schwanden GL 1972 | H.-P. T., *1901, Schwanden GL, Umfrage 1972

Wenn's im August viel tauen tut,
bleibt gewöhnlich das Wetter gut.
Züricher Kalender 1972, Einsiedeln SZ

Starke Taue und Nordwind im Augustmond bringen gut Wetter in das Land. *Appenzeller Kalender 1972*

Après la rosée la lavée.
Nach dem Tau die Wäsche.
Arnex-sur-Orbe VD 1972 | G. M., *1935, Maître d'enseignement Ecole d'agriculture, Arnex-sur-Orbe VD, Umfrage 1972

Rauhfrost auf der Flur,
milder Witterung Spur.
Sammlung Strub, Jenisberg GR

Après la gelée du matin, c'est la lavée.
Nach dem Frost am Morgen kommt die Wäsche.
> *Bioley-Orjulaz VD 1972 | A.T , *1905, agriculteur, Bioley-Orjulaz, Umfrage 1972*

Hets em Morgu en Rifä, so wäscht sä bald wider ab.
> *Teufen AR 1972 | E.P., *1914, Landwirt und Baumwärter, Teufen AR, Umfrage 1972*

Reif im Vorherbst wird bald wieder abgewaschen.
> *Riggisberg BE 1972 | F.K., *1927, Landwirt, Riggisberg BE, Umfrage 1972*

Unerwartete Auflösung der Wolkendecke über Nacht mit entsprechender Abkühlung, eventuell Reif, im späten Frühjahr oder frühen Herbst bringen sehr oft schon am gleichen Tag wieder Regen.
> *Wünnewil FR 1972 | L.P., Landwirt, Wünnewil FR, Umfrage 1972*

Gibt's viel Bicht (Rauhreif) im alten Jahr, gibt's viel Obst im neuen.
> *Wädenswil ZH 1972 | H.B.-S., Wädenswil ZH, Umfrage 1972*

Der Bauer nicht gern schaut,
wenn's im August mehltaut.
> *Schleitheimer Bote 1969*

D. SONNE, MOND UND STERNE

1. *Sonne*

Wenn ein kleiner Halo die Sonne umgibt, wird Regen fallen.
Irassi-ilu, Assurbanipal (669–633 v. Chr.), K. Schneider, S. 5

Die Zeichen der Regen, Winde, des stürmischen und heiteren Wetters haben wir so beschrieben, soweit wir sie erfassen konnten, von denen wir einen Teil selbst beobachtet haben und den andern Teil von andern Glaubwürdigen übernommen haben, und zwar ist jenes, das mit dem Auf- und Untergang der Gestirne zu tun hat, aus der Astronomie zu übernehmen.
Anders sind die Zeichen, die man sowohl von Haustieren als auch von gewissen anderen Orten und geliebten Gegenständen herleitet. Von allen Zeichen sind die von der Sonne und vom Mond hergeleiteten, die am sichersten und am meisten verbürgt sind. Der Mond ist nämlich gleichsam die nächtliche Sonne.
Wer also vom Wetter ahnen will, der muss in der Hauptsache die Auf- und Untergänge der Sonne und des Mondes beobachten.
Theophrast (380–285 v. Chr.), K. Schneider, S. 29

Wenn die Sonne nicht rein untergeht, je nachdem wie sich die Wolken verteilen, so werden sich die Tage gestalten, zum Beispiel, wenn der dritte Teil oder die Hälfte des Himmelgewölbes nur sichtbar ist, wenn die Hörner der Mondsichel aufrecht stehen bis zum 4. Tage, auch wenn der Mond ganz rund ist, wird es bis zur Mitte des Monats stürmisch sein.
Theophrast (380–285 v. Chr.), K. Schneider, S. 30

SAMMLUNG DER REGELN

Des Abends sprecht ihr: Es wird ein schöner Tag werden, denn der Himmel ist rot. Und des Morgens sprecht ihr: Es wird heute Ungewitter sein, denn der Himmel ist rot und trübe.
Matthäus 16, 2 und 3

Die Wolken zerstreuen sich bei Annäherung der Sonne:
Nubes adpropinquanteque sole discutientur.
Plinius (23-79), E. Knapp, S. 35

Si ater circulus fuerit, ex qua regione is ruperit se, ventum magnum.
Kurze Strahlen verheißen Regen. Wenn ein Sonnenhof erscheint, wird großer Wind aufkommen.
Plinius (23-79), E. Knapp, S. 33

Auch die Sonne gibt, wenn sie erscheint und sich birgt in den Wogen, Zeichen: Der Sonne folgen sogar die sichersten Zeichen, die sie am Morgen zeigt und bei aufsteigenden Sternen. Wenn sie das Licht mit mancherlei Flecken besprenkelt, eingehüllt in Gewölk, und verdunkelt die Mitte der Scheibe, dann mußt du Regen befürchten, denn stürmend naht von der See her für die Bäume, Saaten und Herden bedrohlich der Südwind.
Vergil (70-19 v. Chr.), Vom Landbau, S. 17

Si et occidit pridie serenus, tanto certior fides serenitatis.
Ein klarer Sonnenuntergang verheißt beständiges Wetter.
Plinius (23-79), E. Knapp, S. 32

Nocte rubens caelum cras indicat esse serenum. Dum rubet in mane, signat tempus pluviele.
Ein bei Nacht rötlicher Himmel bedeutet, daß morgen schönes Wetter sei. Wenn es am Morgen rot ist, bedeutet es Regenwetter.
Basel 14./15. Jahrhundert, Sammlung Werner, S. 76

Wenn in der sonnen nydergeen
rot wolcken an dem hymel steen.
Der tag darnach wirt gwonlich schön.
Reynman, Wetterbüchlein 1505

Betrachtet mann die Felsen an dem Kernser-Berg ober S. Nikolauß bis gegen dem Groß-Aeckerli hinüber, wie selbe am Abend nach Sonnen-Nidergang darein sehen, bey regnerischer Witterung werden sie gantz bleich und todt-färbig aussehen; hingegen wann das Wetter schöhn werden will, ein wenig rothlecht erscheinen. Sage: rothlecht, das ist nicht feürig, sonder purpur-roht.
Sarnen OW 1791 / Schweiz. Archiv f. Volksk., 1900, S. 37

Wann es abendß am Himmel schön roth ausihet, ist es ein Zeichen, das nachgehender Tags schön Wetter seyn wolle.
>   *Sarnen OW 1791 | Schweiz. Archiv f. Volksk., 1900, S. 38*

Wann hingegen am Morgen vor Sonnen-Aufgang der Himmel roth ausihet, ist es ein Zeichen, das selbigen Tags noch regnen werde, daher im teütschen ein anderes Sprichwort: Morgen roth, Abend tott.
>   *Sarnen OW 1791 | Schweiz. Archiv f. Volksk., 1900, S. 38*

Die Sonne zieht Wasser, es gibt Regen.
>   *Schweizerisch 19. Jahrhundert | M. Kirchhofer, Wahrheit und Dichtung, 1824, S. 314*

Wenn am Abend der Himmel roth ist, folgt ein schöner Morgen.
>   *Brusio GR und Poschiavo GR 1858 | Die Schweiz, Nr. 1, S. 235*

Am Morgen roth (am Himmel), am Abend Koth (auf der Straße).
>   *Brusio GR und Poschiavo GR 1858 | Die Schweiz, 1858, Nr. 1, S. 235*

Obeträthe, Guetwetter schöne
Oberoth, Guetwetterbott.
>   *Appenzell, 19. Jahrhundert | T. Tobler, Appenzellischer Sprachschatz, Zürich 1837, S. 6*

Le rouge du matin (le ciel rougi par le soleil levant) fait aller les moulins (amène la pluie); le rouge du soir (le ciel rougi par le soleil couchant) fait sécher les plantes (amène la sécheresse).
Morgenrot verheißt Regen, Abendrot Trockenheit.
>   *Freiburg 1877 | Romania, S. 91*

Si le ciel est rouge du côté de la Joux, gare au mauvais temps.
Wenn der Himmel auf der Seite des Jouxtales rot ist, gibt's schlechtes Wetter.
>   *Béroche NE 1895 | Le patois Neuchâtelois, S. 33*

Tel matin brille en juin que souvent suit la pluie,
tombe-t-elle un matin, le soir souvent l'essuie.
Auf glänzenden Junimorgen folgt oftmals Regen,
fällt er am Morgen, der Abend öfters aufklärt.
>   *Waadtland 1816/17 | Feuilles d'Agriculture, Bd. 39, S. 305*

Le ciel est-il rouge an aval, du côté des Alpes, prends la fourche et le rateau (c'est le beau temps).
Le ciel est-il rouge du côté du Jura, en amont, prends l'aiguille et raccommode (il fera mauvais).

Ist der Himmel gegen die Alpen hin rot, nimm Gabel und Rechen, es gibt schönes Wetter.
Ist der Himmel gegen den Jura hin rot, nimm den Rechen und bringe ein, es wird schlecht.
Béroche NE 1895 | Le patois Neuchâtelois, S. 32

Vor finstrer Sonne, in der Blüte,
der liebe Gott das Korn behüte.
Sammlung Strub, Jenisberg GR

Wenn's im Juli bei Sonnenschein regnet,
man viel giftigem Mehltau begegnet.
Sammlung Strub, Jenisberg GR

D'Avost giò ca l'è'l sul, le fosc.
Nach dem Sonnenuntergang im August wird es bald trüb.
Bergell GR 1896 | Decurtins, S. 176

Roter Sonnenuntergang oder Wasserziehen der Sonne bedeuten Gewitter oder Regen.
Sammlung Strub, Jenisberg GR

Wenn die Sonne beim Untergang Wasser zieht, gibt es noch einen Sonnentag.
*Sool GL 1972 | F.J., *1922, Bäuerin, Sool GL, Umfrage 1972*

Schlecht Wetter: Wänn d Sunne Wasser ziet.
*Hombrechtikon ZH 1972 | A.H., *1892, Bäuerin, Umfrage 1972*

Ist die Sonne bleich und wasserziehend, bedeutet es Regen.
Wünnewil FR 1972 | L.P., Landwirt, Umfrage 1972

Ring oder Hof bei Sonne oder Mond bedeuten Regenwetter.
Sammlung Strub, Jenisberg GR

Sa lüsc i crep, vegn preist a bagner; sa lüsc lan plotta plöiva dirotta.
Wenn die Felsen leuchten, wird es bald naß; leuchten die Felswände, gibt's starken Regen.
Bergell 1896 | Decurtins, S. 174

Schi's vezza bain ils quatter auals chi cuorran gio dal vadret Lischana, schi's müda l'ora.
Wenn die vier Bäche, die vom Lischanagletscher herunterfließen, gut sichtbar werden, so ändert sich das Wetter.
Scuol GR 1944 | H. Lössi, Der Sprichwortschatz des Engadins, S. 231

Il vadret ais il pü galantom da Fex.
Der Gletscher ist der vollkommenste Ehrenmann von Fex.
I: Was der Fexer Gletscher (Oberengadin GR) je nach seiner Beleuchtung in bezug auf das Wetter verspricht, das hält er.
Engadin GR 1944 | H. Lössi, Der Sprichwortschatz des Engadins, S. 235

Wenn der Bodensee von weitem weiß schimmert, ist das Wetter unbeständig, ist er aber blau, ist das Wetter gut.
Trogen AR 1972 | E.B.,*1927, Förster, Umfrage 1972

Im Vorsommer schauen wir ins Land (in die Ebene), im Nachsommer in die Berge, ist da heiterer Himmel, bleibt das Wetter auf jeden Fall gut.
Haslen AI 1972 | J.B.G.,*1918, Chauffeur, Umfrage 1972

D Sunne schynt z gräll (am Morgen), s git no kei besser Wätter.
Baselland 1908 | Schweiz. Archiv f. Volksk., Jg. 12, S. 21

Wenn am Morgen die Sonne die Erde hell beleuchtet, bedeutet das für den gleichen Tag noch Niederschlag.
Riggisberg BE 1972 | F.K.,*1925, Landwirt, Umfrage 1972

Je wiißer d Sonn ufstohd oder onderi god, je oosicherer ischt s Wetter.
Schwellbrunn AR 1972 | H.S.,*1925, Förster, Umfrage 1972

Il sulegl dellas siat scatscha la glieut giu dil plaz.
Die Sonne um sieben Uhr verjagt die Leute vom Platz.
Rätoroman. Chrestomathie 1896/1919, S. 169

Ul sul su l'ura terza, tutt al di a la ruverza.
Erscheint die Sonne erst um drei Uhr, geht der ganze Tag drunter und drüber.
I: Erscheint die Sonne erst um drei Uhr, ging's und geht's den ganzen Tag drunter und drüber. Bis drei Uhr konnte man in Feld, Garten und Terrassen nicht arbeiten, und ab drei Uhr lohnt es sich kaum mehr, neu mit einer Arbeit zu beginnen.
Onsernonetal TI 1920 | A. Borioli, Note folkloriche onsernonesi, S. 79, Schweiz. Archiv f. Volksk., Bd. 23, S. 79

Quando il sole si mostra solo verso il tramonto, il giorno dopo pioverà ancora.
Zeigt sich die Sonne erst gegen den Untergang, wird es am nächsten Tag regnen.
Onsernonetal TI 1920 | A. Borioli, Schweiz. Archiv f. Volksk., Bd. 23, S. 79

Quand che sul us volta indré, a la matin u ghè l'acqua ai pé.
Wenn sich die Sonne abwendet, gibt's am Morgen Wasser an die Füsse.
Onsernonetal TI 1920 | A. Borioli, Schweiz. Archiv f. Volksk., Bd. 23, S. 79

Cotschen della dumang vala betg igls fers d'en tgang.
Morgenröte ist nichts wert.
> *Rätoroman. Chrestomathie 1896/1919, S.696*

Cotschnera la dumang, la plievgia giu pigl mang.
Morgenrot, Regen auf die Hand.
> *Rätoroman. Chrestomathie 1896/1919, S.696*

Quand le ciel est rouge, on veut avoir change(ment) de temps.
Wenn der Himmel rot ist, wird man einen Wetterwechsel haben.
> *Develier BE 1908 / Schweiz. Archiv f. Volksk., Jg.12, S.163*

L'alba rossa a la matin la var guanca un quatrin.
L'alba rossa a la mattina non vale neanche un quattrino.
Roter Himmel am Morgen ist keinen Batzen wert.
> *Tessin 1911 / V. Pellandini, Tradizioni popolari Ticinesi, S.139*

Quand l'è ross a la matina l'acqua la sa visina.
Quando è rosso alla mattina l'acqua si avvicina.
Bei roter Morgendämmerung nähert sich das Wasser.
> *Tessin 1911 / V. Pellandini, Tradizioni popolari Ticinesi, S.139*

Morgäröüti, Oubetchöüti: Morgenrot läßt auf einen nassen Abend schließen.
> *Basel 1916 / W. Manz, S.118*

Nüvel cotschen la damaun, vent o plövgi' aunz saira vain.
Rote Wolken am Morgen, Wind oder Regen kommt vor dem Abend.
> *Schlarigna GR 1944 / H. Lössi, Der Sprichwortschatz des Engadins, S.229*

Morgerot macht e nassis Znünibrot.
> *Liestal BL 1920 / Sammlung Müller*

Morgenrot mit Regen droht.
> *Sammlung Strub, Jenisberg GR*
> *Hundertjähriger Kalender, Zürich 1942*

Les nuages rouges le matin, la pluie le soir.
Rote Wolken am Morgen, Regen am Abend.
> *Savièse VS 1926 / Dictons de Savièse, S.12*

Morgenrot bringt Abendregen.
> *Herisau AR 1972 / H.M., *1924, Förster, Umfrage 1972*
> *Kriechenwil BE 1972 / H.L.R., *1891, Landwirt, Umfrage 1972*

Morgenrot: Regen oder Gewitter.
> *Weier BE 1972 / L.R.F., *1912, Bäuerin, Umfrage 1972*

Morgenröte fällt gleichentags meist als Niederschlag zur Erde.
Hemishofen SH 1972 / W.M.,*1927, Landwirt, Umfrage 1972

Morgenrot, bis zum westlichen Wolkenhimmel reichend, bedeutet Regenwetter.
Wünnewil FR 1972 / L.P., Landwirt, Umfrage 1972

Morgenrot und schwül: baldiges Einsetzen von Nordwestwind, bringt Regen.
Riggisberg BE 1972 / F.K.,*1926, Landwirt, Umfrage 1972

Wenn sich starke Morgenröte zeigt und sich um die aufgehende Sonne herum kleine Wölklein bilden, gibt es bis zum Abend einen Wetterumschlag.
Horgen ZH 1972 / O.L.,*1912, Landwirt, Umfrage 1972

Wänns am Morge rötet dänn chunnt de Föh, oder susch rägnets bis übermorge.
Maienfeld GR 1972 / C.M.,*1887, Lehrer, Umfrage 1972

Wänn am Morge d Schiibe im Kloster Pfäfers glitzeret wie Füür, dänn rägnets bis übermorge, wänn nüd de Föh dri chunt.
Maienfeld GR 1972 / C.M.,*1887, Lehrer, Umfrage 1972

Igl cotschen della saira fo beala tschaira.
Abendrot – Schönwetterzeichen.
Rätoroman. Chrestomathie 1896/1919, S.696

Quand l'è ross a la sera bell temp sa spera.
Quando è rossa alla sera bel tempo si spera.
Bei Abendrot hofft man auf schönes Wetter.
Tessin 1911 / V. Pellandini, Tradizioni popolari Ticinesi, S.139

L'alba rossa a la sira la var centumila lira.
L'alba rossa alla sera vale centomila lire.
Roter Himmel am Abend ist zehntausend Lire wert.
Tessin 1911 / V. Pellandini, Tradizioni popolari Ticinesi, S.139

Rouge soirée – grise matinée: Belle journée.
Roter Abend – grauer Morgen: Schöner Tag.
Ocourt BE 1950 / Schweiz. Archiv f. Volksk., Jg. 1950, S.19

Der Abend rot, der Morgen grau,
bringt das schönste Tagesblau.
Sammlung Strub, Jenisberg GR

Nuages rouges le soir rendent le temps gai.
Rote Abendwolken verkünden heiteres Wetter.
> *Les Marécottes VS 1961 | M. Müller, Le patois des Marécottes*

Nüvel cotschen sün la saira, la damaun fo buna faira.
Rote Wolke am Abend macht am Morgen einen guten Markt.
> *Engadin 1944 | H. Lössi, Der Sprichwortschatz des Engadins, S. 232*

Nüvel cotschen da la saira vela la damaun üna bella vacha naira.
Rote Abendwolke ist am Morgen eine schöne schwarze Kuh wert.
> *Engadin 1944 | H. Lössi, Der Sprichwortschatz des Engadins, S. 232*

Obed gel, morge fehl.
I: Zu grelles Abendrot bringt am andern Tag Regen.
> *Thurgau 1931 | E. Schmid, Volkstümliche Wetterkunde, S. 136*

Obegääl – nasses Fääl.
I: Abendgelb verheißt ein nasses Fell.
> *Rünenberg BL | R. S., *1885, Landwirt, Gewährsmann: H. Strübin; Umfrage 1972*

Rote Abendsonne mit Abendrot am Wolkenhimmel bringt schönes Wetter.
> *Wünnewil FR | L. P., Landwirt, Umfrage 1972*

Abendröte bei West, gibt dem Frost den Rest.
> *Sammlung Strub, Jenisberg GR*

Wenn der Himmel des Abends im Westen rot wird, sagt man, «es blühe uns Schnee».
> *Wädenswil ZH 1972 | H. L., *1914, Landwirt, Umfrage 1972*

Wenn abends die Sonne an den Bergen erbleicht, so sagt man: «Es chund leid, es hed d Sunna abglöscht», und wenn es im Herbst früh schneit und der Schnee schmilzt wieder weg, heißt es: «Dr Winter hed erworfe» (Frühgeburt).
> *Davos GR 1937 | J. Bätschi, Der Davoser im Lichte seiner Sprichwörter und Redensarten*

Scheint die Sonne abends in den nassen Wald,
regnet's am Morgen wieder bald.
> *Kriechenwil BE 1972 | L. R., Landwirt, Umfrage 1972*

Si le soleil se couche sans nuage, c'est pour le beau temps.
Wenn die Sonne ohne Wolken untergeht, gibt es schönes Wetter.
> *Bioley-Orjulaz VD 1972 | A. T., *1905, Landwirt, Umfrage 1972*

Tschietschen della sera fa biala tschera;
tschietschen della damaun fa puoz e pultaun.
Abendröte: gute Witterung; Morgenröte bringt Wasserlachen.
Rätoroman. Chrestomathie 1896/1919, S.169

Rougeur de l'horizon, le soir, beau temps du jour qui vient.
Rougeur du matin amène le carapin.
Roter Horizont am Abend, schönes Wetter am kommenden Tag.
Morgenrot führt kleinen Schneefall herbei.
Val de Bagnes VS 1898 / Schweiz. Archiv f. Volksk., 1898, S.240

Les nuages rouges du soir font la sécheresse; ceux du matin font la boue.
Die roten Wolken am Abend bringen trockenes, jene am Morgen nasses Wetter.
Levron VS 1926 / Schweiz. Archiv f. Volksk., Jg.26, S.224

Nübel cotschen la dumaun, süd la saira bel pantaun;
nübel cotschen sün la saira, la dumaun bel ir a faira.
Nüvel cotschen la damaun, la saira pantaun.
Rote Wolken am Morgen, am Abend schöner Tümpel; rote Wolken am Abend, am Morgen schön, um auf den Markt zu gehen.
Münstertal und Engadin GR / H. Lössi, Der Sprichwortschatz des Engadins, S.229

Nüvel cotschen de la saira, di dave bel di da faira.
Nüvel cotschen la daman, fin la saira grand pantan.

Auf rote Wolken am Abend folgt ein schöner Markttag.
Auf rote Wolken am Morgen folgt bis am Abend großer Regen.

Müstair GR 1972 / C.F.A., *1897, Landwirt und Lehrer, Umfrage 1972

Al ross delle sera, al vel cent feda nera, al ross della domän a nu vel un bacun pän.
Das Abendrot ist hundert Schafe wert; Morgenrot, Abendkot.

Bergell GR 1896 / Decurtins, S.174

L'aurora da la sera la val um pan de scera;
l'aurora da la matin la val um marcs quatrin.
L'aurora della sera vale un pan di cera;
l'aurora del mattino vale un marcio quattrino.
Das Abendrot ist ein Brot aus Wachs wert; das Morgenrot ist einen faulen Batzen wert.

Onsernonetal TI 1920 / Schweiz. Archiv f. Volksk., Jg. 23, S. 79

L'aurora della sera vale un pan di cera;
l'aurora del mattino vale un marcio quattrino.
Abendrot ist ein Wachstuch wert; Morgenrot ist eine zerstörte Münze wert.
I: Wachstuch = schützendes Tuch, Regenschutz; quattrino = 4 denari, Münzen mit wenig Wert. Morgenrot ist nichts wert; es ist keine Versicherung für schönes Wetter.

Onsernonetal TI 1920 / A. Borioli, Schweiz. Archiv f. Volksk., Bd. 23, S. 79

Cotschen da la saira vela üna nuorsa naira,
cotschen da la damaun nu vela niaunch' ün paun.
Nüvel cotschen sün la saira, di davo bel di da faira,
nüvel cotschen la daman, ant la saira ün pantan.
Abendrot ist ein schwarzes Schaf wert, Morgenrot ist nicht einmal ein Brot wert.
Rote Wolken am Abend, der folgende Tag ein schöner Markttag, rote Wolken am Morgen, vor dem Abend eine Wasserlache.

Engadin GR 1944 / H. Lössi, Der Sprichwortschatz des Engadins, S. 232

Morgenrot: Regen am Nachmittag,
Abendrot: am folgenden Tag schön.

Schaffhausen / Hohfluh-Hasliberg BE / Kottwil LU / Au TG / F.S., *1919, Landwirt; U.H., *1898, Landwirt; B.B., *1953, Landwirt; M.B., *1954, Landwirt, Umfrage 1972

Oobedgääl giit e naß Wammfääl.
I: Abendrot bringt gern Regenwetter.

Hallau SH 1953 / Hallauer Mundart, S. 35

Morgenrot bringt Abendregen.
> *Herisau AR | Teufen AR | A. M., *1924, Förster; E. P., *1914, Landwirt, Umfrage 1972*

Aria rossa la sera, bel tempo si spera;
aria rossa la mattina, la pioggia si avvicina.
Wenn abends die Sonne zurückscheint, gibt es schönes Wetter;
rote Wölklein am Abend, dann wird der Morgen schön aussehen;
rote Wölklein am Morgen, dann kommt am Abend Regen.
> *Poschiavo GR 1967 | Tognina, Lingua Poschiavo, S. 89*

Bei Sonnenfinsternis ist viel Regen zu erwarten.
> *Flawil SG 1972 | J. G., Landwirt, Gewährsperson: L. Kutter, Egg ZH, Umfrage 1972*

2. Mond und Sterne

Es sei auch stets das Bild der Sterne droben schicklich,
nicht einer, zwei, noch mehr mit Schweifen: unerquicklich,
bewirken viel Kometen doch ein dürres Jahr.
> *Das Gedicht Arats (315–245 v. Chr.), S. 57*

Bei schönem Wetter prüf ob's bald hinüberschwank'
zum schlechten, ist es schlecht – zum heitern. Sonderlich
gib auf die Krippe acht, die mit dem Krebse sich
umherdreht: siehst du sie von letztem Nebeldampf
befreit, so ist auch ganz vorbei der Sturmeskampf.
> *Das Gedicht Arats (315–245 v. Chr.), S. 55*

Apparente nova luna dinoscitur aura:
Pallida saepe pluit, rubicunda flat, alba serenat.
Aus der Erscheinung des neuen Mondes lassen sich Schlüsse ziehen:
Ist er bleich, regnet es oft, ist er rot, gibt es Wind, ist er weiß, ist das Wetter schön.
> *Basel 14./15. Jahrhundert, Sammlung Werner, S. 23*

Uns sagen die maister von dem mon, wenn der mon ist new, hat er an dem horn ein tunckeln schein schwartze mäll, das bedeut in seiner newe regentag. Wenn er wirt fier tag alt als goldfarb scheint in dem mon, das bedeut kürtzlich starcke windt. Ist er aber schwartz in de

mitte, so wirt sein schön wetter, clar und haiter biß an das ende gar hinauß.
I: Mäll = Flecken.

Bauernpraktik von 1508

So der Mond den dritten und vierten Tag vor- oder nach dem Neumond, deßgleichen vor- und nach dem Vollmond, auch zwischen beyden Vierteln schön scheinet, blanck und klar ohne allen aufsteigenden Dunst und Wolcken ist, so verspricht er gewiß schön und klar Wetter. Ist der Mond übermäßig weißlecht, blanck in der Mitte, als schön silberfarbe, mit gar spitzigen Hörnern, so gibt er Zeichen zum klaren Wetter.
Hat der Mond schwartze Flecken in der Mitte zu denselbigen Zeiten, als gesagt ist, so vermeldet er klar Wetter, wann er voll wird.

Hausbuch König 1705, S.1018

Pallida luna pluit, rubicunda flat, alba serenat.
Das ist: Scheint der Mond bleich, ist es zum Regnen; scheint er roth, zu windigem Wetter: scheint er aber schön weiß, ist es zum heithern Wetter ein Zeichen.

Sarnen OW 1791 | Schweiz. Archiv f. Volksk., 1900, S.38

Ist umb den Mond, in einer schönen schlechten Wolcken ein einfaltiger Ring, welcher sacht nach der Hand auf allen Seiten zugleich verschwindet, also, daß er nirgends im Auffgehen bricht, so zeiget er an, dieselbige Zeit werde ohne Sturm und Gewitter hingehen.
Wann der Mond schön klar scheinet, so bedeutets schön Wetter.
Wann der Mond gantz klar ist, und nichts dunckels in sich hat, so verspricht es schöne klare Zeit.

Hausbuch König 1705, S.1018

L'üna rossa, la bagna ò la boffa.
Roter Mond bringt Regen oder Wind.

Bergell 1896 | Decurtins, S.174

Si la lune baigne, il fera mauvais temps.
Wenn der Mond verschleiert ist, wird es schlechtes Wetter geben.

Genf 1914 | H. Mercier, Nos centenaires, S.401

E heiterer Nü, der dritt Tag Rege dri.
I: Es gibt Regen, wenn es bei Neumond hell ist.

Thurgau 1931 | E. Schmid, Volkstümliche Wetterkunde, S.136

Quand luit la lune rousse, ne pense pas à tes fruits.
Wenn der Mond rötlich scheint, denke nicht an deine Früchte.

Ocourt BE 1950 | Schweiz. Archiv f. Volksk., 1950, S.22

Blasser Mond bringt Regen, roter Wind und weißer helles, klares Wetter.
Sammlung Strub, Jenisberg GR

Bei rotem Mond und hellem Sterne,
sind Gewitter gar nicht ferne.
Sammlung Strub, Jenisberg GR

Wird der Mond am Mittwoch voll,
macht er Streich, als wär er toll.
Sammlung Strub, Jenisberg GR

En fin d'Avril, en Mai, souvent la lune rousse
donne aux fleurs comme au sol vent, gelée et secousse.
Ende April, im Mai, kann der rötliche Mond den Blumen wie der Erde
Wind, Reif und Schläge versetzen.
Waadtland 1816/17 / Feuilles d'Agriculture, Bd. 27, S. 206

Quand la lune a le halo, c'est signe de mauvais temps.
Wenn der Mond einen Ring hat, gibt's schlechtes Wetter.
Salvan VS 1961 / M. Müller, Le patois des Marécottes

Eine heitere Nacht hält nicht lange an.
Teufen AR 1972 / E. P., *1914, Landwirt, Umfrage 1972

W die Manit i Hof macht chuns leid.
Grengiols VS 1972 / K. J., Förster, Umfrage 1972

Wenn der Mond einen Hof hat, gibt's Schnee.
Schwanden GL 1972 / H. P. Z., Umfrage 1972

Schlächts Wätter: Wänn de Mond en Hof hät.
Hombrechtikon ZH 1972 / A. H., *1892, Bäuerin, Umfrage 1972

Le hallo autour de la lune annonce de la pluie.
Hat der Mond einen Hof, zeigt er Regen an.
Arnex VD / G. M., *1935, Landwirtschaftslehrer, Umfrage 1972

Wenn der Mond abends einen Hof hat, muß man mit schlechtem Wetter rechnen.
Andermatt UR / Kriechenwil BE / Wünnewil FR / Fanas GR 1972 / L. D., Regierungsrat / H. L. R., *1891, Landwirt / L. P., Landwirt / B. A. D., Landwirt; Umfrage 1972

Lüna rossa, lüna da vént; la lüna da marz la dòmina fin a setémbre, la lüna da setémbre la dòmina fin a marz. (Ciò significa che se ad esempio

in marzo la luna si «fa» in periodo di bel tempo o di burrasca, tali condizioni atmosferiche predomineranno per sei mesi.) La lüna chi sa fa avànt al sés, l'é mai la lüna da quel més (ma di quello precedente).
Roter Mond, Windmond. Wenn im März der Mond bei schönem Wetter zunimmt oder bei Sturm, dann herrschen solche Wetterlagen sechs Monate lang. Der Mond, der vor dem 6. kommt, ist nie der Mond dieses Monats (aber des vorherigen).

Brusio GR 1967 / Tognina, Lingua Poschiavo, S. 101

Christmonat: So die Milch-Straße in diesem Monat schön weiß und hell scheinet, so hoffet man ein gutes Jahr.

Hausbuch König 1705, S. 1005

Vez'ins la via Sontg Giachen treis seras ina suenter l'aura, sche fa ei ditg biall'aura.
Sieht man an drei aufeinander folgenden Abenden die Milchstraße, dann wird es lange Zeit schönes Wetter sein.

Rätoroman. Chrestomathie 1896/1919, S. 169

Scha la via da San Giachen ha bleras stailas, schi l'ora as müda spert.
Wenn die Milchstraße viele Sterne zeigt, so ändert sich das Wetter rasch.

Engadin 1944 / H. Lössi, Der Sprichwortschatz des Engadins, S. 230

Flimmernde Sterne
bringen Wind sehr gerne.

Schaffhausen 1972 / K. S., Landwirt, Umfrage 1972

Il cielo fittamente stellatò, al cél stelù tròp spéss.
Der dicht mit Sternen besäte Himmel ist ein Schlechtwetterzeichen.

Poschiavo GR 1967 / Tognina, Lingua Poschiavo, S. 88

E. BLITZ, DONNER UND REGENBOGEN

1. Blitz und Donner

At Boreae de parte trucis quam fulminant ... omnia plenis rura fossis.
Das Auftreten des Blitzes, besonders in bestimmter Richtung, liegt im Altertum manchen Wetterregeln zugrunde, so in Vergils Georgia 1,37 ff., wo es sich um den aus dem Norden zuckenden Blitz handelt.
Vergil (70–19 v. Chr.), E. Knapp, S. 43

Wenns im Maien oft donnert, folgt gern Unfruchtbarkeit.
Donnerts im Mai, so gibts große Winde und viel Getreide.
Zürich 17. Jahrhundert | Handschrift 1692

Sche ton-nés schu le bou niu.
Ey névesré schu le bou folliu.
Wenn es über das entlaubte Gehölz donnert, schneit es über das belaubte.
Westschweiz 1860 | Die Schweiz, Jg. 1860, S. 213

Cur il tuna avant che plover, il cala avant che se mover.
Wenn es donnert vor dem Regen, hört es auf, bevor es beginnt.
Annalas Rhaeto-Romanscha, 1888, S. 16

Celui qui entend tonner en janvier
peut préparer le grenier.
Wer im Januar donnern hört, kann den Speicher vorbereiten.
Valangin NE 1895 | Le patois Neuchâtelois, S. 32

Quand il tonne en avril, on doit se réjouir.
Wenn es im April donnert, muß man sich freuen.
Béroche und Valangin NE 1895 | Le patois Neuchâtelois, S. 31, 33

Quand il tonne sur le bois nu, il neigera sur le bois feuillé.
Wenn es über das entlaubte Holz donnert, schneit es über das belaubte.
>   *Freiburg 1877 | Romania, 1877*
>   *Béroche NE 1895 | Le patois Neuchâtelois, 1895, S. 33*

Il tonne tant qu'enfin il pleut.
Es donnert so viel, wie es nachher regnet.
>   *Valangin NE 1895 | Le patois Neuchâtelois, 1895, S. 32*

Au printemps et en été, s'il tonne souvent sur le Jura, l'avoine sera de mauvaise qualité, bonne pour les cochons; s'il tonne du côté de la Broye, ce sera l'inverse, bonne pour les chevaux.
Wenn es im Frühling und im Sommer im Jura oft donnert, wird der Hafer von schlechter Qualität sein, gut für die Schweine, wenn es von der Broye her donnert, ist es umgekehrt, gut für die Pferde.
>   *Béroche NE 1895 | Le patois Neuchâtelois, 1895, S. 33*

Quand il tonne au mois de mars, les petits et les grands doivent pleurer.
Wenn es im März donnert, sollen die Kleinen und Großen weinen.
>   *Béroche NE 1895 | Le patois Neuchâtelois, 1895, S. 33*

Wenns of den obere Boda (aperen Boden) tonderet, so gets en großa Schnee.
>   *Appenzell 1837 | T. Tobler, S. 340*

Sal truna inànz chi plövar, al susta inänz chi mövàr.
Donnert es vor dem Regnen, wird der Regen bald aufhören.
>   *Bergell GR 1896 | Decurtins, S. 174*

Tuna ei, avon che plover,
cal' ei, avon che mover.
Nibel neidi ei aura de tschagrun.
Donnert es, bevor es regnet,
hört es auf, bevor es beginnt.
Glatte Wolken – Ziegerwetter.
>   *Rätoroman. Chrestomathie 1896/1919, S. 169*

Wenn es ins «blutte» Holz (im Winter) donnert, folgt noch eine strenge Kälte.
>   *Utzigen BE 1900 | Schweiz. Archiv f. Volksk., Jg. 8, S. 280*

Quand il tonne en avril, le paysan est réjoui.
Wenn es donnert im April, ist der Bauer erfreut.
>   *Miécourt BE 1908 | Berlincourt BE | Schweiz. Archiv f. Volksk., Jg. 12, S. 169*

Wos erschte Dunnerwätter durezieht, do zieje i der Regel der ganz Summer alli andere dure.
> *Baselland 1908 | Schweiz. Archiv f. Volksk., Jg. 12, S. 20*

Wenns im Summer de Morgen am Feufi donneret, so gits am Nomittag es Dunnerwätter.
> *Baselland 1908 | Schweiz. Archiv f. Volksk., Jg. 12, S. 19*

Dunnerets im Herbscht ins leer Holz, so gits no e Nosummer.
> *Baselland 1908 | Schweiz. Archiv f. Volksk., Jg. 12, S. 20*

Wenns ins blutt Holz dunneret, so schneits ins grüen.
> *Baselland 1908 | Schweiz. Archiv f. Volksk., Jg. 12, S. 17*

S'al trona a la sira
la serva la suspira.
Donnert es am Abend, seufzt die Magd.
> *Tessin 1911 | V. Pellandini, Tradizioni popolari Ticinesi, S. 139*

Den gleichen Weg, den das erste Gewitter im Jahr nimmt, nehmen auch alle folgenden.
> *Sarganserland SG 1916 | W. Manz, S. 118*

Quand vient le tonnerre en avril, c'est fini pour le gel.
Wenn es im April donnert, ist es mit dem Frost vorbei.
> *Savièse 1926 | Dictons de Savièse, S. 10*

Quand le tonnerre gronde avant la pluie, la pluie ne vient pas.
Wenn der Donner grollt, bevor der Regen kommt, kommt er nicht.
> *Savièse VS 1926 | Dictons de Savièse, S. 12*

Schi tuna vers daman, va il paur cul sach in man,
schi tuna vers saira, schi'l paur va a faira.
Wenn es gegen Morgen donnert, geht der Bauer mit dem Sack in der Hand, wenn es gegen Abend donnert, geht der Bauer auf den Markt.
> *Engadin GR 1944 | H. Lössi, Der Sprichwortschatz des Engadins, S. 236*

Dampfen die Dächer nach Gewitterregen,
kommt's Gewitter auf andern Wegen.
> *Sammlung Strub, Jenisberg GR*

Donner im Winterquartal
bringt Eiszapfen ohne Zahl.
> *Sammlung Strub, Jenisberg GR*

Dezemberdonner künden ein Jahr mit Winden.
Auf ein Lindwetter folgt ein Windwetter.
> *Sammlung Strub, Jenisberg GR*

Bei Donner im Winter
ist viel Kälte dahinter.
> *Sammlung Strub, Jenisberg GR*

Großer Donner im Mai,
führt großen Wind herbei.
> *Sammlung Strub, Jenisberg GR*

Donnert's ins junge Laub hinein,
wird das Brot bald billiger sein.
> *Sammlung Strub, Jenisberg GR*

Gibt's im Juni Donnerwetter,
wird auch das Getreide fetter.
> *Sammlung Strub, Jenisberg GR*

Wo es in der Früh donnert, schlägt es am Mittag ein.
> *Sammlung Strub, Jenisberg GR*

Auf Donner folgt gern Regen. Wenn es auf trockenen Boden donnert, scheint morgen wieder die Sonne.
> *Sammlung Strub, Jenisberg GR*

Quando tuona d'aprile, adoperate le briciole di fieno per strame, affinchè il fieno duri più a lungo.
Wenn es im April donnert, dann benützt den kleinsten Heurest, damit das Heu länger hinhält.
> *Tessin 1952 | Vocabolario dei Dialetti della Svizzera Italiana, Vol.1, S.205*

Se tuona d'aprile, per tutti i mesi abbiamo la neve sulle cime dei monti.
Wenn es im April donnert, dann haben wir während aller Monate Schnee auf den Berggipfeln.
> *Misox GR 1950 | Vocabolario dei Dialetti della Svizzera Italiana, Vol.1, S.205*

Se tuona in aprile, prepara il barile.
Wenn es im April donnert, mußt du das Faß richten.
> *Grono GR 1950 | Vocabolario dei Dialetti della Svizzera Italiana, Vol.1 S.205*

Quando tuona prima del tempo il temporale é bell' e fatto.
Wenn es vorzeitig donnert, ist das gute Wetter schon gemacht.
> *Val Bedretto TI 1950 | Gewährsperson: O. Lurati, Lugano*

Wenns im Jänner donnert überm Feld,
kommt nachher große Kält.
Appenzeller Kalender 1972

Nach Aprildonner hat man im Mai wenig Reif zu fürchten.
Appenzeller Kalender 1972

Novemberdonner hat die Kraft,
daß er Korn und Weizen schafft.
Züricher Kalender 1972, Einsiedeln SZ

Donner im Winterquartal, bringt kalte Tage ohne Zahl.
Züricher Kalender 1972, Einsiedeln SZ

Dem Sommer sind Donnerwetter nicht Schande,
sie nützen der Luft und dem Lande.
Außerberg VS 1972 / S. G., *1914, Landwirt, Umfrage 1972

Wänns uf e trochne Bode dunderet, mags nüd rägne.
Sool GL 1972 | F.J., *1920, Bäuerin, Umfrage 1972

Ist das erste Gewitter von starken Donnerschlägen begleitet, so sind sie nachher nicht mehr so heftig, ist der Donner das erstemal schwach, so werden die Gewitter im Sommer immer heftiger.
Trogen AR 1972 | E.B., *1925, Förster, Umfrage 1972

Donnert's im März, so schneit's im Mai.
Hirzel ZH 1972 | R.G., *1926, Landwirt, Gewährsperson: Winkler, Hirzel Umfrage 1972
Züricher Kalender 1972, Einsiedeln SZ

Aprillendonner, im Maien Schnee.
Schwanden GL | Vorderthal SZ 1972 | H.P.T., *1901, Landwirt; R.B., *1952, Landwirt, Umfrage 1972

Wohltuende Abkühlung nach einem Gewitter deutet auf Wiederbesserung des Wetters.
Wünnewil FR 1972 | L.P., Landwirt, Umfrage 1972

Große Schwüle und Hitze bringen bald ein Gewitter, dies mit größerer Sicherheit, wenn die Schwüle über Nacht anhält.
Wünnewil FR 1972 | L.P., Landwirt, Umfrage 1972

Blitz und Donner in einer Regenperiode, Fortdauer dieses regnerischen Wetters.
Wünnewil FR 1972 | L.P., Landwirt, Umfrage 1972

Gewitter, Blitz und Donner im Winter lassen eine neue Kälteperiode erwarten; desgleichen im Frühjahr, bevor die Bäume Blätter tragen.
Wünnewil FR 1972 | L.P., Landwirt, Umfrage 1972

Wenns donneret ins blutti Holz, denn gits no Schnee.
Aesch BL 1972 | Ch.v.B., *1920, Landwirt, Umfrage 1972

Wänns in lääre Wald dunneret, so chunts nomal go schneie.
Wädenswil ZH | Hombrechtikon ZH 1972 | W.H., *1917, Landwirt, A.H., Bäuerin, Umfrage 1972

Donner und Blitz in entlaubtes Holz bringt große Kälte.
Riggisberg BE | Wohlen AG 1972 | K.F., *1922, Landwirt; A.M., *1952 Landwirt, Umfrage 1972

Cur chi tuna avant chi plova
be dinrar ch'ell'as mouva.

Scha da'l mouver ch'ella ha
schi ferm strataimp ais qua.
Donnert es vor dem Regen, bewegt er sich nur selten.
Wenn er sich aber zu bewegen beginnt, ist das Gewitter da.
Münstertal GR 1972 | C. F., *1897, Landwirt, Umfrage 1972

Dampft die Erde nach dem Gewitter, wird es nochmals gewittern.
Romanshorn TG 1972 | L. R., Landwirt, Umfrage 1972

Der Zugrichtung des ersten Gewitters folgt eine Großzahl der übrigen während des Sommers.
Hemishofen SH 1972 | W. M., *1927, Landwirt, Umfrage 1972

Buchen gelten als Blitzableiter.
Flawil SG 1972 | Gewährsperson: L. Kutter, Egg ZH, Umfrage 1972

2. Regenbogen

Regenbogen aber nennen wir den Widerschein der Sonne in den Wolken. Das ist nun ein Sturmvorzeichen. Denn das um die Wolke sich ergießende Wasser pflegt Wind zu erregen oder Regen auszugießen.
Anaxagoras (500–428 v. Chr.), K. Schneider, S. 11

A meridie ortus magnam vim aquarum vehet;
... Si circa occasum refulsit, rorabit et leviter impluet.
Si ab ortu circave surrexit, serena promittit.
Ein Regenbogen gegen Süden verheißt starken, gegen Westen leichten Regen und Tau, gegen Osten heiteres Wetter.
Seneca (4 v. Chr.–65 n. Chr.), E. Knapp, S. 41

La courroie de Saint-Martin (l'arc-en-ciel) le matin salit, mouille son voisin (celui qui en est rapproché), ou l'après-midi, ou la journée.
Der Regenbogen am Morgen näßt seinen Nachbarn oder den Nachmittag oder den ganzen Tag.
Béroche NE 1895 | Le patois Neuchâtelois, S. 32

Regenbogen über den Rhein, daß morn gut Wetter gibt;
Regenbogen übers Land, regnet morn in alle Land.
M. Kirchhofer, Wahrheit und Dichtung, 1824, S. 315

Arc della damaun non vala ils vers d'ün tgaun;
arc della sera vala üna bella vacca nera.

Regenbogen am Morgen ist nicht ein Hundegeheul wert, Regenbogen am Abend ist eine schöne schwarze Kuh wert.
Annalas Rhaeto-Romanscha, 1888, S.6

Arc della sera fa bella cera:
arc della damaun fa pultaun.
Regenbogen am Abend zeigt ein schönes Gesicht, Regenbogen am Morgen bringt Wasserlachen.
Annalas Rhaeto-Romanscha, 1888, S.6

Der Rägeboge isch e Schlächt-Wätter-Zeiche.
Baselland 1908 / Schweiz. Archiv f. Volksk., Jg.12, S.21

Davo l'arch San Martin vaine bell'ora.
Nach dem Regenbogen kommt schönes Wetter.
Ramosch GR 1944 / H. Lössi, Der Sprichwortschatz des Engadins, S.232

Artg la seira
bel' ora veira.
Regenbogen am Abend, sicher schönes Wetter.
Rätoroman. Chrestomathie 1896/1919, S.696

Artg la sera fa lera.
Regenbogen am Abend bringt Schlechtwetterperiode.
Rätoroman. Chrestomathie 1896/1919, S.169

L'arc-en-ciel du soir annonce du beau temps.
Regenbogen am Abend verheißt schönes Wetter.
Savièse VS 1926 / Dictons de Savièse, S.12

Arc-en-ciel du soir essuie les toits;
arc-en-ciel du matin fait tourner les moulins.
Regenbogen am Abend trocknet die Dächer, Regenbogen am Morgen läßt die Mühlen drehen.
Berlincourt BE 1908 / Schweiz. Archiv f. Volksk., Jg.12, S.163/64
Les Marécottes VS 1961 / M. Müller, Le patois des Marécottes

Arc-en-ciel du matin fait rouler les moulins;
arc-en-ciel du soir essuie les bourbiers.
Regenbogen am Morgen läßt die Mühlen laufen, Regenbogen am Abend trocknet die Schlammlöcher.
Develier BE 1908 / Schweiz. Archiv f. Volksk., Jg.12, S.163

Arc-en ciel du matin, pluie du soir.
Regenbogen am Morgen, Regen am Abend.
Savièse VS 1926 / Dictons de Savièse, S.12

Wenn der Regenbogen niedrig steht oder übers Wasser geht, gibt's Regen.
Sammlung Strub, Jenisberg GR

Wenn der Regenbogen über dem Bach steht, gibt es bald wieder Regen. Wenn er sich spaltet, gibt's ein Gewitter.
Lausen BL 1940 / Sammlung Müller, Liestal BL

Rägeboge über de Rande, morn rägnets i alle Lande,
Rägeboge über de Rhy, morn wird guet Wätter sy.
Osterfingen SH 1972 / J.R., *1888, Weinbauer, Umfrage 1972

Wenn nach einem Gewitter sich am Himmel ein Regenbogen zeigt, ist für den nächsten Tag wieder schönes Wetter zu erwarten.
Horgen ZH 1972 / O.L., *1912, Landwirt, Umfrage 1972

Wenn's regnet und zu gleicher Zeit die Sonne scheint, bildet sich ein Regenbogen, und dieser verkündet weiterhin schlechtes Wetter.
Flawil SG / Horgen ZH 1972 / J.G., Landwirt, Gewährsperson: L. Kutter, Egg ZH; O.L., *1912, Landwirt, Umfrage 1972

Zeichenregeln

Wolt ir wissen, ob es aim yetlichen monat schön wetter sey oder regen werd, so lug, in welcher stund ain neuwer mon werd, an welchem zaichen und welcher planet zu der selben stund regiert. So wirt der derselbig monat gern haiß und trucken, kalt und feucht nach dem urteilen der fier zeiten des jars. Item wenn der mon neuw ist worden, wie es dann den selben monat winteren sol, das findestu also: Scheint der mon weiß, so wirt es gern schön, scheinet er aber rot, so wirt es gern windig, scheint er aber bleich, so regnet es geren.

Bauernpraktik von 1508

Den 8. Heumonat ist im Widder eine böse Zusammenkunft von Saturn und Mars, bringen zwar warm Wetter, aber mit Ungewitter beladen. Die Zusammenkunft wird den betrübten Christen viel Ungemach und

Schaden bringen, wird auch große Hauptwehe verursachen, und Abgang des Viehs, pestilentzische Seuchen, darbei noch Wunderzeichen. Wenn die beiden bösen Planetengötter, der finstere unheilvolle Saturn und der kriegsschwangere Mars, einander unterstützend, Seite an Seite treten, dann bedeutet dies nach der Auffassung der Sterndeuter doppelt schweres Unheil.
Rosius-Kalender, Basel 1636

Wertz oder Köhl wird umb Bernhardi, den 20. Mey, im nächsten Krebs gesäet, auch mit dem Versetzen ist kein Eil, weil er erst im Winter, nach dem er gefroren, gekocht wird.
Hausbuch König 1705, S. 960

Säye Rettig und die Rüben in den wässerigen Zeichen.
Churer Schreibkalender 1708

Krautt-Wurtzlen, welche im vorderen Jahr angesäet worden, und über Winther gestanden, kann mann versetzen im Monat Aprill den zehenden Tag nach dem Neü-Mond, in dem Zeichen Leüw, wann grad diseß Zeichen; sonst wird noch weder an der Zahl der Tägen noch an dem Zeichen nicht viel gelegen seyn.
Sarnen OW 1791 / Schweiz. Archiv f. Volksk., 1900, S. 32

Spinat-Samen säet mann gern im Zeichen Zweyling nach dem Neu-Mond.
Sarnen OW 1791 / Schweiz. Archiv f. Volksk., 1900, S. 33

Schalotten ein Gattung Böllen kann mann setzen im Monat Aprill den 14ten Tag nach dem Neü-Mond, im Zeichen der Waag.
Sarnen OW 1791 / Schweiz. Archiv f. Volksk., 1900, S. 33

Das allerbeste Zeichen zur Erdäpfelsaat ist der Löw im April.
Rafz ZH 1840 / W. Höhn, Volksbotanik, S. 71

Lueg nid uf «Stier» und «Skorpio», nu dyn Verstand muest walte lo. Lueg au nid zviel is Nochbers Hus, de trybst sust de Fride us dym eigne us.
Lesebuch für die schweizerische Jugend, 1865, S. 383

Die Wegwarten bekommen statt einer großen Wurzel viele kleine unfruchtbare, wenn man sie zu der Zeit säet, wo die Sonne in das Sternbild des Krebses tritt; man sagt zum Beispiel, sie werden «beinerig».
Wetzikon ZH 1865 / Mannhardt-Untersuchung, Schweiz. Archiv f. Volksk., 1971, S. 344

D Wydli sell men im Schütz haue, si schießen und verdicke si im Gibüsch.
F. J. Schild, Der Großätti aus dem Leberberg, 1873, 2. Bd., S. 22

Wenn men im Leue Mischt ungere fahrt, so chunnt er im Herbscht wieder füre, wien er ungere tho worden isch.
F. J. Schild, Der Großätti aus dem Leberberg, 1873, Bd. 2, S. 23

D Bärsette (Esparsette, Futterklee) sell men i d Widderfüechti thue. I: Kurz nach einem im Widder erfolgten Regen säen.
F. J. Schild, Der Großätti aus dem Leberberg, 1873, Bd. 2, S. 22

Dem Skorpion wird nicht viel Gutes nachgerühmt.
Sarganserland SG 1916 / W. Manz, S. 134

Rüben, Kohl und dergleichen soll man nicht im Zeichen der Waage einmachen, weil dann das Brett mit den Steinen nie eben darauf liegt.
Schwendi BE 1900 / Schweiz. Archiv f. Volksk., Jg. 8, S. 279

Rhabarber nie im Zeichen der Waage einmachen.
Diemtigtal BE 1972 / A. Koellreuter, Umfrage 1972

Zwiebeln, im Zeichen des Steinbocks gesetzt, werden fest und schön; im Zeichen des Wassermanns gesetzt, faulen sie bald.
Schwendi BE 1900 / Schweiz. Archiv f. Volksk., Jg. 8, S. 279

Bohnen setzt man gern bei zunehmendem Mond im Zeichen der Jungfrau oder der Waage. Was man im Neu im Zeichen der Jungfrau setzt, das blüht kräftig, daher setzt man in dem Zeichen gerne Blumen. Was in der Jungfrau gesäet wird, blüht eher.
Emmental BE 1911 / Schweiz. Archiv f. Volksk., Jg. 15, S. 7

Der Krebs soll beim Anpflanzen der Früchte umgangen werden, weil sonst das Wachstum hinderschi geht.
Sargans SG 1916 / W. Manz, S. 134

Im Widder gemähtes Heu wird kurz und kraus.
Sargans SG 1916 / W. Manz, S. 134

Hat der Most einen sauren «Zigg» (Geschmack), so ist gewiß ein «Wedel» (Tierkreis) im Spiele.
Sarganserland SG 1916 / W. Manz, S. 134

Man soll sich wohl hüten, in den Zeichen Waage und Jungfrau zu düngen oder zu heuen, da sonst das Vieh das Heu nicht frißt. Auch im

Wassermann und Fisch soll aus dem gleichen Grunde vom Düngen abgesehen werden.
Sargans SG 1916 | W. Manz, S.134

Den Winterspinat soll man im Augustkrebs säen.
Lützelflüh BE 1900 | Schweiz. Archiv f. Volksk., 1903, S.142

Die Kartoffeln, im Zeichen des Krebses gesetzt, setzen keine Knollen an, sondern machen nur Wurzeln.
Lützelflüh BE 1900 | Schweiz. Archiv f. Volksk., 1903, S.142

Im Augustkrebs soll man die Heilkräuter sammeln, so Nesselsamen gegen Wassersucht. Blumen soll man im Augustkrebs versetzen.
Emmental BE 1911 | Schweiz. Archiv f. Volksk., Jg.15, S.7

Im Neu-Leu (Tierbild des Löwen im Neumond) soll man dem Täuberich Federn ausreißen, dann bekommt er andere Farben.
Emmental BE 1911 | Schweiz. Archiv f. Volksk., Jg.15, S.7

Wird der Haarschnitt in der Jungfrau vorgenommen, so bekommt man Läuse.
Sarganserland SG 1916 | W. Manz, S.134

Fallen die Haare im Steinbock unter der Schere, so wird man leicht grau.
Sarganserland SG 1916 | W. Manz, S.134

Im Wassermann gesteckte Kartoffeln werden leicht wässerig. (In Berschis SG würden sie die Frauen um viel Geld nicht in diesem Zeichen stecken.)
Sarganserland SG 1916 | W. Manz, S.134

Il ne faut pas planter les pommes de terre sur le Bélier, elles attrappent mauvais goût.
Man darf die Kartoffeln nicht im Widder pflanzen, sonst bekommen sie einen schlechten Geschmack.
Fribourg 1941 | Sagesse paysanne, S.70

Il faut planter les pommes de terre sur le Taureau pour qu'elles deviennent belles.
Man muß die Kartoffeln im Zeichen des Stiers pflanzen, damit sie schön werden.
Fribourg 1941 | Sagesse paysanne, S.71

La mailinterr as sto metter sü bouv e liun, e bricha sün chanker o scorpiun.

Die Kartoffeln muß man im Zeichen des Stiers und des Löwen stecken und nicht im Zeichen des Krebses oder des Skorpions.
>*Tschlin GR 1944 / H. Lössi, Der Sprichwortschatz des Engadins, S. 254*

Kartoffeln im Maienstier pflanzen, Erbsen im Obsigent setzen.
>*Davos Dorf GR 1972 / T. H., *1894, Landwirt, Umfrage 1972*

Heppbiere ([H]erdbirnen = Kartoffeln) nicht im Steinbock stecken.
>*Maienfeld GR 1972 / C. M., *1887, Lehrer, Umfrage 1972*

Kartoffeln darf man nicht im Zeichen des Krebses oder Skorpions setzen.
>*Diemtigtal BE 1972 / A. Koellreuter, Umfrage 1972*

Im Zeichen von Krebs und Zwillingen werden keine Kartoffeln gepflanzt.
>*Mastrils GR 1972 / S. W., *1913, Landwirt, Umfrage 1972*

Il faut tuer le cochon sous la constellation du poisson et une lune croissante, le lard gonflera dans la marmite et deviendra gros comme un poisson.
Man muß die Schweine im Zeichen des Fisches und im wachsenden Mond schlachten, der Speck wird im Topf aufgehen und groß wie ein Fisch werden.
>*Savièse VS 1926 / Dictons de Savièse, S. 15*

Viele Bauern mähen im Zeichen des Skorpions auch bei schönstem Wetter kein Gras, weil das Vieh kein Skorpionheu frißt.
>*Davos GR 1937 / J. Bätschi, Der Davoser im Lichte seiner Sprichwörter und Redensarten*

Si on plante les haricots sous la constellation du scorpion, ils restent toujours accroupis.
Wenn man die Bohnen im Zeichen des Skorpions pflanzt, bleiben sie immer Krüppel (wörtlich: kauern sie immer).
>*Savièse VS 1926 / Dictons de Savièse, S. 14*

Si on plante les haricots sous la constellation de la vierge, ils restent toujours en fleur.
Wenn man die Bohnen im Zeichen der Jungfrau pflanzt, bleiben sie immer in Blüte.
>*Savièse VS 1926 / Dictons de Savièse, S. 14*

Il ne faut pas tailler les vignes sous le périgée sinon cela périra.
Man soll die Reben nicht schneiden, wenn der Mond den tiefsten Punkt erreicht hat, sonst verderben sie.
>*Savièse VS 1926 / Dictons de Savièse, S. 14*

Il faut rien planter sous le périgée, cela fait périr.
Man darf nichts pflanzen, wenn der Mond der Erde am nächsten steht, sonst verdirbt es.
Savièse VS 1926 | Dictons de Savièse, S.14

Il faut faire la lessive sous le périgée pour faire périr les puces.
Man muß die Wäsche machen, wenn der Mond der Erde am nächsten steht, dann werden die Flöhe zugrunde gehen.
Savièse VS 1926 | Dictons de Savièse, S.15

Il ne faut pas changer la paillasse et les draps du lit sous les constellations d'animaux sinon il viendra des puces.
Man soll den Strohsack und die Leintücher des Bettes nicht in Tierzeichen wechseln, sonst kommen Flöhe.
Savièse VS 1926 | Dictons de Savièse, S.15

Si on fait la lessive sous la constellation des gémeaux il y aura toujours deux puces ensemble dans les draps ayant passé à cette lessive.
Wenn man im Zeichen der Zwillinge wäscht, wird es immer zwei Flöhe in den Leintüchern haben.
Savièse VS 1926 | Dictons de Savièse, S.14

Il faut faire la lessive sous la constellation de la balance et en lune décroissante.
Man soll die Wäsche unter dem Zeichen der Waage und im abnehmenden Mond machen.
Savièse VS 1926 | Dictons de Savièse, S.15

Il ne faut pas faire la lessive sous la constellation du scorpion sinon les draps ne feront que picoter.
Man soll keine Wäsche machen im Zeichen des Skorpions, sonst werden die Leintücher nichts als stechen.
Savièse VS 1926 | Dictons de Savièse, S.15

Il ne faut pas chauffer le fourneau pour la première fois sous les constellations d'animaux aquatiques sinon les fenêtres seront mouillées (par la glace qui se formera sur les vitres).
Man soll den Ofen das erste Mal nicht in der Zeit der wässerigen Tierzeichen anfeuern, sonst laufen die Fenster feucht an (durch das Eis, das sich an den Scheiben bildet).
Savièse VS 1926 | Dictons de Savièse, S.15

Im Krebs keine Bohnen setzen, am besten in der Waage und in der Jungfrau.
Wädenswil ZH 1972 | R.L., *1914, Landwirt, Umfrage 1972

Bohnen, in der Waage gesteckt, geben höhere Erträge.
Teufen AR 1972 / H. K., *1903, Landwirt, Umfrage 1972

Ne pas planter les haricots sous le signe de la vierge.
Bohnen nicht im Zeichen der Jungfrau pflanzen.
Lignières NE 1972 / S. Ch., *1907, Landwirt, Umfrage 1972

Bohnen im Fisch und im zunehmenden Mond stecken.
Maienfeld GR 1972 / C. M., *1887, Lehrer, Umfrage 1972

Il faut planter et semer les fleurs sur la vierge, elles fleurissent tout l'été.
Man muß die Blumen im Zeichen der Jungfrau pflanzen und säen, dann blühen sie den ganzen Sommer.
Fribourg 1941 / Sagesse paysanne, S. 70

Crebs perderscha e liun dà oura.
Krebs rüstet zu (bereitet vor), und Löwe gibt heraus.
Engadin GR 1944 / H. Lössi, Der Sprichwortschatz des Engadins, S. 252

Nicht im Zeichen des Skorpions oder des Krebses säen.
Andermatt UR 1972 / Gewährsperson: L. D., Umfrage 1972

Die Waage ist für das Säen das beste Zeichen.
Andermatt UR 1972 / Gewährsperson: L. D., Umfrage 1972

Karotten sollten nicht im Krebs gesät werden, sonst machen diese zu viele Würzlein.
Riggisberg BE 1972 / F. K., *1929, Landwirt, Umfrage 1972

Alles, was unter der Erde wachsen soll, wird im abgehenden Mond gepflanzt wie Kartoffeln, Rüben, Randen.
Schlechte Zeichen zum Pflanzen: «Mondbruch», Krebs und Skorpion.
Grengiols VS 1972 / Gewährsperson: K.J., Umfrage 1972

Beim Säen und Setzen immer auf Mond- und Sternzeichen achten. Ebenso beim Einmachen von Sauerkraut und Sauerrüben.
Büetigen BE 1972 / H.S., *1935, Bäuerin, Umfrage 1972

Man darf die Reben nicht schneiden, wenn der Mond im Krebs oder im Skorpion steht, weil sonst die Reben räudig werden.
Rüdlingen SH 1954 / G. Kummer, Volksbotanik, 2. Teil, S. 63

Reben nicht im Krebs oder Skorpion schneiden. Alles, was in diesen Zeichen behandelt wird, wächst nicht mehr.
Maienfeld GR 1972 / C.M., *1887, Lehrer, Umfrage 1972

Il faut éviter de couper du bois sous le signe des planètes du poisson ou de l'écrevisse, sinon il ne sèche pas, ... de planter les pommes de terre quand la lune monte, ... d'inalper sous le signe du bélier et du capricorne, sinon le bétail est agité toute la saison.
Man soll vermeiden Holz im Zeichen der Planeten des Fisches oder Krebses zu schlagen, sonst wird es nicht trocken; ...Kartoffeln zu pflanzen, wenn der Mond steigt; ...zur Alp fahren unter dem Zeichen des Widders und Steinbocks, sonst wird das Vieh während der ganzen Saison unruhig sein.
St-Maurice VS 1935 / J.B. Bertrand, Folklore de St-Maurice, S. 174-177

Schwarzer Skorpion (wenn Leermond mit Skorpion zusammentrifft, meist im November): Stauden und ausschlagendes Holz, unter diesem Zeichen geschnitten, sterben ab. Auch Warzen und Hornhaut werden am besten dann operiert. Alles, was dann verletzt und geplagt wird, hat die Tendenz einzugehen.
Pany GR 1972 / Gewährsperson: A. Grämiger, Forstingenieur, Umfrage 1972

Hauet das Holz im Märzenwädel Fisch, dann bleibt es, wie es ist.
Diemtigtal BE 1972 / A. Koellreuter, Umfrage 1972

Bruuchholz (Nutzholz) schlagen am zweiten Tag Krebs nach Vollmond (nur im Winter).
Pany GR 1972 / Gewährsperson: A. Grämiger, Forstingenieur, Umfrage 1972

Bei Krebs und Skorpion soll weder gedüngt noch gemäht werden.
Trogen AR 1972 / E.B., *1927, Förster, Umfrage 1972

An Skorpiontagen soll nicht gemäht werden, das Skorpionheu ist nicht gut zu verfüttern.
Fanas GR | Pany GR | Klosters GR | Monstein GR | Rothenturm SZ 1972 | B.A.D., *1901, Landwirt; N.Ch., *1911, und G.R., Landwirte; H.Ch., Landwirt; M.J., *1898, Landwirt; R.Sch-M., Landwirt; Umfrage 1972

Beim ersten Weidgang im Frühling auf die Tierzeichen achten.
Stans NW 1972 | W.L., *1951, Landwirt, Umfrage 1972

Im Frühjahr das Vieh nicht an Tagen mit dem Krebszeichen zum ersten Mal auf die Weide lassen, weil es dann nicht aufwärts zum besseren Gras ziehen würde und immer in tieferen Regionen bliebe.
Im «Gschütz» (im Schützen) zum ersten Mal «auslassen»: das Vieh wird viel «gängiger»; viele ziehen die Waage vor, weil das Vieh bis zum Herbst schwerer wird.
Andermatt UR 1972 | Gewährsmann: L.D., Umfrage 1972

Im «Geschütz» (im Schützen) soll man das Vieh nicht «auslassen» (Gefahr des Durchbrennens).
Stoos SZ 1972 | J.B., *1950, Landwirt, Umfrage 1972

Als günstige Sternzeichen (für das Metzgen) werden angesehen: der Widder, der Stier, die Zwillinge: das Schweinefleisch ergibt doppelt so viel Schnitten wie gewöhnlich; die Waage: das Schwein wiegt das Doppelte, und schließlich der Schütze. Frühzeitig ranzig wird das Fleisch, wenn man unter dem Zeichen des Krebses, des Skorpions und der Fische schlachtet. Unter dem Zeichen des Wassermannes bleibt das Fleisch locker. Als sehr günstiges Kalenderzeichen gilt die Jungfrau. Keine besondere Bedeutung legt der Volksmund dem Löwen bei.
Tschlin GR 1940 | Schweiz. Archiv f. Volksk., Bd. 40, S. 190

Der Tag, an dem die Hausschlachtung stattfindet, wird nie festgelegt, ohne daß man vorher den Kalender konsultiert. Es gilt nämlich, die Schlachtung nur unter günstigen Kalenderzeichen vorzunehmen. Zunächst darf ein Tier nur bei steigendem Mond oder bei Vollmond getötet werden; denn die Regel lautet: der abnehmende Mond saugt das Mark von den Knochen, und das Fleisch wird früh ranzig.
Tschlin GR 1940 | Schweiz. Archiv f. Volksk., Bd. 40, S. 190

Bauern sollen beim Metzgen auf Zeichen sehen: Jungfrau und Wassermann sind nicht gut. Das Fleisch ist nicht haltbar, Fliegen kommen.
Davos GR 1972 | Ch.B., *1886, Landwirt, Umfrage 1972

Besserer Speck (beim Metzgen) im Krebs.
Pany GR 1972 | Gewährsmann: A. Grämiger, Umfrage 1972

Märzenlöwe wird bei der Schafschur beachtet, damit der Regen nicht bis auf die Haut kommt.
Pany GR 1972 | Gewährsmann: A. Grämiger, Umfrage 1972

Schafe scheren im Märzenleu oder im Widder.
Pany GR 1972 | N. Ch., *1911, Landwirt, Umfrage 1972

Kindern sollen die Haare im Widder geschnitten werden, wenn man Wert auf krauses Haar legt.
Pany GR 1972 | Gewährsmann: A. Grämiger, Umfrage 1972

Zähne nie im Zeichen des Skorpions ziehen.
Diemtigtal BE 1972 | A. Koellreuter, Umfrage 1972

Il faut chauffer la première fois le fourneau sous la constellation de bêtes à cornes, la fumée monte alors en volutes dans la cheminée.
Man muß den Ofen das erste Mal unter dem Zeichen der Horntiere heizen, der Rauch steigt dann spiralförmig durchs Kamin.
Savièse VS 1926 | Dictons de Savièse, S. 15

Wenn es im Zeichen des Skorpions auf schönes Wetter dreht (das heißt, wenn drei Skorpionzeichen sind, beim mittleren), sind die Chancen für vier Wochen schönes Wetter gut.
Pany GR 1972 | Gewährsmann: A. Grämiger, Umfrage 1972

Bei den Tierzeichen Wassermann und Fisch muß man mit Niederschlägen rechnen.
Teufen AR 1972 | H. K., *1913, Landwirt, Umfrage 1972

Buonas insainas: Stambuoch, Tregant, Liun sun bunas, ma cun main vitü.
Gute Zeichen: Steinbock, Schütze. Löwe ist gut, hat aber weniger Kraft.
Müstair GR 1972 | C. F.-A., *1897, Landwirt und Lehrer, Umfrage 1972

Bunas insainas: Bouv, Jumatsch, Stadaira. Tuot crescha da pais, ais clüs e dürabel.
Gute Zeichen: Stier, Widder, Waage. Alles nimmt zu, ist kräftig und haltbar.
Müstair GR 1972 | C. F.-A., *1897, Landwirt und Lehrer, Umfrage 1972

Dschumblins: bler, ma pitschen, p. ex. blera mailinterra, ma be pitschnina.
Scorpiun, Giamber: la roba diminuischa, va inavo, va svelt a mal.
Schlechte Zeichen: Zwillinge: viel, aber klein, zum Beispiel viele Kar-

toffeln, aber kleine. Skorpion und Krebs: die Ware nimmt ab, geht zugrunde und verdirbt rasch.

Müstair GR 1972 / C.F.-A., *1897, Landwirt und Lehrer, Umfrage 1972

Tra i segni dello zodiaco, il più osservato è quello dello scorpione (Brusio scurpiùn, Poschiavo scurpion). Sotto il segno dello scorpione il contadino non falcia. Il fieno tagliato sotto questo segno, anche se raccolto senza pioggia, non viene consumato, o solo con riluttanza, dal bestiame. Le patate si seminano di preferenza nei giorni del toro (tòr), dei gemelli (giüméi), e della bilancia (balànza).

Unter den Sternzeichen wird der Skorpion am meisten beachtet (Brusio: scurpiùn, Poschiavo: scurpion). Unter diesem Zeichen mäht der Bauer nicht. Das Heu, welches unter dem Skorpion gemäht wurde, wird auch, wenn es ohne Regen eingebracht wurde, von dem Vieh gar nicht oder nur widerwillig verzehrt. Kartoffeln setzt man am liebsten in den Tagen des Stiers, der Zwillinge und der Waage.

Poschiavo GR 1967 / Tognina, Lingua Poschiavo, S. 101

Beschwörungsregeln

Li curé et li clavier (sacristain) horont chascung menaige dou dict lieux de Calmis et Fregiscord, de cil qui semeront es dicts finaiges, une gerbe, et li curé por ce ferat li adjurations accoustumés; adjuro vos grandines et tempestates, por débouter li tempeste quant besoingt serat; et li clavier sera tenu sonner li befroy et porter arc et sajettes (flèches) où besoing sera, et l'intestera fort et roide por débouter le temps, tant on dict Calmis come a Fregiscort...

Im Buch der Gemeinde Charmoille vom Jahre 1508 wird das Abkommen zwischen Pfarrer und Gemeinde erwähnt, nach welchem Gewitter und Sturm beschworen werden.

Charmoille BE 1508 / Schweiz. Archiv f. Volksk., Jg. 1, S. 98

Für die mus in dem acher. Rp. gewicht wachs, mach 4 creitz pegrabs in die 4 ecke des ackers.

Arzneibuch, 15. Jahrhundert, Schweiz. Archiv f. Volksk., 1926, S. 83

Wann es hagelt, einen Brotschüssel nemmen, denselbigen zum Hauß hinaus tragen und unter den Hagel legen.
I: In der Meinung, der Hagel, welcher auf die Bratschüssel falle, werde auch die Hexe treffen, die ihn verursachte.
B. Anhorn, Magiologia, Basel 1674, S. 680

Der Dekan des Regensberger Kapitels berichtet 1699 dem Examinatorenkonvent, der obersten zürcherischen Kirchenbehörde, «zu Dägerfelden und Würenlooß fange man im Sommer, wann es witeret und donneret, in der Kirchen zu läuten an». Im Bescheid des Kirchenrats gehen die Achtung vor der Tradition und der Kampf gegen den Aberglauben einen Kompromiß ein: «Man solle nachfragen, ob solches schon lange Zeit alda üblich gewesen oder ob es von neuem eingeführt worden, in welchem Fall man sich zu opponieren häte.» Gegen das Wetterläuten als einen «greüel vor Got» schrieb schon Heinrich Bullinger; er beschuldigte das «Papsttum», das heißt den Katholizismus, diese Sitte aufgebracht zu haben.
Regensberg ZH 1699 / Schweiz. Archiv f. Volksk., Jg. 50, S. 37

Den Wirbelwind augenblicklich zu stillen, soll man dreimal nacheinander «Schweinedreck» rufen.
Baselland 1865 / Mannhardt-Untersuchung Schweiz. Archiv f. Volksk., 1971, S. 352

Bisweilen hebt der Wind ausgebreitetes Getreide in die Höhe, so daß es dann nur mit vieler Mühe wieder in Ordnung gelegt werden kann; dann sagen die Leute: Saudreck! Alte Hex! Werft ihr die Sichel nach!
Adliswil ZH 1865 / Mannhardt-Untersuchung, Schweiz. Archiv f. Volksk., 1971, S. 350

Das Kornfeld kann gebannt werden. Wer ein fremdes Feld zur Nachtzeit betritt, findet keinen Ausgang mehr, bis ihn der Eigentümer selbst aus dem Bann befreit. Doch es gibt ein Mittel, sich selbst zu befreien: Der Gebannte muß den Rock ausziehen, ihn umgewendet auf den Boden legen, darauf treten und so vorwärts rutschen, ohne mit den Füßen den Boden zu berühren.
Oetwil ZH 1865 / Mannhardt-Untersuchung, Schweiz. Archiv f. Volksk., 1971, S. 348

Wenns wätterleichnet, so söll men ab de Blettere vo de Buschnägele (Bartnelke, Dianthus barbatus) d Spitzen abzupfe, derno gits gspriggleti Blume.
Baselland 1908 / Schweiz. Archiv f. Volksk., Jg. 12, S. 154

Bübischer Wind, bübischer Wind, laß mir meinen Weizen am Berge stehn. *Sammlung Strub, Jenisberg GR*

Me tuet d Karfrytig-Eier eväg, aß der Blitz nit ins Hus schlot.
Baselland 1908 | Schweiz. Archiv f. Volksk., Jg. 12, S. 154

Karfreitagsei aufbewahren, es schützt vor Blitz und Donner.
Jona SG 1972 | A. B., *1951, Landwirt, Umfrage 1972

Un œuf de Noël conservé dans de l'ouate préserve durant une année de la foudre.
Ein in Watte aufbewahrtes Weihnachtsei schützt während des Jahres vor Blitz.
Ocourt BE 1950 | Schweiz. Archiv f. Volksk., 1950, S. 21

Wenn im Hochsommer von Walenstadt her ein Ungewitter im Anzuge ist, dann eilt der Mesmer in den Glockenturm und fängt an zu läuten. Es herrscht der Volksglaube, daß durch das Läuten der Glocken das Gewitter über den Gonzen verscheucht werde; trug doch die alte Betglocke (bis 1893) von Sargans das Sprüchlein:
> Maria heiß i,
> Wind und Wätter weiß i;
> lütta mi nu zur rächtä Zit
> dinn machi flux, daß ds Wätter flüht.

Scheint die Gefahr sehr groß, so werden sämtliche Glocken geläutet; die Frauen werfen geweihte Palmen vor die Türen oder beten den Rosenkranz.
Sargans SG 19. Jahrhundert | Schweiz. Archiv f. Volksk., Jg, 1, S. 153/54

Wenn es galt, zum ersten Male im Jahre zu pflügen, nahm der Bauer eine Segnungszeremonie vor. Während des Einspannens im «Tenn» besprengte er bei brennender Weihkerze mit einem Palmsonntagszweig den Pflug mit Weihwasser mit dem Spruche: «An Gottes Segen ist alles gelegen»; vor dem «Tenn» knieten die Familienangehörigen, das Hausgesinde und die Nachbaren und beteten fünf Vaterunser. War die Segnung vorgenommen, erhielt jedes ein Stück Brot, das an Ort und Stelle gegessen wurde. Durch das Essen des Brotes wollte man der Gottheit zeigen, daß man von ihr Nahrung erhoffe.
St. Gallen 1900 | Analogie-Zauber, Schweiz. Archiv f. Volksk., Jg. 11, S. 251

Mit dem «Glückshämpfeli» ist nahe verwandt der im Kanton Zürich übliche Brauch, bei der Aussaat die drei ersten Körner in die Luft zu werfen, um die «Chorn-Mueter» zu befriedigen, und bei der Ernte die drei ersten Ähren ins Kornfeld zu werfen.
Kt. Zürich, 19. Jahrhundert | Schweiz. Archiv f. Volksk., Jg. 11, S. 262

Im Thurgau glaubt man, daß die Bäume besser gedeihen, wenn man sie zu heiligen Zeiten, besonders an Weihnacht, dünge oder mit einem Garbenband umwinde; an Weihnacht werden die Nußbäume mit

Stangen geschlagen, damit sie reichlich Frucht tragen; letzteres wohl ein Mittel, den Wachstumsdämon zu wecken.

Kt. Thurgau 19. Jahrhundert | Schweiz. Archiv f. Volksk., Jg. 11, S. 263

Für die Fruchtbarkeit der Bäume sorgt man durch verschiedene Zaubermanipulationen. Das Umkreisen der Kirschbäume ist uns bei den Lärmumzügen schon begegnet. In Burgdorf und anderwärts werden die Obstbäume mit dem Abwasch- oder Schweißtuch eines Toten umwunden, mit der Begründung, daß man an dem Verfaulen des Tuches die Verwesung des Leichnams erkenne. Es muß eine Beziehung der Seele des Verstorbenen zum Wachstum des Baumes angenommen werden.

Burgdorf BE 1900 | Schweiz. Archiv f. Volksk., Jg. 11, S. 263

Im Goms wurden bei Trockenheit Bittgänge in die Erner Waldkapelle getan. Laute Gnadenrufe an die heilige Maria. Fester Glaube: Ob mir si dehei gsi, hets Räga gä. Oder: Wenn es au kei Räga ge het, so het es doch nienne brennt.

Goms VS 1903 | F. G. Strebler, Das Goms und die Gomser, S. 46

Mit einer Haselrute, die am Vinzenztag (22. Januar) vor Sonnenaufgang mit drei Schnitten in den drei höchsten Namen geschnitten worden ist, kann man Ungeziefer vertreiben.

Sargans SG 19. Jahrhundert | E. Hoffmann-Krayer, Feste und Bräuche des Schweizer Volkes, S. 109

Antonius E. (17. Januar) gilt als Viehpatron. Brot und Salz wird geweiht und dem Vieh gegeben (Berner Jura), auch Speck und Brot für die Schweine (Wallis). In der Antoniuswoche werden gegen Unglück im Viehstall, besonders im Schweinestall, Wallfahrten nach der Emmauskapelle bei Bremgarten AG unternommen, wo der heilige Antonius, Patron der Schweinehirten (Seu-Antoni), verehrt wird. Im Tessin und in Münster VS werden an diesem Tage die Pferde sowie auch andere Haustiere gesegnet.

Schweiz 1940 | E. Hoffmann-Krayer, Feste und Bräuche des Schweizer Volkes, S. 109

Beim Nahen eines Gewitters legt man das Tischtuch mit den Tischgeräten in die Dachtraufe. Die Geschirre sollen leer sein, damit «er» sieht, daß wir noch etwas nötig haben.
Anderer Brauch: Man legt Brot und Lebensmittel hinaus als Opfer an Donar.

Oberthal, Emmental BE, 19. Jahrhundert | F. Schwarz, Volksglauben in der Bernischen Geschichte, 1913, S. 9

Bei einem Gewitter legt man ein Besteck unter die Dachtraufe, damit der Blitz nicht einschlägt.
Bern 1900 | Schweiz. Archiv f. Volksk., 1903, Aberglauben im Kanton Bern, S.139

Bei einem Gewitter stellt man Speisen in die offene Dachluke, damit der Blitz nicht ins Haus schlägt.
Wichtrach BE 19. Jahrhundert | Schweiz. Archiv f. Volksk., 1903, Aberglauben im Kanton Bern, S.139

Bei einem Gewitter muß man ein Leintuch mit drei Zipfeln unter die Dachtraufe halten, damit der Blitz nicht einschlägt.
Bern 19. Jahrhundert | Schweiz. Archiv f. Volksk., 1903, Aberglauben im Kanton Bern, S.139

Man soll den ersten Hagelstein in die Hand nehmen, damit es aufhöre zu hageln.
Man legt ein gebrauchtes Tischtuch unter die Dachtraufe und einen Rechen darüber.
Schwende BE 19. Jahrhundert | Schweiz. Archiv f. Volksk., Jg. 8, S.280

Wenn es hageln will, so soll man das Tischtuch in die Dachtraufe spreiten und Messer und Gabel dazu legen, oder es werden Messer und Gabel kreuzweis in die Dachtraufe gelegt und ein Brot darauf getan. Die Sennen legen bei einem Gewitter Käse und Brot vor das Dach hinaus.
Emmental BE 1911 | Schweiz. Archiv f. Volksk., Jg. 15, S.6

Pour arrêter le grêle il faut mettre dehors la hache le tranchant dressé.
Um den Hagel zu verhindern, muß man das Beil ins Freie legen, die Schneide nach oben gerichtet.
Savièse VS 1926 | Dictons de Savièse, S.12

Beginnt es zu hageln, so schlägt man eine Axt unter das Ablaufrohr des Daches, dann hört es auf.
Diemtigtal BE 1972 | A. Koellreuter, Umfrage 1972

Quand les Valaisannes ont les Rogations, ne crains pas le gel.
Wenn die Walliser ihre Bittwoche haben, brauchst du dich vor dem Frost nicht zu fürchten.
Lavey VD 1953 | J.B. Bertrand, Le folklore de St-Maurice, Cahiers Valaisans de Folklore, 30, S.174-177

Wenn man frisches Türkenbrot anschneidet, so macht man zuerst mit dem Messer das Zeichen des Kreuzes darauf.
Sarganserland SG 1908 | Schweiz. Archiv f. Volksk., Jg. 12, S.276

Mit dem Messer soll man nicht in die Milch fahren, sonst geben die Kühe rote Milch.
> *Sarganserland SG 1908 | Schweiz. Archiv f. Volksk., Jg. 12, S. 276*

Si l'on met son paletot à l'envers viendra la pluie.
Wenn man den Rock verkehrt anzieht, kommt der Regen.
> *Savièse 1926 | Dictons de Savièse, S. 12*

«Walt Gott im Stall» (Ausspruch am Abend, bevor man den Stall verläßt).
> *Diemtigtal BE 1972 | A. Koellreuter, Umfrage 1972*

Brouillard! fuis! fuis! Si tu ne veux pas partir,
St-Martin te brûle tes entrailles avec un torchon de paille.
Nebel, flieh, flieh. Wenn du nicht weichen willst, wird dir der heilige Martin die Eingeweide mit einem Strohwisch verbrennen.
> *Levron VS 1926 | Schweiz. Archiv f. Volksk., Jg. 26, S. 226*

Quand j'étais petit berger, aux mayens, quand le brouillard apparaissait par intermittences, se trainant sur la terre (et alors on souffrait de froid), on enseignait de dire: «tzènèvi, foui, foui» (brouillard, fuis, fuis), et si l'on avait un feu, brûler des épines, pour le faire cesser plus tôt.
Als ich Hirt war, im Maiensäß, hat man, um Nebel zu vertreiben (man litt unter der Kälte), gerufen: Nebel, flieh, flieh! und wenn man ein Feuer hatte, verbrannte man Dornen, um ihn eher zum Weichen zu bringen.
> *Chamoson VS | R. Weiß, Schweiz. Archiv f. Volksk., Bd. 45, S. 260*

Tschiera, tschiera va se Val d'Era
va se Curtginatsch a beva tut il latg.
Nebel, Nebel geh nach Val d'Era hinauf, geh nach Curtginatsch hinauf und trinke alle Milch (Begleitspruch zum Feuerreiben im Schams).
> *Schams GR | R. Weiß, Schweiz. Archiv f. Volksk., Bd. 45, S. 258*

Brenta, Brenta relli,
lauf ins Vazer Telli,
lauf bis an de Wisastei (Weißenstein bei Bergün)
und laß üs armi Hirta hei.
> *Arosa GR 19. Jahrhundert | R. Weiß, Schweiz. Archiv f. Volksk., Bd. 45, S. 258*

Bränte, Bränte, Rälli!
Gang in ds Chupfers Ställi!
D Mueter hed der Rock verchauft.

Lauf, lauf, so chuscht noch zum Weinchauf!
(Trunk beim Abschluß eines Handels.)
(Kinderspruch, der einst zum Nebelheilen gesagt wurde.)
Schanfigg GR 19. Jahrhundert | Schweiz. Archiv f. Volksk., Bd. 45, S. 257

Bränta, Bränta brälli,
gang in ds Hauter Tälli (hochgelegenes Tälchen im Parsenngebiet),
dert hanget di Vatter und Muater uf
an einem Gitzichämmi (hölzernes Zickleinshalsband).
Schanfigg GR 19. Jahrhundert | Schweiz. Archiv f. Volksk., Bd. 45, S. 257

Brente, Brente, lüpf di oder i stüpf di,
chrüch uf under de Höllestei
und laß di arme Hirte hei.
Vals GR 19. Jahrhundert | Schweiz. Archiv f. Volksk., Bd. 45, S. 257

Bränta, Bränta lüpf di oder i erstüpf di.
(So sagen die Hirten, wenn der Nebel das Hüten erschwert.)
Davos GR 19./20. Jahrhundert | Schweiz. Archiv f. Volksk., Bd. 45, S. 257

Bränte gang oder i schlan der de Grind ab.
(Drohung der Hirten ohne begleitende Handlung.)
Graubünden 19. Jahrhundert | Schweiz. Archiv f. Volksk., Bd. 45, S. 257

Bränta, Bränta flieh in as Tobal ab oder i schlan tar da Grind ab.
Vals GR 19. Jahrhundert | Schweiz. Archiv f. Volksk., Bd. 45, S. 257

Bränte gang oder i heile di.
Mutten GR 19. Jahrhundert | Schweiz. Archiv f. Volksk., Bd. 45, S. 257

Näbel, Näbel, ich heile ti.
(Ruf, der das Feuerbohren begleitet.)
Vals GR 19. Jahrhundert | Schweiz. Archiv f. Volksk., Bd. 45, S. 257

Tafel IX: Votivtafel, die nach einer heil überstandenen Wildbachüberschwemmung 1764 für eine Kapelle bei Beckenried gemacht wurde. Beschworen wird der oben links dargestellte Bruder Klaus. Im Mittelgrund steht die Wallfahrts- und Votivstätte «Ridlikapelle»; links im Bild nimmt die Katastrophe ihren Lauf. Vom Buochserberg stürzt der Wildbach und reißt Häuser und Menschen mit sich. «In dieser Not und Todesgefahr haben sich 5 Haushaltungen anhero verlobt vor (für) welche erhaltne Gnad Gott und dem vielfertigen (friedfertigen) Bruder Klausen ewiges (einiges) Lob und Dank gesagt.» (Lenz Kriß-Rettenbeck, Ex voto, Zürich 1972)

Tafel x: Die Silberdistel (Carlina acaulis ssp simplex) gehört zu den Wetterpropheten. Die Aufnahme ist bei feuchtem Wetter gemacht. Die Blüte der hygroskopisch empfindlichen Pflanze ist geschlossen, wird sich aber bei der Witterungsänderung öffnen.
(F. M. Engel, Flora Magica, München 1966)

Tafel xi: Auch die Staudenlupine (Lupinus polyphyllus) gilt als Wetterprophet. Ihre Kapselfrüchte reagieren hygroskopisch. Trocknen die Fruchtwandzellen aus, so drehen sich die aufgesprungenen Hülsen und schleudern die Samen fort. Bei kühlfeuchter Witterung bleiben die Kapseln geschlossen.
(F. M. Engel, Flora Magica, München 1966)

Land- und forstwirtschaftliche Regeln

A. PFLANZENBAUREGELN

1. DÜNGEREGELN

Im Januar: Mist Haufen schlagen den alten verwesenen Mist die Äcker führen.
Zürich 17. Jahrhundert | Handschrift 1692

Im Januar soll man zum Feldbau den alten Mist auf die Felder und Wiesen führen und auf Haufen schlagen.
Hausbuch König 1705, S.923

Im Februar soll man Mist auf Felder und Wiesen führen und ausbreiten. Hahnen- und Taubenmist in den Garten bringen.
Hausbuch König 1705, S. 929–932

Im Februar führe jetzund den Mist auff die Äcker, und den Lätt auf die Matten, so gibt es viel Frucht und Graß.
Churer Schreibkalender 1708
Newer Schreibkalender, Baden 1721

Mist ist des Bauern List.
Zürich 18. Jahrhundert | Leitspruch von Salomon Landolt

Im März dem versetzten Bäumlein mit gutem altem Mist zu Hülff kommen.
Hausbuch König 1705, S. 941

Im September Mist auf die Brachfelder führen, breiten und umackern.
Hausbuch König 1705, S. 977

Im November wird im Rebbau Mist darein geführet.
Hausbuch König 1705, S. 983

Im Dezember Mist auf die Felder führen und zu Hauffen schlagen, wer ihn aber außerdem will, muß ihn auch einackern, daß er nicht die beste Kraft ausduffte.
Hausbuch König 1705, S. 987

C'est à l'approche du printemps,
qu'il faut couvrir d'engrais, vignobles, prés et champs.
Wenn sich der Frühling nähert, muß man die Rebberge, Wiesen und Felder mit Mist bedecken.
Waadtland 1816/17 | Feuilles d'Agriculture, Bd. 19, S. 192

Minez, fumez, chaulez, sarclez,
si double produit vous voulez.
Graben, düngen, kalken, jäten, wenn man doppelten Ertrag will.
Waadtland 1816/17 | Feuilles d'Agriculture, Bd. 42, S. 337

Menez votre engrais sur les champs,
et qu'on l'enterre en même temps.
Den Dünger auf die Felder führen und ihn gleichzeitig eingraben.
Waadtland 1816/17 | Feuilles d'Agriculture, Bd. 11, S. 100

Au bout de quelques mois la chaux unie au tan,
donne un engrais-terreau d'un effet surprenant.

Lohe mit Kalk zusammen ergeben im Laufe einiger Monate einen Dünger von überraschender Wirkungskraft.
Waadtland 1816/17 | Feuilles d'Agriculture, Bd. 45, S. 370

La suie et surtout de bon bois,
fait grand effet sur les prés froids.
Der Ruß von besonders gutem Holz hat eine große Wirkung auf die kalten Bodenarten.
Waadtland 1816/17 | Feuilles d'Agriculture, Bd. 42, S. 337

La cendré de l'écobuage,
sur tout engrais deux ans à l'avantage.
Die Holzasche hat vor jedem Dünger zwei Jahre voraus.
Waadtland 1816/17 | Feuilles d'Agriculture, Bd. 42, S. 338

En prés rompus un seul labour suffit,
le froment sans engrais alors y réussit.
Im erschöpften Boden genügt oft eine einzige Feldarbeit, um den Weizen ohne Dünger zum Erfolg zu bringen.
Waadtland 1816/17 | Feuilles d'Agriculture, Bd. 42, S. 337

Moos macht das Land los,
Laub macht das Land taub,
Holz macht das Land stolz,
Stroh macht das Land froh.
Lesebuch für die schweizerische Jugend, 1865, S. 382

Eine Hand voll Stroh gibt zwei Hände voll Mist, und diese geben eine Hand voll Körner.
Lesebuch für die schweizerische Jugend, 1865, S. 380

Hast du viel Mist, so dünge den Acker: hast du wenig, so dünge die Pflanzung.
Lesebuch für die schweizerische Jugend, 1865, S. 380

Ein rechter Ackerwirt läßt immer den Pflug der Sichel gleich nachfolgen; die dadurch bewirkte Reinigung und Bereicherung der Ackerkrume lohnt die Arbeit des Stürzens zehnfach.
Lesebuch für die schweizerische Jugend, 1865, S. 380

Die Düngergrube ist der Geldbeutel des Bauern.
Lesebuch für die schweizerische Jugend, 1865, S. 380

Der Sandboden frißt den Dung und der Steinboden die Schneid.
Lesebuch für die schweizerische Jugend, 1865, S. 379

Durch Pflügen in der Nässe wird der Tonboden vergiftet.
Lesebuch für die schweizerische Jugend, 1865, S. 379

Lieber ein Fuder Mergel auf den Mist als zwanzig auf den Acker.
Lesebuch für die schweizerische Jugend, 1865, S. 379

Vor Winter gepflügt, ist halb gedüngt.
Lesebuch für die schweizerische Jugend, 1865, S. 379

Für den Tonboden ist der Frost der beste Ackermann.
Lesebuch für die schweizerische Jugend, 1865, S. 379

Wo der Grund ist, da darf man die Reben nicht misten.
M. Kirchhofer, Wahrheit und Dichtung, 1824, S. 315

Aperellaschnee isch bessr wedr Schafmist.
Bern 1858 | Album des litterarischen Vereins, S. 250

Beim Mistausführen wird das erste Fuder durch einen Stier, der von einem ledigen Burschen geleitet wird, geführt, weil sich dadurch die befruchtende Kraft des Düngers vermehrt.
Linthal GL 1865 | Mannhardt-Untersuchung, Schweiz. Archiv f. Volksk., 67. Jg. 1971, S. 341

Wer wohl dünget, fährt wohl ein.
Sammlung Strub, Jenisberg GR

Es nützt weniger, beten und singen, als tüchtig düngen.
Sammlung Strub, Jenisberg GR

Wer gute Ernten haben will,
der dünge, pflüge und grabe viel.
Sammlung Strub, Jenisberg GR

Hans düngte seine Felder schlecht,
war Ackermann, jetzt ist er Knecht.
Sammlung Strub, Jenisberg GR

Aprilschnee ist besser als Schafmist.
Kalender Schweizer Hausfreund, Zürich 1907

Neige d'avril vaut du fumier.
Aprilschnee gilt als Mist.
Westschweiz 1940 | Les vins suisses, S. 270

Üna naiv da prümavaira ais la laidada da la povra glieud.
Frühlingsschnee ist die Düngung der armen Leute.
>	*Münstertal GR 1972 | C. F., *1899, Landwirt und Lehrer, Umfrage 1972*

Novemberschnee, der nur drei Tage liegt
und wieder im Sonnenschein verfliegt,
dem Feld wohl soviel Nutzen bringt,
als wenn der Landmann nochmals düngt.
>	*Sammlung Strub, Jenisberg GR*

La sterrada ais üna guajada (ris-chada).
Die Aperung (durch Bestreuen des Schnees mit Asche) ist ein Wagnis.
I: Weil man nie wissen kann, ob Kälte und Schneefall endgültig vorüber sind.
>	*Engadin GR 1944 | H. Lössi, Der Sprichwortschatz des Engadins, S. 254*

Una sterrada ais üna gratgiada.
Eine Aperung (durch Bestreuen des Schnees mit Asche) ist ein Erfolg.
I: Dies trifft nur zu, wenn keine neuen Schneefälle und Kälteeinbrüche erfolgen.
>	*Engadin GR 1944 | H. Lössi, Der Sprichwortschatz des Engadins, S. 255*

Asche im Nidsigent ausbringen, sonst stiebt sie.
Im Sommer nur im Nidsigent misten.
>	*Schwanden GL 1972 | A. P., *1901, Landwirt, Umfrage 1972*

Merzestaub, Aprellegülle
tuet de Bure d Chäschte fülle.
>	*Baselland 1908 | Schweiz. Archiv f. Volksk., Jg. 12, S. 15*

Merzestaub, Aprellegülle ischt, was em Buur tuet d Chäschte fülle.
>	*Baselland 1920 | Sammlung Müller, Liestal BL*

Märzestaub und Aprillegülle
tüend de Puure d Chäschte fülle.
>	*Sammlung Strub, Jenisberg GR*

Aprilgülla
tuet den Purän d Chästa fülle.
>	*Klosters GR 1972 | Ch. H., *1911, Landwirt, Umfrage 1972*

Aprellegülle
tuet de Bure d Fässer fülle.
>	*Reigoldswil BL 1972 | E. W.-T., *1894, Umfrage 1972*

Metter aua da grascha in süt e jüraint fa cha' l tschisp moura oura.
Metter quella in creschaint mâ nu fa dan, adüna be bain.
Güllen, wenn es trocken ist und der Mond abnimmt, läßt die Wiese absterben.
Güllen bei zunehmendem Mond schadet nie und tut immer gut.
Münstertal GR 1972 | C. F., *1899, Landwirt und Lehrer, Umfrage 1972

Mist ist des Bauern List.
Sammlung Strub, Jenisberg GR

Halt ihn feucht und tret ihn feste,
auf engem Raum,
im Schatten vom Baum,
das ist für den Mist das beste.
Sammlung Strub, Jenisberg GR

Fahr im November deinen Ackermist,
denn wenn er überwintert ist,
dann ist der Mist des Bauern List.
Sammlung Strub, Jenisberg GR

Im Herbscht de Mischt, im Früehlig d Gülle
tuet mit Heu all Schüüre fülle.
Zürich 1972 | W. Höhn, Volksbotanik, S. 17

Wo Chuemischt isch, isch Brot.
Baselland 1939 | Schweiz. Archiv f. Volksk., Jg. 37, S. 15

Stroh macht dr Acher froh,
Holz macht dr Acher stolz,
Laub macht dr Acher daub.
Baselland 1939 | Schweiz. Archiv f. Volksk., Jg. 37, S. 14

Horn und Haar,
git Dünger für sibe Jahr.
Heinzenberg GR 1972 | A. D., *1904, Landwirt, Umfrage 1972

Das Feld in Drey Theil.

Theil.	Jahr.	Frucht.
I.	1.	Dunckel und Korn. Wicken und Haber. Brach.
II.	2.	Wicken und Haber. Brach. Dunckel und Korn.
III.	3.	Brach. Dunckel und Korn. Wicken und Haber.

2. SÄREGELN

a) Bis 19. Jahrhundert

Wenn das Gestirn der Plejaden, der Atlastöchter, emporsteigt, dann mit dem Ernten beginnen, mit Säen aber, wenn es hinabtaucht.
    Hesiod (700 v. Chr.), Erga

Das Korn seigt man umb Sant Martins Tag im Herpst.
    Schweiz 16. Jahrhundert / Idiotikon, 7, S. 596

So du wilt süß gutt Rüben pflantzen, so mustu erstlich acht haben, das der Samen von gutten süßen Rüben sye harkommen, derhalben wenn man will Samenrüben setzen, so soll man ußerlesen die wol gestalltet syen, kleine Wurtzel haben und süß syen. Die bringen dan ouch gutten Samen und wachst darus gutte Frucht. Dan du magst wol gedencken, das us einer höltzinen, groben, knorrechten, ruchen und bitteren Rüben kein gutter Samen wachst. Dan du wirst nit bald us einem Wolff ein Wachtelhund machen.
I: Verschiedene Anweisungen über die Rübensaat sprechen für die Wichtigkeit dieser Wurzelfrüchte in jener Zeit.

Basel 1561 | J. Hutmacher, Ein schön Kunstbuch, S. 237

Ein Rägen hat befeucht die Erd
darumb ich jetzund sayen werd.

Rosius-Kalender, Basel 1636

Vierzehn vor Michaelis (29. September) und 14 Tag nach Michaelis ist die Saatzeit des Winter, Korns geht an 3 Wochen nach Michaelis.
Man pflegt hohe Aecker und Sandacker alzeit ehe die nidrig Aecker aber langsamer zu ackern und zu säen.
Säe am 3. Tag vor oder nach dem neuen Monden Weitzen, so wird kein Gekreutig darinn. Die Astronomi sagen, einen jeglichen nassen und nidrig gelegenen Acker solle man im abnehmenden und die hohen und trucken gelegenen Feldern im zunehmenden säen.
Was zur Sommers Saat als Sommer Korn, Gersten, Sommerweitzen Kraut in vorigem Monden nicht getunget und unterstürzet (gepflügt) werden mögen, das kann im November noch erfolgen.

Zürich 17. Jahrhundert | Handschrift 1692

Philipp Jacobi (11. Mai) Hirsen, Korn seen. Umb Urbani (25. Mai) im letzten Viertel, sonst pflegt es nimmer zu blühen.
Rettigsamen am St. Johannisabend gesät, wirt am Besten.

Zürich 17. Jahrhundert | Handschrift 1692

Im Martius die Habersaat verrichten item Sommerkorn und Weizen seen.
Erbsen soll man säen am grünen Donderstag oder 3 Tag vor den neuen Mond; sie werden voll und verderben selten.

Zürich 17. Jahrhundert | Handschrift 1692

Die Wintersaat soll die beste seyn, welche innerthalb acht Tagen vor und nach Michaeli vorgenommen wird.

Churer Schreibkalender 1708

Fälle im Februar Holtz, brich das Erdreich und säe Haber.

Newer Schreib-Kalender, Baden 1721

Mertzen Schnee ist der Saat schädlich.
Churer Schreibkalender 1708

Auff Benedicten Tag (21. März) säe Gersten, Erbsen und Zwiebel.
Churer Schreibkalender 1708

Säye, pflantze, beschneide im Mertz die Reben, versetze die Bäum bey dem wachsenden Mond und mache Gräben darum, gieße Wasser darein biß sie verbrühen, so soll ihnen kein Reiffen oder Frost schaden.
Churer Schreibkalender 1708

Säye im September drey Tag vor und nach dem Neumon den Weitzen, so wachset kein Unkraut darinn.
Churer Schreibkalender 1708

Spinet oder Spinadel oder endtlich Spinetsch ein gewisse Gattung deß Krautß wird angeseet im Frühling, und zwahr so bald der Schnee verschwunden, und wann nachgehends gleichwohl ein frischer Schnee auf daß angeseete Bett fallet, wird ihme selbiger nit vill schaden.
Sarnen OW 1791 / Schweiz. Archiv f. Volksk., 1900, S. 33

Wind Erbs oder Spanner Kifel soll man im Frühling nit zu frühe stecken; dann sie mögen die Reüfen und Kälten nit wohl erleyden.
Sarnen OW 1791 / Schweiz. Archiv f. Volksk., 1900, S. 33

Erbsen, so mann stecken will, sollen nicht an dem Offen, sondern an der Sonnen getörrt werden.
Sarnen OW 1791 / Schweiz. Archiv f. Volksk., 1900, S. 33

Peterli Samen, wie auch Prockeli Samen säet mann auß zur Zeit, zu welcher die Samen-Rueben versetzt werden.
Sarnen OW 1791 / Schweiz. Archiv f. Volksk., 1900, S. 33

Treis caussas vol ün èr: bun lavurèr, bun sem e bun aura.
Drei Dinge braucht der Acker, einen guten Arbeiter, guten Samen und gutes Wetter.
Annalas Rhaeto-Romanscha, 1888, S. 82

Septembre et première quinzaine
veut qu'en terre on mette sa graine.
Säen soll man in den ersten vierzehn Tagen des Septembers.
Waadtland 1816/17 / Feuilles d'Agriculture, Bd. 11, S. 100

Environ la Saint-Maurice,
temps pour semer est propice.
Ungefähr um St. Mauritius (22. September) ist die Zeit zum Säen günstig. *Waadtland 1816/17 / Feuilles d'Agriculture, Bd. 27, S. 206*

En Mars, Avril ou Mai, semez agriculteur,
quand le doigt mis en terre y sent quelque chaleur.
Ackerbauer säe im März, April oder Mai, wenn der in die Erde gehaltene Finger die Wärme spürt.
> *Waadtland 1816/17 | Feuilles d'Agriculture, Bd. 39, S. 306*

Labourer, semer en temps mou,
dans l'automne c'est être fou.
Pflügen, säen in feuchtwarmer Zeit;
es im Herbst zu tun, heißt verrückt zu sein.
> *Waadtland 1816/17 | Feuilles d'Agriculture, Bd. 27, S. 206*

Semez le sarrasin entre les deux Saint-Jean,
jusqu'au quinze Juillet c'est encor le moment.
Säe den Buchweizen zwischen den zwei Johannis-Tagen, bis zum fünfzehnten Juli ist noch Zeit dazu.
I: Es gibt 23 Johannistage; welche gemeint sind, wissen wir nicht.
> *Waadtland 1816/17 | Feuilles d'Agriculture, Bd. 33, S. 274*

Semez dans la poudre en automne,
mais la boue au printemps foisonne.
Säe in den Staub im Herbst, im Schlamm des Frühlings wird's aufquellen.
> *Waadtland 1816/17 | Feuilles d'Agriculture, Bd. 27, S. 206*

A la Saint-George,
bon temps pour semer l'orge.
An St. Georg (23. April) gute Zeit, um Gerste zu säen.
> *Waadtland 1816/17 | Feuilles d'Agriculture, Bd. 27, S. 206*

Le blé semé trop épais verse,
en terrain sec passez et repassez la herse.
Zu dich gesätes Getreide fällt um,
in trockenem Gelände fahre mit der Egge hin und her.
> *Waadtland 1816/17 | Feuilles d'Agriculture, Bd. 33, S. 274*

Qui sème trop dru recueille menu;
qui sème menu recueille dru.
Wer zu dicht sät, sammelt hageldicht, wer hageldicht sät, sammelt dicht.
> *Waadtland 1816/17 | Feuilles d'Agriculture, Bd. 33, S. 274*

Avoine, trèfle, blé, panais, pommes de terre,
font un assolement pour six ans salutaire.
Hafer, Klee, Korn, Pastinake, Kartoffeln bringen im Wechsel sechs erntereiche Jahre.
> *Waadtland 1816/17 | Feuilles d'Agriculture, Bd. 42, S. 337*

Choix de semence est important,
comme le sol et le moment.
Die Wahl der Saat ist ebenso wichtig wie der Zeitpunkt und der Ackerboden.
Waadtland 1816/17 / Feuilles d'Agriculture, Bd. 27, S. 206

Alterner, assoler, c'est changer de culture,
la terre ainsi repose et travaille et s'épure.
Fruchtwechsel vornehmen heißt Wechsel der Kulturen. Auf diese Weise ruht der Boden und arbeitet oder säubert sich.
Waadtland 1816/17 / Feuilles d'Agriculture, Bd. 42, S. 337

Orge et seigle d'hiver mis en terre au printemps,
vous donnent deux moissons sur les défrichemens.
Wintergerste und Roggen im Frühling in die Erde getan, ergeben zwei Ernten auf Neuaufbrüchen.
Waadtland 1816/17 / Feuilles d'Agriculture, Bd. 33, S. 274

Semez l'avoine plus dru,
semez l'orge plus menu.
Säe den Hafer dicht,
säe die Gerste hageldicht.
Waadtland 1816/17 / Feuilles d'Agriculture, Bd. 27, S. 206

Entre orge, froment, seigle, avoine,
laissez un an, deux ans, le sol à d'autre graine.
Zwischen Gerste, Weizen, Roggen, Hafer, laß dem Boden ein Jahr, zwei Jahre, anderen Samen.
Waadtland 1816/17 / Feuilles d'Agriculture, Bd. 33, S. 274

Les bons assolemens sont greniers d'abondance;
sur eux on doit placer toute son espérance.
Guter Fruchtwechsel heißt Überfluß im Speicher, auf ihn muß man seine ganze Hoffnung setzen.
Waadtland 1816/17 / Feuilles d'Agriculture, Bd. 27, S. 206

Semez quand le ciel sombre annonce un peu de pluie
prête à faire germer votre graine enfouïe.
Sät bei bedecktem Himmel, der ein wenig Regen anzeigt, er wird das eingegrabene Saatgut zum Keimen bringen.
Waadtland 1816/17 / Feuilles d'Agriculture, Bd. 11, S. 100

La règle pour semer vos champs,
c'est temps sec en automne et chaleur au printemps.
Für die Aussaat eurer Felder gilt die Regel: trockenes Wetter im Herbst und Wärme im Frühling.
Waadtland 1816/17 / Feuilles d'Agriculture, Bd. 11, S. 100

En automne semez plutôt,
au printemps attendez temps chaud.
Im Herbst sät früh, im Frühling wartet auf warmes Wetter.
> *Waadtland 1816/17 | Feuilles d'Agriculture, Bd. 11, S. 100*

Pour avoir toujours de bons champs,
n'y mettez que deux fois même grain dans six ans.
Um für immer gute Felder zu haben, soll man nicht mehr als zweimal den gleichen Samen in sechs Jahren streuen.
I: Fruchtwechsel!
> *Waadtland 1816/17 | Feuilles d'Agriculture, Bd. 42, S. 337*

Pois, fève, avoine, blé, rendent huit sacs pour un,
semés en terre propre et par temps oportun.
Erbsen, Bohnen, Hafer, Korn geben acht Säcke für einen, wenn sie in gute Erde und bei günstigem Wetter gesät werden.
> *Waadtland 1816/17 | Feuilles d'Agriculture, Bd. 39, S. 306*

Semez le seigle et l'orge en sol poudreux et sain,
en sol humide après beau froment à gros grains.
Säe den Roggen und die Gerste in staubtrockenen Ackerboden; im feuchten Boden gibt es schönen Weizen mit großen Körnern.
> *Waadtland 1816/17 | Feuilles d'Agriculture, Bd. 11, S. 100*

Pour ne pas voir verser vos blés,
avril durant qu'ils soient roulés.
Damit man nicht zusehen muß, wie das Getreide umfällt, muß es im April gewalzt werden.
> *Waadtland 1816/17 | Feuilles d'Agriculture, Bd. 42, S. 337*

Les blés de printemps
aiment sols mouillans.
Das Frühlingsgetreide liebt nassen Boden.
> *Waadtland 1816/17 | Feuilles d'Agriculture, Bd. 39, S. 305*

Quant au blé noir, prenez pour le semer,
un temps sec quelques jours, il pourra mieux germer.
Für die Buchweizensaat warte einige trockene Tage ab, sie wird besser keimen können.
> *Waadtland 1816/17 | Feuilles d'Agriculture, Bd. 33, S. 274*

Semez tôt seigle clair en la terre poudreuse,
puis le froment épais en terre un peu boueuse.
Säe den Roggen früh und licht in staubige (trockene) Erde, den Weizen dicht in ein wenig schlammige (feuchte) Erde.
> *Waadtland 1816/17 | Feuilles d'Agriculture, Bd. 33, S. 274*

Soc acéré, pointu perçant un pied de terre,
pour un, fait rendre dix, au bon grain qui s'enterre.
Ein geschärfter Pflug, der spitz ein Stück Erde durchdringt, wirft auf
ein eingegrabenes Getreidekorn zehn ab.
Waadtland 1816/17 | Feuilles d'Agriculture, Bd.11, S.100

Au lieu de le semer qu'on plante
un sac de grains, il en rendra quarante.
Anstatt das Getreide zu säen, pflanze man es (das heißt, man säe es gezielt), dann werden auf einen Sack vierzig kommen.
Waadtland 1816/17 | Feuilles d'Agriculture, Bd.39, S.306

Si vous prévoyez la cherté,
semez bonnes graines d'été.
Wenn ihr Teuerung vorausseht, säet gutes Sommergetreide.
Waadtland 1816/17 | Feuilles d'Agriculture, Bd.27, S.206

Wie der Acker, so die Rüben; wie die Saat, so die Ernte.
Lesebuch für die schweizerische Jugend, 1865, S.379

Bella plantada, richa rastellada.
Gut gesät, reichlich geerntet.
Annalas Rhaeto-Romanscha, 1888, S.9

Tgi semna bun graun, ha allura bun paun.
Wer gutes Korn säet, hat gutes Brot.
Annalas Rhaeto-Romanscha, 1888, S.78

Tgi semna cun l'aua, raccoglia cun canaster.
Wer säet mit dem Wasser, der erntet mit dem Korb.
Annalas Rhaeto-Romanscha, 1888, S.78

Wer über Winter zu dünn und über Sommer zu dicht säet, braucht seine Scheunen nicht größer zu machen.
Lesebuch für die schweizerische Jugend, 1865, S.379

Tgi semna spess, raccolta menüd, tgi semna menüd, raccolta spess.
Wer dicht säet, erntet wenig und umgekehrt.
Annalas Rhaeto-Romanscha, 1888, S.79

Meglier semnar meins e lavurar da plü.
Besser weniger säen und mehr arbeiten.
Annalas Rhaeto-Romanscha, 1888, S.48

Der Frühsäer hat die Zeit vor sich, der Spätsäer hinter sich.
Lesebuch für die schweizerische Jugend, 1865, S.379

Frühsaat trügt selten, Spätsaat oft.
Lesebuch für die schweizerische Jugend, 1865, S. 379

Säit me z gli (vor der Zeit), sell mes de Chinge nit säge.
I: Zu frühes Säen der Feldfrüchte ist oft gut, in den meisten Fällen aber nicht, und wenn es auch eine gute Ernte zur Folge hat, soll man es die Kinder doch nicht wissen lassen.
F. J. Schild, Der Großätti aus dem Leberberg, 1873, Bd. 2, S. 26

La fava semnei da temps plovius, il graun in terra sütta.
Die Bohnen säet zu regnerischer Zeit, das Korn in trockene Erde.
Annalas Rhaeto-Romanscha, 1888, S. 36

Wer den Roggen unterstäubt,
die Gerste unterkleibt,
den Weizen sät in Schollen,
der hat alles im vollen.
Lesebuch für die schweizerische Jungend, 1865, S. 382

Avoine de février fait plier le solier.
Februarhafer läßt den Balken biegen.
Valangin NE 1895 | Le patois Neuchâtelois, S. 31

L'avoine semée au mois de février fait trembler le plancher supérieur des granges.
Der im Februar gesäte Hafer ist so schwer, daß er die oberste Bohle der Scheune zum Zittern bringt.
Fribourg 1877 | Romania, S. 92

Gertrud (17. März)
säet Bölla und Krut.
M. Kirchhofer, Wahrheit und Dichtung, 1824, S. 318

Wenn der Schimmel über die Hecke guckt, ist's Zeit zur Hafersaat.
Lesebuch für die sehweizerische Jugend, 1865, S. 380

Wer Rüben säen will, muß den Pflug an den Erntewagen hängen.
Lesebuch für die schweizerische Jugend, 1865, S. 380

Al comparer dels uçells non büttar fieren sem in terra.
Beim Erscheinen der Vögel nicht säen.
Annalas Rhaeto-Romanscha, 1888, S. 4

Bun sem fa bun graun, e bunas plantas portan buns früts.
Gute Saat macht gutes Korn, gute Pflanzen tragen gute Früchte.
Annalas Rhaeto-Romanscha, 1888, S. 11

Am besten ist es dem Sämann, wenn die Bärin untergeht oder vorgeht, das heißt, wenn sie ihm zeigt, bis wohin die Körner gefallen sind.
> *Hinwil ZH 1865 | Mannhardt-Untersuchung, Schweiz. Archiv f. Volksk., 1971, S. 337*

Mit Kreuzerhöhung (14. September) soll die Aussaat begonnen, mit dem Gallustag (16. Oktober) beendigt sein.
> *Oberwagenburg ZH 1865 | Mannhardt-Untersuchung, Schweiz. Archiv f. Volksk., 1971, S. 337*

Säen am ersten April, verdirbt den Bauer mit Stumpf und Stiel. Dagegen ist der Gründonnerstag für die Aussaat besonders günstig.
> *Wädenswil ZH 1865 | Mannhardt-Untersuchung, Schweiz. Archiv f. Volksk., 1971, S. 343*

Besonders günstig zum Säen ist der Gründonnerstag. Allgemeine Säetage sind Montag, Mittwoch, Freitag.
> *Zürich 1865 | Mannhardt-Untersuchung, Schweiz. Archiv f. Volksk., 1971, S. 337*

Das Säen beim Vollmond oder «Durschi» schadet dem Wachstum. Wenn an Fleischtagen, Dienstag und Donnerstag, gesäet wird, so steht zu erwarten, daß die Vögel die Saat ausscharren und aufpicken werden.
> *Bassersdorf ZH 1865 | Mannhardt-Untersuchung, Schweiz. Archiv f. Volksk., 1971, S. 343*

Drei Tage vor und drei Tage nach Neumond sät man den Weizen und Roggen. Den Roggen, der an einem Dienstag oder Donnerstag gesät wurde, fressen die Schnecken, den Weizen die Vögel.
> *Windlach ZH 1865 | Mannhardt-Untersuchung, Schweiz. Archiv f. Volksk., 1971, S. 337*

Die Sommergewächse sollen im «Gschütz» gesät werden, damit sie schnell wachsen; Bohnen nicht im Fisch, damit sie nicht fleckig werden, sondern im Wassermann, dann lassen sie sich bald weich sieden; oder in der Waage, dann hängen sich viele an. Rüben geraten am besten, wenn sie im Märzenbau gesät werden. Wegwarten, im Skorpion oder Krebs gesät, werden beinerig.
> *Hinwil ZH 1865 | Mannhardt-Untersuchung, Schweiz. Archiv f. Volksk., 1971, S. 337*

Kraut säe man an Lienhard und Gertrud (17. März); Bohnen an Bonifazius (5. Juni); Zwiebeln am Karfreitag; Korn (nur Dinkel) an Fronfasten; Kürbis in der Stunde, da der Mond voll wird.
> *Stammheim ZH 1865 | Mannhardt-Untersuchung, Schweiz. Archiv f. Volksk., 1971, S. 337*

Man säet nicht gern an Rosa (18. September), denn man behauptet, es gebe nur Rösli, das heißt nur sehr kleine Ähren ohne Früchte.
Bülach ZH 1865 | Mannhardt-Untersuchung, Schweiz. Archiv f. Volksk., 1971, S. 344

Am siebenten Tag der Woche soll man nicht säen, denn es ist eine ungerade und unheilbringende Zahl.
Zürich 1865 | Mannhardt-Untersuchung, Schweiz. Archiv f. Volksk., 1971, S. 337

Den Mohn säet man abends in der dritten Stunde, damit die reifen Kapseln nicht von den Raben geöffnet werden.
Bülach ZH 1865 | Mannhardt-Untersuchung, Schweiz. Archiv f. Volksk., 1971, S. 334

Wenn am Mittag in der zwölften Stunde gesäet wird, so geschieht es, um das Feld vor allen störenden Einflüssen zu schützen.
Wetzikon ZH 1865 | Mannhardt-Untersuchung, Schweiz. Archiv f. Volksk., 1971, S. 343

Bohnen werden zwischen 11 und 12 Uhr gesteckt, denn man meint: je größer die Stundenzahl, je größer der Ertrag.
Horgen ZH 1865 | Mannhardt-Untersuchung, Schweiz. Archiv f. Volksk., 1971, S. 344

Wenn man säet und die Vögel fliegen auf den Samen, so lebt man lange; sonst nicht.
Zumikon ZH 1865 | Mannhardt-Untersuchung, Schweiz. Archiv f. Volksk., 1971, S. 347

Wenn die Rüben von einer männlichen Person gesät werden, so werden sie bedeutend länger und bleiben von Schnecken und anderem Ungeziefer verschont.
Zürich 1865 | Mannhardt-Untersuchung, Schweiz. Archiv f. Volksk., 1971, S. 337

Angang beim Säen: Begegnung einer männlichen Person deutet auf glückliche Saat, Begegnung einer weiblichen auf Mißsaat.
Hittnau ZH 1865 | Mannhardt-Untersuchung, Schweiz. Archiv f. Volksk., 1971, S. 337

Die drei ersten Körner werden vom Sämann in die Luft aufgeworfen; ebenso die erste Handvoll über den Acker hin. Dann beginnt er die Arbeit mit dem Spruch: «Was i schaffe, das thu i mit Fliß – mögs Hergotts Gnad si mit üs.» Die Egge, mit welcher hernach über die Saat gefahren wird, läßt der Bauer gern von zwei jungen Stieren ziehen.
Neftenbach ZH 1865 | Mannhardt-Untersuchung, Schweiz. Archiv f. Volksk., 1971, S. 337

Den Hanfsamen wirft man hoch in die Lüfte: damit auch der Hanf hoch werde.
Bülach ZH 1865 | Mannhardt-Untersuchung, Schweiz. Archiv f. Volksk., 1971, S.344

L'avoine de février,
remplit parfois le grenier.
Februarhafer füllt aufs mal den Speicher.
Waadtland 1816/17 | Feuilles d'Agriculture, Bd.27, S.206

Um das Wachsen des Flachses zu fördern, wird bisweilen ein Stück von einer Windel, in der ein Neugeborenes lag, in den Boden gelegt.
Wädenswil ZH 1865 | Schweiz. Archiv f. Volksk., 1971, S.344

Die Saat wird im Namen der heiligen Dreifaltigkeit ausgestreut (auch in Glarus), und am Ende ruft der Sämann: «Es walte Gott!» (In Glarus: «Gebe der liebe Herrgott seinen Segen darein!»)
Glarus und Wädenswil ZH 1865 | Mannhardt-Untersuchung, Schweiz. Archiv f. Volksk., 1971, S.347

b) Art und Weise

Wie man den Acker bestellt, so trägt er.
Sammlung Strub, Jenisberg GR

Gut Land braucht halben Samen.
Sammlung Strub, Jenisberg GR

Terra nera fa buon frumento.
Schwarze Erde macht guten Weizen.
Tessin 1911 | V. Pellandini, Tradizioni popolari Ticinesi S.140

Schwarzer Herd (Erde) trägt gute Frucht, aber der rote ist nichts.
Schweiz 1824 | Die Schweiz, S.133

Er badiv, prà planiv.
Der Acker leicht abschüssig, die Wiese eben.
Engadin GR 1944 | H. Lössi, Der Sprichwortschatz des Engadins, S.252

D'avuost nu dessast arar e settember nu surtrar.
Im August sollst du nicht pflügen und im September nicht aufschieben.
I: Gemeint sind die Vorbereitungen zur Aussaat des Winterroggens.
Engadin GR 1944 | H. Lössi, Der Sprichwortschatz des Engadins, S.252

Ara plü bain cha tü poust, semna quai cha tü voust.
Ara sco cha tü voust, semna tuot quai cha tü poust.
Pflüge (im Frühjahr), so gut du kannst, säe, was du willst.
Pflüge (im Herbst), wie du willst, säe alles, was du kannst.
Tschlin GR 1944 | H. Lössi, Der Sprichwortschatz des Engadins, S. 251

Cur Charsinom s'lavina l'arazun festina.
Wenn der Plan Charsinom schneefrei wird, eilt es mit dem Pflügen.
Guarda GR 1944 | H. Lössi, Der Sprichwortschatz des Engadins, S. 252

Wenn der Boden zu fest ist, erstickt die Frucht.
Sammlung Strub, Jenisberg GR

Erpcha bain, ed ara sco cha tü poust.
Egge gut und pflüge, so gut du kannst.
I: Sagt man, wenn das Pflügen nicht gut geht.
Engadin GR 1944 | H. Lössi, Der Sprichwortschatz des Engadins, S. 253

In Nebentälern des Simmentals wurde zur Erleichterung des Jätens das Getreide nicht «vertan» (breitwürfig gesät), sondern «zillet gsäid» (in Reihen) oder sogar «gsetzd» (gesteckt).
Simmental BE 1908 | Idiotikon, 7, S. 595

Il sejel voul verer il tschêl.
Der Roggen will den Himmel sehen.
I: Im Frühjahr sollte der Roggen tief, im Herbst dagegen mehr an der Oberfläche gesät werden.
Tschlin GR 1944 | H. Lössi, Der Sprichwortschatz des Engadins, S. 253

Semnar sejel in puolvra e jerdi in malta.
Der Roggen sollte in die trockene, die Gerste in die nasse Erde (gesät werden).
I: Die Gerste wird im Frühjahr, womöglich am 1. Mai und an den darauffolgenden Tagen gesät. Um beschleunigtes Keimen zu bewirken, sollte die Erde naß sein. Der Roggen dagegen, der am 13. September und an den darauffolgenden Tagen ausgesät wird, sollte trockenes Wetter haben, damit er nicht zu schnell auskeimt.
Scuol GR 1944 | H. Lössi, Der Sprichwortschatz des Engadins, S. 253

Semna crè, schi tschuncast crè.
Säe guten Roggen, so erntest du guten Roggen.
I: «Sejel crè» ist der erste, schwerste und beste Roggen, der dadurch gewonnen wird, daß man die Garben an der Trennwand ausschlägt. Der ausgebrochene, minderwertige Roggen heißt «sejel scuoss».
Engadin GR 1944 | H. Lössi, Der Sprichwortschatz des Engadins, S. 255

Ratte ussem Rogge jätte,
und de Rogge nid verträtte.
I: Als die intensive Saatgutreinigung noch nicht üblich war, kam die Kornrade, «die Ratte», vielfach im Roggen vor.
    Schaffhausen 1953 | G. Kummer, Volksbotanik, 1. Teil, S. 20

La fava sto ins semnar de bletsch, il graun de schetg.
Die Bohnen soll man bei nassem Wetter säen, das Korn bei trockenem Wetter.
    Graubünden 19. Jahrhundert | Rätoroman. Chrestomathie 1896/1919, S. 1013

De Weize mo me iischwemme, de Rogge iibrenne.
I: Das Erdreich soll für Weizensaat durchfeuchtet sein; Roggen wird in trockenen Boden gesät.
    Schaffhausen 1953 | G. Kummer, Die Kulturpflanzen, 1. Teil, Schaffhauser Volksbotanik, 1953, S. 13

Sème ton blé dans le pot et ton seigle dans la poussière.
Säe das Korn in den Wassertopf und deinen Roggen in den Staub.
I: Wassertopf: gemeint ist die feuchte Erde.
    Ocourt BE 1950 | Schweiz. Archiv f. Volksk., Bd. 46, S. 4

Der Weize mues men undere rolle (oder: undere rumple).
    Baselland 1939 | Schweiz. Archiv f. Volksk., Jg. 37, S. 14

Chorn mueß me ynedräckle.
I: Bei schlechtem Wetter säen.
    Baselland 1939 | Schweiz. Archiv f. Volksk., Jg. 37, S. 14

Wenn eine im Herbscht übers Gsäit lauft, set men ihm e Stei norüehre, aber wenn er im Früehlig drüber lauft, set men ihm e Stück Brot nowärfe.
I: Weil die Frühjahrssaat festgemacht werden muß und aus diesem Grunde ja auch gewalzt wird. Von verschiedenen Baselbieter Schulmeistern des letzten Jahrhunderts (Arisdorf, Ziefen, Lausen, Oltingen) wird erzählt, sie hätten im Frühjahr ihre Schulkinder zum Acker geführt, damit sie ihnen «der Some ynetrampe».
    Baselland 1939 | Schweiz. Archiv f. Volksk., Jg. 37, S. 14

c) Saatzeit

Semenza da prümavaira e d'utuon plü dasper a l'avuost pussibel.
Saat im Frühjahr und im Herbst so nahe am August wie möglich (das
heißt im Frühjahr spät, im Herbst früh).
Tschlin GR 1944 | H. Lössi, Der Sprichwortschatz des Engadins, S. 253

Wenns spot Säije grotet, sölls der Vatter de Chindere nit säge.
Baselland 1908 | Schweiz. Archiv f. Volksk., Jg. 12, S. 15
Ebenso: 1939 Jg. 37, S. 14

S'il te réussit d'ensemencer tard ne vas pas le dire au voisin.
Wenn die Spätsaat dir gelingt, sag es dem Nachbarn nicht.
Savièse VS 1926 | Dictons de Savièse, S. 17

Zu frühes Säen ist selten gut, zu spät säen tut gar nicht gut.
Hundertjähriger Kalender, Zürich 1942

De Wässe (Weizen) tar me scho e wenig spöt säe.
I: Lieber etwas zu spät als zu früh säen.
Thurgau 1919 | Schweiz. Idiotikon. Bd. 7, Sp. 595

Frühe Saat hat nie gelogen, allzu spät hat oft betrogen.
Schleitheim SH 1970 | Schleitheimer Bote 1970

Si tu sèmes à la St-Léger, ton blé sera bien léger.
Wenn du das Korn am Tag des heiligen Leodegar (2. Oktober) säst,
wird es viel leichter sein.
Ocourt BE 1950 | Schweiz. Archiv f. Volksk., Bd. 46, S. 4

Wenn d Frucht im Jänner güenet, so abnat sie, bis sie in der Wid isch.
Baselland 1939 | Schweiz. Archiv f. Volksk., Jg. 37, S. 14

Säe Korn an Egidii (5. September).
Hundertjähriger Kalender, Zürich 1942

Ab Egidi (5. September) säe Korn ins Feld,
Michaelissaat (29. September) am besten fällt.
Sammlung Strub, Jenisberg GR

Wenn Sankt Egidi (5. September) bläst ins Horn,
heißt es: Bauer sä dein Korn.
Sammlung Strub, Jenisberg GR

Am 6. September sät den ersten Strang, Mariä Geburt (8. September)
sät furt, Mariä Namen (12. September) sät alles zusammen.
Sammlung Strub, Jenisberg GR

Wird Mariä Geburt (8. September) gesät, ist's nicht zu früh und nicht zu spät.
Alpenhorn-Kalender 1969

An St-Lukas-Tag (18. Oktober) soll das Winterkorn schon in die Stoppeln gesät sein.
Alpenhorn-Kalender 1969

Wer am Lukas (18. Oktober) Roggen streut,
es im nächsten Jahr bereut.
Alpenhorn-Kalender 1969

Tritt Matthäus ein (21. September),
soll die Saat vollendet sein.
Sammlung Strub, Jenisberg GR

Acht Tage vor und nach Michael (29. September) ist die beste Wintersaatzeit.
Sammlung Strub, Jenisberg GR

Um Michaeli (29. September), in der Tat,
gedeiht die beste Wintersaat.
Sammlung Strub, Jenisberg GR

L'avoine de février fait ployer les greniers.
Der Februarhafer biegt die Speicher.
Courrendlin BE 1908 / Schweiz. Archiv f. Volksk., Jg. 12, S. 167

L'avoine du mois de février remplit les greniers.
Der Februarhafer füllt die Scheunen.
Boncourt BE 1908 / Schweiz. Archiv f. Volksk., Jg. 12, S. 167

A la St-Valentin (14. Februar) on sème les cabus.
Am St.-Valentins-Tag sät man den Kohl.
Epauvillers BE 1908 / Schweiz. Archiv f. Volksk., Jg. 12, S. 168

Säest du im März zu früh, ist es leicht vergebne Müh.
Sammlung Strub, Jenisberg GR

Säe, pflanz und schneid die Reben,
Gott wird dir den Segen geben.
Sammlung Strub, Jenisberg GR

Die Zeit zum Ackern und Gärtnern ist da, sobald die Erde sich leicht von den Geräten löst.

I: Das Saatgut unserer Kulturpflanzen fängt erst bei circa 8 Grad Bodenwärme zu treiben an.
> *Sammlung Strub, Jenisberg GR*

An Benedikt (21. März) säe Gerste, Erbsen und Zwiebeln.
> *Sammlung Strub, Jenisberg GR*

Kunigund (3. März)
macht warm von unt.
> *Sammlung Strub, Jenisberg GR*

Wenn sich Gregori (9. März) stellt,
muß der Bauer mit der Saat ins Feld.
> *Sammlung Strub, Jenisberg GR*

Gertrud (17. März)
sät das Chrut.
> *Sammlung Strub, Jenisberg GR*

Sème tes pois à la St-Joseph (19 mars).
Säe deine Erbsen am St.-Josephs-Tag.
> *Ocourt BE 1950 / Schweiz. Archiv f. Volksk., Bd. 46, S. 6*

Auf Benedikt-Tag (21. März) säe Erbsen, Gerste und Zwiebeln.
> *Hundertjähriger Kalender, Zürich 1942*

Nach Neujahr der hundertste Tag ist zum Leinsäen die beste Zeit.
> *Sammlung Strub, Jenisberg GR*

Erbsen säe Ambrosius (4. April), dann tragen sie viel und ergeben gut.
> *Sammlung Strub, Jenisberg GR*

Tredasin d'iuri an fet fen che ori.
Seminandola il 13 aprile (di canapa),
ne raccoglierete fin che vorrete.
Wenn ihr am 13. April Hanf sät, werdet ihr ernten, soviel ihr wollt.
> *Personico TI 1952 / Vocabolario dei Dialetti della Svizzera Italiana, Vol. 1, S. 208*

Der Hafer ist die erste Frühsaat.
Frühhafer – Schwerhafer.
> *Sammlung Strub, Jenisberg GR*

St-Georges (23 avril)
il faut semer l'orge.
Am Georgstag muß man die Gerste säen.

> *Isérables VS 1930 | E. Gillioz, Dictons d'Isérables, Cahiers valaisans de folklore 15, S. 5*
> *Gleiche Regel: Courrendlin BE 1908 | Schweiz. Archiv f. Volksk., Jg. 12, S. 170*
> *Fribourg 1941 | Sagesse paysanne, S. 65*
> *Levron VS 1926 | Schweiz. Archiv f. Volksk., Jg. 26, S. 224*

A la St-Georges (23 avril) sème ton orge,
à la St-Marc (25 avril) il est trop tard.
An St. Georg (23. April) säe die Gerste, an St.-Markus (25. April) ist es zu spät.

> *Engollon NE 1972 | A. S., *1905, Landwirt, Umfrage 1972*

Am Jörk (23. April) söll si der Gwaagg (Rabe) im Chorn chönne verstecke.

> *Baselland 1908 | Schweiz. Archiv f. Volksk., Jg. 12, S. 16*

Die Böhnli, wo men am Mai-Obe (30. April) setzt, grote.

> *Baselland 1908 | Schweiz. Archiv f. Volksk., Jg. 12, S. 153*

C'ur c'al' cänta al cücc le al se da fä dapertütt, c'ur cal lascia da cantä, pur là le al see da fä.
Ruft der Kuckuck, gibt es überall etwas zu tun, und wenn sein Ruf aufhört, dann erst recht.

> *Bergell GR 1896 | Decurtins, S. 174*

Säe Hanf Urbani (25. Mai), Viti (15. Juni) Lein, Rüben Kiliani (8. Juli), Ruffi (21. November) säe Wintersaat, an Himmelfahrt (15. August) schneid Honig ab.

> *Hundertjähriger Kalender, Zürich 1942*

Für Kartoffeln: Stupf mi im Aprill,
chomi wän i will.
Stupf mi im Mai,
chom i gläi.
I: Kartoffeln soll man vorkeimen lassen und später in den Boden tun.

> *Schaffhausen 1953 | G. Kummer, Volksbotanik, 1. Teil, S. 61*

Um Sankt Urban (25. Mai) wird Flachs und Hanf gesät.

> *Sammlung Strub, Jenisberg GR*

A la St-Barnabé (11 juin) sème tes navets;
si tu les veux plus gros, sème-les plus tôt.

Säe deine weißen Rüben an St. Barnabas, wenn du sie größer haben willst, säe sie früher.
> *Develier BE 1908 / Schweiz. Archiv f. Volksk., Jg. 12, S. 171*

St-Barnabé (11 juin) sème des raves, tu en auras.
Säe die Kohlraben an St. Barnabas, dann wirst du genug haben.
> *Courtételle BE 1908 / Schweiz. Archiv f. Volksk., Jg. 12, S. 171*

Vor St.-Johannis-Tag (24. Juni)
keine Gerste man loben mag.
> *Hundertjähriger Kalender, Zürich 1942*

Z Johanni (24. Juni) mue de Bölle gläit werde.
I: Auf diese Weise soll er größer werden, soll die Kraft nicht in die oberen Teile gehen.
> *Schaffhausen 1953 / G. Kummer, Volksbotanik, 1. Teil, S. 92*

An St. Kilian säe Wicken und Rüben (8. Juli).
> *Sammlung Strub, Jenisberg GR*

Vor Jakobi (25. Juli) Rüebe, no Jakobi Rüebli.
> *Baselland 1908 / Schweiz. Archiv f. Volksk., Jg. 12, S. 16*

De magsch mi säen, wenn de witt, vor sibe Wuche kum der nit.
I: Heißt es beim Säen der gelben Rüben.
> *Basel 1920 / Schweiz. Idiotikon, Bd. 7, Sp. 596*

Z Michaeli (29. September) sött de Rogge im Bode si.
I: Man säe den Roggen früh im Herbst.
> *Schaffhausen 1953 / G. Kummer, Volksbotanik, 1. Teil, S. 19*

Säit me d Reibe (weiße Rübe oder Räbe) nach Lorenz (10. August), so giits weder Chruut no Schwenz.
I: Der Samen ist vor der Getreideernte reif und kann deshalb bald darauf gesät werden.
> *Reiath SH 1953 / G. Kummer, Volksbotanik, 1. Teil, S. 71*

Wer an Lukas (18. Oktober) Roggen streut,
es im Jahr drauf nicht bereut.
> *Schwellbrunn AR 1972 / H. S., *1925, Förster, Umfrage 1972*

Säen soll man in den Tagen der finsteren Nächte (also um Neumond), denn dann gehen die Vögel nicht daran.
> *Baselland 1939 / Schweiz. Archiv f. Volksk., Jg. 37, S. 14*

Frucht säen in den Tagen der finsteren Nächte um Neumond, dann gehen die Spatzen und Vögel nicht daran.
Lausen, Oltingen, Ziefen BL 1950 | Sammlung Müller, Liestal BL

Das Getreide sollte nicht in hellen Nächten gesät werden, sonst werden die Vögel das reifende Getreide schädigen.
Riggisberg BE 1972 | K. F., *1937, Landwirt, Umfrage 1972

Getreide säen bei abnehmendem Mond. Gedeiht besser, gibt weniger Stroh.
Sent GR | P. R., *1902, Landwirt, Umfrage 1972

Den Weizen nicht in hellen Nächten säen.
Steffisburg BE 1972 | Z. B., *1907, Bäuerin, Umfrage 1972

Der Sommerroggen wird drei Tage vor bis drei Tage nach Neumond gesät.
Sammlung Strub, Jenisberg GR

Dr Haber mueß men im Obsigänd säje.
Baselland 1939 | Schweiz. Archiv f. Volksk., Jg. 37, S. 14

Jeden nassen und niedrig gelegenen Acker soll man im abnehmenden Mond und die hoch und trocken gelegenen im zunehmenden Mond ansäen.
Sammlung Strub, Jenisberg GR

Man kann säen bei Neumond: Rüben, Rettige, Lavendel, Rosmarin, Kresse, Porré. Bei Vollmond: Kohlarten, Knoblauch, Fenchel. Bei abnehmendem Mond: Petersilie, gelbe Rüben, Bohnen, Erbsen.
Sammlung Strub, Jenisberg GR

Rüben und Wegluegeren nur im Obsigends säen. Rüben und Wegluegeren nicht im Zeichen des Skorpions säen, sonst bekommen sie dünne Beine (statt kräftige Wurzeln).
Zürcher Unterland ZH 1925 | G. Binder, Aus dem Volksleben des Zürcher Unterlandes, S. 132

Was man am Morgen sät, geht acht Tage früher auf, als was man am Abend sät. De Wässe (Weizen) tar me scho e weng spöt.
Müllheim TG 1940 | Schweiz. Idiotikon, Bd. 7, S. 595

Am Hugo (1. April) darf me kei Gerste säe.
Wil SG 1930 | Schweiz. Idiotikon, Bd. 7, Sp. 595

Bim Böhnlisetze mues men en ungradi Zahl Böhnli ins Loch tue.
Baselland 1908 | Schweiz. Archiv f. Volksk., Jg. 12, S. 153

I welem Zeiche hest eigetlig gsäit und was für nes Gsätzli hest de derzue gmümelet?
I: Beim Anblick eines Feldes, das nicht nach Wunsch gerät.
> *Bern 1904 | Schweiz. Idiotikon, Bd. 7, Sp. 595*

Die schönsten Kartoffeln gibt es, wenn man sie in der Waage stupft. Im Fisch erhält man Fischmäuler, im Krebs lauter Krüppel.
> *Reiath SH 1953 | G. Kummer, Volksbotanik, 1. Teil, S. 66*

Bohnen soll man im Zeichen der Waage stupfen, im Obsigent, ja nicht in den «läären Moo».
> *Schaffhausen 1953 | G. Kummer, Volksbotanik, 1. Teil, S. 76*

d) Witterung

Im Jenner Reif und Schnee
Tut Bäumen Bergen und Talen weh.
> *Zürich 17. Jahrhundert | Handschrift 1692*

Trockener Merz nasser April kühler Mai füllet Keller und macht viel Heu.
> *Zürich 17. Jahrhundert | Handschrift 1692*

Am Ende des Maiens blühen die Eichen
grat die Blüth wohl merk das Zeichen
das uns darnach gar ein gutes Schmalzjahr kombt
solches hat schon mancher alte Mann gerühmt.
I: Viel Eicheln = gute Schweinemast = viel Schmalz
> *Zürich 17. Jahrhundert | Handschrift 1692*

Der Mai kühl, Juni naß
die füllen Scheuren und Faß
> *Zürich 17. Jahrhundert | Handschrift 1692*

Nach Servatii (13. Mai) bescheret man sich keinen Frost mehr, der dem Wein schaden möchte.
> *Zürich 17. Jahrhundert | Handschrift 1692*

Wenn der November regnet und frostet,
dies der Saat ihr Leben kostet.
> *Sammlung Strub, Jenisberg GR*
> *Schweizer Volksfreund, Zürich 1907*

Novemberschnee tut den Saaten wohl nicht weh.
Appenzeller Kalender 1972

Dezember mild mit vielem Regen,
ist für die Saaten kein(en) Segen.
Sammlung Strub, Jenisberg GR

Wenn's im Wintermonat frostet,
dies leicht der Saat das Leben kostet.
Zürich 1972 / F. F., Forsting., Zürich, Umfrage 1972

Ab Weihnachten naß,
leer bleiben Scheuer und Faß.
I: Vor Weihnachten schadet die Nässe keiner Saat, wohl aber nachher.
Sammlung Strub, Jenisberg GR

Gibt's im Januar viel Regen, ist's für die Saaten kein(en) Segen.
Sammlung Strub, Jenisberg GR
Schweizer Volksfreund, Zürich 1907

Im Januar Reif ohne Schnee
tut Bergen, Bäumen und Früchten weh.
Schweizer Volksfreund, Zürich 1907

Prümaveira tardiva mai falida.
Ein später Frühling hat nie gefehlt.
Bergell GR 1896 / Decurtins, S.174

März-Neuschnee tut Saaten und Weinstock weh.
Sammlung Strub, Jenisberg GR

Wenn eine im Merz mit eme Sack voll Schnee über e Acher got, so gseht me, won er dure gloffe isch.
Das gleiche besagt: Merzeschnee duet allim weh.
Baselland 1939 / Schweiz. Archiv f. Volksk., Jg.37, S.14

Das ist iezen ei Stilli gsi! Dä hätt men ouch chönne säge: Jez wär es gut Flachs z säe.
I: Beim Säen sollte es windstill sein.
Bern 1904 / Schweiz. Idiotikon, Bd.7, Sp.595

Bei stillem Winde ist gut Hafer säen.
Sammlung Strub, Jenisberg GR

Mairegen auf die Saaten,
dann regnet es Dukaten.
Sammlung Strub, Jenisberg GR

3. PFLANZREGELN

a) Bis 19. Jahrhundert

Wenn die Schnecke aus dem Boden auf die Stöcke steigt, soll man nicht mehr umgraben.
> *Hesiod (um 700 v.Chr.), W. Richter, Die Landwirtschaft im homerischen Zeitalter, S.131/32*

Man sagt, so ein Boum im besten Blust ist, und aber der Mon voll und durchschyn ist, und also das Durchschyn den Blust begriffe (sonderlich wann es glantz heitter ist), so werde derselbige Blust gantz unnütz und bringe kein Frucht oder gar wenig für. Da soltu ein Züber voll Wasser under den Boum stellen, bis das das Durchschyn sine Tag vollendet, so mag es im nüt schaden.
I: Vollmond und Durchschyn = helle Vollmondnächte. Schon im 16. Jahrhundert mußte man also die Frostnächte im Mai fürchten. Wenn auch die Zusammenhänge noch nicht klar erfaßt werden, ist Hutmachers Beobachtung, daß eine Wasserfläche unter diesen Umständen Wärme abgibt, durchaus richtig. Ein eigentlicher Schutz ist indessen praktisch undenkbar.
> *Basel 1561 / J. Hutmacher, Ein schön Kunstbuch, S.236*

So ein Boum nit trüjen will, so grab umb den Stammen zu der Wurtzen, sübers wol, thu Schorherd darzu und frischen Herd daruf. Steck ein Messer durch ein Höltzlin, das der Spitz ein wenig für gang, ryß dan am Boum von unden uff, so hoch du langen magst, die üßer Rinden uff an dry oder 4 oder 5 Orten, du wirst Wunder sähen. Dis Schräpfen soll im Früling bschähen.
I: Das Schröpfen im Sinne der guten Entwicklung des Stammes und der Rindenbildung wird heute noch praktiziert.
> *Basel 1561 / J. Hutmacher, Ein schön Kunstbuch, S.236*

Im Februar im letzten Viertel Bäume beschneiden und umbhauen item pfropfreiser brechen auch junge Bäume fortsetzen.
Im März die Bäumlein pfropfen wenn der Mond auf der Höchst ist.
Um Georgi (23. April) soll man impfen und pfropfen 2 oder 3 Tag vor oder nach dem neuen Mond.
> *Zürich 17. Jahrhundert / Handschrift 1692*

Welche Wiesen im Sommer durch recht viel Gras gehabt haben, als dass man sie hätte zweymahl mähen können, erstmahlen zum Heu darnach zum Grummet; die mag man von Bartholomei (24. August) eh bis auf Michaelis (29. September) stehen lassen, so sie desto besser und mehr Heu geben.

Zürich 17. Jahrhundert | Handschrift 1692

Muttern und Taumantel – voller Kessel
Borstgras und Alpenfarn – halber Kessel.

Graubünden 18. Jahrhundert | P. Placidus a Spescha 1785–1833

Laß im Januar den Wein ab, kehre die Früchte auff den Boden um, versetze die Bäume.

Churer Schreibkalender 1708

Binde die Reben an Stecken frey, dann worzu das Stroh gut sey.

Churer Schreibkalender 1708

Wann nach Mariä Verkündigung (25. März) die Räben auffgezogen werden, so soll ihnen kein Frost mehr schaden.

Churer Schreibkalender 1708

Wie die süßen Kirschen blühen, so blühen auch die Reben und der Rocken.
> *Churer Schreibkalender 1708*

La pluie annonce un temps fertile,
labour après elle est facile.
Der Regen kündigt eine fruchtbare Zeit an, pflügen danach ist leicht.
> *Waadtland 1816/17 / Feuilles d'Agriculture, Bd. 11, S. 100*

Le retard en labourage,
ruinera le ménage.
Verspätung in der landwirtschaftlichen Arbeit ruiniert den Haushalt.
> *Waadtland 1816/17 / Feuilles d'Agriculture, Bd. 27, S. 205*

En terrain froid semez plus tôt,
semez plus tard en terrain chaud.
In kalten Boden säe früher; säe später in warmen Boden.
> *Waadtland 1816/17 / Feuilles d'Agriculture, Bd. 39, S. 306*

Assolement parfait, en nettoyant la terre,
rend la plus forte rente à son propriétaire.
Vollkommener Fruchtwechsel säubert die Erde, bringt seinem Besitzer das größte Einkommen.
> *Waadtland 1816/17 / Feuilles d'Agriculture, Bd. 42, S. 337*

Dans les creux et dans les fonds bas,
le grain, l'herbe ne croissent pas.
In Mulden und tiefen Lagen wachsen weder Korn noch Gras.
> *Waadtland 1816/17 / Feuilles d'Agriculture, Bd. 11, S. 100*

De fèves un plant fait dans l'eau
et coupé dans sa fleur, en repousse plus beau.
Bohnensetzlinge ins Wasser ansetzen, in der Blüte zurückschneiden, dann treiben sie viel schöner.
> *Waadtland 1816/17 / Feuilles d'Agriculture, Bd. 39, S. 306*

Avec la herse, en avril, le rouleau,
un champ comme un jardin, se range de niveau.
Mit der Egge, im April, die Walze: ein Feld wie ein Garten.
> *Waadtland 1816/17 / Feuilles d'Agriculture, Bd. 39, S. 306*

Rompez avant l'hiver, puis croisez au printemps,
ces deux labours féconderont vos champs.
Umbrechen vor dem Winter, eggen im Frühling, diese beiden Arbeiten werden euere Felder befruchten.
> *Waadtland 1816/17 / Feuilles d'Agriculture, Bd. 39, S. 306*

Mélange de terre est utile,
le sable féconde l'argile.
Es ist nötig, die Erde zu mischen, der Sand macht Tonboden fruchtbar.
Waadtland 1816/17 | Feuilles d'Agriculture, Bd. 45, S. 370

Hersez sur blé le trèfle, et roulez-le au printemps,
ce sont deux points très importants.
Nach Korn und Klee eggen und im Frühling walzen, dies sind zwei wichtige Punkte.
Waadtland 1816/17 | Feuilles d'Agriculture, Bd. 42, S. 337

Après triple labour, armez-vous du trident,
qu'il enlève avec soin, mauvaise herbe et chiendent.
Nach dreifacher Feldbestellung bewaffne dich mit der Gabel, um sorgfältig Unkraut und Hundsgras zu entfernen.
Waadtland 1816/17 | Feuilles d'Agriculture, Bd. 19, S. 192

Cernez, béchez, brûlez la cuscute ennemie,
car tout périt près d'elle en étendant sa vie.
Die feindliche Flachsseide ist zu umzingeln, umzugraben, zu verbrennen, weil alles zugrunde geht, wenn sie sich ausbreiten kann.
Waadtland 1816/17 | Feuilles d'Agriculture, Bd. 39, S. 306

Fais valoir au-dehors chaque moment serein,
pleut-il, range bois, paille, et l'hiver bats ton grain.
Nütze jeden wolkenlosen Moment draußen, wenn es regnet, bring das Holz und dein Strohdach in Ordnung, und im Winter dresche dein Getreide.
Waadtland 1816/17 | Feuilles d'Agriculture, Bd. 45, S. 370

Herse dans les temps secs, laboure en temps humide,
garde cette règle pour guide.
Egge, wenn es trocken, pflüge, wenn es feucht ist; nimm diese Regel als Führer. *Waadtland 1816/17 | Feuilles d'Agriculture, Bd. 45, S. 370*

Luzerne ou rave et sarrasin,
font même après le chanvre ensemble bonne fin.
Luzerne oder Rüben und Buchweizen machen selbst nach dem Hanf zusammen gutes Resultat.
Waadtland 1816/17 | Feuilles d'Agriculture, Bd. 39, S. 306

Des pois et sans fumier en champs, voici tout l'art,
semez quand vient avril, coupez tôt, battez tard.
Die Erbsen ohne Mist ins Feld, das ist die ganze Kunst, sät, wenn der April kommt, schneidet früh, schlaget spät.
Waadtland 1816/17 | Feuilles d'Agriculture, Bd. 39, S. 306

Les pommes de terre au pain
font un profit très certain.
Kartoffeln im Brot machen einen sicheren Profit.
I: Diese Regel stammt aus der Zeit der großen Teuerung und Hungersnot. Kartoffelbeimischung «lohnte» sich.

Waadtland 1816/17 / Feuilles d'Agriculture, Bd. 39, S. 305

Millet, pommes de terre, avoine, fêve et pois,
veulent être arrosés par fois.
Hirse, Kartoffel, Hafer, Bohne und Erbse wollen gelegentlich bewässert sein.

Waadtland 1816/17 / Feuilles d'Agriculture, Bd. 39, S. 305

Terre trop humide ou trop séche,
ne veut ni le soc, ni la béche.
Zu feuchte oder zu trockene Erde will weder Pflug noch Spaten.

Waadtland 1816/17 / Feuilles d'Agriculture, Bd. 27, S. 206

Transformez d'un vieux pré le stérile tapis
en un fertile champ que dorent maints épis.
Wandelt den unfruchtbaren Teppich einer alten Wiese in ein fruchtbares Feld um.

Waadtland 1816/17 / Feuilles d'Agriculture, Bd. 42, S. 337

Man soll den Stecken der Rebe so sehr in die Erde stoßen, daß noch ein Rebhuhn durchschlüpfen kann.

Rafz ZH 1840 / Medikus Graf, W. Höhn, Volksbotanik, S. 58

Mitti Aberele mues d Rääb am Stickel sy.

Rafz ZH 1840 / Medikus Graf, W. Höhn, Volksbotanik, S. 58

Frühes Klauben,
große Trauben.

Rafz ZH 1840 / W. Höhn, Volksbotanik, S. 58

Z Johanni (24. Juni) us de Rääbe gaa,
und die Trube blüje laa.

Rafz ZH 1840 / Medikus Graf, W. Höhn, Volksbotanik, S. 58

Jörgetag (21. Februar) Räbe bling,
sell sie freue Ma, Wyb und Ching.
Am Meitag selle si aber is Dorf abe schyne.

F. J. Schild, Der Großätti aus dem Leberberg, 1873, Bd. 2, S. 21

Wenn die Reben weinen, so steckt noch eine Kälte dahinter.

M. Kirchhofer, Dichtung und Wahrheit, 1824, S. 315

Du chascht macha, was d witt,
vor em Broched chom i der nit.
I: Die Kartoffel soll man nicht vor dem Brachmonat (Juni) erwarten.
Appenzell 1837 / T. Tobler, S. 78

Schwarzer Heerd (Erde) trägt gute Frucht, aber der rote ist nichts.
M. Kirchhofer, Wahrheit und Dichtung, 1824, S. 306

Wenns scho naß isch, hets gly gnue grägnet.
F. J. Schild, Der Großätti aus dem Leberberg, 1873, Bd. 2, S. 27

b) Pflanzzeit

Im Juli muß man den Weitzen sobald er nur geschnitten und das Futter gedeeret, balde aufbinden und einführen, denn wenn er verregnet, so kann er in zweyen Tagen auswachsen. Man pfleget auch dem neuen Getreit Erlenlaub in die Scheuer zu streuen, so sollen die Mäus nicht hinein kommen.
In diesem Monat muß man zum andern Mahl die Äcker zur Wintersaat umackern und pflügen.
Im August Korn und Weizen zum Samen dreschen lassen.
Wintergerst und Winter-Rüben säen am Abend Bartholomei (24. August).
Zürich 17. Jahrhundert / Handschrift 1692

Guet gfahre (mit Pflug und Egge) isch halb grote.
Baselland 1908 / Schweiz. Archiv f. Volksk., Jg. 12, S. 15

Ara la prümavaira illa molta e l'utuon illa tschendra.
Pflüge im Frühjahr die nasse, im Herbst die trockene Erde.
Engadin GR 1940 / H. Lössi, Der Sprichwortschatz des Engadins, S. 251

Ab Laurentius (5. September)
man pflügen muß.
Sammlung Strub, Jenisberg GR

Nach Fastnacht wird der Pflug aus dem Schopf gezogen,
nach Michaeli (29. September) kommt er wieder hinein.
Sammlung Strub, Jenisberg GR

Obstkerne sollen im Januar an einen warmen Ort versetzt und im April, wenn die Triebe 5 oder 6 Blätter bekommen haben, ins Freie versetzt und mit verdünnter Gülle befeuchtet werden.
Sammlung Strub, Jenisberg GR

Si les travaux ne sont pas commencés au mois de février on est toute
l'année en retard.
Wenn die Arbeiten nicht im Februar begonnen werden, ist man das
ganze Jahr hindurch im Rückstand.
> *Savièse VS 1926 | Dictons de Savièse, S. 13*

Gsetzt isch nit gsäit
und gschnitten isch nit gmäiht.
> *Baselland 1908 | Schweiz. Archiv f. Volksk., Jg. 12, S. 21*

Erbsen schon im Februar stecken – «Winterfüechti», dann kommen sie
rechtzeitig.
> *Baselland 1950 | Sammlung Müller, Liestal BL*

A la St-Germain (7 février) la charrue au champ.
Am Tag des St. German mit dem Pflug aufs Feld.
> *Miécourt BE 1908 | Schweiz. Archiv f. Volksk., Jg. 12, S. 168*

Sgolan las flurs tscharsche egl suolc, eis ei uras d'arar.
Fallen die Kirschenblüten in die Furchen, dann ist die Zeit zu pflügen.
> *Rätoroman. Chrestomathie 1896/1919, S. 1013*

Ar'ins il Mars, ar'ins treis meins.
Pflügt man im März, pflügt man drei Monate.
> *Rätoroman. Chrestomathie 1896/1919, S. 677*

Au mois de mars, des fèves, au mois d'avril, des fèvettes, au mois de mai
rien.
Im März Bohnen, im April Böhnchen im Mai nichts.
> *Fribourg 1941 | Sagesse paysanne, S. 62*

Wenn das Laub kommt vor der Blüt, ist's nicht gut.
> *Sammlung Strub, Jenisberg GR*

Zucche e limoni tutti alla loro stagione.
I: Le cose devono essere fatte a tempo e luogo.
Kürbis und Zitronen, alle zu ihrer Jahreszeit.
I: Alles muß zur richtigen Zeit und am richtigen Ort gemacht werden.
> *Tessin 1911 | V. Pellandini, Tradizioni popolari Ticinesi, S. 138*

Arriva aprile con le sue vanghe.
Nun kommt April mit seinen Spatenhieben.

E meglio una cattiva zappatura in marzo che una buona in aprile.
Besser ist schlechtes Umstechen im März als gutes im April.
> *Comologna und Rivera TI 1952 | Vocabolario dei Dialetti della Svizzera Italiana, Vol. 1, S. 207*

En avril n'ôte pas un fil.
Im April kann man keinen Faden ausziehen.
La Chaux-de-Fonds NE 1972 | A. B., Landwirt, Umfrage 1972

Setzt me der Chabis vor Johanni (24. Juni), so gits Chabis, setzt men in aber derno, so gits Chäbesli.
Baselland 1908 | Schweiz. Archiv f. Volksk., Jg. 12, S. 16

Johannisnacht (6. Mai) gesteckte Zwiebel wird groß, fast wie ein Butterkübel.
Sammlung Strub, Jenisberg GR

Plante-moi (la pomme de terre) tôt, plante-moi tard,
je ne veux jamais lever que dans le mois de mai.
Pflanze mich (Kartoffel) früh, pflanze mich spät, ich will mich nicht früher als im Mai erheben.
Develier BE 1908 | Schweiz. Archiv f. Volksk., Jg. 12, S. 170

Kartoffeln: Stecksch mi im April,
chum i wän i will,
stecksch mi im Mai,
chum i gläi.
Hirzel ZH 1972 | A. B., *1928, Gewährsmann: Winkler, Umfrage 1972

Metta'm cur vus 'lais, fin in gün nun am vezzais.
Setzt mich (Kartoffel), wann ihr wollt, bis im Juni seht ihr mich nicht.
Engadin GR 1944 | H. Lössi, Der Sprichwortschatz des Engadins, S. 254

Plante-moi (la pomme de terre) tôt, plante-moi tard, avant la Saint-Jean (6 mai), tu ne me verras pas.
Pflanze mich (Kartoffel) früh, pflanze mich spät, vor dem Johanntag (6. Mai) wirst du mich nicht sehen.
Fribourg 1941 | Sagesse paysanne, S. 66
Ocourt BE 1950 | Schweiz. Archiv f. Volksk., Jg. 46, S. 6

Saatkartoffel: Setz mi im April,
so chum i, wenn i will,
setz mi im Mai,
so chum i glei.
In den Hochlagen: Setz mi, wenn du witt,
bis im Brachet chumm i der nit.
Davos GR 1972 | Ch. B., *1886, Landwirt, Umfrage 1972
Sammlung Strub, Jenisberg GR

Du magscht mi setze, wänn du witt,
i chume vor em Brachet nit.
Zürich 1972 | W. Höhn, Volksbotanik, S. 71

Wenn sich naht St. Stanislaus (8. Mai),
rollen die Kartoffeln raus.
Sammlung Strub, Jenisberg GR

Hundert Tage nach dem Kartoffelsetzen sollte man sie aushacken können. Im Siebenschläfer (27. Juni) sött mes hüfle.
Oberdorf BL 1900 | Sammlung Müller, Liestal BL

Vor den Eisheiligen soll nicht gegärtnert werden.
Teufen AR 1972 | E. R.,*1931, Förster, Umfrage 1972

Aux Rogations il faut planter les haricots, ils deviendront plus graineux.
In der Bittwoche muß man Bohnen pflanzen, dann werden sie körniger.
Savièse VS 1926 | Dictons de Savièse, S. 14

Bohnen soll man am Bonifaziustag (5. Juni) um Mittag zwischen 11 und 12 Uhr setzen.
BE 1900 | Schweiz. Archiv f. Volksk., Jg. 8, S. 279

Setz Pflanzen Viti (15. Juni); haus Kraut ab Colomani (13. Oktober).
Hundertjähriger Kalender, Zürich 1942

Au milieu d'août chou forme sa tête.
Mitte August muß der Kabis köpflen.
Courfaivre BE 1908 | Schweiz. Archiv f. Volksk., Jg. 12, S. 172

Wenn si der Chabis nit vor em Vrenetag (1. September) chöpflet, so gits numme Flauder.
Baselland 1908 | Schweiz. Archiv f. Volksk., Jg. 12, S. 16

Der Chöl und der Chabis göngen erscht am Vrenetag (1. September) z rat, öb si si welle chöpfle.
Rütihausen BL 1940 | Sammlung Müller, Liestal BL

Sogn Gagl ei in bien di de plontar neglas.
St. Gallus (16. Oktober) ist ein guter Tag, um Nelken zu pflanzen.
Rätoroman. Chrestomathie 1896/1919, S. 679

Bevor s Simon Juda (29. Oktober) schaut,
pflanze Bäume, schneide Kraut.
Sammlung Strub, Jenisberg GR

Nelkenschößlinge soll man in der Christnacht setzen, damit sie gut wachsen.
Därstetten BE 1900 | Schweiz. Archiv f. Volksk., Jg. 8, S. 279

Getreide im Obsigent säen.
Sammlung Müller, Liestal BL

Kraut- und Kohlpflanzen werden bei trübem Himmel, im wachsenden Mond gesetzt.
Sammlung Strub, Jenisberg GR

Weiden werden bei Neumond gesetzt. Im März soll man die überflüssigen Äste abnehmen, aber nur bei heiterem Wetter.
Sammlung Strub, Jenisberg GR

Man soll die Bohnen am Vormittag setzen, damit sie gut gedeihen.
Bern 1900 | Schweiz. Archiv f. Volksk., Jg. 8, S. 279

Ungerade Zahl Erbsen und Bohnen stecken.
Oltingen BL | Sammlung Müller, Liestal BL

Bohnen um Mittag 12 Uhr stecken, damit sie recht voll werden.
Maisprach BL | Sammlung Müller, Liestal BL

Bohnen nicht an einem Fleischtag (Dienstag, Donnerstag) setzen.
Sammlung Müller, Liestal BL

Wenn man am Gründonnerstag Erbsen steckt, bekommen sie keine Würmer.
Sammlung Müller, Liestal BL

Die Zwillinge gelten als gutes, glückverheißendes Zeichen. Eine Arbeit gerät doppelt so gut, wenn man sie in diesem Zeichen unternimmt.
Sammlung Müller, Liestal BL

Im Krebs keine Bohnen stecken, sie weit nit d Stäcken uf.
Im Stier keine Erbsen und Bohnen setzen, sonst werden sie hart.
Maisprach BL | Sammlung Müller, Liestal BL

Bohnen im Fisch stecken, dann werden sie glatt und zart.
Ziefen BL 1930 | A. K.-B., Sammlung Müller, Liestal BL

Gute Zeichen: Volle Waage (Erbsen setzen).
Fisch: Rüben säen; Waage: Erbsen, Bohnen und Zwiebeln stecken.
Schlechte Zeichen: Krebs, Skorpion Steinbock.
Baselland | Sammlung Müller, Liestal BL

Zwiebeln nicht im Fisch pflanzen, sonst werden sie fischig.
Ormalingen BL 1943 | Fr. R., Sammlung Müller, Liestal BL

Rüben soll man auf einem Bein stehend säen, damit sie nur ein Bein und
ebenmäßige Form bekommen.
(Von Isaak Salathe, Seltisberg BL, 1937, wird gesagt, daß er es tatsächlich praktizierte.)
> *Seltisberg BL 1937 | Sammlung Müller, Liestal BL*

De Hauff wot bin Lüüte sy.
I: Der Hanf wird in der Nähe des Dorfes gepflanzt.
> *Rüdlingen SH 1953 | G. Kummer, Volksbotanik, 1. Teil, S. 114*

E Pfirsichbaum und e Hund blybe siebe Johr gsund.
Ähnlich: E Pfersechbaum und e Hund läbt jede siibe Johr.
> *Oltingen und Ziefen BL 1940 | Sammlung Müller, Liestal BL*

Was frißt die Maus, schlägt wieder,
was frißt die Schneck, bleibt ewig nieder.
> *Sammlung Strub, Jenisberg GR*

Wenn d Rääbe sind wenen Batze, momene chratze.
I: Bezieht sich auf das Unkrautjäten im Weißrübenfeld.
> *Hallau SH 1953 | Hallauer Mundart, S. 17*

c) Reben

Wo de Pflueg cha guu,
söll kei Räbe stuu.
> *Rüdlingen SH 1954 | G. Kummer, Volksbotanik, 2. Teil, S. 66*

Mi sött d Räbe so gruebe, da si no ghööred elfi lüüte.
I: Nicht zu tief gruben!
> *Wilchingen SH 1952 | G. Kummer, Volksbotanik, 2. Teil, S. 65*

Mi cha d Räbe nid gwänne (gewöhnen), si gwännet d Lüüt.
> *Stein SH 1954 | G. Kummer, Volksbotanik, 2. Teil, S. 66*

E Frau cha me s ganz Läbe lang verliederle, si schafft gliich, aber bin
Räbe räächts sich scho im erschte Summer.
> *Wilchingen SH 1954 | G. Kummer, Volksbotanik, 2. Teil, S. 66*

La vigne ne supporte que l'ombre du vigneron.
Die Rebe erträgt nur den Schatten des Winzers.
> *Morges VD 1972 | P. Ph. M., *1912, Lehrer, Umfrage 1972*

D Truube wachsed am nid i s Bett ie.
Wilchingen SH 1954 / G. Kummer, Volksbotanik, 2. Teil, S. 66

D Räbe ghööred gärn d Wiifuerwärch faare.
I: Sie sind gerne in der Nähe der Straße.
Rüdlingen SH 1952 / G. Kummer, Volksbotanik, 2. Teil, S. 65

Lichtmeß (2. Februar),
s Spinne vergeß,
s Rädli hinter die Tür,
s Rebemesser herfür.
Sammlung Strub, Jenisberg GR

Am Joseppitag (Joseftag, 19. März) fangt s Räbwärch aa.
Rüdlingen SH 1952 / G. Kummer, Volksbotanik, 2. Teil, S. 63

Läär Plätz gäbed au Wii.
I: Man soll die Reben nicht zu nahe setzen.
Hallau und Rüdlingen SH 1952 / G. Kummer, Volksbotanik, 2. Teil, S. 65

D Räbe ghööred nid gärn lüüte.
I: Man soll sie nicht zu hoch ziehen.
Rüdlingen SH 1952 / G. Kummer, Volksbotanik, 2. Teil, S. 65

Mars pour tailler, avril pour piocher (la vigne).
I: Actuellement ces travaux se font plus tôt.
März, um die Reben zu schneiden, April, um den Rebberg zu hacken.
I: Jetzt werden diese Arbeiten früher gemacht.
Savièse VS 1926 / Dictons de Savièse, S. 13

A la St-Grégoire (13 mars), taille ta vigne si tu veux boire.
Am Gregortag schneide deine Rebe, wenn du trinken willst.

Morges VD 1972 | P. Rh. M., *1912, Lehrer, Umfrage 1972

Man sollte vor dem Josoftag (19. März) nicht gehen (um die Reben zu schneiden).

Ossingen ZH 1949 | W. Weber, Die Terminologie des Weinbaus, S. 81

Sind die Reben an Georg (23. April) noch blind,
soll sich freuen Mann, Weib und Kind.
I: Bis zum 24. April, zwischen Georg und Marx, sollen die Triebe noch in den Knospen verborgen bleiben; oft schon hat ein Frost die Hoffnung eines Jahres in Trauer gestimmt, wenn das lebendige Grün der Ausschläge in seiner Zartheit über Nacht erstarb.

Zürcher Weinland 1949 | W. Weber, Die Terminologie des Weinbaus, S. 3

Sind die Augen zu Georgi (23. April) noch blind,
dann freue sich Mann, Frau und Kind.

Maienfeld GR 1972 | Ch. H., *1915, Umfrage 1972

Werden die Reben nach Mariä Verkündigung (25. März) aufgezogen,
schadet ihnen kein Frost.

Sammlung Strub, Jenisberg GR

Maria (25. März) bindet die Reben auf,
nimmt auch nen leichten Frost in Kauf.

Sammlung Strub, Jenisberg GR

En chliine Chluub,
en große Truub.
I: Man soll die Reben recht verzwicken.

Thayngen SH 1952 | G. Kummer, Volksbotanik, 2. Teil, S. 65

De Blüejet sött i acht Tag vorbii sii.

Rüdlingen SH 1954 | G. Kummer, Volksbotanik, 2. Teil, S. 66

Wenn d Truube vil Stäckli und Gäbeli händ, so reised si furt.
I: Sie hatten einen schlechten Blühet.

Rüdlingen SH 1952 | G. Kummer, Volksbotanik, 2. Teil, S. 66

Bögle söll me wenns Ziit ischt, suscht giits en Giigeboge.
I: Man soll bei feuchtem Wetter Bogen «helden», sonst brechen sie.

Rüdlingen SH 1954 | G. Kummer, Volksbotanik, 2. Teil, S. 66

Wird eine Rebe im Sommer dürr, so hät sie de Broochet.
I: Brachet, Wurzelpilz, auch Verderber, Rebentod genannt.

Thayngen SH 1954 | G. Kummer, Volksbotanik, 2. Teil, S. 66

Im Winter söll me d Räbe fladere luu.
I: Die Schosse erfrieren weniger, wenn sie vom Winde bewegt werden.
Rüdlingen SH 1954 / G. Kummer, Volksbotanik, 2. Teil, S. 66

Wenn s Laub a de Räbe abfellt mitsamt em Stiil, so verfrüüred d Räbe nid.
I: Dann ist das Holz gut ausgereift.
Rüdlingen SH 1954 / G. Kummer, Volksbotanik, 2. Teil, S. 66

Fellt s Laub aber ab ohne Stiil, so söll me d Räbe tecke.
I: Dann ist das Holz nicht reif und durch die Kälte gefährdet.
Rüdlingen SH 1954 / G. Kummer, Volksbotanik, 2. Teil, S. 66

Z Johanni (24. Juni) sölid d Truube verblüejet haa.
Hallau SH 1953 / Hallauer Mundart, S. 37

Vor Josephe (19. März) sött me nid Räbe schniide.
I: Frühlingsfröste!
Hallau SH 1953 / Hallauer Mundart, S. 36

Jedes Trüübli will e Tächli ond e Gmächli.
I: Die Trauben sollen durch genügend Reblaub geschützt sein.
Hallau SH 1953 / Hallauer Mundart, S. 34

Dr Wii will erwäärchet ond ersorget sii.
Hallau SH 1953 / Hallauer Mundart, S. 32

d) *Witterung*

Tonnerre de mars, vente de blé.
Donner im März, Getreideverkauf.
Fribourg 1941 / Sagesse paysanne, S. 62

Ist Gertrud (17. März) sonnig,
so wird's dem Gärtner wonnig.
Sammlung Strub, Jenisberg GR

Der Josef (19. Mai) macht dem Winter ein End.
Sammlung Strub, Jenisberg GR

Märzengrün ist nicht schön.
Sammlung Strub, Jenisberg GR

Märzestaub bringt Gras und Laub.
Wädenswil ZH 1972 / H. B., Landwirt, Umfrage 1972

Heller Mondenschein im April, schadet den Blüten unendlich viel.
I: Gemeint sind helle Nächte, die meist auch Frost bedeuten.
Sammlung Strub, Jenisberg GR

April windig und trocken, macht alles Wachstum stocken.
Sammlung Strub, Jenisberg GR

Trockener Aprillen
ist nicht des Bauern Willen.
Züricher Kalender 1972, Einsiedeln SZ

Es ist kein April zu gut,
er schneit dem Bauern auf den Hut.
Züricher Kalender 1972, Einsiedeln SZ

Märzen trocken, April naß,
füllt des Bauern Scheuer und Faß.
Züricher Kalender 1972, Einsiedeln SZ

Der Salat het de Wind nüd gern.
Sammlung Müller, 1950, Liestal BL

Grün schmückt sich Flur und Au,
fällt vom Himmel Maientau.
Sammlung Strub, Jenisberg GR

Maientau macht grüne Au,
Maienfröste unnütze Gäste.
Sammlung Strub, Jenisberg GR

Mai kühl und naß,
füllt Scheuer und Faß.
Schweizer Volksfreund, Zürich 1907

Wenn naß und kalt der Juni war,
verdarb er meist das ganze Jahr.
Wädenswil ZH 1972 / H. B., Landwirt, Umfrage 1972

Blühen im August Frühlingsblumen, bedeutet es einen gelinden Winter.
Sammlung Strub, Jenisberg GR

B. ERNTEREGELN

1. WEINBAU

a) Bis 19. Jahrhundert

Wenn der riin klan sayg, sol gutter wiin werden.
I: Dem entspricht der heutige Spruch: Großer Rhein, saurer Wein, kleiner Rhein, guter Wein.
> *Schaffhausen 1522 / Chronik von Hans Stockar, zitiert von G. Kummer, Volksbotanik, 2. Teil, S. 65*

Und die brumberstuden, wain die erfrürend, sagend die alten, so zergatt es un schaden nit.
> *Schaffhausen 1522 / Chronik von Hans Stockar, zitiert von G. Kummer, Volksbotanik, 2. Teil, S. 64*

Wenig Wasser, viel Wein; viel Wasser, wenig Wein.
> *Hausbuch König 1705, S. 999*

Auf große Fruchtbarkeit folget gemeiniglich Unfruchtbarkeit, weil die Kräfften der Äcker, Bäume und Weinstöcke zimlich verzehret, wieder ruhen. *Hausbuch König 1705, S. 996*

Daß der Mertzenstaub werd dem Golde gleich geachtet, nach dem Sprüchwort: Trockener Mertz, nasser April, kühler Mey, füllt Scheuren, Keller, bringt viel Heu.
> *Hausbuch König 1705, S. 1001*

Wann im Heu- und Augustmonat die Sonn viel scheint, so gibt es guten Wein. *Churer Schreibkalender 1708*

Auff Martini (11. November) schlachtet man feiste Schwein, und wird
der Most zu Wein.
>   *Churer Schreibkalender 1708*

Große Kälte ohne Schnee schadet dem Weinstock sehr.
>   *Churer Schreibkalender 1708*

An Sylvesters Nacht Wind, und Morgen Sonn
giebt gute Hoffnung an Wein und Korn.
>   *Churer Schreibkalender 1708*

Bald nach dem Neujahr ziehet man den Wein ab.
>   *Churer Schreibkalender 1708*

Der Wein schmeckt nach dem Stock.
>   *M. Kirchhofer, Wahrheit und Dichtung, 1824, S. 317*

Viele Wintertrolen bedeuten ein gutes Weinjahr.
>   *M. Kirchhofer, Wahrheit und Dichtung, 1824, S. 317*

Viel Wintertrohlen bedeuten viel Wein im künftigen Jahr.
>   *Rafz ZH 1840 | Medikus Graf, zitiert von W. Höhn, Volksbotanik, S. 58*

Dem Weinstock, den Bohnen und dem Mais wird's nie zu heiß.
>   *Lesebuch für die schweizerische Jugend, 1865, S. 380*

Einer Rebe und einer Geiß wird's im August nie zu heiß.
>   *Rafz ZH 1840 | Medikus Graf, zitiert von W. Höhn, Volksbotanik, S. 58*

Werg (Flachs) und Reben
geben nichts vergeben.
>   *M. Kirchhofer, Wahrheit und Dichtung, 1824, S. 316*

Wenn der See gfrürt,
so kostet's Reben und Lüt.
>   *M. Kirchhofer, Wahrheit und Dichtung, 1824, S. 316*

Die Reben erfordern einen Herren.
>   *M. Kirchhofer, Dichtung und Wahrheit, 1824, S. 315*

E Räbe git nüd vergäbe.
>   *J. Schild, Der Großätti aus dem Leberberg, 1873, Bd. 2, S. 26*

Wänns kä Hung gid, gids kä Wy.
>   *Rafz ZH 1840 | Medikus Graf, zitiert von W. Höhn, Volksbotanik, S. 58*

Die spote Johrgäng sy gäng die beschte.
F.J. Schild, Der Großätti aus dem Leberberg, 1873, Bd. 2, S. 19

Pluschinar fa bein alla vigna et eis del graun la ruina.
Feiner Regen ist gut für die Rebe, aber Untergang des Korns.
Annalas Rhaeto-Romanscha, 1888, S. 59

Im Jenner wenig Wasser, viel Wein, viel Wasser, wenig Wein.
M. Kirchhofer, Wahrheit und Dichtung, 1824, S. 312

Avril freid dat paun e vin.
Kalter April gibt Brot und Wein.
Annalas Rhaeto-Romanscha, 1888, S. 8

Wenn es soll guter Wein geben, so muß im Grabet der Chriesiblust in die Schläge hinein wehen.
M. Kirchhofer, Wahrheit und Dichtung, 1824, S. 317

Was der Juli und August nicht kochen, das kann der September nicht braten.
M. Kirchhofer, Wahrheit und Dichtung, 1824, S. 314

Wenn an der Auffahrt d Reben scheinen über den Rhein,
so gibts ein(en) guter(-n) Wein.
M. Kirchhofer, Wahrheit und Dichtung, 1824, S. 317

Michel (29. September), wotscht nüd wüme,
so chund de Galli (16. Oktober) und tuet di zwinge.
Rafz ZH 1840 / Medikus Graf, zitiert von W. Höhn, Volksbotanik, S. 58

Der Galli (16. Oktober) hockt uff em Stei,
Bur thue dyni Räbe hei.
F.J. Schild, Der Großätti aus dem Leberberg, 1873, Bd. 2, S. 22

b) Monatswitterung

Ein dürrer April ist nicht des Bauern Will, sondern am Aprillen Regen ist ihnen gelegen.
Zürich 17. Jahrhundert | Handschrift 1692

Ist der Januar nicht naß,
füllet sich des Winzers Faß.
Hundertjähriger Kalender, Zürich 1942

Januar kalt und naß,
füllt dem Bauer Scheune und Faß.
Beinwil AG 1972 | A.H., *1922, Landwirt, Umfrage 1972

Sind im Januar die Flüsse klein,
gibt's im Herbst einen guten Wein.
Züricher Kalender 1972, Einsiedeln SZ

Januar warm,
daß Gott erbarm.
Beinwil AG 1972 | A.H., *1927, Landwirt, Umfrage 1972

Märzenschnee tut Frucht und Weinstock weh;
Märzenregen bringt wenig Sommersegen.
Hundertjähriger Kalender, Zürich 1942

Ein trockener März füllt die Keller.
Hundertjähriger Kalender, Zürich 1942

Si le mois de mars est chaud et sec il remplit cuves et tonneaux.
Wenn der März warm und trocken ist, füllt er Keller und Faß.
Ocourt BE 1950 | Schweiz. Archiv f. Volksk., 1950, S. 22

La nebbia di marzo non fa nè ne male,
ma quella d'aprile priva del pane e del vino.
Nebel im März schadet oder nützt nicht, aber jener vom April nimmt uns Brot und Wein weg.
Torricella TI 1952 | Vocabolario dei Dialetti della Svizzera Italiana, Vol. 1, S. 206

Nasser März, trockener April,
das Futter nicht geraten will,
kommt dazu ein kalter Mai,
gibt's wenig Futter, Wein und Heu.
Sammlung Strub, Jenisberg GR

Märzenwind und Aprilregen
bringen im Mai großen Segen.
>   *Sammlung Strub, Jenisberg GR*

Avril froid donne pain et vin.
Kalter April gibt Brot und Wein.
>   *Courtételle BE 1908 / Schweiz. Archiv f. Volksk., Jg. 12, S. 169*

Aprile bagnato empie la tina la scranna.
Nasser April füllt das Faß und die Truhe.
>   *Almanacco Grigioni Italiano, 1939, S. 134*

Warmer Aprilregen, großer Segen.
>   *Hundertjähriger Kalender, Zürich 1942*

April warm, Mai kühl, Juni naß,
füllt dem Bauer Scheuer und Faß.
>   *Hundertjähriger Kalender, Zürich 1942*

April naß, füllt Schüüre und Faß.
>   *Hombrechtikon ZH 1972 / A.H.Z., *1892, Bäuerin, Umfrage 1972*

Se piove d'aprile il giorno di Pasqua, vino come acqua: in quantità.
Wenn es an Ostern regnet, gibt es Wein in Mengen.

L'acqua d'aprile riempie il barile.
Das Wasser im April füllt das Weinfaß.
>   *Ascona und Losone TI 1952 / Vocabolario dei Dialetti della Svizzera Italiana, Vol. 1, S. 206*

Un aprile molle di pioggia riempie i tini e gli scrigni: le madie del pane.
Ein regenfeuchter April füllt die Bottiche und Schreine: die Backtröge.
>   *Poschiavo GR 1952 / Vocabolario dei Dialetti della Svizzera Italiana, Vol. 1, S. 206*

Ist der April sehr trocken,
geht der Sommer nicht auf Socken.
>   *Sammlung Strub, Jenisberg GR*

Tonnerre d'avril, remplit fenils et barils.
Donner im April füllt Heuboden und Weinfässer.
>   *Ballens VD, Morges VD 1972 / M. D., *1939, Agraringenieur; P. Ph. M., *1912, Professor, Umfrage 1972*

La chaleur de mai se fait sentir toute l'année.
Die Maihitze spürt man das ganze Jahr.
>   *Develier BE 1908 / Schweiz. Archiv f. Volksk., Jg. 12, S. 170*

Kühler, nicht naßkalter Mai,
bringt guten Wein und vieles Heu.
Sammlung Strub, Jenisberg GR

Wenn im Mai die Traube blühet und im August die Ernte glühet,
erhofft der Landmann nicht vergebens der Ernte reichen Segen.
Sammlung Strub, Jenisberg GR

Wenn St. Urban (25. Mai) lacht, so tun die Trauben weinen,
weint St. Urban, so gibt's der Trauben nur ganz kleine.
Sammlung Strub, Jenisberg GR

Dürrer Brachmond – unfruchtbares Jahr, allzu naß,
leert er Scheuer und Faß,
hat er aber zuweilen Regen,
dann gibt es reichen Segen.
Sammlung Strub, Jenisberg GR

Regen im Anfang Maien,
tut den Reben dräuen.
Sammlung Strub, Jenisberg GR

Pankraz (12. Mai) und Urban (25. Mai) im Sonnenschein,
gibt es viel und guten Wein.
Sammlung Strub, Jenisberg GR

Nach Servaz (13. Mai) kommt kein Frost mehr, der dem Weinstock gefährlich wär.
Alpenhorn-Kalender 1969

Der Mai chüel, der Brochmonet naß,
füllt Speicher und Faß.
> *Baselland 1908 | Schweiz. Archiv f. Volksk., Jg. 12, S. 16*

Der Mai kühl, der Brachmonat nicht zu naß,
füllen dem Bauer Speicher, Keller und Faß.
> *Appenzeller Kalender 1972*
> *Schwanden GL, Guntershausen TG 1972 | H.P.T., *1901, Landwirt; W.H.*
> **1952, Landwirt, Umfrage 1972*

St-Antoine (13 juin) sec et beau,
remplit caves et tonneaux.
St. Anton trocken und schön, füllt Keller und Fässer.
> *Westschweiz | Les vins suisses, S. 270*

Juni trocken mehr als naß,
füllt mit gutem Wein das Faß.
> *Hundertjähriger Kalender, Zürich 1942, 1972*
> *Züricher Kalender 1972, Einsiedeln SZ*
> *Sammlung Strub, Jenisberg GR*

Auf den Juni kommt es an,
wenn die Ernte soll bestahn.
> *Sammlung Strub, Jenisberg GR*

Viel Donner im Juni bringt ein fruchtbares Jahr.
> *Hundertjähriger Kalender, Zürich 1942*

Hat der Wein abgeblüht auf St. Vit (15. Juni),
so bringt er ein schönes Weinjahr mit.
> *Schleitheimer Bote 1970*

Regnet es an Peter, Paul (29. Juni),
wird des Winzers Ernte faul.
> *Sammlung Strub, Jenisberg GR*

Wenn kalt und naß der Juni war,
verdirbt er meist das ganze Jahr.
> *Sammlung Strub, Jenisberg GR*

Quei, ch' il Fenadur et Uost san bucca quer, sa il September bucca barsar.
Was der Juli und August nicht kochen können, das kann der September nicht braten.
> *Rätoroman. Chrestomathie 1896/1919, S. 167*

Nel mese di luglio – la terra bolle.
Im Monat Juli – kocht die Erde.
> *Tessin 1911 / V. Pellandini, Tradizioni popolari Ticinesi, S. 139*

Was Juli und August nicht kochen, kann kein Nachfolger braten.
> *Hundertjähriger Kalender, Zürich 1942*
> *Sammlung Strub, Jenisberg GR*

Was der Juli nicht siedet, kann der August nicht braten.
> *Fläsch GR 1972 / J. F., *1921, Landwirt, Umfrage 1972*

Des Juli warmer Sonnenschein
macht alle Früchte reif und fein.
> *Züricher Kalender 1972, Einsiedeln SZ*

Ein tüchtig Juligewitter
ist gut für Winzer und Schnitter.
> *Züricher Kalender 1972, Einsiedeln SZ*

Was der Augschte nit chocht, cha der Herbschtmonet nit brote.
> *Baselland 1908 / Schweiz. Archiv f. Volksk., Jg. 12, S. 16*
> *Sammlung Strub GR und Müller BL*

Wa de Augschte nid chochet, cha de September nit proote.
> *Thayngen und Rüdlingen SH 1954 / G. Kummer, Volksbotanik, 2. Teil, S. 64*

Was die Hundstage gießen,
muß die Traube büßen.
> *Sammlung Strub, Jenisberg GR*
> *Ebenso: Alpenhorn-Kalender 1969*

St. Lorenz (10. August) mit heißem Hauch,
füllt dem Winzer Faß und Schlauch.
> *Sammlung Strub, Jenisberg GR*

Je mehr Regen im August,
je weniger Rebenlust.
> *Sammlung Strub, Jenisberg GR*

Ist Laurentius (10. August) ohne Feuer,
gibt's ein kaltes Weinchen heuer.
> *Sammlung Strub, Jenisberg GR*

Nach St. Lorenz (10. August) ist's nicht gut,
wenn's Rebholz noch treiben tut.
> *Sammlung Strub, Jenisberg GR*

Sollen Trauben und Obst sich mehren,
müssen mit Lorenz (10. August) die Gewitter aufhören.
>*Sammlung Strub, Jenisberg GR*

Non vuol piovere, sono nebbie d'agosto.
Es will nicht regnen, es sind Augustnebel.

Acqua agostana e sole settembrino è tanto oro fino.
Augustwasser und Septembersonne sind wie pures Gold.
>*Ascona und Rovio TI 1952 / Vocabolario dei Dialetti della Svizzera Italiana, Vol. 1, 387, S. 50*

Se piove d'agosto piove mosto, se piove al dieci è miele,
se piove alla Madonna (il 15) è ancore buona,
a San Bartolomeo (il 26) non serve più che a lavare i piedi.
Wenn es im August regnet, so regnet es Traubensaft, wenn es am 10. regnet, so ist es Honig, wenn es am 15. August regnet, ist es noch gut, am Tag des St. Bartholomäus (26. August) nützt es zu nichts anderem mehr, als die Füße zu waschen.
>*Frasco TI 1952 / Vocabolario dei Dialetti della Svizzera Italiana, Vol. 1, 387, S. 46*

La rugiada d'agosto fa male.
Der Tau im August ist schädlich.
>*Cugnasco TI 1952 / Vocabolario dei Dialetti della Svizzera Italiana, Vol. 1, 387, S. 46*

Tempesta d'agosto, non c'è più nè vino nè mosto.
Stürmt es im August, so gibt es weder Wein noch Most.
>*Carasso TI 1952 / Vocabolario dei Dialetti della Svizzera Italiana, Vol. 1, 387, S. 46*

Im Auguscht wirds enere Räb und enere Geiß nie z heiß.
>*Fläsch GR 1972 / H. V., *1935, Landwirt, Umfrage 1972*

Septembre chaud fait le vin beau.
Heißer September macht den Wein schön.
>*Westschweiz / Les vins suisses, S. 270*

Einer Traub und einer Geiß
wird's im September nie zu heiß.
>*Klosters GR 1972 / Ch. H., *1911, Umfrage 1972*
>*Ebenso: Sammlung Strub, Jenisberg GR*

Am Septemberregen für Saaten und Reben ist dem Bauer gelegen.
>*Außerberg VS 1972 / S. G., *1914, Landwirt, Umfrage 1972*

Le brouillard de l'automne ne fait pas peur au vendangeur.
Der Herbstnebel macht dem Winzer keinen Kummer.
Savièse VS 1926 / Dictons de Savièse, S. 13

Ist nur der Weinmonat gut gewesen,
dann mag kommen des Winters Besen.
Sammlung Strub, Jenisberg GR

Oktober geht ein rauher Wind,
dann wärm am Sauser dich geschwind.
Sammlung Strub, Jenisberg GR

Oktobers Ende reicht allen Heiligen die Hände.
Sammlung Strub, Jenisberg GR

Al sul setembrìn al fa deleguà l plombin, 'il piombo.
Die Septembersonne bringt das Blei zum Schmelzen.
Poschiavo GR 1967 / Tognina, Lingua Poschiavo, S. 82

c) *Witterung allgemein*

La da bruscä o mot da Bragaja per fà ni bun al vin da Runcaja.
Soll es in Boscaia einen guten Wein geben, so müssen die Halden im Bergell verdorren.
Castasegna GR 1896 / Decurtins, S. 174

An de cônes rouges (de sapin) an de vin rouge.
Jahr der roten Tannenzapfen, Jahr des Rotweins.
Savièse VS 1926 / Dictons de Savièse, S. 12

E spot Johr, e Grotjohr.
Baselland 1908 / Schweiz. Archiv f. Volksk., Jg. 12, S. 17

Les ans tardifs sont toujours bons.
Die späten Jahre sind immer gut.
Savièse VS 1926 / Dictons de Savièse, S. 17

Mieux vaut un an tardif qu'un an précoce.
Lieber ein spätes als ein frühreifes Jahr.
Savièse VS 1926 / Dictons de Savièse, S. 17

De Blitz hät ene d Schwänz verbrennt. Es hät d Reibe wegblitzt.
I: Auf dem Reiath wie auch in Rüdlingen bestand der Volksglaube, daß die jungen Räben verschwinden, wenn es oft blitzt. Erfahrene Praktiker halten dies, meint G. Kummer, nicht für Aberglauben.
Rüdlingen und Thayngen SH 1953 / G. Kummer, Volksbotanik, 1. Teil, S. 71

Wenig Wasser – viel Wein, viel Regen – wenig Wein.
Sammlung Strub, Jenisberg GR
Hundertjähriger Kalender, Zürich 1942

E Räben und e Geiß hai nie z heiß.
Baselland 1951 / Sammlung Müller, Liestal BL

Dr Rebe und dr Geiß, wirds im Summer nie z heiß.
Osterfingen SH 1972 / J. R., *1888, Weinbauer, Umfrage 1972

Der Mond reift keine Trauben.
Sammlung Strub, Jenisberg GR

Wänn eine mit ere Chräze voll Schnee dur de Falknis lauft, merkens Truube.
I: Die Reben reagieren im Frühjahr empfindlich auf Kälteeinbrüche. Das Falknismassiv befindet sich oberhalb des Rebgebietes der Bündner Herrschaft.
Maienfeld GR 1972 / C. M., *1887, Lehrer, Umfrage 1972
Ähnliche Version bei W. Weber, Die Terminologie des Weinbaus, 1949

d) Ernteregeln im engern Sinn

Me mue de Räbe Ehr aatue.
> *Rüdlingen SH 1954 / G. Kummer, Volksbotanik, 2. Teil, S. 65*

E Räbe git nüt vergäbe.
> *Baselland 1908 / Schweiz. Archiv f. Volksk., Jg. 12, S. 16*

E Chue, e Huen und e Räbe
gänd nüüt vergäbe.
> *Stein SH 1954 / G. Kummer, Volksbotanik, 2. Teil, S. 65*

D Chlosterfraue und d Räbe
gänd nüüt vergäbe.
> *Rüdlingen SH 1954 / G. Kummer, Volksbotanik, 2. Teil, S. 65*

D Räbe holt i amm Joor noo, wa si i drüüne versummt hät.
> *Wilchingen SH 1954 / G. Kummer, Volksbotanik, 2. Teil, S. 66*

Wenns nid am Holz ischt, so giits keini Truube.
> *Rüdlingen SH 1954 / G. Kummer, Volksbotanik, 2. Teil, S. 65*

A la St-Grégoire (12 mars),
taille ta vigne pour boire.
An St. Gregor (12. März) schneide, um trinken zu können, deine Rebe.
> *Courrendlin BE 1908 / Schweiz. Archiv f. Volksk., Jg. 12, S. 168*

Wenn der Vater abends, nachdem er alle Bündel auf den Wagen geladen, mit den Kindern nach Hause fährt, wartet die Mutter im Hofe – sie möchte wissen, wie viele Bündel gemacht worden sind. Sie will diese Auskunft nicht nur um der versprochenen Ostereier willen: Der Großvater hatte immer gesagt, daß man im kommenden Herbst so manche Tanse Trauben erwarten könne, als man im Frühjahr Rebholzbündel nach Hause führe. Und daran ist etwas: Wer wenig Rebholz aus dem Rebberg führt, hat den Reben zuviel Holz gelassen. Jeder Rebmann weiß, daß ein zu langer Schnitt niemals vollwertigen Ertrag gewährt.
> *Zürcher Weinland und Bündner Herrschaft / W. Weber, Die Terminologie des Weinbaus, 1949*

Bim Schniide mue me sich bucke.
I: Man soll die Reben nicht zu hoch schneiden.
Die gleiche Regel kennt man in der Bündner Herrschaft.
> *Rüdlingen SH 1954 / G. Kummer, Volksbotanik, 2. Teil, S. 65*

Wird das Rebholz reif und schön braun, kann die nächste Ernte gut werden.
Sammlung Strub, Jenisberg GR

Jedi Truube söll si Tächli und au si Gmächli haa.
I: Man soll das Laubwerk gut verrichten.
Hallau SH 1954 / G. Kummer, Volksbotanik, 2. Teil, S. 65

Befreit die Trauben vom Laube, damit die Sonne sie liebkost.
Sammlung Strub, Jenisberg GR

En große Schutz,
en chliine Nutz.
I: Dem entspricht die Twanner Regel: En große Schiin, en chliine Wiin. Das bedeutet, daß es mit einem reichlichen Traubensatz im Frühling nicht getan sei.
Stein SH 1954 / G. Kummer, Volksbotanik, 2. Teil, S. 65

En große Schii, en chline Wy.
Fläsch GR 1972 / H. V., *1935, Weinbauer, Umfrage 1972

Chlyni Söme (an den Reben),
großi Öhme.
Baselland 1908 / Schweiz. Archiv f. Volksk., Jg. 12, S. 16

Sind die Reben an Sankt Georgi (23. April) noch blind,
so soll sich freuen Mann, Weib und Kind.
Osterfingen, Thayngen, Rüdlingen SH / J. R., *1882, Weinbauer, Umfrage 1972
Ebenso: G. Kummer, Volksbotanik, 2. Teil, S. 63
Sammlung Strub, Jenisberg GR

Wenn die Trauben im Vollmond blühen, ist eine gute Ernte in Sicht.
Baselland 1930, Sammlung Müller, Liestal BL

Mi mues de Wii abzie, wenn d Truube blüejed.
Rüdlingen SH 1954 / G. Kummer, Volksbotanik, 2. Teil, S. 66

Im Truubebluescht dörf me nüd um Räge bätte, susch gits Schneebeeri.
I: Die Traubenblüte verträgt wenig Regen, noch weniger Schnee. Schneebeeren sind unbefruchtete, unbrauchbare Beeren.
Maienfeld GR 1972 / C. M., *1887, Lehrer, Umfrage 1972

Z Johanni (27. Mai) us de Räbe guu und d Truube blüeje luu.
Rüdlingen SH 1954 / G. Kummer, Volksbotanik, 2. Teil, S. 64
Zürichsee 1972 / H. U., Landwirt, Umfrage 1972
Ebenso: Sammlung Strub, Jenisberg GR

Blühen die St.-Johanns-Träublein gut und entwickeln sich die Beeren schön, so werden sich auch die Trauben schön entwickeln.
> *Schaffhausen 1954 / G. Kummer, Volksbotanik, 2. Teil, S. 64*

De Wümmet isch doo, 100 Tag nochdem di wiiße Ilge aagfange hönd blüeje.
> *Thayngen, Rüdlingen SH 1954 / G. Kummer, Volksbotanik, 2. Teil, S. 65*

A San Giacomo e Sant'Anna (25 e 26 luglio) pinceröi (chicchi d'uva) giù per la canna.
Am St.-Jakobs-Tag und St.-Anna-Tag (25./26. Juli) sollen die Trauben über die Rebstecken herabhangen.
> *Graubünden / Almanacco Grigioni Italiano 1939, S. 134*

Noch Jakob und Anne (25./26. Juli)
söttid d Truube hange.
> *Dörflingen SH 1954 / G. Kummer, Volksbotanik, 2. Teil, S. 64*

Öffnet sich die erste Lilie, so sagen die Rebleute von Rüdlingen und Hallau: «Jetzt geht es noch hundert Tage, bis man wümmen kann.»
> *Rüdlingen und Hallau SH 1954 / G. Kummer, Volksbotanik, 1. Teil, S. 130*

Z Bartlime (24. August)
soll me blaui Beeri gseh.
> *Baselland 1908 / Schweiz. Archiv f. Volksk., Jg. 12, S. 16*

Chi zappa la vigna in agosto, riempie il tino di mosto.
Wer im August den Weinberg hackt, füllt den Bottich mit Saft.
> *Magliaso TI 1952 / Vocabolario dei Dialetti della Svizzera Italiana, Vol. 1, 387, S. 48*

Vuoi avere molto mosto, zappa la vigna in agosto.
Willst du Traubensaft bekommen, so hacke den Weinberg im August.
> *Brusio GR 1952 / Vocabolario dei Dialetti della Svizzera Italiana, Vol. 1, 387, S. 48*

Agosto riempie il tino di mosto.
Der August füllt den Kübel mit Traubensaft.
> *Lamone TI 1952 / Vocabolario dei Dialetti della Svizzera Italiana, Vol. 1, 387, S. 45*

Am Vreenetag (1. September) söttid alli Stiil riif sii.
> *Rüdlingen SH 1954 / G. Kummer, Volksbotanik, 2. Teil, S. 64*

Si l'osier fleurit, la vigne mûrit.
Wenn die Weide blüht, reift der Wein.
> *Courrendlin BE 1908 / Schweiz. Archiv f. Volksk., Jg. 12, S. 164*

Si l'osier fleurit, le raisin mûrit.
Wenn die Korbweide blüht, reift die Traube.
> *Ocourt BE 1950 / Schweiz. Archiv f. Volksk., Bd. 46, S. 3*

D Räbe schenked ii.
I: Es gibt einen guten Herbst.
> *Schaffhausen 1954 / G. Kummer, Volksbotanik, 2. Teil, S. 66*

Es giit Wii wie Bach.
I: Wenn vom Trottbett in die Rene viel Wein abfließt.
> *Rüdlingen SH 1954 / G. Kummer, Volksbotanik, 2. Teil, S. 66*

Wenns am Micheli (29. September) nit cha sy,
so bringt de Galli (16. Oktober) sure Wy.
> *Baselland 1908 / Schweiz. Archiv f. Volksk., Jg. 12, S. 17*

Michäli (29. September) wötsch nüd wüme,
susch chunt de Galli (16. Oktober) und tuet di zwinge.
> *Wädenswil ZH 1972 / H. B., Landwirt, Umfrage 1972*

Michelwii (29. September), guete Wii,
Galliwii (16. Oktober), suure Wii.
> *Schaffhausen 1954 / G. Kummer, Volksbotanik, 2. Teil, S. 64*

Micheliwy – Herrewy (29. September)
Judithwy – Buurewy (7. Oktober)
Galliwy – suure Wy (16. Oktober).
> *Baselland 1950 / Sammlung Müller, Liestal BL*
> *Ebenso: Sammlung Strub, Jenisberg GR*

Im Wingert niemals Traubendiebstahl (auch kein Mundraub); Stachelbeeren und Kirschen darf man holen.
> *Maienfeld GR 1972 / C. M., *1887, Lehrer, Umfrage 1972*

Quand le vin vin des Ormonts faut faire les valamons.
Quand le vin vin du Valais prends ta faux et ton cové (une série de beaux jours est assurée).
Wenn der Wind von Ormont her weht, muß man Schwaden machen.
Wenn der Wind vom Wallis kommt, nimm deine Sense und deinen Köcher (eine Serie von schönen Tagen ist sicher).
> *Lavey VD 1935 / J. B. Bertrand, Le Folklore de St-Maurice, Cahiers Valaisans de Folklore, S. 174–177*

Wenn d Wegschnägge glii bruu werded, giits en guete Wii, bliibet si lang rot, so giits kein guete Wii.
> *Rüdlingen SH 1954 / G. Kummer, Volksbotanik, 2. Teil, S. 65*

Mi cha denn go herbschte, wenns scho gwümmet ischt.
Rüdlingen SH 1954 / G. Kummer, Volksbotanik, 2. Teil, S. 66

Gibt es viele «Winterdroolen» (sie reifen nur gut in trockenen Spätjahren, wenn das Rebholz auch gut ausreifen kann), so schenked d Räbe s nöchscht Johr allweg ii.
Rüdlingen SH 1954 / G. Kummer, Volksbotanik, 2. Teil, S. 65

Mi sött de Wii uusschenke, wenen Gott und d Räbe gäbed.
Hallau, Rüdlingen und Wilchingen SH 1954 / G. Kummer, Volksbotanik, 2. Teil, S. 66

Wäns kä Hung git, gits kä Wii.
Zürcher Weinland / W. Weber, Die Terminologie des Weinbaus, S. 5

Hat der Efeu im September und Oktober einen guten Blühet und entwickeln sich die Fruchtdolden schön, so werden im folgenden Jahr auch die Weintrauben schön entwickelt sein.
Schaffhausen 1954 / G. Kummer, Volksbotanik, 2. Teil, S. 64

Je mehr großblütige Disteln sind, desto besser gerät der Wein.
Sammlung Strub, Jenisberg GR

Gerät der Holunder gut, so ist auch eine gute Traubenernte zu erhoffen.
Sarganserland SG 1916 / W. Manz, S. 118

Pulenta e latsch fa bun butatsch,
latsch e vin fan sang u fin.
Polenta und Milch machen fetten Bauch, Milch und Wein machen gutes Blut.
Bergell GR 1950 / Almanacco Grigioni Italiano, S. 69

Z Jakobi (25. Juni) sölid d Truube hange.
Hallau SH 1953 / Hallauer Mundart, S. 37

Dr Herbschtmonet chas gää ond nää.
Hallau SH 1953 / Hallauer Mundart, S. 32

Bohnejoor bringt Wii ond Brot i Gfoor.
I: Gute Bohnenjahre sind regnerisch.
Hallau SH 1953 / Hallauer Mundart, S. 31

D Räbe chünned dr Puur ufs Hämb uuszie, aber wider aalege.
Hallau SH 1953 / Hallauer Mundart, S. 32

2. OBST- UND GARTENBAU

a) Bis 19. Jahrhundert

Im Oktober Weißrüben und Möhren ausgraben umb Burckhardi (14. Oktober) im letzten Viertel.
Rüben zu verwahren an Orten da die nicht gefrieren mögen, zu hängen.
Die Krautgarten im Oktober mit guttem Mist zu bestechen und über Winters unterzustürzen. Vor Galli (16. Oktober) muß alles Gesämt, aus der Erden gegraben und in den Keller gesetzt werden.
Zürich 17. Jahrhundert | Handschrift 1692

Im Jenner viel Regen ohne Schnee,
thut Bäum, Bergen und Thalen wehe.
Hausbuch König 1705, S. 998

Man soll im August den Knoblauch aus der Erden nehmen.
Churer Schreibkalender 1708

Vor Galli (16. Oktober) muß das Gartenwerck im Keller gethan werden, wann in dem Früh-Jahr, ehe der Guggug schreyet, Saamen bringen sollen.
> *Churer Schreibkalender 1708*

Pour les moutons alors ôte avec soin le gui;
l'arbre qui le porte languit.
Beseitige sorgfältig die Mistel, der Baum, der sie trägt, siecht dahin.
I: Sinngemäße Übersetzung. Das Wort «mouton» muß hier eine besondere Bedeutung haben; sie war nicht faßbar.
> *Waadtland 1816/17 / Feuilles d'Agriculture, Bd. 27, S. 206*

Blera föglia e paucs früts.
Viel Laub und wenig Früchte.
> *Annalas Rhaeto-Romanscha, 1888, S. 9*

Merzenblust ist nicht gut, Aprillenblust halb gut, Maienblust ganz gut.
> *M. Kirchhofer, Wahrheit und Dichtung, 1824, S. 131*

E chüele Mai bringt Allerlei.
> *F. J. Schild, Der Großätti aus dem Leberberg, 1873, S. 21*

Wenns vil Tannzapfa ged, so geds vil Obs.
> *Appenzell 1837 / T. Tobler, S. 130*

Cur il plova nel Avust,
il plova mel e bun most.
Wenn's regnet im August, regnet's Honig und guten Most.
> *Annalas Rhaeto-Romanscha, 1888, S. 15*

Am Verenatag (1. September) goht der Chabis z Roth, ob er well chöpfle oder nit.
I: An diesem Tage sieht man es dem Kohl an, ob er in feste Köpfe oder mehr in Blätter, sogenannte Tschupen, Flauderchabis, auswachsen will.
> *F. J. Schild, Der Großätti aus dem Leberberg, 1873, S. 22*

Die erste Frucht eines Bäumchens wird den Armen gegeben oder auch einer zum ersten Mal schwangeren Frau; man glaubt dadurch, den Baum fruchtbar zu machen.
> *Bassersdorf ZH 1865 / Mannhardt-Untersuchung, Schweiz. Archiv f. Volksk., 1971, S. 350*

Trägt ein Baum die ersten Früchte, so läßt man dieselben gern durch ein Kind pflücken oder durch eine Schwangere.
> *Wetzikon ZH 1865 / Mannhardt-Untersuchung, Schweiz. Archiv f. Volksk. 1971, S. 350*

Auf den Bäumen muß man einen Apfel oder eine Birne stehen lassen, wenn fürs künftige Jahr der Segen nicht ausbleiben soll.
Mesikon ZH 1865 | Mannhardt-Untersuchung, Schweiz. Archiv f. Volksk., 1971, S. 349

Die letzten Früchte der Obstbäume läßt man gewöhnlich am Baume, sie gehören den Vögeln.
Wetzikon ZH 1865 | Mannhardt-Untersuchung, Schweiz. Archiv f. Volksk., 1971, S. 349

b) Monatswitterung

A la St-Paul (7 janvier) l'hiver s'en va ou bien se recolle.
An St. Paul (7. Januar) hört der Winter auf oder haftet an.
Courrendlin BE 1908 | Schweiz. Archiv f. Volksk. Jg. XII, S. 165

Janvier et février comblent ou vident le grenier.
Januar und Februar füllen oder leeren die Scheune.
Courrendlin BE 1908 | Schweiz. Archiv f. Volksk., Jg. XII, S. 167

Im Januar viel Regen, wenig Schnee,
tut Saaten, Wiesen und Bäumen weh.
Sammlung Strub, Jenisberg GR

Januar warm,
Gott erbarm!
Netstal GL 1972 | F. L., *1906, Landwirt, Netstal GL, Umfrage 1972

Tonnerre de mars: fruits par chars.
Tonnerre d'avril: fruits par paniers.
Donner im März: bringt wagenvoll Früchte,
Donner im April: bringt korbvoll Früchte.
Ocourt BE 1950 | Schweiz. Archiv f. Volksk., 46, 1950, S. 2

Marzo ventoso, aprile piovoso, anno fruttuoso.
Windiger März, regnerischer April, fruchtbares Jahr.
Morbio Inferiore TI 1950 | Vocabolario dei Dialetti della Svizzera Italiana, Lugano 1952, 1, S. 206

Marzo polveroso, aprile lagrimoso e maggio lucente, anno fruttuoso.
Staubiger März, tränennasser April und leuchtender Mai, fruchtbares Jahr.
Bondo GR 1950 | Vocabolario dei Dialetti della Svizzera Italiana, Lugano 1952, 1, S. 206

Märzenstaub bringt Gras und Laub.
> *Kriechenwil BE 1972 | H.L., *1891, Landwirt, Kriechenwil BE, Umfrage 1972*

Bia flurs igl Avrel, paucas tschareschas el begl.
Viele Blumen im April, wenig Kirschen.
> *Rätoroman. Chrestomathie 1896/1919, S.1013*

Aprile polveroso e maggio temperato, caricano i ceppi e anche i prati.
Ein staubiger April und ein milder Mai beladen (befruchten) sowohl Baumstämme als Wiesen.
> *Tessin 1950 | Vocabolario dei Dialetti della Svizzera Italiana, Lugano 1952, 1, S.206*

Der April kann rasen,
nur der Mai halt Maßen.
> *Sammlung Strub, Jenisberg GR*

Maggio ortolano, tanta paglia e poco grano.
Gemüse im Mai – viel Stroh und wenig Korn.
> *Almanacco Grigioni Italiano, 1939, S.134*

Maggio asciutto grano per tutti.
Trockener Mai gibt Korn für alle.
> *Soglio GR 1950 | Vocabolario dei Dialetti della Svizzera Italiana, Lugano 1952, 1, S.46*

Maggio ortolano, molta paglia e poco grano.
Ein Mai, der gut für den Gemüsegarten ist, gibt viel Stroh und wenig Korn.
> *Stabio TI 1950 | Vocabolario dei Dialetti della Svizzera Italiana, Lugano 1952, 1, S.46*

Gewitter im Mai verheißen ein fruchtbares Jahr.
> *Hundertjähriger Kalender, Zürich 1942*
> *Sammlung Strub, Jenisberg GR*

Im Mai ein warmer Regen
bedeutet Früchtesegen.
> *Sammlung Strub, Jenisberg GR*

Am Urbantag (25. Mai) ist der Baum- und Weingarten verdient.
> *Sammlung Strub, Jenisberg GR*

Will der Mai ein Gärtner sein,
trägt er nicht in Scheunen ein
> *Sammlung Strub, Jenisberg GR*

Nur in der Juliglut
wird Obst und Wein dir gut.
>> *Sammlung Strub, Jenisberg GR*

Der Juli muß braten,
was im Herbst soll geraten.
>> *Appenzeller Kalender 1972*
>> *Schwanden BE 1972 | H.P.T., *1901, Landwirt, Schwanden BE, Umfrage 1972*

D'in schetg Uost eis ei aunc mai vegniu paupra glieut, d'in bletsch bein.
Ein trockener August hat noch nie arme Leute gemacht, ein nasser August schon.
>> *Rätoroman. Chrestomathie 1896/1919, S. 679*

Al bel temp dell'ültima satmena da vust e dalla prüma da stembar, le la dev dallan castägna.
Sind die letzte August- und die erste Septemberwoche schön, so gibt es viele Kastanien.
>> *Bergell GR 1896 | Decurtins, 1896, S. 176*

La pluie du mois d'août
c'est du miel et du moût.
Regen im August gibt Honig und Most.
>> *Ocourt BE 1950 | Schweiz. Archiv f. Volksk., 46, 1950, S. 15*

Quando piove d'agosto piove miele e mosto.
Regnet es im August, so regnet es Honig und Most.
>> *Menzonio TI 1950 | Vocabolario dei Dialetti della Svizzera Italiana, Lugano 1952, 1, S. 46*

Il caldo d'agosto rende buono il mosto.
Die Augusthitze gibt guten Most.
>> *Breno TI 1950 | Vocabolario dei Dialetti della Svizzera Italiana, Lugano 1952, 1, S. 45*

Je dicker die Regentropfen im August,
je dünner der Most.
>> *Sammlung Strub, Jenisberg GR*

Der August muß Hitze haben,
sonst wird der Obstbaumsegen begraben.
>> *Schleitheimer Bote 1970*

Nasser August bringt teure Kost.
>> *Schleitheimer Bote 1971*

Tun'ei il September, dat ei lauter onn bia prema.
Donnert es im September, gibt es viele Pflaumen im nächsten Jahr.
>	*Rätoroman. Chrestomathie 1896/1919, S. 679*

Wenn der September noch donnern kann,
setzen die Bäume viele Blüten an.
>	*Klosters-Berg GR 1972 | C.H., *1911, Landwirt, Klosters-Berg GR, Umfrage 1972*

Auf Regen zu Ende Oktober folgt ein gutes Jahr.
>	*Sammlung Strub, Jenisberg GR*

Viel Wind in den Weihnachtstagen,
reichlich Obst die Bäume tragen.
>	*Hundertjähriger Kalender, Zürich 1942*

Tra san scimùn e giüda strépa li ràvi da la cultüra, sa da nò al vegnarà'l di da tücc i sant, ca' l ta gl' inciòda gió in dil camp.
Zwischen St. Simon und Judas (28. Oktober) reiß die Rüben aus dem Acker, andernfalls kommt Allerheiligen (1. November); dieser Tag nagelt sie dir im Boden fest.
>	*Poschiavo GR 1967 | Tognina, Lingua Poschiavo, 1967, S. 83*

A tüc i sant, li ràvi fó dal camp: sa ta speitas san martin, ta li strépas cul zapin.
An Allerheiligen (1. November) hole die Rübe aus dem Acker, wenn du bis Martini (11. November) wartest, mußt du sie mit der Hacke ausreißen.
>	*Poschiavo GR 1967 | Tognina, Lingua Poschiavo, 1967, S. 83*

c) *Ernteregeln im engeren Sinne*

Märzenblüte ist nicht gut,
Aprilenblüte ist halb gut,
Maienblüte ist ganz gut.
>	*Hundertjähriger Kalender, Zürich 1942*
>	*Kriechenwil BE 1972 | H.L., *1891, Kriechenwil BE, Umfrage 1972*

Il ne faut pas manger avant Pâques les pommes des Rameaux sinon il viendra des boutons sur le corps.
Vor Ostern sollten keine Palmsonntagsäpfel gegessen werden, sonst gibt es Körperausschläge.
>	*Savièse VS 1926 | Dictons de Savièse, 1926, S. 13*

Isch Jörg und Marx (23. und 25. April) no blutt und blind, so sell sich freue Mann, Weib und Chind.
Basselland 1920 | Sammlung Müller, Liestal BL

Wenns is Bireblueschter rägnet, so falle d Biren ab und wenn si mit Dröhtlene abunde were.
Basselland 1908 | Schweiz. Archiv f. Volksk., Jg. XII, S.16

Wenns is Pflumeblueschter rägnet gits luter Naare (pilzbefallene Früchte).
Maienfeld GR 1972 | C.M., *1887, Landwirt, Maienfeld GR, Umfrage 1972

Zwetschgblueschter vertreit kei Schnee, und wenn mene im Sack unne dure treit.
Osterfingen SH 1972 | J.R., *1888, Weinbauer, Osterfingen SH, Umfrage 1972

Hier soir il (le froid) a ramassé (cueilli) les pommes.
Gestern abend hat die Kälte die Äpfel gepflückt.
M. Müller, Le patois des Marécottes, Tübingen 1961

A la Pentecôte, les fraises à la côte.
An Pfingsten sollten die Erdbeeren gepflückt sein.
Courtemaîche BE 1908 | Schweiz. Archiv f. Volksk., Jg. XII, S.170

A la Fête-Dieu, les fraises en tous lieux.
An Fronleichnam gibt es überall Erdbeeren.
Miécourt BE 1908 | Schweiz. Archiv f. Volksk., Jg. XII., S.171

A la St-Claude (6 juin), rattrape les autres.
(Les légumes semés ou plantés à cette date croissent rapidement et rattrapent ceux qu'on a plantés plus tôt.)
Am St.-Claudius-Tag (6. Juni) ausgesätes oder gepflanztes Gemüse holt das früher gepflanzte ein.
Develier BE 1908 | Schweiz. Archiv f. Volksk., Jg. XII., S.171

Wenn me z Johanni (24. Juni) drei Öpfel a de Bäume gseht, se söll me d Hurt zwäg mache, denn s git vil Obst.
Basselland 1908 | Schweiz. Archiv f. Volksk., Jg. XII., S.16

Wenn man im Heuet fünf Äpflein zählen kann, dann darf man den Schnitztrog bereit machen.
Oltingen BL 1920 | Sammlung Müller, Liestal BL

St-Jean (24 juin),
cerises à la main.
Am Johannestag (24. Juni) die Kirschenernte an die Hand nehmen.
Develier BE 1908 | Schweiz. Archiv f. Volksk., Jg. XII., S.172

Cha me uf de Rigi d Schneeplätz zellä,
so cha me i de Böde (Niederungen) d Chriesi knällä.
>> *Zug 1897 | Schweiz. Archiv f. Volksk., Jg. I, S. 119*

Juin bien fleuri,
c'est un vrai paradis.
Ein gut blühender Juni ist wie ein Paradies.
>> *Courrendlin BE 1908 | Schweiz. Archiv f. Volksk., Jg. XII, S. 171*

Vor Johannis (24. Juni) gits Rüebe, nach Johannis Rüebli.
>> *Baselland 1960 | Sammlung Müller, Liestal BL*

Vor Jakobi (25. Juli) – eine Rüb', nach Jakobi – ein Rübchen.
>> *Sammlung Strub, Jenisberg GR*

Vor Jakobi (25. Juli) Rääbe – nach Jakobi Rääbli.
>> *Wädenswil ZH 1972 | H. B., *1912, Landwirt, Wädenswil ZH, Umfrage 1972*

Il faut cueillir les choux l'un des trois premiers jours du mois d'août.
Der Kohl sollte an einem der ersten drei Augusttage eingebracht werden.
>> *Wallis 1930 | E. Gillioz, Dictons d'Isérables, Cahiers valaisans de folklore, 1930, S. 5*

Alla prima acqua d'agosto, si colgono le mele agostane.
Beim ersten Regen im August erntet man die Augustäpfel.
>> *Ludiano TI 1950 | Vocabolario dei Dialetti della Svizzera Italiana, Lugano 1952, 1, S. 50*

Sankt Jakob (25. Juli) bringt das Salz in die Äpfel und Birnen.
>> *Sammlung Strub, Jenisberg GR*

An Jakob (25. Juli) und Anna (26. Juli) die ersten Bohnen essen, desgleichen die ersten Kartoffeln.
>> *Baselland 1920 | Sammlung Müller, Liestal BL*

Mariä Geburt (8. September)
bringt Biren in d Hurt.
>> *Baselland 1908 | Schweiz. Archiv f. Volksk., Jg. XII, S. 16*

A San Michele – la pianta é tua e i fichi sono miei.
Zu Sankt Michael (29. September) – der Baum ist dein, die Feigen mein.
>> *Tessin 1911 | V. Pellandini, Tradizioni popolari Ticinesi, 1911, S. 141*

Obst hält sich nirgends besser
als in seinen eigenen Blättern.
Sammlung Strub, Jenisberg GR

I der blutte Wuche (vor Bettag) soll me kei Obscht günne, susch gits nächschts Jahr nüd.
Oltingen BL 1920 | Sammlung Müller, Liestal BL

In der Fronfastenwoche keine Äpfel pflücken, sonst gibt es während sieben Jahren keinen Ertrag.
Oltingen BL 1920 | Sammlung Müller, Liestal BL

Galles (16. Oktober) – schaff heim alles.
Sammlung Strub, Jenisberg GR

Auf St.-Gallen-Tag (16. Oktober) muß jeder Apfel in seinen Sack.
Sammlung Strub, Jenisberg GR
Hundertjähriger Kalender, Zürich 1942

An Sankt Gall (16. Oktober) ernte man die Rüben all.
Sammlung Strub, Jenisberg GR

Bis Sankt Gallus (16. Oktober) muß die Gartenfrucht in den Keller, welche im Frühjahr Samen bringen soll.
Sammlung Strub, Jenisberg GR

Die erste Birne bricht Margareth (15. Juli)
drauf überall die Ernt' angeht.
Sammlung Strub, Jenisberg GR

An Ursula (21. Oktober) muß das Kraut herein,
sonst schneien Simon und Juda (28. Oktober) drein.
Sammlung Strub, Jenisberg GR
Alpenhorn-Kalender, Langnau BE, 1968

Schneid ab das Kraut,
bevor es Juda (28. Oktober) klaut.
Sammlung Strub, Jenisberg GR

San Simone e Giuda (28 ottobre) strappate la rapa che è matura, o matura o da maturare, strappate la rapa che vuol gelare.
Am Tag St. Simon und Juda (28. Oktober) müßt ihr die reife Rübe ausreißen – ob reif oder unreif – reißt die Rübe aus, denn es will gefrieren.
Onsernonetal TI 1920 | Schweiz. Archiv f. Volksk., 23, S. 79

Da Sant Simun e da Giüda lan räva l'en madüra, madüra o da madürä, lè temp de lan cavä.
Sind die Rüben an Simon und Juda (28. Oktober) noch nicht reif, ernte sie trotzdem.

Bergell GR 1896 / Decurtins, 1896, S. 175

Allerseelen (2. November): Vormittag in Stei (Mariastein), Nomittag mit de Rüebe hei.

Baselland 1908 / Schweiz. Archiv f. Volksk., Jg. XII S. 17

Allerheiligen, Allerseele (1./2. November)
tuet me d Rüebe uuszehre.

Baselland 1920 / Sammlung Müller, Liestal BL

Uf zäh Wätschgerjohr drei gueti, drei nit so gueti, drei ganz schlächti und eis gar nüt.

Baselland 1930 / Sammlung Müller, Liestal BL

Es Obstjahr ist keis Wiinjahr.

Sammlung Strub, Jenisberg GR

Wenn der Kohl gerät, verdirbt das Heu.

Sammlung Strub, Jenisberg GR

Année de fruits,
année de guêpes.
Früchtereiches Jahr, wespenreiches Jahr.

Miécourt BE 1908 / Schweiz. Archiv f. Volksk., Jg. XII, S. 164

Anni di rape – anni di miseria.
Rübenjahr – Notjahr.

Palagnedra TI 1911 / O. Lurati, Lugano

Verblühen nur die Kirschen gut,
auch Roggen dann was Rechtes tut.

Sammlung Strub, Jenisberg GR

D Zwätschgebäum müend ghööre Kaffi rööschte, sunscht gäbed si nüüt. (Zwetschgenbäume sollen in der Nähe des Hofes gehalten werden.)

G. Kummer, Volksbotanik, Schaffhausen 1955, 2. Teil, S. 34

La castagna ha solamente una coda
chi la prende é sua.
Die Kastanie hat nur einen Schwanz, der, der ihn faßt, dem gehört sie.

Tessin 1911 / V. Pellandini, Tradizioni popolari Ticinesi

3. ACKERBAU

a) Bis 19. Jahrhundert

Winterstaub und Frühjahrsregen
bringt, Camill (18. Juli), dir Erntesegen.
> *Makrobius 4./5. Jahrhundert | G. Hellmann, Über den Ursprung der volkstümlichen Wetter- und Bauernregeln, Berlin 1923, S. 156*

1611 hab ich gsehen allhir by unser Statt einen alllten Puren jn sinem Gut mit einer langen Stangen deß Morgens im Aprellen das Tau vom Korn abschlahen, der mir der Ursach fragende geantwortet, er habe es von Allten gehört, das diß verhüette das Fallen deß Korn.
> *R. Cysat, 1575–1614 | Collectanea I, 1969/70 2, S. 715*

Im Juli:
Jetzund drösche, und führe das Heu ein.
> *Churer Schreibkalender 1708*

Mertz nicht zu trucken, und nicht zu naß, füllet den Bauren Kisten und Faß.
Newer Schreib-Kalender, Baden 1721

Wann das Kraut und Gemüse vollkommen wächst, und zeitlich reiffen Samen bringet, so hoffen die Bauren ein gut Kornjahr.
Hausbuch König 1705, S. 945

En prés rompus après l'avoine et la fêve fumée, un beau blé vient sans peine.
Nach Hafer und gedüngten Bohnen, in frisch umbrochenem Acker wird mühelos schönes Getreide kommen.
Waadtland 1816/17 / Feuilles d'Agriculture, Bd. 42, S. 337

Que l'eau puisse sortir des vignes, prés et champs,
a fin d'avoir bon vin, bon foin et beaux grains blancs.
Das Wasser muß aus den Reben, Wiesen und Feldern abfließen können, um guten Wein, gutes Heu und schönes, weißes Getreide zu erhalten.
Waadtland 1816/17 / Feuilles d'Agriculture, Bd. 4, S. 32

Avant l'épi noué fauchez en vert le grain,
il vous en reviendra profit clair et certain.
Bevor die Ähre ansetzt, mähe das Korn in grünem Zustand; der Gewinn wird klar und gewiß sein.
Waadtland 1816/17 / Feuilles d'Agriculture, Bd. 33, S. 274

La terre est comme une fabrique,
sans argent, peine et soins, on n'a ni sou ni brique.
Der Boden ist wie eine Fabrik; ohne Geld, Mühe und Sorge hat man keinen Fünfer und nichts zu beißen.
Waadtland 1816/17 / Feuilles d'Agriculture, Bd. 11, S. 99

Mieux vos champs seront épierrés,
plus de grain vous recueillerez.
Je besser euer Feld von Steinen befreit ist, je mehr Getreide werdet ihr ernten.
Waadtland 1816/17 / Feuilles d'Agriculture, Bd. 42, S. 338

Sans eau, bonne terre et chaleur,
n'espérez ni graine ni fleur.
Ohne Wasser, gute Erde und Wärme erhoffe weder Getreide noch Blumen.
Waadtland 1816/17 / Feuilles d'Agriculture, Bd. 11, S. 100

Pour la maturité, eau, mais surtout chaleur,
font plus que du temps la longueur.

Für die Reife machen Wasser und vor allem Wärme mehr aus als die
Zeitdauer.
>   *Waadtland 1816/17 / Feuilles d'Agriculture, Bd. 11, S. 99*

A la St-Laurent (10 août),
la faux au froment.
An St. Lorenz (10. August), die Sense in den Weizen.
>   *Ajoie BE 1908 / Schweiz. Archiv f. Volksk., Jg. 12, S. 172*

En terrain pendant ne mets ton argent.
In abschüssiges Gelände investiere kein Geld.
>   *Waadtland 1816/17 / Feuilles d'Agriculture, Bd. 11, S. 99*

Jamais de récolte complète
si la terre n'est bonne et nette.
Es gibt nie eine ganze Ernte, wenn die Erde nicht gut und rein ist.
>   *Waadtland 1816/17 / Feuilles d'Agriculture, Bd. 11, S. 100*

Bon fonds offre mainte ressource,
une récolte manque, une autre emplit ta bourse.
Guter Grund und Boden bringt manche Geldmittel ein; eine Ernte
geht daneben, eine andere füllt den Geldbeutel.
>   *Waadtland 1816/17 / Feuilles d'Agriculture, Bd. 4, S. 32*

Wer den Acker pflegt, den pflegt der Acker.
>   *Lesebuch für die schweizerische Jugend, 1865, S. 380*

Sche tü aras mal, mender mederas.
Wenn du schlecht pflügst, wirst du noch schlechter ernten.
>   *Annalas Rhaeto-Romanscha, 1888, S. 64*

Willst du Korn bauen, so schaff erst Wiesen und Futter.
>   *Lesebuch für die schweizerische Jugend, 1865, S. 380*

Terra nera dat bun graun.
Schwarze Erde, gutes Korn.
>   *Annalas Rhaeto-Romanscha, 1888, S. 68*

Frühhafer – Schwerhafer.
>   *Lesebuch für die schweizerische Jugend, 1865, S. 380*

Beim Hanf spare das Pflügen und beim Lein das Eggen nicht.
>   *Lesebuch für die schweizerische Jugend, 1865, S. 380*

Den Roggen vor den Schnecken zu schützen, streut man Apfelschalen
in den Acker, gegen die Mäuse steckt man eichene Stauden in die Maus-

löcher, dann setzt sich der «Nachtheuel» auf dieselben und fängt die Mäuse.
> *Windlach ZH 1865 | Mannhardt-Untersuchung, Schweiz. Archiv f. Volksk., 1971, S.338*

Zu Georgi (23. April) soll ein Rabe sich im Roggen verbergen können.
> *Lesebuch für die schweizerische Jugend, 1865, S.380*

Wenn zur Blütezeit bei schönem Wetter der Wind weht und Wellen auf den Halmen schlägt, so sagt man: «Die Engel fahren über das Feld und segnen es.»
> *Steinmaur ZH 1865 | Mannhardt-Untersuchung, Schweiz. Archiv f. Volksk., 1971, S.349*

Wenn der Wind im Korn Wellen schlägt, so heißt es: Die Schafe fahren übers Korn, oder: D Säu laufed i der Frucht.
> *Zürich 1865 | Mannhardt-Untersuchung, Schweiz. Archiv f. Volksk., 1971, S.349*

Cur suffla la bisa, il plova a sia guisa.
Wenn die Bise geht, regnet es auf seine Art.
> *Annalas Rhaeto-Romanscha, 1888, S.17*

Wenn das Korn anfängt in die Ähren zu schießen, dann heißt es: Wenn me d Ähre numme cha zelle, so laufed si sibe Wuche dur d Relle.
> *Weiningen ZH 1865 | Mannhardt-Untersuchung, Schweiz. Archiv f. Volksk., 1971, S.339*

Wenn d Frucht troch i s Chorn wachset, wird si schwer.
> *F.J.Schild, Der Großätti aus dem Leberberg, 1873, 2, S.27*

Warm und naß bringt Frucht.
> *F.J.Schild, Der Großätti aus dem Leberberg, 1873, 2, S.23*

Die Ernte wird mit dem Spruch begonnen:
Was i han, das ist vo Gott –
was vermag mis eige Wort?
> *Kt. Zürich 1865 | Mannhardt-Untersuchung, Schweiz. Archiv f. Volksk., 1971 S.335*

Den Weizen schneid in der Gülde, den Spelz untergrün, den Roggen in der Vollreife.
> *Lesebuch für die schweizerische Jugend, 1865, S.380*

Wenn man dem Wetzer für das Wetzen der Sichel dankt, so schneidet diese nicht mehr.
> *Kt. Zürich 1865 | Mannhardt-Untersuchung, Schweiz. Archiv f. Volksk., 1971, S.335*

Wer sich schneidet, der legt drei Hälmchen quer übereinander und läßt in den drei höchsten Namen darüber bluten. Allgemeine Regel ist, daß ein rechter Schnitter sich neunmal müsse geschnitten haben.
> *Niederhasli ZH 1865 | Mannhardt-Untersuchung, Schweiz. Archiv f. Volksk., 1971, S.335*

Findet man beim Schneiden das sogenannte Glückshäfeli (ein pilzartiges kelchförmiges Pflänzchen), so zählt man die Samenkörner darin und schließt aus der Anzahl derselben auf die Zahl der Gulden, welche die Mütt Kernen gelten wird, oder auf die Tausend der Gulden, welche der Acker wert ist.
> *Weiningen ZH 1865 | Mannhardt-Untersuchung, Schweiz. Archiv f. Volksk., 1971, S.336*

War die Ernte beim ersten Acker gut ausgefallen, so schloß man mit einem «Walt Gott, daß es nie weniger gäb!»
> *Bassersdorf ZH 1865 | Mannhardt-Untersuchung, Schweiz. Archiv f. Volksk., 1971, S.347*

Mit dem Gruße: Walt Gott! verließen ehemals Gutsherr und Schnitter das Feld, wenn die abgeschnittene Frucht während der Nacht auf dem Feld liegen bleiben mußte.
> *Oetwil ZH 1865 | Mannhardt-Untersuchung, Schweiz. Archiv f. Volksk., 1865, S.347*

Das letzte Getreide zu schneiden wird den Ledigen überlassen.
> *Kt. Aargau 1865 | Mannhardt-Untersuchung, Schweiz. Archiv f. Volksk., 1971, S.352*

Um die Mäuse von den Garben in der Scheune fernzuhalten, wird beim Binden Wollkraut, wo man solches antrifft, mit eingebunden.
> *Wetzikon ZH 1865 | Mannhardt-Untersuchung, Schweiz. Archiv f. Volksk., 1971, S.338*

Es wird immer noch ein Häuflein Heu oder Getreide auf dem Felde zurückgelassen, damit der Segen des folgenden Jahres nicht ausbleibt, es hat den Namen Hebel (Symbolik des Verfahrens beim Teigkneten?).
> *Oetwil und Goßau ZH 1865 | Mannhardt-Untersuchung, Schweiz. Archiv f. Volksk., 1971, 1/3, S.344*

Wer beim Auflösen der Garben die Weide abstreift statt auflöst, der bekommt einen Hoger (Höcker) oder Kropf.
> *Kt. Zürich 1865 | Mannhardt-Untersuchung, Schweiz. Archiv f. Volksk., 1971 S. 340*

Wenn me s erstmol kört trösche, so lütets eim Chummer is Eng.
> *F. J. Schild, Der Großätti aus dem Leberberg, 1873, 2, S. 26*

En Dröscher, en Wöscher und en Hund möget all Stund (essen und trinken).
> *Kt. Zürich 1865 | Mannhardt-Untersuchung, Schweiz. Archiv f. Volksk. 1971, S. 340*

Man läßt immer eine bestimmte Menge Fruchtkörner im Kasten, damit der Segen nicht ausgeht.
> *Sternenberg ZH 1865 | Mannhardt-Untersuchung, Schweiz. Archiv f. Volksk., 1971, S. 350*

Pfeifen in der Drescherscheune wird mit einer Buße, gewöhnlich Wein, bestraft. Vorübergehende zwingt man, wenigstens einen Drusch mitzudreschen.
> *Kt. Zürich 1865 | Mannhardt-Untersuchung, Schweiz. Archiv f. Volksk., 1971, 1/3, S. 340*

Was alls will, wird nit.
I: Wenn man vor der Ernte allgemein behauptet, die Frucht werde teuer, so spart man, und sie erzielt dadurch nur einen Mittelpreis.
> *F. J. Schild, Der Großätti aus dem Leberberg, 1873, 2, S. 25*

S Sparen im Herbst bringt im Früelig en Abschlag.
> *F. J. Schild, Der Großätti aus dem Leberberg, 1873, 2, S. 24*

Cur il Schanèr dagutta, il palvalunz dovei metter insembel las bruscas.
Wenn's tropft im Januar, da soll der Futterknecht die Brosamen zusammenlegen.
> *Annalas Rhaeto-Romanscha, 1888, S. 15*

Staubiger März bringt viel Roggen und Weizen.
> *Brusio und Poschiavo GR 1858 | Die Schweiz, 1858, 1, S. 235*

Aura blecia la primavera e l'estad impedischa l'abundanza et alterescha la qualitad.
Nasse Witterung im Frühling und Sommer verhindern den Überfluß und die Qualität.
> *Annalas Rhaeto-Romanscha, 1888, S. 8*

Dalla calüra del meins de Mars depanda la valur de tot l'ann.
An der Wärme des März hängt das Gelingen des ganzen Jahres.
Annalas Rhaeto-Romanscha, 1888, S. 18

Audas nel Mars tunar, has pauc bön d'aspectar.
Hörst im März Donner, kannst nicht viel Gutes erwarten.
Annalas Rhaeto-Romanscha, 1888, S. 8

Ein feuchter April füllt Trog und Kasten.
Brusio und Poschiavo GR 1858 / Die Schweiz, 1858, 1, S. 235

Avril pluvius, Matg bel e ventus annuncian ün ann fecond et er grazius.
Nasser April, schöner Mai mit Wind künden ein fruchtbares Jahr.
Annalas Rhaeto-Romanscha, 1888, S. 8

Avril a Matg destinan solets l'annada.
April und Mai bestimmen allein das Jahr.
Annalas Rhaeto-Romanscha, 1888, S. 8

Audas nel Avril tunar, te pos allegrar.
Hörst im April Donner, kannst dich freuen.
Annalas Rhaeto-Romanscha, 1888, S. 8

Beaucoup de morilles, petite récolte de blé.
Les printemps humides nuisent aux blés.
Viele Morcheln, kleine Kornernte.
Ein feuchter Frühling schadet dem Getreide.
Valangin NE 1895 / Le patois Neuchâtelois 1895

E große Schyn, e chline Wy.
(Deuten die Reben im Frühjahr auf sehr viel Wein, so mißrät die Ernte).
F.J. Schild, Der Großätti aus dem Leberberg, 1873, 2, S. 25

Im Brachmonat wehen die Nordwinde Korn ins Land.
M. Kirchhofer, Wahrheit und Dichtung, 1824, S. 314

E chüele Mei bringt Frucht und Heu.
F.J. Schild, Der Großätti aus dem Leberberg, 1873, 2, S. 21

E chüele Mei bringt Gschrei.
(Vorbedeutung eines gesegneten Jahres, daher Jubel.)
F.J. Schild, Der Großätti aus dem Leberberg, 1873, 2, S. 21

Ein feuchtwarmer Mai erzeugt viel Stroh und wenig Korn.
Brusio und Poschiavo GR 1858 / Die Schweiz, 1858, 1, S. 235

Sant Johanstag (24. Juni) bricht em Chorn d Würzen ab.
Album d. lit. Vereins Bern, 1858, S. 250

Peter- und Paulistag (29. Juni) drückt em Chorn d Würzen ab, de ryfets Tag und Nacht.
F. J. Schild, Der Großätti aus dem Leberberg, 1873, 2, S. 22

Der Jakob und s Anneli göh mit enangeren i d Ern.
(25. Juli Jakob, 26. Juli Anna, Anfang der Erntezeit.)
F. J. Schild, Der Großätti aus dem Leberberg, 1873, 2, S. 21

b) Monatswitterung

Biara stateivla neiv il November dat in bien onn.
Viel fester Schnee im November, ein gutes Jahr.
Rätoroman. Chrestomathie 1896/1919, S. 679

Der Eggenstaub und Winterfrost,
macht die Bauern wohlgetrost.
Hundertjähriger Kalender, Zürich 1942

Quand il tonne au mois de novembre, cela remplit le grenier.
Donner im November füllt die Scheune.
M. Müller, Le patois des Marécottes, Tübingen 1961

Wenn im November Donner rollt,
wird dem Getreide Lob gezollt.
Sammlung Strub, Jenisberg GR

Später Donner hat die Kraft,
daß er viel Getreide schafft.
Sammlung Strub, Jenisberg GR

Wenn um Martini (11. November) Regen fällt,
ist's um den Weizen schlecht bestellt.
Sammlung Strub, Jenisberg GR

Der rechte Bauer weiß es wohl,
daß im November man wässern soll.
Alpenhorn-Kalender, Langnau BE, 1969

Andreasschnee (30. November) tut dem Weizen weh.
Sammlung Strub, Jenisberg GR

Friert's am kürzesten Tag, so wird das Korn billig, ist es gelinde, so steigt es im Preis.
> *Kalender Schweizer Volksfreund, Zürich 1907*

Eine gute Decke von Schnee
bringt das Winterkorn in die Höh.
> *Sammlung Strub, Jenisberg GR*
> *Schleitheimer Bote, 1970*

Dezember kalt mit Schnee
gibt Korn auf jeder Höh.
> *Sammlung Strub, Jenisberg GR*
> *Schwellbrunn AR 1972 / H.S., *1925, Schwellbrunn AR, Umfrage 1972*
> *Züricher Kalender 1972, Einsiedeln SZ*
> *Hundertjähriger Kalender, Zürich 1942*

Auf kalten Dezember mit tüchtigem Schnee,
folgt ein fruchtbares Jahr mit reichlichem Klee.
> *Sammlung Strub, Jenisberg GR*

Kalter Dezember, fruchtbares Jahr,
sind Genossen immerdar.
> *Appenzeller Kalender 1972*
> *Züricher Kalender 1972, Einsiedeln SZ*

Gianer sücc, as carga tücc i cücc.
Trockener Januar, deutet auf eine gute Ernte.
> *Bergell GR 1896 / Decurtins, 1896, S. 175*

S'il ne pleut pas en janvier
tu peux étayer ton grenier.
Wenn es im Januar nicht regnet, kannst du den Scheunenboden unterstützen.
> *Ocourt BE 1950 / Schweiz. Archiv f. Volksk., 1950, Bd. 46, S. 5*

Januar hart und rauh,
nützet dem Getreidebau.
> *Sammlung Strub, Jenisberg GR*
> *Trubschachen BE 1972 / H.K., Landwirt, Trubschachen BE, Umfrage 1972*

Knarrt im Jänner Eis und Schnee,
gibt's zur Ernt viel Korn und Klee.
> *Sammlung Strub, Jenisberg GR*

Der Januar muß vor Kälte knacken,
wenn die Ernte gut will backen.
> *Schwanden GL 1972 / H.P.T., *1901, Schwanden GL, Umfrage 1972*

Der Januar muß vor Kälte knacken,
wenn im August die Ernte soll sacken.
> *Klosters-Berg GR 1972 | Ch. H., *1911, Landwirt, Klosters GR, Umfrage 1972*

Januar warm, daß Gott erbarm.
> *Trubschachen BE 1972 | H. K., Landwirt, Trubschachen BE, Umfrage 1972*
> *Schwellbrunn AR 1972 | H. S., *1925, Förster, Schwellbrunn AR, Umfrage 1972*
> *Diemtigtal BE 1972 | A. Koellreuter, Umfrage 1972*

Friert es nicht im Hornung (Februar) ein,
wird's ein schlechtes Kornjahr sein.
> *Sammlung Strub, Jenisberg GR*
> *Klosters-Berg GR 1972 | Ch. H., *1911, Klosters GR, Umfrage 1972*

Diu nus pertgoiri d'in beun Favrer.
Gott behüte uns vor einem milden (guten) Februar.
> *Rätoroman. Chrestomathie 1896/1919, S. 693*

Dieu'ns perchüra d'ün bun favrer,
e'l Segner ans dett' ün bel marz cler.
Gott bewahre uns vor einem guten Februar, und der Herr gebe uns
einen schönen, klaren März.
(Wintert es in diesem Monat nicht recht, so besorge man Kälte um
Ostern.)
> *Engadin GR 1944 | H. Lössi, Der Sprichwortschatz des Engadins, S. 244*

Plü jent il luf in stalla co ün bun favrer.
Lieber den Wolf im Stall als einen guten (schönen) Februar.
> *Engadin GR 1944 | H. Lössi, Der Sprichwortschatz des Engadins, S. 244*

Fevré mulasiìn, plén li tìni e plén i scrin.
Ein milder Februar füllt Fässer und Truhen.
> *Poschiavo GR 1967 | Tognina, Lingua Poschiavo, S. 81*

Il principi da favrer
il paur cumainz a calculer.
Am Anfang des Monats Februar fängt der Bauer zu rechnen an.
> *Engadin GR 1944 | H. Lössi, Der Sprichwortschatz des Engadins, S. 244*

Favrer s chür e marz cler implan il graner.
Finsterer Februar und klarer März füllen den Kornboden.
> *Engadin GR 1944 | H. Lössi, Der Sprichwortschatz des Engadins, S. 244*

Klarer Februar – gut Roggenjahr.
> *Sammlung Strub, Jenisberg GR*

Kalter Februar – gut Roggenjahr.
Hallau SH 1972 | E.H., *1947, Landwirt, Hallau SH, Umfrage 1972

Miez Mars duess dar il favugn.
Mitte März sollte Föhn sein.
(Damit der Schnee schmilzt.)
Rätoroman. Chrestomathie 1896/1919, S.677

Wenn ein im Merze mit ime Sack voll Schnee überen Acher goht, so gseht me, woner dure gangen isch.
(Schnee im März schadet dem Getreide.)
Baselland 1908 | Schweiz. Archiv f. Volksk., Jg. XII, S.15

Langer Schnee im März
bricht dem Korn das Herz.
Sammlung Strub, Jenisberg GR
Hallau SH 1972 | E.H., *1947, Hallau SH, Umfrage 1972

Viel Winterschnee, den uns der März entfernte,
läßt zurück uns reiche Ernte.
Sammlung Strub, Jenisberg GR

Wenn der März stößt rauh ins Horn,
steht es gut mit Heu und Korn.
Sammlung Strub, Jenisberg GR

Nasser März des Bauern Schmerz.
Märzenstaub bringt Gras und Laub.
Liestal BL 1920 | Sammlung Müller, Liestal BL

Marzo polveroso mena segale e formento.
Der regnerische März ergibt Roggen und Korn.
Almanacco Grigioni Italiano, 1939, S.134

Märzenregen – dürre Ernte.
Sammlung Strub, Jenisberg GR

Regnet's in die Hopfenstecken,
wird das nächste Bier nicht schmecken.
Sammlung Strub, Jenisberg GR

Marz pulvrent segal e furment.
Staubiger März: viel Roggen und Weizen.
Bergell GR 1896 | Decurtins, 1896, S.175
Poschiavo GR 1967 | Tognina, Lingua Poschiavo, S.81

Im Märzen kalt und Sonnenschein
bringt eine gute Ernte ein.
> *Sammlung Strub, Jenisberg GR*

Läßt der März sich trocken an,
bringt er Brot für jedermann.
> *Zürich 1972 | F. F., Forsting. ETH, Zürich, Umfrage 1972*

Tuna ei il Mars, sche dat ei in fretgieivel onn.
Donnert es im März, gibt es ein fruchtbares Jahr.
> *Rätoroman. Chrestomathie 1896/1919, S. 677*

Tonne tôt, tard faim.
Donnert es früh, muß man später hungern.
> *Pruntrut und Ajoie BE 1908 | Schweiz. Archiv f. Volksk., Jg. XII., S. 165*

Wenn's im März donnern tut,
wird der Roggen gut.
> *Alpenhorn-Kalender 1968, Langnau BE*

Donnert's in den März hinein,
wird der Roggen gut gedeihn.
> *Züricher Kalender 1972, Einsiedeln SZ*

März trocken, April naß,
Mai luftig, von beiden etwas,
bringt Korn in Sack und Wein ins Faß.
> *Sammlung Strub, Jenisberg GR*
> *Hundertjähriger Kalender, Zürich 1942*
> *Goms VS 1972 | S. G., *1914, Außerberg VS, Umfrage 1972*

März trocken, April naß,
füllt dem Bauer Scheuer und Faß.
> *Sammlung Strub, Jenisberg GR*
> *Toggenburg SG 1972 | H. B., Landwirt, Wattwil SG, Umfrage 1972*

Trauert im Frühjahr das Feld, so lacht im Herbst die Scheune.
> *Sammlung Strub, Jenisberg GR*

Ina bischa d'Avrel ei la grascha dils paupers.
Aprilschnee ist der Mist der Armen.
> *Roman. Chrestomathie 1896/1919, S. 167*

La pluie d'avril remplit le grenier.
Regen im April füllt die Scheune.
> *Savièse VS 1926 | Dictons de Savièse, S. 9*

Wenn der April bläst in sein Horn,
so steht es gut um Heu und Korn.
: *Hundertjähriger Kalender, Zürich 1942*

Je zeitiger im April die Schlehe blüht,
um so früher vor Jakobi (25. Juli) die Ernte glüht.
: *Hundertjähriger Kalender, Zürich 1942*

Um Heu und Korn wird's schlimmer stehn,
je später wir Blüten am Schlehdorn sehn.
: *Schwellbrunn AR 1972 / H.S., *1925, Förster, Schwellbrunn AR, Umfrage 1972*

L'avrigl ais il bap dals sejels.
Der April ist der Vater des Roggens.
I: Damit der Roggen gut gedeiht, darf es im April weder zu kalt noch zu warm, weder zu trocken noch zu naß sein, das heißt, es muß gutes Wachswetter herrschen. Schädlich sind vor allem zuviel Kälte und zu große Trockenheit. Bei günstigem Wetter entwickelt sich der Roggen in den tieferen Lagen schon im April, und es zeigt sich dann, ob die Bestockung regelmäßig und genügend ist. Bei ganz ungünstigem Wetter kann es vorkommen, daß der Acker ungepflügt ist. – In Tschlin lautet der Spruch: Marz ais il bap dals sejels – und bezieht sich dort auf die Aperung. Der Roggen sollte nämlich – so behaupten die alten Leute – nicht länger als hundert Tage unter dem Schnee bleiben, sonst riskiert man, daß er ausstirbt. Die Roggenäcker werden deshalb Anfang März mit Erde oder Holzasche leicht bestreut, um den Schnee rascher zum Schmelzen zu bringen.
: *Engadin GR 1944 / H. Lössi, Der Sprichwortschatz des Engadins, S. 253*

Se piove in aprile, vengono grossi i covoni.
Wenn es im April regnet, dann werden die Garben umfangreich.
> *Stabio TI 1952 | Vocabolario dei Dialetti della Svizzera Italiana, Lugano 1952,
> 1, S. 206*

Aprilendürre macht die Hoffnung irre,
warmer Aprilregen – großer Segen.
> *Sammlung Strub, Jenisberg GR*

Wenn der April Spektakel macht,
gibt's Heu und Korn in voller Pracht.
> *Sammlung Strub, Jenisberg GR*

Wenn der April stößt in sein Horn,
so steht es gut mit Heu und Korn.
> *Sammlung Strub, Jenisberg GR*

Dürrer April ist nicht des Bauern Will,
Aprilenregen kommt ihm gelegen.
> *Sammlung Strub, Jenisberg GR*
> *Schwellbrunn AR 1972 | H.S., *1925, Schwellbrunn AR, Umfrage 1972*

April troche, Maie naß,
föllt mer alli Schüüre und Faß.
> *Bühler AR 1972 | K.F., *1907, Förster, Bühler AR, Umfrage 1972*

Matg schetg, bia fretg.
Trockener Mai, viel Frucht.
> *Rätoroman. Chrestomathie 1896/1919, S. 1014*

Mag sücc, gran per tütsch.
Trockener Mai bringt viel Korn.
> *Bergell GR 1896 | Decurtins, 1896, S. 175*

Vainsan plievgia igl Matg, sche vainsan daners d'aton.
Haben wir Regen im Mai, haben wir Geld im Herbst.
> *Rätoroman. Chrestomathie 1896/1919, S. 694*

Bia plievia il Matg, bia paglia e pauc graun.
Viel Regen im Mai, viel Spreu und wenig Korn.
> *Rätoroman. Chrestomathie 1896/1919, S. 1014*

Tunar de Matg
è fitg malfatg.
Donner im Mai ist nicht gut.
> *Rätoroman. Chrestomathie 1896/1919, S. 694*

Tun ei il Matg, sche vegn il graun bien marcau.
Donnert es im Mai, wird das Korn billig.
> *Rätoroman. Chrestomathie 1896/1919, S. 678*

Maggio sciutto – grano per tutti.
Trockener Mai – Korn für alle.
> *Tessin 1911 | V. Pellandini, Tradizioni popolari Ticinesi, 1911, S. 140*

Maggio ortolano – tanto paglia e pocco grano.
Gemüsegärtner Mai – viel Stroh und wenig Korn.
> *Tessin 1911 | V. Pellandini, Tradizioni popolari Ticinesi, 1911, S. 140*

Mai kühl und naß,
füllt dem Bauern Scheuern und Faß.
> *Hundertjähriger Kalender, Zürich 1942*

Regen im Mai
gibt fürs ganze Jahr Brot und Heu.
> *Hundertjähriger Kalender, Zürich 1942*

Mai frai – scrins plains.
Kalter Mai – volle Korntruhen.
> *Engadin GR 1944 | H. Lössi, Der Sprichwortschatz des Engadins, S. 246*

Mai fraid, gün mol, fan rich an.
Kalter Mai und nasser Juni machen ein reiches Jahr.
> *Engadin GR 1944 | H. Lössi, Der Sprichwortschatz des Engadins, S. 246*

Mai frai, jün mol, impla scrigns e graners.
Kalter Mai und nasser Juni füllen Korntruhen und Kornböden.
> *Engadin GR 1944 | H. Lössi, Der Sprichwortschatz des Engadins, S. 246*

Mai fraid, gün bletsch, implescha las chasas fin al tet.
Mai kalt, Juni naß, füllt die Häuser bis zum Dach.
> *Engadin GR 1944 | H. Lössi, Der Sprichwortschatz des Engadins, S. 246*

Tutti i mesi facciano a loro modo,
ma maggio e agosto facciano giudizio.
Alle Monate mögen sich nach Belieben verhalten, aber Mai und August sollen vernünftig sein.
> *Breno TI 1952 | Vocabolario dei Dialetti della Svizzera Italiana, Lugano 1952, 1, S. 46*

Brutto in maggio e bello in agosto.
Schlechtwetter im Mai und Schönwetter im August.
> *Stabio TI 1952 | Vocabolario dei Dialetti della Svizzera Italiana, Lugano 1952, 1, S. 46*

Maggio fangoso, agosto ricco di spighe.
Matschiger Mai, ährenreicher August.
> *Arogno TI 1952 | Vocabolario dei Dialetti della Svizzera Italiana, Lugano 1952, 1, S. 46*

Fango di maggio, spighe d'agosto.
Dreck im Mai, Ähren im August.
> *Menzonio TI 1952 | Vocabolario dei Dialetti della Svizzera Italiana, Lugano 1952, 1, S. 46*

Frais mai, chaud juin,
amènent pain et vin.
Kalter Mai, warmer Juni, führen Brot und Wein herbei.
> *Ocourt BE 1950 | Schweiz. Archiv f. Volksk., 1950, 46, S. 4*

Maimond kühl und windig,
macht die Scheuer voll und pfündig.
> *Sammlung Strub, Jenisberg GR*

Ist der Brachmonat warm und naß,
gibt's viel Korn und noch mehr Gras.
> *Sammlung Strub, Jenisberg GR*

Kühler Mai – volle Kasten.
> *Sammlung Strub, Jenisberg GR*

Wettert der Heuet mit großem Zorn,
bringt er dafür auch reichlich Korn.
> *Sammlung Strub, Jenisberg GR*

Mairegen auf die Saaten,
dann regnet es Dukaten.
> *Alpenhorn-Kalender 1969, Langnau BE*

Auf St. Urban (25. Mai) ist das Getreide weder geraten noch verdorben.
> *Der Hinkende Bot, Bern 1972*

Ein kühler Mai bringt guten Wein und gibt viel Heu.
> *Der Hinkende Bot, Bern 1972*

Trockener Mai, dürres Jahr.
> *Der Hinkende Bot, Bern 1972*

Der Mai kühl, der Brachmonat nicht zu naß,
füllen dem Bauern Speicher, Keller und Faß.
> *Haslen AI 1972 | J.B.G., *1918, Chauffeur, Haslen AI, Umfrage 1972*

Fällt Philippin Jakobi (26. Mai) ein Regen,
folget sicher Erntesegen.
Hallau SH 1972 | E. H., *1947, Landwirt, Hallau SH, Umfrage 1972

Bargir de zerclar e rir de meder.
Weinen im Juni, lachen beim Kornschneiden.
Rätoroman. Chrestomathie 1896/1919, S. 1014

Wenns am Johanni (24. Juni) rägnet, so rägnets im Haber dr Chopf ab, das heißt, es wird nachher eine Trockenheit zu erwarten sein.
Baselland 1939 | Schweiz. Archiv f. Volksk., Jg. 37, S. 15

Scha gün molla bain, schi vain sejel, üerdi e fain.
Scha'l gün güna bain, crescha sejel e fain.
Wenn der Juni gut durchnäßt, so kommt Roggen, Gerste und Heu.
Wenn der Juni so ist, wie er sein sollte, wächst Roggen und Heu.
Engadin GR 1944 | H. Lössi, Der Sprichwortschatz des Engadins, S. 247

La chauda plövgia da jün ais plövgia d'aur,
implesch il tablà ed il graner dal paur.
Der warme Regen des Monats Juni ist goldener Regen, er füllt die Scheune und die Korntruhe des Bauern.
Engadin GR 1944 | H. Lössi, Der Sprichwortschatz des Engadins, S. 247

Jün lom, rich on.
Nasser Juni, reiches Jahr.
Engadin GR 1944 | H. Lössi, Der Sprichwortschatz des Engadins, S. 247

Le tonnerre du mois de juin,
est favorable aux céréales.
Donner im Juni ist günstig für das Getreide.
Ocourt BE 1950 | Schweiz. Archiv f. Volksk., 1950, 46, S. 23

Gibt's im Juni Donnerwetter,
wird auch das Getreide fetter.
Züricher Kalender 1972, Einsiedeln SZ

Im Juni wird des Nordwinds Horn
noch nichts verderben an dem Korn.
Sammlung Strub, Jenisberg GR

Nordwind im Juni weht Korn und Wein ins Land.
Hallau SH 1972 | E. H., Landwirt, Hallau SH, Umfrage 1972

Soll gedeihen Korn und Wein,
muß der Juni trocken sein.
Sammlung Strub, Jenisberg GR

Wenn naß und kalt der Juni war,
verdirbt er meist das ganze Jahr.
> *Trogen AR 1972 / E.B., *1927, Förster, Trogen AR, Umfrage 1972*

Plievia sontg Onna (26 jül), car graun.
Regen zu St. Anna (26. Juli) teures Korn.
> *Rätoroman. Chrestomathie 1896/1919, S. 678*

Wettert der Juli mit großem Zorn,
bringt er dafür reichlich Korn.
> *Züricher Kalender 1972, Einsiedeln SZ*

Was der Juli verbricht,
rettet der September nicht.
> *Züricher Kalender 1972, Einsiedeln SZ*

Was Juli und August nicht kochen, kann der September nicht braten.
> *Schwellbrunn AR 1972 / H.S., *1925, Förster, Schwellbrunn AR, Umfrage 1972*

In bien Uost metta paun el canaster.
Ein guter August legt Brot in den Korb.
> *Rätoroman. Chrestomathie 1896/1919, S. 679*

Wenn's im August regenlos abgeht,
das Pferd dann mager vor der Krippe steht.
> *Sammlung Strub, Jenisberg GR*

Septemberregen
ist für Saaten und Vieh gelegen.
> *Züricher Kalender 1972, Einsiedeln SZ*

c) Witterung allgemein

Bler temporals vign'igl en fritgevel onn.
Viele Gewitter – ein fruchtbares Jahr.
> *Rätoroman. Chrestomathie 1896/1919, S. 696*

Tuna ei fetg in onn, sche dat ei bia truffels.
Donnert es sehr viel in einem Jahr, dann gibt es sehr viele Kartoffeln.
(Feuchte Witterung = hohe Erträge.)
> *Rätoroman. Chrestomathie 1896/1919, S. 169*

Cur chi tuna, crescha la mailinterra.
Wenn es donnert, wachsen die Kartoffeln.
> *Engadin GR 1944 / H. Lössi, Der Sprichwortschatz des Engadins, S. 252*

Année de faine,
année de famine.
Jahr der Buchnüsse, Jahr der Hungersnot.
> *Develier BE 1908 / Schweiz. Archiv f. Volksk., Jg. XII, S. 164*

Anni di erba – anni di merda.
Grasjahr – Dreckjahr.
(In guten Grasjahren gedeihen Getreide und Reben weniger gut, weil die Niederschlagsmenge zu groß ist.)
> *Tessin 1911 / V. Pellandini, Tradizioni popolari Ticinesi, 1911, S. 140*

D Sunn het nonie kein Buur abem Hof brennt.
Imene trochne Johr verlumpet kei Puur.
> *Oltingen und Lausen BL 1930 / Sammlung Müller, Liestal BL*

Sotto la neve pane.
Unter dem Schnee Brot.
> *Almanacco Grigioni Italiano, 1939, S. 134*

Es Spotjohr, es Grotjohr, oder:
Die spote Johr chömme nie leer.
> *Baselland 1939 / Schweiz. Archiv f. Volksk., Jg. 37, S. 15*

Großi Wasser, chlini Brot, chlini Wasser, großi Brot, oder: z Johanni (24. Juni) großi Wasser, z Wiehnacht chlini Brot.
> *Baselland 1939 / Schweiz. Archiv f. Volksk., Jg. 37, S. 15*

In ün bun an da gran ston arder las craistas.
In einem guten Getreidejahr müssen die Felsen brennen (es muß sehr heiß sein).
> *Engadin GR 1944 / H. Lössi, Der Sprichwortschatz des Engadins, S. 253*

Mincha razzada üna fuornada.
Jeder heftige Regenschauer – ein Ofen voll Brot.
> *Engadin GR 1944 / H. Lössi, Der Sprichwortschatz des Engadins, S. 254*

Mincha plövgia sün las runas d'sejel dà üna fuornada d'pan daplü.
Jeder Regenfall auf die Roggenhaufen gibt einen Schub Brot mehr.
> *Engadin GR 1944 / H. Lössi, Der Sprichwortschatz des Engadins, S. 254*

Viel früher Schnee
bringt Frucht und Klee.
> *Sammlung Strub, Jenisberg GR*

Viel und langer Schnee
bringt Frucht und Klee.
> *Sammlung Strub, Jenisberg GR*

Viel und langer Schnee, viel Heu,
aber mager Korn und dicke Spreu.
> *Sammlung Strub, Jenisberg GR*

Année de gelée, année de blé.
Jahr mit Frost – Getreidejahr.
> *Ocourt BE 1950 / Schweiz. Archiv f. Volksk., 1950, 46, S. 22*
> *Engollon NE 1972 / A. S., *1903, Landwirt, Engollon NE, Umfrage 1972*

d) Ernteregeln im engeren Sinne

A l'abri, surtout de la bise,
tout sol plutôt se fertilise.
Im Schutze vor allem vor der Bise wird aller Ackerboden frühere Ernte erbringen.
> *Waadtland 1816/17 / Feuilles d'Agriculture, Bd. 4, S. 32*

Labourons tôt et battons tard,
beau temps profité, c'est tout l'art.
Pflüge früh und dresche spät, schönes Wetter nütze aus, dies ist die ganze Kunst.
> *Waadtland 1816/17 / Feuilles d'Agriculture, Bd. 33, S. 274*

Vous aurez du beau grain en terres bien hersées,
quand les mottes sont bien cassées.
Ihr werdet schönes Getreide in guter geeggter Erde haben, wenn die Erdschollen gut zerschlagen sind.
> *Waadtland 1816/17 / Feuilles d'Agriculture, Bd. 42, S. 338*

Moissonnez et fauchez à tâche,
l'œuvre est plus prompte et sans relâche.
Ernten und mähen im Akkord, das Werk geht rascher und ohne Unterbrechung vor sich.
> *Waadtland 1816/17 / Feuilles d'Agriculture, Bd. 42, S. 338*

Terre chevauchée (éloignée) est à demi mangée.
Entfernte Felder (auf die man reiten muß) tragen nur die Hälfte ein.
Wörtlich: deren Ertrag ist schon zur Hälfte gegessen.
> *Waadtland 1816/17 | Feuilles d'Agriculture, Bd. 4, S. 32*

Der Bauer pflügt umsonst die Erde,
spricht der Herr nicht: Werde!
> *Sammlung Strub, Jenisberg GR*

Wer den Acker erhält, den erhält der Acker.
> *Sammlung Strub, Jenisberg GR*

Schetga plantada, recha engarnada.
Trockene Aussaat, reiche Kornbildung.
> *Rätoroman. Chrestomathie 1896/1919, S. 167*

Wintersaat, am schönen Michel (29. September) ausgestreut,
den Bauer mit reicher Ernt erfreut.
> *Sammlung Strub, Jenisberg GR*

Wer im November die Felder nicht gestürzt,
der wird im nächsten Jahr verkürzt.
> *Sammlung Strub, Jenisberg GR*

Terre retournée,
blé semé,
le ciel peut neiger.
Gepflügte Erde, gesätes Getreide – jetzt kann es schneien.
> *Courrendlin BE 1908 | Schweiz. Archiv f. Volksk., Jg. XII, S. 164*

Nach Sonnenwende (22. Dezember) wächst das Getreide auch des Nachts.
> *Sammlung Strub, Jenisberg GR*

Wenn d Frucht im Jänner gruenet, so abet si (nimmt ab), bis si in der Wyd (gebunden) isch.
> *Baselland 1908 | Schweiz. Archiv f. Volksk., Jg. XII, S. 15*

Wächst das Korn im Januar,
wird es auf dem Markte rar.
> *Schleitheimer Bote 1970*

Quand on a de la peine à piocher,
on a de la peine à récolter.
Wenn man Mühe hat beim Hacken, hat man Mühe beim Ernten.
> *Savièse VS 1926 | Dictons de Savièse, S. 16*

Que ais megl d'arar culla büergia d'avrigl co culla puolvra d'mai.
Es ist besser, mit der nassen Erde (Kot) des April zu pflügen als mit dem
Staub des Mai.
  Engadin GR 1944 | H. Lössi, Der Sprichwortschatz des Engadins, S. 254

Cur cha'l paur dscheila cun arar,
schi s'allegr'el cun sfrüar.
Schi's dscheila cun arar,
s'as s-choda cun sfrüar.
Wenn der Bauer beim Pflügen friert, so freut er sich beim Ernten.
Wenn man beim Pflügen friert, wärmt man sich beim Ernten.
I: Je früher man pflügt, desto früher kann man ernten. Jeder Tag, den
man im Frühjahr ungenützt verstreichen lassen muß, macht sich im
Herbst bei der Ernte unangenehm bemerkbar.
  Engadin GR 1944 | H. Lössi, Der Sprichwortschatz des Engadins, S. 254

Megl trer aint ils guaunts per arer cu per tschuncher.
Besser die Handschuhe zum Pflügen anziehen als zum Ernten (Korn
abmähen).
  Engadin GR 1944 | H. Lössi, Der Sprichwortschatz des Engadins, S. 254

A Notre-Dame de mars (25 mars) si les nouvelles pousses de blé couvrent le corbeau, belle (récolte de) blé.
Ist an Mariä Verkündigung (25. März) das Getreide so hoch, daß es
einen Raben deckt, gibt es eine gute Getreideernte.
  Savièse VS 1926 | Dictons de Savièse, S. 10

Wenn um Georgi (23. April) fröhlich grünt der Roggen,
hat man um Jakobi (25. Juli) frisch Brot zu brocken.
  Sammlung Strub, Jenisberg GR

Am Jörketag (23. April) söll si der Gwaagg im Chorn chönne verstecke.
  Baselland 1939 | Schweiz. Archiv f. Volksk., Jg. 37, S. 14

Siehst du das Korn zu St. Georgen (23. April)
so hoch, daß ein Rab darin geborgen,
dann gibt es ein gutes Getreidejahr.
  Sammlung Strub, Jenisberg GR

Verstecken sich die Krähen im Korn,
ist das Jahr des Glückes Born.
  Sammlung Strub, Jenisberg GR

Wenn die Kornhalme in der Blüte sind,
so ist gut für sie der Wind.
Sammlung Strub, Jenisberg GR

Pfeischte in Ehr (wenn sich an Pfingsten schon die Ähren zeigen),
in sibe Wuche wageschwer.
Baselland 1908 / Schweiz. Archiv f. Volksk., Jg. XII, S.16

Wenn im Mai der Wolf im Saatfeld liegt,
die Last des Korns die Scheuer biegt.
Sammlung Strub, Jenisberg GR

Danket St. Urban (25. Mai), dem Herrn,
er bringt dem Getreide den Kern.
Sammlung Strub, Jenisberg GR

Auf St. Orben (25. Mai)
ist das Getreide weder geraten noch verdorben.
Sammlung Strub, Jenisberg GR

Fin San Gian as chargian ils sejels.
Bis zum 24. Juni füllt sich der Roggen (formen sich die Ähren).
Engadin GR 1944 / H. Lössi, Der Sprichwortschatz des Engadins, S.253

Cur cha'l sejel ha flach cotschen, schi in 15 dis ais el madür.
Wenn der Roggen rote Flecken hat, so ist er in 15 Tagen reif.
Engadin GR 1944 / H. Lössi, Der Sprichwortschatz des Engadins, S.252

Quand l'orge est mûr, l'épi regarde la terre. Aussi le laboureur dit:
Coupe tes orges, quand ils regardent d'où ils sortent.
Wenn die Gerste reif ist, neigt sich die Ähre gegen Boden. Dann sagt
der Bauer: «Schneide deine Gerste, wenn sie hinschaut, woher sie gekommen.»

> *Basel und Levron VS 1926 / Schweiz. Archiv f. Volksk., Jg. 26, S. 225*

Die Ähre beuget sich, in welcher Körner sind,
die aufrecht steht, ist Spreu und fliehet vor dem Wind.

> *Sammlung Strub, Jenisberg GR*

Nach dem längsten Tag (21. Juni) soll der Kuckuck nicht mehr schreien,
sonst wird Getreide und andere Frucht schlecht gedeihen.

> *Trubschachen BE 1972 / H.K., Landwirt, Trubschachen BE, Umfrage 1972*

Chonva lunga, chonva lada,
mincha stail üna rocada.
Langer Hanf, breiter Hanf, jede Faser eine Kunkel voll.

> *Sammlung Strub, Jenisberg GR*

Vor Johannistag (24. Juni)
keine Gerste man loben mag.

> *Sammlung Strub, Jenisberg GR*

D Gärschte mues s Määl am Bode sueche.
I: Man muß die Gerste nach dem Mähen nicht zu früh einführen.

> *Opfertshofen SH 1953 / G. Kummer, Volksbotanik, Schaffhausen 1953, 1, S. 22*
> *Hallau SH 1953 / Die Hallauer Mundart, 1953, S. 33*

Peter und Paul (29. Juni) bißt im Chorn d Wurzen ab, aß s zytiget Tag und Nacht.

> *Baselland 1939 / Schweiz. Archiv f. Volksk., Jg. 37, S. 15*

Peter und Paul (29. Juni)
machen dem Korn die Wurzel faul,
und nach vierzehn Täg,
muß es ganz weg.

> *Sammlung Strub, Jenisberg GR*

Der Juli bringt die Sichel
für Hans und Michel.

> *Sammlung Strub, Jenisberg GR*

Z Jakobi (25. Juli) isch d Ärn,
hät mes uugärn oder gärn.
(Um den 25. Juli ist der Hauptteil des Getreides reif zur Ernte.)
> *Schaffhausen 1953 / G. Kummer, Volksbotanik, Schaffhausen 1953, 1, S. 28*

Föif Zug e Hampfle
föif Hampfle e Hüfeli
föif Hüfe e Garbe.
> *Titterten BL 1945 / H. Sch., Sammlung Müller, Liestal BL*

Wenn der Bauer den Weizen mit der Laterne suchen muß, wird er gut.
> *Sammlung Strub, Jenisberg GR*

Sankt Kilian (8. August)
stellt die ersten Schnitter an.
> *Sammlung Strub, Jenisberg GR*

Bekannt und verbreitet war der Erntebrauch des Glückshämpfeli (Glücksgarbe), der sich in verschiedenen Variationen sozusagen in der ganzen Schweiz vorfindet. Aus Birseck BL wird er uns folgendermaßen geschildert:
Wenn das letzte Getreide abgeschnitten wurde, ließ man ein Büschel Ähren, gewöhnlich neun, stehen, steckte ein Geldstück hinein und, nachdem sämtliche Schnitter bei demselben ein Dank- und Bittgebet verrichtet hatten, ließ dasselbe womöglich durch ein unschuldiges Kind abschneiden, und zwar mit drei Sichelhieben in den drei höchsten Namen. Die abgeschnittenen Ähren wurden dann in einen Strauß zusammengefügt, mit Kornblumen und andern durchflochten und mit einem zierlichen Bande umwunden. Auch bildete man etwa damit einen Heiligen Geist, das heißt, man stellte sie so zusammen, daß sie eine Taube darstellten. Dasselbe wurde darauf daheim hinter den Spiegel gesteckt und blieb daselbst bis zur neuen Saat im Herbst. Da aber wurden die Ähren zerrieben und die Körner unter das Saatkorn gemischt. Man glaubte, daß dadurch dieses besser gedeihe.
> *Baselland 1907 / Schweiz. Archiv f. Volksk., Jg. XI, S. 261/62*

Guet bunde isch halb gfahre.
> *Baselland 1908 / Schweiz. Archiv f. Volksk., Jg. XII, S. 21*

In lügl ed avuost rabl' in chasa quai cha tü poust.
Im Juli und August schaffe ins Haus hinein was du nur kannst.
> *Engadin GR 1944 / H. Lössi, Der Sprichwortschatz des Engadins, S. 247*

Davo San Bartolomè nu madüra plü gran.
Nach dem 24. August reift kein Korn mehr.
> *Engadin GR 1944 / H. Lössi, Der Sprichwortschatz des Engadins, S. 252*

Walt Gott bis übers Jahr.
(Spruch beim Verlassen des abgeernteten Feldes.)
> Zürcher Unterland 1920 | G. Binder, Aus dem Volksleben des Zürcher Unterlandes, 1925, S. 61

Wer den Dreschflegel nimmt, muß die Geige vergessen.
> Sammlung Strub, Jenisberg GR

Les blés et les foins doivent être finis pour la Fête d'août (15 août).
Getreide und Heu müssen bis zum 15. August fertig sein.
> Savièse VS 1926 | Dictons de Savièse, S. 13

A Saint-Martin (11 novembre)
on a tout dedans (la récolte).
An Martini (11. November) ist die Ernte unter Dach.
> Savièse VS 1926 | Dictons de Savièse, S. 14

Wenn d Sach (die Feldfrüchte) am unwärtesten isch, se söll me sen am wärteste ha.
> Baselland 1908 | Schweiz. Archiv f. Volksk., Jg. XII, S. 15

Wenn d Frucht bim volle Chaste ufschlot, so schlot si bim leere ab.
> Baselland 1908 | Schweiz. Archiv f. Volksk., Jg. XII, S. 15

Wenn im September die Grille singt, wird das Korn billig.
> Sammlung Strub, Jenisberg GR

Dicembrùn e generùn, spazza i scrin e li masùn, e fevreról cürt cürt l'é pegiùr dai àltri tücc.
Desembaron e genaron i spàzan li masón.
Dezember und Januar leeren die Kasten und die Heuböden, und der kurze Februar ist schlimmer als alle die andern.
Ein schlechter Dezember und Januar leeren die Kasten (Truhen).
> Poschiavo GR 1967 | Tognina, Lingua Poschiavo, 1967, S. 83

e) Korrelationen

Bler'arschiglia, bler sejel.
Viel Lehmboden, viel Roggen.
> Engadin GR 1944 | H. Lössi, Der Sprichwortschatz des Engadins, S. 251

Se va bene lo zuccaio – va bene anche il granaio.
Wenn der Kürbis gut gedeiht, geht es auch dem Getreidespeicher gut.
Tessin 1911 | V. Pellandini, Tradizioni popolari Ticinesi, 1911, S. 140

Schöner Eichenblüet im Mai
bringt ein gutes Jahr herbei.
Liestal BL 1920 | Sammlung Müller, Liestal BL

Gibt's der Eichenblüte viel,
füllt sich auch des Kornes Stiel.
Sammlung Strub, Jenisberg GR

Viel Hopfen in diesem, viel Roggen im nächsten Jahr.
Sammlung Strub, Jenisberg GR

Cur chi'd ais bler muos-ch, schi daja bler sejel.
Wenn es viel Berberitzen gibt, so gibt es viel Roggen.
Engadin GR 1944 | H. Lössi, Der Sprichwortschatz des Engadins, S. 252

Blera spignatscha, bler sejel.
Blera vignatscha, bler sejel.
Viele Spitzbeeren (Berberis vulgaris), viel Roggen.
Engadin GR 1944 | H. Lössi, Der Sprichwortschatz des Engadins, S. 251

Bleras parmuoglias, bler sejel.
Viele Schlehen, viel Roggen.
Engadin GR 1944 | H. Lössi, Der Sprichwortschatz des Engadins, S. 251

Bleras arschüclas, pac sejel.
Viele Sauerdornbeeren, wenig Roggen.
Engadin GR 1944 | H. Lössi, Der Sprichwortschatz des Engadins, S. 251

Bleras alossas, bler sejel.
Viele Traubenkirschen, viel Roggen.
Engadin GR 1944 | H. Lössi, Der Sprichwortschatz des Engadins, S. 251

Bleras ampas, bler sejel.
Viele Himbeeren, viel Roggen.
Engadin GR 1944 | H. Lössi, Der Sprichwortschatz des Engadins, S. 251

Pür va tü, sejel, cun ta choma torta,
fin cha tü est in tablà sun eu avant porta.
L'jerdi disch: Tü pover sejel cun ta choma torta,
fin cha tü est in tablà, sun eir eu sün porta.
Geh du nur, Roggen, mit deinem krummen Bein, bis daß du in der Scheune bist, bin ich vor der Türe. Die Gerste spricht: «Du armer

Roggen mit deinem krummen Bein, bis daß du in der Scheune bist, bin auch ich vor der Türe.»

Engadin GR 1944 | H. Lössi, Der Sprichwortschatz des Engadins, S. 254

Blera poma d'culaischen, bler üerdi.
Viele Vogelbeeren, viel Gerste.

Engadin GR 1944 | H. Lössi, Der Sprichwortschatz des Engadins, S. 251

Bleras tailas d'aragn, pacas alossas.
Viel Spinngewebe, wenig Traubenkirschen.
I: Diese Anschauung beruht wohl auf der Tatsache, daß ganze Zweige der Traubenkirsche durch eine Raupenart eingesponnen werden. So befallene Bäume tragen sehr wenig Frucht.

Engadin GR 1944 | H. Lössi, Der Sprichwortschatz des Engadins, S. 251

4. GRASWIRTSCHAFT

a) Bis 19. Jahrhundert

Brachmonat.
Der Monat bringt den Summer mit,
der uns vil guter Früchten gibt.
In disem Monat sol man höuwen
in allen feißten Gründ und Göuwen.
        Zürcher Bauernkalender 1574

Höwmonat.
Julius Höuwmon man mich nenne.
Dem s Brot zu tür ist, mich wol kenne.
Gar trostlich ich dem Armen bin.
Der denckt: nun ist das Böst dahin,
schnydt wider yn uf ein gantz Jar
und fröuwet sich, daß er ist us Gfar.
        Zürcher Bauernkalender 1574

Nicht zu kalt und nicht zu naß,
füllt die Scheuren und das Faß (Meyen).
> *Hausbuch König 1705, S.1002*

Jänner warm, daß Gott erbarm!
> *Sammlung Strub, Jenisberg GR*
> *Außerberg VS 1972 | S.G., *1914, Landwirt, Außerberg VS, Umfrage 1972*
> *Hombrechtikon ZH 1972 | A.-H.Z., *1892, Hombrechtikon ZH, Umfrage 1972*

Im Januar Reif ohne Schnee,
tut Bergen, Bäumen und allem weh.
> *Hundertjähriger Kalender, Zürich 1942*

Wenn's Gras wächst im Januar,
wächst es schlecht durchs ganze Jahr.
> *Hundertjähriger Kalender, Zürich 1942*

Jamais année tardive ne fut improductive.
Année tardive ne fut jamais oisive.
Ein spätes Jahr war noch nie unergiebig.
Ein spätes Jahr war noch nie müßig.
> *Kt. Freiburg 1877 | Romania, 1877, S.92*

Année de pluie, année de foin.
Année chaude, année de vin.
Regenjahr – Heujahr. Warmes Jahr – Weinjahr.
> *Kt. Freiburg 1877 | Romania, 1877, S.92*

Wasser macht Gras.
> *Lesebuch für die schweizerische Jugend, 1865, S.380*

Es ist kein Wässerchen noch so klein,
es bringt einen Zentner Heu dir ein.
> *Lesebuch für die schweizerische Jugend, 1865, S.381*

Gran marciaja in boscaja,
gran fenaja in Bergaja,
Große Nässe im Kastanienwald, viel Heu im Bergell.
> *Bergell GR 1896 | Decurtins, 1896, S.174*

An de foin, an de rien.
Heujahr – mageres Jahr.
> *Kt. Freiburg 1877 | Romania, 1877, S.92*

Grands cufflaus, grands canvaus.
Große Verwehungen (Schnee), große Mahden (Heu).
> *Annalas Rhaeto-Romanscha, 1888, S. 25*

Gran nevaja, gran fenaja.
Viel Schnee, viel Heu.
> *Bergell GR 1896 | Decurtins, 1896, S. 174*

Cur il Schanèr eis cauld e clar,
tü stos il fein spargnar.
Wenn der Januar hell und warm ist, mußt du das Heu sparen.
> *Annalas Rhaeto-Romanscha, 1888, S. 15*

Märzenschnee tut Saat und Ernte weh.
> *Kt. Zürich 1865 | Mannhardt-Untersuchung, Schweiz. Archiv f. Volksk., 1971, S. 339*

Plov'ei de Pastgas, sche gartegi'il fein.
Regnet es an Ostern, gibt es gutes Heu.
> *Rätoroman. Chrestomathie 1896/1919, S. 677*

Der Aberelle muoß d Wise choche.
> *Versuch eines Bündnerischen Idiotikons, Chur 1880, S. 7*

Brachmonet (Juni) naß,
leert Scheune und Faß.
> *Kt. Zürich 1865 | Mannhardt-Untersuchung, Schweiz. Archiv f. Volksk., 1971, S. 339*

Sercladur ha trenta; sch'il plovess trentün, dann il fagess negün.
Der Juni hat 30 Tage, wenn es 31 Tage regnen würde, wäre das kein Schaden.
> *Annalas Rhaeto-Romanscha, 1888, S. 66*

An dé fin, an dé rin.
Heujahr – Nichtsjahr.
> *Westschweiz 1860 | Die Schweiz, 1860, S. 213*

Maulwurfhaufen im März zerstreut,
lohnen sich zur Erntezeit.
> *Lesebuch für die schweizerische Jugend, 1865, S. 381*

Cur il cuc canta, il fein non maunca; non eis el in clavau sche eis el sün il prau.
Wenn der Kuckuck ruft, fehlt das Heu nicht; wenn es nicht im Stall ist, ist es auf dem Feld.
> *Annalas Rhaeto-Romanscha, 1888, S. 15*

Sagher al fen in flur e al rasdif cun calur.
Das Heu muß man in der Blüte mähen, das Emd bei großer Hitze.
> *Bergell GR 1896 | Decurtins, 1896, S. 174*

Ün cuntadin patentà nu fa sü fen bagnâ.
Ein patentierter Bauer äufnet kein nasses Heu.
> *Bergell GR 1896 | Decurtins, 1896, S. 174*

Wer nit guet Heu ladt, cha nit guet karisiere.
I: Ist nicht flink genug.
> *F. J. Schild, Der Großätti aus dem Leberberg, 1873, 2, S. 25*

Seis Skorpio oder Leu,
wenns guet Wetter ist, so heu.
> *Appenzell 1836 | T. Tobler, S. 297*

Wetzen hält den Mäder nicht auf.
> *Lesebuch für die schweizerische Jugend, 1865, S. 380*

Il batter e güzar stanclenta plü ch'il segar.
Dengeln und Wetzen ermüden mehr als das Mähen.
> *Annalas Rhaeto-Romanscha, 1888, S. 26*

Wenns eim reut, mit em letschte Heu dürs erst Emdgras zfahre, gits weni Emd.
> *F. J. Schild, Der Großätti aus dem Leberberg, 1873, 2, S. 26*

Rasdif tardivâ o marc o majâ.
Spätes Emd: verfault oder verfüttert.
> *Bergell GR 1896 | Decurtins, 1896, S. 174*

Vor Bartleme (24. August) Ämd, drno Ämdli.
> *Album d. lit. Vereins Bern, 1858, S. 250*

Alle Tage beschließt der altgläubige Bauer seine Arbeit mit dem Worte: Walt Gott trüli! (treulich).
> *Sternenberg ZH 1865 | Mannhardt-Untersuchung, Schweiz. Archiv f. Volksk., 1971, S. 347*

Des Klees wird der Boden bald müde.
> *Lesebuch für die schweizerische Jugend, 1865, S. 380*

Aigu da musca, aign da brusca.
Jahre mit vielen Fliegen: grobes und schlechtes Heu.
> *Bergell GR 1896 | Decurtins, 1896, S. 174*

Wenn d Hungersnot i d Tischdrucke geit, so geit si au i Bahre.
I: Fehlt die Frucht, fehlt auch das Heu.
> *F. J. Schild, Der Großätti aus dem Leberberg, 1873, 2, S. 25*

Der Winter frißt den Sommer.
I: Im Winter wird verbraucht, was man im Sommer verdient.
> *F. J. Schild, Der Großätti aus dem Leberberg, 1873, 2, S. 24*

Wenns Hungg (Honig) git, gits guets Heu.
> *F. J. Schild, Der Großätti aus dem Leberberg, 1873, 2, S. 26*

b) Witterung

Gronda nevada, recha fenada.
Viel Schnee, viel Heu.
> *Rätoroman. Chrestomathie 1896/1919, S. 168*

Grond scuflaus, gronds canvaus.
Große Schneestürme, dicke Mahden (aus Gras).
> *Rätoroman. Chrestomathie 1896/1919, S. 168*

Ans da bgera naiv sun ans da bger fain.
Jahre mit viel Schnee sind Jahre mit viel Heu.
Blera naiv, bler fain.
Viel Schnee, viel Heu.
Granda naivera, granda fainera.
Grandas navaglias, grandas fanaglias.
Große Schneemengen, große Heumengen.
> *Engadin GR 1944 | H. Lössi, Der Sprichwortschatz des Engadins, S. 255*

Grands scufflats, grands chanvats.
Große Schneewächten, große Heuschwaden.
> *Engadin GR 1944 | H. Lössi, Der Sprichwortschatz des Engadins, S. 257*

Schi ot chi vegn la naiv d'inviern, schi ot vegn il fain.
So hoch der Schnee im Winter liegt, so hoch wird das Gras.
> *Engadin GR 1944 | H. Lössi, Der Sprichwortschatz des Engadins, S. 255*

La naiv dà il pan, l'aua la fam.
Der Schnee gibt das Brot, das Wasser den Hunger.

Suot ova fam, suot naiv pan.
Unter Wasser Hunger, unter Schnee Brot.
> *Engadin GR 1944 | H. Lössi, Der Sprichwortschatz des Engadins, S. 254*

So hoch im Winter der Schnee auf den Wiesen liegt, so hoch soll im Heuet das Gras stehn.
> *Züricher Kalender 1972, Einsiedeln SZ*

So viel Schnee im Winter,
so groß Heustöck im Summer.
> *Hombrechtikon ZH 1972 | A.H.Z., *1892, Hausfrau, Hombrechtikon ZH, Umfrage 1972*

Wenns im Winter nid uf d Heustöck weet, so weets im Früälig uf di Palanggä (auf die leere Heubühne).
> *Prättigau GR 1953 | W. Schmitter, Waldarbeit im Prätigau, 1953, S. 124*

Im Winter kleine Schneemahden,
im Sommer kleine Heumahden.
> *Au TG 1972 | M. B., *1954, Landwirt, Au TG, Umfrage 1972*

In Engiadina nu vain fain sainza pruina.
Im Engadin kommt kein Heu ohne Frost.
> *Engadin GR 1944 | H. Lössi, Der Sprichwortschatz des Engadins, S. 257*

Dieu'ns osta d'ün schner chi guotta.
Gott bewahre uns vor einem tropfenden Januar.
I: Januar warm, daß Gott erbarm!
> *Engadin GR 1944 | H. Lössi, Der Sprichwortschatz des Engadins, S. 243*

Meglder las vanzadüras da la sedschdà co las prunas da l'an mol.
Besser was die Trockenheit übrigläßt, als die Haufen in nassen Jahren.
I: Bei Trockenheit gewachsenes Heu ist um vieles besser und ausgiebiger als bei nassem Wetter gewachsenes.
> *Münstertal und Engadin GR 1944 | H. Lössi, Der Sprichwortschatz des Engadins, S. 258*

Ova fo erva.
Wasser macht Gras.
I: Zu gewissen Zeiten wächst das Gras unter dem Einfluß von Regen oder Bewässerung rascher als sonst und zeigt außerdem bessere Qualität.
> *Engadin GR 1944 | H. Lössi, Der Sprichwortschatz des Engadins, S. 258*

Die Sonne im Heuet scheint für zwei.
> *Sammlung Strub, Jenisberg GR*

L'année sera bonne
si en novembre il tonne.
Das Jahr wird gut sein, wenn es im November donnert.
Ocourt BE 1950 / Schweiz. Archiv f. Volksk., 1950, 46, S. 23

Bringt November vieles Naß,
gibt's auf Wiesen vieles Gras.
Sammlung Strub, Jenisberg GR

Im November Wässerung
ist der Weiden Besserung.
Sammlung Strub, Jenisberg GR

Ist der Dezember mild mit viel Regen,
bringt das nächste Jahr wenig Segen.
Emmental BE 1972 / H. K., Landwirt, Trubschachen BE, Umfrage 1972

Kalter Dezember mit viel Schnee verheißt ein gutes Jahr.
Emmental BE 1972 / H. K., Landwirt, Trubschachen BE, Umfrage 1972

Cura ch'il Schane ei caulds,
spargna il fein per tes armauls!
Warmer Monat Januar, spare das Heu für deine Tiere.
Rätoroman. Chrestomathie 1896/1919, S. 166

Fo igl mais da Schaner beal'ora e tgod, dess igl peur cumprar fain bain bod.
Im Januar schön und warm, soll der Bauer bald Heu kaufen.
Rätoroman. Chrestomathie 1896/1919, S. 692

Janvier beau et sec remplit cave et solier.
Schöner, trockener Januar füllt Keller und Söller.
Ocourt BE 1950 / Schweiz. Archiv f. Volksk., 1950, 46, S. 6

Schner e favrer implan u svödan il graner.
Januar und Februar füllen oder leeren den Speicher.
Unterengadin GR 1944 / H. Lössi, Der Sprichwortschatz des Engadins, S. 243

La plövgia da schner maglia las bruos-chas.
Der Januarregen zehrt die Heureste auf.
Engadin GR 1944 / H. Lössi, Der Sprichwortschatz des Engadins, S. 243

Cur cha schner guotta, il pavlunz dess metter insembel las bruos-chas.
Wenn der Januar tropft, muß der Bauer (Viehfütterer) die Heureste in der Krippe zusammenraffen.

Scha schner e favrer guotta, raspa la bruos-cha tuotta.
Wenn Januar und Februar tropfen, sammle alle Heureste.
Sch'in december e schner guotta,
ramassa insembel la bruos-cha tuotta.
Wenn es im Dezember und Januar tropft, raffe alle Heureste zusammen.
   Engadin GR 1944 | H. Lössi, Der Sprichwortschatz des Engadins, S. 243

Wächst das Gras im Januar,
ist's im Sommer in Gefahr.
   Sammlung Strub, Jenisberg GR

Wächst das Gras im Januar,
wächst es schlecht im ganzen Jahr.
   Sammlung Strub, Jenisberg GR

Im Januar recht hohen Schnee,
heißt für den Sommer hohen Klee.
   Sammlung Strub, Jenisberg GR

Sa da Favrair gota al cresc al rasdif in bocca.
Tröpfelt es im Februar, gibt es viel Emd.
   Bergell GR 1896 | Decurtins, 1896, S. 175

Cu las mustgas tunan il Favrer,
matei las brustgas en faner!
Wenn die Fliegen im Februar summen, dann legt die Heurückstände zusammen.
   Rätoroman. Chrestomathie 1896/1919, S. 166

Schnee und Eis im Februar ist besser als Kot.
   Emmental BE 1972 | H. K., Landwirt, Trubschachen BE, Umfrage 1972

L'emprema mesadat Mars duei fevriar.
Die erste Hälfte März soll es stürmen.
   Rätoroman. Chrestomathie 1896/1919, S. 166

Dat ei pauca aua el Rein il Mars, cresch'ei era buca latg en la sadiala il Matg.
Hat es im März wenig Wasser im Rhein, hat es im Mai auch wenig Milch im Kessel.
   Rätoroman. Chrestomathie 1896/1919, S. 677

Ist der März und April zu trocken und licht,
so gerät das Futter nicht.
   Hundertjähriger Kalender, Zürich 1942

Marz plova, la terra dola.
März regnet, die Erde leidet.
I: Ein nasser März hat ein verfrühtes Wachstum zur Folge, was bei späteren Kältewellen und Frösten großen Schaden verursachen kann.
Engadin GR 1944 / H. Lössi, Der Sprichwortschatz des Engadins, S. 245

Auf Märzenregen
folgt kein Sonnensegen.
Sammlung Strub, Jenisberg GR

Ein feuchter, fauler März
ist stets des Bauern Schmerz.
Heitrer März
erfreut des Landmanns Herz.
Sammlung Strub, Jenisberg GR

Nasser März, trockner April,
das Futter nicht geraten will;
kommt dazu ein kalter Mai,
gibt es wenig Frucht und Heu.
Züricher Kalender 1972, Einsiedeln SZ

Viel und langer Schnee im März, gibt viel Heu,
aber mager Korn und Spreu.
Züricher Kalender 1972, Einsiedeln SZ

Märzenschnee tut Frucht und Weinstock weh.
Märzenstaub bringt Gras und Laub.
Züricher Kalender 1972, Einsiedeln SZ

Märzestaub bringt Gras und Laub.
Osterfingen SH 1972 / J.R., *1888, Weinbauer, Osterfingen SH, Umfrage 1972
Reigoldswil BL 1972 / E.W.T., *1886, Landwirt, Reigoldswil BL, Umfrage 1972
Haslen AI 1972 / J.B.G., *1918, Chauffeur, Haslen AI, Umfrage 1972
Schaffhausen 1972 / F.S., Schaffhausen, Umfrage 1972

Ist trocken der März, lacht dem Bauer das Herz.
Haslen AI 1972 / J.G.B., *1918, Chauffeur, Haslen AI, Umfrage 1972

In bletsch Avrel dat bia fein.
Nasser April, viel Heu.
Rätoroman. Chrestomathie 1896/1919, S. 677

Neiv gl'Avrel dat bia pastg.
Schnee im April gibt viel Gras.
Rätoroman. Chrestomathie 1896/1919, S. 677

Aprillenschnee ist der Grasbrüter.
> *Sammlung Strub, Jenisberg GR*

Aprillenschnee düngt, Märzenschnee frißt.
> *Sammlung Strub, Jenisberg GR*

Aprilleschnee bühnt Gras und Laub.
> *Wädenswil ZH 1972 | H.U.B., Landwirt, Wädenswil ZH, Umfrage 1972*

Aprilleschnee – Aprillegülle.
> *Wädenswil ZH 1972 | H.U.B., Landwirt, Wädenswil ZH, Umfrage 1972*

Im April soll es nochmals bis in die Niederungen schneien, sonst gibt es wenig Futter im Sommer.
> *Muotathal SZ 1972 | A.G., *1954, Landwirt, Muotathal SZ, Umfrage 1972*

Wenn der April bläst in sein Horn,
so steht es gut um Heu und Korn.
> *Hirzel ZH 1972 | R.G., *1926, Hirzel ZH, Umfrage 1972*

L'acqua d'aprile è tanto olio sul prato,
è tanto fuoco sul codino delle capre.
Das Aprilwasser ist wie Öl auf den Wiesen und wie Feuer auf den Schwänzen der Ziegen.
> *Vogorno TI 1952 | Vocabolario dei Dialetti della Svizzera Italiana, Lugano 1952, 1, S. 206*

April kühl und naß,
füllt dem Bauer Scheune und Faß.
> *Schaffhausen 1972 | F.S., Schaffhausen, Umfrage 1972*

Avril al ga n'a trénta, ma sa 'l plövéss trentün, al ga faréss mal a nügün.
April hat dreißig Tage, wenn es aber einunddreißig Tage lang regnen würde, täte es niemandem schaden.
> *Poschiavo GR 1967 | Tognina, Lingua Poschiavo, 1967, S. 81*

Matg frestg, Zercladur lomm fan reh onn.
Kühler Mai, milder Juni: ein reiches Jahr.
> *Rätoroman. Chrestomathie 1896/1919, S. 678*

In frestg Matg dat bia fein.
Ein kühler Mai, viel Heu.
> *Rätoroman. Chrestomathie 1896/1919, S. 678*

E chüele Mai
bringt Frucht und Heu.
> *Baselland 1908 | Schweiz. Archiv f. Volksk., Jg. XII, S. 16*

Ist der Mai recht heiß und trocken,
kriegt der Bauer kleine Brocken,
ist er aber feucht und kühl,
gibt es Frücht und Futter viel.
Sammlung Strub, Jenisberg GR

Chalonda Mai-cur cha'l cuc chanta,
schi fain nu manca.
Wenn der Kuckuck am 1. Mai ruft, so fehlt es nicht an Heu.
Engadin GR 1944 | H. Lössi, Der Sprichwortschatz des Engadins, S. 241

Ena buna plievgia Matg vala ple tgi en tetg d'or.
Ein guter Mairegen gilt mehr als ein Dach aus Gold.
Rätoroman. Chrestomathie 1896/1919, S. 694

Regen im Mai
gibt fürs ganze Jahr Brot und Heu.
Sammlung Strub, Jenisberg GR

Zu nasser Mai
macht viel Geschrei und wenig Heu.
Sammlung Strub, Jenisberg GR

Im Maien regnet es Gras.
Sammlung Strub, Jenisberg GR

Im Maien schießt das Gras, selbst wenn man es mit Holzschlägeln verwehren wollte.
Sammlung Strub, Jenisberg GR

Viel Gewitter im Mai
machen ausgiebig das Heu.
Sammlung Strub, Jenisberg GR

S'il tonne au mois de mai
la vache donnera du lait.
Wenn es im Mai donnert, gibt die Kuh Milch.
Ocourt BE 1950 | Schweiz. Archiv f. Volksk., 1950, 46, S. 21

Wenn der Mai viel tut, soll man eine Kuh verkaufen, wenn er nicht viel tut, eine kaufen.
Niederteufen AR 1972 | H.K., *1903, Niederteufen AR, Umfrage 1972

Il Zercladur ha trenta gis e pluess ei trent' in fagess ei don a nagin.
Der Juni hat 30 Tage, und würde es 31 Tage regnen, so schadete es niemandem.
Rätoroman. Chrestomathie 1896/1919, S. 1014

Scha bletsch e fraid il␣gün,
schi fain nu cresch' ingün.
Wenn der Juni naß und kalt ist, so wächst kein Heu.
>   *Engadin GR 1944 | H. Lössi, Der Sprichwortschatz des Engadins, S. 258*

Bletsch Fanadòur, bler rasdeiv.
Nasser Juli, viel Emd.
>   *Rätoroman. Chrestomathie 1896/1919, S. 695*

Wenn naß und kalt der Juli war,
verdirbt er meist das ganze Jahr.
>   *Hirzel ZH 1972 | W. K., *1927, Landwirt, Hirzel ZH, Umfrage 1972*

Il sole d'agosto succhia l'erba.
Die Augustsonne saugt das Gras auf.
>   *Pura TI 1952 | Vocabolario dei Dialetti della Svizzera Italiana, Lugano 1952, 1, S. 46*

In bletsch atun, in bien onn.
Ein nasser Herbst, ein gutes Jahr.
>   *Rätoroman. Chrestomathie 1896/1919, S. 1014*

L'eau est un bon domestique mais il ne faut jamais la laisser maîtresse.
I: Il s'agit de l'eau d'arrosage, elle fera des ravages si elle n'est pas dirigée.
Das Wasser ist ein guter Diener, aber man darf es nie zum Gebieter werden lassen.
I: Es handelt sich um die künstliche Bewässerung; das Wasser kann Verwüstungen anrichten, wenn es nicht geleitet wird.
>   *Savièse VS 1926 | Dictons de Savièse, S. 17*

Sa 'l trùna d'utùar, chi ga tré vàchi al na invèrnia noma dùa.
Wenn es im Oktober donnert, dann kann der Besitzer von drei Kühen nur zwei überwintern.
I: Wenn auf einen feuchten Oktober ein kalter, trockener Frühling folgt, müssen die Futtervorräte länger als sonst ausreichen.
>   *Poschiavo GR 1967 | Tognina, Lingua Poschiavo, 1967, S. 82*

c) Ernteregeln im engeren Sinne

An Lichtmeß (2. Februar) sollte noch die Hälfte des Heuvorrates vorhanden sein.
   Baselland 1920 | Sammlung Müller, Liestal BL
   Pfäffikon SZ 1972 | K.M., *1953, Landwirt, Pfäffikon SZ, Umfrage 1972
   Hirzel ZH 1972 | R.G., Landwirt, Hirzel ZH, Umfrage 1972
   Schaffhausen 1972 | F.S., Schaffhausen, Umfrage 1972

Jung Heu – alt Emd.
   Baselland 1920 | Sammlung Müller, Liestal BL

Garde du foin pour ton cheval
si février est sec et chaud.
Spare an Heu für dein Pferd, wenn der Februar trocken und warm ist.
   Ocourt BE 1950 | Schweiz. Archiv f. Volksk., 1950, 46, S. 5

Cur cha'l Plan Charsinom ais terrain,
nun as douvra pü fain.
Wenn der Plan Charsinom schneefrei ist, braucht man kein Heu mehr (das heißt, man kann wieder frisches Gras verfüttern).
   Engadin GR 1944 | H. Lössi, Der Sprichwortschatz des Engadins, S. 256

Chi chi do l'ova a sieus pros la prümavaira, tschercha l'erva; chi la do da sted, rinfras-cha l'erva; chi la do d'utuon chatta l'erva, e chi la do d'inviern, sdrüa l'erva.
Wer seine Wiesen im Frühjahr bewässert, sucht das Gras; wer sie im Sommer bewässert, erfrischt das Gras; wer sie im Herbst bewässert,

findet das Gras, und wer sie im Winter bewässert, rottet das Gras aus
(indem es erfrieren muß).
> *Engadin GR 1944 / H. Lössi, Der Sprichwortschatz des Engadins, S. 255*

Chi chi saua d'avrigl, fa fain a giaschigl.
Wer im April bewässert, bewirkt damit, daß das Gras so hoch wird, daß es sich umlegt.
> *Engadin GR 1944 / H. Lössi, Der Sprichwortschatz des Engadins, S. 255*

Cur cha'l cuc chanta, schi'l fain nu manca;
schi nun ais i'l tablà, schi esa sül prà.
Wenn der Kuckuck ruft, so fehlt es nicht an Heu; wenn es in der Scheune keines gibt, so gibt es auf der Wiese draußen.
> *Engadin GR 1944 / H. Lössi, Der Sprichwortschatz des Engadins, S. 256*

Cur cha'l cuc chanta, da far nu manca;
cur ch'el rafüda da chantar, schi esa amo plü bler da far.
Wenn der Kuckuck singt, fehlt es nicht an Arbeit; wenn er zu singen aufhört, gibt es noch mehr zu tun.
> *Engadin GR 1944 / H. Lössi, Der Sprichwortschatz des Engadins, S. 256*

Cun la prüma zocca d'fain il cuc schmetta da chantar.
Mit dem ersten Heuschochen hört der Kuckuck zu singen auf.
> *Engadin GR 1944 / H. Lössi, Der Sprichwortschatz des Engadins, S. 256*

Scha'l cuc vezza a glüschir la fotsch,
nu chaunta'l pü ne bger ne poch.
Sieht der Kuckuck die Sense blitzen, so singt er nicht mehr.
> *S-chanf GR 1944 / H. Lössi, Der Sprichwortschatz des Engadins, S. 258*

L'erva da meg nun impla ils talvos.
Das Maigras füllt die Scheunen nicht.
I: Weil es mengenmäßig gering ist.
> *Engadin GR 1944 / H. Lössi, Der Sprichwortschatz des Engadins, S. 257*

Vor dem längsten Tag (21. Juni) soll man nicht mit Heuen beginnen.
> *Diemtigtal BE 1972 / A. Koellreuter, Umfrage 1972*

Wänn dr Goldhaber blüejet, mome määje.
I: Sagt man in Hallau jetzt.
> *Hallau SH 1953 / Hallauer Mundart, S. 37*

Wänn dr Chümich riif ischt, mo me määje.
I: Sagte man in Hallau früher, da man wegen des Absamens der Gräser später mähte als heute.
> *Hallau SH 1953 / Hallauer Mundart, S. 37*

Fain d'ün di e vin d'ün on.
Eintägiges Heu und einjähriger Wein (sind am besten).
: *Scuol GR 1944 / H. Lössi, Der Sprichwortschatz des Engadins, S. 256*

Fain sduvlô, mez magliô.
Umgeschütteltes Heu ist halb gefressen.
I: «Fain sduvlô» ist auf dem Heustock geschrotetes, mit der Heugabel gut aufgelockertes Heu, das auf diese Weise entstaubt und von den Tieren besonders gern gefressen wird.
: *Engadin GR 1944 / H. Lössi, Der Sprichwortschatz des Engadins, S. 257*

Fain mantunô, mez aint in clavô.
Aufgehäuftes Heu, halb in der Scheune.
I: Heu das zu Schobern zusammengetan ist, geht nicht mehr zugrunde.
: *Engadin GR 1944 / H. Lössi, Der Sprichwortschatz des Engadins, S. 257*

Main' il fain sech in tablà
e lascha l'erba sül prà.
Führe das trockene Heu in die Scheune und laß das Gras auf der Wiese.
: *Engadin GR 1944 / H. Lössi, Der Sprichwortschatz des Engadins, S. 258*

Fain giuven ed agör vegl.
Heu jung und Emd alt.
: *Engadin GR 1944 / H. Lössi, Der Sprichwortschatz des Engadins, S. 256*

Im Neue (Neumond) nid afo heue, es gäb Chlaffe (Großer Klappertopf, Unkraut).
: *Liestal BL 1920 / G. A. Seiler in: Sammlung Müller, Liestal BL*

Il fain in flur, l'agör in culur.
Das Heu in der Blüte, das Emd in der Farbe (das heißt, wenn es durch die Fröste abgefärbt und verwittert ist).
: *Engadin GR 1944 / H. Lössi, Der Sprichwortschatz des Engadins, S. 257*

Fain in flur e rasdiv in spia
fa bain al muvel ed a l'economia.
Heu in der Blüte und Emd in der Ähre (das heißt vollständig ausgereift) tut sowohl dem Vieh als auch dem Haushalt am besten.
«Machet junges Heu und altes Emd, wenn ihr viel Milch wend.»
: *Engadin GR 1944 / H. Lössi, Der Sprichwortschatz des Engadins, S. 257*

Cur cha'l fain perda la flur, piglia'l e nu tardivar.
Wenn das Heu die Blüten verliert, nimm es und säume nicht.
: *Engadin GR 1944 / H. Lössi, Der Sprichwortschatz des Engadins, S. 256*

Il fain va in strom e'l strom va in fain.
Das Heu wird zu Stroh, und das Stroh wird zu Heu.
I: Besagt einerseits, daß überreifes Heu keine Kraft hat, und anderseits, daß in früheren Zeiten, als der Getreidebau im Unterengadin noch stärker verbreitet war, als Beigabe zum Heu viel Stroh verfüttert wurde.
Engadin GR 1944 | H. Lössi, Der Sprichwortschatz des Engadins, S. 257

Mit der Sens' der Barnabas (11. Juni)
schneidet ab das längste Gras.
Sammlung Strub, Jenisberg GR

C'est le bon faucheur qui fait la bonne faux.
I: On dit aussi en général: Ce sont les bons ouvriers qui font les bons outils.
Ein guter Mähder ist die beste Sense.
I: Im allgemeinen sagt man: Die guten Arbeiter sind die besten Werkzeuge.
Savièse VS 1926 | Dictons de Savièse, S. 17

Wer nicht geht mit dem Rechen,
wenn Fliegen und Bremsen stechen,
muß im Winter gehn mit dem Strohseil
und fragen: «Hat niemand Heu feil?»
Sammlung Strub, Jenisberg GR

A chi chi jascha i'l mais da fain,
mangless gnir rot la rain.
Dem, der im Heumonat (auf der faulen Haut) liegt, sollte der Rücken gebrochen werden.
Unterengadin GR 1944 | H. Lössi, Der Sprichwortschatz des Engadins, S. 255

Sei's Skorpion, Stier oder Leu,
wenn's gut Wetter ist, so heu!
Sammlung Strub, Jenisberg GR

Cur cha'ls praders sun a mantun, il prà va a chantun.
Wenn die Mähder haufenweise da sind, ist die Wiese schnell fertig gemäht.
Engadin GR 1944 | H. Lössi, Der Sprichwortschatz des Engadins, S. 256

Il meglder prader ais l'ora.
Der beste Mähder ist das Wetter.
I: Mit Hilfe des schönen Wetters läßt sich am raschesten heuen.
Engadin GR 1944 | H. Lössi, Der Sprichwortschatz des Engadins, S. 257

Wänns Wetter bis am elfi heiteret, dänn cha mers Heu vertue.
Wädenswil ZH 1972 / H. U. B., Wädenswil, Umfrage 1972

Scha Malögi' ais cler, il fain po secher.
Wenn Maloja klar ist, kann das Heu trocknen.
Engadin GR 1944 / H. Lössi, Der Sprichwortschatz des Engadins, S. 258

Tira insembel teis fain,
cha'l di passa e la saira vain.
Zieh dein Heu zusammen, denn der Tag vergeht, und der Abend kommt. *Scuol GR 1944 / H. Lössi, Der Sprichwortschatz des Engadins, S. 258*

Sgiar mal e raschlar bain fa bler fain.
Meglder üna buna raschleda chi üna buna sgieda.
Schlecht mähen und gut zusammenrechen gibt viel Heu. Besser gut zusammengerecht als gemäht.
Tschlin und Fex GR 1944 / H. Lössi, Der Sprichwortschatz des Engadins, S. 258

Es dörf bim Mähe kei Schneuz gä.
Zürichsee ZH 1972 / K. L., *1895, Landwirt, Schönenberg ZH, Umfrage 1972

Il fain in quindesch dis va e vain.
Das Heu geht und kommt in fünfzehn Tagen.
Engadin GR 1944 / H. Lössi, Der Sprichwortschatz des Engadins, S. 257

Erba e fain, in quindesch dis va e vain.
Gras und Heu geht und kommt in fünfzehn Tagen.
I: Je nach der Witterung können Gras und Heu schnell wachsen, aber ebenso schnell (zum Beispiel bei großer Trockenheit) zugrunde gehen.
Engadin GR 1944 / H. Lössi, Der Sprichwortschatz des Engadins, S. 256

Chi di luglio non fa fieno, d'agosto fa la pena.
Wer im Juli nicht Heu macht, hat die Mühsal im August.
> *S. Domenico TI 1952 | Vocabolario dei Dialetti della Svizzera Italiana, Lugano 1952, 1, S. 48*

Ist im Heuet das letzte eingebrachte Fuder klein, so gibt es im nächsten Jahr wenig Heu, ist in der Ernte die letzte Garbe klein, so gibt es im nächsten Jahr wenig Korn.
> *Emmental BE 1911 | Schweiz. Archiv f. Volksk., Jg. XV, S. 6*

Le foin bénit est à la grange avant la Saint-Jean (24 juin).
I: Croyance suivant laquelle le foin apporté à la grange avant la Saint-Jean a une vertu particulière.
Das gesegnete Heu ist vor dem Johannestag in der Scheune.
I: Nach diesem Glauben hat das vor dem Johannestag (24. Juni) in die Scheune eingebrachte Heu eine besondere Kraft.
> *Savièse VS 1926 | Dictons de Savièse, S. 13*

Meglio andare a far fieno nei boschi che falciare in agosto nei prati di casa.
Besser geht man in den Wald zu heuen, als im August die Wiesen zu mähen.
> *S. Domenico TI 1952 | Vocabolario dei Dialetti della Svizzera Italiana, Lugano 1952, 1, S. 46*

Il cuc nu chaunta pü cur cha'l vezza las barlangias.
Der Kuckuck singt nicht mehr, wenn er die kleinen Heuhaufen sieht.
> *Fex GR 1944 | H. Lössi, Der Sprichwortschatz des Engadins, S. 257*

A San Lurainz glivra da crescher il fain süls munts.
Am Lorenztag (10. August) hört das Wachstum auf den Bergwiesen auf.
> *Engadin GR 1944 | H. Lössi, Der Sprichwortschatz des Engadins, S. 242*

Im August kann man emden,
im September nur noch «emdelen».
> *Sammlung Strub, Jenisberg GR*

Chi chi saua d'avuost, saua a seis cuost.
Wer im August bewässert, bewässert auf seine Kosten (das heißt, er schadet sich damit).
> *Engadin GR 1944 | H. Lössi, Der Sprichwortschatz des Engadins, S. 256*

Sogn Baltarmia, rasdeiv carschia.
Zu St. Bartholomäus (24. August) ist das Heu gereift.
> *Rätoroman. Chrestomathie 1896/1919, S. 695*

A San Bartolomeo non cresce più il fieno.
Am St.-Bartholomäus-Tag (24. August) wächst kein Heu (Gras) mehr.
> *Tessin 1903 / Schweiz. Archiv f. Volksk., 1903, S. 28*

Vor Bartlime (24. August) emdte, no Bartlime emdtele.
> *Baselland 1908 / Schweiz. Archiv f. Volksk., Jg. XII, S. 16*

Vor dem Bettag emden, nach dem Bettag emdeln (3. Septembersonntag).
Vor Bartlime (24. August) Emd, no Bartlime Emdli.
> *Ziefen BL 1920 / Sammlung Müller, Liestal BL*

Nach Sankt Bartholome chasch nume ämdele meh.
> *Untersteckholz BE 1972 / R. E., *1928, Landwirt, Untersteckholz BE, Umfrage 1972*

A San Baltramieu guarda d'esser gio d'munt cul tieu.
Schau, daß du am 24. August mit deinem Heu vom Berge heruntergekommen bist (denn die Tage werden immer kürzer).
> *Engadin GR 1944 / H. Lössi, Der Sprichwortschatz des Engadins, S. 241*

A San Batrumieu il rasdiv ais creschieu.
Am 24. August ist das Emd gewachsen (das heißt, sein Wachstum ist beendet).
> *Engadin GR 1944 / H. Lössi, Der Sprichwortschatz des Engadins, S. 241*

A San Bartolomè: mots e plans.
Am 24. August: Hügel und Ebenen.
I: An diesem Tag sollte alles Gras abgemäht sein, denn die Tage werden zusehends kürzer. Dies besagt auch der hübsche Spruch:
Tira insembel teis fain, cha'l di passa e la saira vain.
Zieh dein Heu zusammen, denn der Tag schwindet, und der Abend kommt (das heißt, es geht auf den Herbst zu).
> *Engadin GR 1944 / H. Lössi, Der Sprichwortschatz des Engadins, S. 241*

D Vre dert (dörrt) nümme.
Vor Vrenetag gemdet, noh Vre gemdelet (1. September).
I: Ende August soll das Emden beendigt sein.
> *Appenzell AR und Baselland 1940 / Schweiz. Idiotikon, 1, S. 915*

Chalanda Settember, chi voul rasdiv il prenda.
1. September, wer Emd will, nehme es.
I: Mit Emden sollte man spätestens am 1. September beginnen.
> *Engadin GR 1944 / H. Lössi, Der Sprichwortschatz des Engadins, S. 255*

Pü gugent fer cun fain in settember cu in meg.
Lieber im September heuen als im Mai.
I: Wenn man im Mai heuen (oder wenigstens Gras schneiden muß), so deutet dies auf einen beträchtlichen Futtermangel hin, im September dagegen ist es ein Zeichen von Fülle (wenn nicht von arg verspäteter Heuernte).

    Engadin GR 1944 / H. Lössi, Der Sprichwortschatz des Engadins, S. 258

A San Michel
la marenda va a tschêl.
Am Michaelstag (29. September) fährt das Marend zum Himmel auf.
I: Wenn der Bauer zum Bergheuet geht und sich dabei oft mehrere Stunden weit vom Dorf entfernt, nimmt er für sich und seine Leute ein gutes Marend mit, das dann zur Mittagszeit verzehrt wird. Dieses Marend setzt sich vornehmlich aus folgenden Speisen zusammen: pan da chà (Hausbrot), charn püerch (Speck) oder dschambun (Schinken), alles geräuchert und luftgetrocknet, ferner Käse, Butter, Eier, strüzlas (Pfannkuchen), fuatschas grassas (süße Mehlspeise), pan cun paira (Birnbrot), farin'arsa (Mehlgericht), Milch und Kaffeepulver. Der vorliegende Spruch besagt, daß es mit dem Marend gegen Ende September sein Bewenden hat, da die Feldarbeit um diese Zeit erledigt sein muß.

    Münstertal und Unterengadin GR 1944 / H. Lössi, Der Sprichwortschatz des Engadins, S. 242

A la Toussaint (1 novembre), tout est récolté; la fourche est au foin, la vache au lien.
An Allerheiligen (1. November) ist die Ernte eingebracht; die Gabel ist im Heu, die Kuh am Strick.

    Fribourg 1941 / Sagesse paysanne, S. 68

Fain comprà ais mez maglià.
Gekauftes Heu ist halb gefressen.
I: Wenn des Bauern Vorrat erschöpft ist und er Heu kaufen muß, dann hat er die Hälfte der Rendite verloren.

    Engadin GR 1944 / H. Lössi, Der Sprichwortschatz des Engadins, S. 256

Gieraun giuven, risdiv vegl.
Zartes Heu (erster Schnitt), altes Emd (zweiter Schnitt).

    Rätoroman. Chrestomathie 1896/1919, S. 168

Dariet zerclem e bia giaraun.
Viel Unkraut, viel Heu.

    Rätoroman. Chrestomathie 1896/1919, S. 167

Wenns Habermarch grotet, se gits kei Heu.

    Baselland 1908 / Schweiz. Archiv f. Volksk., Jg. XII, S. 16

Prà chi fa müs-chel nu fa erba.
Moosige Wiese bringt kein Gras hervor.
> *Engadin GR 1944 / H. Lössi, Der Sprichwortschatz des Engadins, S. 258*

Bgeras minchüglias, bger fain.
Viele Krokusblumen, viel Heu.
> *Engadin GR 1944 / H. Lössi, Der Sprichwortschatz des Engadins, S. 255*

5. FORSTWIRTSCHAFT

Ruster, Kiefer, Nußbaum, dies und alles andere Nutzholz nimm bei abnehmendem Monde nachmittags ohne Südwind heraus.
> *M. P. Cato (234–149 v. Chr.), P. Thielscher, Des Marcus Cato Belehrung über die Landwirtschaft, Berlin 1963, S. 69*

Man soll nicht vor dem siebenten Tag nach dem kürzesten Tage, besonders wenn es der siebte Tag nach Neumond ist, mit der Holzfällung beginnen.
> *Plinius (23–79), Seidensticker, Waldgeschichte des Altertums, Frankfurt a. O. 1886, 2, S. 268*

Holz soll zwischen dem 20. und 30. Januar bei abnehmendem Mond gefällt werden.

> *(Palladius um 250 n.Chr.), Seidensticker, Waldgeschichte des Altertums, Frankfurt a. O. 1886, 2, S. 269*

Welcher uf David (30. Dezember) und Silvestris (31. Dezember),
uf die zwen letsten Tag, ist gwüß,
(zu disem wirt s Nüwjar ouch gezelt)
das Holtz im Wald zu Boden fellt,
so blybts allwegen unverletzt,
im Alter wirts eim Stein glych gschätzt.

> *Zürcher Bauernkalender 1574*

Im abnehmenden Monat November Bauholtz fällen, am Abend Allerheiligen (1. November) starke Birken und Weydene Knüttel so viel du wilst.

> *Zürich 17. Jahrhundert / Handschrift 1692*

Holtz fellen vor Fabiani Sebastiani (20. Januar).
I: Vor der Saft in die Bäume schießt.

> *Zürich 17. Jahrhundert / Handschrift 1692*

Fälle anjetzo Bauholtzt, brich das Erdreich (im November).

> *Churer Schreibkalender 1708*

Auff Fabian Sebastian (20. Januar) kombt der Safft in die Bäume.

> *Churer Schreibkalender 1708*

Fälle Holtz in letsten Tagen dieses Monats (Dezember), es währet lang.

> *Churer Schreibkalender 1708*
> *Newer Schreib-Kalender, Baden 1721*

Vil Holz isch e chlyne Rychthum, kei Holz e großi Armueth.

> *F. J. Schild, Der Großätti aus dem Leberberg, 1873, S. 25*
> *Fläsch GR 1972 / Ch. L., *1901, Landwirt, Fläsch GR, Umfrage 1972*
> *Maienfeld GR 1972 / C. M., *1887, Landwirt, Maienfeld GR, Umfrage 1972*

Het me Holz bym Hus, so bchönnt me der Rychthum nit, het men aber keis, so weiß me, wie arm men isch.
I: Für den Reichen hat Holz wenig wert, der Arme, der keines hat, weiß erst, wenn er es brauchen sollte, wie viel er entbehrt.

> *F. J. Schild, Der Großätti aus dem Leberberg, 1873, 2, S. 25*

Wenns buechig Holz im Christmonet Saft het, gits e Südelwinter, weni Schnee, aber Räge.

> *F. J. Schild, Der Großätti aus dem Leberberg 1873, 2, S. 22*

Uno fa poco,
due fanno fuoco,
tre fan focherello,
quattro fan fuoco bello.
Eines macht wenig,
zwei machen Feuer,
drei machen ein nettes Feuerlein,
und vier machen ein schönes Feuer.

Arbedo TI 1911 / V. Pellandini, Tradizioni popolari Ticinesi, 1911

Im Sommer kein Holz rüsten.

Davos GR 1972 / Ch. B., *1886, Landwirt, Davos Platz GR, Umfrage 1972

Tanter gün e mais da fain
tuotta scorza dvainta lain.
Zwischen Juni und Juli wird alle Rinde holzig (das heißt, sie löst sich nicht mehr vom Stamm).

Engadin GR 1944 / H. Lössi, Der Sprichwortschatz des Engadins, S. 247

Bauholz, zwischen November und Februar gehauen, wird am dauerhaftesten und nicht wurmstichig.

Sammlung Strub, Jenisberg GR

Steht noch der Buchen Holz im Saft,
wird der Regen stärker als der Sonne Kraft,
ist es aber starr und fest,
sich große Kält' erwarten läßt.

Sammlung Strub, Jenisberg GR

Wer sein Holz nach Weihnacht fällt,
dem sein Gebäude zehnfach hält.

Sammlung Strub, Jenisberg GR
Hallau SH 1972 / E. H., *1947. Hallau SH, Umfrage 1972

Donnert's ins leere Holz,
wird's schneien ins Laub.

Kt. Zürich 1972 / W. W., Förster, Uitikon

Man soll bei Arbeitsschluß die Axt weder in die gefällte Tanne noch in den Wurzelstock noch sonstwo einschlagen oder nach beendigtem Scheiten einfach im Scheitstock stecken lassen, sondern sie irgendwo ordentlich beiseite stellen, sonst kann man nicht gut schlafen oder zieht gar ein Unglück zu.

Prättigau GR 1953 / W. Schmitter, Waldarbeit im Prättigau, S. 112

Zerscht luäget mä, uf weli Sytä dasch hy wil ...
und dernaa, uf weli Sytä dasch hy söl.
Prättigau GR 1953 | W. Schmitter, Waldarbeit im Prättigau, S. 26

Ds Holz muäs mä am Bode suächä.
I: Die Bäume sollen möglichst weit unten abgesägt werden.
Prättigau GR 1953 | W. Schmitter, Waldarbeit im Prättigau, S. 28

Ds Holz und ds Wybävolch spaaltä mä beedi vam dünerä Oort.
Prättigau GR 1953 | W. Schmitter, Waldarbeit im Prättigau, S. 242

Stehends Holz und äs liggends Wybävolch sind nid z überladä.
Prättigau GR 1953 | W. Schmitter, Waldarbeit im Prättigau, S. 242

Ischt der Schnee zwüschet Waald und Droß
(Region der Alpenerle und Alpenrose),
chomed d Wasser groß.
Prättigau GR 1953 | W. Schmitter, Waldarbeit im Prättigau, S. 124

Flöötzä sötä mä bim nidschigentä; bim obschigentä würfts der Bach vyl mee umer. Bim nidschigentä gits äifach weniger Strangä. Bim nidschigentä tuäd der Bach z Bodä frässä.
Prättigau GR 1953 | W. Schmitter, Waldarbeit im Prättigau, S. 153

Mondeinfluß auf Molekularstruktur beim Holz auf dessen spätere Haltbarkeit und Anfälligkeit (Insekten); fällen bei zunehmendem Mond.
Teufen AR 1972 | E.R., *1931, Förster, Teufen AR, Umfrage 1972

L'abattage du bois de charpente en saison morte et au moment où la lune décroît.
Fällen von Bauholz während der toten Jahreszeit bei abnehmendem Mond.
Kt. Waadt 1972 | G., *1896, Landwirt, Bioley-Orjulaz VD, Umfrage 1972

Holz, das man zum Bauen verwenden will, bei abnehmendem Mond abholzen.
Diemtigtal BE 1972 | A. Koellreuter, Umfrage 1972

Bauholz muß man bei zunehmendem Mond schlagen, damit es im Winter nicht fault. Holz, das sich nicht verziehen darf, soll man im Zeichen der Waage abholzen.
Diemtigtal BE 1972 | A. Koellreuter, Umfrage 1972

Beim Holzspalten: Holz, das sich nicht verziehen soll, darf keinen Rechtsdrall haben, Holz für Schindeln keinen Linksdrall.
Diemtigtal BE 1972 | A. Koellreuter, Umfrage 1972

Holz nie fällen in der Saftzeit, sonst wird es vom Wurm befallen.
> *Maienfeld GR 1972 / C.M., *1887, Landwirt, Maienfeld GR, Umfrage 1972*

Am kürzesten Tag Holz schlagen. Holz sollte nicht im Saft sein.
> *Zürichsee ZH 1972 / R.L., *1914, Landwirt, Wädenswil ZH, Umfrage 1972*

Wenn das Holz im Saft steht, soll man nicht holzen.
> *Schwanden GL 1972 / H.P.T., Schwanden GL, Umfrage 1972*
> *Davos GR 1972 / T.H., *1894, Landwirt, Davos Dorf, Umfrage 1972*

Kein Buchen-, kein Tannenholz schlagen, wenn es im Saft ist.
> *Fläsch GR 1972 / Ch.L., *1901, Landwirt, Fläsch GR, Umfrage 1972*

Kein Holderholz verbrennen in der eigenen Hausröuiki.
Erlaubt im Gemeindewaschhaus.
I: Holunderholz galt als heilig.
> *Maienfeld GR 1972 / C.M., *1887, Landwirt, Maienfeld GR, Umfrage 1972*
> *Fläsch GR 1972 / Ch.L., *1901, Landwirt, Fläsch GR, Umfrage 1972*

Giuvintschella, Peschs, Hom da l'aua: Tuot dvainta möglitsch, tira l'aua, legna schmersa as sfenda, mâ nu seoha.
Jungfrau, Fisch und Wassermann: Alles wird feucht, naß, zieht Wasser, gefälltes Holz spaltet, aber trocknet nicht.
> *Müstair GR 1972 / C.F., *1897, Landwirt und Lehrer, Müstair GR, Umfrage 1972*

Tierhaltungsregeln

Wan dir ein Hund geschenkt wirt, oder das sonst gerne ein Hund woltest einem Andren abziehen, und du gern woltest, das er by dir blibe, so nimm ein Schuh ab dinem Fuß, wenn dir die Füß schwitzen, und schütt also in den Schuh ein wenig küwarme Milch, diewyl der Schuh noch warm und vom Schweiß fücht ist, und laß den also ußfressen, so schmöckt er hernach dine wäg, und loufft nit von dir, ist eigentlich probiert.
I: Ähnliche Ratschläge erteilen moderne Kynologen.

Basel 1561 | Johann Hutmacher, Ein schön Kunstbuch, S. 237

So du zweyerley Schwyn zamen willt gwennen, so nimm sy alle und mach sy wol naß, das sye anfacht frieren und tryb sy zamen in den Stall, so legen sy sich dan zämen und wermen einander und gwonend des

Athems und Gschmacks und hassend einandren nit mehr. So es kalt, das sy zitterend und darnach by einandren erwarmend, ist so vil besser.
I: Es ist dies keine Ross-, wohl aber eine Schweinekur, die gewisse Anklänge an die moderne Verhaltensforschung aufweist.

 Basel 1561 | Johann Hutmacher, Ein schön Kunstbuch, S. 237

Selon les Anciens se dit
si le soleil clairement luit
à la Chandeleur, vous verrez
qu'encore un hyver vous aurez
pourtant gardez bien vôtre foin
car il vous sera besoin
par cette règle se gouverne
l'ours qui retourne en sa caverne.

Wie die Ahnen sagten: Ist Lichtmeß (2. Februar) ein klarer, sonniger Tag, so wird es nochmals Winter werden – seid sparsam mit eurem Heu, denn ihr werdet es benötigen. Nach dieser Regel geht der Bär, welcher sich unter solchen Umständen in seine Höhle zurückzieht.

 Westschweiz 1618 | Calandrier des bons laboureurs; Glossaire des patois de la Suisse Romande, 1958/59

Im Mai die Lemmer absetzen und die Schaf des tags 3 Mal zu melcken. Umb die Zeit, wenn Schweine auf der Brache gehütet werden, fressen sie die Raupen mit; davon sie denn krank werden, darumb muß man ihnen Christwurzel in den Trank legen. Man soll dem Rindvieh im Jahr einmahl oder 3 Lorbern und Meisterwurzel mit Salz geben, sonderlich im Maio.

Im Juni soll man die Merzschafe, Hammel und geringe Lemmer ausgeben und verkaufen. Den Schafen Salz gaben.

Den Schweinen soll man im Juni ehe sie aus dem Haus lauffen in ihrem Getranck legen Angelica, Nißwurtz, Anis.

Die Kuh läßt man im Juni zu den Ochsen.

Im Januar: die Hüner und Taubhäuser aussäubern. Den Schafen Erlenlaub zu Proba essen geben und welches die Zeit davon frißt, das ist gesund, welches aber nicht fressen will, ist Wandelbahr an Lung und Leber, darumb mach dich selber bey Zeit los.

Im Martius die Schafhütten wieder in Feld zu schlagen und die Pferchen anzufangen oder bald nachher, wenn es Wetters halber geschehen kann und das Schaf grünes Futter findet, es sich ohne Stallfütterung erhalten kann.

 Zürich 17. Jahrhundert | Handschrift 1692

Im August Schaflaub von Erlen Birken und Eichenholz machen lassen in Gebünd binden wohl abtrocknen und verwahren.

Wenn die Schweine die Stoppeln belaufft haben, so lege man sie zur Mast, dann sind sie albereit ziemlich leibig.

Im Christmonath laßt man die Schweine zum Eber laufen, so werfen sie im Sommer welches die beste Wurfzeit, die im Winter erfrieren dir leichtlich.
Zürich 17. Jahrhundert | Handschrift 1692

Im Januar bedünge das Erdreich, beschlage die Pferdt, in dem Neumond, oder etliche Tage hernach, so bekommen sie gute Hufft.
Newer Schreib-Kalender, Baden 1721

Im Januar laß den Wein ab, kehre die Früchten umb, versetze die Bienen.
Newer Schreib-Kalender, Baden 1721

Junge Fährlein, im Februar geworfen, solle man auferziehen, dann sie wachsen.
Churer Schreibkalender 1708

Die alten Gänse soll man im April zum erstenmal berupffen.
Newer Schreib-Kalender, Baden 1721

Ayez bons serviteurs et règle maintenue,
bons animaux, bonne charrue.
Gute Hilfen haben und die Regeln einhalten, gute Tiere, guter Pflug.
Waadtland 1816/17 | Feuilles d'Agriculture, Bd. 11, S. 100

Wenns im Maia vil Gräs hed, sött man e Chue verchauffe.
Appenzell 1837 | T. Tobler, Appenzell 1837 S. 234

Wenn me deheime cha handle, verchauft men am beste.
F. J. Schild, Der Großätti aus dem Leberberg, 1873, 2, S. 25

Bym Verchaufe lehrt me chaufe.
I: Beim Verkaufen wird man auf diejenigen Mängel aufmerksam gemacht, die man beim Kaufen wissen soll.
F. J. Schild, Der Großätti aus dem Leberberg, 1873, 2, S. 25

Il pü bain as vend' adüna davant sa porta.
Am besten verkauft man sein Vieh immer vor der eigenen Türe (nicht auf dem Markt).
Engadin 1944 | H. Lössi, Der Sprichwortschatz des Engadins, S. 260

Uf Santa Galla (16. Oktober) tuetm ds Veh stalla, mas nid si, su bringts dr Marti i (11. November).
Album d. lit. Vereins Bern, 1858, S. 250

A la St-Adiette, l'ivué avô la tzerreiretta;
à la St-Mathias, bouna féna, djita té tâ;
à la St-Martin, la vatse ou lin.
Am St.-Agatha-Tage (5. Februar) rieselt das Wasser den Weg herunter; am Mathiastage (24. Februar) laß, gutes Weib, deine Bienen heraus; am Martinstage (11. November) die Kuh an den Ort (in den Stall).
Westschweiz 1860 | Die Schweiz 1860, S. 120

Wer nicht an den Mai gedacht, hat nicht gut wintern (Vieh); auch im Juni ist noch eine handvoll Heu nötig.
Brusio und Poschiavo GR 1858 | Die Schweiz, 1, 1858, S. 234

Ordnung im Stall ist halbes Futter.
Lesebuch für die schweizerische Jugend, 1865, S. 380

Striegel und Streu tun mehr als Heu.
Lesebuch für die schweizerische Jugend, 1865, S. 381
Baselland 1908 | Schweiz. Archiv f. Volksk., XII, S. 21
Sammlung Strub, Jenisberg GR

Gut gefuttert – viel gebuttert.
Lesebuch für die schweizerische Jugend, 1865, S. 381

Treibst auf schlechte Weid' die Kuh,
so verlierst du die Milch und den Mist dazu.
Lesebuch für die schweizerische Jugend, 1865, S. 381

Die Kühe melkt man durchs Maul.
Lesebuch für die schweizerische Jugend, 1865, S. 380

Jungi Chüe gä Gäld und alti gä Milch.
F. J. Schild, Der Großätti aus dem Leberberg, 1873, 2, S. 23

A la sainte Agathe (5. Februar) la moitié de la récolte est employée.
Am Agathatag ist die Hälfte der Ernte verbraucht.
Kt. Freiburg 19. Jahrhundert | Romania, 1877, S. 89

Conform il pascul la grassezza.
Wie die Weide, so das Fett der Tiere.
Annalas Rhaeto-Romanscha, 1888, S. 13

Das Vieh wird fett und milchreich, wenn man es am Weihnachtsmorgen während des Einläutens mit den Ähren der letzten Garbe füttert.
Wädenswil ZH 1865 | Mannhardt-Untersuchung, Schweiz. Archiv f. Volksk., 1971, S. 348

Zum Gedeihen des Viehes muß etwas von der letzten Garbe in die Krippe gelegt werden.
Mesikon ZH 1865 | Mannhardt-Untersuchung, Schweiz. Archiv f. Volksk., 1971, S. 348

D Wäspi sänd fäßt, es ged ke guets Imajohr.
Appenzell 1837 | T. Tobler, S. 284

Drü Johr e junge Hung,
sächs Johr e guete Hung,
nün Johr en alte Hung.
F. J. Schild, Der Großätti aus dem Leberberg, 1873, 2, S. 23

Wer verderben will und weiß nicht wie,
der halte nur viel Federvieh.
Lesebuch für die schweizerische Jugend, 1865, S. 381

Wer sein Geld nicht kann lassen liegen,
der kaufe Tauben, dann sieht er's – fliegen.
Lesebuch für die schweizerische Jugend, 1865, S. 381

Schafe haben goldene Klauen.
Lesebuch für die schweizerische Jugend, 1865, S. 380

Cur comenza la prada a verdegar, comenzan las cauras a beschlar.
Wenn die Weiden blühen, beginnen die Ziegen zu meckern.
Annalas Rhaeto-Romanscha, 1888, S. 15

A cavagl che morda üna stalla a parti.
Einem beißenden Pferd einen besonderen Stall.
Annalas Rhaeto-Romanscha, 1888, S. 3

Viele Tiere, aber nicht vielerlei!
>*Sammlung Strub, Jenisberg GR*

Me cha mit im Veh rede, wenn me Möntsche-Verstand het.
>*Baselland 1908 | Schweiz. Archiv f. Volksk.. Jg. XII, S. 21*
>*Sammlung Strub, Jenisberg GR*

Quand on méprise les bêtes, il vient un temps où l'on n'en a plus à torturer.
Wenn man die Tiere verachtet, so kommt ein Zeitpunkt, wo man nichts mehr zum Foltern hat.
>*Kt. Freiburg 1941 | Sagesse paysanne, S. 74*

Les animaux sont comme on les fait devenir.
Die Tiere sind so, wie man sie werden läßt.
>*Kt. Freiburg 1941 | Sagesse paysanne, S. 74*

Les bêtes n'ont que ce qu'on leur fait.
Die Tiere sind so, wie man sie behandelt.
>*Kt. Freiburg 1941 | Sagesse paysanne, S. 75*

Per nagot nu èsan (fuggire) mia lan vaca.
Ohne Grund fliehen die Kühe nicht.
>*Bondo GR 1944 | Almanacco Grigioni Italiano, S. 142*

An baselgia ed an uigl è ins mai mengia bler.
In der Kirche und im Stall ist man nie zuviel.
>*Rätoroman. Chrestomathie 1896/1919, S. 697*

I dapenda betg tant digl bung parder, scu digl bung pavluns.
Es liegt nicht so sehr am guten Mäder als am guten Futterknecht.
>*Rätoroman. Chrestomathie 1896/1919, S. 697*

Igl pavluns dei: Pi cler tgi vign e pi pac tg' ia vei.
Der Futterknecht sagt: Je heller es wird, desto weniger ich hab.
>*Rätoroman. Chrestomathie 1896/1919, S. 697*

Fagn gras giouen e rasdeiv vigl
fon star igl mouel bagn an uvigl.
Junges Heu und altes Emd lassen das Vieh im Stall wohlergehn.
>*Rätoroman. Chrestomathie 1896/1919, S. 697*

Bella sterla do bella trimma, bella muja do bella vacha.
Schöne Fardel (einjähriges Rind) gibt schöne Zeitkuh, schöne Mäß (zweijähriges Rind) gibt schöne Kuh.
>*Engadin GR 1944 | H. Lössi, Der Sprichwortschatz des Engadins, S. 259*

Die Leistung geht durch den Magen.
Sammlung Strub, Jenisberg GR

Die halbe Rasse geht zum Maul hinein.
Sammlung Strub, Jenisberg GR
Diemtigtal BE 1972 / A. Koellreuter, Umfrage 1972

Per munscher latg vot vatgas viglias e tgoras giounas.
Um Milch zu haben, braucht man alte Kühe und junge Ziegen.
Rätoroman. Chrestomathie 1896/1919, S. 697

Fieno giovine, guaime ben maturo fa la vacca lattifera.
Frisches Heu und reifes Futtergras machen, daß die Kuh viel Milch gibt.
Almanacco Grigioni Italiano, 1939, S. 134

Wenn die Frau die Kühe füttert, so geben selbst die Hörner Milch.
Sammlung Strub, Jenisberg GR

Schecken geben mehr Milch.
Davos Platz GR 1972 / Ch. B., *1886, Landwirt, Davos Platz GR, Umfrage 1972

Gut geputzt ist halb gefüttert.
Sammlung Strub, Jenisberg GR

Il ne faut jamais vendre la corde – sinon partira la bonne chance.
Den Strick soll man nie mitverkaufen, sonst entflieht das Glück.
Savièse VS 1926 / Dictons de Savièse, S. 17

Vachas e duonna piglia in tia vschinauncha.
Kühe und Frau nimm in deinem Dorfe.
S-chanf GR 1944 / H. Lössi, Der Sprichwortschatz des Engadins, S. 261

Scha'l tschêl ais serain a chandalera, da duos vachas as stu vender üna; scha'd ais percunter surtrat e chod, schi daja il cuntadin cumprer üna terza.
Wenn an Lichtmeß (2. Februar) der Himmel heiter ist, muß man von zwei Kühen die eine verkaufen; ist es dagegen bewölkt und warm, soll der Bauer eine dritte kaufen.
I: Helles Wetter zur Lichtmeß deutet auf eine spärliche, trübes dagegen auf eine reichliche Heuernte hin.
S-chanf GR 1944 / H. Lössi, Der Sprichwortschatz des Engadins, S. 261

Wenn es im Mai recht wachsig ist und alles zum Boden hinaus will, so soll man eine Kuh verkaufen, ist es aber nicht wachsig, eher kühl, soll

man eine kaufen; darum sagt ein alter Küherspruch, es sei besser auf das Gras auffahren als in das Gras.
>   *Emmental BE 1972 | H.K., *1907, Landwirt, Trubschachen BE, Umfrage 1972*

Sch'igl Favrer sunan las mostgas, schi, pavlunz, salva la brostga.
Wenn im Februar die Fliegen summen, dann, Futterknecht, spare die Heureste.
>   *Rätoroman. Chrestomathie 1896/1919, S. 692*

Miez Favrer, miez il fein en faner.
Mitte Februar soll die Hälfte des Heus im Heustall sein.
>   *Rätoroman. Chrestomathie 1896/1919, S. 677*

Mez Favrer e mez faner, igl pur stat bagn.
Mitte Februar: die Hälfte des Futters, da geht es dem Bauern gut.
>   *Rätoroman. Chrestomathie 1896/1919, S. 692*

Chandaleras – mezz' inverneda.
Lichtmeß (2. Februar) – halbe Winterung.
>   *S-chanf GR 1944 | H. Lössi, Der Sprichwortschatz des Engadins, S. 241*

An Lichtmeß (2. Februar) soll noch der halbe Heuvorrat auf der Bühne sein.
>   *Baselland 1908 | Schweiz. Archiv f. Volksk., Jg. XII, S. 15*
>   *Rossinière VD, Vouvry VD, Champéry VS, Avenches VD, Chenit VD, Hermance GE, Kt. Genf, Kt. Bern 1958 | Glossaire des patois de la Suisse Romande, 1958/59*
>   *Sammlung Strub, Jenisberg GR*
>   *Diemtigtal BE 1972 | A. Koellreuter, Umfrage 1972*
>   *Davos GR 1972 | T.H., *1894, Landwirt, Davos Dorf GR, Umfrage 1972*
>   *Davos GR 1972 | Ch. B., *1886, Landwirt, Davos Platz GR, Umfrage 1972*

Lichtmeß (2. Februar) hell und klar, Pur häscht zwei Kühe, so verchauf die eini.
>   *Mastrils GR 1972 | S.W., *1900, Landwirt, Mastrils GR, Umfrage 1972*

Lichtmeß (2. Februar) dunkel und warm, Pur häscht ei Kuh, so stell zwei an den Barm.
>   *Mastrils GR 1972 | S.W., *1900, Landwirt, Mastrils GR, Umfrage 1972*

Im Früelig frässend all Wänd Heu.
>   *Sammlung Strub, Jenisberg GR*

Marzun magliadrrun.
März Vielfraß.

I: Wenn der Heustock allmählich zur Neige geht, hat man das unangenehme Gefühl, das Vieh fresse mehr als sonst.
Engadin GR 1944 / H. Lössi, Der Sprichwortschatz des Engadins, S. 260

Philippi–Jakobi (1. Mai–25. Juli): Viel friß i, wenig hab i.
Sammlung Strub, Jenisberg GR

Chi mai nu quinta, mal inverna.
Wer den Mai nicht mitrechnet, überwintert schlecht.
Unterengadin GR 1944 / H. Lössi, Der Sprichwortschatz des Engadins, S. 259

A santa Caterina – le vacche alla cascina.
Am Tag der heiligen Katharina (30. April) gehen die Kühe ins Maiensäß.
Tessin 1911 / V. Pellandini, Tradizioni popolari Ticinesi, S. 142

Cur chi verdagia sül ot da la Val Müsella, schi verdagia eir l'alp Val.
Wenn es auf der Höhe des Val Müsella grünt, so grünt auch die Alp Val.
I: Wenn die vom Dorfe Bevers aus sichtbare Höhe des Val Müsella im Frühjahr grün ist, dann ist auch die Beverser Alp Val grün. Durch Anwendung dieser Bauernregel erspart man sich den dreistündigen Weg zur Alp, um sich zu vergewissern, ob die Alp grün ist und somit bestoßen werden kann.
Engadin GR 1944 / H. Lössi, Der Sprichwortschatz des Engadins, S. 260

Die Alpweide wächst erst, wenn sie die Kuhschellen hört.
Sammlung Strub, Jenisberg GR

Maienschutz ist wenig nutz.
Wenn im Mai auf der Hochalp noch kein Gras wächst, kannst du eine Kuh mehr auftreiben.
Sammlung Strub, Jenisberg GR

Eis Buebli hüetet guet, zwei Buebli hüetend schlächt, dri Buebli hüetend gar nit.
Sammlung Strub, Jenisberg GR

Bei der Alpfahrt darf man nicht in die «Erde», das heißt ja nicht im Garten oder im Acker arbeiten, sonst brechen die Tiere die Beine.
Pany GR 1972 / A. Grämiger, Forsting., Pany GR

Alla metà di agosto quel che si è munto si è munto.
Was man um die Mitte August gemolken hat, das hat man gemolken.
Campo Vallemaggia TI 1952 / Vocabolario dei Dialetti della Svizzera Italiana, Lugano 1952, 1, S. 47

Il latte delle mucche sta in cascina.
Die Milch der Kühe bleibt im Maiensäß.
>   *Tessin 1911 | V. Pellandini, Tradizioni popolari Ticinesi, S. 142*

Jakob (25. Juli) chunnt mit dem Brentli, ds Vreni (1. September) mit Tuttel und Michel (29. September) mit dem Stecke.
I: Am Jakobstag nimmt der Milchertrag der Bergkühe ein wenig ab, um Verena mehr, und am Michaelistag muß abgefahren (zu Tal gefahren) werden.
>   *Berner Oberland 1940 | Schweiz. Idiotikon, 1, Sp. 915*

Sankt Galli (16. Oktober) tuet s Veh y.
>   *Liestal BL 1960 | Sammlung Müller, Liestal BL*

A San Giallun
tuot il muvel sül pantun.
Am Gallustag (16. Oktober) – alles Vieh auf dem Stallboden.
Sankt Gallus läßt den ersten Schnee fallen.
>   *Engadin GR 1944 | H. Lössi, Der Sprichwortschatz des Engadins, S. 241*

Davo San Gialun tegna las vachas a pantun.
Nach dem Gallitag (16. Oktober) behalte die Kühe im Stall.
>   *Engadin GR 1944 | H. Lössi, Der Sprichwortschatz des Engadins, S. 260*

Auf St. Gall (16. Oktober) bleibt die Kuh im Stall.
>   *Hundertjähriger Kalender, Zürich 1942*

San Schimun
metta la vacha a partun.
Der heilige Simon (21. Oktober) stellt die Kuh auf den Stallboden.
>   *Engadin GR 1944 | H. Lössi, Der Sprichwortschatz des Engadins, S. 242*

Bain utuonà ais mez invernà.
Im Herbst gut gefüttert ist halb überwintert.
>   *Engadin GR 1944 | Der Sprichwortschatz des Engadins, S. 259*

Utuona bain, schi spargnast fain.
Füttere im Herbst gut, so sparst du Heu.
>   *Engadin GR 1944 | H. Lössi, Der Sprichwortschatz des Engadins, S. 261*

Bain pavlô, mez sgrammô.
Gut gefüttert, halb abgerahmt. – Guter Milchertrag.
>   *Engadin GR 1944 | H. Lössi, Der Sprichwortschatz des Engadins, S. 259*

Chi sterna stram vain our da la fam,
chi sterna föglia nun ha nöglia.

Wer (dem Vieh) Stroh streut, kommt aus dem Hunger; wer Laub streut, hat nichts.
I: Wer gesundes, ertragreiches Vieh haben will, darf im Stall nur Stroh streuen. Überdies eignet sich Laub nicht als Düngemittel, weil es langsam verfault und in den Boden eindringt.
Engadin GR 1944 / H. Lössi, Der Sprichwortschatz des Engadins, S. 259

Cur Nudigls ais bain terrain, fan las vachas sainza fain.
Wenn Nudigls (Bergwiese ob Susch GR) ganz schneefrei ist, dann brauchen die Kühe kein Heu mehr.
Susch GR 1944 / H. Lössi, Der Sprichwortschatz des Engadins, S. 260

Cur cha'l Plan Charsinom ais terrain,
bouv e vacha nu manglan pü fain.
Wenn der Plan Charsinom schneefrei ist, brauchen Ochse und Kuh kein Heu mehr.
Engadin GR 1944 / H. Lössi, Der Sprichwortschatz des Engadins, S. 259

Que ch'ün pevla a la sterlamainta aunz Nadel, quinta dobel.
Was man dem Galtvieh vor Weihnachten verfüttert, zählt doppelt.
Engadin GR 1944 / H. Lössi, Der Sprichwortschatz des Engadins, S. 261

Sant Jakob (25. Juli) mit dem Stab,
schlad de Gais di halb Milch ab.
Kt. Zug 1900 / Schweiz. Archiv f. Volksk., 1901, S. 245

Au mois d'avril, la chèvre a chevreau.
Im Monat April hat die Ziege Zicklein.

 Courrendlin BE 1908 | Schweiz. Archiv f. Volksk., Jg. XII, S. 168

Alle capre a dare paglia – fanno latte da poco
a dare foglie – ne fanno se ne hanno voglia
a dare fieno se ne fa ogni bene.
Wenn man die Ziegen mit Stroh füttert, geben sie Milch, die nicht viel wert ist; wenn man sie mit Laub füttert, geben sie Milch, wenn es ihnen paßt; wenn man sie mit Heu füttert, geben sie von sich aus das Beste.

 Tessin 1911 | V. Pellandini, Tradizioni popolari Ticinesi, S. 142

La capra non sta bene, fin che non diventa magra.
Der Ziege geht es nicht gut, solange sie nicht mager wird.
I: Die Ziege liebt die freie Weide; sie gedeiht schlecht, wenn sie im Stall eingesperrt ist.

 Tessin 1911 | V. Pellandini, Tradizioni popolari Ticinesi, S. 142

A San Vittore la foglia al capretto ed il latte al pastore (si slattano i capretti e rimane latte per il pastore).
An St. Viktor (8. Mai) bekommt das Zicklein das Blatt, und die Milch ist für den Hirten (weil die Zicklein nicht mehr saugen).

 Onsernonetal TI 1920 | Schweiz. Archiv f. Volksk., Jg. XII, S. 79

Trois jours du vieux, trois jours de la vieille pour faire crever les chèvres.
(Les trois derniers jours de mars sont souvent mauvais pour les chèvres qui sont sensibles au froid. S'ils ne suffisent pas pour les faire périr, avril [la vieille] y ajoutera ses trois premiers jours.)
Drei Tage des alten Monats (März), drei Tage der Leier (April) genügen, daß die Ziegen verrecken.
(Die drei letzten Tage des Monats März sind für die Ziegen oft ungünstig, weil diese kälteempfindlich sind. Genügen diese Tage für das Zugrundegehen noch nicht, so helfen die ersten Apriltage nach.)

 Savièse VS 1926 | Dictons de Savièse, S. 10

Grandas plövgias d'avuost mazzan tavauns e muos-chas e schmezzan il lat da las chevras.
Große Augustregen töten Hummeln und Fliegen und vermindern die Milch der Ziegen auf die Hälfte.
I: Im August geht der Ziegenmilchertrag stark zurück, weil das Gras härter wird und damit an Saftigkeit verliert.

 Engadin GR 1944 | H. Lössi, Der Sprichwortschatz des Engadins, S. 248

L'avuost piglia il lat da la chavra e coppa la muos-cha.
Der August nimmt die Milch der Ziege und tötet die Fliege.
> *Engadin GR 1944 | H. Lössi, Der Sprichwortschatz des Engadins, S. 260*

Cävran vela, galinan giuvna l'en sustegn dla cäs.
Alte Geißen, junge Hühner erhalten das Haus.
> *Bondo GR 1944 | Almanacco Grigioni Italiano, S. 142*

Chevras veglias e gillinas giuvnas fan surrir la massera.
Alte Ziegen und junge Hühner machen die Hausfrau lächeln.
> *Engadin GR 1944 | H. Lössi, Der Sprichwortschatz des Engadins, S. 259*

Las chavras albas sun fallatschusas.
Die weißen Ziegen sind ungeraten (wenig widerstandsfähig).
> *Engadin GR 1944 | H. Lössi, Der Sprichwortschatz des Engadins, S. 260*

Il ne faut pas tuer les cochons en temps chauds sinon il reviendra en vie dans la cheminée (quand on mettra fumer le lard).
Schweine soll man nicht bei warmem Wetter schlachten, sonst wird der Speck beim Räuchern im Kamin wieder lebendig (Würmer).
> *Savièse VS 1926 | Dictons de Savièse, S. 15*

Märzenferkel, Märzenfohlen,
alle Bauern haben wollen.
> *Sammlung Strub, Jenisberg GR*

Grésil d'avril vaut du fumier de brebis.
Graupenhagel im April – Schafmist erforderlich.
> *Les Genevez BE 1908 | Schweiz. Archiv f. Volksk., Jg. XII, S. 169*

Megl oura la bescha sülla verdina co sülla pruina.
Besser die Schafe aufs erste Grün hinauslassen als auf die Fröste (besser im Frühling als im Herbst).
> *Engadin GR 1944 | H. Lössi, Der Sprichwortschatz des Engadins, S. 261*

Viluorna verdaina,
Gurlaina terraina
la bescha sainza tschaina.
Viluorna grün, Gurlaina aper, das Vieh ohne Abendfütterung.
I: Wenn Viluorna und Gurlaina schneefrei sind, so finden die Schafe im Freien genügend Nahrung, das heißt, man muß keine Abendfütterung (Heu) in der Krippe mehr vornehmen.
> *Engadin GR 1944 | H. Lössi, Der Sprichwortschatz des Engadins, S. 261*

Uen bun paster sto savair giaschair.
Ein guter Hirte muß liegen (an derselben Stelle bleiben) können.
I: Damit das Vieh ungestört weiden kann.
Engadin GR 1944 | H. Lössi, Der Sprichwortschatz des Engadins, S. 261

Wenn den Schafen im Januar Erlenlaub vorgesetzt wird, bleiben sie das ganze Jahr gesund.
Sammlung Strub, Jenisberg GR

März, der Lämmer Scherz,
April, treibt sie wieder in die Still'.
Sammlung Strub, Jenisberg GR

Wer sein Schaf vor Servaz (13. Mai) schert, dem ist die Wolle lieber als das Schaf.
Sammlung Strub, Jenisberg GR

Schäre die Schaaffe in warmer Zeit, so tragen sie wieder viel von der feinesten Wollen.
Churer Schreibkalender 1708

E Roß het nünenünzg Fehler, und der hundertst gseht me nit.
Baselland 1908 | Schweiz. Archiv f. Volksk., Jg. XII, S. 17

Tal chavagl guarda las chammas, tar la vacha l'üver e tar la glieud il cour.
Beim Pferd schau auf die Beine, bei der Kuh auf das Euter und bei den Leuten aufs Herz.
S-chanf GR 1944 | H. Lössi, Der Sprichwortschatz des Engadins, S. 261

D Roß schlönd enand nur bim leere Barme.
Sammlung Strub, Jenisberg GR

Wer nur lebt mit Pferden,
kann leicht selbst zum Viehe werden.
Sammlung Strub, Jenisberg GR

Per ca vèda ben cun lan gallina la da essar neira ent da mez.
Soll es mit den Hühnern gut gehen, müssen auch schwarze darunter sein.
Bergell GR 1896 | Decurtins, 1896, S. 174

Le galline fanno le uova dal becco.
Die Hühner legen Eier vom Schnabel.
Tessin 1911 | V. Pellandini, Tradizioni popolari Ticinesi, S. 142

Gallina vecchia fa buon brodo.
Altes Huhn gibt gute Brühe.
>   *Tessin 1911 | V. Pellandini, Tradizioni popolari Ticinesi, S. 142*

Basse di gamba e buono da uova.
Kurze Beine, gute Eierlegerin.
>   *Tessin 1911 | V. Pellandini, Tradizioni popolari Ticinesi, S. 142*

Wenn man Eier unterlegt im Zeichen der Jungfrau, gibt es viele Hühner und wenig Hähnchen.
>   *Baselland 1960 | Sammlung Müller, Liestal BL*

Giallinas giuvnas a maschun
e vachas veglias a pantun.
Junge Hennen auf die Hühnerstange und alte Kühe auf die Brücke (im Stall).
>   *Engadin GR 1911 | H. Lössi, Der Sprichwortschatz des Engadins, S. 260*

Wer Geld verlieren will und weiß nicht wie,
der halte recht viel Federvieh.
>   *Sammlung Strub, Jenisberg GR*

Viele Tiere nachziehen, aber kein buntes Vielerlei!
>   *Sammlung Strub, Jenisberg GR*

Schlachtet der Bauer eine Henne, so ist die Henne krank oder der Bauer.
>   *Sammlung Strub, Jenisberg GR*

Wer eine Gans zu Weihnachten mag,
beginne zu mästen sie am Katharinentag (30. April).
>   *Sammlung Strub, Jenisberg GR*

Wer Bienenstöcke versetzen muß, tue es im Januar.
>   *Sammlung Strub, Jenisberg GR*

Es führt Sankt Gertrud (17. März):
die Kuh ins Chrut,
die Bien' zum Flug,
das Pferd zum Zug.
>   *Sammlung Strub, Jenisberg GR*

Bienen, die vor Johanni (6. Mai) schwärmen, sind besser als die nach Johanni.
>   *Sammlung Strub, Jenisberg GR*

Wenn im Hause jemand stirbt, muß der Tod den Bienen angezeigt werden, sonst gehen sie zugrunde.
>   *Davos GR 1937 | J. Bätschi, Der Davoser im Lichte seiner Sprichwörter und Redensarten*

Dem Bienenvolk wird der Tod des Imkers angesagt.
Dieser Brauch wurde in der Bündner Herrschaft bis vor kurzem befolgt.
>   *Maienfeld GR 1972 | C. M., *1887, Landwirt, Maienfeld GR, Umfrage 1972*

Wem me am heilige Drichünigstag (6. Januar) ds Salz la wije lad (weihen läßt) und deren de Tierlene gid, so mag ds ganz Jahr nüd Bösch (Böses) über schi.
>   *Davos GR 1937 | J. Bätschi, Der Davoser im Lichte seiner Sprichwörter und Redensarten*

Ostera früöh – hungrigi Chüöh.
>   *Davos GR 1937 | J. Bätschi, Der Davoser im Lichte seiner Sprichwörter und Redensarten*

Jedi Chuoh geid an d Seili, aber dar weiß nid wahin.
>   *Davos GR 1937 | J. Bätschi, Der Davoser im Lichte seiner Sprichwörter und Redensarten*

Wenn d Heerä uf ds Kapitel gan und d Chüö z Alp, so chunds leid.
>   *Davos GR 1937 | J. Bätschi, Der Davoser im Lichte seiner Sprichwörter und Redensarten*

We me es tots Härmji (Wiesel) vor d Stalltür uf heicht, so chund ds Veh nid in e Wind (erkältet sich nicht).
>   *Davos GR 1937 | J. Bätschi, Der Davoser im Lichte seiner Sprichwörter und Redensarten*

Die Kälber soll man am Samstag das erstemal auslassen.
>   *Baselland 1920 | Sammlung Müller, Liestal BL*

Im Maienkrebs soll man Kälber kastrieren.
>   *Liestal BL 1920 | Sammlung Müller, Liestal BL*

Se a fine aprile il cuculo canta, le vacche non muoiono più.
Wenn der Kuckuck Ende April singt, sterben die Kühe nicht.
>   *Campo Vallemaggia TI 1952 | Vocabolario dei Dialetti della Svizzera Italiana, Lugano 1952, 1, S. 207*

Se può venire aprile, le bovine non te lascio piò morire.
Wenn der April kommen kann, laß ich dir das Vieh nicht mehr sterben.
Mugena TI 1952 | Vocabolario dei Dialetti della Svizzera Italiana, Lugano 1952,1, S.207

Wenn man eine Kuh am Sonntag zum letztenmal melkt, vor dem z Guscht Gehenlassen, dann wird sie sicher am Tag kalben.
Liestal BL 1920 | Sammlung Müller, Liestal BL

Wenn man eine Kuh an einem Freitag zum letztenmal melkt (vor der Galt), kalbt sie an einem Werktag.
Liestal BL 1920 | Sammlung Müller, Liestal BL

Eine Kuh soll man an einem Freitag zum letztenmal melken, so wird sie bei Tag kalben.
Diemtigtal BE 1972 | A. Koellreuter, Umfrage 1972

Hat eine Kuh geschwollene Beine, muß man sie aus dem Stall auf eine Wiese führen. Die erste «Grasmutte», auf die sie mit dem kranken Fuß tritt, gräbt man aus und hängt sie in den Kamin.
Diemtigtal BE 1972 | A. Koellreuter, Umfrage 1972

Gibt eine Kuh blutige Milch, so leert man diese in einen Bach; darauf wird die Kuh wieder normale Milch geben.
Diemtigtal BE 1972 | A. Koellreuter, Umfrage 1972

Bei Rinderkrankheiten hängt man einen Nesselbusch in den Kamin.
Den angeräucherten Nesselbusch zerreibt man zwischen den Klauen.
Diemtigtal BE 1972 / A. Koellreuter, Umfrage 1972

Will man bei der Räudenbekämpfung Erfolg haben, so muß man sie
freitags oder sonntags vor Sonnenaufgang durchführen.
Diemtigtal BE 1972 / A. Koellreuter, Umfrage 1972

Bricht eine Kuh oder ein Rind oder ein Kalb oft durch Zäune, so zieht
man die Jacke aus und legt sie auf die Stalltürenschwelle. Jagt man dann
die Kuh darüber, so wird sie nicht mehr ausreißen!
Diemtigtal BE 1972 / A. Koellreuter, Umfrage 1972

«Züglet» man auf die Alp, so soll man den Brunnen erst auswaschen, wenn alle Tiere daraus getrunken haben.
Diemtigtal BE 1972 / A. Koellreuter, Umfrage 1972

Läßt man das Rindvieh im Frühjahr auf die Weide, so ist der dritte Tag der gefährlichste; die Blähgefahr ist dann am größten.
Diemtigtal BE 1972 / A. Koellreuter, Umfrage 1972

Hat man in Stall oder Haus Unglück, so sucht man Rat und Hilfe bei einem Kapuziner.
Diemtigtal BE 1972 / A. Koellreuter, Umfrage 1972

Bei Kälberruhr: Wacholderzweige ins Wasser legen und den Saft den Kälbern zu trinken geben.
Diemtigtal BE 1972 / A. Koellreuter, Umfrage 1972

Waldbauregeln

So du gern von einem Gewächs ein gwüß eigentlich pflantzen thun willt, so nim einen Härdhafen oder einen Korb, mach unden ein Loch dryn eines Fingers groß, setz in uff den Boum oder Gwächs, darab du pflantzen willt, stoß ein schön Schoß, welches dir gfellig unden uff dardurch, so wytt, das es oben uß gange, dermaßen ouch das, das alt Holtz under dem gleych ouch im Hafen oder Korb sye. Darnach füll das selbig mitt guttem Herd, versorgs das es nitt fallan möge.
I: Eine interessante Art der Vermehrung durch Stecklinge, ohne das der Zusammenhang mit der Mutterpflanze gestört wird.

Basel 1561 / J. Hutmacher, Ein schön Kunstbuch, S. 236

Nach Laurentzentag (10. August) wachstt das Holtz nicht mehr.
Churer Schreibkalender 1708

Wenn die Haselnuß wol gerahten, giebt es gemeinig gar viel Eichlen.
Churer Schreibkalender 1708

September. Jetzt pflantzet man junge Bircken.
Churer Schreibkalender 1708
Newer-Schreibkalender, Baden 1721

Sollte das Holz nicht mehr so unordentlich und steckenweise abgetrieben werden, sondern die ganze Waldung soviel gegenwärtig tunlich ist und künftiglich geschehen kann in ordentliche, aufeinanderfolgende Schläge eingeteilt werden; in welchen sich dann zur Erhaltung der nötigen Räbstickel und des Bau- und Sagholzes, wie auch des Brennholzes, folgende zwey Bezirke zum Abschlagen sind bestimmt worden, deren jeder wenigstens in acht oder neun, und wenn es seyn kann von Morgen gegen Abend gerichtete Schläge eingetheilt werden soll ...
Ordnung Wellenberg 1774 in: Schweiz. Anstalt für das forstliche Versuchswesen, 1960, 36, S. 165

Alle großen öden Stellen, trockene oder nasse, sollen nach der Art des Bodens, nachdem solche erste geschält, letzte ausgetrocknet, hernach aufgebrochen worden, mit Buchnüssen, Tannen, Eicheln, Erlen- oder Birkensamen wieder angesäet, kleinere aber in eingehenden dünn gewordenen Waldungen, mit jungen Setzlingen von Eichen, Tannen, Erlen, Birken, oder, nach der Lage des Orts, mit wilden Fruchtbäumen bepflanzt werden.
Bern 1786 | Forst-Ordnung für der Stadt Bern deutsche Lande

Die Schwände sollen, wo es die Lage des Orts zugibt, von Mitternacht oder Morgen, gegen Mittag oder Abend, so schmal möglich, gehauen werden, zu besserer Bedeckung und leichterer Besäung des Bodens.
Bern 1786 | Forst-Ordnung für der Stadt Bern deutsche Lande

Weiß- oder Rottanne sollen plenter-, Buche und anderes Brennholz schlagweise gefällt werden.
Bei größerem Waldbesitz sollen für Bauholz Tannenreservate ausgesondert werden. In diesen plenterweise zu nützenden Beständen ist der Weidgang «für allezeit bey Straf 15 Schilling vom Stuck und im Wiederfall des Doppelten allwegen verbothen, maßen dieser Bauholzvorrat für etwas geheiligtes und unangreifliches angesehen und dafür gehalten werden solle».
Pruntrut BE 1756 | Waldordnung in: Zeitschrift für schweizerische Geschichte, 1935, 2, S. 160

Die Schlageinteilung für die Brennholznutzung hat nicht nur «die Ertragenheit der Waldungen der Gemeinden», sondern auch auf die «guten oder bösen Eigenschaften des Grundes» Rücksicht zu nehmen.

Hiebe gegen «Sonnenniedergang» sind zu vermeiden, «damit die Sambäume dem Gewalt und Ungestümmigkeit der Winde nicht allzu fest blosgestellt werden». Es sind möglichst lange «nicht so breite» Schläge anzuweisen. Pro Juchart bleiben 10 bis 16 Samenbäume stehen, ferner alle tragbaren Bäume als Kirschen-, Äpfel-, Birn- und andere wilde Obstbäume.

Pruntrut BE 1756 / Waldordnung in: Zeitschrift für schweizerische Geschichte, 1935, 2, S.160

Die Schläge sind vom «abständigen Holz, so auch von Brandstämmen, Windbrüchen und sonst zu Boden gerissenem Holz» zu säubern.
Es soll nichts mehr gefällt werden, wenn das Holz «schon im Saft ist; denn der Saft verursacht die Fäule und andurch den Wurmfraß. Zuweilen ist ein Tachstuhl eher als in dreißig Jahren von den Würmern durchnaget und zermalmen, daher entstehet alsdann ein neuer Kosten für den, welchen es trifft, eine neue Last für die Waldungen und mit der Zeit ein unersetzlicher Verlust für das gemeine Wesen.»

Pruntrut BE 1756 / Waldordnung in: Zeitschrift für schweizerische Geschichte, 1935, 2, S.160

Schläge sind bis am 1. Mai zu räumen.
Eichenwälder sollen mit besonderer Sorgfalt behandelt und nur plenterweise genützt werden.
Wo Eiche wächst, hat jede Gemeinde «einen Garten oder Samenschul» anzulegen. Vorbereitung des Bodens soll, um Kosten zu ersparen, gegen zwei Jahre währende landwirtschaftliche Zwischennutzung, durch die Untertanen unentgeltlich erfolgen. «Es ist genug, daß der Samen den Grund berühre, wann er Wurzeln fassen soll.»

Pruntrut BE 1756 / Waldordnung in: Zeitschrift für schweizerische Geschichte, 1935, 2, S.161/62

Die leeren Plätze sollen in den Tannenwäldern nicht geackert, «sondern blos mit der Hauen wieder ganz leicht aufgeschirfet werden, dann, weil sie mit Holz von der nämlichen Art umgeben sind, so wird der Samen von sich selbst darauf fliegen: alles aber, was besämet ist, es sey nun von der Natur oder von menschlicher Hand, soll gegen den Zahn des Viehs versicheret werden.»

Pruntrut BE 1756 / Waldordnung in: Zeitschrift für schweizerische Geschichte, 1935, 2, S.162

Kohlbrenner sollen ihre Meiler außerhalb der Wälder errichten, teils wegen Feuergefahr, teils weil «die Erfahrnis lehret, daß auf Plätzen, wo einmal Kohlen gebrennet worden, gar kein junges Holz mehr nachwächst.»
«Alles junge Holz in den Schlägen soll dicht aufwachsen. Es ist ein Irrtum, wann geglaubt wird, daß dem jungen Anflug da derselbe dicht

wachset, licht gemachet und geluftet werden muesse, im Gegenteil je dichter der junge Anflug und Holznachwuchs ist, je geräder wachset er auf, ansonsten würde selber zum Bauholz niemals tauglich werden.»

Pruntrut BE 1756 / Waldordnung in: Zeitschrift für schweizerische Geschichte, 1935, 2, S.164

Soll die Gemeind alle vorkehr thun, daß alles Mieschen Laubrechen, Grasen und Mähen mit Sichlen und Sägessen in den Waldungen unterlassen werde.

Verordnungen über Äufnung und Besorgung der Wälder, 1785, Mitteilungen für das forstliche Versuchswesen, 1967, 43, S.280

Soll die Gemeind nach Inhalt oberkeitlicher Holzordnung, zu Pflantzung des nöthigen Brenholzes, um alle ihre Waldungen und Allmenten Gräben und Pörter aufwerfen, solche mit Tännlein, Buchlein, Hagen-Buchen oder Hasel-Stauden anpflantzen, denen Straßen, Weyden Güteren und Bächlein nach von vierzig zu vierzig Schuen Aspen, Wyden

Erlen, Pappel, Saar, Ulm und Äschebäume zu pflanzen und alle todte Zäun in den Güteren abzuschaffen.

Verordnungen über Äufnung und Besorgung der Wälder 1785, Mitteilungen für das forstliche Versuchswesen, 1967, 43, S. 280

Soll die Gemeind jährlich eine Zeit bestimmen, in ihren Waldungen unter Aufsicht der Bannwarth und Vierer des ausstocken gemeinsamlich zuverrichten, die Löcher sobald wieder zuverebnen und die ausgegrabenen stellen mit jungen Tannlein, Buchlein, Eichen, und Lerchbäumen, je nachdem den Umständen zu besetzen.

Verordnungen über Äufnung und Besorgung der Wälder 1785, Mitteilungen für das forstliche Versuchswesen, 1967, 43, S. 280

Par les roches, les sapelots; dans les prairies, les grands sapins.
Sur les sommets, les sapelots; dans la petite vallée, le grand sapin.
Über den Felsen, Tännchen; auf den Wiesen, große Tannen.
Auf den Bergspitzen (Höhepunkten), Tännchen; im kleinen Tal, die große Tanne.

Kt. Freiburg 1877 | Romania, 1877, S. 92

En attendent l'arrivé de la saison propre pour l'ensemencement il convient de faire cueillire la semence et de la préparer pour être mise dans terre en son temps. Pour quoi faire il serat ordonné à tous ceux, qui avec justice pourront demander du Bois pour des réparations et pour la Batire, d'abbatre les arbres de sapin qui auront été marqués pour ce sujet pendant la cours des mois Novembre, Décembre, et Janvier, et même plutôt pendant le mois d'Octobre, en leurs enjoignant d'arracher de ses arbres tous les pins et fruits qu'ils y trouveront pendants, pour être remis pour eux aux Officiers, Lieutenants, Mayres, ou Ambourgs du Lieu. Ces officiers feront versés ces fruits sur des planches elevés dans leurs poiles pour être deseché par le chaud de la chambre et lorsque les pins s'ouvriront, et que la semence en sortira facilment ycelle sera transporté dans un endroit plus temperé de la maison, et conservé jusqu'au mois d'Avril; ensuit en Luné decroissante elle sera mellé avec de la terre humide et remué par les Toppes.

Nachdem man die geeignete Saatzeit abgewartet hat, beschäftigt man sich mit dem Pflücken des Saatgutes und der Vorbereitung desselben, um es zu gegebener Zeit in den Boden zu bringen. Um dies machen zu können, wird allen, die rechtmäßig das Fällen von Tannenbäumen, welche im Verlauf der Monate November, Dezember und Januar und sogar schon vorher, im Oktober, gekennzeichnet worden waren, für Ausbesserungs- und Bauholz anfordern können, befohlen und eingeschärft: Alle Tannzapfen und Früchte, welche sie finden werden, abzureißen und sie für sich den Offizieren, Leutnants, Bürgermeistern oder Ortsvorstehern zu übergeben. Diese Leute werden diese Früchte auf erhöhten Brettern über ihrem Stubenofen zum Trocknen ausschütten.

Sobald sich die Tannzapfen öffnen und die Samen leicht herausfallen, werden diese an einem warmen Platz im Haus bis April aufbewahrt; alsdann werden sie bei abnehmendem Mond mit feuchter Erde vermischt und gut umgerührt.

> *Pruntrut BE 1751 | F.C. Grandvillers, Forstmeister, Zeitschrift für schweizerische Geschichte, 1935, 2, S. 156*

L'on en agira pas de même avec la faine et les glands car ceux-ci ne seront pas arrachés comme les Pins, mais ramassés et cueillis sous les arbres aux mois d'Octobre et Novembre. Ils seront remis, comme ci-dessus est dit aux officiers des villages et deposés dans des caves seches pendent l'hiver. Il faut avoir soing de les remuer trois à quatre fois par semaine jusqu'au Printemps alors ils seront mis dans du sable humide en sorte qu'entre deux couches de sable il y en ay une de semence jusqu'elle comencera à regermer et sera enfin semé dans les circuits reconnus pour ce convenables et labourés.

Mit den Buchnüssen und Eicheln wird man nicht gleichermaßen vorgehen, denn diese werden nicht abgerissen wie die Zapfen bei der Fichte, sondern in den Monaten Oktober und November unter den Bäumen aufgelesen und gepflückt. Sie werden, wie vorher erwähnt, bei den Offizieren der Dörfer für die Überwinterung in trockenen Kellern abgelegt. Bis zum Frühling muß man sie sorgfältig drei- bis viermal pro Woche wenden, dann werden sie in feuchten Sand gelegt, und zwar einzeln, zwischen zwei Schichten, bis sie zu keimen beginnen, und schließlich auf einem geeigneten, gepflügten Platz ausgesät.

> *Pruntrut BE 1751 | F.C. Grandvillers, Forstmeister, Zeitschrift für schweizerische Geschichte, 1935, 2, S. 157*

Will das Laub nicht gern von den Bäumen fallen,
so wird ein kalter Winter erschallen.

> *Der Hinkende Bot, Bern 1972*

Fabian, Sebastian (20. Januar),
lassen den Saft in die Bäume gahn.

> *Sammlung Strub, Jenisberg GR*
> *Schwanden GL 1972 | H.P.T., *1901, Landwirt, Schwanden GL, Umfrage 1972*

Fruchtbäume werden im zunehmenden Mond gepflanzt und versetzt; desgleichen lebende Hecken.

> *Sammlung Strub, Jenisberg GR*

Wie de Märze de Wald atritt, so verlat er en

> *Hombrechtikon ZH 1972 | A.H., *1892, Landwirt, Hombrechtikon ZH, Umfrage 1972*

Nach Laurenzi (10. August) Ehr
wächst das Holz nicht mehr.
Sammlung Strub, Jenisberg GR

Nach St.-Lorenz-Tag (10. August) wächst das Holz nicht mehr.
Zürich ZH 1972 | F. F., Forsting., Zürich ZH, Umfrage 1972

La prim'acqua d'agosto rinfresca il bosco.
Das erste Wasser im August erfrischt den Wald.
Sonvico TI 1952 | Vocabolario dei Dialetti della Svizzera Italiana, Lugano 1952, 1, S. 47

Sa tücc i mot i fan rasdif tut l'an ciüca nu fan castegna.
Gibt es Emd auf jeder Halde, tragen die Bäume wenig Kastanien.
Bergell GR 1896 | Decurtins, 1896, S. 174

Se fioriscono di maggio – si vanno a prendere con la gerla,
se fioriscono di giugno – si vanno a prendere col pugno.
Wenn sie im Mai blühen – holt man sie im Tragkorb,
wenn sie im Juni blühen – holt man sie mit der Faust (die Kastanien).
  Tessin 1911 / V. Pellandini, Tradizioni popolari Ticinesi, S. 141

Se i castagni germogliano d'aprile, di castagne ne fanno
in abbondanza, se germogliano di maggio, le raccolgono col sacco,
se germogliano di giugno, le raccolgono col pugno.
Wenn die Kastianienbäume im April sprießen, dann gibt es eine Menge
Kastanien. Wenn sie im Mai sprießen, erntet man sie in einem Sack.
Wenn sie im Juni sprießen, erntet man eine Handvoll.
  *Vira-Mezzovico TI 1952 / Vocabolario dei Dialetti della Svizzera Italiana,
  Lugano 1952, 1, S. 207*

Le nebbie d'agosto i mangiano tutte le castagne.
Die Augustnebel fressen alle Kastanien.
  *Mugena TI 1952 / Vocabolario dei Dialetti della Svizzera Italiana, Lugano,
  1952, 1, S. 47*

L'ultima settimana d'agosto e la prima di settembre sono la chiave delle
castagne.
Die letzte Augustwoche und die erste Septemberwoche sind die
Schlüssel der Kastanie.
  *Soglio GR 1952 / Vocabolario dei Dialetti della Svizzera Italiana, Lugano 1952
  1, S. 45*

A San Mattè crùdeli (castagne) a tre a tre.
An St. Matthäus (21. September) fallen die Kastanien haufenweise.
  Almanacco grigioni Italiano, 1939, S. 134

Peu de noisettes, peu de glands.
Wenig Haselnüsse, wenig Eicheln.
  Ocourt BE 1950 / Schweiz. Archiv f. Volksk., 1950, 46, S. 23

Wenn die Haselnüsse geraten, gibt es auch viel Eicheln.
  Sammlung Strub, Jenisberg GR

An Johannis (24. Juni) müssen die Eicheln aus dem Haus,
oder es wird nichts daraus.
  W. Höhn, Volksbotanik, Zürich 1972

Grünt die Eiche vor der Esche,
wird der Sommer eine Wäsche.
  *Ifwil TG 1972 / W. Sch., *1945, Landwirt, Ifwil TG, Umfrage 1972*

Treibt die Eiche vor der Esche,
ist der Sommer eine Wäsche (naß);
treibt die Esche vor der Eiche,
ist der Sommer eine Bleiche (trocken).

Kriechenwil BE 1972 | H. L., Landwirt, Kriechenwil BE, Umfrage 1972
Hirzel ZH 1972 | H. B., Landwirt, Hirzel ZH, Umfrage 1972
Osterfingen SH 1972 | J. R., *1888, Weinbauer, Osterfingen SH, Umfrage 1972

Ein Bauernhof ohne Wald ist wie ein Bett ohne Decke.

Schweiz 1960 | Die Grüne, 1960, 23, S. 695

Reif ohne Schnee tut allen Gewächsen weh.

Uitikon ZH 1972 | F. F., Forsting., Uitikon ZH, Umfrage 1972

Bim Dureforste mues mer d Auge off ha.

Schönenberg ZH 1972 | M. K., *1901, Landwirt, Schönenberg ZH, Umfrage 1972

Mi sött kei Känneltännli schla, es sig e Schuelbuebe z tod schla.
(Em Ufwachs Sorg ha.)

Signau BE 1972 | P. H., *1890, Landwirt, Signau BE, Umfrage 1972

Scherz-Bauernregeln

Gibt's Schnee und Eis im Januar,
so fängt mit Kälte an das Jahr.
Wenn's schneit und es kommt noch Regen dazu,
dann gibt's im Jenner nasse Schuh.
Appenzell 1882 / Schweiz. Dorfkalender

Kräht der Hahn im Februar auf dem Mist,
so ändert das Wetter oder bleibt wie es ist.
Auf dieses kannst du zählen zu jeder Zeit,
daß es am 30. Hornung nicht schneit.
Appenzell 1882 / Schweiz. Dorfkalender

Stellt sich im März schon Donner ein,
so muß das ein Gewitter sein.
Jetzt wird der Tag der Nacht gleichgemacht,
doch bleibt der Tag heller als die Nacht.
  Appenzell 1882 | Schweiz. Dorfkalender

Stellt sich im April Regen ein,
so hat man keinen Sonnenschein.
Wer in diesem Monat möcht Kirschen pflücken,
ist nicht schwer in den April zu schicken.
  Appenzell 1882 | Schweiz. Dorfkalender

So der Storch dir im Maien ein Kind beschert,
die Familie wird um ein Haupt vermehrt.
Wenn's donnert in Bern am Pankratiustag (12. Mai),
man auch in Bümpliz es hören mag.
  Appenzell 1882 | Schweiz. Dorfkalender

Stellt sich ein Huhn früh gackernd ein,
gibt's Regen oder Sonnenschein.
Fällt Juniregen in den Roggen,
so bleibt der Weizen auch nicht trocken.
  Appenzell 1882 | Schweiz. Dorfkalender

Schmerzt zu Jakobi dich das Bein,
so wird's das rechte oder linke sein.
Wälzt das Schwein sich in den Lachen,
so brauchst du's ihm nicht nachzumachen.
  Appenzell 1882 | Schweiz. Dorfkalender

Macht's den Menschen in den Hundstagen heiß,
so geraten sie leicht in großen Schweiß.
Prügelt zu Petri der Jäger den Hund,
so tut er's mit oder ohne Grund.
  Appenzell 1882 | Schweiz. Dorfkalender

Wenn die Kartoffeln geraten sind,
so mache sie über dem Feuer lind.
Geraten sehr wohl die Hopfen und Reben,
so wird's in der Folge viel Räusche geben.
  Appenzell 1882 | Schweiz. Dorfkalender

Wachsen die Nächte schon wieder auf Erden,
so viel kürzer die Tage werden.
Wenn zu St. Lukas der Gänserich schreit,
so hat's noch zehn Wochen bis Weihnachtszeit.
  Appenzell 1882 | Schweiz. Dorfkalender

Wenn zu Martini der Schornstein raucht,
wird in der Küche Holz gebraucht.
Versammelt sich morgens der Große Rat,
am Abend jeder sein Taggeld hat.
  Appenzell 1882 | Schweiz. Dorfkalender

Wenn die Henne zu Weihnacht zwei Eier gebiert,
so hat sie offenbar sich geirrt.
Gefriert's am Silvester zu Berg und Tal,
geschieht es dies Jahr zum letzten Mal.
  Appenzell 1882 | Schweiz. Dorfkalender

Année de noisettes, année de bâtards.
Parce que les garçons et les filles vont les chercher ensemble.
Haselnußjahr – Jahr der unehelichen Kinder.
Weil die Knaben und Mädchen sie zusammen suchen gehen.
  Delémont BE 1908 | Schweiz. Archiv f. Volksk., Jg. XII, S. 164

Anhang

Anmerkungen

ALLGEMEINER KOMMENTAR

Vorwort

1 Burckhardt, J., Gesammelte Werke, Basel 1956, Band IV, S. 5 und 6.
2 Burckhardt, J., a.a.O., S. 10.
3 Burckhardt, J., a.a.O., S. 15.
4 Burckhardt, J., a.a.O., S. 16.
5 Burckhardt, J., a.a.O., S. 44.
6 Über den kleinen Kreis vergleiche vor allem Schmid, K., Aufsätze und Reden, I. Band, Zürich und Stuttgart 1957, S. 29.
7 Burckhardt, J., a.a.O., S. 48.
8 Lüthy, H.: In Gegenwart der Geschichte, Köln und Berlin 1967, S. 36.
9 Priebe, H., Landwirtschaft in der Welt von morgen, Düsseldorf und Wien 1970, S. 13.
10 Röpke, W., Torheiten der Zeit, Zürich 1965, S. 46.

Einleitung

[1] Yermoloff, A., Der landwirtschaftliche Volkskalender, Leipzig 1905, S. II.
[2] Kletter, L., Alte Bauernregeln im Lichte der modernen Wissenschaften. Wetter und Leben. Zeitschrift für praktische Bioklimatologie, Jg. 10, 1958, Heft 1/2, S. 12.
[3] Weiß, R., Volkskunde der Schweiz, Erlenbach ZH 1946, S. 279.
[4] Lössi, H., Der Sprichwortschatz des Engadins, Winterthur 1944, S. XIII.
[5] Bausinger, H., Volkskunde, Darmstadt 1971, S. 85.

Zur Charakteristik der Bauernregeln

[1] Weiß, R., a.a.O., S. 270.
[2] Weiß, R., a.a.O., S. 278.
[3] Hellmann, G., Über den Ursprung der volkstümlichen Wetterregeln (Bauernregeln). Sitzungsberichte der Preußischen Akademie der Wissenschaften vom 21. Juni 1923, XX, S. 151ff. G. Hellmann gibt sodann auch eine Übersicht über die wichtigsten Sammlungen der Regeln in den verschiedenen Ländern. Es fehlen selbstverständlich die seit 1923 erschienenen Arbeiten, vor allem aber wird die Schweiz in dieser Übersicht nicht berücksichtigt.
[4] Hellmann, G., a.a.O., S. 154.
[5] Weiß, R., a.a.O., S. 320.
[6] Weiß, R., a.a.O., S. 328.
[7] Vergleiche darüber beispielsweise den Vortrag von W. Bührer: Die Bauernregeln, Liestal 1905.
[8] Jung, C.G., Von den Wurzeln des Bewußtseins, Zürich 1954, S. 127.
[9] Jung, C.G., a.a.O., S. 127.
[10] Schmid, K., Tiefenpsychologie und Literaturgeschichte. NZZ v. 21. März 1965, Nr. 1174.
[11] Jung, C.G., Über die Psychologie des Unbewußten, Zürich 1943, S. 170.
[12] Jung, C.G., Von den Wurzeln des Bewußtseins, Zürich 1954, S. 551.
[13] Pauli, W., Der Einfluß archetypischer Vorstellungen auf die Bildung naturwissenschaftlicher Theorien bei Kepler. Naturerklärung und Psyche. Studien aus dem C.-G.-Jung-Institut, Zürich 1952, S. 163.
[14] Jung, C.G., Psychologie und Alchemie, Zürich 1944, S. 645.

Genesis und Geschichte

[1] Hellmann, G., Über den Ursprung der volkstümlichen Wetter- und Bauernregeln, Berlin 1923.
[2] Knapp, E., Volkstümliches in den romanischen Wetterregeln, Tübingen 1939.

ANMERKUNGEN

[3] Schneider-Carius, K., Wetterkunde, Wetterforschung, Freiburg und München 1955.
[4] Schneider-Carius, K., a.a.O., S. 3 und 4.
[5] Burckhardt, J., Gesammelte Werke, Band VI, S. 284.
[6] Lenormont, F., Die Magie und Wahrsagekunst der Chaldäer, Wien o.D.
[7] 5. Moses, 11,13–17.
[8] Hiob, 37,10.
[9] 1. Könige, 18,44.
[10] Homer, Odyssee, Sammlung Dietrich, Band 14, 5,268; 5,281 und 5,291–296.
[11] Richter, W., Die Landwirtschaft im homerischen Zeitalter, Göttingen 1968, S. 131 und 132.
[12] Schneider-Carius, K., a.a.O., S. 30.
[13] Vergil, Hirtengedichte vom Landbau, Deutsch von Rudolf Alexander Schröder, Sammlung Dietrich, Band 28.
[14] Hellmann, G., a.a.O., S. 156.
[15] Aratos, Sternbilder und Wetterzeichen. Übersetzt und eingeleitet von A. Schott mit Anmerkungen von R. Böker. Das Wort der Antike, Band VI, München 1958, S. 115.

> Steigt aus dem Meer ans Licht nicht etwa schön bedächtig
> Der *Reiher,* sondern schreit mit heiserer Stimme mächtig:
> 915 Weil sturmgepeitscht die See bald wogen wird, drum flieht
> Er eilend. Oder auch dem Sturm entgegenzieht,
> (185) Wiewohl's noch sonnig ist, ein Schwarm Seeschwalben nun;
> Mit Flügeln hastig schlägt am Strand das *Wasserhuhn,*
> Die *wilde Ente* auch, statt, wie gewohnt, zu baden:
> 920 Die Gipfel des Gebirgs, sie stehn in Wolkenschwaden.
> Wie Greisenbart ist grau im Herbst der *Samenflaum*
> (190) *Der weißen Distel.* Schwimmt desselben viel auf kaum
> Bewegtem Meere hin und her – Wind gibt es dann.
> Im Sommer, wenn es *blitzt* und *donnert* – wo's begann,
> 925 Von dort auch darfst du Wind erwarten. – *Sterne* fuhren
> Oft blitzschnell nachts dahin und zogen Silberspuren
> (195) Im Schwarz des Himmels: schau, woher die Funken flogen –
> Denselben Pfad kam je und je ein Hauch gezogen
> Des Windes. Wenn von hier und dort die Sterne stieben,
> 930 Noch andre kreuz und quer, traun, solche sind getrieben
> Von Winden mannigfach: die suche zu vermeiden!
> (200) Woher, wohin sie wehn – wer könnte das entscheiden.
> Wenn's blitzt in Ost und Süd, und wieder das Gewitter
> Von West und Norden sich entlädt: zur See wird's bitter
> 935 Bereun der Schiffer, läßt er dadurch sich nicht schrecken,
> Von Zeus wie von der See wird Wasser ihn bedecken!
> (205) So viele Blitze sind die treuesten Gefährten
> Des Wassers. – Daß es bald zum Regen kommt, das lehrten
> Oft *Wolken,* weich-zerzaust, wie Wolleflocken und
> 940 Ins hohe Blau gemalt zwei *Regenbogen* bunt;
> Auch wenn mit schwarzem *Hof* ein Stern sich zeigte dir.
> (210) Auch wenn die *Vogelschar* mit unbezähmter Gier
> Einfällt *in Sumpf und See* des Badens halber; auch,
> Wenn über einen Sumpf hinschießend, mit dem Bauch
> 945 Die *Schwalben* mehr und mehr sich nahn der trüben Lake;
> Auch wenn dort stärker wird *des Fröschenvolks Gequake,*
> (215) Des quappenzeugenden, an dem die Wasserschlange
> Sich letzt; auch wenn nun bereits am frühen Morgen bange
> Das *Käuzlein* ruft; auch wenn am Meer behend die *Krähe*
> 950 Sich stürzt zu einer Festlandzunge – Sturmesnähe
> Bekundet sie; auch wenn den Kopf in einem Bach

ANHANG

(220) Sie bis zum Flügel netzt, ja untertaucht hernach;
 Auch wenn sie ruhelos am Wasser kreist, rauh krächzend.
 Oft blicken *Rinder* auch empor zum Äther, lechzend
955 Nach einem Regenguß, der sie am Mittag kräftig
 Erquicke. Es entschleppt dann ihrem Bau geschäftig
(225) Die *Ameis* Ei für Ei; dann krabbelt an der Wand
 Hinauf der *Tausendfuß;* und auch, was man genannt
 Des Erdreichs Eingeweid, das *Wurmgewimmel* kreucht
960 Herauf. Dann laust sich sehr, vom stolzen Hahn erzeugt,
 Die *Küchelschar* und piept und piept gar laut – dem Klang
(230) Des Wassertropfens gleich, wann er ins Wasser sprang!
 So kannst du auch vom Volk der *Dohlen* und der *Raben*
 Für Regen, der von Zeus bald kommt, ein Zeichen haben:
965 In Schwärmen treten sie dann auf, ihr Rufen gellt
 Wie Falkenschrei. Wie wenn von Zeus ein Regen fällt –
(235) Hört so des Raben Schnarrn sich an? Das weissagt dir
 Auch Regen, oder wenn mit rauher Stimme Gier
 Er aufkrächzt, lange dann nachpfeift, und mannigfach
970 Mit Flügeln schlägt. Es regt den Fittich unterm Dach
 Die Dohl', es flattert auch *die zahme Ent'* herbei –
(240) Der *Reiher* aber fliegt seewärts mit grellem Schrei.
 Mißachte nichts davon, vor Regen auf der Hut
 Zu sein. Sogar wenn mehr als sonst nach Menschenblut
975 Die lästge *Fliege* giert und unausstehlich sticht,
 Auch in der Sommernacht vorne dem *Lampenlicht*
(245) Am Docht ein Ösel wächst, auch wenn's am Winterabend
 Zuweilen ruhig brennt, mit stillem Schein uns labend,
 Zuweilen aber sprühn von ihm wie Bläschen fein
980 Die Funken, oder auch es flackert ihm der Schein
 Der Strahlen; oder wenn in Sommerhimmels Weiten
(250) Die *Inselvögel* sich zu dichten Schwärmen reihten.
 Der *Kochtopf* und der *Dreifuß,* der ihn überm Feuer
 Fest stehn läßt: sind sie arg umsprüht von *Funken* – teuer
985 Sei auch dies Zeichen dir! Selbst wenn sich dir verstohlen
 Unter der *Asche* weist ein Funkeln *feurger Kohlen,*
(255) Wie Hirsekörnlein: das sei dir ein Regenzeichen.
 Wenn aber tief im Tal die *Nebeldünste* schleichen,
 Den Fuß man des Gebirgs nicht sieht, doch heiter droben
990 Ihm glänzen Haupt und Grat: den Tag wirst du noch loben
 Und seinen Sonnenschein! So auch, wenn sich der Rücken
(260) Der See mit Nebel deckt, als wollt er auf sie drücken,
 So ausgedehnt und flach wie eine Felsenbank.
 Bei schönem Wetter prüf ob's bald hinüberschwank'
995 Zum schlechten, ist es schlecht – zum heitern. Sonderlich
 Gib auf die *Krippe* acht, die mit dem Krebse sich
(265) Umherdreht: siehst du sie von letztem Nebeldampf
 Befreit, so ist auch ganz vorbei der Sturmeskampf.
 Auch legt sich bald der Sturm, wenn sacht die *Lampen* brennen;
1000 Doch kannst du's auch am Schrei der *Eule* nachts erkennen,
 Sofern er sachte tönt, auch wenn zur Abendzeit
(270) Die *Krähe* trillerhaft in sachtem Wechsel schreit.
 Auch wenn die Raben einzeln zweimal erst allein
 Aufkrächzen, dann jedoch sehr viele insgemein
1005 Den Ruf anstimmen, laut und schallend, wann zum Nest
 Die Schar des abends fliegt: als wär's ein Freudenfest,
(275) So krächzen sie ringsum mit lustigem Geschrei –
 von Ast zu Ast, von Baum zu Baum sie flattern frei,

Und rasten hier und dort vor neuem Flügelschlag.
1010 Auch ziehn die *Kraniche,* zum Zeichen, daß der Tag
Nun friedlich-heiter wird, in unverwandtem Flug
(280) Dem schönen Wetter zu, ein dichtgedrängter Zug.
Doch wenn das reine Licht der *Sterne* jäh ermattet,
Und Wolken nahn dabei von nirgends her, auch schattet
1015 Kein Dunkel sonst, noch auch sehn wir sie etwa schlecht,
Weil hell der Mond scheint – sind nur so sie abgeschwächt:
(285) Für schlechtes Wetter sei dies Zeichen dir gegeben,
Auf Stille hoff dann nicht! Noch auch, wenn *Wolken* schweben
Ganz unbewegt, und in noch höheren Gefilden
1020 Hintertreibend und zurück, sich andre Wolken bilden.
Unfehlbar droht ein Sturm, wenn *Gänse* gierig tun,
(290) Nach Futter schnatternd; krächzt des nachts, wann alle ruhn,
Die neunmannsalte *Kräh';* ertönt ein *Dohlen*schrei
spät abends; ruft zu früh der *Fink;* flieht allerlei
1025 Gevögel weg vom Meer zum Land; ja andre schlüpfen
Ins Erdreich und hinein in Felsen; nicht mehr hüpfen
(295) Hungrig auf Feld und Flur umher die Dohlen – ihnen
Ist's Nest nun lieber. Auch die unverdroßnen *Bienen* –
Will's stürmen, kümmert sie kein Wachs im Blumenseim
1030 Entfernter Wiesen, nein, dem Honig gilt daheim
Ihr fleißig Treiben dann. So auch die langen Zeilen
(300) Der *Kraniche:* man sieht sie heimwärts, erdwärts eilen.
Wenn *Spinngewebe* treiben zart durch Lüfte still;
Wenn, eh die *Lamp'* erlischt, ihr Licht emporzuckt; will
1035 Das *Feuer* nicht erglühn, brennt auch das Licht nicht an
Bei heitrem Wetter – sei vor Sturm gewarnt! Ich kann
(305) Dir alle Zeichen, die man kennt, nicht melden! Ballt
Die *Asche* sich geschwind – ein Schneegestöber kalt
Erwarte; Schnee, wenn ringsumher der *Lampen*mund
1040 Mit Körnlein, hirsegleich, besetzt scheint; auch wird kund
Ein Hagelschlag am Schein der *glühnden Kohle:* Helle
(310) Verbreitet zwar sie selbst, doch wölkt sich eine Stelle
Inmitten ihrer Glut gleichwie im Nebelhauch.
Dir weiß auch guten Rat der dunkle *Mastix*strauch
1045 Und früchteschwer die *Steineiche:* es gibt beizeiten
Ein rechter Landmann acht auf alles – sonst entgleiten
(315) Die Ernten seiner Hand! Die Steineichbäume tragen
Viel Eicheln, doch mit Maß? Der Winter wird uns plagen
Mit Nässe! Dürre soll der jungen Saat nicht schaden?
1050 Dann sei nicht überschwer der Steineichbaum beladen
Mit Eicheln! Dreimal setzt die Mastix an, auch reift
(320) Die Frucht ihr dreimal – traun, dem Pflüger, der's begreift,
Gibt dreifach sie den Wink; leicht merkt er so die Zeiten
Des Pflügens: eine vor, die andre nach der zweiten.
1055 Der ersten Saat entspricht die Erstlingsfrucht; es naht
Mit zweit- und dritter Frucht auch zweit- und letzte Saat.
(325) Und war das eine Mal die Mastixfrucht sehr prächtig,
So wird die Schwestersaat von reichster Ernte trächtig,
Doch schwach, wenn arm die Frucht; wenn mäßig, kaum zu rühmen.
1060 So pflegt sich auch der Schaft der *Skilla* zu beblümen:
Denn dreimal weissagt sie, wie jeweils der Ertrag
(330) Der Saat wird; was die Frucht der Mastix lehrt, das mag
Dem Landmann künden auch die weiße Blütentraube
Der Skilla! – Wenn im Herbst, so meint ein alter Glaube,
1065 Die *Wespen* überall unzählig sich vermehren:

Vor der Plejaden Spätaufgang soll wiederkehren
(335) Der Winter, stürmend wie rasch wirbelnd Wespen fliegen.
Die *Mutterschweine,* auch die *Mutterschaf'* und *Ziegen* –
Bespringen sie aufs neu einander, ob sie schon
1070 Von ihren Männchen doch begattet sind, so drohn
Uns Winterstürme hart, ganz wie vom Wespenschwärmen.
(340) Drum freut's den dürftgen Mann, der schlecht sich kann erwärmen,
Wenn nicht zu früh die Brunst der Ziegen, Schaf' und Säue
Erwachte: hofft er doch auf Winterhimmelsbläue!
1075 Wer zeitig ackert, liebt den frühen *Kranichzug;*
Ist er spät dran, so kommt ihm der stets früh genug.
(345) Der Winter kommt ja mit den Kranichen gefahren:
Früh, wenn sie frühe ziehn, und reich an Zahl in Scharen;
Doch wenn sie nach und nach erst spät vereinzelt kommen,
1080 Und nicht mit einem Mal in Schwärmen – dir wird's frommen:
Des Winters Aufschub gönnt dir späte Landarbeit.
(350) Wenn aber *Schaf* und *Rind* nach reicher Erntezeit
Die Erde scharren und den Kopf des Nordens Winden
Entgegenrecken, dann verkünden im Entschwinden
1085 Ein Winterwetter bös die schimmernden Plejaden.
Nein, nicht zuviel gescharrt! Denn übermäßig schaden
(355) Dem Garten und dem Feld ja solche Wetter nur.
Doch ist von hohem Schnee bedeckt die weite Flur,
Eh sprossend noch das Kraut sich knotenweis erneut:
1090 Getrost – ein gutes Jahr den Bauersmann erfreut!
Es sei auch stets das Bild der *Sterne* droben schicklich –
(360) Nicht einer, zwei, noch mehr *mit Schweifen:* unerquicklich,
Bewirken viel Kometen doch ein dürres Jahr.
Auch freut's den Landmann nicht, wenn *Vögel* Schar um Schar,
1095 Wann's Sommer werden will, *von Meeresinseln* her
Sich stürzen auf das Feld: dann fürchtet er gar sehr,
(365) Vor arger Dürre werd ihm taub und reich an Spreu
Die Ernte. Doch mich dünkt, daß sich der Vögel freu,
Sammeln sich ihrer nicht zuviel, der wackre Hirt
1100 Der Ziegen, hoffend, daß dies Jahr ihm milchreich wird.
So lebt ja das Geschlecht der Menschen: ruhlos schmachtet
(370) Einer nach dem, nach dem ein andrer; jeder trachtet,
Wie er *sein* Zeichen kleinlich deute und verwerte.
Daß Sturm im Anzug sei – den Schäfer oftmals lehrte
1105 Die *Lämmerherde* dies, strebt nach der Weide sie
Zu gierig, üben auch des Wegs die *Böcklein* hie
(375) Und da die *Herdenböck'* ein mutig Hörnerstoßen.
Auch wenn zweibeinigen Sprung tun die gehörnten Großen,
Die Kleinen aber dort mit allen Vieren springen;
1110 Auch wann die Herde heimkehrt abends, und zu zwingen
Vermag der Hirte nicht manch widerspenstig Tier –
(380) Kein Steinwurf hilft – es grast mit ungestillter Gier!
Vom *Rind* auch lernt der Kuhhirt wie der Pflüger, traun,
Wann Sturm heraufzieht: wenn die Rinder ihre Klaun
1115 Am Vorderfuß ringsum sich mit der Zung' belecken;
Auf rechter Flanke sich auch wohl zur Ruhe strecken –
(385) Ein alter Bauer weiß dann schon: spät säen wir
Dies Jahr. Hat er des Jochs entledigt schon den Stier;
Und ziehn die *Färsen* stallwärts, ohne Lust an Futter
1120 Und Weide, brüllend drängt sich jede hin zur Mutter –
Schlecht Wetter gibt's noch eh vom Abendbrot er satt
(390) Geworden. Auch nicht klar bleibt's, wenn am Stachelblatt

Der Steineiche die Geiß sich labt, im Mist die Sau
Wild tobt; und wenn der *Wolf* recht wölfisch-einsam, rauh
1125 Und lang aufheult, ja kommt er unbesorgt daher,
Obschon er Männer sieht am Werk – als wäre er
(395) Ein Wandrer, der ein Obdach braucht –, und kühnlich wagt
Er in Gefahr sich: Sturm gibt's, eh's noch dreimal tagt.
Auch die bereits zuvor genannten Zeichen deute
1130 Also, daß Regen, Wind und Sturm entweder heute
Auch morgen oder auch am dritten Tag aufsteigen.
(400) Selbst wenn das *Mäusevolk,* als wollt es einen Reigen
Aufführen, piepend tanzt bei heitrem Himmel – nicht
Den Alten wertlos schien dies seltsame Gesicht.
1135 Noch auch die *Hunde:* scharrt ein Hund mit beiden Pfoten
Die Erde – nimm ihn dann für einen Sturmesboten!
(405) Auch gar den *Krebs:* der pflegt dem Wasser zu entlaufen,
Um vor dem Sturm an Land die Zeit noch auszukaufen.
Mir zarten Pfötchen huscht die *Hausmaus* durch die Streu
1140 Zur Ruh? Nicht zweifle, daß vom Himmel Regen dräu!
Wie oft hat wilden Sturm uns prophezeit die Maus!
(410) Verschmähe nichts davon. Doch besser schaust du aus
Nach weitern Zeichen: magst ja zweien eher trauen,
Die gleichbedeutend sind, doch fest aufs dritte bauen!
1145 Auch rechne stets zurück, ob vorges Jahr gegolten
Die Zeichen? Kamen so die Sonnen und entrollten
(415) So, wie es Stern um Stern verkündet? Doch auch lohnt
Sich's reichlich, merkst du dir nur stets vom vorgen Mond
Und auch vom künftgen je vier Tage – acht umflechten
1150 Die Fuge je von Mond zu Mond: in diesen Nächten
Muß ja der Äther dann die Mondesgöttin missen,
(420) Ohn' ihren holden Blick schwankt er im Ungewissen.
Hab acht nun! Wolle nichts von alledem versäumen,
Den Jahrlauf vorzuschaun, in ewgen Himmelsräumen.

[16] Scriptores Rei Rusticae Veteres Latini Cato, Varro, Columella, Palladius. Lipsia 1173, XI 1. 34.
[17] Seidensticker, A., a.a.O., Bd. II, S. 270.
[18] Thielscher, P., Des Marcus Cato Belehrung über die Landwirtschaft. Lateinischer Text und Übersetzung, Berlin 1963, S. 69.
[19] Seidensticker, A., a.a.O., Bd. II, S. 268.
[20] Über Palladius vgl. Brunner, O., Adeliges Landleben und europäischer Geist, Salzburg 1959, S. 264.
[21] Seidensticker, A., a.a.O., Bd. II, S. 269.
[22] Rosenfeld, H., Kalender, Einblattkalender, Bauernkalender und Bauernpraktik. Bayerisches Jahrbuch für Volkskunde, Würzburg 1962, S. 7.
[23] Rosenfeld, H., a.a.O., S. 8. Schneider-Carius, K., a.a.O., S. 41.
[24] Hellmann, G., Beiträge zur Geschichte der Meteorologie, Berlin 1914, S. 7.
Hellmann, G., Die Entwicklung der meteorologischen Beobachtungen in Deutschland, Berlin 1926.
Hellmann, G., Versuch einer Geschichte der Wettervorhersage im 16. Jahrhundert, Berlin 1924.
[25] Reynmann, L., Wetterbüchlein. Faksimiledruck der Ausgabe von 1510, hg. von G. Hellmann, Berlin 1893.
[26] Faksimiledruck, mit Einleitung von G. Hellmann, Berlin 1896.
[27] Vgl. darüber Rosenfeld, H., a.a.O., S. 13 und 23.
[28] Rosenfeld, H., a.a.O., S. 17.
[29] Vgl. den zusammenhängenden Text bei Rosenfeld, H., a.a.O., S. 19, sowie die Regeln in unserer Sammlung.
[30] Rosenfeld, H., a.a.O., S. 21.

³¹ Stoller, H., Rosius und sein Kalender. Baselbieter Heimatblatt, Vierteljährliche Beilage zum Landschäftler, Nr. 3, 3. Jg., Oktober 1938.
³² König, E., a.a.O., 1705, S. 194. Über die Hausväter: Hauser, A., Wald und Feld in der alten Schweiz, Zürich 1972, S. 123.
³³ Leider ist die Kalenderbibliographie von J.J. Brandstetter (Bibliographie der schweizerischen Landeskunde, Fasc. lb, Bern 1896, S. 243 ff.) unvollständig. Sie gibt es aber trotzdem einen gewissen Überblick. Verschiedene Kalender haben bereits ihren Historiker gefunden, z.B. Capré, J., Histoire du véritable Messager Boiteux de Berne et Vevey, Vevey 1884. Thürer, G., 250 Jahre Appenzeller Kalender. Rorschacher Neujahrsblatt 1972, 62. Jg.
³⁴ Stoßseufzer eines Kalendermachers aus dem 18. Jahrhundert: Trümpy, H., Kritik am Aberglauben in einem alten Luzerner Kalender. Schweiz. Archiv für Volkskunde. 43. Jg., 1–2, Basel 1953, S. 17.
³⁵ Wanner, H., Kritik am Aberglauben in einem alten Luzerner Kalender. Schweiz. Archiv für Volkskunde. 46. Jg., 1, Basel 1956, S. 11.
³⁶ Gattlen, A., Zur Geschichte der astrologischen Praktik in den Walliser Kalendern des 18. und 19. Jahrhunderts. Schweiz. Archiv für Volkskunde, Band 52, Basel 1956, S. 49.
³⁷ Gattlen, A., a.a.O., S. 52/53.
³⁸ Gattlen, A., a.a.O., S. 53.
³⁹ Gattlen, A., a.a.O., S. 53.
⁴⁰ Gattlen, A., a.a.O., S. 54.
⁴¹ Gattlen, A., a.a.O., S. 55.
⁴² Gattlen, A., a.a.O., S. 55.
⁴³ Zschokke, H., Eine Selbstschau. 8. Aufl. 1970. Aarau 1842, S. 205. Über die Bauernaufklärung vgl. auch Lichtenberg, H.O., Unterhaltsame Bauernaufklärung, Tübingen 1970.
⁴⁴ Gattlen, A., a.a.O., S. 57/58.
⁴⁵ Thürer, A., a.a.O., S. 130.
⁴⁶ Thürer, A., a.a.O., S. 130.
⁴⁷ Brugger, H., Die schweizerische Landwirtschaft in der 1. Hälfte des 19. Jahrhunderts, Frauenfeld 1956, S. 162.
⁴⁸ Neuer Bauernkalender für das Jahr 1852, herausgegeben vom landwirthschaftlichen Verein des Kantons Solothurn, 6. Jg., S. 35.
⁴⁹ Schweizerische Antworten auf Wilhelm Mannhardts Fragebogen. Schweiz. Archiv für Volkskunde, 67. Jg., Basel 1971.
⁵⁰ Koellreuter, A., Brauchtumfeindliche und brauchtumfreundliche Bauern. Eine sozialempirische Untersuchung im Diemtigtal. Unveröffentlichte ETH-Diplomarbeit 1972, S. 74.

Tradierung und Lebensdauer der Regeln

¹ Koellreuter, A., a.a.O., S. 100.
² Glossaire des Patois de la Suisse Romande, I., III., S. 305/307.
³ Reynman, L., Wetterbüchlein von 1505.
⁴ Knapp, E., a.a.O., S. 10.
⁵ Decurtins, Bergell 1896, S. 174.
⁶ Romania, S. 91.

7 Die Schweiz, 1858, Nr. 1, S. 235.
8 Notizen von Klosterkaplan Jakob, a.a.O., S. 38.
9 Papierhandschrift Basel, 14./15. Jahrhundert, Sammlung Werner, S. 68.
10 Knapp, E., a.a.O., S. 29.
11 So etwa bei König, E., a.a.O., S. 924, 983, 972, 959, 960, 939, 943, 944. Sie sind auch bei Klosterkaplan Jakob von Sarnen aufgeführt.
12 Papierhandschrift Basel, 14./15. Jahrhundert, a.a.O., S. 68.
13 Seidensticker, A., a.a.O., Bd. 2, S. 269/70, sowie Thielscher, Ch., Die Schriften des Cato, a.a.O., S. 69.
14 König, E., a.a.O., S. 1005. Churer Schreibkalender von 1708, Appenzellischer Sprachschatz (Tobler) von 1837, S. 300.
15 Bauernpraktik von 1508 bei Rosenfeld, H., a.a.O., S. 11.
16 Bauernpraktik von 1508 bei Rosenfeld, H., a.a.O., S. 11.
17 Knapp, E., a.a.O., S. 60.
18 Mannhardt-Untersuchung. Schweiz. Archiv für Volkskunde 1971, Heft 1/3, S. 347.
19 Vgl. darüber z. B. Strübin, E., Baselbieter Volksleben, Basel 1952, S. 63.
20 Bausinger, H., Volkskunde, Darmstadt 1971, S. 246/47.

Ökonomische und soziale Wandlungen und ihre Folgen

1 Die Volkswirtschaft, Heft 8, 1971.
2 Brugger, H., Die schweizerische Landwirtschaft in der ersten Hälfte des 19. Jahrhunderts, Frauenfeld 1956, S. 11.
3 Statistische Erhebung und Schätzungen über Landwirtschaft und Ernährung, 48. Jg., Brugg 1971, S. 172.
4 Die Volkswirtschaft 1/2, 1964, S. 21.
5 Dürr, E., Urbanität und Bauerntum in der Schweiz. Die Schweiz. Ein nationales Jahrbuch, 1934, 5. Jg.
6 Tenhumberg, T., Landvolk in der Industriegesellschaft, Heft 7 der Schriftenreihe für ländliche Sozialfragen, Hannover 1952, S. 23.
7 Statistisches Handbuch der schweizerischen Landwirtschaft, S. 22, und Statistische Erhebungen und Schätzungen über Landwirtschaft und Ernährung, 48. Jg., Brugg 1971, S. 12. Vgl. darüber auch die Zahlen und Kommentare im Vierten Landwirtschaftsbericht des schweizerischen Bundesrates, Bern 1969.
8 Vierter Landwirtschaftsbericht des Bundesrates, Bern 1969, S. 10. Ferner: Statistische Erhebungen und Schätzungen über Landwirtschaft, 48. Jg., 1971, S. 20.
9 Vierter Landwirtschaftsbericht des Bundesrates, a.a.O., S. 32/33.
10 Nußbaumer, J., Die Lebensverhältnisse der Bauernfamilien im Homburgertal, ETH-Diss. 1963, S. 94.
11 Nußbaumer, J., a.a.O., S. 94.
12 Jäggi, U., Berggemeinden im Wandel, Bern 1965, S. 259.
13 Hugger, P., Das Nein zur Scholle. Regio Basiliensis XI/1, Basel 1970, S. 25.
14 Hugger, P., a.a.O., S. 26.
15 Strübin, E., Baselbieter Volksleben, Basel 1952, S. 61.
16 Aussagen von verschiedenen Gewährspersonen in der Umfrage von 1972.
17 Niederer, A., Gemeinwerk im Wallis, Basel 1956, S. 56 und 90.
18 Atlas der schweizerischen Volkskunde, 1. Teil, 6. Lieferung, S. 508.
19 Hugger, P., a.a.O., S. 30.

[20] Hugger, P., a.a.O., S. 28.
[21] Planta, P.v., und Müller, K., Die Förderung wirtschaftlich bedrohter Bergregionen durch eine aktive Entwicklungspolitik, Winterthur 1971, S. 192.
[22] Planta, P.v., und Müller, K., a.a.O., S. 208.

Zur sozialpsychologischen Situation

[1] Schmid, K., Fortschritt und Dauer. In: Zeitspuren, Aufsätze und Reden, Zürich 1967, S. 54.
[2] Koellreuter, A., a.a.O., S. 40.
[3] Für die Umfrage sind wir dem Direktor der Schule, P. Thomas Locher, zu Dank verpflichtet.
[4] Koellreuter, A., a.a.O., S. 43.
[5] Koellreuter, A., a.a.O., S. 47.
[6] Koellreuter, A., a.a.O., S. 107.
[7] Zu diesem Resultat kamen auch die Untersuchungen verschiedener Agrarsoziologen. Vgl. etwa die Arbeiten von: Nußbaumer, J., Jaggi, U., Wyder, J., und Dönz, A. Als einer der ersten hat der Volkskundler R. Weiß auf dieses Phänomen hingewiesen.
[8] Weber, M., Gesammelte Aufsätze zur Wissenschaftslehre, Tübingen 1922, S. 536.
[9] Schmid, K., Europa zwischen Ideologie und Wirklichkeit, Zürich 1966, S. 105.
[10] Böhler, E., Der Mythus in Wirtschaft und Wissenschaft, Freiburg 1965.
[11] Schmid, K., Fortschritt und Dauer. In: Zeitspuren, Aufsätze und Reden, Zürich 1967, S. 72.
[12] Schmid, K., a.a.O., S. 66.

SPEZIELLER KOMMENTAR: DIE EINZELNEN REGELN

Wetterregeln

[1] Knapp, E., Volkstümliches in den romanischen Wetterregeln, Tübingen 1939, S. 59.
[2] Entsprechende Regeln aus dem Sarganserland, dem Emmental, den Kantonen Zug, Luzern, St. Gallen, Bern, Baselland, Uri, Freiburg und Zürich im Anhang.
[3] Churer Schreibkalender 1708; entsprechende Regel im Anhang.
[4] Hoffmann-Krayer, 1940, S. 96, sowie Schweiz. Archiv für Volkskunde, 1 (1897) S. 65, 9 (1905) S. 36, 13 (1909) S. 207.
[5] Sammlung Müller, Liestal, 1911.
[6] Hellmann, G., Über den Ursprung der volkstümlichen Wetterregeln (Bauernregeln). Sitzungsberichte der Preußischen Akademie der Wissenschaften, 1923, XX, 21. Juni, S. 150.
[7] Hellmann, G., a.a.O., S. 150 und 151.
[8] Hellmann, G., a.a.O., S. 151.
[9] Curti, N., Volksbrauch und Volksfrömmigkeit im katholischen Kirchenjahr, Basel 1947, S. 74.
[10] Curti, N., a.a.O., S. 85 und 94.
[11] Schweizerisches Idiotikon 1961, S. 916, sowie Tobler, T., Appenzellischer Sprachschatz, S. 305.
[12] 5. Mose, 18, 10–11.
[13] Galater 4, 10.
[14] Wyß, B., Johannes Chrysostomos und der Aberglauben, Schweiz. Archiv für Volkskunde, Bd. 47, 1951, S. 262.
[15] Anhorn, B., Magiologia, Basel 1674. Gwerb, R., Bericht von dem abergläubigen Leuth- und Vych besägnen, und andern Zauberkünsten. Zürich, H.H. Hornberger 1646.
[16] Aus den Schriften der Ökonomischen Gesellschaft, Bern, S. 67. Schweizerisches Idiotikon 1961, S. 784.
[17] Stoll, O., Zur Kenntnis des Zauberglaubens, der Volksmagie und Volksmedizin in der Schweiz, Zürich 1909.
[18] Weiß, R., Wochentage als Unglückstage. Erste Proben aus dem Atlas der schweizerischen Volkskunde. Schweiz. Archiv für Volkskunde, Bd. 36, 1938, S. 237–280.
[19] Gotthelf, J., Käserei in der Vehfreude. Rentsch, Erlenbach 1965, S. 403–405.
[20] Vgl. dazu auch die Arbeit von H.P. Bruppacher, Die Namen der Wochentage im Italienischen und Rätoromanischen, Zürich Diss. 1948, S. 215.
[21] Kletter, L., Alte Bauernregeln im Lichte der modernen Wissenschaften, a.a.O., S. 16.
[22] Häfelin, J., Verhandlungen der Schweizerischen Naturforschenden Gesellschaft, Anwendung der Baurschen Hochsommerregel und der Siebenschläferregel auf das Wetter in der Schweiz, Aarau 1950, S. 148.
[23] Fischer, H., Aberglaube oder Volksweisheit, 2. Auflage, Leipzig 1939, S. 10.
[24] Tank, H.J., Meteorologie. Wetterkunde, Wetteranzeichen, Wetterbeeinflussung. Hamburg 1969, S. 69.

²⁵ Kletter, L., Alte Bauernregeln im Lichte der modernen Wissenschaften, a.a.O., S. 17.
²⁶ Mitteilung von W. Kuhn, MZA, Zürich.
²⁷ Primault, B., Was dem Irländer sein Mamerz, ist dem Schweizer seine Sophie, Schweizer Spiegel, 45. Jg., Nr. 8, 1970, S. 38.
²⁸ Primault, B., a.a.O.
²⁹ Frey, H., Der Frühlingseinzug am Zürichsee, Neujahrsblatt, herausgegeben von der Naturforschenden Gesellschaft in Zürich auf das Jahr 1931, S. 28.
³⁰ Weinreb, F., Die Symbolik der Bibelsprache, Zürich 1969, S. 21.
³¹ Ludwig Christoph von Hellwigs auf 100 Jahre gestellter kuriöser Kalender, 1700.
³² Knauer, M., Calendarium oeconomicum practicum perpetuum, 1704. Eine der vielen späteren Auflagen: Calendarium oeconomicum oder Haus-Calender, vormals verfaßt von Mauritius Knauer, Reutlingen 1803.
³³ Primault, B., Hat der Hundertjährige Kalender recht? Schweizer Spiegel, 42. Jg., Nr. 6, März 1967, S. 28 ff.

Mondregeln

¹ Vgl. die betreffenden Regeln aus der Bauernpraktik in unserer Sammlung.
² Schweiz. Archiv für Volkskunde, 1971, Sammelheft 1–3, S. 331.
³ Vgl. die entsprechenden Hinweise in unserer Sammlung.
⁴ Primault, B., a.a.O.
⁵ Morel, C., Influence possible de la lune sur l'évolution des conditions météorologiques en un lieu déterminé. La Météorologie, 4ᵉ série, no 68, 1962, S. 341–345.
⁶ Vgl. die entsprechenden Regeln in unserer Sammlung.
⁷ Schweiz. Archiv für Volkskunde, 1900, S. 33. (Regeln in der Sammlung wiedergegeben.)
⁸ Der Großätti aus dem Leberberg, 1873, S. 26. Vgl. die betreffenden Regeln in unserer Sammlung.
⁹ Siehe unsere Sammlung.
¹⁰ Thun, M., und Heinze, H., Weitere Berichte über Mondkonstellationen und Wachstum von Kulturpflanzen, Darmstadt o.D. (wohl Jahr 1968/69), S. 3. Vgl. auch den Artikel: Bauer, Mond und Aussaat. Die Grüne, 8. Juni 1960, Nr. 23, S. 692.
¹¹ Thun, M., Mehrjähriger Weiteranbau von Kartoffeln im siderischen Mondrhythmus sowie Nachbau unter gleichen Bedingungen und Versuche mit verschiedenen Kieselbehandlungen. In: Lebendige Erde, Nr. 1, 1969, S. 19.
¹² Sommer, H., Meteorobiologie und Tierzucht. Der Tierzüchter, 20. Juli 1965, 17. Jg., S. 465. Für den entsprechenden Hinweis sind wir Prof. Dr. Bianca, ETH, dankbar.
¹³ Sommer, H., Über die Beziehungen zwischen Wetter und Milchleistung des Tieres. Bayerisch-landwirtschaftliches Jahrbuch, 42. Jg., Heft 3, 1965.
¹⁴ Marler, P.R., und Hamilton, W.J., Tierisches Verhalten, München 1972, S. 78 und 79.
¹⁵ Bühler, W., Über Mondwirksamkeit in der Nativität, Freiburg i.Br. 1940. Lerch, M., Die Beeinflussung des Geburteneintrittes durch äußere Faktoren, Dipl.-Arbeit ETH, 1965, ungedruckt, S. 63.

[16] Schneider, F., Die Beeinflussung der ultraoptischen Orientierung des Maikäfers durch Veränderung des lokalen Massenverteilungsmusters. Revue Suisse de Zoologie, 1964, vol. 71, S. 632 ff.

Tiere als Wetterpropheten

[1] Müller, H., Beiträge zur Biologie des Hermelins. Säugetierkundliche Mitteilungen. München, 18. Jg., Heft 4, November 1970.
[2] Müller, H., a. a. O., S. 352.
[3] Bibikow, D. J., Die Murmeltiere, Wittenberg 1968, S. 71.
[4] Vietinghoff-Riesch, A. v., Der Siebenschläfer, Jena 1960.
[5] Vietinghoff-Riesch, A. v., a. a. O., S. 88.
[6] Henze, O., Vogelschutz gegen Insektenschäden in der Forstwirtschaft, München 1943.
[7] Bibikow, D. J., a. a. O., S. 91.
[8] Schröder, W., Untersuchungen zur Ökologie des Gamswildes in einem Vorkommen der Alpen. Zeitschrift für Jagdwissenschaft, Bd. 17, Heft 3, November 71, S. 127 ff.
[9] Schlötz, R., Markierung und erste Beobachtungen von markiertem Rotwild im schweizerischen Nationalpark und dessen Umgebung, Liestal 1961, S. 11.
[10] Klenk, K., Das Aktivitätsmuster des Rotfuchses *(Vulpes vulpes L.)* in einem Freilandgehege mit künstlichem Bau. Zürcher Diss. 1971, Sonderdruck, S. 274.
[11] Salomonsen, F., Vogelzug, München 1969, S. 9.
[12] Salomonsen, F., a. a. O., S. 95.
[13] Salomonsen, F., a. a. O., S. 97.
[14] Frey, H., Der Frühlingseinzug am Zürichsee, Neujahrsblatt, herausgegeben von der Naturforschenden Gesellschaft in Zürich auf das Jahr 1931, S. 37.
[15] Frey, H., a. a. O., S. 111.
[16] Mitteilung von Prof. Dr. F. Koblet, Wädenswil.
[17] Lips, M., Die Biene als Wetterfrosch. Schweizerische Bienenzeitung, Aarau, August 1969, Nr. 8, S. 401.
[18] Frisch, K. v., Aus dem Leben der Bienen, Berlin 1969.
[19] Friedli, F., Wunderwelt der Ameisen, Bern/Stuttgart 1969, S. 77.
[20] Friedli, F., a. a. O., S. 78. Vgl. auch Goetsch, W., Die Staaten der Ameisen, 1953, S. 143.
[21] Friedli, F., a. a. O., S. 45 und 60.
[22] Friedli, F., a. a. O., S. 17.
[23] Goetsch, W., Die Staaten der Ameisen, 1953, S. 143.
[24] Steinbeck, Ch. G., Der aufrichtige Kalendermann, Leipzig 1820, 3. Teil, S. 30–34.
[25] Scharfenberg, C. L., Wetteranzeiger, oder: Ein nichts als einige Aufmerksamkeit kostendes Mittel, nähere und entferntere künftige Witterung zum höchsten Verlaß erforschen zu können, Wien 1819, S. 17.
[26] Fabre, J.-H., Das offenbare Geheimnis, Zürich 1961, S. 28 ff.
[27] Bristowe, S. W., The World of Spiders, London 1958, S. 6.
[28] Blankenhorn, H. J., Meteorological Variables Affecting Onset and Duration of Callings in Hyla arborea L. und Buta calamita Laur. In: Oecologia (Berlin) 29, von 1972, S. 223–234.
[29] Heußer, H., und Ott, J., Wandertrieb und populationsspezifische Sollzeit der

ANHANG 684

Laichwanderung bei der Erdkröte. Revue suisse de zoologie, tome 75, no 51, Dezember 1968, S. 1005.
[30] Savage, R. M., The Ecology and Life History of the Common Frog Rana temporaria, London 1961, S. 221.
[31] Heußer, H., Die Lebensweise der Erdkröte. Revue suisse de zoologie, tome 75, no 48, Dezember 1968, S. 927 und 977.
[32] Primault, B., Wetterpropheten in der Natur. Schweizer Spiegel, 35. Jg., Nr. 7, April 1960, S. 17.
[33] Knapp, E., Volkskundliches in romanischen Wetterregeln, Tübingen 1939, S. 49.
[34] Reynman, L., Wetterbüchlein von 1505.
[35] Schweiz. Archiv für Volkskunde, Jg. 1950, Bd. 46, S. 25.
[36] Sommer, H. A. O., Untersuchungen über die Beziehungen zwischen Wetter und Milchleistung des Rindes, München 1962, S. 16.
[37] Sommer, H. A. O., a. a. O., S. 48.

Pflanzen als Wetterpropheten

[1] Primault, B., Wetterpropheten in der Natur. Schweizer Spiegel, 35. Jg., Nr. 7, April 1960, S. 14.
[2] Dazur von, W., Wetterzeichen überall, München 1959, S. 63. Wir können allerdings den Darlegungen dieses Autors nicht in allen Teilen folgen: die Esche war in Europa schon in der Jungsteinzeit heimisch; Dazur hat also über den Ursprung der Esche unzutreffende Vorstellungen.

Wetterpropheten in Haus und Hof

[1] Primault, B., Wetterpropheten in der Natur. Schweizer Spiegel, 35. Jg., Nr. 7, April 1960, S. 14.
[2] Notizen des Klosterkaplans von Sarnen aus dem 18. Jahrhundert. Schweiz. Archiv für Volkskunde, 1900, S. 35.
[3] Grandjean, E., Fleisch, A., Mörikofer, W., und Linder A., Die Abhängigkeit physiologischer und pathologischer Einflüsse von der Wetterlage. Verhandlungen des Schweizerischen Vereins der Physiologen und Pharmakologen. 42. Tagung in Fribourg, April 1953, Helv. Physiol. Acta II, C 18–C 20 (1953).
[4] Richner, H., und Schlüssel, J., Zur Biotropie atmosphärischer Vorgänge. Laboratorium für Atmosphärenphysik und Institut für Hygiene und Arbeitsphysiologie an der ETH, 1969, S. 6.
[5] Richner, H., und Schlüssel, J., a. a. O., S. 11.

Atmosphärische Erscheinungen

1. Grünhagen, H., Kleine Wetterpraktik, Dessau 1942, S. 58.
2. Frey, H., Die lokalen Winde am Zürichsee, Neujahrsblatt der Naturforschenden Gesellschaft in Zürich auf das Jahr 1926, S. 9.
3. Flohn, H., Vom Regenmacher zum Wettersatelliten. Klima und Wetter. München 1968, S. 45; adiabatisch = Prozeß ohne äußere Zufuhr von Wärme.
4. Flohn, H., a.a.O., S. 50.
5. Flohn, H., a.a.O., S. 52.
6. Flohn, H., a.a.O., S. 60.
7. Flohn, H., a.a.O., S. 44.
8. Frey, H., Die lokalen Winde, a.a.O., 1926, S. 8.
9. Flohn, H., a.a.O., S. 89.
10. Grünhagen, H., a.a.O., S. 235. Vgl. dazu auch Mason, B. J., Clouds, Rain and Rainmaking, Cambridge 1962.
11. Flohn, H., a.a.O., S. 43.
12. Schneider, K., Wetterkunde, a.a.O., S. 29.
13. Sammlung Werner, a.a.O., S. 76.
14. Schweiz. Archiv für Volkskunde, 1900, S. 38 (Notizen von Klosterkaplan Jakob aus Sarnen).
15. Mitteilung von W. Kuhn, MZA, Zürich.
16. Grünhagen, H., a.a.O., S. 394.
17. Grünhagen, H., a.a.O., S. 395.
18. Grünhagen, H., a.a.O., S. 397.
19. Mitteilung von W. Kuhn, MZA, Zürich.
20. Thompson, R. C., The Reports of the Magicians and Astrologers of Niniveh and Babylon, Bd. II, London 1900, Nr. 173.
21. Schneider-Carius, K., Wetterkunde, a.a.O., S. 25.
22. Knapp, E., a.a.O., S. 33 und 36.
23. Grünhagen, H., a.a.O., S. 383.
24. Grünhagen, H., a.a.O., S. 385.
25. Grünhagen, H., a.a.O., S. 272.
26. Schneider-Carius, K., Wetterkunde, a.a.O., S. 216.
27. Schneider-Carius, K., Wetterkunde, a.a.O., S. 11.
28. Knapp, E., a.a.O., S. 41.
29. Mitteilung von W. Kuhn, MZA, Zürich.

Zeichenregeln

1. Jung, C. G., Psychologie und Alchemie. Gesammelte Werke, Bd. 11, Olten 1972, S. 286.
2. Jung, C. G., Psychologie und Alchemie, a.a.O., S. 50.
3. Jung, C. G., Abbildung 100 in Psychologie und Alchemie, a.a.O., S. 243.

Beschwörungsregeln

[1] Schweiz. Archiv für Volkskunde, 1. Jg., Heft 1, 1897, S. 153.
[2] Über das Hagelglöcklein von Gams berichtet ein Einsender im Hagelkurier 1970, Nr. 59, S. 8. Eine persönliche Erkundigung beim Kaplan von Gams ergab, daß das Hagelglöcklein tatsächlich noch existiert und auch gebraucht wird.
[3] Weiß, R., Nebelheilen, Teufelheilen, Notfeuerbereitung und Wetterzauber als Hirtenbrauch. Schweiz. Archiv für Volkskunde, 45. Bd., Basel 1948.
[4] Weiß, R., a. a. O., S. 237.
[5] Müller, J., Mittel gegen hagelbrauende Hexen. Schweiz. Archiv für Volkskunde, Bd. IX, S. 4.
[6] Müller, J., Sagen aus Uri, Bd. 1, Basel 1926, S. 224.
[7] Luck, G., Rhätische Alpsagen, 2. Aufl., Chur (o. D.), S. 69.
[8] Schweiz. Archiv für Volkskunde, Jg. V, S. 6.
[9] Schwarz, F., Oberthal im Emmental. Volksglauben in Bernischer Geschichte, Jg. 1913, S. 9.
[10] Stebler, F. G., Das Goms und die Gomser, Zürich 1903, S. 46.

Land- und forstwirtschaftliche Regeln

[1] Mitteilung von Prof. Dr. R. Koblet (ETH).
[2] Koblet, R., Der landwirtschaftliche Pflanzenbau, Basel 1965.
[3] Baumann, H., Witterungslehre für die Landwirtschaft, Berlin und Hamburg 1961, S. 46.
[3a] Preuschen, G., Der Einfluß der Landwirtschaftsform auf die Änderung in der natürlichen Umwelt. Sonderdruck des «Ökologie und Lebensschutz in internationaler Sicht», Freiburg i. Breisgau 1973, S. 269.
[4] Koblet, W., und Zwicky, P., Der Einfluß von Ertrag, Temperatur und Sonnenstunden auf die Qualität der Trauben. Die Weinwissenschaft, 20. Jg., 1965, S. 237.
[5] Vgl. darüber u. a. E. Peyer, Weinbuch, Zürich 1965.
[6] Mitteilung von Prof. Dr. F. Kobel (Wädenswil).
[7] Statistik von Gafner, E., aufgeführt im Artikel «Les dates de floraison des arbres fruitiers ont-elles un rapport avec le temps qu'il fera durant l'année?» La terre vaudoise, 26 mai 1956, S. 5.
[8] Bider, M., Die Auswertung meteorologischer Daten für die Prognose der Kirschernte. In: Die Grüne, Nr. 29, Juli 1968, S. 1076.
[9] Koblet, R., a. a. O., S. 29.
[10] Hanus, H., Beziehungen zwischen Witterungsverlauf und Ertragsleistung einiger Feldfrüchte sowie Möglichkeiten für eine frühzeitige Ertragsprognose. Habilitationsschrift, Bonn 1969.
[11] Unter einer Korrelation ist eine enge Beziehung zwischen zwei gemessenen Größen zu verstehen.

[12] Hanus, H., a.a.O., S. 34 und 36.
[13] Hanus, H., a.a.O., S. 35 und 36.
[14] Perrin, O., Effets des facteurs météoriques sur le rendement des blés à la Station de Mont-Calme (Lausanne) durant la période 1910-1926. Annuaire agricole de la Suisse, 28. Jg., 1927, S. 85 ff.
[15] Hanus, H., a.a.O., S. 42.
[16] Hanus, H., a.a.O., S. 39 und 42.
[17] Hanus, H., a.a.O., S. 40.
[18] Hanus, H., a.a.O., S. 40 und 41.
[19] Perrin, O., a.a.O., S. 88 und 89. Vgl. die ähnlichen Feststellungen bei Baumann, H., Witterungslehre, a.a.O., S. 116.
[20] Perrin, O., a.a.O., S. 88, 92 und 93.
[21] Filzer, P., Die natürlichen Grundlagen des Pflanzenertrages in Mitteleuropa, Stuttgart 1951, S. 44.
[22] Filzer, P., a.a.O., S. 109.
[23] Koblet, R., a.a.O., S. 26 ff.
[24] Filzer, P., a.a.O., S. 108, 111 und 113.
[25] Filzer, P., a.a.O., S. 108, 111 und 113.
[26] Künzli, W., Über die Wirkung von Hof- und Handelsdüngern auf Pflanzenbestand, Ertrag und Futterqualität der Fromentalwiesen. Separatdruck aus Schweizerische Landwirtschaftliche Forschung, Bd. VI, Heft 1.
[27] Künzli, W., a.a.O., S. 59.
[28] Künzli, W., a.a.O., S. 63.
[29] Künzli, W., a.a.O., S. 66.
[30] Schmitter, W., Waldarbeit und Waldarbeiter im Prätigau, Schiers 1953, S. 21.
[31] Pollo, M. V., De architectura, zitiert in Lange, W., Das Holz als Baumaterial, Holzminden 1897, S. 64.
[32] Hauser, A., Feld und Wald in der alten Schweiz, a.a.O., S. 134.
[33] Knuchel, H., Untersuchungen über den Einfluß der Fällzeit auf die Eigenschaften des Fichten- und Tannenholzes. Beihefte zur Schweiz. Zeitschrift für Forstwesen, 1930, S. 11.
[34] Weisz, L., Entstehung und Bedeutung der Bischöflich-Baselschen Waldordnung vom Jahre 1755. Schweiz. Zeitschrift für Geschichte, 15. Jg., 1935, Nr. 2, S. 160.
[35] Duhamel du Monceau, Traité des arbres et arbustes qui se cultivent en France en pleine terre, Paris 1755, 2e vol.
[36] Duhamel du Monceau, De l'exploitation des bois, Paris 1755, Ire partie, 2. Buch Kap. V, S. 315.
[37] Knuchel, H., a.a.O., S. 33/34.
[38] Baudrillart, M., Traité général des eaux et forêts, tome 1, Paris 1825, S. 397.
[39] Lange, W., Das Holz als Baumaterial, Holzminden 1879, S. 67.
[40] Zschokke, A., Der Gebirgsförster, Aarau 1825, S. 23.
[41] Knuchel, H., a.a.O., S. 31.
[42] Knuchel, H., a.a.O., S. 125.
[43] Knuchel, H., Der Einfluß der Fällzeit auf die Eigenschaften des Buchenholzes. Mitteilungen der Eidg. Anstalt für das forstliche Versuchswesen XIX, 1. Heft, S. 138.
[44] Knuchel, H., a.a.O., S. 174.

Tierhaltungsregeln

[1] Jucker, H., Fütterungslehre, 4. Aufl., Zollikofen 1969, S. 7.
[2] Bürgi, P., Merki, H., und weitere Autoren: Rindviehproduktion, 2. Aufl., Langnau 1967, S. 28.
[3] Mitteilung von Dönz, A., Chur.
[4] Statistisches Handbuch der Landwirtschaft, 1969, S. 203.

Waldbauregeln

[1] Vgl. darüber Hauser, A., Wald und Feld in der alten Schweiz, Zürich 1972, S. 49 ff.
[2] Kehr, K., Die Fachsprache des Forstwesens im 18. Jahrhundert, Gießen 1964, S. 152.
[3] Großmann, H., 650 Jahre zürcherische Forstgeschichte, Zürich 1965, 2. Bd., S. 193.
[4] Ammon, W., Das Plenterprinzip in der Waldwirtschaft, Bern 1951, S. 23.

Zur Bedeutung der Bauernregeln; ihre Zukunft

[1] Zitiert von Grünhagen, H., Kleine Wetterpraktik, a. a. O., S. 7.
[2] Koellreuter, A., a. a. O., S. 78.
[3] Koellreuter, A., a. a. O., S. 76.
[4] Weiß, R., Alpiner Mensch und alpines Leben in der Krise der Gegenwart. Die Alpen, 1957, S. 209.
[5] Hugger, P., Hirtenleben und Hirtenkultur im Waadtländer Jura, Basel 1972, S. 158.
[6] Kontinuität? Geschichtlichkeit und Dauer als volkskundliches Problem. Herausgegeben von Hermann Bausinger und Wolfgang Brückner, Berlin 1969. Zu den neuen Publikationen vgl. die Dokumente der Arbeitstagung der Deutschen Gesellschaft für Volkskunde in Detmold 1969.
[7] Hugger, P., Kontinuität und Wandel im Bereich des alten Handwerks, Basel 1972, S. 2.
[8] Kontinuität? a. a. O., S. 61.

[9] Braun, R., Zur Einwirkung sozio-kultureller Umweltbedingungen auf das Unternehmerpotential und das Unternehmerverhalten, in: Wirtschaftssozialgeschichtliche Probleme der frühen Industrialisierung, herausgegeben von Wolfram Fischer, Berlin 1968, S. 247–284.
[10] Hugger, P., Kontinuität und Wandel im Bereich des alten Handwerks, Basel 1972, S. 10.

Quellen und Literatur

Album des litterarischen Vereins in Bern. 1858
Almanacco del Grigioni Italiano. Poschiavo. Verschiedene Jahrgänge
Amateur. Recueil de morceaux choisis en vers et en prose, en patois ... Recueillis par un amateur. Lausanne 1842
Ammon, W.: Das Plenterprinzip in der Waldwirtschaft. Bern 1951
Anhorn, B.: Magiologia. Basel 1674
Annalas della Societad Rhaeto-Romanscha. Chur 1880
Appenzeller Kalender. 251. Jg., Trogen 1972
Aratos: Sternbilder und Wetterzeichen. Übersetzt und eingeleitet von A. Schott, mit Anmerkungen von R. Böcker. Das Wort der Antike, Bd. VI, München 1958
Atlas der schweizerischen Volkskunde
Baudrillart, M.: Traité général des Eaux et Forêts. Paris 1825
Bauer, T. N.: Mond und Aussaat. Die Grüne, 88. Jg., Nr. 23, 3. Juni 1960, S. 692/93
Baumann, H.: Witterungslehre für die Landwirtschaft. Hamburg 1961
Bausinger, H.: Volkskunde. Darmstadt 1971

Bausinger, H., und Brückner, W.: Kontinuität? Geschichtlichkeit und Dauer als volkskundliches Problem. Berlin 1969
Bertrand, J. B.: Le Folclore de St. Maurice. Sierre 1935
Bibikow, D. I.: Die Murmeltiere. Wittenberg 1968
Bider, M.: Die Auswertung meteorologischer Daten für die Prognose der Kirschenernte. Die Grüne, 96. Jg., Nr. 29, Juli 1968, S. 1076
Bider, M.: Von Lostagen und Bauernregeln. Die Garbe, 27. Jg., Basel 1944
Bider, M.: Klimaschwankungen in Basel im laufenden Jahrhundert. Regio Basiliensis III/2. Basel 1962. S. 216–239
Blankenhorn, H. J.: Meteorological Variables Affecting Onset and Duration of Calling in Hyla arborea and Bufo calamita Laur. Oecologia 9, 223–234 (1972). Springer-Verlag 1972.
Böhler, E.: Der Mythus in Wirtschaft und Wissenschaft. Freiburg 1965
Bonser, W.: Proverb Literature. Edited by Wilfrid Bonser. London 1930
Borioli, A.: Proverbi onsernonesi. Schweizerisches Archiv für Volkskunde. 23. Jg., 1920
Braun, R.: Zur Einwirkung sozio-kultureller Umweltbedingungen auf das Unternehmerpotential und das Unternehmerverhalten. In: Wirtschaftssozialgeschichtliche Probleme der frühen Industrialisierung. Herausgegeben von Wolfram Fischer. Berlin 1968
Bristowe, S. W.: The World of Spiders. London 1958
Brugger, H.: Die schweizerische Landwirtschaft in der ersten Hälfte des 19. Jahrhunderts. Frauenfeld 1956
Brunner, O.: Adeliges Landleben und europäischer Geist. Salzburg 1959
Bruppacher, H. P.: Die Namen der Wochentage im Italienischen und Rätoromanischen. Zürcher Dissertation 1948
Bühler, W.: Über Mondwirksamkeit in der Nativität. Freiburg i. Br. 1940
Bührer, W.: Die Bauernregeln. Liestal 1905
Bündner Kalender. 131. Jg., Chur 1972
Bürgi, P., Merki, H. und weitere Autoren: Rindviehproduktion. 2. Aufl. Langnau 1967
Burckhardt, J.: Gesammelte Werke. Basel 1956
Cahiers valaisans de folklore
Capré, J.: Histoire du véritable Messager boiteux de Berne et Vevey. Vevey 1884
Chassany, J. P.: Dictionnaire de météorologie populaire. Paris 1970
Chenaux, J., und Cornu, J.: Una panera de revi fribordzey. Proverbes patois du canton de Fribourg et spécialement de la Gruyère, recueillis par J. Chenaux et suivis de comparaisons et rapprochements par J. Cornu. Paris 1887
Churer Schreibkalender vom Jahr 1708. Herausgegeben von F. Jecklin, Stadtarchivar. Chur 1905
Collenberg, B.: Vrin, Bauernarbeit, Sach- und Sprachkultur einer bündnerischen Gemeinde. Freiburg 1972 (Diese Arbeit erschien erst nach Abschluß unserer Sammlung)
Cratarolus G.: Prognostica naturalia, de temporum mutatione, perpetua 8. Basileae 1552
Curti, F.: Prakt. Lebensweisheit in deutschen Sprüchwörtern & Sentenzen. Stäfa 1860
Curti, N.: Volksbrauch und Volksfrömmigkeit im Katholischen Kirchenjahr. Basel 1947
Cysat, R.: Collectanea. 3 Bde. Luzern 1969 ff.
Dallet, G.: La Prévision du temps et les Prédictons météorologiques. Paris 1887
Dazur, W. v.: Wetterzeichen überall. München 1959
Decurtins, C.: Rätoromanische Chrestomathie. Erlangen 1896 ff.
Delcambre, G.: Les Dictons populaires et la prévision du temps. La Météorologie. Nr. 106 (Nouvelle série), Janvier 1934
Delsol, P.: La météorologie populaire. Mayenne 1970
Dicziunari Rumantsch Grischun

Dönz, A.: Die Veränderung in der Berglandwirtschaft am Beispiel des Vorderprättigaus. ETH Diss. Zürich 1972
Dürr, E.: Urbanität und Bauerntum in der Schweiz. Die Schweiz. Ein nationales Jahrbuch. 5. Jg., 1934
Duhamel du Monceau: De l'exploitation des bois. Paris 1755
Duhamel du Monceau: Traité des arbres et arbustes qui se cultivent en France en pleine terre. Paris 1755
Eis, G.: Forschungen zur Fachprosa. Bern und München 1971
Fabre, J.-H.: Das offenbare Geheimnis. Zürich 1961
Feuilles d'Agriculture et d'Economie Générale. Société d'Agriculture et d'Economie du Canton de Vaud 1816/17
Filzer, P.: Die natürlichen Grundlagen des Pflanzenertrags in Mitteleuropa. Stuttgart 1951
Fischer, H.: Aberglauben oder Volksweisheit. Breslau 1935
Fischer, H.: Aberglaube oder Volksweisheit? Der wahre Sinn der Bauernbräuche. Leipzig 1939
Flohn, H.: Vom Regenmacher zum Wettersatelliten. Klima und Wetter. München 1968
Fraenger, W.: Der Bauern-Bruegel und das deutsche Sprichwort. Erlenbach 1923
Frey, H.: Der Frühlingseinzug am Zürichsee. Neujahrsblatt der Naturforschenden Gesellschaft in Zürich auf das Jahr 1931
Frey, H.: Die lokalen Winde am Zürichsee. Neujahrsblatt der Naturforschenden Gesellschaft in Zürich auf das Jahr 1926
Frick, R.-O.: Le peuple et la prévision du temps. Neuchâtel 1926
Friedli, F.: Wunderwelt der Ameisen. Bern 1969
Frisch, K. v.: Aus dem Leben der Bienen. 1969
Fyfé, A.: Die Signatur des Mondes im Pflanzenreich. Stuttgart 1967
Gattlen, A.: Zur Geschichte der astrologischen Praktik in den Walliser Kalendern des 18. und 19. Jahrhunderts. Schweizerisches Archiv für Volkskunde. Bd. 52., Basel 1956
Gillespie, W.E.: Vergil, Aratus and others; the weather-sign as a literary subject. Diss. phil. Princeton Univ. 1937. Princeton 1938
Il Glogn Calender. 1936ff.
Glossaire des patois de la Suisse Romande
Goetsch, W.: Die Staaten der Ameisen. Berlin, Göttingen, Heidelberg 1953
Gotthelf, J.: Käserei in der Vehfreude. Erlenbach 1965
Grandjean, E.; Fleisch, A.; Mörikofer, W., und Linder, A.: Die Abhängigkeit physiologischer und pathologischer Einflüsse von der Wetterlage. Verhandlungen des Schweiz. Vereins der Physiologen und Pharmakologen. 42. Tagung in Fribourg, April 1953. Helv. Physiol. Acta II, C 18–C 20 (1953)
Großmann, H.: 650 Jahre zürcherische Forstgeschichte. Zürich 1965
Grünhagen, H.: Kleine Wetterpraktik. Dessau 1942
Gwerb, R.: Bericht von dem abergläubigen und verbottnen Leuth und Vych besägnen. Zürich 1646
H., R.: Das Hagelglöcklein von Gams. Hagel Kurier. Nr. 59, Sommer 1970, S. 8
Häädler Kalender. Heiden. Verschiedene Jahrgänge.
Häfelin, J.: Anwendung der Bauerschen Hochsommerregel und der Siebenschläferregel auf das Wetter in der Schweiz. Verhandlungen der Schweizerischen Naturforschenden Gesellschaft. 1950. S. 148
Hahn-Woernle, B.: Christophorus in der Schweiz. Basel 1972
Haldy, B.: Die deutschen Bauernregeln. Gesammelt und herausgegeben von B. H. 1923
Handwörterbuch des deutschen Aberglaubens
Hanus, H.: Beziehungen zwischen Witterungsverlauf und Ertragsleistungen einiger Feldfrüchte sowie Möglichkeiten für eine frühzeitige Ertragsprognose. Habilitationsschrift, Bonn 1969
Hauser, A.: Wald und Feld in der alten Schweiz. Zürich 1972

Hellmann, G.: Beiträge zur Geschichte der Meteorologie. Berlin 1914
Hellmann, G.: Die Entwicklung der meteorologischen Beobachtungen in Deutschland. Berlin 1926
Hellmann, G.: Über den Ursprung der volkstümlichen Wetterregeln (Bauernregeln). Sitzungsbericht der Preußischen Akademie der Wissenschaften vom 21. Juni 1923, XX
Hellmann, G.: Über den Ursprung der volkstümlichen Wetter- und Bauernregeln. Berlin 1925
Hellmann, G.: Versuch einer Geschichte der Wettervorhersage im 16. Jahrhundert. Berlin 1924
Hellmann, G.: Versuch und Geschichte der Wettervorhersage im XVI. Jh. Berlin 1924
Hellwig, L. Ch. v.: Ludwig Christoph von Hellwig's auf 100 Jahre gestellter kuriöser Kalender. 1700
Henze, O.: Vogelschutz gegen Insektenschäden in der Forstwirtschaft. München 1943
Hesiod: Werke und Tage. Halle a. S. 1881
Heusser, H.: Die Lebensweise der Erdkröte, Bufo bufo, Das Orientierungsproblem. Revue Suisse de Zoologie, Tome 76, no 19, 1969
Heusser, H.: Die Lebensweise der Erdkröte, Bufo bufo. Wanderungen und Sommerquartiere. Revue Suisse de Zoologie, Tome 75, no 48, 1968
Heusser, H., und Ott, J.: Wandertrieb und populationsspezifische Sollzeit der Laichwanderung bei der Erdkröte, Bufo bufo. Revue Suisse de Zoologie, Tome 75, no 51, 1968
Der Hinkende Bot. Bern. Verschiedene Jahre
Höhn, W.: Zürcher Volksbotanik. Vierteljahresschrift der Naturforschenden Gesellschaft in Zürich. Jg. 117, Zürich 1972
Homer: Odyssee. Sammlung Dietrich, Bd. 14
Huger, L.: Practica: d. i. eigentliche und vollkommenliche Beschreibung deß Gewitters und allerley Zufällen, so sich auff das 1620 Jahr begeben möchten. It. ein außführliche Prognosticon aller Finsternussen die sich biß auf das Jahr 1650 an Sonn und Mond zutragen. Zürich 1619
Hugger, P.: Kontinuität und Wandel im Bereich des alten Handwerks. Basel 1972
Hugger, P.: Hirtenleben und Hirtenkultur im Waadtländer Jura. Basel 1972
Hugger, P.: Das Nein zur Scholle. Regio Basiliensis XI/1. Basel 1970
Jäggi, U.: Berggemeinden im Wandel. Bern 1965
Jèvié: Sagesse paysanne. Editions du Secrétariat Agricole. Fribourg 1941
Jörger, J.: Bei den Walsern des Valsertales. 2. Aufl. Basel 1947
Jucker, H.: Fütterungslehre. 4. Aufl. Zollikofen 1969
Jung, C. G.: Psychologie und Alchemie. Zürich 1944
Jung, C. G.: Über die Psychologie des Unbewußten. Zürich 1943
Jung, C. G.: Von den Wurzeln des Bewußtseins. Zürich 1954
Kaserer, H.: Bauernregeln und Lostage in kritischer Beleuchtung. Wien 1926
Kehr, K.: Die Fachsprache des Forstwesens im 18. Jahrhundert. Gießen 1964
Kirchhofer, M.: Wahrheit und Dichtung. Sammlung schweizerischer Sprüchwörter, etc. Zürich 1824
Klenk, K.: Das Aktivitätsmuster des Rotfuchses (Vulpes vulpes) in einem Freilandgehege mit künstlichem Bau. Dissertation Zürich 1971
Kletter, L.: Alte Bauernregeln im Lichte der modernen Wissenschaften. Wetter und Leben. Zeitschrift für prakt. Bioklimatologie. Jg. 10, Heft 1/2, 1958
Knapp, E.: Volkstümliches in den romanischen Wetterregeln. Tübingen 1939
Knauer, M.: Calendarium oeconomicum practicum perpetuum, 1704. Spätere Auflagen, z. B.: Calendarium oeconomicum oder Haus-Calender, vormals verfaßt von Mauritius Knauer. Reutlingen 1803
Knuchel, H.: Der Einfluß der Fällzeit auf die Eigenschaft des Buchenholzes. Mitt. der Eidg. Anstalt f. d. forstl. Versuchswesen. 1. Heft, Bd. XIX
Knuchel, H.: Untersuchungen über den Einfluß der Fällzeit auf die Eigenschaft

des Fichten- und Tannenholzes. Beiheft zur Schweiz. Zeitschrift für Forstwesen 1930

Koblet, R.: Der landwirtschaftliche Pflanzenbau. Basel und Stuttgart 1965

Koblet, W., und Zwicky, P.: Der Einfluß von Ertrag, Temperatur und Sonnenstunden auf die Qualität der Trauben. Die Weinwissenschaft, 20. Jg., 1965

Koch, W.: Wetterführer. Hamburg 1967

Koellreuter, A.: Brauchtumfeindliche und brauchtumfreundliche Bauern. Eine sozialempirische Untersuchung im Diemtigtal. Unveröffentlichte ETH-Diplomarbeit 1972

König, E.: Georgica Helvetica Curiosa oder Neues curioses Eydgenössisch Schwyzerisch Haußbuch. Basel 1706

Künzli, W.: Über die Wirkung von Hof- und Handelsdüngern auf Pflanzenbestand, Ertrag und Futterqualität der Fromentalwiesen. Separatdruck aus Schweiz. Landwirtschaftliche Forschung. Bd. VI, Heft 1

Lange, W.: Das Holz als Baumaterial. Holzminden 1879

Lenormant, F.: Die Magie und Wahrsagerkunst der Chaldäer. Wien 1880

Lerch, M.: Die Beeinflussung des Geburteneintrittes durch äußere Faktoren. Ungedruckte ETH-Diplomarbeit 1965

Lichtenberg, H.O.: Unterhaltsame Bauernaufklärung. Tübingen 1970

Lipperheide, F. v.: Spruchwörterbuch-Sammlung. Leipzig 1933

Lips, M.: Die Biene als Wetterfrosch. Schweiz. Bienenzeitung, Bd. 92, Nr. 8, 1969, S. 401–407

Lössi, H.: Der Sprichwortschatz des Engadins. Winterthur 1944

Lorez, Ch.: Bauernarbeit im Rheinwald. Basel 1943

Luck, G.: Rhätische Alpensagen. 2. Aufl. Chur o.D.

Lugeon, A.: Les dates de floraison des arbres fruitiers ont-elles un rapport avec le temps qu'il fera durant l'année? La terre vaudoise. 68e année, no 26, 26 mai 1956

Lurati, O.: Terminologia e usi pastorizi di val Bedretto. Basel 1968

Lüthy, H.: In Gegenwart und Geschichte. Köln und Berlin 1967

Luyet, B.: Dictons de Savièse. Genève 1927

Mannhardt, W.: Wald und Feldkulte. Darmstadt 1874. Neudruck 1963

Mannhardt, W.: Zauberglaube und Geheimwissen. Berlin 1920

Manz, W.: Volksbrauch und Volksglaube des Sarganserlandes. Basel 1916

Marler, P.R., und Hamilton, W.J.: Tierisches Verhalten. München 1972

Marzell, H.: Die Pflanze im deutschen Brauchtum. Berlin 1935

Mason, B.J.: Clouds, Rain and Rainmaking. Cambridge 1962

Le véritable Messager Boiteux. Vevey. Verschiedene Jahrgänge

Meyer, P. et G.: Romania. Recueil trimestriel consacré à l'étude des langues et des littératures romanes. Paris 1877

Meyer, R.: Die Hallauer Mundart. 1953

Morel, C.: Influence possible de la lune sur l'évolution des conditions météorologiques en un lieu donné. La Météorologie. 4e série, no 68, octobre–décembre 1962

Müller, H.: Beiträge zur Biologie des Hermelins. München 1970

Müller, J.: Mittel gegen hagelbrauende Hexen. Schweizerisches Archiv für Volkskunde, Bd. IX

Neuer Bauernkalender für das Jahr 1852, herausgegeben vom Landwirtschaftlichen Verein des Kt. Solothurn, 6. Jg.

Nidwaldner Kalender. Stans. Verschiedene Jahre

Niederer, A.: Gemeinwerk im Wallis. Basel 1956

Nußbaumer, J.: Die Lebensverhältnisse der Bauernfamilien im Homburgertal. ETH-Dissertation 1963

Otto, A.: Die Sprichwörter und Sprichwörtlichen Redensarten der Römer. Leipzig 1890

Le patois des Marécottes (Commune de Salvan, Valais). Beihefte zur Zeitschrift für romanische Philologie, 103. Heft, Tübingen 1961

Le patois Neuchâtelois 1895. Recueil de dictons et de morceaux en prose et en vers.

Ecrits par divers auteurs du pays et choisis par le comité nommé par la société cantonale d'histoire le 13 octobre 1892
Le patois Neuchâtelois. Recueil de dictons et de morceaux en prose et en vers. Neuchâtel 1896
Pauli, W.: Der Einfluß archetypischer Vorstellungen auf die Bildung naturwissenschaftlicher Theorien bei Kepler. Naturerklärung und Psyche. Studien aus dem C.-G.-Jung-Institut. Zürich 1952
Pellandini, V.: Tradizioni popolari Ticinesi. Lugano 1911
Perrin, O.: Effets des facteurs météoriques sur le rendement des blés à la Station de Mont-Calme (Lausanne) durant la période 1910–1926. Annuaire agricole de la Suisse, 28. Jg., 1927
Peyer, E.: Weinbuch. Zürich 1965
Pfaff, A.: Aus alten Kalendern. Augsburg o. J. (1943)
Planta, P. v., und Müller, K.: Die Förderung wirtschaftlich bedrohter Bergregionen durch eine aktive Entwicklungspolitik. Winterthur 1971
Le Playsant Almanach de Chalamala. Bulle 1965
Pollo, M. V.: De architectura. Zit. bei: Lange, W.: Das Holz als Baumaterial. Holzminden 1879
Priebe, H.: Landwirtschaft in der Welt von morgen. Düsseldorf und Wien 1970
Primault, B.: Hat der Hundertjährige Kalender recht? Schweizer Spiegel, 42. Jg., Nr. 6, März 1967
Primault, B.: Was dem Irländer sein Mamerz, ist dem Schweizer seine Sophie. Schweizer Spiegel, 45. Jg., Nr. 8, 1970
Primault, B.: Wetterpropheten in der Natur. Schweizer Spiegel, 35. Jg., Nr. 7, April 1960
Primault, B.: Du risque de gel et de sa prévision. MZA Zürich 1971
Prügel, H.: Wetterführer: Wegweiser zum Verständnis des Wetters und der Wettervorhersage. Hamburg 1967
Reynman, L.: Wetterbüchlein. Faksimiledruck der Ausgabe von 1510. Herausgeben von G. Hellmann. Berlin 1893. Auch Faksimiledruck mit Einleitung von G. Hellmann. Berlin 1896
Reynman, L.: Der täglichen Erfahrung, die eine Meisterin ist aller Kunst. Wetterbüchlein von 1510. Herausgegeben von G. Hellmann. Berlin 1893
Richner, H., und Schüssel, J.: Zur Biotropie atmosphärischer Vorgänge. Laboratorium für Atmosphärenphysik und Institut für Hygiene und Arbeitsphysiologie an der ETH 1969
Richter, W.: Die Landwirtschaft im homerischen Zeitalter. Göttingen 1968
Röpke, W.: Torheiten der Zeit. Zürich 1965
Rosenfeld, H.: Kalender, Einblattkalender, Bauernkalender und Bauernpraktik. Bayerisches Jahrbuch für Volkskunde. Würzburg 1962
Sachs, R.: Wirtschafts- und Sozialverhalten von Landwirten. Hannover 1972
Salomonsen, F.: Vogelzug. München 1969
Sammlung Müller, uned. Kantonsbibliothek Liestal
Sammlung Strub, uned. Privatbesitz
Savage, R. M.: The ecology and life history of the common frog (Rana temporaria). London 1961
Scharfe, M.; Schenda, R., und Schwedt, H.: Volksfrömmigkeit. Stuttgart 1967
Scharfenberg, C. L.: Wetteranzeiger, oder: Ein, nichts als einige Aufmerksamkeit kostendes Mittel, nähere und entferntere künftige Witterung zum höchsten Verlaß erforschen zu können. Wien 1819
Schild, F. J.: Der Großätti aus dem Leberberg. 1873
Schloeth, R.: Markierung und erste Beobachtungen von markiertem Rotwild im Schweizerischen Nationalpark und dessen Umgebung. Liestal 1961
Schmid, E.: Volkstümliche Wetterkunde aus dem Kanton Thurgau. Mitteilungen der Ostschweizerischen Geographisch-Commerciellen Gesellschaft 1932
Schmid, K.: Aufsätze und Reden. Zürich und Stuttgart 1957
Schmid, K.: Europa zwischen Ideologie und Wirklichkeit. Zürich 1966

Schmid, K.: Fortschritt und Dauer, In: Zeitspuren. Aufsätze und Reden. Zürich 1967
Schmid, K.: Tiefenpsychologie und Literaturgeschichte. NZZ vom 21. März 1965, Nr. 1174
Schmitter, W.: Waldarbeit und Waldarbeiter im Prättigau. Schiers 1953
Schneider, F.: Die Beeinflussung der ultraoptischen Orientierung des Maikäfers durch Veränderung des lokalen Massenverteilungsmusters. Revue Suisse de Zoologie, Vol. 71, 1964
Schneider-Carius, K.: Wetterkunde, Wetterforschung: Geschichte ihrer Probleme und Erkenntnisse in Dokumenten aus drei Jahrtausenden. Freiburg i. Br. 1955
Schröder, W.: Untersuchungen zur Ökologie des Gamswildes in einem Vorkommen der Alpen. Zeitschrift für Jagdwissenschaft, Bd. 17, Heft 3/4, November 1971
Schwabe, J.: Archetyp und Tierkreis. Basel 1951
Schwarz, F.: Oberthal im Emmental. Volksglauben in bernischer Geschichte. Jg. 1913
Die Schweiz. Monatschrift des litterarischen Vereins Bern. Schaffhausen 1858, Nr. 1, S. 234/35; 1860, S. 120, 213
Schweizerische Archiv für Volkskunde. Zürich und Basel 1897 ff.
Schweizer Bauernkalender. Bern. Verschiedene Jahre
Schweizerisches Idiotikon. Wörterbuch der schweizerdeutschen Sprache. Frauenfeld, verschiedene Jahrgänge
Schwyzer Kalender. Schwyz. Verschiedene Jahre
Scriptores Rei Rusticae Veteres Latini Cato, Varro, Columella, Palladius. XI, 1, Lipsia 1773
Seidensticker, A.: Waldgeschichte des Altertums. Bd. I/II, Frankfurt a. O. 1886
Sommer, H.: Meteorolobiologie und Tierzucht. Der Tierzüchter, 17. Jg., 1965
Sommer, H.: Über die Beziehungen zwischen Wetter und Milchleistung des Tieres. Bayerisch-landwirtschaftliches Jahrbuch, 42. Jg., Heft 3, 1965
Sommer, H.: Untersuchungen über die Beziehungen zwischen Wetter und Milchleistung des Rindes. München 1962
Stäger, R.: Baukunst der Insekten. Bern 1957
Statistische Erhebung und Schätzung über Landwirtschaft und Ernährung. 48. Jg., Brugg 1971
Statistisches Handbuch der schweizerischen Landwirtschaft
Stebler, F. G.: Das Goms und die Gomser. Zürich 1903
Steinbeck, Ch. G.: Der aufrichtige Kalendermann. Ein gar kurioses und nützliches Buch (3 Teile). Leipzig 1820
Stoll, O.: Zur Kenntnis des Zauberglaubens, der Volksmagie und Volksmedizin in der Schweiz. Zürich 1909
Stoller, H.: Rosius und sein Kalender. Baselbieter Heimatblatt. Vierteljährliche Beilage zum Landschäftler. 3. Jg., Nr. 3, Oktober 1938
Strübin, E.: Baselbieter Volksleben. Sitte und Brauch im Kulturwandel der Gegenwart. Basel 1952
Stucki, Ad.: Schweizerdeutsche Sprichwörter. Zürich 1918
Suter, P.: Johann Hutmacher. Ein schön Kunstbuch 1561. Baselbieter Heimatbuch, Bd. 7, Liestal 1956
Sutermeister, O.: Die schweizerischen Sprichwörter der Gegenwart in ausgewählter Sammlung. Aarau 1869
Tanck, H.-J.: Meteorologie. Wetterkunde, Wetteranzeichen, Wetterbeeinflussung. Hamburg 1969
Taschner, F.: Der praktische Wetterprophet. Regeln zur leichten und sicheren Vorherbestimmung des kommenden Wetters. Zürich 1922
Tenhumberg, T.: Landvolk in der Industriegesellschaft. Heft 7 der Schriftenreihe für ländliche Sozialfragen. Hannover 1952
Thielscher, P.: Des Marcus Cato Belehrung über die Landwirtschaft. Berlin 1963
Thompson, R. C.: The reports of the magicians and astrologers of Niniveh and

Babylon. London 1900
Thun, M.: Mehrjähriger Weiteranbau von Kartoffeln im siderischen Mondrhythmus sowie Nachbau unter gleichen Bedingungen und Versuche mit verschiedenen Kieselbehandlungen. In: Lebendige Erde, Nr. 1, 1969
Thun, M., und Heinze, H.: Weitere Berichte über Mondkonstellation und Wachstum von Kulturpflanzen. Darmstadt o.D. (wohl 1968/69)
Thürer, G.: 250 Jahre Appenzeller Kalender. Ein Beitrag zur Literatur des kleinen Mannes. Rorschacher Neujahrsblatt 1972. 62. Jg.
Tobler, T.: Appenzellischer Sprachschatz. Eine Sammlung appenzellischer Wörter, Redensarten etc. Zürich 1837
Tognina, R.: Lingua e cultura della valle di Poschiavo, una terminologia della valle di Poschiavo. Basilea 1967
Trümpy, H.: Kritik am Aberglauben in einem alten Luzerner Kalender. Schweizerisches Archiv für Volkskunde. Korrespondenzblatt, 43. Jg., 1–2, Basel 1953
Trümpy, H.: Schweizerdeutsche Sprache und Literatur im 17. und 18. Jahrhundert. Schriften der Schweizerischen Gesellschaft für Volkskunde. Basel 1955
Tschudi, F.v.: Das Tierleben der Alpenwelt. Leipzig 1890
Tschudi, F.v.: Landwirtschaftliches Lesebuch für die schweizerische Jugend. Frauenfeld 1865
Tschumpert, M.: Versuch eines Bündnerischen Idiotikons. Chur 1880
Vergil: Hirtengedichte vom Landbau. Deutsch von Rudolf Alexander. Sammlung Dietrich, Bd. 28
Vergil. Vom Landbau. Übertragung von G. Herzog-Hauser. Lebendige Antike. Zürich 1961
Vierter Landwirtschaftsbericht des schweizerischen Bundesrates. Bern 1969
Vietinghoff-Riesch, A.v.: Der Siebenschläfer. Jena 1960
Les vins suisses. Genf o.D.
Vocabolario dei Dialetti della Svizzera Italiana
Die Volkswirtschaft. Heft 8, 1971, 1/2, 1964
Verbesserter Neu und Alter Glück- und Unglückskalender. Schaffhausen 1749
Walliser Jahrbuch, 41. Jg., St-Maurice 1972
Wanner, H.: Kritik am Aberglauben in einem alten Luzerner Kalender. Schweizerisches Archiv für Volkskunde. Korrespondenzblatt. Jg. 46, Basel 1956
Watts, A.: Wolken und Wetter. Bielefeld 1968
Weber, M.: Gesammelte Aufsätze zur Wissenschaftslehre. Tübingen 1922
Weber, W.: Die Terminologie des Weinbaus im Kanton Zürich, in der Nordostschweiz und im Bündner Rheintal. Dissertation 1949
Weinreb, F.: Die Symbolik der Bibelsprache. Zürich 1969
Weiß, R.: Alpiner Mensch und alpines Leben in der Krise der Gegenwart. Die Alpen, 1957
Weiß, R.: Nebelheilen. Teufelheilen. Notfeuerbereitung und Wetterglauben als Hirtenbrauch. Schweizerisches Archiv für Volkskunde. 45. Bd., Basel 1948
Weiß, R.: Rufe Sprüche gegen den Nebel. Schweizerisches Archiv für Volkskunde. Bd. XLV, Basel 1948
Weiß, R.: Volkskunde der Schweiz. Erlenbach-Zürich 1946
Weiß, R.: Wochentage als Unglückstage. Erste Proben aus dem Atlas der schweizerischen Volkskunde. Schweizerisches Archiv für Volkskunde. 36, 1938
Weisz, L.: Entstehung und Bedeutung der Bischöflich-Baselschen Waldordnung vom Jahre 1755. Schweiz. Zeitschrift für Forstwesen. 1935
Werner, J.: Lateinische Sprichwörter und Sinnsprüche des Mittelalters. Aus Handschriften gesammelt. Heidelberg 1966
Wickham, P.G.: The practice of weather forecasting. London 1970
Wild, F.: Der bäuerliche Wetterprophet. Regeln. Dießen 1939
Wimmer, D.: Handbuch der Namen und Heiligen. Innsbruck 1966
Wyß, B.: Johannes Chrysostomos und der Aberglauben. Schweizerisches Archiv für Volkskunde. Bd. 47, 1951
Yermoloff, A.: Der landwirtschaftliche Volkskalender. Leipzig 1905

Zihler, L.: Karfreitagseier. Schweizer Volkskunde, 52. Jg. 3/4. Basel 1962
Zschokke, H.: Der Gebirgsförster. Aarau 1825
Zschokke, H.: Eine Selbstschau. Aarau 1842. 8. Aufl., 1907
Zuger Kalender. Zug. Verschiedene Jahre
Züricher, G.: Kinderlieder der deutschen Schweiz. Basel 1926
Züricher Kalender. Einsiedeln. Verschiedene Jahre
Zürcher Handschrift 1692. Ms der Zentralbibliothek Zürich

Abkürzungen der Kantone
nach den Ortsnamen

AG	Aargau	NE	Neuenburg / Neuchâtel
AI	Appenzell Innerrhoden	NW	Nidwalden
AR	Appenzell Außerrhoden	OW	Obwalden
BE	Bern	SG	St. Gallen
BL	Baselland	SH	Schaffhausen
BS	Baselstadt	SO	Solothurn
FR	Freiburg / Fribourg	SZ	Schwyz
GE	Genf / Genève	TG	Thurgau
GL	Glarus	TI	Tessin / Ticino
GR	Graubünden	UR	Uri
LU	Luzern	VD	Waadt / Vaud
		VS	Wallis / Valais
		ZG	Zug
		ZH	Zürich

Ortsregister

Aargau (Kanton) 40, 145, 585
Adliswil ZH 506
Aesch BL 193, 240, 488
Affoltern BE 303
Ägeri ZG 275
Ägypten 28, 68, 177
Ajoie BE 213, 373, 583, 592
Alpennordseite 114
Alpthal SZ 248
Altdorf UR 74, 112, 460
Altendorf SZ 424
Alvra, Piz d' 116
Ambri TI 326

Andelfingen ZH 443
Andermatt UR 116, 317, 320, 345, 364, 376, 395, 407, 432, 435, 444, 458, 467, 481, 499, 501
Appenzell (Kanton AI und AR) 21, 37, 39, 67, 92, 95, 96, 110, 130, 150, 187, 190, 191, 194, 252, 256, 272, 279, 293, 294, 340, 349, 350, 372, 384, 394, 403, 415, 423, 442, 461, 466, 467, 471, 484, 545, 572, 612, 627, 637, 639, 665, 666, 667
Arabien 30
Arbedo TI 631

ANHANG

Arboldswil BL 110
Arnex-sur-Orbe VD 327, 377, 427, 452, 467, 481
Arogno TI 596
Arosa GR 510
Arth SZ 359, 367
Ascona TI 446, 559, 563
Assyrien 120
Au TG 391, 478, 614
Augsburg 31
Aurigeno TI 328
Außerberg VS 272, 297, 304, 308, 312, 317, 487, 563, 610
Aven VS 214

Babylon 27, 28, 68, 120
Bäch SZ 114
Bachtel ZH (Berg) 114
Baden AG 165
Bagnards VS 204, 205, 321, 326, 327
Bagnes, Val de, VS 70, 237, 286, 298, 477
Ballens VD 462, 463, 559
Ballwil LU 340
Basel 32, 33, 34, 44, 67, 74, 85, 118, 122, 125, 157, 189, 201, 257, 338, 341, 371, 470, 474, 479, 520, 536, 540, 604, 635, 636, 655
Baselbiet 136, 152
Baselland (Kanton) 45, 70, 85, 92, 93, 94, 101, 116, 134, 138, 140, 141, 142, 143, 148, 162, 182, 191, 193, 198, 210, 212, 214, 216, 226, 228, 229, 230, 232, 233, 239, 240, 241, 246, 247, 253, 255, 257, 258, 262, 264, 272, 273, 274, 276, 281, 284, 287, 299, 301, 302, 316, 318, 319, 320, 324, 328, 340, 345, 346, 356, 365, 373, 374, 377, 381, 382, 383, 390, 396, 398, 399, 404, 405, 408, 409, 411, 417, 420, 423, 424, 425, 426, 427, 431, 432, 434, 435, 443, 444, 445, 452, 461, 465, 467, 473, 485, 490, 506, 507, 517, 518, 531, 532, 535, 536, 537, 539, 545, 546, 547, 548, 549, 561, 562, 564, 565, 566, 567, 568, 569, 577, 578, 580, 591, 597, 599, 601, 602, 603, 604, 605, 618, 621, 627, 628, 638, 640, 642, 648, 649, 650
Bassersdorf ZH 527, 572, 585, 606
Bedretto, Val, TI 325, 331, 486
Beinwil am See AG 434, 435, 558
Bergell (Bregaglia) GR 44, 96, 116, 118, 148, 166, 167, 196, 215, 239, 254, 266, 274, 275, 295, 298, 325, 328, 373, 374, 384, 385, 394, 400, 409, 410, 418, 419, 431, 432, 443, 445, 453, 466, 472, 478, 580, 589, 591, 594, 610, 611, 612, 616, 648, 661
Berlin 111
Berlincourt BE 298, 490
Bern 32, 39, 68, 74, 92, 121, 151, 193, 195, 212, 257, 278, 284, 300, 320, 509, 516, 538, 539, 549, 656
Bern (Kanton) 70, 92, 252, 276, 345, 364, 408, 419, 548
Berner Jura 508
Berner Mittelland 116
Berner Oberland 126, 282, 442, 644
Béroche NE 292, 294, 443, 461, 471, 472, 483, 484, 489
Besazio TI 334
Bevers GR 437
Biberach (Schwaben) 33
Biel BE 33
Bioley-Orjulaz VD 376, 433, 468, 476
Birseck 605
Bivio GR 281
Boécourt BE 136
Boncourt BE 533
Bondo GR 573, 640, 647
Bremgarten AG 508
Breno TI 141, 575, 595
Brigerbad VS 216, 253
Brusio GR 44, 237, 293, 323, 465, 471, 482, 568, 586, 587, 638
Büetigen BE 186, 238, 276, 316, 325, 363, 379, 380, 381, 388, 500

Bühler AR 266, 458, 594
Bülach ZH 208, 528, 529
Bündner Herrschaft 140, 252, 266, 282, 318, 420, 446, 566
Bündner Rheintal 348
Burgdorf BE 508
Byzanz 30

Calgiano TI 452
Calpiogna TI 225, 330
Campo TI 225
Campo (Vallemaggia) TI 643, 650
Carasso TI 141, 563
Castasegna GR 564
Cauco GR 305
Certara TI 330
Chamoson VS 510
Chamues-ch GR 228, 229
Charmoille BE 129, 505
Chaux-de-Fonds, La, NE 237, 275, 300, 318, 321, 322, 547
Chur GR 135, 261, 283, 424, 447, 457
Cimadera TI 355, 356
Comologno TI 546
Corticiasca TI 330
Côte-aux-Fées, La, NE 292
Courfaivre BE 548
Courrendlin BE 164, 219, 249, 263, 299, 300, 302, 304, 315, 444, 533, 535, 566, 568, 573, 579, 601, 646
Courtemaîche BE 198, 287, 577
Courtételle BE 536, 559
Cugnasco TI 563
Cully VD 70

Dalpe TI 305
Därstetten BE 548
Davos GR 40, 92, 117, 184, 185, 187, 229, 241, 284, 286, 312, 316, 319, 431, 462, 463, 476, 497, 501, 511, 547, 631, 633, 642, 650
Davos Dorf GR 497

Davos Monstein GR 308
Davos Platz GR 356, 641
Delémont (Delsberg) BE 275, 299, 304, 313, 318, 667
Denens VD 380, 395, 458
Deutschland 32, 33, 39, 62, 94, 98, 111, 117, 120, 146, 166
Deutschschweiz 70, 76, 106
Develier BE 192, 193, 194, 198, 204, 211, 219, 264, 283, 296, 299, 304, 313, 397, 444, 474, 490, 547, 559, 577, 599
Diemtigtal BE 40, 43, 44, 46, 57, 58, 171, 185, 186, 196, 199, 211, 216, 229, 243, 253, 281, 282, 285, 346, 348, 353, 354, 356, 357, 358, 359, 363, 365, 367, 375, 380, 381, 386, 395, 396, 398, 399, 406, 409, 423, 495, 497, 500, 502, 509, 510, 590, 622, 632, 641, 651, 652, 653
Domleschg GR 133, 152, 153, 185
Dörflingen SH 568
Duan, Piz, GR 116

Egg ZH 391, 491
Einigen BE 353
Einsiedeln SZ 359
Elm GL 231, 305
Emmental BE 69, 126, 130, 136, 166, 182, 184, 194, 199, 203, 208, 217, 218, 233, 243, 252, 253, 255, 257, 278, 280, 282, 287, 302, 303, 306, 308, 309, 310, 312, 313, 332, 345, 346, 355, 356, 415, 419, 466, 495, 496, 509, 615, 616, 626, 642
Engadin GR 18, 22, 44, 92, 116, 117, 121, 122, 133, 135, 137, 138, 144, 146, 147, 148, 152, 153, 162, 163, 189, 196, 197, 203, 210, 212, 215, 216, 217, 219, 221, 242, 246, 253, 254, 265, 267, 274, 298, 299, 301, 304, 307, 308, 310, 311, 314, 317, 324, 326, 328, 329, 333, 339, 340, 363, 376, 378, 381, 398, 400, 404,

ANHANG

436, 437, 443, 454, 455, 456, 457,
463, 465, 473, 476, 477, 478, 482,
485, 499, 517, 529, 530, 545, 547,
590, 593, 595, 597, 599, 602, 603,
605, 606, 607, 608, 613, 614, 616,
617, 619, 620, 621, 622, 623, 624,
625, 626, 627, 628, 629, 631, 637,
640, 643, 644, 645, 646, 647, 648,
649
Engadin, Oberes, GR 78, 284, 408
Engadin, Unteres, GR 137, 163, 164,
 197, 224, 282, 423, 425, 615, 624,
 628, 643
England 30
Engollon NE 40, 147, 535, 600
Epauvillers BE 198, 204, 212, 214,
 238, 463, 533
Era, Val d', GR 130
Ernen VS 85, 350, 408
Eschenbach LU 192
Etzel (Berg) 114
Europa 22, 77, 99
Euthal SZ 41

Fanas GR 197, 359, 481, 501
Feldbach ZH 114
Fex GR 625, 626
Flaach ZH 70, 280
Fläsch GR 212, 240, 359, 562, 563,
 567, 630, 633
Flawil SG 192, 211, 220, 258, 396,
 420, 425, 479, 489, 491
Flums SG 116, 203, 459
Flumserberg SG 373
Franches Montagnes (Freiberge) BE
 299
Frankreich 33, 49, 62, 100, 157, 166
Frasco TI 563
Freiburg 121, 143, 150, 193, 195,
 202, 208, 215, 236, 238, 298, 325,
 394, 471, 484, 496, 499, 526, 535,
 546, 547, 553, 628
Freiburg (Kanton) 44, 116, 209,
 236, 292, 293, 294, 323, 610, 638,
 640, 659

Frutigtal BE 241
Ftan GR 460
Furna GR 70

Gähwil SG 359
Galgenen SZ 184
Gampel VS 255
Gams SG 130
Gelterkinden BL 213, 246, 276, 315
Genevez, Les, BE 199, 204, 213, 296,
 404, 647
Genf 38, 74, 480
Genferseegebiet 38, 149
Geroldswil ZH 425
Gersau SZ 459
Glarus 139, 529
Glarus (Kanton) 167, 252, 256
Gomorrha 69
Goms VS 508, 592
Gonzen (Berg) 116
Goßau ZH 241, 585
Grancia TI 355
Graubünden (Kanton) 39, 44, 67,
 70, 130, 134, 135, 136, 137, 141,
 142, 143, 144, 151, 152, 162, 163,
 164, 166, 167, 372, 399, 403, 511,
 531, 541, 568
Graubünden (rätoromanischer Teil)
 46, 101
Grengiols VS 363, 416, 463, 481, 500
Griechenland 28, 29, 30, 45, 65, 67,
 68, 118, 120, 122, 177, 188
Grono GR 486
Grüningen ZH 114
Guarda GR 78, 436, 446, 455, 530
Guntershausen TG 561
Gunzwil LU 306, 324

Häfelfingen BL 83, 340
Hallau SH 132, 146, 157, 212, 216,
 219, 245, 251, 265, 266, 295, 297,
 317, 324, 350, 362, 376, 385, 405,
 419, 420, 478, 550, 551, 553, 567,
 568, 570, 591, 597, 604, 622, 631

Haslen AI 193, 211, 221, 245, 366, 424, 458, 473, 596, 617
Hasliberg BE 41
Haudères, Les, VS 212
Hautes-Pyrénées 84
Heinzenberg GR 518
Hemishofen SH 241, 366, 376, 383, 386, 410, 435, 463, 466, 475, 489
Hemmiken BL 346
Hérens, Val d', VS 70
Herisau AR 189, 191, 267, 474, 479
Hermance GE 642
Hessen 158
Hinwil ZH 527
Hirzel ZH 96, 215, 257, 381, 385, 386, 409, 419, 445, 452, 467, 488, 547, 618, 620, 621, 663
Hittnau ZH 528
Hofwil BE 419
Hohfluh-Hasliberg BE 317, 478
Holland 98, 99
Hombrechtikon ZH 110, 192, 195, 203, 214, 226, 241, 243, 301, 302, 320, 331, 346, 366, 375, 400, 405, 418, 420, 424, 426, 428, 433, 450, 459, 463, 472, 481, 488, 559, 610, 614, 660
Homburgertal 52
Horgen ZH 195, 229, 267, 282, 367, 375, 380, 396, 398, 424, 448, 463, 464, 475, 491, 528

Ifwil TG 662
Illgau SZ 246, 265, 367, 376, 380, 467
Innerschweiz 41, 44, 114, 116, 287
Isérables VS 246, 249, 378, 417, 535
Isone TI 329, 377
Israel 28, 68
Italien 32
Italienischbünden 281

Jenisberg GR 139 und passim
Jona SG 114, 507
Jura 118, 151, 166

Kappel SO 220, 261, 324, 386
Kapuzinerbucht bei Rapperswil SG 114
Klosters GR 71, 146, 214, 318, 327, 331, 333, 334, 501, 517, 563
Klosters Berg GR 282, 310, 350, 576, 590
Konolfingen BE 281
Konstantinopel 68
Kottwil LU 424, 435, 478
Kriechenwil BE 239, 315, 346, 349, 365, 405, 417, 418, 419, 466, 474, 476, 481, 574, 576, 663
Krummenau SG 340
Küsnacht ZH 117

Lamone TI 568
Langheim (Oberfranken) 79
Langnau BE 214, 231
Lausen BL 306, 491, 537, 599
Lavey VD 509, 569
Lavin GR 152, 455, 456
Leontica TI 464
Leysin VD 211
Levron VS 215, 254, 462, 477, 510, 535, 604
Liestal BL 139, 144, 185, 190, 345, 474, 591, 607, 623, 644, 650, 651
Lignières NE 299, 318, 346, 462, 499
Linthal GL 516
Lodrino TI 445
Losone TI 329, 559
Ludiano TI 296, 329, 578
Lungern OW 405, 459
Lunghin, Piz 116
Lütisburg SG 359, 380
Lützelflüh BE 126, 355, 496
Luzern 34, 197, 202, 206, 214, 256, 281, 459
Luzern (Kanton) 130, 182, 228, 252, 255, 267, 404, 417, 419

Magadino TI 334
Magliaso TI 568

Maienfeld GR 143, 157, 475, 497, 499, 500, 552, 565, 567, 569, 577, 630, 650
Maisprach BL 195, 549
Marcelin, En, VD 54
Marécottes, Les, VS 189, 190, 246, 305, 306, 318, 319, 320, 321, 325, 326, 330, 332, 367, 381, 400, 405, 409, 410, 424, 427, 444, 447, 457, 458, 476, 490
Mastrils GR 214, 220, 254, 273, 312, 359, 497, 642
Menzonio TI 575, 596
Mesikon ZH 573, 639
Miécourt BE 134, 298, 313, 319, 484, 546, 577, 580
Misox GR 486
Mitteldeutschland 106
Monstein GR (siehe auch Davos Monstein) 328, 358, 365, 396, 501
Morbio Inferiore TI 573
Morges VD 230, 237, 275, 327, 462, 550, 552, 559
Movelier BE 321
Mugena TI 167, 651, 662
Müllheim TG 537
Münster VS 508
Münstertal GR 71, 85, 116, 117, 127, 153, 192, 197, 242, 257, 320, 376, 436, 437, 447, 454, 456, 477, 489, 517, 518, 614, 628
Muotathal SZ 114, 189, 284, 317, 348, 395, 415, 433, 618
Müstair GR 240, 272, 285, 345, 349, 357, 358, 436, 447, 448, 453, 457, 465, 478, 502, 503, 633
Mutten GR 511

Nendaz VS 212
Netstal GL 266, 305, 367, 462, 466, 573
Neuenburg (Neuchâtel) 41, 74
Nidfurn GL 390, 395, 424
Nidwalden (Kanton) 39, 286
Niederhasli ZH 585

Niederneunforn TG 211, 240
Niederteufen AR 220, 312, 318, 340, 406, 410, 619
Norddeutschland 120
Norddeutsche Tiefebene 111
Nordeuropa 94
Nordschweiz 132
Nordostschweiz 71, 348
Nyon VD 83

Oberdorf BL 426, 548
Oberems VS 216
Oberthal BE 182, 278, 279, 508
Oberwagenburg ZH 135, 527
Ocourt BE 103, 166, 194, 198, 212, 226, 228, 232, 233, 242, 284, 347, 379, 380, 381, 383, 387, 391, 395, 398, 409, 411, 475, 480, 507, 531, 532, 534, 547, 558, 569, 573, 575, 589, 596, 600, 615, 619, 621, 662
Oetwil ZH 506, 585
Olivone TI 224, 225, 333
Ollon VS 280
Oltingen BL 133, 345, 349, 448, 537, 549, 550, 577, 579, 599
Onsernonetal TI 197, 238, 242, 272, 273, 304, 319, 432, 453, 473, 478, 579, 646
Opfertshofen SH 604
Ormalingen BL 549
Orny VD 52
Ossingen ZH 552
Osterfingen SH 122, 141, 189, 193, 240, 303, 305, 322, 396, 491, 565, 567, 577, 617, 663
Österreich 33, 166
Ostschweiz 257

Padua 157
Pailly VD 214
Painsec VS 214
Palagnedra TI 378, 580

Pany GR 282, 324, 358, 359, 364, 397, 423, 500, 501, 502, 643
Penthalaz VD 211
Personico TI 534
Pfäffikerseegebiet 180
Pfäffikon SZ 58, 621
Pfäffikon ZH 188
Pilatus (Berg) 116
Pleigne BE 284
Poschiavo (Puschlav, Ort und Tal) GR 44, 118, 209, 237, 242, 268, 283, 285, 298, 309, 314, 323, 324, 326, 327, 331, 332, 333, 335, 350, 396, 438, 448, 449, 460, 471, 479, 482, 503, 559, 564, 576, 586, 587, 590, 591, 606, 618, 620, 638
Pratteln BL 276
Prättigau GR (Tal) 41, 70, 92, 114, 139, 156, 160, 171, 185, 220, 280, 282, 283, 310, 312, 317, 321, 346, 357, 358, 381, 417, 433, 466, 614, 631, 632
Praz, La, VD 52
Pruntrut (Porrentruy) BE 165, 373, 592, 656, 657, 658, 660
Punt, La, GR 433
Pura TI 620

Quarten SG 466
Quinto TI 224, 225, 296, 326, 328

Rafz ZH 180, 228, 286, 344, 346, 494, 544, 556, 557
Rafzerfeld ZH 180, 344, 415
Ramosch GR 454, 456, 460, 490
Réclère BE 299
Regensberg ZH 506
Reiath SH 536, 538
Reigoldswil BL 233, 303, 445, 517, 617
Richterswil ZH 114
Ricken SG 114
Riggisberg BE 353, 359, 377, 395, 468, 473, 475, 488, 499, 537
Rivera TI 134, 546

Roche VD 214
Rom 28, 30, 68, 122
Romanshorn TG 489
Rorbas ZH 195
Rorschach SG 67
Rossinière VD 642
Rossura TI 225, 330, 356
Rothenburg LU 195, 279
Rothenthurm SZ 354, 358, 359, 501
Rovio TI 330, 563
Rüdlingen SH 92, 127, 131, 132, 133, 224, 226, 238, 240, 241, 251, 254, 366, 445, 500, 550, 551, 552, 553, 562, 566, 567, 568, 569, 570
Rünenberg BL 476
Russikon ZH 193
Rüthi SG 354, 358
Rütihausen BL 548

Ortsnamen mit Sankt (St.), Saint(e) (St[e]), San(ta) (S., Sta.) stehen zusammengefaßt hier an der Spitze des Buchstabens S
S. Abbondio TI 356
Sta. Domenica GR 152, 225, 407
S. Domenico TI 298, 626
St. Gallen 32, 252, 273, 507
St. Gallen (Kanton) 182, 252
St. German VS 192, 213, 256, 263, 334
St. Gotthard 32
St. Légier VD 144
St-Maurice VS 126, 226, 230, 276, 284, 285, 418, 427, 431, 435, 445, 458, 464, 500
S. Vittore TI 252
Salvan VS 481
Samedan (Samaden) GR 456
Sargans SG 345, 495, 496, 507, 508
Sarganserland SG 67, 69, 181, 183, 191, 193, 198, 213, 216, 226, 238, 242, 252, 253, 257, 262, 266, 280, 286, 313, 387, 394, 397, 399, 400, 410, 419, 426, 450, 458, 485, 495, 496, 509, 510, 570

ANHANG

Sarnen OW 85, 103, 289, 339, 343, 344, 371, 372, 394, 402, 422, 423, 430, 440, 441, 442, 471, 480, 494, 521

Savièse VS 127, 198, 205, 209, 215, 225, 232, 233, 237, 238, 250, 251, 261, 273, 276, 283, 285, 287, 340, 346, 347, 352, 356, 357, 377, 378, 381, 397, 425, 434, 443, 457, 463, 474, 485, 490, 497, 498, 502, 509, 510, 532, 546, 548, 551, 564, 576, 592, 601, 602, 606, 620, 624, 626, 641, 646, 647

Schaffhausen 22, 106, 132, 136, 140, 234, 240, 243, 262, 333, 349, 400, 417, 478, 482, 531, 535, 536, 538, 555, 568, 569, 570, 605, 617, 618, 621

Schaffhausen (Kanton) 202, 252

Schams (Tal) GR 130, 510

S-chanf GR 152, 217, 221, 242, 329, 376, 394, 424, 446, 622, 641, 642, 648

Schanfigg (Tal) GR 511

Schiers GR 358

Schlarigna (Celerina) GR 194, 242, 364, 376, 394, 404, 431, 446, 447, 455, 474

Schleitheim SH 135, 141, 143, 532

Schleswig-Holstein 111

Schönenberg ZH 663

Schottland 30, 32

Schwanden GL 211, 238, 260, 296, 316, 324, 327, 404, 407, 411, 467, 481, 488, 517, 561, 575, 589, 633, 660

Schweiz 18, 22, 32, 33, 39, 40, 44, 46, 49, 50, 51, 65, 68, 69, 74, 86, 117, 134, 136, 137, 140, 141, 143, 146, 148, 149, 159, 163, 166, 176, 185, 189, 278, 508, 519, 529, 663

Schweizerisches Mittelland 112

Schwellbrunn AR 365, 374, 377, 411, 444, 459, 473, 536, 589, 590, 593, 594, 598

Schwende BE 509

Schwendi BE 361, 495

Schwyz 39, 189, 258, 284, 348, 363

Schwyz (Kanton) 71

Scuol (Schuls) GR 153, 196, 448, 460, 472, 530, 623, 625

Segl (Sils) GR 377, 424, 434, 435, 443, 454

Seltisberg BL 133, 550

Sembrancher VS 214

Sementina TI 330

Sent GR 433, 446, 456, 460, 537

Sentier, Le, VD 209

Signau BE 663

Simmental BE 318, 530

Simplon Dorf VS 396, 398

Skandinavien 46

Soazza GR 254, 356

Sodom 69

Soglio GR 167, 574, 662

Solothurn 98, 150, 208, 258, 284, 388

Solothurn (Kanton) 38, 70, 74, 156, 163

Sonogno TI 334

Sonvico TI 329, 408, 661

Sool GL 190, 197, 237, 367, 395, 472, 488

Soulce BE 237

Speicher AR 220, 240

Stabio TI 574, 594, 595

Stäfa ZH 110, 114

Stallikon ZH 230

Stammheim ZH 527

Stans NW 501

Staufen AG 327, 433

Steffisburg BE 317, 537

Stein AR 189, 197, 220, 240, 318

Stein am Rhein SH 242, 550, 566, 567

Steinmaur ZH 584

Sternenberg ZH 46, 586, 612

Stoos SZ 219, 501

Süddeutschland 106

Surbtal AG 256

Susch (Süs) GR 407, 454, 457, 645

Tessin (Kanton) 44, 70, 77, 116, 118, 134, 147, 148, 164, 166, 196, 209, 239, 280, 281, 285, 287, 300, 313, 316, 325, 326, 328, 331, 333, 345, 443, 452, 453, 474, 475, 485, 486, 508, 529, 546, 562, 574, 578, 580, 595, 599, 607, 627, 643, 644, 646, 648, 649, 662

Teufen AR 191, 321, 363, 410, 468, 479, 481, 499, 502, 548, 632

Thayngen SH 132, 240, 242, 251, 320, 552, 562, 565, 567, 568

Thörigen BE 211, 256

Thurgau (Kanton) 135, 151, 194, 273, 379, 435, 443, 476, 480, 508, 532

Titterten BL 605

Toggenburg SG 592

Torricella TI 558

Trachslau SZ 349, 359

Trient VS 214

Trogen AR 195, 400, 404, 406, 408, 409, 464, 473, 488, 500, 598

Trubschachen BE 212, 233, 416, 417, 589, 590, 604

Tschierv GR 455, 462

Tschlin GR 436, 446, 447, 448, 454, 460, 497, 501, 530, 532, 625

Twann BE 567

Uerikon ZH 114

Uffikon LU 333, 335, 435, 463

Uitikon ZH 274, 324, 386, 405, 417, 466, 663

Undervelier BE 210

Unterägeri ZG 211

Untersteckholz BE 210, 220, 257, 445, 627

Unterwalden (Kanton) 194

Unterwetzikon ZH 188

Uri (Kanton) 92, 130, 182

Uster ZH 188

Utzigen BE 484

Valangin NE 279, 292, 293, 294, 372, 442, 483, 484, 526, 587

Vallorbe VD 209

Vals GR 511

Vereinigte Staaten von Amerika 84, 120

Verscio TI 407

Vevey VD 39

Vira-Mezzovico TI 167, 662

Visperterminen VS 334, 347

Vnà GR 427, 432, 447, 455, 465

Vogorno TI 151, 334, 618

Vorderthal SZ 359, 399, 425, 459, 488

Waadt (Kanton) 41, 54, 94, 114, 118, 209, 233, 339, 372, 414, 415, 423, 442, 471, 481, 514, 515, 521, 522, 523, 524, 525, 529, 542, 543, 544, 572, 582, 583, 600, 601, 632, 637

Wädenswil ZH 180, 197, 203, 215, 220, 226, 230, 239, 240, 257, 260, 268, 272, 276, 283, 285, 302, 318, 324, 327, 328, 353, 354, 363, 367, 385, 395, 408, 419, 426, 432, 445, 462, 463, 464, 468, 476, 488, 498, 527, 529, 554, 569, 578, 618, 638

Wald ZH 187

Walenstadt SG 252

Wallis (Kanton) 34, 36, 39, 40, 41, 70, 85, 91, 116, 117, 118, 122, 126, 209, 273, 285, 286, 287, 458, 508, 578

Wattenwil BE 388, 411

Weier i. E. BE 425, 426, 474

Weiningen ZH 584, 585

Welschland 110

Wenslingen BL 239

Westschweiz 69, 70, 76, 121, 141, 197, 209, 279, 280, 292, 294, 322, 431, 516, 561, 563, 611, 636, 638

Wetzikon ZH 219, 236, 272, 494, 528, 572, 573, 585

Wichtrach BE 509
Wien 67
Wil SG 537
Wil SZ 186
Wilchingen SH 131, 132, 267, 550, 551, 566, 570
Willisau LU 281
Windlach ZH 527, 584
Wohlen AG 192, 215, 488
Wünnewil FR 365, 375, 376, 377, 395, 398, 399, 400, 410, 420, 427, 428, 433, 435, 436, 450, 452, 460, 466, 468, 472, 475, 476, 481, 488

Zernez GR 143, 455
Ziefen BL 110, 537, 549, 550, 627
Zillis GR 466
Zizers GR 202
Zollikon ZH 258
Zug 39, 164, 194, 217, 272, 434, 578
Zug (Kanton) 182, 189, 193, 215, 221, 229, 237, 256, 257, 396, 448, 645

Zumikon ZH 406, 528
Zürcher Oberland 67, 188, 189, 267
Zürcher Unterland 228, 537, 606
Zürcher Weinland 552, 566, 570
Zürich 32, 39, 65, 74, 76, 77, 80, 90, 106, 135, 140, 148, 149, 151, 166, 179, 183, 185, 188, 189, 190, 193, 194, 195, 197, 200, 201, 202, 207, 218, 227, 235, 244, 246, 250, 255, 256, 258, 259, 263, 274, 276, 284, 286, 302, 306, 311, 313, 328, 333, 339, 362, 383, 402, 414, 483, 513, 514, 518, 520, 527, 528, 538, 539, 540, 541, 545, 547, 558, 571, 584, 592, 630, 636, 637, 661
Zürich (Kanton) 69, 90, 142, 145, 180, 182, 183, 191, 202, 203, 231, 236, 252, 276, 281, 282, 283, 315, 344, 348, 364, 394, 408, 416, 507, 584, 585, 586, 611, 631
Zürichseegebiet 71, 77, 92, 94, 117, 139, 151, 154, 182, 567, 625, 633
Zürichseegebiet, oberes 182, 279, 280, 286

Die über den ganzen Band verteilten Vignetten stammen vornehmlich aus:
HANS SCHÖNSPERGER, KALENDER, Augsburg 1490
EMANUEL KÖNIG, GEORGICA HELVETICA CURIOSA (Hausbuch), Basel 1705
JACOB COLERUS, OECONOMIA RURALIS ET DOMESTICA, Ausgabe 1603
sowie aus weiteren Drucken des 15. bis 18. Jahrhunderts.